# 凌雲健筆話書情

沈鹏书

——人民文学出版社图书评论集

人民文学出版社编辑部 编

2000—2014

人民文学出版社

**图书在版编目(CIP)数据**

凌云健笔话书情:人民文学出版社图书评论集:2000—2014/人民文学出版社编辑部编. —北京:人民文学出版社,2015

ISBN 978-7-02-010750-6

Ⅰ.①凌… Ⅱ.①人… Ⅲ.①书评—中国—现代—选集 Ⅳ.①G236

**中国版本图书馆CIP数据核字(2015)第014026号**

书名题字 董积鹏
责任编辑 包兰英 孙 瑾
美术编辑 刘 静
责任校对 刘佳佳
责任印制 苏文强

出版发行 人民文学出版社
社 址 北京市朝内大街166号
邮政编码 100705
网 址 http://www.rw-cn.com

印 制 北京新魏印刷厂
经 销 全国新华书店等

字 数 700千字
开 本 710×1000毫米 1/16
印 张 53.5 插页1
印 数 1—2000
版 次 2015年8月北京第1版
印 次 2015年8月第1次印刷

书 号 978-7-02-010750-6
定 价 166.00元

# 目　录

## 辑二　第一读者

## 辑三　织锦裁云

## 辑四　一池春水

# 序

屠　岸

本书的书名《凌云健笔话书情》，给人精神一振的感觉。它是从杜甫的诗句化出来，杜甫《戏为六绝句》第一首咏庾信的头两句是："庾信文章老更成，凌云健笔意纵横。"用"凌云健笔"来定性收在这本书中的书评、书论、序、跋等，十分确当。这四个字是对收入本书的 148 篇文章的总体评价。

这些文章全都是对人民文学出版社所出书籍的评论（序、跋也是评论）。由人文社出这本书，是宣传品吗？不是。它是社会舆论对人文社出版物（限于 2000 年到 2014 年）评价的总汇。

这些文章的要旨是客观、公正。

若干年前，笔者作为中国出版代表团负责人率团到欧洲，访问那里的出版界。一位英国朋友对我说：你们是皇家出版社，得天独厚！我对"皇家"这个词，不太认同，因为我们的国家早已告别封建时代。但后来我了解到，在英国，"Toyal"这个词代表的是尊贵、美好、光荣、至上。由于人民文学出版社是中国中央级的出版单位，所以被英国朋友授予了这个尊号。英国朋友还奇怪，说：你们中国有中央级的出版社，各省（市、自治区）有省级出版社，说明中国从中央到地方各级政府对出版事业的非凡重视。是的，这种规模，在欧美发达国家中似未见到。当然，他们有他们的出版事业，例如，许多大学都有各自的出版社，专出学术著作，形成了他们的一道风景线。

人文社的第一任社长冯雪峰，为社制定的出版方针是：古今中外，提高为主。这个“提高为主”，不是不重视普及，而是对普及读物也必须提高其质量。这是一条很重要的方针。人文社的编辑工作人员几十年来都把它奉为圭臬。在这个方针指导下，人文社所出的书籍总体来说都是高质量的，这一点，有口皆碑。

收入本书的文章，琳琅满目，各呈风采。所评的书籍包括古今中外，因而评文内容绚烂丰盈，风格异彩纷呈。比如，有的是随笔式的抒情篇章，像刘茵的《超越父爱的大爱》，评汪浙成的《女儿，爸爸要救你》一书，读来令人动容。刘茵经受过自己女儿病危、千方百计抢救终无效的遭际，因而这篇涉及汪浙成竭尽全力挽救女儿生命的文章，感同身受，友情与亲情迸发，成就了一篇动人心弦的散文。又比如，有多篇是功力深厚的评论文章，像李俊的《从洪业的杜注构想看〈杜甫全集校注〉》、陈尚君的《杜甫研究的里程碑著作——〈杜甫全集校注〉初读记》、王瑞琴的《漫话〈一千零一夜〉》、葛云波的《〈薛涛诗笺〉修订版：百年三代治一书》、王永波的《跨学科视野的中国古代文学和古典文献学研究》、李德辉的《新时期罗隐研究的杰出成果——李定广〈罗隐集系年校笺〉评介》、杨伯的《朴学精神、问题意识、理论雄心——读〈文镜秘府论研究〉》等，这些文章都对所评书籍作了深入的研究，逻辑严密，分析到位，论据扎实，具有较高的学术含量。

本书决不护短，对人文社版的书，有问题的，也加以批评。如徐振贵的《评〈国朝闺秀诗柳絮集校补〉》，批评了校补者乱改女诗人的诗作，这是不能允许的！又如王培元的《洪承畴的“使命”及其他》，真是一篇慷慨雄辩的好文章。它批评了人文社版王宏志著《洪承畴传》。

这部传记为汉奸洪承畴大唱赞歌，说他具备“平定皖浙闽的文韬武略，开清廷第一功”，“经略五省，进取云贵，决胜千里”，“鞠躬尽瘁，谥文襄公”。王培元问道：“如果说洪承畴的‘使命’是‘使战乱分裂的中国统一、安定下来’，那么，那些奋起抵抗侵略、誓死保家卫国的明朝军民的‘使命’又是什么呢？”培元列举卢象升、史可法、黄道周、夏允彝、郑成功、张煌言等英烈的光辉名字，问道：这些人“岂不是阻碍了、破坏了中国的‘统一、安定’？岂不是延缓了、遏制了‘社会前进’的历史进程？比起洪承畴来，他们岂不是不识时务、不明大势、不能顺应历史潮流、‘基本上应当否定’的吗？”培元又问：“如今，评价洪承畴的是非功过，要超越‘大汉族主义的影响’，超越一直存在的‘重大偏见’，似乎并无不可，但是，在评价历史人物的时候，难道能够超越历史、超越时代吗？难道能够‘超然’于道德之是非、历史之功罪吗？……”培元又说：“在当时‘特定的历史环境中’，满清作为来自北方的异族侵略者、征服者、屠杀者和统治者，是铁铸的事实。‘五族共和’则是大清王朝呜呼哀哉之后的事了。”培元说得好。这使我想起，我们应该如何评价历史人物。如果说洪承畴有大功，那么文天祥抗元，是愚昧昏聩了？如果秦始皇统一中国功高盖世，那么屈原殉楚，是逆历史潮流而动了？培元的文章，义正辞严，正气凛然，该是“立论”的正品。

这里，我想提一下收入本书的我的文章《诗坛圣火的点燃者》（《唐湜诗卷》代序）。倒不是由于我的文章重要，而是我认为“九叶派”诗人唐湜（以及其他“九叶”诗人）在中国现代诗史上的存在十分重要。本书收入我这篇文章，是再次展示诗人唐湜的存在。唐湜在二十世纪的中国，背负着政治压迫的重负，被打入社会的底层，一生坎坷，与贫穷与苦难相伴。但他的诗歌作品却充盈着生命的欢乐、生活的阳光、人生的美好和希望。自然，其中也有悲剧性因素，但都是隐性的存在。这情况被诗坛称作“唐湜现象”。这现象使人想起伟大的音乐家莫扎特。

莫扎特一生颠踬，命途多舛，但他送给世人的却都是优美、淳朴、开朗、欢乐的乐曲，被誉为“永恒的阳光”。尽管有时也会有悲剧性因素隐含其间。把苦难藏在内心，把欢乐和阳光送给世界，这是唐湜和莫扎特的共同点。尽管“萧条异代不同时”，但二人在冥冥之中相遇，仿佛成了一对兄弟。

拉杂写来，语多冗赘。想说的话还多，但不能再写下去了，就此打住。

是为序。

2015年6月24日　北京萱荫阁

# 辑一　人文书谭

# 传统美育与当代人格

管士光

袁济喜的新著《传统美育与当代人格》立足于学术，将中国古代文艺学与美育问题，以及当代人格建设有机结合起来，追寻传统与现代的融合之境。中国传统美育与当代人格的建设关系，是我们当前值得关注的问题。该书在选题的确定与视角的选择上，在一定程度上突破了一些古代文论与美学论著停留于文本诠释、范畴解析层面上的不足之处。

该书对于中国传统美育与当代人格的研究，立足于对中国传统文化特点的把握。说起美育，人们往往将它视为西方美学与文化的舶来品，其实稍了解中国文化的人都知道，中国最早的“六艺之教”与孔子的诗教与乐教，即已开始用美育来培育人格，而培养理想人格（“君子”），是中国封建社会教育与文化的终极目标。“中国古代的社会文化与教育是拿诗书礼乐做根基。”（宗白华：《艺术与中国社会》）中国古代是一个用德治来巩固社会的宗法封建社会，宗教在中国古代不构成主流意识形态，诗书礼乐是社会文化与教育的基础。以诗教与乐教为内容的美育作为沟通精神信仰与道德建设的桥梁，其作用是很大的。

近代以来蔡元培等人提倡用宗教代美育亦是深鉴于中国固有体制与文化的肯綮。该书的第七章《人格境界与审美精神》中，对于人格境界与儒道互渗的审美精神做了较为详切的论述，不乏启迪意义。美育向人格生成，人格的缺失在今天成为社会痼疾，为矫正而倡举美育，亦是顺理成章之事，就这一点而言，作者对于传统美育与当代人格的关注，实乃拳拳之心，灼然而见。作为人文社会科学研究的这种忧患意识，在今天尤为可贵，有责任的学者与文化人是不会对此视而不见的，这也是中国文化生生不息，迎接挑战的生命力所在。

当然，对于中国古代包括文艺学在内的文化资源上的开掘，一定要建立在实事求是，尊重学术的基础之上，而本书在这一点上也是做得相当精彩的。传统的辞章、义理、考据三结合的方法在我们今天的研究中仍然具有借鉴意义。本书依托作者长期以来从事中国古代文论与美学研究的功底，对传统美育涉及的一些大的问题，诸如自然之美与人格培养，文艺之美与人格养成，做了深入的研究，特别是在第十章《传统美育与审美心理》中，对于中国古代审美心理中蕴藏的一些范畴和命题，进行了周详而深刻的阐发。这样系统的论述，在以往的论著中是很少的。值得注意的是，此章在探讨中既注意用现代审美心理学的一些概念与方法来分析之，同时又分清中国传统审美心理学中的固有特点。此外，书中对于中国古代美育的源头与初始的开掘是卓有识见的，对于一些历来有争议的问题做出了自己的判断。这些都离不开作者的学术功力与长期以来从事中国古代文论与美学研究的学养。

该书在学术研究的互相渗透方面，做出了有益的尝试。中国古代文论与美学的关系是互融互动的关系，尤其是中国古代文化的浑朴性造成了它没有西学学术研究那样严格的界限，但同时也造成了中国文化与学术的互融互渗的特点，可以从多种角度去研究与发现。中国文化这种从大学术、大文化视角看问题的特点，促使我们今天的研究可以从条块分割走向互动互渗，走向研究的深处，用以激活当代人格建设与人文关怀。近代以来，宗白华与朱光潜先生，以及一大批学人也正是这么去做并取得了优异成绩的，他们对于我们今天的学术研究具有作范作伦的意义。正是在这一点上，该书迈出了可喜的步伐，对于学术界此类著作的出版，不乏启示作用。书中也有一些地方有待完善，比如谈到中国古代审美人格的形成时，注重儒道两家的影响与互渗，而对佛教的影响则谈得不够。事实上，唐宋以来，中国士大夫的审美心态与人格很受庄禅的浸染，对此似不应忽略。此外书中有些地方的论述似有欠公允，比如对新写实小说的评价。

《光明日报》2002 年 8 月 15 日

《传统美育与当代人格》，袁济喜著，人民文学出版社 2002 年 4 月出版，责任编辑：廉萍

# “得失寸心知”

## ——评张仲谋先生《明词史》兼述日本的明乐研究

宋 红

明词，介于勃兴之宋词与中兴之清词的两个波峰之间，向来不为文学史家所关注。壬午之春，由人民文学出版社出版的《明词史》，可以说是填补明词研究空白的项目，而作者张仲谋先生则是为明词作史的第一人。忝为责任编辑，我有幸成为该书的第一个读者，故很愿意将寸心所知公之于人，与同好一道赏奇析疑。

为明词作史，从总体构架到分宗别派到词人评判，都绝少成说可以依傍，仲谋先生从最基础的资料爬梳做起，做了艰苦细致的前期准备，掌握了大量第一手材料，因此才能在全书的写作上从容不迫，游刃有余。如第七章“明季二陆”一节，况周颐、赵尊岳沿袭孙式熊旧说，以为“二陆”指陆钰、陆宏定父子，又将《射山诗馀》词集系于陆钰名下。然这种理解其实是错误的。仲谋先生指出：

> 所谓“明季二陆”，应该是指陆宏定与其兄陆嘉淑。阮元《两浙輶轩录》载俞宝华曰：“陆宏定诗与兄嘉淑齐名，嘉淑字冰修，

宏定号轮山，时有‘冰轮二陆’之目。”显然，“冰轮二陆”应是“明季二陆”的早期说法，虽一侧重其诗，一侧重其词，但这两种品目之间应是有联系的。（318 页）

在辨明“二陆”者谁之后，书中进一步指出：

错误的不只是指称的淆乱，更为根本的错误是文献的张冠李戴。传世的《射山诗馀》及况周颐举以为例的《曲游春》三首，不是陆钰的作品，而是其长子陆嘉淑的作品。（318 页）

因为陆嘉淑号辛斋，又号射山，此说见多种明代文献，而以射山为陆钰者却是孙、况等人的误解。然以况周颐、赵尊岳影响之巨，如不熟悉基础文献，便很容易犯人云亦云的错误。他如第二章第六节对刘炳姓字的辨析，亦显示出良好的学术素养。文曰：

刘炳，字彦昺，以字行，鄱阳人。其姓名诸本多不同。《明诗纪事》甲签卷一七作“镏炳”。“镏”非“刘”之异体字，而是别一姓；如宋有镏文谟，见《万姓统谱》。又《明词综》小传作“刘昺，字彦章”。“昺”与“炳”意同，然名从主人，不当擅改。其弟名煜，皆从“火”，故当作“炳”。其字“彦章”亦误。晚近选本多从《明词综》，故相沿亦误。（74—75 页）

此外，对明代文坛上两“史鉴”（115 页）、两“戴冠”（178 页）的甄别，亦足以令人为其学风的严谨而心折。

谈到明词，恐怕绝大多数人都是通过《明词综》来认识明词的。即便作选本，恐怕也多是“选中之选”，绝少亲涉第一手材料。关于这一点，将明刊本别集与《明词综》作过对比研究的仲谋先生看得非常明白，他在“明词总集述要”中说：

《明词综》对明词菁华作了初步的发掘梳理，删汰了那些为数不少的曲子化、俚俗化的作品，从而使明词以一种清新雅令的精神风貌展现于世人面前，这是王昶的功劳。但是在明代词集较难搜求的情况下，《明词综》也诱导了一些研究者乃至词学专家的偷懒取巧意识。近现代的一些词话及词史类著作，以及一些包括明词在内的历代词选本，往往不再去搜求别集，而仅仅是以《明词综》为渔猎范围了。因为《明词综》所选词，往往删去词题或小序，有些词题亦与明刊本间有不同。而上述各书所选明词及所举之例，凡题目、小序有歧异者，往往同于《明词综》。这就足以证明这些选家或批评家的手眼所及，并未超出《明词综》的范围。（366—367 页）

这段客观、平朴的话恰是对当今浮泛学风的尖锐批评。而本书在引述明词时，则往往将别集与《明词综》的版本异同加以比对。如第三章第五节引《明词综》所选王直《浪淘沙》后，对下片“竹林浑未放夭桃”句作辨析曰：

……原本作“绯桃浑似放妖娆”，则意思全然不同。《明词综》所选词，与明人原本往往不同。其所以不同，当是出于王昶的捉刀修改，而不是版本之异。当然，一般也以《明词综》本为较佳。如本词下片，既曰“芳意萧条”，又曰“绯桃浑似放妖娆”，则上下明显扞格。颇疑“浑似”当作“浑未”，而王昶本则完全摆脱原文，别筑新句了。（107 页）

此外，对《明词综》删去王世贞《玉蝴蝶·拟艳》之词题，亦有很好的辨析（205 页）。不限于某一书、某一事，可以说材料辨析之详明是《明词史》最为突出的特点，从其疑杨慎《百琲明珠》之伪（125 页）、指《明词汇刊》收茅维词之漏（215 页）、述今人所编《文徵明集》之疏（168 页），我们均可看出作者在这方面所用之心力。

昔日参加学术研讨会，时会遇到“王婆卖瓜”型的论者，他们往往将研讨对象之优长推向极致，而忽略了其在文学史上所处的实际位置。这种失去“参照系”的讨论，其实也就失去了科学的意义。《明词史》作者的另一个特点便是清醒。他以反映明词原貌为准则，一不效王婆之虚夸，对研讨对象努力给出恰如其分的评价；二不效王昶之抑扬，不回避明词俚俗、浮艳的一面。——因为王昶的选录旨趣是“尚雅令、重格调、摒俚俗、黜浮艳。所以那些带有明人放荡生活作风痕迹的艳词，和那些曲化倾向较重的俗词，在《明词综》里基本看不到。……像现在公开发行的《金瓶梅》一样，它是明词的一个‘洁本’”（364—365 页）。在谈到吴承恩词时作者是这样说的：“《西游记》中也有不少诗词歌赋之类，虽然没有标出词调名，或者也并非严格地按谱填词，但它们让人感到，作者驾驭词体的功力还是可以的。及至读了《射阳先生词》之后，就觉得比想象中的水平要低。把他的词放在明词史上来看，应该是不足道的。这里提到他，不光因为他是著名小说《西游记》的作者，同时也想告诉读者或研究者，他的词可以不必再读了。”（191 页）尽管真正的研究者总要亲口尝一尝梨子的滋味，不会、也不应该因此而不再去读射阳词，但仲谋先生能在《明词史》中这样说，则表现了他作为一个学者的负责精神和胆识。此外，谈王世贞词之“三弊”的文字（200—202 页）亦见出作者的清醒与理智，他并未因王世贞的文坛领袖地位，而连带对其词做出过誉。这种力求反映原貌、反映全貌的态度，才是治史应有的科学态度。

一代有一代之文学，明词在词史上最具特色的现象便是女性词人的大量涌现和词学理论的建设。作者敏锐地注意到这一特性，设专章加以讨论。特别是第八章《明代词学的建构》,将“音韵谱律之学”“词集的选编与丛刻”及“词学批评”纳入“史”的视野范畴,体现了作者治明词史的独到眼光,对我们很有启发意义。

此书的再一个特点是条分缕析,叙述详明。我们从所设小节的题目上即可见出端倪。如:“刘基《写情集》:志深笔长、慷慨多气”;“杨基《眉庵词》:清新雅令、俊逸风流”;“高启《叩舷集》:信笔写去、别有高境”……多带判语的题目令人一目了然,但所长亦是所短,便是分割稍嫌细碎,对“史”的发展脉络及递变原因关注不够。仿佛只摘给我们一棵树的水果,而没有让我们看清那棵长出水果的树。当然,这样说的确有点求全责备的意思,因为仲谋先生以草创之功而能达到如此学术水准,已殊为不易,与蜻蜓点水式的、獭祭鱼式的某某史,不可同日而语。

在此有一个需要献疑的问题是关于明代词乐的失传。作者认为“词乐的失传,也是明词中衰的原因之一”,并以为词乐是在“入明之后”“渐次失传”(13页)的。这似乎是治明词者的通识。本人于明词并无研究,但对明词乐失传说却持怀疑态度并在电话中与仲谋先生有过讨论。近查到日本东方音乐研究家林谦三先生于1963年在《奈良学艺大学纪要》(人文 · 社会科学)第十一卷上发表的一篇论文《明乐新考》,论文以当时在日本新发现的、藏于东京艺术大学的六卷本《魏氏乐谱》《魏氏乐品弹秘调》《魏氏乐器》《由绪书》等为依托,对明代词乐做出新的考论与评述。其中对新六卷本《魏氏乐谱》的评说尤其值得关注。因为在此之前的《魏氏乐谱》仅一卷,有昭和五年即1930年刊印本。讨论明乐是否失传,我以为首先应对明代末年由中国传入日本的《魏氏乐谱》有充分的研究。然而该乐谱并未引起国内词乐研究者特别是明词乐研究者的足够重视。关于《魏氏乐谱》,“中国古代音乐经典丛书”的译谱者刘崇德先生在前言中介绍“流传至今的古代乐谱”

时是这样说的：

> 第四种为《魏氏乐谱》，此为明末魏皓避乱日本所携往明代乐谱。今海内所传为 1924 年张海若抄本。其所据为罗振玉得自日本者。此本共收曲五十首，加上底页所抄李白《乌栖曲》，共计五十一首。此为节选本，足本现在日本。此谱为工尺谱，节拍以行格表示。五十曲中一首为《诗经·关雎》谱，其余自汉魏乐府至唐宋词皆所包括。这些乐谱可能出自明代宫掖。（此五十一首乐谱已全部译出……）

文中道出了《魏氏乐谱》回传的路线，但对其传往日本的史实却言之有误。因为避乱日本的不是魏皓，而是其四世祖魏之琰。在刘氏之前，杨荫浏《中国古代音乐史稿》曰：

> 崇祯末年（约 1644），有一位中国宫廷乐官，钜鹿人，名魏双侯（之琰），避难到日本，定居在那里。他所传歌曲，在日本曾被称为"明乐"，在 1751—1772 年间，曾风行一时，有二百多曲；至其四世孙魏皓（子明）将其中之五十曲编成歌集，名为《魏氏乐谱》（有 1768 年序），流传于日本。

此说大致不差，唯时间上与日本文献的载记稍有出入。林谦三氏在论文中说：

据文化五年的《由绪书》记载，我国明乐始祖魏之琰（双侯）来住长崎的时间是宽文六年（1666），七年后始于上京宫中奏明乐。这在当时具有划时代的意义，明乐的流行便是以此为契机。此后约历一个世纪，由成书于宝历九年（1739）的《魏氏乐器》（宋译按：林氏疑亦魏皓所作）可知，当时的弟子尚少之又少。明乐之勃兴，是在中兴之祖魏皓（？—1774）作为明乐师范滞留上京的十年间。……昭和刊本，向来被作为明乐的唯一谱本，虽然书中称明乐共二百有余曲，但直到东京艺术大学所藏六卷本出现，该说才得到证实。

尽管林氏对六卷本是否由魏皓亲手编定、是否乃魏氏乐之完璧尚有疑问，但仍充分肯定了其在音乐史上的重要地位。兹将林谦三先生对六卷本的介绍文字翻译如下：

> 《魏氏乐谱》6卷。有甲乙两种版本。甲本全书用有凌云阁字样的格纸，卷首押魏皓（君山、子明——明乐中兴者）朱印。乙本完全是甲本的转写。曲目去其重复，实存240曲。第1卷的50曲与刊本（宋译按：指上言昭和5年即1930年刊《魏氏乐谱》）相同，加之第2—4卷的130曲，总计有180曲采用了共通的谱式，可视为魏氏乐之核心，此称作“本曲”。以下第5卷是明代雅乐、风雅诗谱、古雅歌，第6卷是太常歌、古雅歌、佛乐。佛乐以外诸曲，皆为中国人所熟知，但以上诸曲与本曲稍有不同，为加以区别，此称作“外曲”。乐谱的记谱方式有与刊本相同者，也有包含更多内容者——加入诸乐器谱等，采取歌谱加管弦总谱的形式。但是我们至今并不认为该书是最上乘的明乐谱。所以这样说，因为笙谱仅见于第一卷、本曲中最后7曲未记入工尺、外曲几乎全未记注弦谱，还有4曲重复，诸如此类，全书体例并不统一。尽管如此，作为探索明代音乐，特别是俗乐之实态方面独一无二的宝典，本谱在音乐史上的重大价值不会有丝毫改变。

由此可知，国内所传之五十一曲，仅仅是《魏氏乐谱》的昭和刊本，亦即全书的第一卷。而林氏撰文时新近发现的六卷本，国内学人似始终不曾见到。林谦三氏对《魏氏乐谱》之曲目、记谱法、乐器用法、管弦组织、拍子体式、与日本传统音乐之相似处等分别加以介绍和讨论，文思绵密而详明。在不能亲睹《魏氏乐谱》之全豹的情况下，该文真让人如饮甘霖。

从文章后所附的一页东京艺大六卷本《魏氏乐谱》书影看，乐谱还提供了与通行本文字有异的歌词版本，请看这首辛弃疾的《青玉案》："东风未放花千树，早吹陨、星如雨"、"笑靥盈盈暗香去"、"众里寻香千百度"，通行本"未"作"夜"、"早吹陨"作"更吹落"、"靥"作"语"、"寻香"作"寻他"。乐谱本文字虽不较通行本为优，但却令人考虑到其或属于另一传承系统，即音乐演唱的传承系统。通查六卷本《魏氏乐谱》的歌词部分，或许能得到令人兴奋的结果。

尽管杨荫浏先生对《魏氏乐谱》评价不高，认为"它们并不是汉、唐等时代流传下来的音乐。很可能，是南宋以来伪造《诗乐》风气的延续。其价值是不大的"（《中国古代音乐史稿》811 页），但由《魏氏乐谱》所引发出来的问题是：

一、乐谱所传之二百四十曲与明代词乐是何关系？

二、"明代词乐"的内涵是什么？对其内容将如何界定？

三、明代词乐与唐宋词乐是何关系？

四、对一代词乐之"传"与"不传"将怎样认识？

凡此种种，愿与仲谋先生共思之，并就教于大方之家。

《古籍整理出版情况简报》2002 年第 6 期

《明词史》，张仲谋著，人民文学出版社 2002 年 2 月出版，责任编辑：宋红

# 《袖珍诗韵》——一本编排精当、使用方便的新编韵书

宋　红

新世纪伊始，由林东海先生重新编辑的《袖珍诗韵》在我社问世，外文部的一位年轻编辑跑来问我："你们古典部最近出了一本什么书？说字典不像字典，说辞典不像辞典。"我告曰："这是一本写格律诗离不开的韵书。你可以找一本唐诗或宋诗选本验证一下，里面一首格律诗的韵字肯定跑不出这本诗韵列出的所在韵部去。""哇，原来是这么回事。"当年客居新加坡的郁达夫先生躲避战火，仓促登船时，随身携带的唯一一本书便是诗韵，为的是与同行的潘绶先生联句，而两人都是公认的写旧体诗的高手。所谓"诗韵"，便是成书于宋金时代的"平水韵"（由宋淳祐年间平水人刘渊之初编），简称"一百〇六韵"（金王文郁复合新刊时的韵部为一百〇六部）。而流传最广的是清代所刊《佩文诗韵》，及将《诗韵》与《诗腋》《词林典腋》合刊于一书的《诗韵合璧》。

"平水韵"是元代以来中国传统诗歌的唯一用韵依据，面对日益壮大的旧体诗创作队伍，编辑一部最能贴近今人创作的"平水韵"

韵书很有必要。林先生重新编辑整理的这本佩文韵书保留了“平水韵”的完整韵字面貌，所配顺韵（韵字在后）双音词则在《佩文诗韵》的基础上依今人之语言情况做了增删调整，使之更便于利用。对冷僻陈旧的死语言，只保留韵字，不再设词；对常用韵字则增加语词量。如“鹏”字，《诗韵合璧》中的顺韵词为七条，本书增至十九条。

本书的另一长足之处是订正了此前韵书的诸多讹误。上海古籍出版社 1982 年据广益书局 1922 年版影印的《诗韵合璧》对原书讹误已有订正，但遗漏尚多，如侵韵“蟫（yin）”字下设词中，上古影印本改“晝～”为“書～”，极是；但“蠢～”为“蠹～”之误却直到林先生手中才得以改正。兹将本书对上古影印本讹误的订正举例对比如下：

| 韵部 | 影印本讹误 | 本书正为 |
| --- | --- | --- |
| 上平一东 | 詗（xiong） | 詷（tong） |
| 二冬 | 慒（meng） | 慒（cong） |
| | {舟＋卬}(ang) | {舟＋邛}(qiong) |
| 四支 | 焚麗 | 棽（shen）麗 |
| | {骨＋比} | 骴(ci) |
| | {疷“氏”下有点} | 疷(qi) |
| 七虞 | 维醹 | 惟醹（ru） |
| 八齐 | 白締 | 自締 |
| | {鱼＋遂} | 鱁（zhu） |
| | 班鶇（yi） | 斑鶇 |
| | {木＋蒿}媞（ti） | 藃(hɑo)媞 |
| 十灰 | {至＋追} | 磓 |

| | | |
|---|---|---|
| 十一真 | 淄磷 | 缁磷 |
| | 購迍 | 遘迍 |
| | 牡麎（chen） | 牝(pin)麎 |
| | 洪箘（qun） | 淇箘 |
| 十二文 | 皲（jun）拆 | 皲坼（che） |
| 下平二萧 | 雜緢（miao） | 維緢 |
| 八庚 | 韻蘡（ying） | 韶蘡 |
| | 孤麖（jing） | 狐麖 |
| 十一尤 | 椿喉 | 椿喉 |
| 十四盐 | 挂蟾 | 桂蟾 |
| 上声二十哿 | （卵）五界切 | 五果切 |
| 去声十八啸 | 頫（fu） | 覜(tiao) |

此外还有对《佩文韵府》《佩文诗韵》的订正，不赘述。应该说这是迄今准确度最高的一部韵书。

本书的另一特色是编排精巧。旧韵书佩文，多取顺韵、倒韵即韵字在后和韵字在前两种形式，但既为作诗选词定字之参考，倒韵词便没有太大的存在必要，因作诗一定是定韵在先的，故本书只存韵字在后的顺韵双音词。而作近体诗通常限用平声韵，故仄韵之联词从简，以省篇幅。书后附录有《入派平声一览表》《通押韵部一览表》《平仄两读一览表》和《近体格律速记法》,对近体诗的学习和写作很有帮助。书眉排当页韵字所在韵部，查找非常方便。而六十四开的小开本也非常适于外出旅行时携带。

从上文所举例证可以看出，韵书多僻字，对排校质量要求很高，林先生本着对读者负责的精神，义务通读了全书校样，悉心把好最后的质量关，方使《袖珍诗韵》成品有现今这样的清爽面貌。相信本书一定会给徜徉诗海的朋友带来新的诗思和灵感。

作为林先生的弟子和《袖衫诗韵》一书的复审，我很乐意将这本方便精当、富于新意和匠心的小书介绍给欲制诗魔的朋友们。

《古籍整理出版情况简报》2002年第10期

《袖珍诗韵》，林东海编，人民文学出版社2000年7月出版，责任编辑：马玉梅

# “蹄间三丈是徐行”

——《宋诗选》评介

宋　红

宋诗，体现出与唐诗不同的新格调。启功先生有言：“唐以前诗是长出来的，唐人诗是嚷出来的，宋人诗是想出来的，宋以后诗是仿出来的。嚷者，理直气壮，出以无心；想者，熟虑深思，行以有意耳。”“长”“嚷”“想”“仿”，各赋一字（而且押韵），便已鲜明概括出各时各代诗之特色。比较唐诗与宋诗，我们确可看到唐诗“出以无心”而近于自然，宋诗“行以有意”而入于法度。如若拈出李白、苏轼诗句，用以概括唐宋诗风之不同，“两岸猿声啼不住，轻舟已过万重山”（李白《早发白帝城》），此唐诗之风格也；“蹄间三丈是徐行，不信天山有坑谷”（苏轼《戏书李伯时画御马好头赤》），此宋诗之风格也。

书界一直都在呼唤能够反映宋诗之全貌的宋诗选本。人民文学出版社早年刊出钱锺书先生的《宋诗选注》，此书英姿骏发，尽显名家风范；此番又推出北京大学张鸣先生的《宋诗选》，相信此书在反映宋人精神风貌及宋诗之全貌方面会得到读者的首肯和认同。

这是一部守候多年的书稿，作者于执教鞭之余潜心含咏，数经寒暑，始有是书。忝为《宋诗选》责任编辑，我很愿意将先睹之快推及他人。

作者多年从事宋代文学的教学与研究，对宋代作家作品往往有独到心得，因此本书在选篇范围、诗人小传、作品注释、诗下评语等诸方面都具有很高的学术含量。

本书之选目，绝不可与时下从选本到选本的“魔方式”应景之作同日而语，选诗多来自别集，继补之诗则来自《全宋诗》。根据全集、总集作选本的人目前已是凤毛麟角，因此本书在选目上先已高出一筹，覆盖面宽，能准确反映宋诗特点。

因作者研究有素，所以诗人小传写得极见功力，特别是欧阳修、张方平、苏舜钦、邵雍、王安石、苏轼、苏辙、张耒、陈与义、陆游、范成大、杨万里等条，都透辟而有学术见地。

本书注释最为精彩，常有匡谬决疑的发明与卓见。例如寇准《江南春》注〔1〕对诗之体式（入诗入词之争）的辨析、王安石《明妃曲》注〔11〕关于“捍拨”的考证、陆游《临安春雨初霁》注〔5〕关于“闲作草”的解释及注〔6〕关于“分茶”的求证，均起到拨乱反正、正本清源的作用。注释中最难解决的是诗题中夹杂的同时代人名，这些人名往往正史无载，且多以字、号出之。作者在这方面也解决得很好，如刘子翚《绝句送巨山》，注中对“巨山”的注释就非常到位。

诗篇之末的评语是注释的拓展或延续，也同样精彩纷呈。如对惠崇“河分冈势断，春入烧痕青”两句诗之著作权纷争一段公案的明判；对晏殊名句（“梨花院落”“无可奈何”）诗、词两用的指摘；对王安石《泊船瓜洲》之写作背景的考索及对诗间字句的细绎爬梳；对杨万里名作“梅子留酸”一诗诗题传写之差误的辨析，均冰雪皎洁，令人叹为观止。

此外，书稿征引之博洽也很值得称道。如注“捍拨”征引日本正仓院所藏唐代琵琶实物、评陈与义诗句“卧看满天云不动，不知我与云俱东”征引西方当代物理学家著作（《可怕的对称——现代物理学中美的探索》）中引用此句说明运动相对性的评语，均显示出注家的妙悟与妙得。

前言对宋诗之发展加以分期描述，高屋建瓴，颇具史识、史才和史笔，无疑为读者认识宋诗提供了一份精练而准确的导游图。

总之，这是一部优秀的宋诗选本，相信能经得起时间的检验。

《海南日报》2004 年 7 月 11 日

《宋诗选》，张鸣选注，人民文学出版社 2004 年 5 月出版，责任编辑：宋红

# 清诗研究的“经典性成果”

葛云波

“十年磨一剑。”刘世南先生的一把“利剑”——《清诗流派史》是磨了十五年（1979—1994）的，而且已经“试”过了十多年（敏泽先生读其初稿并作序是在1992年）。1995年，这本力作在台湾文津出版社以繁体竖排印行，公开向学术界“试剑”，很快受到不少学者的盛赞。如白敦仁先生评“是书如大禹治水，分疆画野，流派分明”，“若网在纲，二百年诗歌发展痕迹，便觉眉目清楚，了然于心”。屈守元先生评此书“既扎实又流畅，材料丰富，复有断制，诚佳作也”。张仲谋先生认为这本书与严迪昌先生的《清诗史》同是清诗研究的“经典性成果”。

可惜该书在台仅印行千册，而且书价昂贵（折合人民币约一百元），内地不易购买，影响了该书的广泛流传。近十年来，清诗研究的热潮不断升温，各种论著和论文相继问世。然而，能像《清诗流派史》这样厚重的论著尚属少见，在内地大力推荐该书是必要而又迫切的。值得欣慰的是，2004年人民文学出版社以简体横排出版了该书，这对内地古典文学的研究将有极大的推动作用。

该书对清代二十二个诗歌流派及其中作家的思想和艺术特色一一进行了精到的分析，由此读者可以对清代诗歌发展变化有个全面细致的把握。该书除了对常为人知的神韵诗派、格调诗派、性灵诗派、肌理诗派等进行别出心裁的研究外，还对河朔诗派、岭南诗派、饴山诗派、桐城诗派、高密诗派、常州诗派、汉魏诗派、中晚唐诗派等过去少有人或不曾有人过问的流派进行了细致的探讨，这些部分是该书明显的开拓性贡献。作者不仅没有像过去的一些文学史一样块块结构地介绍作家生平、思想、作品特点而罗列成史，而是注意“时代要求、文学风尚及诗人主体的审美追求”三者紧密联系，力求追索诗歌发展的内部规律和递变，并不时表达自己的独到见解。他说：“我一向要求自己厚积薄发，著书必须有自己的见解。”并简略列举“《清诗流派史》的创见”四十条，以为“自我肺腑出，未尝只字篡”（《在学术殿堂外》13—14页）。其言其行都显示出其独立的学术人格。这种独立精神不仅表现在其开拓性研究上，还表现在作者不妄随人言，亦不为大家所笼罩上。作者往往敢于直言一己之见，做鞭辟入里的论析。如作者和钱锺书先生曾经来往书信，钱先生对其多有称誉，然本书亦有不满其说而径直论辩的地方。比如，钱先生认为朱彝尊“于宋诗始终排挤，至老宗旨不变”，而作者认为朱氏早年所作《赠张山人》等诗确实完全不用宋人字、词、语，但是五十六岁之后，则受到王禹偁、梅尧臣、王十朋、黄庭坚、陆游、范成大、杨万里等的影响，苏轼对其影响最大。作者各举一例为证，还说“用苏诗则自（《曝书亭集》）卷十一至二十二共有四十处之多”。由此作者认同洪亮吉、翁方纲等认为朱氏学宋的观点，而作者摆脱了古人直下断语而分析不透的缺点，将朱氏晚学宋人之事给坐实了。又如，关于诗界革命派与宋诗派的关系，曾有两种观点：李渔叔等人认为诗界革命派是专为反对宋诗派而出现的，而钱仲联先生等认为两派并非对立的诗派。作者则驳斥了第一种观点，又认真分析了两派在政治立场和艺术趣味上的同和异，从而说“完全否认这两派的分歧与差异，也是非历史主义的”。

作者视野宽阔，用功复勤，表达出独出心裁的学术观点，撰成大著，自然称得上学问家。但作者不专“为学问而学问”，撰成此书尚有其良苦用心。作者在其《在学术殿堂外》曾举《清诗流派史》的重点：一、通过吴兆骞说明专制高压会使人“失其天性”；二、通过谭嗣同说明民主意识的产生极其巨大意义；三、通过释函可说明韧性战斗的重要。作者在其中推崇的精神在今天看来是多么重要。王晓明在《思想与文学之间》中所表达的知识分子的忧虑，正在于这些精神在今天的缺失。在《清诗流派史》出版的同时，人民文学出版社推出了南京大学现代文学研究中心主编的“鸡鸣丛书”，意义是深远的。刘世南先生引杜甫《题李尊师松树障子歌》“更觉良工心独苦”并苏轼的解说“凡人用意深处，人罕能谕，此所以为独苦”。刘先生这种焦虑与“鸡鸣丛书”的作者们是不谋而合的。因为有深切的人文关怀，作者在行文中便不免充满或喜或忧的情感脉动。试看第二章第四节中有云：“函可遭到清代第一次文字狱的迫害，满腔义愤，喷薄而出，化为诗篇，是控诉，也是抗争，因而字字是血，句句是泪。读它们，你会感到阮大铖《咏怀堂集》的艺术性固然只能引起恶心，就是那班寄情风月、托兴江山的闲适之作也是渺小的。”“读着这样的血泪文字，我们会想起文天祥、史可法，他们真是民族的脊梁和灵魂！”作者将释函可单列一节与其他大诗人并列，不仅是将他推上诗史，更是要将他推上民族的精神史！

《光明日报》2004 年 7 月 15 日

《清诗流派史》，刘世南著，人民文学出版社 2004 年 3 月出版，责任编辑：葛云波

# 潮落之后

——评"红学经典丛书"

徐文凯

沸腾喧嚣的潮水正在一步步退下，粗大的沙砾、破裂的贝壳、似绿似黑的海草残叶散落在沙滩，当然还有大量的垃圾。不过，偶尔也许还是能拣到宝的，如果你有眼力、细心、耐心和足够的时间。

热闹了 2005 并且跨到了 2006 的红学热潮似乎正在逐渐平息，那些将《红楼梦》当成曹雪芹留下的"达·芬奇密码"而从猜谜中获得破关快感的玩家及其反对者们还意犹未尽，围坐在他们的 PK 擂台旁并顺手摇旗呐喊推波助澜的看客们，比如我，已准备起身离场。人民文学出版社却选在这个时候推出了这套"红学经典丛书"，像是对潮水的加热——一如那红色的封面；却使人感到阵阵清凉——浮躁的心在那些历次红学热潮中留存下的文字中清醒起来、沉稳起来。

这套丛书，仅从书目上，编选者的目的已经可以看得非常明确，这是一个世纪以来红学研究的代表性著作的精选，"固然远不能涵盖红学研究的全部成果，但却无一不是在红学史上具有里程碑意义的传世之作"，以使读者能够"熟悉并了解前人的有关研究成果"。目前已出版的是俞平伯《红楼梦辨》、舒芜《红楼说梦》、蒋和森《红楼梦论稿》和冯其庸《石头记脂本研究》。几书论述各有侧重,不仅风格迥异,观点亦有针锋相对之处，参照阅读，颇有意味。

俞平伯与胡适同被视为新红学的代表人物，其《红楼梦辨》则为新红学考证派的第一部研究专著，其价值与意义自然不容低估。与胡适的《红楼梦考证》主要集中在作者的身世等问题上不同，俞平伯主要集中在文本本身的考证上，跨出了由历史考证到文学考证的一步，而重点是对后四十回的考证及批评。他依靠大量内证并结合外证，考定后四十回确非曹雪芹原作。而对于高鹗续作，他认为“混四十回于八十回中，就事论事，是一种过失；就效用影响而论，是一种功德；混合而论是功多而罪少”。 换言之,他认为续作本身基本是“失败”的,因此论著中对于“败笔”的抉发随处可见，但他并未否定续作在《红楼梦》流播中的“效用影响”。1954 年，“两个小人物”掀起了对于此书的批判……1990 年夏，俞平伯在其生命之火即将熄灭之际写下了两句话：“胡适、俞平伯是腰斩《红楼梦》的，有罪；程伟元、高鹗是保全《红楼梦》的，有功。大是大非！”……至今又是十六年了。一本书的遭遇，一个人的一生，这在文学史甚至人类有文字的历史上早已不是罕事了。

舒芜则“从来说的是《红楼梦》，不是《石头记》”，他反复申明自己是“普通读者”，“像千千万万普通平凡读者一样，是先读了一百二十回的《红楼梦》，喜欢它，特别喜欢它那黛死钗嫁的大悲剧结局，才慢慢听说有《石头记》……不管专家对于后四十回如何评价，我们总还是要读一百二十回的《红楼梦》,不想用未完成本的《石头记》代替它”。此书分为三编，前编完全采用对话体，实际上，本编与后编中作者也如在座前侃侃而谈，“黛玉骂的是谁”、“宝玉真信芙蓉神之说么”、“晴雯为什么‘枉担了虚名’”、黛玉凤姐宝玉宝钗湘云宝琴都是怎样出场的……轻松随意之间，可以感受到论者对于原著细腻深刻的领悟。“深入浅出”四字虽然早就用得俗了，却真真是本书给人最大的感受，非大家不能为也。聂绀弩曾称许其观点“实为独特之见”，“是红学的最大空前突破”，绝非过誉之辞。

读至蒋和森，风格又是一变。他认为对《红楼梦》“不仅要用先进的思想来认识它，还要用热烈的感情来拥抱它”，因此其书不仅以深刻的思想分析见长，且以富蕴激情的笔触感染着读者。《红楼梦》是诗一样美的小说，蒋氏的评论也是诗人化的，且不说《红楼梦人物赞》那整篇大段抒情化的文字，随便翻开一页、随手拈出几句就漂亮得不得了：“这（黛玉）是一个永远不用别人的衣裳，来忘掉自己寒冷的人。这是一个永远不把别人的怜悯和施舍，当作自己的幸福的人。”“这（宝钗）是一支以黄金为外壳并镂刻着美丽花纹的宝剑；一支适于佩挂在蟒袍玉带上的宝剑；然而，这又是一支终未出鞘而锈毁掉的宝剑！”……

四书中“专业性”最强的自是冯其庸《石头记脂本研究》了。此书包括后记共收入了作者二十余年间关于脂本研究的十八篇文章，主要是庚辰本、己卯本、甲戌本的介绍、研究和论述。版本学为红学研究中的重要领域，而本书则是红学版本学方面最权威也最有影响的著作了，唯其如此，它也成为近年来“新红学批判”——重要论点之一，是认为“脂评”当属伪造——首选的批判对象，诚所谓“树大招风”是也。我无意在此探讨脂砚斋及其评点的真伪，只是真正的学术当是严谨的、规范的、专业的、理智的，也正如《石头记脂本研究》所展示的。

而说到“招风”，这些经典之作也的确是后起批评的好靶子——毕竟书中有许多过去时代烙下的痕迹（比如过于强烈的阶级论的色彩）。事实上，“任何一种研究方法发挥到极致都可能导致过度诠释”，这是我的导师一直在提醒我的，因为这恰恰是许多研究者包括以上大家都难以避免的。这一点，我们也不必为长者讳。

接下来，据说王昆仑《红楼梦人物论》、李辰冬《红楼梦研究》、李长之《红楼梦批判》、周汝昌《红楼艺术》、余英时《红楼梦的两个世界》等也将陆续推出。我有些盼望，也有些担心：不需要仔细盘点，“无厘头”到“恶搞”，余秋雨到易中天，“历史的戏说”到“学术的娱乐化”，一路推论下来倒也水到渠成、顺理成章。对于经典的解构正一次次地制造着新的“经典”，这套“红学经典丛书”又将会带来什么呢？

2006年6月

“红学经典丛书”——

《石头记脂本研究》，冯其庸著，人民文学出版社2006年6月出版，责任编辑：管士光

《红楼说梦》，舒芜著，人民文学出版社2006年6月出版，责任编辑：王培元

《红楼梦辨》，俞平伯著，人民文学出版社2006年6月出版，责任编辑：胡文骏

《红楼梦论稿》，蒋和森著，人民文学出版社2006年6月出版，责任编辑：徐文凯

# 洪承畴的“使命”及其他

王培元

二十世纪三十年代，杭州有一家《越风》杂志，曾发表高越天的《贰臣汉奸的丑史和恶果》一文，在谈及明朝亡国之际忠臣义烈、殉节不屈之后，又提到“最大汉奸吴三桂、贰臣洪承畴”，说“他们在当时昧了良心努力讨好清廷，结果还是‘鸟尽弓藏，兔死狗烹’，真是愚不可及”云。

又据《雪庵絮墨》，述清朝对于开创功臣，皆配享太庙，然无汉人耿精忠、尚可喜、吴三桂、洪承畴四名，洪且由乾隆列于《贰臣传》之首，于是诫之曰：

> 似这样丢脸的事情，我想不独含怨泉下的洪经略要大吃一惊，凡一班吃里爬外，枪口向内的狼鼠之辈，读此当亦憬然而悟矣。

鲁迅当即撰文指出：这种训诫，是反问不得的。倘有不识时务者问：“如果那时并不‘鸟尽弓藏，兔死狗烹’，而且汉人也配享太庙，洪承畴不入《贰臣传》，则将如何？”（《且介亭杂文末编 · 立此存照〔四〕》）

几十年过去了，有当代学者编撰三十万言之《洪承畴传》，记叙了传主的一生，详述了出任兵部尚书兼右副都御史总督蓟辽军务的洪承畴，“背明降清”之后，从随军南下、佐理机务的出谋划策，到总督军务、招降江南、平定皖浙闽的文韬武略的“开清第一功”，再到经略五省、进取云贵的运筹帷幄、决胜千里，直至“‘鞠躬尽瘁’谥文襄公”，并认为在作为清初重臣十七年的时间里，“他担负的使命是，使战乱分裂的中国统一、安定下来，这对社会的前进起了积极作用”，“应属于基本上应当肯定的历史人物，他的主要政绩对中国和中华民族的安定和发展起了积极作用”。

此种所谓“历史的、辩证的、客观的、实事求是的评价”，恐怕是很难经得住推敲和追问的。如果说洪承畴的“使命”，是“使战乱分裂的中国统一、安定下来”，那么，那些奋起抵抗侵略、誓死保家卫国的明朝军民的“使命”又是什么呢？身先士卒、陷阵杀敌、喋血疆场的督师卢象升，“吾头可断，身不可屈”、从容赴死的南明弘光朝大学士史可法，“纲常万古，节义千秋”、慷慨就义的南明隆武朝大学士黄道周，愧于兵败、决心以死激励后人、自沉松塘而亡的进士夏允彝，与清军血战了八十一天、誓死守护家园、最后城破被屠的几十万江阴民众，在东南沿海坚持反清复明斗争的郑成功、张煌言……岂不是阻碍了、破坏了中国的“统一、安定”？岂不是延缓了、遏制了“社会前进”的历史进程？比起“基本上应当肯定”的洪承畴来，他们岂不都是不识时务、不明大势、不能顺应历史潮流、“基本应当否定”的吗？

显然，上述对洪承畴的评价中隐含的，是一种胜利者、权力者的历史观，胜王败寇的历史观。

不妨再追问下去：假如清乾隆皇帝钦定、列入《贰臣传》的一百二十多个明朝文臣武将没有降敌事清，襄助赞理，“为王前驱”，清军能否顺利南下、定鼎中原呢？“抚定燕京”之后，又能否维持长治久安的局面呢？要回答这些问题，怕是要费一点唇舌吧。

又假设在明清的大对决中，清军最终未能入关、取明而代之，那么，封疆大吏、蓟辽总督洪承畴，由于背叛明朝而落得个“汉奸”的千古骂名，是否值得呢？究竟如何看待、评价他这个“大明王朝的掘墓人”的举足轻重的历史角色呢？

这，恐怕就更难回答了。“因为卫国和经商不同，值得与否，并不是第一着也。”（鲁迅语，出处同前）

看来，要算清楚历史的陈年旧账，真是“戛戛乎其难哉”！

1934 年 7 月 17 日鲁迅曾写过一篇杂感，题目就叫《算账》，开头两段云：

> 说起清代的学术来，有几位学者总是眉飞色舞，说那发达是为前代所未有的。证据也真够十足：解经的大作，层出不穷，小学也非常的进步；史论家虽然绝迹了，考史家却不少；尤其是考据之学，给我们明白了宋明人决没有看懂的古书……
>
> 但说起来可又有些踌躇……我每遇到学者谈起清代的学术时，总不免同时想：“扬州十日”，“嘉定三屠”这些小事情，不提也好罢，但失去全国的土地，大家十足做了二百五十年奴隶，却换得这几页光荣的学术史，这买卖，究竟是赚了利，还是折了本呢？

“我直觉的感到，这恐怕是折了本，比用庚子赔款来养成几位有限的学者，亏累得多了。”——鲁迅是这样回答的。

如今，评价洪承畴的是非功罪，要超越“大汉族主义的影响”，超越一直存在着的“重大偏见”，似乎自然并无不可；但是，在评价历史人物的时候，难道能够超历史、超时代吗？难道能够“超然”于道德之是非、历史之功罪吗？毫无疑问，在当时“特定的历史环境中”，满清作为来自北方的异族侵略者、征服者、屠杀者和统治者，是铁铸的事实。“五族共和”的提出，则是大清王朝呜呼哀哉之后的事了。

进而，要还洪承畴“以本来的历史面目”，似乎自然也并无不可；但是，难道能够回避他作为“明王朝的重臣”，对旧朝、对故国、对父母之邦的背叛吗？难道能够因为现在“中华民族的多元一体格局”，就不对过去他投降与效忠异族征服者、侵略者和压迫者的可耻的不光彩的汉奸行为，进行必要的严正的道德审判吗？

此外，该书序作者还有云：“以清代明不过是中国历史上王朝更迭的正常现象。”是啊，一部中国古代史，王朝更迭嬗替，实在是多多而又多多，《红楼梦》里不是写过了，“乱哄哄，你方唱罢我登场”；鲁迅不是也说过了，“中国历史的整数里面”，“只是两种物质，——是刀和火，‘来了’便是他的总名。火从北边来便逃向南，刀从前来便退向后，一大堆流水账簿，只有这一个模型。倘嫌‘来了’的名称不很庄严，‘刀和火’也触目，我们也可以别想花样，奉献一个谥法，称作‘圣武’，便好看了”。(《热风·随感录五十九“圣武”》)

不知为什么，在“正常”的“王朝更迭”面前，在“好看”的“圣武”面前，我却总是无法产生庄严正大的神圣之感与敬畏之感；而且，无论如何，也总是不能忘记，投靠了新主子的洪承畴所跟随的清军，在其入关及南下浩浩荡荡的攻城略地过程中，那些罄竹难书的野蛮劫掠、血腥屠戮和杀伐；在刀光火色的衰微中，总是无法忘记，在岁月的流逝中逐渐淡去、为“太和祥洽”的“康乾盛世”所掩饰的凶残的文字狱之斑斑血迹……

我于是想，在褒扬洪承畴于明清易代之际“审时度势”，及对新朝起着“安邦定国”作用的“光明面”之时，是不是也在不自觉地肯定一种见风使舵、趋利避害、变节附敌、毫无特操、善于变化、无坚守、无信从的道德人格呢？这种无耻卑劣的人格，既违反做人的伦理，又有悖于国民的道德，无疑是应该彻底唾弃的。

当今的文人学士，早就匍匐在“一个王朝的背影”里，对“千古一帝”康熙的“王道”，遥遥地奉上五体投地的赞美和尊崇了。近来又有清史专家说什么“剃发易服是民族文化的一种交流形式”，“文字狱虽然制约了一定的思想灵性，但起码维持了社会稳定”云云，这种话，简直就是狗屁不通！

《中华读书报》2009年6月3日

《洪承畴传》，王宏志著，人民文学出版社2009年4月出版，责任编辑：徐文凯

# 细说英雄生前事

——评《金戈铁马辛弃疾》

胡文骏

辛弃疾在一首《破阵子》中写有这样的词句："了却君王天下事，赢得生前身后名。"而如今的《辞海》"辛弃疾"条叙述他为"南宋爱国词人"。的确，辛弃疾在词作上的成就几乎可独步南宋词坛，但"词人"这个"身后名"显然不会是辛弃疾本心所向——通过赵晓岚教授的新著《金戈铁马辛弃疾》，我们可以了解到辛弃疾的"生前"事迹，而那些流传千古的词作或许只是他传奇一生的些微注解。

争议和谜案似乎总是伴随着辛弃疾——出生于金朝政权统治下的北方，他的祖辈是"真降"还是"卧底"？南归宋朝前擒杀抗金起义军叛贼的壮举是他独力完成的吗？在南宋任地方官时他铁腕平乱、建立地方军队，展现强悍的执政能力，但同时却又遭到"贪"与"酷"的弹劾……这些在学界历来有争论的问题，在这部传记中都得到了逻辑清晰、证据充足的分析。

辛弃疾在南宋当地方官时受到的多次弹劾是影响其仕途走向的重要因素，其中的事实真相也最为复杂。书中的"铁腕平乱""建军风波”“贪酷疑案”等几章是集中叙述了辛弃疾为政地方的经历，作者没有犯“溺爱”传主的错误，而是保持了比较客观的态度，立足史料去解析真相。例如在“建军风波”中，就十分具体地展示了辛弃疾为建立保障地方治安的“飞虎军”，自筹资金时所用的种种超出常规的办法：让犯了罪的僧人或者百姓用建造军营所需的石料赎罪，以节约开支；将以往对民间酒商收税，改为将酒实行官府经营，增加政府收入；面对朝廷要求停止建军的命令，拼命赶工期建好军营。而这次建军正是辛弃疾被弹劾的重要事件之一。事实上，飞虎军成立以后，“雄镇一方，为江上诸军之冠。”（《宋史 · 辛弃疾传》）不但很好地维护了地方治安，而且此后三十多年里，一直是长江一带一支有力的武装力量，使金军畏惧，对北方边境的守备也起到了很大的支持作用。辛弃疾的做法并不是为了谋求私利，“贪”“酷”的弹劾背后，是一个能够顶住重重压力，依靠过人的胆识和智谋完成政治任务的地方官。

作者在陈述了辛弃疾遭受弹劾的事实真相后，更进一步探讨了这些“缺乏直接有力证据”的弹劾的成因。即内因：辛弃疾的性格和行事作风使他在南宋官场中成为一个“另类”，从而惹来种种的“流言”。外因：宋代设立的中央监察机构“台谏”（御史台和谏院），可以“风闻言事”——不一定要有真凭实据即可弹劾官员，连皇帝都不可以追查传闻的来源，如果传闻失实，也不应追究台谏官的责任。这无疑比以往用政治斗争加以解释，甚至简单归结为主和派与主战派的矛盾所致要合理得多。

在书中，辛弃疾脱离了旧有印象中扁平的主战派将领形象，而是有血有肉、真切实际的。他有不拘小节的政治手腕，有难以“戒除”的功名心。他的生活并不清苦，有妻有妾，有田产庄园。甚至在被迫闲退的岁月，他仍然与地方官员、社会名流保持来往，做着复出的准备。然而这些都不妨碍辛弃疾作为一个爱国英雄的存在——他一生的愿望是北上收复中原失地，从二十五岁时献征战金朝的策略《美芹十论》，到年过六十后抛开个人恩怨重新出山参与南宋北伐，直至他生命的最后一天大喊“杀贼”而终，热烈的报国公心从未减灭半分。这也是贯穿此书的一条主线，是阅读全书时那种昂扬澎湃情绪的源头。

正如辛弃疾的词所写的那样“舞榭歌台，风流总被，雨打风吹去”（《永遇乐》），一生的英雄事业在历史长河中总转瞬即逝，今天我们记起辛弃疾，终归还是因为他那些精彩绝伦的词篇——有“金戈铁马，气吞万里如虎”（《永遇乐》）的豪情，也有“啼鸟还知如许恨，料不啼、清泪长啼血”（《贺新郎》）的悲恨；有“七八个星天外，两三点雨山前”（《西江月》）的恬淡 ，也有“蛾儿雪柳黄金缕，笑语盈盈暗香去”（《青玉案》）的婉转。对辛词的解读也正是这部传记的重要内容，作者将词作的品读融入对辛弃疾事迹的叙述之中，除了字句意思、辞藻典故、艺术特点的解析之外，还细细描摹出辛弃疾创作时的情态心绪、词篇背后的史实寓意等。相对于选注本，在此书里读辛词，是可以更加愉悦和透彻的。

辛弃疾常常在词中寻觅英雄，是在为他身处的孱弱朝代英雄的缺失而感叹，还是在抒发自身那无人领会的英雄抱负？在《金戈铁马辛弃疾》中，我们可以读懂这位历尽人间烟火的英雄的心境。

《人民日报》2010 年 7 月 27 日

《金戈铁马辛弃疾》，赵晓岚著，人民文学出版社 2010 年 5 月出版，责任编辑：葛云波、胡文骏

# 《姚燧集》平议

葛云波

“由来含毫人，不及缣楮年。虽求异世知，存一遗百千。”（《姚燧集》卷三十二《杨补之墨梅》）缣、楮，作书画之绢、纸，代指书画。人先画老，画亦随世而泯灭，千不存一，直可扼腕喟叹！画家与画如是，文人与文岂不同哉？元代去今不足七百年，诗文集散佚却甚为严重，虽一代文学巨子如姚燧，亦不幸免。然而颇令人振奋的是，查洪德、叶爱欣教授编辑点校出高质量的《姚燧集》，为姚燧功臣，亦极便利于治元代文史学者，洵可称赞。

《姚燧集》“前言”介绍姚燧作品及其地位、文集版本至细至详，兹先参考其文并略据己见简述姚燧及其著作版本的情况，然后据实例揭示此一整理本的学术贡献及特色，最后以一字之校勘例探讨此书可进一步完善的思路。

## 一　姚燧身世及其诗文在文学史上的地位

姚燧（1238—1313），字端甫，号牧庵，原籍营州柳城（今辽宁朝阳），迁居洛阳。三岁而孤，依伯父姚枢成人，师从元初大儒许衡（1209—1281）。1275 年被时任国子祭酒的许衡荐为秦王府学士。不久授奉议大夫，官陕西汉中道提刑按察司副使、翰林直学士、大司农丞。1295 年以翰林学士应诏修《世祖实录》。1301 年出为江东廉访使。1305 年拜江西行省参知政事。1308 年入为太子宾客，进承旨学士，寻拜太子少傅，次年授荣禄大夫，翰林学士承旨，知制诰兼修国史。1311 年后告归。1313 年九月十六日，卒于家，享年七十六岁，元廷谥之曰文。《元史》卷一百七十四有传。

姚燧以文著称于世，时人张养浩（1269—1329）《牧庵文集》序云："公才驱气驾，纵横开阖，倡鸣古人，群推牧庵一人。"元末吴善为《牧庵集》作序云："文章有一代之宗工……百年几见"；"汉四百年惟司马迁父子、扬雄、班固四人"；"唐三百年惟韩愈、柳宗元二人"；"宋三百年惟欧阳修、苏轼二人"；"我朝国初，最号多贤，而文章众称一代之宗工者，惟牧庵姚公一人耳"，推崇至高。《元史》称其"闳肆该洽，豪而不宕，刚而不厉，舂容盛大，有西汉风。宋末弊习，为之一变"。黄宗羲（1610—1695）、顾嗣立（1665—1722）都把姚燧比作韩愈、欧阳修，可见他在清人心目中的地位。

姚燧出身世家，师从大儒，为人耿直，但也因才高气盛，又在元代思想通脱的氛围里，所以不乏歌妓侑酒、填曲赠妓之事，便表现出他风流洒脱的个性。他创作的散曲清新舒畅，风格雅致，与卢挚（1242—1314）齐名，对元散曲的发展起到了关键的推动作用。

## 二　姚燧诗文集的版本流传情况

姚燧诗文集的刊刻，较早的应属吴善序提及的"宁国所刊本"。大德五年（1301），姚燧授中宪大夫、江东宪使，治所宁国（今安徽宣城）。皇庆二年（1313），宁国路总管陈杞兴修总管府，请他作记

(《牧庵集》卷六《圣元宁国路总管府兴造记》)。姚燧该年卒，此记为绝笔之作。宁国与姚燧机缘如此，则其集梓行其地，宜有说矣。惜此宁国刊本早亡佚。

姚燧弟子最著者即刘致（字时中），尝撰成《牧庵年谱》。《元史》姚燧传所谓“平生所著有《牧庵文集》五十卷行于世”者，即刘致至顺壬申（1332）调至江浙行省任都事之际，“以郡县赡学余钱”所刊刻之“全集”，收录古赋三篇、诗二百二十二篇、序二十八篇、记五十三篇、碑铭墓志一百四十篇、制诰五十八篇、传二篇、赞十五篇、说十一篇、祝册十篇、杂著十三篇、乐府一百二十四篇，总计六百八十九篇，凡五十卷。

元代几种总集收录姚燧诗文，其中周南瑞编成于元大德年间的《天下同文集》，收录姚燧诗文十数篇；苏天爵（1294—1352）编《元文类》成于元统二年（1334），在至正二年（1342）刊印进呈，收录姚燧文数十篇，均算是较早传播姚燧诗文的选本，亦可借以了解其当时的影响。

明杨士奇（1366—1444）等正统六年（1441）编《文渊阁书目》卷九著录《姚牧庵文集》一部二十册，当即刘致刊本。同时稍后的叶盛（1420—1474）云：“有元名人文集，如王百一、阎高唐、姚牧庵、元清河、马祖常、元好问之焯焯者，今皆无传。”（《水东日记》卷二十五）刘昌成化七年（1471）辑《中州名贤文表》跋云：“姚文公《牧庵集》五十卷，其刻本松之士人家有之，昌尝闻李中舍应祯云。然南北奔走，竟莫能致。今所得乃录本，多残缺，视刻本不啻十之二。”盖天子讲读之所尚存（《永乐大典》所据本当即文渊阁所藏刘致刻五十卷全集本），而民间收藏家已鲜见其书，乃有抄本流传。刘昌自称抄自五十卷本抄本，而《四库全书总目》卷一六六《牧庵集》提要谓《文表》“无出《文类》之外者”，疑其当时未见五十卷本。明冯从吾（1556—1627）撰成于万历四十三年（1615）的《元儒考略》载有《牧庵集》五十卷，与《牧庵文集》书名不全同，亦似未见其书。

《四库全书总目》卷一六六《牧庵集》提要谓“黄宗羲（1610—1695）序《天一阁书目》云：‘尝闻胡震亨（1569—1642）家有《牧庵集》，后求之不得。’盖已久佚。”清初黄虞稷（1629—1691）《千顷堂书目》卷二十九著录“姚燧《牧庵文集》五十卷，一作三十卷”，话语之间知未见传本。

综上所述，五十卷本《牧庵集》明之中期已罕有其传，明清之际已亡佚。

今存三十六卷本，为清代四库馆臣自《永乐大典》辑出。提要云：“惟《永乐大典》所收颇夥，校以刘时中《年谱》所载文目，虽少十之二三，而较之《文类》所选，则多十之五六矣。诗词更多出诸家选本之外。谨排比编次，厘为三十六卷，以存其概。”四库辑三十六卷本，计有祝册三篇，诏制五十四篇，序二十五篇，记三十四篇，庙碑十一篇，神道碑、坟道碑、神道碣、先德碑、墓碣、阡表、阡碣、墓志铭合八十六篇，传、行状合二篇，经义、铭、赞、题跋、说十八篇，赋一篇，古近体诗一百四十五首，诗余四十七首，另有附录年谱，前有张养浩序、吴善序。四库辑本除收入《四库全书》外，又编入《武英殿聚珍板书》，《四部丛刊》据以影印，《丛书集成初编》据以排印。另，浙江图书馆藏一抄本，乃据四库辑本抄录，然不全。

明刘昌辑《中州名贤文表》收姚燧八卷，不同于三十六卷，属另一系统，《北京图书馆古籍珍本丛刊》第一百一十六册据明成化刻本影印。与此同一系统者，有不分卷清抄本，国家图书馆存两种，其一有黄丕烈跋。黄氏将抄本与《中州名贤文表》对勘，知抄本比《中州名贤文表》多碑一、行状一、序二、墓志铭六、传一、脱铭三，认为“可知此从旧本传录，非录自《文表》”。但细加比勘发现，凡《中州名贤文表》与四库辑本有异文处，抄本均与《中州名贤文表》同，故两本为同一系统无疑。《北京图书馆古籍珍本丛刊》第九十二册据此抄本影印，惜未印黄氏跋语。此外，《藏园群书经眼录》卷十五、《中国古籍善本书目》卷二十五又著录有二卷抄本。

## 三 《姚燧集》整理工作的学术贡献和特色

1. 准确选定底本，细致辨别版本，又据他本精审地纠正底本之讹误。

《姚燧集》，今以三十六卷为最全，此是四库馆臣搜集之功。故今整理不得不选择此本为底本。然查、叶教授经过细致比勘，发现《武英殿聚珍板书》本虽也据四库辑本，其错误较文渊阁《四库全书》本却少得多，应该是在刊印时做了认真的校正，故整理时据《四部丛刊》影印《武英殿聚珍板书》本为底本。此一决定，奠定此一整理本之骨架，为可称道者之一。

不得不用之四库辑本实际上讹误甚巨。白寿彝主编《中国通史》第八卷第一章汉文资料第七节在讨论《元文类》"对于元史的研究有极重要的参考价值"时说："是书收有当时著名文人姚燧所作碑铭、墓碣四十余篇，而现存姚燧《牧庵集》的文字经过清朝四库馆臣的妄改，使人感到不知所云，现赖此书得以恢复其部分原貌，故《元文类》又有校勘的价值。"即已意识到四库辑本实难卒读，而《元文类》可供校勘之用。查、叶教授则细致考察了四库辑本《牧庵集》存在的问题，总结其中重大的过失之一是"文字脱、衍、错乱太多"。在《姚燧集》前言中整理者举了最为典型的例子，即卷十八《戍守邓州千户杨公神道碑》一段文字，四库辑本不知所云。整理者还发现四库辑本重新翻译元代蒙古、色目人名，在《牧庵集》中造成的令人啼笑皆非的误译等问题。而此类不可不校以他本，乃能得以解决；校本之选择及其范围，皆有关校勘质量。

该书整理，底本既定，复选择文渊阁、文津阁《四库全书》本、清抄本以及《元文类》《中州名贤文表》《天下同文集》及其他早期总集收录的文章为主要参校。此得其大体。整理者又能注意到收录有姚燧文的其他文献资料，殊为可嘉。如《元典章》《高丽史》《甘水仙源录》《道教金石略》《元朝名臣事略》等，引录姚燧文章不少，洵为弥足珍贵的参校材料。查、叶教授视野开阔，广泛搜集参校材料，搜求到载有姚燧文章的各类图书竟达五十多种，最终校勘用书达到一百多种（详见书后附《校勘用书目录》）。通过整理者细致认真地使用这些文献校勘，纠正了原本大量错误，一篇文章校勘记有多至四五十条者。此类工作成果俯拾皆是。如：卷十二《报恩寺碑》“繁峙”，整理者据文渊阁、文津阁《四库全书》、《元文类》卷六四改作“繁畤”（167页）。此一字之改，乃显现姚燧文原貌。盖繁畤为汉代以来所设，至明“洪武二年（1369）改为繁峙县”（《明史·地理志》），繁峙即入明始称，非姚燧时所当有。故当以作“繁畤”为是。如此在相当程度上恢复了姚燧文章的本来面目，从而读来通达无碍。

兹列表举例，看《姚燧集》与《丛书集成初编》本文字上差异，

| 《牧庵集》卷数篇目 | 《姚燧集》 | 《丛书集成初编》本之讹误 |
|---|---|---|
| 卷一《张弘范赠齐国忠武公制》 | 萃亡命而蚕瓯闽 | 蚕，误作蠢 |
| 卷三《郭野斋诗集序》 | 鶩岸诈谖 | 鶩，误作鹜 |
| 卷三《樗庵集序》 | 中令而下 | 下，误作不 |
| 卷三《郑龙冈先生挽诗序》 | 或以名而慕，或以年而仰 | 仰，误作抑 |
| 卷四《李平章画像序》 | 集贤大学士王颙 | 颙，误作禺 |
| 卷六《忠勤堂记》 | 三人皆中奉 | 三，误作二 |
| 卷十《崇恩福元寺碑》 | 久或旬浃 | 旬，误作句 |
| 卷十一《普庆寺碑》 | 茹荼与蓼 | 荼，误作茶 |
| 卷十七《南京兵马使……》 | 皆出乎手 | 乎，误作平 |
| 卷二十五《孙府君神道碣》 | 号求迩遐 | 迩，误作尔 |
| 卷二十九《雷君伯静甫墓志铭》 | 雷氏同之合阳人 | 合，误作郃 |

来看孰为优胜：

从以上举例可以看出，《丛书集成初编》本文字多有讹误，极大地影响了阅读，而《姚燧集》近于姚燧原貌，可靠性很强。

2. 补苴佚文，甄别误录文章，正本清源。

查、叶教授在分析四库辑本《牧庵集》存在的问题时，指出另外的重大过失是“作品漏辑误辑情况比较严重”。李修生主编《全元文》此前已做了一定的辑佚工作，辑得姚燧佚文十九篇，其中《烈妇胡氏传》《鄃王府长史李公墓志铭》（与《牧庵集》卷二十六《河内李氏先德碣》同文异题）为误辑。《全元文》所辑佚文，从校勘角度说，还存在一些问题，或辑录所据文献出处选择不够理想，或有重要的参校文本而未做校勘。

此次整理，查、叶教授又据碑刻、他人文集，辑得《大元朝列大夫骑都尉弘农伯杨公神道碑铭》《菊磵集序》《跋畴斋书归去来辞并序》《论鲁斋之学》四篇。此外，周南瑞编《天下同文集》卷六《新修滕王阁记》，原文六百八十五字；而四库辑本《牧庵集》卷七《滕王阁记》，为若干段拼接而成，仅二百七十一字，多有文义不通处。《全元文》据四库辑本收入，故不可取。姚燧诗四库辑本遗漏不少，查、叶教授新辑得六首、残句二：《宋陆秀夫抱卫王入海图》《寄畅纯父治中》《黄门飞鞚图》《别王良辅》《题贞节贾母刘氏》《赠相师梅渊泉》及《答陈宜之》句。《姚燧集》单列“牧庵集辑佚”一卷，对于研究姚燧提供了新的资料。

四库辑本误收的问题，袁世硕、宁希元先生在有关《全元文》的会议上都谈到过。查、叶教授在此次整理过程中做了具体考查，考出误收文三篇、诗三首。文分别是《牧庵集》卷三《卢威仲文集序》，当为宋人赵汝腾作；卷六《仁智堂记》、卷三十一《师濂堂跋》，均为宋人姚勉作。另外，卷六《赵樊川集序》“无几何”以下，乃误录唐白居易《故京兆元少尹文集序》文。诗则卷三十四《寄题陈肩夔兄弟梦草堂》《寄题武安节推同年万君定翁露香斋取赵清献夜则以日所为告之天也是官也盖清献初仕云》两首为宋人姚勉作，同卷《寄耕锄隐者倪元镇》则为元后期郯韶作。《姚燧集》单列“牧庵集误收他人之作”一卷，于每一篇作品之后，除了校记之外，便有细致深入的“考辨”，令人知其所以为误收，使得学者在研究过程中避免了张冠李戴，以讹传讹。

3. 校补文字，尽现当年场景，足资考证，亦有助于辨别版本之优劣。

治文史者，不以材料多为累，于文章散佚严重之人物，只言断句，皆视作吉光片羽，倍为珍惜。故搜罗佚句为整理者所须做之事，此较佚文更为难得。

《姚燧集》卷九《暖翠亭记》，据文津阁《四库全书》补入“使位君右者野适弥畅、同知塞甫丁、副使马居仁克复、经历李居仁、知事杨荣祖、照磨张彬、提控案牍周榉。克复判官，肆意山水乃如是”及“中奉大夫、江西等处行中书省参知政事姚燧”两段（128 页），所补内容固可照应前文“君（辛仲实）集同官觞余其（暖翠亭记）上”，由此亦可怀想当时推杯换盏之整体场景；亦可借以考证姚燧当时任官及时间，与刘时中所撰《年谱》相印证，并其他不知名诸人亦借之以传，足资考证。

《姚燧集》卷三十二五言诗《武昌寄刘时中》（507—508 页），后据文津阁《四库全书》补入随诗而寄去的书信一封，其中讲到已把刘时中寄来的诗皆封好寄给重要的官员，为刘时中做推荐，且谆谆教导他“自爱自爱”，并写道卢挚将到，“当别有口附者”，书信不便表达的，请卢挚捎话。此等书信关怀、鼓励、警醒皆有，话里话外，千古以下，犹令人动容。

《姚燧集》刘时中《牧庵年谱》据文津阁《四库全书》补入数处，其中如至元二十五年条补入“书《米元晖山水》末云：米元晖敷文之画，全法其父，山水树石，不事工细，多以云烟映带。只作横幅，长不三尺，自题曰墨戏。今此独双幅巨帧，岂当时奉诏与朱敦儒辈对画禁中者耶？真旷代希有物也。……”“集中无此，故备录之”（689 页）。此盖可为姚燧文辑佚，恢复《牧庵年谱》一种版本的面貌，而且提供了古代书画研究一条重要材料。

以上所举数例，皆为据文津阁《四库全书》本所补苴，而均为文渊阁《四库全书》本所缺。以是可推知文渊阁本删处甚多，殊失原本旨意，而文津阁本近乎原作，价值为高。孔凡礼《从〈随隐漫录〉的整理谈此书〈四库全书〉文渊阁本与文津阁本的异文》云：“在从事学术的人们心目中，渊本是《四库全书》各个阁本的代表，这自然有充足的理由。但具体到《随隐漫录》，津本实胜渊本。”其实，由我们据《牧庵集》的校勘情况来看，文津阁本胜过文渊阁本，决不仅是《随隐漫录》。由此启发我们，在校勘《四库全书》所收的其他书籍时，对文津阁本要特别重视，其中有重要的信息，值得细致挖掘。

4．准确标点，纠正前贤，使得姚燧文章通畅易读。

意识到“此前为《牧庵集》断句的有《丛书集成初编》排印本，加新式标点的有《全元文》，但两书标点、断句错误都较严重”（前言 38 页），《姚燧集》点校工作做得非常细致，往往纠正前贤错误。兹举二三显著之例，以观此本标点之到位。卷十三《宋太常少卿陈公神道碑》“生匡二子赤世达世达长城令”，《丛书集成初编》本旧式标点作“生匡．二子．赤世达世．达长城令”，则陈匡之二子即名赤世、达世，然末一“达”字难解。《姚燧集》校勘并加新式标点作“生匡，二子：赤[松]、世达。世达，长城令”（松，据他本补）（180 页）则豁然通畅。同卷《皇元高昌忠惠王神道碑铭并序》“明年乙未，诏定、宪宗时以两诸侯王与苏布特再征西域”（184 页），而《丛书集成初编》本标点作“明年乙未诏定．宪宗时以两诸侯王．与苏布特再征西域．”则误元定宗之定，为确定义之动词，而“两诸侯王”之“两”遂为落空。又，“最其赐赉，珠衣宝带、海东青鹘、白鹰及豹”（185 页），《丛书集成初编》本标点作“最其赐赉．珠衣宝带．海东青．鹘白鹰．及豹．”按：“海东青鹘”为一种禽。《辽史》卷三《太宗纪上》“天显七年十一月”条云：“天显七年十一月丁未，阻卜贡海东青鹘三十连。”《辽史·营卫志中》载正月“乃纵鹰鹘捕鹅雁。……五坊擎进海东青鹘，拜授皇帝放之。”海东青为狩猎猛禽，受到蒙元的青睐。《高丽史》仅有向元廷进献鹘而没有进献海东青的记载，证明海东青即鹘，并且论述海东青为隼属猛禽而非雕属。（详见赵淘《元朝高丽贡海东青考》，《语文学刊：基础教育版》2009 年第 3 期）是知后者标点误解“海东青鹘”为二物，反新生“鹘白鹰”一词，不知为何物矣。

《丛书集成初编》本《牧庵集》卷二十五《灵山先生董君实圹道碑》一处标点作：“衡方唐扶之胄尧．陈球袁良之苗舜．孔耽殷烈蔡湛文叶诸君是后神明者．可殚纪耶．”固无大误，但涉及人名众多，读者实不易于厘清。而《姚燧集》标点作“衡方、唐扶之胄尧，陈球、袁良之苗舜，孔耽殷烈，蔡湛文叶，诸君是后神明者，可殚纪耶？”按：此文前有“稽汉金石”推采祖始云云，则知姚燧此处涉及了汉代的若干碑刻，细考则为：《衡方碑》云“肇先盖尧之苗”（全称《汉故卫尉卿衡府君之碑》，原立于山东汶上，今藏山东泰安岱庙）；《汉成阳令唐扶颂碑》云“庆都感赤龙生尧，王有天下，大号为唐”（《隶释》卷五）；汉蔡邕撰《太尉陈球碑》“周存六代，妫满继虞，建国于陈，逮完徂齐，实为陈氏”（《隶释》卷十）；《后汉袁良碑》“陈国扶乐人也，厥先舜苗”（欧阳修《集古录》）；《梁相孔耽神祠碑》“厥先出自殷烈”（《隶释》五）；《汉藁长蔡湛碑》“文王采食蔡（缺五字）则其氏”（《隶释》五）。此皆姚文所本。若《姚燧集》所标点，则眉目清楚，湛然可诵。

以上与《丛书集成初编》本相比较而论，再与《全元文》比较见其优劣。辑佚《潞国忠简赵公神道碑铭并序》，《全元文》标点作：“妣夫人杨君、张君、姚君□□大肯卒二夫人姚君腯鲁伯君后七年皇□□

祚之明年，思公自其生未一纪，以及薨年□□帷幄，出秉钧轴”，数处可断而未断，殊不易读。今《姚燧集》标点作：“妣夫人杨君、张君、姚君，□□大肯卒。二夫人姚君、腊鲁伯君。后七年皇□□祚之明年，思公自其生未一纪，以及薨年，□□帷幄，出秉钧轴”（613页），则人物清楚，虽有缺字，亦近晓畅。按：其中“后七年皇□□祚”（空二字当作“帝践”），指赵弼死葬之年（1302）后七年（1308），是年皇帝（武宗）践祚，正相符合。又同篇《全元文》标点作：“后盗杀臣当国力□贱□人以公近而□官，晓求阿己”，今《姚燧集》标点作：“后盗杀臣当国，力□贱□，人以公近而□官，晓求阿己”（614页），亦更可读。

5. 据此本校记，可纠正名家之误识。

余读陈寅恪文集之三《金明馆丛稿二编》，见《灵州宁夏榆林三城译名考》云：“屠氏于《蒙兀儿史记》三《成吉思汗本纪》二下二年丁卯条，谓兀剌海即《元史》一二九《李恒传》之兀纳剌。又于同书二十有一年丙戌条，谓姚[燧]《牧庵集·中书左丞李公家庙碑》之‘兀剌’，亦即兀剌城。（寅恪按，今武英殿聚珍本《姚牧庵集》一二此文不作‘兀剌城’，仅作‘某某城’。当出于屠氏之推想，未必别见他本也。）”今校核此本《牧庵集》卷十二《资善大夫中书左丞赠银青荣禄大夫平章政事谥武愍公李公家庙碑》校记[一〇]云：“兀纳：原本作‘某某’，据《元文类》卷二一、《中州名贤文表》卷八改。”（171页）按：“原本”指所据底本武英殿聚珍本，此本校勘所据元苏天爵（1294—1352）编《元文类》为《四部丛刊》本（据元至正二年[1342]杭州路西湖书院刊本影印），所据明刘昌《中州名贤文表》为《北京图书馆古籍珍本丛刊》影印嘉靖刊本。一为近于姚燧时代之版本，一为明本，是姚燧文于武英殿聚珍本之外，别有作“兀纳”者；姚燧此文《元文类》文渊阁《四库全书本》作“乌讷尔”，皆“兀纳剌”“兀剌”之音近者，知非屠寄（1856—1921）撰《蒙兀儿史记》时所自家“推想”之结果，其必有所据也。陈寅恪之误判，可借此本校记推论而昭然。

## 四　由一字之校，看《姚燧集》可进一步校勘空间

查、叶教授校勘精细，不下古人，然古籍校勘如秋风中捡拾树叶，旋捡旋生。故此一工作，非敢谓有完成之时。兹举“屦”“履”一字之校，看此书可进一步校勘之可能有之空间。

《姚燧集》卷三十二《杨补之墨梅》“令人起幽思，杖履西湖泉”(507页)。“履”，《永乐大典》卷二八一三作“屦”。原书失校。按：“履”战国末期始由动词（义为踩踏）增出名词（义为鞋）一义（董玉芝《“屦”“履”“鞋”的历时发展与更替》，《语言与翻译》2009年第2期）。其前则绝不可与“屦”混用，若《诗经·魏风·葛屦》：“纠纠葛屦，可以履霜。”姚燧是古文家，其喜好固可知，若卷一《左丞许衡赠官制》“来席下之抠衣，满户外者列屦”、卷三《冯松庵挽诗序》“恨望屦絇而未见”、卷二十五《孙府君神道碣》“杖屦联翩”、卷三十二《乌木杖赋》“配几屦于席上”、《牧庵集辑佚》之《洞观普济圆明真人高君道行碑》“藏冠屦于仙蜕之园”等十余处皆用“屦”，而卷一《杨恭懿赠弘农郡文康公制》“操履”、《乌雅尔赠营国忠勇公制》“跋履于四方”、卷三《郭野斋诗集序》“身履其地”、《郑龙冈先生挽诗序》“心所存与身所履”、卷八《承颜亭记》“履霜践露”等近十处皆用“履”，知姚燧于“屦”“履”有所分别。则《永乐大典》所引近乎姚燧原作，故当出校。因此说，据他本尚有可校勘的空间。

有学者在东洋文化研究所网站发表文章，讨论钱泰吉（1791—1863）批校《元文类》的情况，其中提到：“卷一姚燧《乌木杖赋》‘配几履于席上’，两本行间均有墨笔校记‘履，西湖本、翠岩本亦作屦，前校失改’，大木文库藏本下有朱笔校语‘本集作屦’，为国图藏本所无。”《元文类》有至正二年西湖书院本（《四部丛刊》《中华再造善本》

据之影印）、元代翠岩精舍刻本（吉林省图书馆、重庆市图书馆藏）、钱泰吉批校明修德堂刊本（国图、上图、日本大木文库藏），其间有异文如此例，此外必多。因此说，所据他本又有若干版本，皆有可供校勘之价值，关注不同版本，亦可开拓校勘空间。

此外，文溯阁《四库全书》今尚存，若能借以校勘，当必有不少的收获。

姚燧作《赵信庵墨梅》云："广平援笔赋梅时，铁石心肠吐媚辞。千载信庵湔此恨，却将铁石作梅枝。"（卷三十四，540 页）姚燧直言方行，不曲媚权贵，往往秉笔直书，辞无溢美，历来谓为良史，而时人以得姚燧文"始可传信"。故其人真可谓铁石心肠。其文后来散佚严重，讹误丛生，多不可读者，犹如废铁乱石，梅花凋零，令人惋惜。

今查洪德、叶爱欣教授历尽十年之苦功，编辑点校《姚燧集》，其唯存求真求备之心，亦铁石心肠者也；而其搜罗汇聚，辨真去芜，广加精校，粲然可观，犹如绣花功夫，梅花复得生枝头，足可举"却将铁石作梅枝"以当之。

《古籍整理出版情况简报》2011 年第 5 期

《姚燧集》，查洪德、叶爱欣编辑点校，人民文学出版社 2011 年 4 月出版，

责任编辑：葛云波

# 通往战史殿堂的一座“后楼梯”

## ——评朱增泉的《战争史笔记》

包兰英

和平年代，从战士成长为将军这是一个传奇。而在战将群中又能著作等身的就更是特例。这是我在看到作者简介后的第一感受。而当读完这套长达一百四十多万字的《战争史笔记》（五卷本）后，心中简直就是讶叹不已。

首先，这是一部很“另类”的战史书，也是用边缘文学的笔法来描述中国古代战争史的一部“全书”，更是一部着眼于大众读者的通俗战史读物。它从炎黄二帝的战争写起，历三代而春秋战国、而秦汉、而魏晋、而隋唐，一路到清末，对各朝各代一一钩沉而绝无阙如。全书以古代各王朝的政治兴替为主线，把中国五千年来著名的战争、战役、战事，包括农民战争，一以贯之地串联起来，从而让读者既对古代战争有一个整体的“史路”感，同时又对每一次具体的战事有一个翔实的历史方位感。而这种“史路”的细分，用作者的话来说，就是写了“四个大循环”。即：从史前漫长的部落战争，到夏商周三代的统一战争；从东周列国五百年的封建分裂、诸侯混战而五霸而七雄，到秦汉的统一战争；从东汉末年的州牧军阀混战、三国鼎立、魏晋南北朝连续四百年间的分裂混战，到隋唐的统一战争；从五代十国、宋、辽、金、夏三百七十多年的分裂混战，到元明清的统一战争。且不说“循环”的本身与四个分统阶段的分期是否科学，单从整体上就让人感受到了历史的发展韵律与节奏，进而体味出了战争自身的规律性，也体现出了作者在这样一个宏大题材上的匠心与能力，进而形成了以各个王朝兴替为经，以各个时期的分、统、战、和为纬的一幅完整的浑然一体混而不乱的五千年战争史画卷。

其次，以政治带战争，以时势论战争，以军事的成败论政治得失，是该书的中心内核。以往战史类的书是很少有这样写的，因为如果把握不好，极易滑落为一部中国古代通史的窠臼。但作者的高明之处则是始终以战争为主旨，以政治时势为切入点，历史地、科学地阐述战争发生的缘由和目的，从而把战争的各种背景鲜活地展现在读者面前，而不是孤立地就战争而谈战争，这就不仅帮助读者厘清了战争的胜负在何处，知道战争“是什么”，同时也告诉了读者“为什么”。德国军事理论家克劳塞维茨曾经说过：“战争有自己的语法，却没有自己的逻辑。因为战争永远是从属于政治、经济的。……在任何情况下都不应该把战争看作是独立的东西，而应该把它看成是政治的工具。”显然作者在处理和把握政治与战争二者的关系上是十分精到的，而且明确地指出：“军事的最终精义在政治，政治的最终精义在人心。”从而打破了西方传统军事理论中的关于战争是“迫使敌人服从于我们意志的一种暴力行为”，是“暴力最大限度地使用”的狭隘定义。

第三，在处理“史”与“论”的关系上的匠心独具。尽管“史”与“论”二者间自有其分野，但在战史书中，“史”与“论”又往往很难分开，有史而无论，或有论而无史，几乎都是难以想象的。该书显然是一部史类读物，但它却巧妙地用以史带论、隐论于史的笔法来处理二者的关系，这样不但避免了内容的枯燥性、专业性，而增强了可读性，同时也让读者在历史经验教训方面的理性收益不菲。诸如对楚汉战争中的刘、项的得失；宋襄公的三个“经典式错误”；宋朝军制三百年间的历史遗患等的分析，尽管都不是纯学术的议论说理，更少于兵学家语，但却足以让人在史实的陈述中得窥个中究竟。正如大哲学家赫拉克利特所说：“上坡也好，下坡也好，二者是一样的。”那么，既然是殊途同归，在轻松愉悦中去阅读去获益不是更好吗！

更难能可贵的是，作者不仅考虑到了该书的大众可读性，同时也兼顾到了它的知识性、学术性，对历史上一些有争议的观点和看法，都客观地谈出了自己的见解，体现了一种认真负责的学术态度。对一些不易理解的名词、概念、典故，也都做了诸多的通俗界说，这就不但提高了该书的文化含金量，同时也发挥了其应有的文化传播功能。而在历史人物的评价上，也没有拘泥于以往，比如对炎、黄二帝的评价，自司马迁始，向来是抑炎尊黄的。而“胜者王侯败者寇”，以成败论英雄的思维方式，也是史学界乃至社会心理评价历史人物的主流。但作者却没有步随其后，而是给予了炎帝以应有的历史地位，不但称其“也非等闲之辈”，而且指出他“对于早期农业文明的贡献，大于他对古代开史之战的贡献”。而对始终以正面形象出现的周文王、勾践，却给予了几近颠覆性的评价，这不能不说是一种独特的思考与发现。

第四，对战争性质及其本质的通俗揭橥，不是简单地承认战争起源于私有财产，而是认为有其政治原因，是该书的又一价值。纵观五千年的中国史，我们不能不承认，所有战争的起源，都是“利”与“争”的结果。“利生争，争生怨，怨生恨，恨生战。”人们争财产、争领地，也争王位、地位。 而“王”与“位”的产生，只有两种办法：一靠“选”，二靠“打”。除了尧、舜、禹的王位外，其他的都是“打出来”的，这样也就有了“打天下”之说的流传。但作者并没有盲目地去歌颂那些开国帝王与功臣名将的战功，而是从“兴，百姓苦；亡，百姓苦”的角度来揭示战争乃至封建政治的本质。比如，对秦始皇的分析，并不是简单地去对他歌功颂德，而是深刻地指出，秦始皇尽管考虑到了老百姓渴望天下太平的心愿，但出于政治统治，他不可能去关注民生，而考虑的只是自己的政绩。

西方的一位史学家曾经说过："人们总是头悬倒置地把那些人类的杀戮者反当了英雄去歌颂。"而作者则指出：历代名将、军事首领们很少有能逃脱"自古名将少善终"这条魔咒的，这不是他们个人的悲哀，而是封建时代的悲哀。同时又深刻地指出："战争——这个瘟神一旦降临人间，就会像瘟疫一样蔓延开来。"而一旦开战，必然是"血流成河，白骨荒草"。所以，居安思危，防患于未然，是要永远牢记的。

书看到最后，想起了德国大哲学家魏施德在他的《后楼梯——大哲学家的生活与思考》一书中写的一段话。他说："'后楼梯'不是人们进入一所住宅常用的通道。但不管从哪儿上楼，最终的结果都是一样的，无非是去找那个住在楼上的人。而且走'后楼梯'不需要排场和装腔作势的迎送，会更真切地看到哲学家的真面目，更快地接近目标。"应该说，朱将军的这套《战争史笔记》，就是魏施德所说的"不易转移注意力，可以使你更快地接近目标"，通往中国古代战史殿堂的"后楼梯"！

《人民日报》2011 年 11 月 8 日

《战争史笔记》（五卷），朱增泉著，人民文学出版社 2011 年 10 月出版，

责任编辑：包兰英

# 穷其枝叶　得其英华

## ——评钱志熙先生撰《中国诗歌通史·魏晋南北朝卷》

李　俊

### 一

钱志熙先生承担独撰的《中国诗歌通史·魏晋南北朝卷》是近年来一部不可多得的断代诗歌史佳作。这本书既有新颖细腻的个案分析，也有高屋建瓴的线索梳理。作者鞭辟入里的分析，特别能够引起笔者继续思考的兴趣。空言无凭，不如征诸事实，下面撮述一二，以见所言不虚。

先从细节入手，我们看看作者处理历史文献的方式。作者在分析曹丕的乐府时指出，曹氏乐府多写娱乐，歌声舞态，品格与淫靡的梁、陈宫体诗相去不远，甚至可以归为一类，但清人王夫之却说："读子桓乐府，即如引人于张乐之野，泠风善月，人世陵嚣之气，淘汰俱尽。古人所贵于乐者，将无在此？""张乐之野"化用的是《庄子·天地篇》中的典事，王夫之借此赞扬曹丕乐府艺术达到了神妙的地步。然而，这跟作者的研读感受很不合辙，故毫不讳言"初看不知所云"的困惑。虽然不知王氏理之所在，但是作者仍然保持着难得的理性，既没有轻率地判定王夫之所说为误，也没有轻易否定自己的感受，而是寻绎王氏的合理性所在。经过一番体察，他觉得王夫之此说，“实际上是说曹丕乐府那种乐情，那种发自内心地对美好形象、美艳情事的激赏，写得洋洋盈耳，让人进入纯粹的乐的世界（118页）”。自己与王氏之别只是切入角度有差异，侧重点不同。

张华是晋代文学史上一位重要的人物。历代学者对张华文学创作特点的描述较为统一，即南朝钟嵘所说的“儿女情多，风云气少”。作者发现张华现存作品的题材实际上十分丰富，既有《情诗》这样以男女思念为主题的作品，也有写贵游、壮士、侠客的篇章。据此，我们似乎不应把他定义为风格单纯的作家。既然如此，那么钟嵘为何单说张华“儿女情多，风云气少”呢？这倒是我们之前未曾察觉的问题。通过考论钟嵘品诗的方式，作者发现钟氏对诗人的论定，有时并不是以诗人所有的作品为依据的，而是据其最有特色、成就最高，甚至是最好的一两首作品来辨其源流、定其高下。《情诗》五首是张华最好的诗作，故而有上述品目。作者以廓清钟嵘论诗的方式来悟解这一结论背后的逻辑，极具推陈出新、别开生面的效果。我想这对研读《诗品》也有启示作用。

张正见是陈朝的一位诗人，他的诗“以少警切之句，一向不受重视”，但古人对其评价却各种各样，比较有代表性的有三种：严羽以为“最无足省发”，陈祚明以为“少流逸之致”，胡应麟认为“华藻不下徐陵、江总，而声骨雄整乃过之。唐律实滥觞此，而资望不甚表表”。孰是孰非？作者说“严氏以上乘论诗，着眼于诗整体的艺术效果；陈祚明作为清初诗评家，在强调艺术效果外，同时也注意法度、技巧等艺术因素；胡应麟着重于梁、陈至初唐的律诗艺术发展史”。点出各家论诗宗旨，三家殊异之故一目了然。

以上是处理前人观点的三个典型案例，第一条是前人之说与我之见不合的情况；第二条是前人之说不足以概括对象的情况；第三条是前人之见分歧不一的情况。丰富厚重的历史资源容易蒙蔽人的视野，让人在思考时变得疏懒、裹足不前，作者坚持所有的分析论述围绕自己的研读感受展开；抵抗富有磁力的成说，最大限度地绝去价值判断，从而避免陷进先入为主的泥淖。这些经验很值得借鉴、学习，从中我们能习得文本细读的技能。此类可供隅反的例子，书中比比皆是，不胜枚举，这是本书富有吸引力的重要原因之一。

以上可以见出本书细节分析细腻、深刻的优点，如果仅仅如此，那么本书恐怕算不上一部佳作，至少不是一部很好的文学史。因为文学史不能仅满足于个别文学经验的检讨，文学史既然以“史”为名，归根结底应是一门历史，是史学中的一门。在研究这门历史时，对相关的理论和研究方法应有自觉的反思，而这一点仍是当下文学史研究实践中非常欠缺的，需要积极加强的内容。本书作者在这方面的努力特别值得称赞！作者自觉的理论反思，使得本书从具体的结论到宏观历史线索的论述都能饶具新意。

作者认为诗史是一种建构，而非所谓的客观事实，不同时代的人对前代诗歌创作的描述都是一种建构行为，并且不同时代的人所建构的诗史的侧重点也会不同。这是本书《绪言》第一节的大义。这一说法似乎带有后现代史学的意味。这种基本观念的调整必然会带动诗史叙述侧重点的变化，如本书有关东晋诗歌史的分析：“作为一种叙述文本的文学史，是由后面时代的文学史家（广义的）建构出来的。建构者身处自己所在时代的文学环境中，从当代文学发展的态势中把握前面一个时代的文学。其中紧接着这个时期的一个时代，往往是最关键的建构时期。这种现象在东晋诗歌史，尤其是玄言诗史的建构中显得尤其突出。”（254 页）“东晋的诗歌史，是宋齐之际玄言文学思潮被完全否定之后，被作为从汉魏至宋齐的诗歌史中的一个否定性的环节建构起来的。”（256 页）由于玄言诗是以负面的形象被建构在诗歌史中的，所以一直不被史家重视，从而导致相关文献散佚严重，其结果是，我们既无法为玄言诗建立比较微观的诗史系统，与此同时又忽视了玄言诗之外的其他不同倾向的诗歌种类的存在。而忽视其他诗歌种类又将使我们很难在现有的任何一种诗史框架中合理地解释著名诗人陶渊明的存在。在这种困惑引导下，作者重新分析了一些史料的重要意义。首先，就玄言诗而言，“后人对玄言文学的评论，多批评其徒陈哲理、缺乏主观的情感，只是老、庄哲理的演绎，所谓‘平典似《道德论》’、‘诗必柱下之旨归，赋乃漆园之义疏’，但东晋玄言诗人自身，却以为其玄谈与玄言诗是写怀、言怀的，是意气所寄，与汉魏诗人的言志、咏怀是一样的性质”（269页）。支持这种观点的证据就是康僧渊《代答张君祖诗序》——一篇未曾引人注意的玄言诗作者的诗论。该诗序标榜玄言诗为“诗言志”之说，“可见玄言诗家还是将他们的创作归入儒家诗教言志说的范畴”（270页）。这一发覆颇有拨云见日的效果，让我们重新审视玄言诗与诗教之间的关系、旁观者与局内人感受上的差异。其次，就玄言诗之外的创作而言，作者通过对湛方生、帛道猷等人作品的梳理，为陶渊明找到了其当代的“知音”和谱系，即“东晋后期的寒素、在野的诗人群体”（291页）。此外，再考虑到陶渊明与兰亭集会的关系，陶诗当世的背景基本可以勾勒出来，“陶诗还是从两晋诗体发轫的”（307页）的结论也就理据充分了。上述三个方面的分析基本道清了玄言诗作为诗史中的一环是怎样前后联系起来的，也很好地说明了陶潜诗歌艺术产生的历史逻辑。

承认历史叙述与历史真实的差别，其实也就意味着现在的历史叙述可能会因为角度、线索等因素的改变而呈现出不同的面貌。作者对这类问题的警惕在书中多有直接的表达。如在讨论西晋诗歌意义时说，“如何合理地、恰当地叙述作为魏晋南北朝诗歌史之重要一环的西晋诗歌，对我们的诗学思想与诗歌史研究方法都是一种考验”（179页）。

因此，作者力求在研究视角和方法上另辟蹊径。

魏晋文学史上，曹操既是位创作成就很高的作家，也是一位开风气之先的人物。关于前者，历来论述较多；关于后者，谈得不怎么深入。作者从“诗言志”的角度指出“曹操诗歌是对诗言志传统的重新奠定”。“诗言志”是中国诗学的核心话题之一，但古来论曹操者鲜有及此。作者此论若能成立，不特有发明曹操“开风气”的功绩，还能澄清“诗言志”精神如何传承不坠——这一不易坐实的问题。按本书所言，“诗言志”是先秦时期形成的一种诗学观念。早期的“诗言志”大多是群体之“志”、集团之“志”，而后世所说的“诗言志”则多指个人之“志”。那么，“诗言志”的内涵由集团之志演变为个人之志的关捩点在何处呢？作者以为，曹操正是完成这一转变，开启魏晋以降文人言志传统的关键人物。作者把曹操放在由“群体诗学”到“个体诗学”的历史过程中加以观察，指出其对“诗言志”传统的重新奠定之功，即肇造了文人诗创作中的“诗言志”传统。这一新颖的结论得益于作者引入的两个新的概念，这两个新的概念架设了一个新的视角，使旧史焕然一新，引人入胜。

此类精彩之笔，书中甚多，不能一一枚举。其中有的较为显豁，有的则蕴而未发，例如在论述曹植时说，“作家研究中分期研究的方法，在研究唐宋诗人时是重要的研究方法，但对于中古诗人来说，大部分诗人不能使用这个方法”（122 页）。“分期研究”在古代文学研究中历来行用不衰，对此提出质疑的寥寥无几，作者的提示很值得重视。至于为什么不适用，什么情况下比较合适，作者没有展开。又如“国家不幸诗家幸”，这是唐宋以后文学研究经常关注的话题。作者指出该命题不一定适用于魏晋的诗人研究，也没有开示其细节。由此我们可见作者对研究方法、预设理论的自觉反思和警惕，同时也发现作者的思索似乎非常深广，在这些言述的背后隐然有一系统的理论存在，或许本书是其有关诗史理论体系的冰山一角吧。

## 二

翻阅全书，精彩之笔纷至沓来，让人有应接不暇之感，还有常读常新的乐趣。不过，本书也有一些不易说服我们的地方，下面也不妨谈谈自己的一点感受。

首先，关于文人诗的普及，作者认为："假如说魏晋诗人群体对诗歌史的主要贡献是确立文人诗歌传统，那么南朝时期（包括北朝后期）的诗人群体对中国诗史的主要贡献则在于使诗歌艺术在文人社会中普及。"（18 页）诗歌创作的普及，简单地说，就是诗歌写作从本是少数人或特定阶层的趣味铺展开来变成了多数人、多个阶层共同追求的趣味。尽管作者在这里说南朝诗人群体的主要贡献在文人诗的普及，但在论述南朝诗歌史，这个主要贡献却着墨不多，而是着重于永明声律和诗歌技艺累积的因素的论述。虽然作者认为，永明声律的发明在诗歌普及方面起着关键作用，但写诗技术的开拓似乎不足以充分反映某种"趣味"（或风气）铺展蔓延的变化过程。

梳理作者前后所述，我们发现诗歌普及进程的大步推进似乎不是南朝，而是东晋。因为就本书所述而言，魏晋时期，诗歌写作是寒庶士族人的趣味和传统，清谈玄言是高门士族的趣味和传统，分野大体分明。这种局面很难说诗歌是普及的，只是到了东晋中后期高门士族也开始普遍地从事诗歌创作，才使得诗歌成为整个士人社会的共同趣味，之后才有"膏腴子弟，耻文不逮，终朝点缀，分夜呻吟"（钟嵘《诗品序》）的局面。由此可见，高门士族转向诗歌写作才是普及过程中的关键性因素。而高门士族转入诗歌写作的时间明显要早于永明声律的发现。

作者在分析东晋士族转入诗歌写作时也说："东晋玄言诗，发生于门阀士族名教与自然合一的思潮之中，作为这种思潮的载体，诗歌成了表现玄、佛思想的工具。”（25—26 页）“东晋初诸人，既无诗学专诣，偶以玄理雅音为酬应之具，多选四言，五言反而居于附庸的地位。由于写作上比较容易，一时后进群相仿效，玄言诗风便开始流行。……其后兰亭集诗，四、五言兼作，是五言诗写作风气开始转盛的一个标志。”（261 页）高门士族为什么愿意采用诗歌这种新的方式表达思想，作者没有进一步分析，但在此我们已能看出高门士族推动诗歌普及的作用了。

其次，寒庶文学传统是历来研究者都绕不开的话题。早先寒庶文学这个概念一般用来描述左思、鲍照等人诗歌中表达的由门第区隔、贤才受阻而产生的种种牢骚不平的怨愤。前人论寒庶士人多就门第背景而言，作者则指出“西晋时期，高门士族与寒素在学风上有很大的不同，寒素族以文史之学为专擅，高门士族则流行玄学虚诞之风，并非以文学见长”（198 页）。这是以“文史”“玄谈”作为界别两个群体的标准。前人论寒庶文学多侧重寒庶诗人作品的内容，而很少讲寒庶诗人之间的前后传承，作者则发掘出更多的寒庶诗人，在左思、鲍照之外，又增入了傅玄、张华、皇甫谧、挚虞、郭璞、袁宏、陶渊明、颜延之、江淹、阴铿等人，前赴后继，若有传统。经此生发，寒庶文学有一条清晰的传承脉络似乎能够成立。但我们也不难看出，其中也有难以弥缝的缺陷：其一，作者以文史之学作为确定西晋寒庶群体的标志，失之太泛。在此标准下，傅玄、张华、左思等一起都被视为寒庶文学，这样一来，我们就很难再用它独拔左思、鲍照于众人之中，将他们与同期其他作家区分开来。其二，从传承的角度来看，出身寒庶的文学家对前代文学经验的汲取并不局限于前代的寒庶文学家，作者也指出：“魏晋南北朝时期，出身寒素族（寒庶族）的文士很多，但由于当时在政治与社会中占支配地位的是世族（势族），所以即使寒素族的文学家，在精神上也努力地靠近世族，他们的文学也往往深受世族审美趣味的影响。”（232—233 页）寒庶族的文学趣味不一定局限在寒庶，有时反而靠近士族文化，这方面的显著例证有颜延之（作者似乎没有明确地把颜延之定位为寒庶族）。既然如此，那么一个亟待回答的问题是，寒庶在什么情形下才会选择寒庶趣味？在什么情形下会选择士族趣味？本书没有说明，估计也很难说清楚。由此可见，寒庶文学与寒庶文学传统之间的关系还需要进一步辨析和界定。其三，作者特别强调陶渊明的寒素身份，详绎文意，作者强调的似乎是“寒素感”，类似林庚先生论李白时所使用的“布衣感”，果若如此，似可不必牵涉太多，因为这种归属感受有时是可以超越作家实际的阶层和身份的。

以上仅是笔者阅读后的一点感想。魏晋南北朝诗歌史是前辈学者深耕熟耘的领域，经由众多学者的多年研究而形成的诸多共识如今大多沉淀为我们的文学史常识。余地有限，作者却能推陈出新，取得了令人艳羡的成绩。这应跟作者三十多年兢兢业业、孜孜以求的研究分不开。本书援引作品数量众多，作者对每一首诗的分析解读皆无拖沓敷衍之感，可以见出北学“穷其枝叶”的功夫，而其取精用宏的方式则又有南学“得其英华”的特点。就精细、深刻程度而言，本书超越了以往任何一本有关六朝诗歌的诗话或专题史论著，无愧为时下最精彩的六朝诗歌史著作。

2014 年 6 月 13 日

《中国诗歌通史·魏晋南北朝卷》，赵敏俐、吴思敬主编，钱志熙著，人民文学出版社 2012 年 6 月出版，责任编辑：徐文凯、李俊

# 熔古铸今　邃密精深

## ——评《杜甫全集校注》

李　俊

杜甫是我国古典诗歌巅峰时期的代表人物，是传统文化经典符号之一。诗人关心国政民情，诗风沉郁顿挫，被人们尊为“诗圣”。

自诗人去世之后，人们便开始了杜诗的整理注释工作，至宋代就有“千家注杜”之说，此时涌现了一批重要的注杜学者，如王洙、邓忠臣、王琪、黄鹤、赵次公、蔡兴宗等。到清代前中期，杜集的整理和研究再次进入高峰，涌现了一大批名著如钱谦益《钱注杜诗》、仇兆鳌《杜诗详注》、杨伦《杜诗镜铨》等，可谓硕果累累。在此之后，研杜学者前赴后继，但时至今日，两百余年，竟未出现笺注杜甫全集之作。由已故著名学者萧涤非先生领衔主编，历经三十六年打磨的《杜甫全集校注》今年终于出版，为此画上了圆满的句号。《杜甫全集校注》堪称杜集整理史上的集大成之作，其成绩主要体现在以下几个方面。

第一，校勘精密，辨伪审慎。文本校勘与辨伪是古籍整理的基础，宋人整理杜集的最大贡献就是以严格、精审的态度校订一部较为全面的杜集，为后人读杜奠定了良好的基础。本次以明末毛晋抄补《宋本杜工部集》为底本，校以十三种宋元刻本和一种明抄本，又以宋刊《太平御览》《文苑英华》《乐府诗集》等类书、总集参校，充分利用了宋代留存的文献，可以说是在宋人的基础上努力呈现杜甫作品的原貌。

第二，体例完备，内容丰富。别集笺注发轫于宋代，杜集笺注在别集笺注史上具有非常重要的意义。但宋人编撰杜集注释仍较简略，有关笺注体例和内容的安排还处于探索阶段。清人注杜大为精密，但也大多选择偏重在某一方面，不以全备为目标，即使是仇兆鳌，虽以“详注”名书，却也自觉地放弃了“与杜为敌”的意见。可见全面汲取前人的成果并不容易。笺注体例看似简单，实在关乎著述宗旨和研究心得的呈现。汇聚历代注杜成果于一书是近代以来诸多学者的共同心愿，《杜甫全集校注》即以此为目标，在体例上集合旧例，创设新目：题解、注释、集评、备考、校记、附录，尤其是集评、备考两项，集历代评议，备诸相左观点，纲举目张，几乎全面网罗了千年来人们有关杜甫作品的各种意见，解决了古来杜注中各种未能妥善处理的问题，基本达到了一编在手，纵览无遗的目标。

第三，别择精审，考按合理。宋人说杜诗“无一字无来处”，自此而后，历代注家大多广征远引，务求博雅，有的甚至伪造笺注，如“伪王注”“伪苏注”。有的则附会史实，穿凿支离，纷拏不清。本书参阅杜集评注本一百三十余种，删削得当，条理分明，如注释部分，力求“词语明而诗义彰”，遇到众说纷纭时，去芜存菁，然后以按语揭明己见，其存疑存异的内容则附入“集评”“备考”。

第四，考订坚确，论述平实。杜集博大精深，历代研究积累丰厚，《校注》在全面汲取旧注的基础上，充分吸收了新的研究成果，纠正旧注之讹，提升笺注水平。如辨别“伪苏注”与苏轼实有论述；又如旧注以《所思（得台州郑司户虔消息）》作于上元二年，据今新发现的诗人故友郑虔《墓志铭》改定为乾元二年秋；又如杜甫最后漂泊湖南的诗，旧注将《入乔口》《铜官渚守风》《双枫浦》《发潭州》

等置于《宿花石戍》《次晚洲》诸诗之后，其实是前后颠倒了，于此，《杜甫全集校注》者根据实地踏勘的成果做了调整，澄清了千百年的沿袭之误。

综上所述，《杜甫全集校注》是一部总结千年来研杜成果的守正出新之作。其完备周到的体例、商量邃密的治学精神，对当今古籍整理具有良好的示范作用。

2014年7月16日

《杜甫全集校注》，萧涤非主编，人民文学出版社2014年1月出版，责任编辑：葛云波、胡文骏、徐文凯、李俊

# 《风之影》：偶然之痛与存在之思

宋　强

达涅尔十一岁生日那一天，跟随父亲走进了“遗忘书之墓”，这是一个专门收罗为世人所遗忘的各种书籍的图书馆。根据传统，第一次造访这里的人可以随意挑选一本自己喜欢的书，保存它，并以生命来担保让它永远保有生命力。达涅尔在无意中拿到了胡利安的《风之影》，为之深深着迷，于是他便开始寻找该作者的其他作品。然而，他逐渐发现自己被牵入了一段尘封已久的纠葛之中，发现《风之影》的背后隐藏着许多惊人的秘密，伴随它产生的浪漫、紧张、悬疑、复仇的回忆就像一座阴森的监狱，巨大而恐怖。达涅尔发现，一个叫拉因·谷柏的神秘人物正在试图销毁胡利安的所有作品，试图让胡利安的名字从世界上彻底消失，而他手中的这本很可能是世界上最后一本胡利安的作品。让人吃惊的是，“拉因·谷柏”居然还是《风之影》中一个面貌丑陋、行踪诡异的怪人的名字……这是一本努力打破你僵化的阅读期待的书，它要激醒你沉睡已久的感受神经，唤回你久未重逢的阅读快感。

胡利安的故事无疑是故事的中心，而达涅尔故事的并行展开使得它带上了多声部的奇特效果。这是一部融合了多种元素的奇特小说，弥漫全书的恐怖、爱情、惊悚、悬疑等各种迷人的元素，足以让它成为通俗小说的经典。但它呈现的并不仅于此,它还有着浓重的悲剧氛围、不堪回首的创伤、无处不在难以抗拒的宿命，再加上那个动荡的年代带来的黑暗和不安,这使它看上去更像一部严肃的哲理小说。它的意蕴，正如书名一样，如风的影子无法捕捉。对我而言，我无意把兴趣的重心放在故事之上,我更感兴趣的是作者在惊悚、好看的背后附着的思考，我被它浓重的古希腊悲剧气氛和存在主义式的深度强烈吸引。

## 偶然是命运的疮疤

“偶然是命运的疮疤”，这大概是胡利安亲身体验巨大痛苦后的绝望之言。胡利安曾经是一个纯真的少年，他聪明好学，在傲慢的富人阿尔达亚面前不卑不亢。他和阿尔达亚的女儿佩内洛佩真心相爱，那发自内心的热恋和激情让人感动。他们的激情幽会被发现后，已经怀孕的佩内洛佩被软禁在了地窖里，胡利安远走他乡去了巴黎。佩内洛佩就这样被关着，直到她生下一个死婴，直到她产后身亡。没有人理会她撕心裂肺的叫喊，没有人来拯救濒死的她，她和死婴孤独的死去也不过是让地窖里多了两副更加孤独的棺材。

让人奇怪的是，即使不同意女儿的婚姻，阿尔达亚也不至于如此残忍吧？原来更可怕的原因是，阿尔达亚早就知道，胡利安和佩内洛佩是同父异母的兄妹！是什么造成了这一悲剧呢？是因为阿尔达亚的荒淫无耻和残酷无情吗？是因为胡利安的母亲苏菲过于软弱委身于人吗？他们把罪恶悄悄藏起，以为这样可以瞒天过海，逃脱命运的惩罚，而命运早已注定要让他们的子女来承担罪恶的后果。纯美的爱情换来的却是乱伦的悲剧，命运的捉弄如此残酷。

胡利安和佩内洛佩是无辜的，他们对纯洁爱情的追求没有任何过错。但他们的相遇、相爱、乱伦，却又是对爱情的极大讽刺和无比罪恶的亵渎。这一创痛对胡利安的影响是致命的，从此以后，他便从一个善良淳朴的少年，一个肝肠寸断的苦恋者，变成了一个自毁生命的绝望者。这一切都是因为命运，无处不在、无法改变的命运！谁也无法说清命运是否真的存在，但冥冥之中它永远在伸长残酷的手臂拨弄着人类的追求，戏弄着人类的欲望。人类的悲剧正在于用尽所有的努力去追寻美好的爱情、生活和未来，却被迫走向了幸福的反面。一心向善不想作恶却又不得不作恶，在一种本质性的悖论中挣扎却无可奈何。就像《俄狄浦斯王》，“杀父娶母”的命运预言终于不能改变。人的意志无法改变命运的规定，善良勇敢的俄狄浦斯王在与命运的搏斗中遭到了不可避免的、早已注定的惨败。

这就是“偶然”的力量，“我们在无意识中成了自己的傀儡”。不，这是命运的力量，所有的“偶然”都是高高在上的命运的安排，我们在不知不觉中走向了自己追求的反面，成了不可抗拒的命运的牺牲品。

## 疼痛的存在之思

我惊讶于作者别出心裁的安排。活着的人总要一个个地死去，肉体像枯树叶一般慢慢腐烂，最终融化于沉默的泥土中。他们被陌生人、亲人渐渐遗忘，名字也渐渐逝去，在后人的心目中他们就像从未在这个世界上存在过。幸亏有文字，幸亏有书，幸亏有了保存书的“遗忘书之墓”，他们用生命写就的书有了一个绝佳的去处。在这个城市无人注意的角落里，在这个神秘的殿堂“遗忘书之墓”里，“那些人们都不再记起的、迷失在时空长河中的书，却始终簇然如新，等着某年某月被人重新翻起”。这些布满灰尘的书，都是有灵魂的，“这个灵魂，不但是作者的灵魂，也是曾经读过这本书，与它一起生活、一起做梦的人留下来的灵魂”。“一本书，每经过一次换手接受新的目光凝视它的每一页，它的灵魂就成长一次，茁壮一次。”这是一个充满灵魂、充满声音的墓室，这是一个凝聚了生命精华的神殿。

我惊讶于这个神圣、重大的仪式。在这个神殿里，第一次造访它的人可以随意选一本自己喜欢的书，“保存它，并且确定它永远不会遗失，永远保有生命力。这是一项非常重要的承诺，必须用生命担保……”挑选了一本书，也就选择了一个活跃着的灵魂。伴随着你的阅读，它会像风一样拥抱你，像影子一样跟随你，从此开启你的存在之思，在茫茫的生命之旅中让你无数次返回灵魂的原点、本真的原点。达涅尔挑选了胡利安的《风之影》，他的生命从此和它联结在一起。从此，《风之影》就像一阵看不见的风，一片无法拾起的影，却无处不在地影响着达涅尔的生命轨迹。达涅尔先是因为《风之影》开始了与盲人姑娘克拉拉朦胧而真切的初恋，又是它将犹豫中的贝亚吸引到了他的身边。也是因为它，关于胡利安的故事开始像影子一样从暗中慢慢浮现，关于爱情、罪恶、传奇、痛苦、残忍、命运的一切秘密从此揭开黑色的面纱……

萨特将生命的存在状态分为“自在的存在”和“自为的存在”。“自在的存在”是一种可观的事实性的存在，它无条件地存在着，脱离了时间性，没有自我运动、自我发展的任何源泉，永远只是它所是的样子。而“自为的存在”是有意识的存在，它通过不断的自我否定、自我超越，使自身永远处在流动变化之中，而不是停滞在既成不变的状态。虽然萨特称唯有人的存在才称得上是自为的存在，但在那些茫茫然然无所适从的庸众身上，像充满了世俗的报复动机的、残忍的傅洛梅，哪里能看得到“自为”的影子呢？而只有像克尔凯郭尔说得那样，人的“存在”是瞬间性的，只有孤独的个人才能在其内心体验到自己的存在。“孤独”在这里并不是日常性的孤单寂寞，而是一种哲学意义上的名词，那些在生命的孤独中体验自己存在的人才是真正“自为的存在”。胡利安虽然有着无边的痛苦和深深的绝望，但他却在咀嚼着生命的孤独；而《风之影》的阅读就像一个无法抹除的烙印，把达涅尔带入到对孤独的思考之中。对胡利安神秘身世的追寻深刻影响了他的成长。达涅尔用一本书和作者胡利安的灵魂交流，他们的生命如影相随。《风之影》似乎给了我们一种暗示，早已生活在绝望中的胡利安和日渐感到绝望的达涅尔才是真正的思考者，才是真正意识到自己生命存在的人。

逐渐浮出水面的胡利安更让整部小说的存在主义意蕴进一步显示，他充满奇异色彩的痛苦经历本身便是对存在意义的拷问。尤其让人震撼的是，他那种毁灭自己生命痕迹的方式和决绝。当他得知爱情悲剧的真相后，居然决心销毁自己写下的所有书籍，抹杀自己存在过的一切痕迹，让自己从世界上彻底消失。对一个生命的存在，你可以不闻不问完全漠视，但你却不能否认它曾经存在过。一个生命结束了，但它仍然会活在人们心中。胡利安很清楚，要让自己从人们心中完全消失，最好的办法就是摧毁自己所有的文字，因为留下文字就等于留下了一种沟通的方式，这是让人借以记住他的一段桥梁。胡利安要做的是拆毁这段桥梁，让自己从世界上彻底消失，就像风消失在风中，就像水消失在水中。然而，抹杀自己生命轨迹的胡利安恰恰是一个“自为的存在”，他在毁灭中品味着生命的意义，在绝望中孕育着新生。他像风的影子一样四处游荡，却从未真正消失。

令人欣慰的是，迫不及待销毁自己存在痕迹的胡利安在经历了太多的绝望之后又开始了写作，又开始在文字中细细咀嚼复杂的命运。这是一种看破残酷真相后的自我抉择，是一种疼痛的存在之思。

## 俄罗斯套娃的暗示

达涅尔在初次阅读胡利安的《风之影》时，“慢慢往下读，我愈发觉得，故事的结构就像俄罗斯套娃，每个娃娃里总是还有个更小的娃娃”。而当我们读完整部小说，会突然感觉“俄罗斯套娃”般的结构和故事也正是这部小说的特点。作者萨丰好像故意在跟我们开玩笑，他费尽心思地控制着故事的节奏，他高超的叙述技巧就像一个能抖出无穷花样的魔术大师，让你看得目瞪口呆。就像斯蒂芬·金说的那样，“弦外之音里另有弦外之音”，非常巧妙。当一切真相大白后，你会发现所有的故事都合情合理，叙述自然，没有丝毫嫁接的痕迹。

在俄罗斯套娃中，大小都各有不同，但它们的形状都是一样的。达涅尔与胡利安的命运有着非常多的相似性，他们都曾拥有过大文豪雨果用过的金笔，都爱上了朋友的姐姐，都使心上人未婚先孕，都需要在激情之后做出抉择。在某种意义上，这本书也可以看作是一部成长的寓言，胡利安和达涅尔两个人的生命史。他们的故事一先一后，又在生命重叠的时段发生着交叉，甚至互相影响；他们的生命在绝望的困境中风影相随。这种结构上和故事上的有意安排，让读者对他们的命运相互参照并激发着思考，形成了复调般的独特意味。

故事的结尾也耐人寻味，达涅尔和贝亚的儿子已经降生，达涅尔为他起名“胡利安”，这显然是为了纪念一身伤痕的胡利安。达涅尔带着儿子小胡利安，走在巴塞罗那的街道上，走向“遗忘书之墓”，为他许下一个终生的承诺。这显然是作者有意的安排，他要继续开启一个新的生命之旅，也许，小胡利安拥有的那本书携带着另一个天大的秘密，又一个充满疼痛的灵魂在等着他去发现呢。

“这对父子消失在兰布拉大道上的人群中，他们的足迹，将永远漫游在风中的幻影里”，俄罗斯套娃般的结尾似乎也在暗示，人们对命运的思考、对存在的思考也将永远像风中的幻影绵绵不断。

《出版广角》2007年第1期

《风之影》，［西］卡洛斯·鲁依斯·萨丰著，范湲译，人民文学出版社2006年10月出版，责任编辑：胡真才

# 悬疑与追问

## ——《天使与魔鬼》的惊险世界

宋　强

丹·布朗是美国当下最为显眼的畅销作家，他的《达·芬奇密码》一经问世就高居世界各大畅销书排行榜榜首，在中国亦创下了图书销售的奇迹。他的处女作《数字堡垒》在美国重新包装上市，开机印数便是一百万册。《天使与魔鬼》和《骗局》两书加起来共印了一千一百五十万册。在去年的美国图书销量排行榜上，他的三部作品全部进入了前十名。尤其是《天使与魔鬼》，更引人注目。

《天使与魔鬼》是一部不难进入的书，但却是一部真正的奇书。在情节上它有着近乎完美的悬疑设置，它不像某些格调不高的推理小说那样故弄玄虚地戏弄读者的智力，也不是用近乎变态的行为、歪曲正常人心智的情节来营造匪夷所思的氛围，而是以缜密的思维、杰出的判断力和丰富的知识为基础的。丹·布朗既是一个优秀的悬疑大师，又是一个高超的叙述大师，他具有高度成熟的小说叙述技巧。《天使与魔鬼》讲述了一个在二十四小时之内发生的紧张故事，但是在这个情节极其复杂的结构内部，丹·布朗却以其天才的表现力从容地为我们展示了两千年来的人类文明发展历程中所遭遇的困境史。在小说的细节设置上，作者也煞费心机，很多情节看似冗余，但皆是为后文的叙述做铺垫，无一闲笔，在叙述结构上堪称天衣无缝，让挑剔的批评家也会感到一时无懈可击。更令人拍案叫绝的还在于，丹·布朗非常出色地完成了对小说节奏的把握，在紧张离奇的情节发展中，丹·布朗不露痕迹地控制着叙述的节奏，在这样密集的叙述、紧凑的情节里，合理地穿插着知识性、趣味性、审美性的说明——这些说明并不是在掉书袋，除了满足读者的求知欲之外，还使读者的阅读过程张弛有度，不至于紧张得喘不过气来，但也不至于让读者感到情节发展的迟滞。更重要的是，在阅读小说的同时，读者也不知不觉地激发了探究各方面知识的兴趣。

此外，这部小说又是一本极佳的导游手册，作者所精心设计的，是一条独一无二的旅游线路。据丹·布朗个人所言，这部小说中涉及的艺术作品、墓地、地道和罗马建筑具体位置均准确无误，一切皆有迹可查，甚至书中的“光照派”在历史上也曾真实存在。而且，丹·布朗居然在小说的开头附上现代罗马和梵蒂冈的地图，我们大可以读完小说后心有余悸地看着它们重温各种惊险和恐怖的体验！书中涉及了很多名胜古迹，像梵蒂冈精美绝伦的建筑和雕像，米开朗琪罗设计的圣彼得大教堂，万神殿，齐吉礼拜堂，雕塑《上帝的呼吸》《圣特雷萨的沉迷》和《四河喷泉》等。我们在读小说的同时好像真的置身于罗马和梵蒂冈，随着作者的笔触也经历了一番惊险的旅游。《天使与魔鬼》对罗马和梵蒂冈如此生动逼真的描写，居然刺激了那里旅游业的发达，据说在那里随处可见很多手里拿着这本书的读者在兴冲冲地印证着小说中的细节，这可真是出乎作者意料了！

这本小说还带有强烈的科幻色彩，丹·布朗对古代和当代科学史进行了重新发掘和阐释，对各种先进科技进行了大胆的想象，这成为小说最大的看点之一。神秘的“土、气、火水”元素、“创世”大爆炸、伽利略的“日心说”、神秘团体“光照派”、那架没有机翼速度却奇快的HSCT型飞机、现代文明中欧洲原子核研究中心各种先进的技术和实验成果等等，这些足以让我们对科技的发展感到瞠目结舌。但最让读者兴趣盎然的莫过于神秘强大的“反物质”，这一理论使丹·布朗笔下的科学和宗教在如何认识“世界起源”这一基本问题上的关系更加复杂，也成为他所努力呈现给我们的、人类最大的困惑之一。丹·布朗在书中还将符号学、历史学、天文学、宗教学和建筑学等知识顺手拈来、旁征博引，显示了惊人的知识视野和信息处理能力。例如他提到：宇宙大爆炸的理论是1927年罗马天主教会率先提出，而不是哈佛大学的天文学家埃德温·哈勃提出的；美国副总统亨利·华莱士竟是共济会会员，他设计的美国钞票上的国玺竟是“光照派”的符号——当你看到这些的时候，在感到万分惊诧之时亦会迷惑在作者营造的亦真亦幻的氛围之中。这同时也给各个层次、不同专业背景的读者带来种种特殊的阅读享受。

当然，《天使与魔鬼》还远远不是单纯的悬疑和知识小说。它包含着更深的东西。从丹·布朗的童年经历中我们得知，他从小就生活在科学和宗教相互冲突的荒唐哲学中：丹·布朗的父亲是一名曾获得总统荣誉奖的数学教授，母亲是一名职业宗教音乐家。他的生活成了《天使与魔鬼》的灵感之源，成就了他的小说创作。丹·布朗的小说在悬疑的背后有着强烈的人文情操，他的小说虽然是对科学与宗教矛盾的一种夸张，但也包含了一种对未来生活的深深的忧虑和思考。科学和人类信仰、伦理道德的矛盾，也常常是科幻文学的关注对象。十九世纪后期的英国作家玛丽·雪莱的小说《弗兰肯斯坦》，二十世纪初英国社会批判小说家维尔斯的科幻小说《科学怪人》《隐身人》，都是以科学技术主义和人类灵魂道德之间的矛盾这一现代文明的特殊困境为主题的。在《天使与魔鬼》中，作者对于科学至上主义的批判也可见一斑：比如，在罗伯特·兰登与马克西米利安·科勒初次会见于“欧核中心”时曾经有过对于“奇迹”的精彩对话。科勒说：“我们的科学家几乎每天都在创造奇迹。”兰登则回应道：“‘奇迹’是神学院的事儿”，“我对奇迹一说还持怀疑态度”，“特别是那些在科学实验室里诞生的奇迹”。作者还在正文中用斜体字标出这样一句话，表明了他对于救赎人类灵魂现状的态度：“敬畏与信仰并存，让他们重新相信上帝。”如果用小说中教皇内侍偏执和愤激的语言来表述，那就是：“承认世上存在着那些超出我们理解的事物有什么错？科学在实验室里证明了上帝的存在的那一天也就是人类再也不需要信仰的那一天！”“那些技术说是要把我们联合起来，实际上却把我们分隔开来。如今，我们每个人都通过电子装置与世界建立了联系，但我们却感到极其孤单。……如今的人们比历史上任何时候都有着更为强烈的沮丧感和挫败感，这难道不让人诧异吗？科学把什么东西视为神圣了吗？……它把上帝建立的世界分割成越来越小的碎片，就为了寻求一种价值，可结果反倒发现了更多的问题。”这些振聋发聩的话，与其说是教皇内侍对宗教的虔诚而狂热的维护，不如说是作者自己对于科学至上主义的沉痛批判。

相比之下，科学家对于科学理念的捍卫却显得单薄而乏力，倒是信仰上帝的科学家列奥那多·维特勒成为作者深深同情的对象。他的科学试验证明了《圣经》上“上帝说，‘要有光’，于是就有了光”，但是却违背了基础物理学的“能量守恒”定律。借其养女维多利亚之口，作者表达了这位科学家的信仰：“我父亲始终坚信是上帝的力量促成了大爆炸。尽管科学现在无从解释创世的神圣时刻，但他坚信有一天科学能证实上帝的存在。”所以，在作者的设计之中，这个角色注定要悲剧性地牺牲在科学和宗教的夹缝间。不啻如此，丹·布朗在这部小说中还告诉我们，就连文明史上所公认的伟大科学家、崇尚启蒙运动的伽利略也是笃信上帝的。在这里，“上帝”和“终极真理”成了对等的符号，科学在这一意义上和宗教有了共同的诉求。

一旦走进丹·布朗的世界，我们就在追问中靠近了世界的边缘，这种对于“终极意义”的追问抵御着当下流行文学的消解之风，提供了一种真正的终极性体验，任何人的意志都无法强大到和这种体验相抗衡的地步。我们才又一次强烈地感到，长久以来我们忽视了科学在迅猛发展的同时也隐藏着毁灭人类的种种危险，漠视了人类道德、理性、信仰乃至自尊心的脆弱。从这一意义上来说，《天使与魔鬼》作为畅销书的同时又是主题学意义上的严肃文学。

《出版广角》2007 年第 2 期

《天使与魔鬼》，[ 美 ] 丹·布朗著，朱振武、王巧俐、信艳译，人民文学出版社 2005 年 2 月出版，责任编辑：刘乔

# 丹·布朗的《地狱》——挣扎于道德与理智之间

胡真才

本书主人公、哈佛大学符号学家罗伯特·兰登莫名其妙地卷入一场惊心动魄的生死较量之中，为拯救人类，他经历了一次九死一生的探寻病毒之旅。虽然他追踪的病毒已经扩散，但当他放松下来之后，不禁想起了《神曲·地狱篇》中的一句名言："地狱中最黑暗的地方是为那些在道德危机时刻皂白不辨的人准备的。"也就是说，一个人在面对危险的时刻，一定要挺身而出，有所作为。兰登进而意识到，但丁的诗歌与其说描绘了地狱里的悲惨情景，不如说是描绘了人类克服任何挑战的精神力量，不管那种挑战多么令人恐惧。当然，在应对挑战上，兰登是问心无愧的。

那么，兰登所追踪的病毒究竟是什么呢？那是一种能够改变人类的DNA、让人类患上不育症的载体病毒！原来，欧洲亿万富翁、基因遗传工程师佐布里斯特出于悲天悯人和拯救世界的良好愿望，发明了这种将使全球三分之一的人口永远不能生育的"地狱"病毒，并认为这种办法比起以战争、瘟疫和大灾难来减少人口的方式要仁慈得多。然而，兰登并不知道这些复杂背景。他本来身处美国哈佛大学的校园，可一觉醒来却发现自己躺在意大利佛罗伦萨的一家医院病床上，埋在各种管线与一堆医疗器械之中。他只隐约记得有一个美貌惊人的蒙面女子隔着被鲜血染红的翻腾河水对他低语道:“去寻找,你会发现……”

正当年长的马可尼与年轻的西恩娜两位医生向他介绍病情时，一个黑衣女子突然闯了进来，一枪打死试图阻拦她的马可尼，西恩娜一把拉起兰登夺门而出。逃跑途中，兰登发现自己的外衣口袋里无故多出一个标有警示图标的钛金管，这让他惊恐万状。为了摆脱不明身份的强大对手的追杀，兰登与西恩娜结为搭档，他们或以巧取豪夺和声东击西的办法，或因机缘凑巧和阴错阳差的机遇，冲破重重围追堵截，穿越了由经典艺术、秘密通道与未来派科技构成的迷宫，最终抵达目的地——虽然为时已晚，但是他们努力了，尽心了。

不过，占全书大半篇幅的这种警匪片式的追杀与逃亡只是作者虚晃一枪。兰登突然降临佛罗伦萨，其实是世界卫生组织做的局，意在让他以自己的勇力和智慧截获那种已被制造出来的“地狱”病毒。而与他搭档同行的西恩娜医生，却是那个制造病毒的佐布里斯特的女弟子与崇拜者。虽然这俩人在逃亡中互相帮扶，齐心协力，可他们追寻病毒的动机却未必相同。

本书的主要目的是探讨以病毒方式限制人口增长的合理性。佐布里斯特提出了这样一个问题：如果你打开一个开关，会立即消灭地球上的一半人口；假如你不打开这个开关，人类将在一百年内灭绝。你该怎么办？而早在十九世纪，英国著名数学家和人口学家马尔萨斯在他的《人口论》中已经尖锐指出：“人口增殖力，远远超出土地生产人类生活资料的能力，因此必须有这种或者那种形式的非正常死亡提早发生。人类的恶行是减少人口积极有效的执行者。……假如这种扫荡还不够彻底，还有不可避免的大范围饥荒紧随其后，只要致命一击，就能让世界人口和食物供应恢复平衡。”

人口控制的确是目前的当务之急，可以想一想，地球人口达到十亿花了几千年——从人类诞生一直到十九世纪初，然而从十九世纪初到二十世纪初的一百年间，人口翻了一番，达到二十亿。此后，只过了五十年，人口再次翻番，于二十世纪七十年代超过四十亿。现如今，人口很快就要突破八十亿。这是一个多么令人触目惊心的事实。而眼下的每一天，全球就要新增人口二十五万。估计到二十一世纪中叶，地球人口数量将逼近九十亿。动物物种正以一种惊人的加速度灭绝，自然资源日益减少，需求却急剧上升，干净水源越来越难以获得。不论以何种生物学衡量标准来看，人类的数量都超过了可持续发展的极限。毕竟“物竞天择，适者生存”是自然界不变的法则，有史以来那么多物种的灭绝，就是明证。

然而，如何有效控制人口增长，的确是个两难抉择。人类不能像动物界一样弱肉强食、优胜劣汰，“各有千秋任去留”。相反，被称为万物之灵长的人，奉行的则是惜老怜贫、救助弱小的信条。人类有着无与伦比的智力，却无法控制人口的增长，据统计，美国有一半孩子是意外来到人间的；在欠发达国家，这个数字要超过百分之七十；而在天主教国家，更是严禁堕胎流产和使用避孕套的，其人口增长幅度之大可想而知。另据调查，美国百分之六十以上的医疗费用消耗在对垂危病人的无谓挽救上。而这又让人联想到出于道德和情感的考虑，“安乐死”一直难以付诸实施的无奈与遗憾。人类既控制不了自己的出生率，却又尽最大努力控制死亡率，这又成为一个悖论。但作为一个物种，如今的人类就像被引进到太平洋某岛屿上的兔子，由于没有天敌，它们数量激增，破坏了生态系统，最终归于灭绝。

于是，两害相权取其轻。佐布里斯特怀着“我不下地狱，谁下地狱”的豪情壮志，成功研制出了一种被称为“地狱”的不育症病毒。这种病毒并不会灭绝人类，它只会在一定比例数量的人身上被激活。换句话说，就算现在地球上每个人身上都带了这种病毒，它也只会在随机挑选的三分之一人身上造成不育，这类似于一种隐性基因，虽然代代相传，却只影响人类中的一小部分。佐布里斯特认为，这是解决人口问题的一个文雅而人性的最佳办法。

不过，问题又出现了。这种通过空气传播的病毒载体是一项极为领先的技术，它可以让人类从广义上定义自己的物种。而这把钥匙一旦落入坏人手中，它将在基因层面使大范围的种族清洗变为可能。不仅如此，该病毒如果被恶意编码，它就会把受损的 DNA 植入健康的细胞中，这样的结果将是毁灭性的。而要查明佐布里斯特设想的遗传噩梦究竟是什么，那简直是不可思议的，因为人类的遗传密码包含着一个看似无限大的化学排列迷宫。要想在这座迷宫里找到被佐布里斯特修改过的那个密码，无疑像大海捞针，何况连这片大海位于哪个星球都不知道呢。为此，世界卫生组织决定不惜任何代价地找到这一病毒。而这一重任就理所当然地落在了兰登身上。

西恩娜医生是本书的另一个主要人物，她在孩提时代便是个智力超群的神童。因此，在他们逃亡和追寻病毒的过程中，她的言行举止和处置措施，常使他们逢凶化吉，遇难成祥。西恩娜此前对佐布里斯特的翩翩风度和高深理论顶礼膜拜，进而将他作为自己的导师并把自己宝贵的童贞献给了他。就在眼下逃亡的途中，她还时不时地回味着六年前她与导师在芝加哥共度良宵的那个难得的幸福时刻。自然，佐布里斯特对她也是另眼看待，寄予厚望。他在自杀前写给她的信中说：“你可以拯救世界，你不出手，谁出手？此时不为，更待何时？”为此，我们也可以把西恩娜追寻病毒的动机理解为继承导师遗志之举。

可是，当西恩娜与兰登谈论到这种病毒的致命性危害时，她却说，这种技术应该永远不要问世，而且她当时看完信后就立刻将它烧掉了，“然后，我发誓一定要找到他制造的这种病毒，将它彻底销毁”。兰登气愤地反问道：“你既然想销毁这种病毒，那你为什么不与世界卫生组织合作呢？”西恩娜回答说：“最不应该获得这种技术的就是政府机构！”此话可谓言简意赅。试想一下，在整个人类发展史上，科学发明所带来的哪一项突破性技术不是被用在了武器上？从炸药到核能无不如此，而且几乎总是掌控在那些强权政府的手中。据说，瑞典大科学家诺贝尔因其发明的炸药被用于战争而十分懊悔。不过话再说回来，随着科学技术的发展，即便诺贝尔不发明炸药，后来的人也会发明。再如，中国人发明的指南针，起初是用于看风水选宅地的，却被西方殖民者用在了漂洋过海去开发殖民地的侵略行径上。由此可以看出，西恩娜的见识着实高人一筹。可在随后她与世界卫生组织总干事辛斯基谈论科学发展时，她却处处为佐布里斯特的发明创造辩护，并引用了意大利政治理论家马基雅维利的一句名言说："只要目的正确，可以不择手段。"听了这句话，辛斯基陷入了沉思。那么，西恩娜究竟是何立场，这也许是作者有意留下的悬念。

丹·布朗这是反面文章正面做。他自然意识到了当今世界生态失衡、人口爆炸等诸多严重问题，深知控制人口的增长是当务之急，但又回天无术，于是设计出了这样一个工程师和他发明的所谓"地狱"病毒。表面上看，他对这位工程师是持批评态度的，但在字里行间却隐隐透出赞赏之意。毕竟还是应了那句老话："两害相权取其轻"嘛。

当代作家丹·布朗何以敢对七百年前的作家但丁谬托知己，强作解人，并将但丁的《地狱》照搬过来做自己小说的书名？首先他认为，但丁笔下的地狱并非虚构，它是预言，是明日世界之画面！试想，如果人口继续急速递增，和谐共处的生活环境将消失殆尽，人们心中的恶魔就会原形毕露，人类为了养儿育女而争到你死我活，那就是地狱情景的再现：拥挤不堪，忍饥挨饿，被迫吞食自己的粪便，身陷罪恶的泥沼之中。其次，是此《地狱》与彼《地狱》有着千丝万缕的联系。作者在书中写道：《神曲》问世后的七百年间，但丁笔下的地狱形象经久不衰，激发了历史上无数天才伟人的致敬、翻译和改写之作。他们中有政治经济学家马克思，文学家朗费罗、弥尔顿、巴尔扎克、博尔赫斯，音乐家李斯特、瓦格纳、柴可夫斯基，画家米开朗琪罗、波提切利、达·芬奇等。而在本书中,《神曲》之《地狱篇》和《天堂篇》的诗行则为熟读该书的人——病毒制造者、藏匿者和追寻者——提供了灵感、密码和线索：病毒制造者佐布里斯特也知道自己干的是“断子绝孙”的事，因此，他以地狱为天堂，在一个地下湖的音乐厅旁边向全世界释放病毒；病毒藏匿者布索尼则将但丁的死亡面具设定为寻找病毒的密码;病毒追寻者兰登则以布索尼死前录音电话中的隐语“天堂，二十五”（即《天堂篇》的第二十五章）为线索，运用自己渊博的《神曲》知识，通过思辨、推论和分析，历尽千难万险，跨国追寻病毒，虽然为时已晚，总算查明了真相。

2014 年 2 月 15 日

《地狱》,［美］丹·布朗著，路旦俊、王晓东译，人民文学出版社 2013 年 12 月出版，责任编辑：刘乔

# 走近郑振铎的儿童文学创作

王 苗

2013 年 12 月 19 日，是中国二十世纪文化大家郑振铎的一百一十五岁诞辰。郑振铎集作家、翻译家、编辑出版家、藏书家、版本目录学家、文学史家、版画史家、大学教授等多种身份于一身，在多个方面都成就斐然。

郑振铎还堪称中国儿童文学的重要奠基者，为中国儿童文学的培育和发展起过巨大作用。二十世纪二十年代，郑振铎主编中国第一份专业儿童杂志《儿童世界》，在他的努力下，当时重要的文学名家如茅盾、许地山、俞平伯、严既澄、王统照、赵景深、谢六逸、周建人、顾颉刚、胡愈之、叶圣陶等，都在《儿童世界》上发表过儿童文学作品。

郑振铎本身也是一位优秀的儿童文学作家，操刀创作了一大批优秀的儿童文学作品。他的儿童文学作品大多是把世界范围内适合孩子阅读的文学作品进行重新加工和创作，并用一种适合孩子阅读的形式呈现出来。如《竹公主》是根据日本最早的物语文学《竹取物语》创作的。《竹取物语》讲述的是一位在竹子中出生的辉夜姬，美貌绝伦、心地善良，拒绝了五位王公贵族的求婚，最后月夜升天、化作富士山上的一缕烟云。郑振铎在遵循原有故事主题脉络的基础上，进行了简化和改造，语言雅致简练，情节生动曲折，风格清丽凄婉。而“竹公主”一词的创造，更是抓住了儿童文学的核心，非常适合孩子的阅读。

郑振铎依据在欧洲各地历史悠久、广泛流传的列那狐的故事译述的《列那狐的历史》也是非常优秀的儿童文学作品。因为列那狐的故事起源于民间故事，列那狐也不是一个完全“正面”的形象，他聪明狡黠而又有着下层人的自私无赖、道德低下的特征，当时一些列那狐的故事书出于教化和道德的原因，让故事的结局是列那狐被处死。但郑振铎认为，这种处理虽然不违背教化，但却大大伤害了故事的趣味性，是不可取的。所以在他的笔下，列那狐的结局是凭借自己的智慧，最终战胜了凶残暴戾的格林狼。郑振铎译述的《列那狐的历史》犀利讽刺、充满狡辩，但趣味性非常强，让读者不由自主地喜欢上了诡计多端的列那狐。

郑振铎在创作儿童文学作品时，非常注重讲述的方式，他创造了一种儿童熟悉的“讲故事”的模式，让读书的小读者们好像是在夏夜的豆棚花架下，听别人讲故事，接受起来非常自然。比如《花架之下》是由《虎与熊狐》《乌鸦与蛇》《聪明人和他的两个学生》《孔雀与狐狸》四个互不相连的印度寓言组成。郑振铎在译述的过程中巧妙地创作了一个极具中国化、生活化的场景——小学生林国滨放学回家后，在花架下给弟弟妹妹讲故事，弟弟妹妹听完一个还想听第二个，于是故事就这样一直讲下去，一直讲到天渐渐黑了，妈妈叫吃晚饭才止住。《聪明的审判官》也是如此，用奶奶给小同和孩子们讲故事的形式和结构，把《失宝复得》《偷珠贼》《偷鸡之邻人》《借指环之故事》《死香与破瓶》几个小故事统括在一起，在讲故事的人和听故事的人的互动中，故事非常自然地、一个接一个地讲述出来。

郑振铎对儿童文学作品的趣味性始终非常关注，他还创作了一批“故事”“图画故事”和“诗歌”。“故事”类作品大都内容非常简短，不过意趣盎然、故事性十足，有的还附带着问题，能激起孩子的阅读兴趣。“图画故事”则是用图画的形式讲故事，虽只有短短几句话，但创造了一个极具儿童生活情趣的场景，与图画配合在一起，方便了孩子的阅读。他创作的儿童“诗歌”语言清丽、浅显易通，但情感却细腻动人，也堪称我国儿童诗的渊薮之一。

郑振铎不仅是一位优秀的儿童出版家、儿童教育专家，自己也是一位身体力行、默默为孩子奉献的儿童文学作家。他创作了一大批通俗易懂、充满趣味、符合孩子欣赏品位的儿童文学作品，还在儿童文学理论建设上有着诸多成就。

一代儿童文学大家郑振铎先生的儿童文学作品值得我们现在细细品读，他在儿童文学诸方面的成就也值得我们缅怀和敬仰。

《嘉兴日报》2013 年 12 月 20 日

《竹公主》，郑振铎著，人民文学出版社、天天出版社 2013 年 6 月出版，责任编辑：王苗

# 《大宅门》处理家族题材有新意

陈彦瑾

关于《大宅门》，近来听了不少溢美之词，也听到一些微词。单就剧情而言，至少有两种声音：好听的是“史诗气魄，具有历史感”；不好听的是“手法老套，没有新意”。这两种声音，其实都涉及一个关键问题：对家族题材的处理。

《大宅门》说穿了，是一个家族故事。通常家族故事里必须有的一些元素，像家族间的恩怨情仇、家族内部的钩心斗角权力争夺等等，《大宅门》里都有；人物类型的设置也很符合家族故事的共性，比如有支撑家族的灵魂人物（白文氏），有敢于叛逆的人物（白景琦），兄弟里头老大（白颖园）往往正直负重，老二（白颖轩）往往寄情笔墨不问世事，老三（白颖宇）往往奸猾败家，如此等等。当然，还有最重要的家族故事的核心——如何拯救家族和支撑家族。服从这样一些传统（或者说模式），是会很容易被指责为“手法老套，没有新意”的。这种指责固然有它的道理，但似乎也有点苛刻，毕竟，《大宅门》不过是一部电视剧，不是真正的长篇小说（虽然作家出版社出版了《大宅门》的“电视小说”本，但笔者将它与人民文学出版社的文学剧本版认真比较之后明白了一个道理，所谓“电视小说”原来就是文学剧本的“普及本”，故而不承认它是小说）。对于电视剧来说，遵循某些约定俗成的模式恐怕比创新和实验更为重要，因为普通观众的欣赏口味和接受心理，往往是由许许多多的“模式”积淀而成，正是从这些“模式”里衍生出来的冲突、悬念、高潮、情感抚慰等等，使观众在一种似曾相识又有所期待的状态里，一集一集地把电视剧看完。所以“模式”其实是不可避免的，也是必要的，编剧水平的高低更多还是体现在对“模式”的细部处理上——《大宅门》在这方面，确实有高招，像情节的离奇曲折、人物性格的复杂、京派文化的底蕴，以及人物对话的简练传神等等。这些人们已谈论很多了，而从家族题材的写作传统来看，《大宅门》剧本也还是颇有新意的，这主要表现在它对“家族”和“历史”关系的处理方面。

通常人们谈到这个问题时，只是感叹：《大宅门》有史诗气魄，有历史感！其实，表现家族命运沉浮的作品，是几乎天然地具有“史诗性”和“历史感”的，因为一直以来，在处理家族题材方面，中国作家都倾向于这样一种写作模式：家族的兴衰，总是和时代风云、历史变迁紧密相连——比如巴金的《家》，老舍的《四世同堂》和《茶馆》，还有欧阳山的《三家巷》——这的确是使作品获得“史诗性”“历史感”的一条捷径，但它同时也很可能会使“家族”题材的作品面临一种困难：家族成了点缀，时代风云、历史变迁才是主角。而且，在处理历史变迁时，受制于意识形态，作家并没有太多的文学想象的自由空间。

于是就有创新。比如《白鹿原》，在讲述家族故事的同时对主流的历史观念进行颠覆，但遗憾的是，颠覆之后又未能找到一种令人信服的历史观念来贯穿家族命运，因此混乱就不可避免了；另外像苏童的《妻妾成群》，则是彻底抛弃了历史风云。

作为文学剧本，《大宅门》在处理这一问题时很明智地走了一条“中间路线”：时代风云历史变迁是要有的，主流历史观念是不能颠覆的，但这些已不再具有强烈的意识形态色彩，而是转化为一种朴素的民族意识和人性道德标准。《大宅门》主要处理了两个重要的历史事件：一个是义和团和庚子事件；另一个是抗日战争。对前者，民族意识要模糊一些，毕竟要区分是“拳匪”还是“义和团运动”，不是靠简单的民族意识就可以解决的；但在处理抗日这一段时，事情就简单了，民族意识可以得到最大程度的发挥。对于作者和观众来说，白景琦和白颖宇这两个人物能够“立”起来，如果没有这样的民族意识作为支撑是不可想象的。无论白颖宇如何败家、如何犯浑，没有最后“烟膏就酒”的壮举，观众的心里总会觉得空落落的；而同样，白景琦再怎么“活土匪”，在民族气节方面却肯定是不含糊的。只有这样，才能最大限度地满足观众的情感价值判断。这是《大宅门》的高潮，也是它最煽情的地方，正是在这里，《大宅门》完成了家族故事与时代风云的嫁接。

以朴素的民族情感作为人物道德评判的主导标准时，也会给人物关系的处理带来一些有趣的变化，使《大宅门》和其他家族故事有所区别。白景琦和李香秀就是一个例子。一个五六十岁的男人娶一个十几岁的丫鬟，在以往的作品里通常是被视为丑恶的，像《家》里鸣凤和冯老太爷，《妻妾成群》里的颂莲和那个老爷。从政治的角度说，这是腐朽的封建专制对年轻生命的摧残和扼杀；从女权主义的角度来说，则是男性对女性的压迫。《大宅门》却不一样。李香秀是自愿的，而且为白景琦的男性魅力所深深吸引。这就成功地化解了这一关系可能会给白景琦带来的道德判断上的负面影响，这与作者对白景琦这个人物的主导判断倾向是一致的。否则，观众可能也很难认可道德上有如此污点的人会有那么高尚的民族气节。与此相似的是白景琦的嫖妓，尽管在当时嫖妓或许并不会有太多的道德谴责，但作者还是不愿将他处理为一个色鬼的形象，相反，他嫖得有特色，嫖出了一个男人的豪气，嫖出了杨九红的爱情，这恐怕也是作者刻意要达到的效果。所以杨九红之后，就再也不见白景琦嫖妓了。这是作者聪明的地方。

另一个有趣的例子是白文氏与杨九红及白佳莉之间的纠葛。应该说，表现母女之间的残酷关系一直就是家族小说里最吸引人的地方，它可以最大限度地暴露人性的扭曲和黑暗。一个著名的例子就是张爱玲的《金锁记》，七巧和她女儿的关系很少有人不感到震慑和恐惧。《大宅门》中，杨九红与白佳莉的关系与此相似，都是母亲对女儿的报复，但作者显然不愿意在这方面做太黑暗的揭示，而是最后让人性的温暖化解眼神中的怨戾，这可能是作者温情的地方，但同时也最大限度地满足了观众对人性的希望。

也许所有这些，都是《大宅门》获得观众喜爱和认同的原因。在这里，既有一些放纵的快乐，又有家族的阴谋、人性的扭曲，当然，最重要的，是潘多拉的盒子打开之后，还能用朴素的民族主义情感和人性的温暖来回收它们，让作品充满阳刚之气，同时也温情脉脉。

作为文学剧本的《大宅门》，能做到这些，自然是难能可贵的。不过，要是真正的长篇小说，恐怕就得另当别论了。有些手法是受制于电视剧这一特定样式的，对电视剧来说是"高招"，对小说而言，可能就是"败笔"了。作为一个对小说仍怀有敬意的读者，无论现在市场上有多少"电视小说"或"文学剧本"，笔者仍然相信，小说就是小说，电视就是电视；小说本就是小说本，剧本就是剧本，别互相搅和，混淆视听；同时笔者也仍然相信，小说所能达到的深度是电视剧所永远不能企及的。听说郭宝昌导演还有意由人民文学出版社出版他的《大宅门》长篇小说本，希望它真正像个小说，也希望他在电视剧里所未能表达的东西，在这小说里能有所实现。

2001 年 6 月

《大宅门》（上下）（电视剧本），郭宝昌著，人民文学出版社 2001 年 4 月出版，责任编辑：刘稚

# 《勾魂拐》——中国第一本真正意义上的悬念小说集

全保民

近日，人民文学出版社隆重推出了建社以来的第一部冠以“悬念”的短篇小说集《勾魂拐》。就此而言，该书颇具一种特殊的意义。书中二十五篇作品，无论悬念的设置，还是故事的表述，几乎每一篇都有一种勾人心魄的力量，完全可以与悬念大师希区柯克的电影小说相媲美。同希氏一样，《勾魂拐》中每一个故事的结局都令人意外，很难事先猜到，无不令人拍案叫绝！作者以其不动声色的表述和看似无褒无贬的态度叙述了一个个扑朔迷离、充满玄虚的故事，揭示并表述了当代社会生活中许许多多的视域与层面，以及当代人对人生与生命那种含混恍惚、是非不辨的终极思考。其中，既有人生途中的沧桑感叹，又有私人情境的波澜展示；既有引人入胜的警探故事，又有发人深省的个人传奇；既有探古寻幽的迷踪，又有域外惊险的意外；既有身处都市的心潮狂涌，又有平居巷里的神经颤动。更加难能可贵的是，无论是什么样的故事，那些令人意外的结尾总会包含着一些深层的寓意，使人在合上书后，还会情不自禁地细细琢磨。从另一个角度上看，虽然该书称得上是中国第一部具有真正“悬念”意义的个人小说集，但该书作者并没有刻意去追求悬念，而是把悬念作为一个重要的手段来更加深入地解释人物的内心世界。因而，如果说希氏是世界电影界里的弗洛伊德的话，那么该书作者完全称得上是中国小说界中的弗洛伊德。值得注意的是，虽然其中的故事大都十分离奇，但绝不是那种云山雾罩、不知所云的东西。相反，作者十分注意贴近现实生活，其中的大部分故事都发生在北京，而且时间、地点交代的非常具体，恍如身边之事。尤其是多篇作品都大幅度地跨越了改革开放之前与当今的时代，并且细致入微地发掘着在这两个完全不同时代里各种人物的内心世界。

此外，作者对悬念小说的特性把握得十分娴熟，每一篇故事的构思都非常巧妙，常常是一个悬念跟着另一个悬念。在人物刻画上，作者完全打破传统观念，大胆地去揭示人性本身，而不是直白地去歌颂和批判什么。尽管以往的文学作品大都已经脱离了描写那种完完全全的好人和彻头彻尾的坏蛋的模式，但大多数作者笔下的人物还是有“正面”与“反面”之分，像该作者这种彻底摒弃这种多年固守的观念，甚至对事物本身的“是”与“非”这个最基本的问题都不做直接评判者，在中国乃至世界文学作品中实属少见，从这一点上讲，不能不说是一种创新和突破。

从内容上看，虽然该书大多在描写犯罪或者是与之密切相关的形形色色的事件，但是作者没有流于俗套，简单地描写这其中的过程，而是在看似就事论事的叙述中深层次地揭示了那些在种种离奇事件里面的人物的内心活动，以及当他们面对自己命运中最重要的那一刻时所表现出的原始人性。而这一点，也是我们区分该书与希区柯克电影故事作品的一个明显标志。在这二十五篇作品中，几乎都有一个显著特征，那便是在那些无关紧要的情节里，往往包含着很深的寓意，比如那芸芸众生的人物所想、所说，甚至所见，都背离了客观事物本身，同时也使读者在知晓事态的结局之前屡屡受到“欺骗”。而这一切，只有在读完故事的最后一字才能悟出其中的道理。这里边，不能不提及那篇《寒冷的早上》，作者把故事的悬念一直放到最后一个字来解决，可见其把握悬念的功力。除此之外，像《警察的故事》对从事这种特殊行业的人那鲜为人知的内心世界的曲折展示；《银行劫案》中对叙事视点的精心选择；《暗恋》中对畸形情感的意外表述；《我的第一次》中奇异的角色设置；《我们见过吗》中宿命般的偶然；《采访》中极具震撼力的强烈反差等等，均能见得作者对小说叙事艺术的追求与驾驭情节的不俗功力，甚得美国短篇小说大师欧·亨利的神韵。同时，作者讲究文学的审美意识，总是用平淡的口气叙述那些不寻常的情节、种种奇异的偶然事件、不同人物身上扭曲的心态，以及那些充满血腥的暴力等等。这其中，作者强调严谨的逻辑，使得所有的故事都具有很强的生命力，经得起推敲。此外，虽然该书中的二十五篇作品都很短，但却能在这短短的篇幅中最大限度地给读者以想象的空间并让人每每回味无穷，继而使读者按自己的意愿去猜想那些书中没有直接描写的东西。所以，该书具有雅俗共赏的两重性：“俗”，指一个个构思巧妙的故事和出人意料的结局，使人不费心思就能得到那种出乎意料的刺激和享受；“雅”，指在那一系列复杂事件中，我们可以品味出那些每每被忽略了的人性，以及对各种完全不同的人物内心活动的揭示。

在描写上，作者不乏黑色幽默，并能冷静、客观地议论道德伦理与犯罪、生命与死亡这一系列重大的问题。其中，还常常把一些完全相悖的东西放在一起，使之在一瞬间，或者在一个人身上同时闪现。比如，庄严与滑稽，真诚与虚伪，伤心至极与忍俊不禁等等。另一方面，作者往往又把原本应该是紧密相连的东西分割开来，比如，爱情与性爱，并且淋漓尽致地把这种常被模糊、混淆了的东西重新细致入微地描绘。对此，该书所揭示的，是人性的本能，而这种本能与人的情感是矛盾的，并且受制于人的良心和社会的法律约束。在以往的很多文学作品中，这一切总是被人淡忘和忽视，尤其是在涉及伦理、犯罪的时候。从这一点上讲，该书具有很重要的意义。

另外，如果我们从另一个角度来看，该书的一些作品的确颇有弗洛伊德所称的“心理分析学派”及“泛性欲主义”味道，也就是所谓的“无意识创作论”。如此来说，《勾魂拐》真可谓一部充满新意、可读性极强并令人回味无穷的悬念小说集。

2002年2月

《勾魂拐——悬念小说集》，宋毓建著，人民文学出版社2002年2月出版，

责任编辑：仝保民

# 走过风雨沧桑的大智良言*

包兰英

只有走过人生广阔领土的人，才有资格谈人生的真谛；只有满怀坦诚的成功者，才会给我们以真实的人生教益；只有亲历过人生苦难的人，才能跳出苦难看人生；只有用理性指导自己人生而又不惮躬耕实践的人，才能讲出人生的理性。展现在读者面前的《王蒙自述：我的人生哲学》，就是这样的一本书。

作者在还不到十四岁的时候，就唱着冼星海的歌儿参加了地下党组织，但在中国共产党夺取政权后，却因为一篇作品，而被打成了右派；一个得到了毛泽东亲自保护的青年作家完全可以因此而解脱，却又举家西迁来到了新疆，在这个自古就是流放罪犯的地方一待就是十六年；党的十一届三中全会后，这位在中国文坛雄风驰骋了半生的人，一夜间又成为了中华人民共和国的“文化大臣”。而今，这位虽已年近古稀，但“心儿不曾老”的老人，从《青春万岁》始，在笔耕四十八年写下了一千余万字的文学作品后，又以雄健的笔触、渊博的文化学养、深

* 该文是《王蒙自述：我的人生哲学》一书出版前言，标题为另加。

邃的哲学思想，去总结自己的人生经验与体悟，去探索揭示人生的大道至理，这不仅仅是一种写作，而是人生金秋的另一种收获，更是一种人生责任感、社会责任感、历史责任感的履践。

严格说来，作者不是用笔而是用生命、用思辨、用心血在写这本书，且一写就是四年，足见其态度之严谨之认真。更为可贵的是，作者虽然已是誉满天下的著名作家，又有着诸多高高的头衔，但他并不靠这些来吓人，而是以平等的乃至天真的心态来与读者倾心交流。在娓娓而谈中尽管有时也不失往日的激情、激动、激愤，但都在讲述一种自己所思所悟的真实。他绝不放弃人生的哲学睿智与理想境界，但亦绝不高谈阔论，无论小事、大道，都说的是人生至理。一切以生存为基点，以生活为背景，以哲学为武器，用科学与灵动的方法来剖析人生，用实事求是的客观的能动的态度来解析许多人一生中都会遇到的一些问题，且颇有新意地创造了许多深刻的人生概念和范畴，因而称其为“人生哲学”是当之无愧的。

本书还收录了作者此前所撰写的有关人生方面的二十几篇随笔精品，列为第十二部分，可为作者该书一贯思想之补充。相信本书的出版一定会为目前充满形形色色人生读物的图书市场，注入一股清新的泉流。希望读者能够从中获取人生的教益，更有效地更健康地投身到伟大的事业与生活中去，得到智慧，得到成熟，得到快乐，也得到成功。

2003年1月

《王蒙自述：我的人生哲学》，王蒙著，人民文学出版社2003年1月出版，责任编辑：包兰英

# 诗坛圣火的点燃者*

屠　岸

读唐湜的诗歌著作，总要想起司马迁的话：“昔西伯拘羑里，演《周易》；孔子厄陈、蔡，作《春秋》；屈原放逐，乃著《离骚》；左丘失明，厥有《国语》；孙子膑脚，而注兵法；……此人皆意有所郁结，不得通其道也，故述往事，思来者。”诗人唐湜，在抗日战争初期，向往光明，准备奔赴延安，由于有人告密，被国民党政府逮捕，囚于西安集中营；在1957年狂烈的政治风暴中，受到极大冲击，被开除公职，由公安部押送到北大荒劳动教养，三年困难时期几濒乎死，后被遣返原籍；在十年浩劫期间，凭沉重的体力劳动，维持一家生计。然而，处于如此逆境中，他一直没有放下诗笔，他的大量重要诗歌创作，都完成于困厄之中。就在他受到“阳谋”的残酷批判时，他在朝阳门外芳草地开始奋笔抒写一首长诗《划手周鹿的爱与死》！他自称这是他创作生涯中“一个新的起点”“一次新的突破”。对缪斯的崇奉到了如此虔敬的地步，怎能不令人深长思之！尽管唐湜自称“‘四人帮’的

* 该文是《唐湜诗卷》（上下）代序。

横行也激怒了我，叫我发愤而起”或“由于一种激愤，十来年间，戴着自己的火焰冠，躲闪着抒写了不少习作”，但唐湜创作的主要特点不在受厄之后直接“抒愤懑”、诉《离骚》《说难》或写《孤愤》。当然也可以从一些作品中看到他自己的形象，比如《桐琴歌》里的蔡邕，而那只发出哀音的桐琴以及桐琴的原料——被烧焦一半的泡桐木，其中也或许有他自己悲惨际遇的隐喻。然而在他的多数作品里，充盈着的却是对生活的热爱，对美好事物的向往，是民间传说中爱情的美丽坚贞，历史上民族战争的悲壮激烈，人性搏斗的开合张弛，以及对诗友的缅怀，对幻美的追踪……甚至时时有欢乐、有阳光！唐湜当然不是在感情上隐遁，在精神上逃避，在拼搏中后退。我想，不管他是有意识还是无意识，他实际上是以诗美的凝华来应对现实的黑暗；以对缪斯的忠诚来藐视命运的捉弄；以精神的向上和高昂来抗议人间的丑恶！他的人格是笔直的，但他的申诉却是通过诗美的追踪向人世发出的一道折射。他的所有的痛苦、悲凄、怨愤、焦虑和郁结，都经历了过滤，发生了嬗变，实现了纯化，因而升华为欢乐、温煦、缱绻、梦幻、宏伟和壮烈！他作为美的宗教的信徒，超脱了红色宗教裁判的火刑！这岂不就是“唐湜现象”的独特之处吗？

正当造反派的打砸抢如凶焰毒火在城市和乡村蔓延的时候，唐湜唱道：“这天宇下要没有无邪的孩子，／那人类就没有了光耀的明天；／这云彩下要没有诗人们写诗，／那灵魂里就熄灭了崇高的火焰！”诗人仿佛是针对着当时还是“孩子”的“红卫兵小将”们发出了拯救的呐喊！正当现代迷信酿造的宗教狂热掀起了惨烈的红色恐怖，毁灭着大地上种种美和青春的时候，唐湜唱道：“好呵，你会把青春的魅力／展现于脸儿上的笑语的飘飞，／为了祖国的美的崛起！”“呵，这时代该年轻起来，／我们的祖国该年轻起来，／恢复早年的刚劲、豪迈！”这与当时的主流话语完全是南辕而北辙！简直是“秀才碰到兵”！不，他似乎是在惝恍和梦幻中跟黑雾和烈风对话，似乎是隔着一层朦胧和荫翳在召唤美好时代的来临！

就在这个“史无前例”的时期，唐湜写了一首十四行诗《忘忧草》，这题目就发人深省！它的最后一节是：

当我拿梦幻的眼眸去凝望
悲痛的无底涡流，啜饮着
那一片淳美、澄澈的光芒，
我就仿佛在向美神献祭呢，
拿自己的苦难向她献礼，
叫深湛的忧郁化作一片美！

这应该就是诗人当时的精神写照和内心独白。苦难和悲愤成了供奉在美神祭坛上的牺牲，深沉的忧患意识异化为美丽透明的灵光。诗人回应了时代，又超越了时代；摆脱了时代奴隶的枷锁，踏上了时代前驱的风轮！

当艺苑被“旗手”和“文痞”践踏成一片荒芜，“假大空”和“瞒和骗”横扫一切的时候，唐湜唱出了这样的诗句：

可我忽儿从迷茫里惊醒了，
瞅见乌云似的一窝大马蜂
舞着毒刺，在空中哼哼着，
俨然是悲天悯人的大诗人！

他们一下子把阳光遮住了，
叫太阳的歌琴再不能弹奏，
也有些法利赛人把诗袍披着，
说自己是戴桂冠的太阳密友。

驴鸣样吼着他们的乐章，
要扑灭一切青春的火把，
拿蒙昧的浮夸来代替理想，
乌鸦样到哪儿都吱吱喳喳，
把自己骑着的可笑的木马
当作太阳的辉煌的车驾！

这是写于十年浩劫期间的十四行系列组诗《遐思：诗与美》中的一首。这是对大地上泛滥成灾的酷烈与荒诞的有力鞭笞和肆意嘲讽，他的大胆令人震撼，他的准确令人折服。同时，他向他的诗友——“闪光的星辰们”，发出了呼吁：

哎，你们，闪光的星辰们，
我在向你们的真挚致敬！
你们吞下了可怕的棘刺，
面对着什么经与剑的放恣，
却能在诗的欢乐的祭坛前，
点燃起圣洁的献祭的火焰！

这些诗句是对真实的诗人们的期冀，提醒他们，告诫他们：蔑视那种“经”与“剑”的放恣，燃起欢乐的圣火来。这些诗句也是诗人作为一位诗的神庙的香客，吟唱的虔诚的自白。他的创作实践表明他已经“点燃起圣洁的献祭的火焰”！在当时，他的诗篇是不可能在公众面前吟唱的。那时候，他根本不知道自己用心血谱写的乐章能有公开于人世的一天。相反，却有随时被抄没焚毁的危险。事实上他抒写于那时的许多诗章已经被黑口和毒烟吞噬。但他始终凭借一种神圣的虔诚，锲而不舍地以笔耕来偿还自己对诗神的默默许诺。尽管他自己说“1970 年左右，我在‘风暴’的包围里陷于孤立，恍有契诃夫的黑衣人向我访问，只能孤芳自赏地抒写一些十四行与抒情诗来排除怕人的绝望”，但事实上他的心灵的歌声已经超越了“孤芳自赏”，超越了仅仅“排除怕人的绝望”，而是给诗史留下了发光的记录，成为一种美的布道，成为另一种声音的人的尊严的宣誓！

诗人写下的诗，可以说都是通过了折光和透析而形成的自传，抒情诗是如此，叙事诗也是如此。唐湜的全部诗作，可以看作他颠沛跋踬的一生的心史。诗人所有的遭际和反应都以另一种形式保留了下来。“他的一切都没有腐朽，只是遭受了大海的变易，化成了富丽新奇的东西”（莎士比亚《暴风雨》中爱丽儿的歌）。这就是“唐湜现象”的终极含义。

唐湜属于“九叶”诗派。这个诗派形成于二十世纪四十年代，九位青年诗人关注时代的脉搏和人民的疾苦，但不满足于表层的反映，要求探索现实的本质，在继承民族诗歌和“五四”以来新诗传统的前提下，借鉴西方现代诗歌的技法，充分运用形象思维，使感性和智性得到水乳般的融合。这些共同要求使他们走到了一起，形成了一个流派诗人群。但“九叶”的名称则是过了三十多年后，到八十年代初才出现。唐湜作为“九叶”之一，有着自己独特的个人色彩。二十世纪末，两位访客在温州花柳塘新村与唐湜有过一次对话。访客向唐湜提出：“回顾您的创作历程，是否可用‘浪漫主义的抒情→现代主义的沉思→古典主义的回归’这三个阶段作一粗线条的勾勒？”唐湜回答说：“大致可以这样说。”这就表明，这种分三个阶段的提法已由诗人本人认可。到了二十世纪八十年代及其后，“九叶”中的其他六叶（穆旦已于 1977 年逝世，曹辛之早已不写诗）中没有一位实行“古典主义的回归”。唐湜走上了自己独特发展的道路，我认为可以称之为“新古典主义”（这与十七、十八世纪英国的“新古典主义”——一度被称作“假古典主义”——不同）。事实上，在唐湜早期作品中，这种新古典主义的色彩已经萌芽。而这种色彩，从二十世纪五十年代一直到二十世纪末，可以说是一以贯之，“愈演愈烈”。这表现在他用新的手法对古典美的锲而不舍的探索与追求上，而这种古典美，带有浓厚的中国特色。

二十世纪四十年代的唐湜，首先醉心的是欧洲文艺复兴时期的莎士比亚，浪漫主义时期的雪莱、济慈，之后才转向了现代主义的里尔克和艾略特。但他的根须从未离开过中国的文化和中华文学的土壤。中华五千年文明是他的全部彩绘的底色。在他的作品中，既有燕赵豪杰的慷慨悲歌，也有江南儿女的浅吟低唱；既有雄浑阔大，也有凄婉柔媚。从他的诗作中我们听到了“天苍苍，野茫茫”那种敕勒风格的苍凉悲壮，也听到了“杂花生树，群莺乱飞”这类瓯文化的旖旎和瑰奇。多年来流行着一种提法：要在古典诗歌和民歌的基础上推进中国新诗的发展。对不少写诗的人来说，这仅仅停留在口头上。唐湜却用自己坚定的艺术实践对这个提法做出了回应。但他不是表层的模仿或形式的置换，他是让古典和现代相焊接、调和鼎鼐，熔铸一炉，形成精神上的承续和发展。于是，一种崭新的带中国特色的古典主义风格呈现在二十世纪后半叶的中国诗坛上。

从唐湜自己的回顾，也从对唐湜作品的阅读，我们注意到，他早年出版过三部现代主义风格的诗集、长诗，之后，沉默了约十年时间；自 1958 年起，他陆续写出了《划手周鹿之歌》《泪瀑》《魔童》这一类反映南方风土的民间传说故事诗，以及大量抒情诗、山水诗，风格都比较柔和；从《明月与蛮奴》《边城》起，为了刻画人物，风格逐渐转向雄豪或雄浑；之后，写《桐琴歌》《春江花月夜》，塑造了两个文士蔡伯喈和张若虚，都是悲剧人物，风格又近于凄婉；《萨保与摩敦》写北魏六镇的大起义和鲜卑人宇文护和他母亲的骨肉深情，重新走向了慷慨悲歌的壮伟风格。这一切风格上的迂回，都围绕着对中国特色古典美的追踪。

这种追踪还表现在唐湜叙事诗中人物性格的营建上。比如，他的史诗《海陵王》，写公元1161年发生在长江边上的一场鏖战——采石之战，其中出现了两个历史人物：入侵者金国君主完颜亮（海陵王）和抗击金兵的南宋爱国者西蜀文士虞允文。蛮荒猎人出身的海陵王，从弑君篡位，亲率六十万蕃汉人马南下攻宋，到受阻于浩淼的天堑之滨，兵败于虞公扭转乾坤之手，故事的进展浩浩荡荡，诗句如江河奔腾，一泻千里，大起大落，轰轰烈烈，一个生猛残忍、野心勃勃，又雄豪壮烈、气吞万里如虎的人物，栩栩然，呼之欲出。作者还塑造了王妃珍哥，作为海陵王的陪衬，从一个侧面烘托这位女真可汗性格的多面性和丰富性。唐湜没有像《醒世恒言》中一篇《金海陵纵欲身亡》那样，把完颜亮写成一个毫无人性、淫荡得荒谬绝伦的人物。如果他是这样一个人，那么虞允文作为他的对手，在这场大搏斗大较量中取得胜利，也就不足挂齿了。唐湜还从中华民族总体构成的视角来俯瞰这场战争，把海陵王塑成一位历史上少数民族骁勇桀骜的枭雄式人物，这也是他借鉴莎翁悲剧《麦克白》等而择取的历史悲剧视角。正因为完颜亮不是等闲之辈，这才显出南宋朝廷这位中书舍人的机智勇毅，他临危受命，拍案而起，运筹帷幄，指挥若定，才力骄人，魄力过人。那些跃动的诗句把他的性格写得有声有色，如火如荼，使他与长江大雾融合为一，洋洋洒洒，莽莽苍苍！唐湜把他笔下的人物刻画得如此充分、饱满，性格突出，形象锋利，因而使全诗取得了预期的成功。唐湜在他的另一些诗篇中，塑造蔡伯喈、陆放翁、张若虚、宋之问等历史人物，与塑造海陵王一样，并非严格反映史实，而是根据实录进行某些艺术虚构和文学加工，使人物个性在诗意的击节声中逐步显现，丰满起来。这样的诗篇，往往使读者沉湎于古代历史的澄潭激流中，迷醉于古典式激越幽森的鼓声琴韵里。

唐湜擅于把民间传说改造成美丽的童话诗。例如，在他的故乡，从久远就流传着魔童和他的小爱人的传说，他家乡的乱弹戏班还演出过《水漫白鹿城》的“路头戏”，戏里的魔童成了凶恶的精怪，东海龙王却是庄严正面的神祇。唐湜重铸了《魔童》，恢复了这个传说的本来面目，又进行了改造，使它更精致，更美丽。东海龙王是维护封建礼教正统的暴君，魔童和他的母亲东海龙女和他所爱的表姐西湖公主则是爱的追求者，自由的崇尚者和压迫的反抗者，都有一颗真诚的善良的心。四个人物各有其性格特征，魔童的顽皮机灵勇猛大胆与他的龙王舅舅的暴戾凶残顽固冷酷形成鲜明的对照。龙女与伐木少年——神与人相爱的描写，奇谲美妙，精彩百出，为魔童的诞生做足了铺垫。而魔童与龙王的斗争，被描写得翻江倒海，黑地昏天！诗人调动了种种文学手段，使战争双方主帅的性格生动灵活地呈现出来。这部童话诗使人联想到戏曲舞台，连诗中出现的乐器和武器如小银笛、穿云箭、珍珠旗等，也像是舞台上的道具，它们都用来突出人物的身份和性格。这与唐湜对中国戏曲特别是昆剧的熟谙和他曾从事过戏曲的评论和编剧工作有密切的关系。唐湜的另一部童话诗《泪瀑》，写渔郎反抗海公主的迫婚，写渔郎妻对夺去自己丈夫的“第三者”进行不屈的抗争，不断地诘问、控诉、詈骂、诅咒，她那抗争的形象矗立在海边，化为一座不倒的岩峰，而她哭诉的泪水迸射，变为永世狂泻、万年不涸的“泪瀑”。人物性格就这样横空而出世了！她与望夫石不同。她不是在等待的哀怨中化为岩石，她是在斗争的火焰中熔为山“锋”。渔郎是一个象征，渔郎妻也是一个象征，尤其后者，是个极其强烈的意象。上面这些童话里的人物，都是由东瓯文化积淀凝华而成的立体雕塑，都是中国风的，古典式的人像晶体。

唐湜的语言运用，也在似乎漫不经心中使出了浑身解数。《边城》中的南宋大诗人陆游，就与一般读者心目中的这位爱国诗人形象有所不同。人们熟悉陆游与唐琬夫妻恩爱而终于被迫分离的悲剧故事，熟悉他反映这段哀怨恋情的词《钗头凤》和七绝《沈园》二首。人们也熟悉他“塞上长城空自许，镜中衰鬓已先斑”的襟怀，了解他以身许国而壮志难酬的苍凉心境。但人们不太熟悉还有一个作为打虎英雄的陆游。唐湜从陆游八十五年生命历程中撷取他在陕南川北做梁州通判时一段短暂的边城生涯，作为题材，淋漓尽致地勾画出这位诗人的忠愤情思和豪迈气概。那时的陆游，不仅时常带领一支人马与金人短兵相接，还曾以周处自许，立志为民除害，终于手刃北山上屡屡危害百姓的一只噬人猛虎。唐湜“下笔如有神”，把这个情节写得惊心动魄：

蓦然一回头，恰好正对着
一双吊睛，那大虫蹙着额，
在眈眈虎视着，窥伺着来人；

自己一声唤，叫崖壁猛一震，
百步内林叶都簌簌地哆嗦着；
那大虫却一跃，腾空扑来了，
在自己的马前直立如巨灵！

……
可自己一奋战，直对着虎心，

猛然一刺，却刺得那么深，
直穿透了虎背，血瀑飞迸着，
直喷到人脸上，把新裘溅红了，
连白马上也出现了桃花纷纷！

写到这里，壮举已完成，似已到尾声，但诗人笔锋一转，又出现“更上一层楼”的一片铿锵：

那大虫大吼一声，叫危峰
都倏然迸裂，却还带断戈
向自己横扫过来，作濒死的
一扑，恰遇着冷森森的剑锋。

一剑又捅入了白虎的脑门，
它这才巨崖样颓然倾倒了；
自己也惊出一身汗，随着
醒了过来，竟然是一个梦？

壮举已经结束，却又留下一个悬念：刺虎，仅仅是一场梦？这又是作者的一笔跌宕，原来陆游是在做梦，可梦中重温的是他确曾有过的行为：“可自己怎能忘那北山的驰射？／那猛虎的狰狞可记得真呢，……”谜底揭晓了，诗人却又反过来，做梦的文章：“可毕竟还是个茫然的梦，／这一年北山、骆谷的跋涉，／都是梦，只留下一片难忘的／铁马、秋风的记忆犹新！”翻来覆去，荡气回肠，全为了刻画人物的处境和情怀。

从上面所引的几段刺虎的描写，可看出唐湜的语言，简洁响亮，节奏明快，似有千钧之力，状物、抒情、叙事，精确爽利，字字到位，句句精警，没有一个冗字。如此文笔，使人想起戏曲舞台上刻画人物讲究的“精、气、神”，或京剧表演艺术大师盖叫天所崇奉的武功原则“稳、准、狠”。唐湜的诗歌语言胜任于表达豪迈，也胜任于描述缠绵。它可以媲美于冯至的《帷幔》《蚕马》，也直追闻一多的《剑匣》，孙毓棠的《宝马》。它师承的还是屈宋和李杜。一位评论家谈到唐湜的诗时说：“他的诗里流动着屈原、李白、杜甫、苏轼、陆游、辛弃疾……

这些伟大诗人的血液。”对此，我深有同感。

在唐湜的诗歌创作里，还有一个引人注目的现象，那就是他的中国特色的新古典主义风格常常通过从西方引进的诗歌体式——十四行诗形式表达出来。被有的评论家称作最能体现唐湜诗风特点的长篇抒情诗《幻美之旅》就是由五十六首连绵不断、一气呵成的十四行诗（合共 784 行）组成。而《海陵王》这部气魄恢宏的历史叙事诗，也是由九十五首十四行诗（合共 1330 行）分七章组成。他为思念“九叶”诗友而写的长篇抒情诗《遐思：诗与美》由三十首十四行诗（合共 420 行）组成。他还写了各自独立的十四行抒情诗二百余首。他的十四行诗每行四顿，有别于欧洲十四行诗的多数以五步为主。他的十四行诗的段式和韵式也不完全依照彼得拉克式（abba、abba、cdc、dcd）或莎士比亚式（abab、cdcd、efef、gg），而有自己的创新。《海陵王》中每一首的段式是 5、5、4 三段，这与欧洲十四行诗不同，欧洲的大抵是 4、4、3、3 四段或 4、4、4、2 四段。《海陵王》各首的韵式是 ababb、cdcdd、eeff，这是唐湜根据自己诗歌内容的需要而设计出来的。写历史叙事诗若用四段段式，会感到琐碎，采用三段段式便显得紧凑、稳定。关于韵式，彼得拉克式的抱韵庄严有余而活泼不足，莎士比亚式的交韵则非常灵动却少一点雄浑。《海陵王》各首的韵式恰好糅合了壮阔与深沉，为一群叱咤风云和沉雄刚毅的历史人物准备了合适的舞台。关键还在语言。我们从唐湜诗作中读到的是语体汉文。尽管保留了“跨行”（enjambment）等手法，但极少欧化的痕迹，而是经过提炼的现代汉语。正如老舍的《茶馆》，尽管话剧是外来形式，其内涵却是典型中国的；或如何占豪、陈钢的《梁祝》，尽管小提琴协奏曲是引进的形式，其内涵却是典型中国的。唐湜的十四行诗也是如此，由于作者从形式到内容的惨淡经营和才华发挥，读者便从它们典型的中国风和古典式中获得极大的艺术享受。自从十四行体引进中国以来，几辈诗人用这种形式写诗取得了各自的成就，闻一多、朱湘、冯至、卞之琳是不能忘记的名字。二十世纪下半叶至今，十四行诗作者辈出，而唐湜的成就特别突出，他在这方面的探索和取得的成功经验，是中国现代汉诗的一笔财富。

从 1954 年到 1958 年，我和唐湜兄是中国戏剧家协会《戏剧报》编辑部的同事，也是诗友。我与诗人穆旦的会面，就是唐湜介绍的。在 1957 年的政治风暴中，我和他都受到了冲击。但我比他幸运，被以田汉同志为书记的剧协党组“保护过关”，不过，逃不掉惩罚性的下放以“改造思想”。1958 年 1 月我下到张家口地区怀来县土木乡“挂职劳动”。这年夏天我回北京接受又一轮批判并做自我检讨，却听到唐湜和另外好几位同事已被宣布定性，开除公职，由公安部押送到黑龙江去了，不禁凄然。此后不断有关于他的消息传来，但直到“文革”结束，改革开放开始，他的“右派”问题改正之后，我们才有了再次会面的机会。在和平里的几次晤谈，回顾平生，不觉泫然泪下，感慨万端。我对他在逆境中坚持诗美的追求和创造，而且取得如许成就，深为感佩，也深为惊讶。因为我自忖，如果我处于他的境地，必定一行诗也写不出来。我们也谈诗论诗，既有反思，也有前瞻。应该提及的是，唐湜在诗歌评论方面的贡献，与他在诗歌创作方面的贡献不相上下。他的三部诗稿，经过我手，在二十世纪的八十年代和九十年代由人民文学出版社和北京燕山出版社推出。这次《唐湜诗卷》再次由“人文”出版，我应邀写序，义不容辞。上面所写的，不是我对他的诗的评论，只是读后的随感。我所写的，都出于至诚，因我素来厌恶吹捧和溢美。至于说得是否正确，是否科学，那便有待于读者和时间的公正评判。“途穷反遭俗眼白，世上未有如公贫。但看古来盛名下，终日坎壈缠其身。”虽然如此，他的知音还是有的，公正的评论也是有的。张炯等主编的《中华文学通史》，陈思和主编的《中国当代文学史》，洪子诚、刘登翰著的《中国当代新诗史》，其中都有关于唐湜的论述，都肯定了他在诗史上的地位。中国现代文学馆的展屏上，也有包括唐湜在内的“九叶”的领域。湜兄应该感到欣慰。近得湜兄寄来的诗歌新作多首，说明他虽已八三高龄，创作力并未衰退，是可喜的事！——序，就写到这里吧。

2003 年 3 月 29 日于北京和平里

《唐湜诗卷》( 上下 )，唐湜著，人民文学出版社 2003 年 9 月出版，责任编辑：王清平

# 开掘生命的美丽

## ——评《生命美学的诉说》

包兰英

“想不到文章还有这样一种写法！”当我和一位作家探讨这部书稿的时候，她这样对我说。

是的，这是一部奇特的书，你无法简单地把它归入学术专著、抒情散文、评论随笔中的任何一类。它无论在文体范式、语言风格，还是思想内容上，都是一种全新的写法。但也绝非是一朵异想天开、标新立异的谎花，而是从开满思想之花的古驿道上走来，兼收并蓄、博采百家、深入生活、解析生命，给人以激情、以智慧的时代力作。

在古罗马的奥古斯丁那里，它寻找到了一个有点古老却永恒庄严的主题；从法兰西的蒙田那里，它寻找到了一种开放式的文学样式；在英格兰的卡莱尔、美利坚的爱默生那里，它寻找到了一种优美的语言与深刻的哲理相结合的风格；同时它又自然地体现出中国散文“文以载道”的传统特色和深沉而激越的情感。如果说爱默生一路领受着柏拉图、奥古斯丁、莎士比亚、蒙田的思想与文风的赠予，那么该书所受到的最大影响和浸染则是爱默生。书中爱默生的频频“出镜”与优美恣肆的文风足以证明这一点。但可贵的是作者并不满足于在这些千古文章大家的尺规面前止步，无论是思想还是内容、风格，都律动着时代与生活的脉搏，都在演绎着自己的生命理念和思想。他找到了从古希腊、古罗马迤逦而来的这条思想散文古驿道上的“车辙”，但并不把这“辙口”当成自己的“道路”，而是把学术文章、抒情散文、思想随笔的诸种优长集合于一炉，用生活真理的炽烈火焰锻造着一种文学的“合金”。全书每一篇文章题目都具有推敲之功，或具有诗情，或赋予其哲理；每一篇文章正文前都有一段高度凝练的主题语，既提神醒目，又引人入胜，欲罢不能；每一篇文章都各有其内容，但又篇篇紧扣着“生命美学”这一主题，从方方面面、各种事物与植物、动物、人类三大生命层级的生命现象中来开掘生命的价值、人生的意义与生活的美好；每一篇文章都告诉你足信的大道至理和方法，但又绝不唱高调，更不滥开江湖郎中不治病的药方。无疑，作者是成功的，成功在其广博的思想、文化、科学知识与深厚的生活底蕴，更成功在其是用自己的心灵而不是用文字在与同类进行的心灵沟通。雨果在批评那些“把车辙当成了道路”的“古典主义者”作家时曾指出：“他不应该用已经写过的东西来写，而应该用他的灵魂和心灵。”我想，读者只要读到这本书就一定会感受到，尽管作者并不拒绝先哲们那些有用的“写过的东西”，但他更是在用自己的心灵撰写。唯其如此，才有其雄浑博大与现实真诚的合璧。

显然，作者创作的宗旨是为那些在横流的物欲中迷失了自我的“流浪者”寻找建造足以让灵魂栖居的精神家园，但绝不讳言为生存为发展所必需的物质占有；为那些在艰难困苦中灰颓止步的人们贯注奋起的神气，但也绝不为生命的磨劫、生活的苦难而有些微粉饰；为那些在丑陋习俗的苦闷中沉沦却步的人们呼唤着打破的勇气，但却不劝人放肆。全书通篇倡言人一定要以人的形象走过一生，去作“地上的美与庄严”，但同时又大声疾呼“谁一无所有，谁就不存在”。既反对权力的过度追求，又呼吁着“若要行善，先为主宰”，多一个好人执掌权柄，就少一份权力的滥用。尽管全书倾力贯注的是生命美善之精神，但也不放过丑陋、卑鄙和罪恶，不过作者是把丑定格在美的侍婢的位置上来审视，把种种丑陋只看成是“兽性借一道浩瀚的生命之流涌进人性里面”的一种必然。所以，作者坦然“你可以恨那些可争而不争的懦夫，却不可以恨弱者；你可以恨那些不齿于人类的卑鄙丑陋，却不可以恨人的过失和愚笨”。

作者在书中不遗余力地张扬着“生命太美丽、生活太美好”的旗帜，但绝不为人生、为社会披一袭玫瑰色的华美外袍，或为读者架一副玫瑰色的眼镜，去炫人以伪美，而是从人的“生存前竞争”开始，一直谈到死亡的种种苦难，但绝不拉你下地狱，而是用思想智慧的光焰照你走向光明。也绝不陪你在苦难的渊薮中沉沦，而是用思辨与经验的太阳舟载你向另一种境界航升，并用自己对生命的理解、对生活的体悟、对社会的透析，真诚无伪地告诉你怎样去摆脱那些无法规避的种种难题与痛苦梦魇般的纠缠。不仅告诉我们每天都会有太阳重新升起，而且告诉我们只要把每一天都当成又一次新生命的开始，于是有限的生命就会得以相对长久地广延，而不必去慨叹“假如我能够重新活过”；不仅告诉我们“不是恺撒，也要去打造自己的罗马”，也告诉我们“理想的灯塔绝不会接你到‘应该’的彼岸”；不仅告诉我们“失败是一种不朽的价值”，也告诉我们“成功的大门绝不向第一次叩门者敞开”；不仅告诉我们“人能超越自我”，也告诉我们“人无法超越历史与时代”，否则便会有悲剧的发生；不仅告诉我们“生活中最重要的不是得到了什么，而是得到的感觉，最痛苦的也不是失去了什么，而是失去了心情”，同时也告诉我们“水流去的地方，一定会有水流来，只要杯子不被打破，总会有水喝”；不仅告诉我们“人人都喜欢争强好胜，唯不知‘不争者而天下莫能与之争’”，“人人都知道维护自己的尊严，但不知道不伤害他人就是对自己尊严的最大维护”，同时也告诉我们在强盗面前，也要让脆弱的美丽生出爪牙头角，学会“铅刀贵一割”……

如果说黑格尔曾把这些人人都会面临的问题称之为“每个人自己和旁人都意识到的世界散文”，那么，作者就是在用自己的灵魂为我们撰写了一部“世界散文”，用生命之笔在“人类生存全部枯燥的散文”中为我们开掘美丽。

该书还有一个鲜明的特点，就是它拥有广博的思想文化与科学知识的含金量。全书大胆地采用蒙田随笔的样式和手法，大量地引用了人类思想史、科学史上各个学科领域的一百二十多位名人大家的经典思想与新鲜学说，在多学科的交相观照下，不仅使我们看到了人类进化历程的艰难困苦，人性改变的漫长历程，生命生存发展的不易，更能使我们站在巨人的肩上来审视自己，开阔自己的胸襟和视野。更为难能可贵的是，书中满溢着不可遏止的生命激情，向催开冰封的一江春水般感染着我们去珍惜生命、去热爱生活、去乐观向上。

该书的价值还在于它的适用性，它是你苦恼悲伤时的忘忧草，也是你困惑迷茫时的智慧树；是你烦忧枯燥时的芳草地，也是你在人生旅途上力疲神竭时的动力堆。它像一阵强风，会在你寂灭的心田上吹起希望的光焰；它更像一团烈火，会把心灰意冷烘烤得热气腾腾……

在《蒙田随笔全集》前插图下面题有孟德斯鸠的一句话：“在大多数作品中，我看到了写书的人；在本书中，我看到了思想的人。”我深信，此书奉献给读者的绝不仅仅是斐然的文采和透彻的思想。所以，这不是一本一览无余的书，而是需要也值得反复阅读的书；这也不是一本轻易过时的书，因为它源于生活、关注人生，诠释的是生存的最高质量与宇宙的峰巅——人的生命之美。

《学习时报》2004年3月8日

《生命美学的诉说》，周殿富著，人民文学出版社2004年1月出版，责任编辑：包兰英

# 一棵充满了人性美的“科普卡的树”

——评《铁凝日记——汉城的事》

包兰英

岁月的流沙也许会一点点地埋掉人们以往的记忆，但总会有一些东西浮在这流沙的上面，让你无法忘却。铁凝的作品就有这种岁月的穿透力。

波兰影片《麻风女》中有这样一句话：“从前的一切我可以不再提起，但我却永远不会忘记。”是的，铁凝很少张扬自己“从前的一切”，但读者却“永远不会忘记”——

香雪——这个在山区小路上卖鸡蛋的小女孩，人们会忘记吗？台儿沟山区百姓穷苦的生活人们会忘记吗？不会，人们会永远和她一道感叹着平民的生存不易，一道呼唤着“哦，香雪！香雪！”

那个只为活命能有一口饭吃，就被白白送了人的连名字都没人叫的大姑娘“七月”和老孟锅马掌铺中那四溅的火星与黄烟，人们会忘记吗？不会，人们会永远和她一道去感受那些“为了一张嘴”而被完全夺走了个体生命存在价值与意义的女人们的悲哀遭际。

还有那个一条肥腿裤子就把全村人的眼睛“摆得直勾勾”的漂亮

村姑米子和她的女儿小臭子、桥等一系列女人苦难而可悯的一生，大平原上的“看花窝棚”、棉花垛、棉花地，人们会忘记吗？不会，人们会和她一道永远地去思考女性生存与“文明质询”这个铁凝女性文学中一以贯之的双重主题。

可是这一切，铁凝却都是那样的冷静、冷峻，不露声色地为我们勾勒出人间的苦乐、美丑、苍凉和希望。人们也依然记得二十世纪九十年代的《玫瑰门》在六年间重版五次，二十一世纪开元之初的《大浴女》首印二十万册的情景。不管怎么说，铁凝的作品从二十世纪八十年代到如今，得到了读者的认同，且不断获得国家级的文学奖项，并被翻译成了十几种文字在世界各地出版发行，这一切都足以证明其作品的价值所在。

人贵性格，文贵创新。世界上所有事物的价值不在于“相同”而在于“不同”。正如黄金与硫化铜，“淮南橘”与“淮北枳”一样。铁凝其人其文的价值也在于其种种的“与众不同”。对于她的作品，大家都有领略。但对于她本人，读者却知之不多，因而便常常多了种种猜想的神秘色彩。当《铁凝日记——汉城的事》展现在读者面前时，大家一定会感到一种惊诧和新奇。因为铁凝从不谈自己的过去，更不张扬个人的隐私。而日记则是绝对的隐私文学样式。但，铁凝永远是特色的铁凝。在铁凝的个人生活、文学生活与政治生活中，她确有许许多多的“不同”。而这日记也与别人的日记不同。正如她自己所引用的捷克画家科普卡的那段话一样：“如果人们在去画展的路上能看到更好的树，我画树又有什么意义呢？”这也许就是铁凝如一奉行的创作宗旨吧！

是的，只要是日记，便离不开个人，但日记中所记下来的却多是别人。这是一部以人物与故事为主的日记文学，书中为我们记下了韩国驻华大使金夏中的青年预言与慷慨相助；汉城的“画商”洪先生、李先生深夜造访石家庄的尴尬；“非典”期间韩国友人对华人的特殊友好；汉城那位负责铁扬先生画展辛苦而倔强的千先生；父亲的朝鲜画友金基万先生；父亲几十年没见面的韩国老朋友、神秘的闵更灿先生；汉城“梨花女大”的校花元京子女士和她的丈夫郭先生；那位一篇致辞而令在场的外交官不胜尴尬的韩国博物馆协会会长金宗圭先生；在汉城一家西餐厅中一群韩国朋友与铁凝父女关于女性解放、女人、炕、“玉米地系列”与月光下的女性美的艺术沙龙；还有在俞先生家的那顿“俄罗斯文学晚餐”；四十年前给铁扬先生寄过照片的韩国女机枪手金银花……许许多多的韩国友人与中韩间的人际传奇故事、中韩文化交流的花絮，一切都栩栩如生，引人入胜。这不是一般的日记所能够达到的效果。而历史与现实、个人与国家、理性与人情、异国情调与乡情不泯交织融汇于一炉则是本书的另一个特色。作者最聪明的是把目光聚焦于汉城这样一个点上，而不是韩国。尽管她去韩国并非第一次。也正因为如此，全书愈显结构严谨、主线突出、翔实而不空泛，再加上朴实、优美、轻松的文笔和精美的图片，一切都令人耳目一新，而无半点读一般日记时的琐碎、无序感。

也许正是这些与一般日记的“不同”，铁凝又在当代中国文苑中为我们培植了一棵具有独创性的有意义的“科普卡的树”。相信读者在这棵树的每一个枝叶上都能寻找到独特的文化艺术与自然的双重景观，它不仅能满足当下时兴的“眼球需要”，更能让人从中咀嚼出一种浓浓的人性品格的滋味来。

《中华文学选刊》2004 年第 4 期

《铁凝日记——汉城的事》，铁凝著，人民文学出版社 2004 年 1 月出版，

责任编辑：包兰英

# 寻找：永恒的人生主题

——评长篇小说《飞行的杀手》

包兰英

顾恋与怀旧也许是人类的一种普遍情结吧，这是我在读了青年作家肖铁的《飞行的杀手》一书后的第一感觉。但如仅此，那么该书也就失去了它出版的价值和意义。

作者以现实主义的笔法为我们在作品中塑造的主人公是以“会长”为核心的属于非正式群体的一个大学生朋友圈。这个圈内有男生也有女生。但无论是男生还是女生，没有一个是在传统道德裁判所中可以被称为楷模的人物，更谈不上是英雄或杰出的青年。他们的生活半径几乎都是一样的短，尽管他们想努力地去延伸，但这是他们在那个年龄段上力所不及的。他们的触角所能波及的无外是校园生活、小群体生活与少得可怜的社会接触，这不仅仅是他们特定的年龄段上被特定的使命所局限、所封闭，也许更与我们的教育制度有关。

这是一个很矛盾的大学生小群体，无论是用社会还是用家长的眼光来审视他们，都是不能令人满意的。他们并不把所有的精力放在学习上，当然这与作者的笔墨着力点并没有放在此有关。但也反映了这一代大学生的一个特点，不管社会、家庭、学校为他们设定了一个怎样的目标和框架，但他们追求的是自己的学习与生活方式，因而他们让我们产生了几分讶然的陌生感。

他们并不放弃自己的学习目标，但他们又过早地介入了社会生活；他们绝不如社会人那般令人憎恶，但他们也渐失了幼稚天真的可爱；他们中间再也没有那著名学府中历史上被人传颂的爱情故事发生，甚至他们间的性行为与对待爱情的态度也让人不能苟同，但他们并不丧失良知人性；他们是离经叛道的一群，但他们每一个人身上又都有着善良的一面。他们甚至可以用“以暴易暴”“以毒攻毒”的方式见义勇为、挺身而出、救人于危难，这比那些道貌岸然而又在邪恶势力面前噤若寒蝉的成年人更富有履践正义感的勇敢精神；他们再也没有了他们的前辈们青年时代血脉贲张的理想主义追求，他们有时甚至过早地沉湎于儿女私情、生活琐事，但他们并不满足于现状；他们的视野也许因此而比他们的前辈更开放、更开阔，他们的翅膀也许飞得比他们的前辈更高远，但他们也同样又无法全然打破现实的牢笼。无疑，他们飞行的是一条曲线，不过，这条曲线是一条模糊的曲线，有偏离，也有回归，但终极指向仍旧是一条向前向上的直线。

一代人有一代人的活法，一代人有一代人的使命，前人自不必评说，因为社会、历史总是在青年人的手中得以发展前进。青年就是一片青色的苹果园，从酸涩的青色中走向诱人的淡红总比从玫瑰色走向灰色更有希望。

书中的主人公们一个十分突出的特点是对还不足以产生历史感的短暂往事与故人的留恋，他们在得到后又轻易地失去，失去后又刻骨铭心地去寻找，寻找故事、故校、故土、故人；他们都向往着到异国他乡去学习、去发展，但又禁不住对故土、故人的寻寻觅觅。然而，这种寻找不单是一种恋旧，他们寻找的是失去的校园生活，寻找的是青春的意义，寻找的是自己的发展道路。其实，人的一生不都是在不断地寻找吗？！

诚然，该书为我们写下的并不只是一种寻找，也许更是一种挽留；或者也不只是一种挽留，更是一种对青年时代、对已逝去的大学时代的一种顾恋与怀旧。但作者在书中为我们所提供的已不再是人类所固有的怀旧情结，而是为我们留下了一个时代的青春痕迹，留下了许许多多的青春话题，从而需要我们的一切社会工作者去反思、去关注。

《中国青年报》2004 年 5 月 19 日

《飞行的杀手》，肖铁著，人民文学出版社 2004 年 4 月出版，责任编辑：包兰英

# 生活在小县城的日子

岳洪治

海男是新女性写作的代表人物之一，有熟悉她作品的读者与评论界人士在读过《县城》之后说：这部小说具有更为丰厚的生活底蕴，更为积极的精神追求，可读、好看。《县城》是海男以她在西南边陲某小县城的童年生活和少女时代的经历为素材而创作的一部作品，其中必然带有某种程度的自传成分。因而，这部作品也就更多地凝聚了作者独特而真实的生活体验，更具艺术的真实性。

海男的童年和少女时代，是在她的家乡——我国云南一个叫永胜的小县城里度过的。在谈到这部小说与坐落在群山环抱之中的家乡小县城的关系时，海男说："我的命运在一座小县城里延续了二十五年。二十六岁那年，我才离开小县城。这是我个人的故事，当我写作《县城》时，我已置身在《县城》之中。"因而，《县城》中的"我"，也许就是海男，也许是别人，也许是作者虚拟的另一个自我。

阅读这本书，跟随作者不急不缓的脚步，听着她那既生动又活泼的叙述，许多曾在县城生活过，或者至今仍生活在县城的读者，都会油然生出一种身临其境的亲切感来，都会为作品中洋溢着的诗意氛围和异域情调而深深陶醉。

这部以第一人称写的长篇小说，通过一个青春少女的眼睛，让我们真切地看到了各色人物所经历的种种美丽诱人的生活。故事从一条橘红色的喇叭裤开始，从生活在县城里的一家人开始，在我们眼前依次展现了县城里的照相馆、电影院、舞厅、瘾君子、货车司机、供销社里的售货员以及邓丽君的歌曲等等。翻开这本小说，我们便会不由自主地跟随这个十八岁，穿着橘红色喇叭裤的女孩，回到二十世纪的八十年代。我们和这个女孩一起，一次又一次地参与了发生在哥哥、姐姐生活中的诡谲而又美丽凄婉的婚姻和爱情故事。我们似乎和主人公一起，亲历了帮助弟弟与毒品搏斗的漫长而又艰难的过程；目睹了弟弟与他心爱的女人的聚散离合。同时，我们隐藏在主人公的身影里，也身临其境地体验了美丽的女主人公与货车司机、咖啡商人等浪漫却并不美妙的恋爱、同居生活；在看到父亲与女医生隐秘私情的同时，也发现了掩藏在父辈平静的婚姻生活背后的美丽缺陷……

对作者来说，《县城》的写作，无异于一朵昨日之花的绽放。作者在家乡小县城里度过的童年和青春岁月，在她生命的年轮中，留下了太深的刻痕。这座县城养育了她，抚慰了她，也满足了她。县城在作者的心里，有着独特的神圣，她必须把它写出来。写作《县城》的日子，许多过去生活的碎片，一齐涌到了作者笔端。那些快乐的、疯狂的、绝望的人，那些恋爱着、挣扎着、诅咒着的人……每一个角色，都紧拽着作者拼命往前跑。作者在写作中，又重新回到了她过去的生活，重新见到了昔日的朋友与亲人。通过对这部小说的阅读，我们将和这个身穿橘红色喇叭裤的年轻女孩一起，经历一次在屈从中抗争，在自信中成长的故事。同时，我们也将亲眼看到党的改革开放政策，给人民群众思想上、生活上带来的巨大变化。在《县城》

这部看似写实的作品里，我们不仅可以看到那些幽灵似的画像，那些天使般的面孔，更可以看到作品深处隐藏着的改革开放的年代里时代与个人的秘史。

浓浓的诗意洋溢于字里行间，时代的音符跳跃在生活的画面。这就是《县城》给予我们的一种愉悦。

《华商报》2005 年 1 月 9 日

《县城》，海男著，人民文学出版社 2004 年 12 月出版，责任编辑：岳洪治

# 这里从此不荒凉

——评肖复兴的《黑白记忆——我的青春回忆录》

包兰英

“北大荒”是一个特殊的名词。当年一首“北大荒，真荒凉，又有兔子又有狼，就是缺少大姑娘”的民谣，不仅流传在黑龙江人烟稀少的黑土地上，几乎传遍全国。而对于一代知青，北大荒又是他们心头宿命般的象征或隐喻。二十世纪六十年代末至七十年代初，他们像一群群候鸟一样叽叽喳喳地挤到这片神奇的土地后，这里所演绎的荒凉与不荒凉的故事，一直为人们所动心或好奇，进而也成为知青文学屡进屡出所描摹不尽的一块沃土。

该书的作者肖复兴就是当年北大荒这支五十四万知青大军中的一员。对当年这些正值青春年华的“候鸟”们而言，北大荒也许是他们生命旅途的一个流放地，但更是他们积累人生财富沉吟历史意味的一座得天独厚的富矿。至少对肖复兴而言是如此。如果没有北大荒，他绝不会写出那么多知青题材的好作品来。

肖复兴的这部新作虽然是一部个人的回忆，但他在书中却很少去回忆个人。他在这里记下的是陪伴他度过青春岁月的这块黑土地上的人和事，记下的是那个年代的北大荒被不可抗拒的命运之神打在北大荒人包括那些知青们身上的依稀瘢痕，更记下的是发展的希望。而该书的真正价值是他在记下这一切的同时，对历史、时代、社会、群体与个人价值、个体生命存在的不合理提出的人性的诘问和反思。他并不因个人从北大荒掘得了独属于自己的文化财富和一路幸运而自得自喜，而是为那些遭受不公正包括因自己的过错所造成的一切美好的毁灭，制作了一部带有浓重理性与知性的长篇散文，这与他以前一贯的感性的散文创作明显不同。也许去者不可追，死者长已矣，但历史真的是不能忘记的，否则我们就有可能犯两次同样的错误，那样我们就真的是一个愚蠢的民族了。肖复兴说："在一个好了伤疤忘了疼的年代里，回避记忆，抹掉记忆，热衷于失去记忆，已经是司空见惯。人们更容易将目光投向充满诱惑的眼皮底下和前方。唤回或恢复记忆，不那么容易，那是一种能力。习惯忘却，没有记忆能力的民族，便容易得过且过，暖风熏得游人醉，沉醉在现实的灯红酒绿中狂欢。"这也正是该书的价值所在。

作者还在书中为我们第一次披露了北大荒的许多神秘之处，神秘的土地，神秘的景观，朴素得可爱、可亲、可怜的农民与知青。诸如那片神秘的森林，神秘的"林中老巫"和伴他一生的老猫；惊心动魄的七星河；几乎被沼泽吞没生命的雁窝岛冒险；知青女宿舍里的枪声；兴安岭大火中的死里逃生；乌苏里江开江的冰排澎湃与波澜壮阔；当年知青女英雄的悲惨命运和许许多多人的种种生存状态与不同的命运与归宿；还有在那片荒凉的黑土地上绽开的爱之花……而这一切都在作者深刻的思想与优美的文笔这两把雕刀下，为我们刻画出了一幅在南方、在大都市、在今天都永远无法领略到的生动逼真的时代长卷，并与作者在书中所画的北大荒的速写一起交相辉映，让在历史和现实中交错的北大荒有一份别样的色彩和韵味。

更为可贵的是作者是蘸着自己的激情来抒写着北大荒人的情感，

那雾一样笼罩于全书的伤婉，那份痴情般的对北大荒对那里人们的长相牵挂、依依不舍的真情，读来令人感动……

人类有了一种相互间的真情，便不再荒凉；北大荒这块富饶的黑土地上滋养了如此深厚的情愫，即使是荒凉的过去也变得温馨。好的文学作品，应该让心灵有可感可触的温度。

2005 年 5 月 28 日

《黑白记忆——我的青春回忆录》，肖复兴著，人民文学出版社 2005 年 5 月出版，责任编辑：包兰英

# “水乳”+“悲悯”=大地

宋　强

喜欢阅读的人大概都有一个习惯：面对一部长篇小说，总要掂量掂量它是否值得一读。这倒不是人们对长篇格外挑剔，而是它自身的一些特质让人不得不犹疑再三，阅读长篇往往意味着投入大量的时间和精力，尤其对阅读速度缓慢如我辈来说，阅读长篇一点不亚于进行一次“长征”。更糟糕的是，快节奏的生活还往往会把别的事情掺和进来，你不得不把书一撂，忍痛留下许多顾头不顾腚的“烂尾工程”。鉴于种种，阅读长篇对我来说是需要很多勇气的一件事。如果有幸读到一部精彩的，那自然会兴奋不已，觉得“放长线、钓大鱼”的投资没有白费。若不幸遇到一个“豆腐渣”工程、拼凑之作，立刻会索然寡味，继而唉声叹气后悔不迭，既浪费了时间和感情，又败坏了胃口，真不值啊！

我在潜意识里对长篇有一种望而生畏避之唯恐不及之感，面对新的长篇更有甚之。一部新出产的小说，光看外表包装不行，靠别人评说介绍也不行，你得自己亲自动手鉴定一下它到底是何等成色。所以，阅读一部新的长篇，那绝对是一种感情的风险投资，假如从中得不到期待中的神奇和感动，大有可能会走火入魔大伤元气，从此闭关自守谢绝长篇作罢。

《悲悯大地》是范稳的新作，之前他还写了《水乳大地》，两部“大地”之作一起拿在了我手里。它们都是很厚的长篇，每本的字数都在三十五万字上下，看着就心慌。它们对我来说就像两面墙，我得一砖一瓦地把它们拆了才能一睹美妙的风景。看看它们的目录吧，作者苦心孤诣的精心安排显得有些滞重。《水乳大地》的章次分别是：世纪初、世纪末、第一个十年、八十年代、二十年代、七十年代……奇数章从头到脚，偶数章头脚倒立，像一块被扔得乱七八糟的拼图，不拼在一起就无法清楚明白。《悲悯大地》分缘起、因卷、果卷、缘卷，最后是“尾声：涅槃”，中间穿插着六则“田野调查笔记”和三则“读书笔记”。当然，这样精心设计巧妙搭建的结构，让那些善于“从一粒沙中看世界”，擅长阐释发微的批评家们肯定很受用，他们肯定会说这是内容和形式并重，作家功力深厚，艺术技巧一点不含糊。而站在一个普通读者的角度，我并不这么看，作者好像故意要把一个玲珑的八宝楼台拆得七零八落，虽然碎光一片，但这严重影响了阅读进程中的愉悦。

也许是想故意跟作者较劲儿吧，我腾出时间赤膊上阵，准备全力以赴地看看它们究竟是否如我所想。我没有遵从作者的意愿，是从一到十挑着按顺序读下来的，感觉很舒坦。果然，不出所料，《水乳大地》费劲的时间安排完全没有必要，倒像是排版人员排错了将错就错的结果。对《悲悯大地》也采取了相同的策略，我把九则笔记放诸一边置之不理，等故事看完了才来光顾它们。这样做的结果，是我充分完整地融入到了故事里面，并为作者的故事和思考所打动。

和我的第一感觉“厚”一样，读罢后我的第一感觉也是“厚”，厚重。故事涉及的时间非常长，记录了西藏一隅重要的历史变迁，可以说是具有史诗性意义的作品。《水乳大地》里有着不同的宗教长达一个世纪的恩恩怨怨，各个时期的特殊标记都在这个穷乡僻壤留下了印痕：

世纪初，传教士借清政府的力量来发展自己的势力；抗日战争时期，飞虎队的飞机不仅盘旋于血肉横飞的战场，也在圣诞节向那个“建在牛皮上的教堂”投下食物，为上帝的力量做了一次神奇的见证，藏民们称之为“上帝的早餐”，强烈地激发了他们对天堂的向往；“文革”时期，年轻无知精力过剩的红卫兵们夺取了政权，拆平了寺庙，把喇嘛和教士一起批斗等等。《悲悯大地》也是如此，它写了两个家族两代人的斗争史，故事最后出现了“红汉人”解放军，他们已成功地解放了西藏，西藏头人们联合起来密谋造反。西藏这块神奇的土地，并不像我们想象的那样是停留在时间之外的，它所有的神话传说、独特的生活方式也在随着时代的发展而发生着变化。作者范稳对西藏的把握显得熟练而深沉，是真正地走进了西藏，这肯定会让它们在神秘化西藏的文学热潮中显得卓然不同、独树一帜。

它虽然“厚”，但“厚”里充满了大量神奇美妙的故事。虽然每部里面，都有一条明显的线索，但这条线索牵扯出来的故事却非常非常多，像一根草绳拴了无数条蚂蚱，又像一棵雍容的大柳树，每一条随风轻舞的柳枝都携带了一个奇妙的故事。《水乳大地》从世纪初外国传教士进入西藏开始讲起，传教士们先是混迹于喇嘛庙，学会了藏语后开始自立门户，与喇嘛们展开了唇枪舌剑讲佛论耶的宗教大辩论，传教士最终在官府的支持下建起了第一所教堂。此外，再加上纳西族的宗教，三家不同的信仰在敌视和冲突中发展着，在“文革”中，它们一起充当了反动落后的角色，被红卫兵们冲击得一塌糊涂。宗教的斗争之间还充斥着藏民内部的斗争，藏族对纳西族的进攻等等。这引发出来的种种传奇的、世俗的、惨烈的、悲壮的、机智的故事可想而知有多少了。如“建在牛皮上的教堂”，传教士们得到喇嘛们的同意，得以在一张牛皮上建立自己的地盘，精明的传教士们将牛皮浸泡了三天，然后将泡涨泡软的牛皮一圈又一圈地剪下，牛皮成了细长细长的牛皮绳，他们将皮绳拉直、拉长，有了足够建设教堂的地盘。小说里出现的人物多得让你眼花缭乱，很多只占了几页篇幅的小人物就会让你经久难忘。如《悲悯大地》里那只在地狱里煎熬了三千六百年，受魔鬼差遣的黑蛾，它有着阴森的漂亮和美丽，它懂得什么是敬畏，它诱惑了天真的叶桑达娃，天真可爱的小叶桑达娃兴奋地跟随它走向了悲惨的地狱。又如《水乳大地》里那对痴情男女，藏族土司家的少爷爱上了纳西族的漂亮姑娘阿美，他们整日偷偷地沉浸于爱情温柔的仙境中，却挡不住不能通婚带来的烦忧。阿美凄凄地说，在一个“游舞丹”的地方，人们可以自由相爱、结合，那里的人们永远年轻，没有老人、寺庙，也没有战争、民族。于是，二人在七只绿色鸟儿的带领下，来到了幸福的“游舞丹”，吊死在了树桩上。像这样充满唯美主义味道的故事或许只有在这些淳朴的民族中才得以留存，像这样柔美动人的传说或许只会发生在那块神奇的地方。此外，让人读后久久不能忘怀的故事还有许多许多，像都吉从死亡的边缘挣扎回来，成了来往于阴阳两界的“回阳人”，灵魂可以在世间任意飘浮；丰硕健美的红狐突然变成了骚味十足惊天骇地的女人贝珠；磕等身长头去拉萨的阿拉西，每天三千次的起身、伏地，三千次虔诚的洗礼；孤身与独角龙作战，死后只剩下一副尸骨的英雄扎杰，在草原上四处游荡，而依然身佩宝剑；在危难之处突然出现的“雪人”，他是雪域高原上半人半神的神秘金刚……这片土地上的神奇和美妙无处不在。

但作者并不是仅仅想引导读者沉浸在动人的故事中，作者在其中寄寓的思考远远超出了故事本身能够承载的重量。小说的名字就耐人寻味，我们知道，据《圣经》上的记载，“流着牛奶和蜂蜜的地方”是上帝对人类理想生存之地的允诺，牛乳可以说是基督教的象征，而自然流淌的水则是西藏大地上的喇嘛教和纳西族宗教的象征。牛乳和流水质地不同，它们互不相犯，有时却难免相逢相争，它们又是可以相互溶入的，但得付出让自己逐渐变淡的代价。在世纪末，神父安多德来到佛寺拜谒让迥活佛，“一个活佛和一个神父的手，在经历了半个多世纪的血与火的抗争和隔阂后，终于握在了一起了”。活佛一句意味深长的话值得我们铭记：“宗教庇护一切”，“水乳大地”在传递着希望多种宗教相互容忍、友好相处的美好祝愿。同样，《悲悯大地》里的洛桑丹增经历了千辛万苦求得了藏三宝“佛、法、僧”，得到了世俗藏三宝“快刀、快枪、快马”的达波多杰终于伏身屈服在了洛桑丹增的面前，这块充满了血腥仇杀的大地在无限的悲悯情怀之中得到了彻底的荡涤。“水乳”和“悲悯”，是作者对大地的理解，对人生的感悟，也是一种生命体验中的博大情怀。

在我们这个众神狂欢的时代，各种思想和追求似乎都披着一层合理性的外衣，太多的思想已经成了无思想，这恰恰显示了精神的空虚和混乱。西藏的民族文化和宗教很有可能会成为我们当下生活的一个重要精神依托，它将以一种异质性的方式魔幻般地渗透到人们的想象中去。甚而，或许它将用自己的神秘和无边的悲悯，重新激发中华民族文化的活力。

最后，我要说的是，阅读这两部书我分别用了三整天，而它们带给我的却是一段心灵朝圣的纯净之旅，它们承载的是作者范稳三年、五年或更长时间的行走、思考和心血。读这样的长篇大作，挺值的。

《出版广角》2006年第9期

《水乳大地》，范稳著，人民文学出版社2004年1月出版，责任编辑：王晓

《悲悯大地》，范稳著，人民文学出版社2006年6月出版，责任编辑：王晓

# 新特工：人与鬼的纠缠

宋　强

说起特工，我首先想到的是电影《永不消逝的电波》里面的那对假扮夫妻的地下党，他们用一台发报机向党组织秘密地传递信息，不幸被捕后，紧咬牙关誓死不屈。惊险、刺激加上高大全式的英雄人物，国产的特工、间谍形象大多如此。长期以来的模式化塑造，让我们对特工留下了上述的刻板印象。

而麦家的《暗算》和《解密》则完全颠覆了我们以往对特工的常规性想象。他笔下的特工，虽然也有着种种英雄业绩，但他们不再是那种无私、无我、无个性的纯粹高大全式的样板人物，而是一个个有血有肉的普通人。除了专心致志于本职工作之外，他们也要吃喝拉撒、结婚生子，有着与普通人同样的日常生活、同样的欲望和追求。他们还像很多人一样，患有不可救药的职业病，不可避免地受到了特工这一特殊职业带来的异化和伤害，甚至走向极端的妄想和疯狂。因为工作关系，他们不仅要用异于常人的思路来思考，还要极力模仿疯子（傻子）去和密探做斗争，而且一不小心就会使自己在装疯装傻中毁于一旦。由于精神状态长期徘徊在正常和非正常之间，他们变得性格古怪、行为乖张、反复无常，让人难以捉摸，这为他们所从事的工作蒙上了一层鬼魅的阴影，因此他们也很难像普通人那样过上正常的生活。可见，他们身上的人性和鬼性是如此深切地纠缠在一起的。但是，这样的描写并没有损害特工的高大形象，反而让我们更为真切地认识特工的真面目，也深入地了解了他们真实的内心世界。

## 特工也是人

我很欣赏小说中作者对特工负面性格的描写。

《暗算》里的瞎子阿炳给我留下的印象最深，他与拉二胡名曲《二泉映月》的瞎子阿炳同名，不知这是作者的特意设计，还是偶然巧合，也许这也正好说明了特工心里的苦闷和悲伤。阿炳有着惊人的听力，为破译密码立下了汗马功劳，但在平常人眼里，他只不过是一个普通得不能再普通的孤儿，是供众人逗趣和玩乐的对象罢了。他在生活上十分地弱智——他从未离开过村庄，忍受不了一丁点儿的欺骗，不管是出于善意还是恶意，一旦发觉自己被骗便会歇斯底里地咆哮；他甚至不谙男女之事，以为抱抱妻子就可以让她怀孕。然而，也正是通过把他的特殊本领和性格缺陷结合在一起的精彩刻画，才加重了这个人物在小说中的悲剧色彩，也愈发使他更像一个现实中活生生的人。

黄依依这位高知女性的人物形象也同样亲切感人。她有着非凡的破译才能，同时还有着作为一个女人的丰富的七情六欲。她爱打扮也很小资，她敢于也善于追求自己的爱情，她不愿而且也难以抑制自己的情感，她性格开朗狂放不羁、喜怒哀乐随心所欲，从不排斥与周围男人进行接触和交流，她的言行举止即使在今天也算得上是惊世骇俗的。但你却不得不承认这样的她才是一个真正的女人！对于情感丰富的黄依依来说，如果她不释放自己的感情，如果只一味地自我压抑，她就很有可能在被纷繁复杂的密码逼疯之前先被自己逼疯！此外，她还是一个有情有义的女人，她对自己所爱的男人情深义重，大胆地付出自己的一切。麦家把这个敢爱敢恨的女人描写得十分淋漓尽致，震撼人心。

在小说中，这些特工故事的结局也并不全是胜利后欢天喜地的颂歌式的，而大多是悲剧性的——他们不是变成了神经病患者，就是走向了偶然性或必然性的死亡。但这些不完美的结局却丝毫没有影响到这些特工们的高大形象，他们身上的残缺使他们成为真正的英雄，他们富有悲剧色彩的人生才是真实的人生。

### 特工的鬼性

麦家笔下的特工形象之所以血肉饱满、栩栩如生，源于他对特工日常生活的关切，他对特工工作的负面影响持有的十足警惕。他非常反感特工这一职业带给人生活和精神上的伤害和摧残——它虽然充满了惊险和趣味，但它同时也是非人道的、反人性的。

作者在小说中多次借人物之口来表达自己对特工工作非人道性的不满和反感。如"破译家的职业是荒唐的、残酷的，它一边在要求你装疯卖傻，极力抵达疯傻人的境界；一边又要求你有科学家的精明，精确地把握好正常人与疯傻人之间的那条临界线……"；"世上有很多的职业，但破译这行当无疑是最神秘又荒唐的，也最叫人辛酸，它一方面使用的都是人类的精英，另一方面又要这些人类的精英干疯傻人之事，每一个白天和黑夜都沉浸在'你肯定不是你／我肯定不是我'的荒诞中"；"破译事业是人类最残酷的事业"……他甚至一再感慨，要是让特工把破译方面的才能用到其他科学研究上，他们的贡献将会多么大啊！"如果一个人可以选择自己的命运，坦率说，我不会选择干破译的，因为这是一门孤独的科学，阴暗的科学，充满了对人性的扭曲和扼杀。"密码只是人类用高级智慧发明出来的自我折磨的高级游戏，很难将其称之为一门科学，然而特工们却也只能这样全身心地沉浸在这种游戏中，在游戏中逐渐消磨掉自己的生命和智慧。

正是基于此种观点，再加上对特工的职业和生活又具有独特地理解，作者因此能够成功地塑造出那些纠缠在人与鬼边缘精神状态的、真实饱满的特工人物形象，刷新了我们对“特工”的认识和理解。

## “逼真”的善与恶

麦家的成功还在于他再现了新特工的真实生存状况，写出了真实的人性。他调动浑身的解数，苦心孤诣地去营造一种“逼真”的氛围，甚至不惜把真实的自己也纳入其中。在读到痛快淋漓处，我几次恋恋不舍地将眼睛从书上挪开，极度兴奋又略带茫然地发问：真的有 701 吗？真的破解了苏联的高级密码吗？真的有阿炳、黄依依和容金珍这样的奇人吗？我沉浸在这个虚构的故事中，几乎回不到真实的生活。

不得不承认，作者塑造人物的功夫实在了得，阿炳和黄依依被写得力透纸背、栩栩如生，大有呼之欲出之感，但也免不了有过度“逼真”的缺憾。但是，作者似乎过于相信第一人称的力量了，小说中的五个故事无一例外都是以“我”的视角来展开叙述的。“我”的身份在不断地变换，“我”是安院长、钱院长，又是老吕、金深水，真是让人眼花缭乱。然而，这种方式的局限也是显而易见的，因为“我”只是一个“个人”，不可能具有全知全能的能力，也缺乏转换别人视角的灵活性。因此，小说中有部分内容未能巧妙地突破以第一人称“我”来叙述的限制，“我”的使用有时甚至还稍显笨拙。例如在讲《刀尖上的步履》时，人物、背景、惊险、恐怖由于全是“我”来叙述，丧失了悬念和冲击力。又如小说大量采用回忆来铺陈情节，“我”不得不扮演一个老人，不得不以老人的口吻说话，于是在叙述时便掺杂了很多无关紧要的废话。比如在《有问题的天使》里居然出现了这样的话："小伙子，你觉得我说的行吗？／可我不行了，我累了，明天再说吧……"读到这些时，我顿觉头脑发涨。窃以为，如果灵活地转换不同的人称来进行叙述，或者在某些情节的展开时完全抛弃人称体，而只将其作单纯的故事来讲，这样也许会更加引人入胜。

可见，"逼真"虽然成就了故事，但过度的"逼真"也同样影响了好故事，或许这就是"逼真"的利与弊吧。但瑕不掩瑜，麦家所选择的"逼真"的冒险之旅，依然带给我们许多意外的惊奇和感动。

综上所述，我以为麦家的成功在于，他细腻地描写出了处于"人与鬼纠缠"边缘状态下的新特工，成功地刷新了我们对特工和特工生活的想象。他的《暗算 2》和《解密 2》马上就要出版了，它们是否会给我们带来更新的刺激和惊喜呢？

我们拭目以待。

《出版广角》2006 年第 10 期

《暗算》，麦家著，人民文学出版社 2006 年 7 月出版，责任编辑：脚印

# 《长征》的细节魅力

宋　强

今年是长征胜利七十周年，一本《长征》应时而出。

王树增在《长征》里披露，当年红军离开瑞金时，几乎将所有能带走的东西都带上了，包括兵工厂、服装厂、印刷厂、医院等部门中的织布机、缝纫机、铅印机、石印机、印币机，以及红军总部储备的银圆、大米、盐巴、药品、通信器材等等，甚至带上了病号用的尿盆。真的很难想象他们肩挑背扛艰难行进时的情形！

在《长征》的序言里，提到了美国的《人类1000年》这部书，书中公布了从公元1000年至公元2000年间，影响人类进程的一百件最重要的事情。其中，中国有三件被认为具有世界性影响的事件入选，它们是火药的发明、成吉思汗的帝国以及长征。其中又以发生在二十世纪三十年代初期的长征尤其引人瞩目。这是因为长征的艰难困苦在人类历史上是极其罕见的，红军官兵不仅要时刻应对敌人的围追堵截，还要与恶劣的气候和环境做斗争，疾病和伤痛时刻相随，许多人倒在了行进的路上；饥饿和劳累始终相伴，急行军中他们几天几夜都难得合上双眼；寒冷和疲倦无法摆脱，许多战士在冰天雪地上幸福地睡上一小觉，醒来后却发现很多战友已经在睡梦中被寒冷夺去了生命——红军官兵的鲜血几乎洒遍了行军中的每一个角落。此外，长征的胜利彻底粉碎了国民党对红军的围剿，使中国革命转危为安，为最后的胜利奠定了坚实的基础。可见，长征，不仅仅是军事意义上的大转移，也不仅是革命历史中的悲壮印记，它更是人类文明发展进程中的感天动地的伟大壮举。正如王树增在书中所说的，长征是人类历史上罕见的不畏艰难险阻、罕见的不畏牺牲的远征，也是人类历史上罕见的传播理想的远征。长征唤醒了中国千百万的民众，给予了他们世代从未有过的向往和希望，它是走向一个崭新中国的启程之路，是人类文明发展史上的重大事件，是中国贡献给世界的最壮丽的英雄主义史诗。或许，这便是今天的人们愿意重走长征路的动因所在。

综观《长征》一书，我们可以鲜明地感受到作者写作中强烈的全球整体意识，他并没有孤立地去认识那段历史，而是将其放在全世界的背景中进行思考。因此，王树增在叙述某件重大事情时，往往会把世界其他地方同时发生的大事纳入笔底。此外，为了写好这本书，他还辞掉公职，不仅悉心查阅了上万种资料，做了二百四十多万字的笔记，并多次沿着红军当年的行程重新走访。因此，他在获得大量一手史料的同时，还从许多老红军口中了解到了许多缺乏文字记载的珍贵的史实。《长征》初稿就写了八十余万字，后几经修改，最终成稿六十余万字。据说为了真正地做到对长征的客观再现，他在书中所提及的每一个名字、每一个事件以及每一个细节都是有依据的、有证可查的。更难能可贵的是，与以往写长征的作品相比，他除了写中央红军外，还将其他参加长征的红二方面军、红四方面军和红二十五军的情况全部纳入，运用了高超的叙述技巧，展示了同一时间里各路红军的艰苦战斗、行军和突围的情况。凡此种种，可以说在目前已出版的反映长征的作品里尚属首次，具有突破性的意义，在很大程度上实现了其“全球化认知高度，全境式客观再现”的写作初衷。

也正因为查阅了大量的资料，实地采访了参加过长征的老红军战士，王树增对长征有了许多新的发现和认识。在书中，我们经常可以看到，许多当年行军过程中留下的电报原文，从那些充满紧张、艰苦、血泪和激昂的文字中，我们可以更加真切地触摸到那段历史的残酷和疼痛。此外，他还讲述了大量鲜为人知的故事，这让那段历史显得不再那么遥远。例如，在我们的印象中一直以军事顾问自居的李德，只不过是一个“一战”中被俄军俘虏的德国士兵，然后在俄国革命时参加了苏联红军，后来以共产国际代表的身份被派到中国，但是却从来就没有过“军事顾问”这样的头衔。还有一种说法是：他来到中国是为了营救苏军间谍，但就是这个黄头发、蓝眼睛的外国人给中国早期的革命带来了巨大的损失！还有红军转移时的“去留问题”，也是一件让人永远心痛得不忍回想的事：“去”，有可能在转移途中死去；而“留”，则意味着被随之攻过来的国民党军消灭。当时备受排挤的毛泽东，就差点被留在苏区不能参加转移。瞿秋白，这位有着旺盛革命激情的著名共产党人，克服种种困难千里迢迢地来到了苏区，主持制定了《苏维埃教育法规》，倡导创建了苏维埃大学。在白区，他曾多次躲过国民党当局的搜捕，在苏区却无法避开王明和博古的政治攻击。当时，他曾多次向博古请示希望能够参加转移，但他的名字却最终没能出现在转移名单当中。后来，他在福建被捕后英勇就义。鲁迅先生在回忆他的人格和才华时，曾深情地感慨：“人生得一知己足矣，斯世当以同怀视之。”历史是无法改变的，但当我们重新阅读历史的时候，心中却不免感慨万千。

当然，王树增的“客观再现”并不仅止于资料索引式的再现，他的文学手笔向来以老练著称。严谨的创作态度和深厚的文学功底，善于用纪实文学的方式来记述重大历史事件，使他以往创作的《远东朝鲜战争》《1901年》等作品，开创了当代中国历史纪实文学中以细节还原历史面貌的写作范式，被誉为中国历史纪实文学第一人。在《长征》

中，他坚持了一贯的写作风格，通过对大量细节的叙述，让七十年前的长征得到了更加真实与鲜活的呈现。他还经常运用一种回溯式的语句来拉长时间空间的距离，如“接踵而来的巨大灾难令这位年轻的红军营长永生难忘，即使在十六年后他已成为新中国的海军将领时，回想起这个瞬间的周仁杰说他依旧会不寒而栗”。 像这样的例子在书中几乎随处可见。这让人不由自主地联想到《百年孤独》的开头，“很多年以后，奥雷连诺上校站在行刑队面前，会想起父亲带他去参观冰块的那个遥远的下午”。将过去、现在和将来的时间全部放在了读者眼前，历史就在这样周而复始的时间里得到了交织，魔幻现实主义小说的笔法居然运用到了纪实文学、报告文学里面，实在很出乎读者的预料。此外，他用了很多笔墨来记叙长征途中的感人小事，有领导人之间的对话，有关键时刻年轻战士的心理活动等等，或许这就是“细节决定历史”的表现吧。

真实的历史资料和高超的文学技巧结合在一起，造就了《长征》的成功。书中成功再现的长征精神，不仅仅限于政治领域，它也是我们对待人生、工作和学习时必不可少的精神参考。

《出版广角》2006 年第 11 期

《长征》，王树增著，人民文学出版社 2006 年 9 月出版，责任编辑：脚印

# 一个村庄的“秘史”

宋　强

近来看了很多关于西藏的小说，如杨志军的《藏獒》《敲响人头骨》，范稳的《水乳大地》《悲悯大地》等，他们对西藏的想象和描写让我兴奋不已，再次强烈地激发了我对那片神奇土地的向往。在兴奋的同时，我也忍不住在想：西藏真的有那么多的神奇和美妙吗？一般来说，现实的生活终究没有想象中丰富，那么真正的西藏到底是什么样子的呢？这时，阿来进入了我们的视野。

和他们不同，阿来有着纯正的藏族血统。他的出生地马尔康县虽然在行政区划上归属四川，但共同的血脉和习俗可能会让他更接近西藏的真实吧。带着这种想法，我再次阅读了他久负盛名的《尘埃落定》和去年推出的《空山》。《尘埃落定》推出后好评如潮，一举获得了第五届茅盾文学奖。几年后，阿来在众目盼望中终于出版了第二部长篇小说《空山》。2007 年 1 月，阿来又推出了《空山 2》。这是他整个写作计划中的第一部分，阿来好像举着一个放大镜，聚焦在不同的机村人身上，每个人独特而又相互牵连的故事在焦点中一一显现，我们最终看到的是一个立体的、整体的机村历史。

## 《空山》：清醒的社会思考

《空山》系列“虽形长篇，实则短制”。《空山》第一部在“机村传说”的总标题下，由《随风飘荡》和《天火》两部中篇组成。应该说，《尘埃落定》与《空山》系列是具有连续性的。《尘埃落定》讲的是“最后一代土司”的故事，“我”的父亲是一个部落的土司，“我”的哥哥本来很有希望成为土司的继承人，却英年早逝，父亲又一直不肯传位与“我”，父亲与“我”最终在红白汉人的战争中结束了生命，最后一代土司随之灰飞烟灭。故事的时间从近代一直到建国前后，“尘埃”在建国前后终于得以“落定”。尘埃落定之后，一切都归于平静的安宁了吗？建国后的西藏又是什么样子的呢？《空山》做出了最好的回答。《空山》在时间上是“接着讲”，是对《尘埃落定》的继续，它把故事的背景放在了建国后和“文革”期间。《随风飘荡》讲的是格拉和母亲桑丹的悲惨遭遇，关注的是人的心灵和道德问题；《天火》讲的是“文革”中的一场悲剧性的火灾，失去信仰的人们醉心于狂热的政治运动，对火灾失去了强有力的防范和控制能力，最终导致了自然环境和人心的双重破坏。

阿来是一个清醒的社会思考者。从近代以来，中国的社会发生了惊天动地的变化，西藏一隅也在经受着前所未有的大变动。外国人早就对这片土地产生了好奇式的觊觎，军阀混战、抗日战争也在这片土地上有着或强或弱的回应。更重要的是，西藏人本身的生活和制度也在发生着剧烈的变化。到建国后，西藏的土司制度结束，藏族作为中华民族的一部分也进入了自己的新时代。毫无疑问，西藏社会的变迁在中国近现代历史上是最重要的事件之一。阿来敏锐地捕捉到了这些实质性的变动，他并没有简单地去讲述农奴翻身的故事，也没有讲述红白汉人和土司们的联合对抗之类的战争故事。在《尘埃落定》里，外人的到来是接连不断的，先是麦其土司娶了一个汉人妻子，生下了傻儿子“我”，土司的领导阶层已经在发生变动。麦其土司为了对抗其他的部落，请来了军阀黄特派员，请来了威力无穷的枪支弹药，也请来了可以兑换白花花银子的罂粟花。土司们在本应种植粮食的土地上竞相改种罂粟，直接导致他们在灾荒之年流离失所痛苦不堪。这里也有了照相机，建起了第一个酒馆，“这是麦其土司领土上出现的第一家酒馆，所以，有必要写在这里。我听人说过，历史就是由好多第一个第一次组成的”。甚至，还有了妓女和梅毒，这在这片纯洁的土地上或许也是第一次吧。可以说，《尘埃落定》将藏族人内部的种种变迁呈现得淋漓尽致，但它在写到红白汉人相争时却戛然而止。这是一个奇怪的现象：各种神奇的、美妙的、虚幻的、缥缈的故事大都发生在建国之前，解放后的西藏在生活的各个层面也都发生了很大变化，农奴翻身做了主人，不平等的制度得到了取消，西藏也被纳入了现代化的进程当中。但和其他地方一样，那里的宗教和民间信仰都被当作封建迷信受到了批判，种种生活上和心灵上的巨大变动肯定不会风平浪静。在很多当代作家那里，故事行进到此不是悄然止步便是陷入某种固定模式，而对藏族人本身的心灵变迁失去了把握的能力。例如范稳在《水乳大地》里，藏族人经历的“文革”和改革开放和其他地方都差不多，奇幻故事和现实之间呈现出一种可惜的剥离。他的新作《悲悯大地》也是在红白汉人的战争中结束，延续之后的故事是达波多杰成了政协副主席，而不再演化太多的神奇（改编后的电视连续剧《尘埃落定》好像也是这个结局）。与这些形成对比的是，很多敢于描写建国后西藏的作品往往陷入一种套路，也没有细致洞微的刻画。这些给人的感觉是，尘埃落定之后，空山好像只剩下了空山。如何细微深刻而又不落窠臼地写出建国后真正的西藏呢？或许这是每一个描写藏族的作家都必须面临的难题。让人高兴的是，阿来的《空山》做到了这一点。我们终于可以说，尘埃落定后，空山并未平静，那里仍然有很多精彩的故事可以写入小说。

《空山》写出了变迁中的真实的西藏人。在《随风飘荡》中，宗教被当作封建迷信从人们的生活中去除，恩波喇嘛还了俗。但宗教的教义仍然在人们心中存留着，它不可能像一张纸那样被轻轻撕去。恩波认为是格拉把兔子带着乱跑中了邪，他疯狂地侮辱了格拉，并把格拉母子赶出了机村。但他却受到了良心的谴责，他带上干粮开始出门寻找，之后他甚至把任人践踏的母子俩当作了自己的座上宾。所有人众口一词说是格拉用鞭炮炸伤了兔子，包括自己的妻子，恩波陷入了内心的撕扯之中。格拉，这个没有父亲的可怜的野孩子，他弱小的内心承受了众人残忍的践踏，他最终在众人的流言和愚昧的迫害中悲惨地死去。《天火》同样写出了盲众的悲剧，红卫兵们忙着开会，索波追求进步唯命是从，这帮年轻无知的家伙们延误了抵挡火灾的最佳时机，自以为是地炸开了湖水，同时也炸毁了金野鸭，炸毁了人们心中残存的最后一点点敬畏。为了建造所谓的“万岁宫”，人们砍去了曾经的神树白桦林，修建的公路成了传递树木的通道；为了打击阶级敌人，多吉的好心得不到理解，他在无边的残酷中慢慢死去。阿来给在个人崇拜和“文革”风浪中的藏族人留下了真实的历史记录。

阿来在面对神灵和宗教的时候，总是保持着一种清醒的态度，他好像对单纯呈现那些神奇和传说并没有太大的兴趣。在《尘埃落定》中，并没有太多的宗教气息，在描述土司之间的战争时，虽也有各种奇特的法术之争，但却并没有达到光怪陆离让人眼花缭乱的地步。而在《空山》里，他对神灵和宗教的思考明显加重了，社会的变迁往往伴随着人们内心的波动，在无所顾忌的年代，神灵和宗教的约束对狂热的人们来说无疑是有益的。然而，阿来并没有像范稳那样，用无边的宗教精神来解除对一切罪恶的控诉，他的大地上“悲悯”没有完全占据，他也没有“宗教庇护一切”的宣言，他执着于对社会和人类心灵之间的互动，执着于细致的分析和思考。他们这样处理，应该说是各有千秋，不能妄评的。但也正因为这样，尘埃落定之后的空山，才是永远无法平静的空山。

## 《空山 2》：疼痛的历史

在《空山 2》里，阿来再次把关注的目光投向了建国后的西藏小村，继续用“机村传说”的方式来向我们讲述并非传说的真实。在《空山 2》里面，他仍然大胆而敏锐地挖掘着机村并非美丽的“传说”，向我们讲述着疼痛的空山故事，将残酷的历史摆在我们面前。

人类的天性是善于遗忘的，往往自己不愿意回忆，也不让别人想起。忘掉痛苦毕竟要比背负历史轻松得多，麻木的快乐总比清醒的思考要“幸福”得多。建国后的一系列错误，“反右”“文革”，这些似乎都在“伤痕文学”和“反思文学”中说尽了，它们作为文学的资源似乎已经陈旧了。但二十年后的今天，我们又不得不承认，当年的作家揭示了“伤痕”却没有揭露“疮疤”，流淌了控诉的眼泪却缺乏足够穿透历史的力量，“反思”了政策却缺乏足够的理性，那些“陈旧”往事的灵魂仍然在我们身边游荡，它们留下的教训期待着我们继续发掘。让历史匆匆流过是容易的，而阿来却要固执而决绝地留住历史。他深沉地关注着历史，给我们呈现出了一个疼痛的空山，疼痛的机村，疼痛的灵魂，还有那荒谬的现实，荒芜的信仰和荒凉的心灵。

《空山 2》由《达瑟与达戈》和《荒芜》两个中篇组成。《达瑟与达戈》讲述的是外来意志对机村人心灵的摧毁性打击，达瑟与达戈的故事在其中相互呼应，达瑟突如其来地被召入城市读书，又因运动停学而返回乡村，迟钝的他偷偷带回大量图书，他在树上建立了自己的书房，整日与书为伴。达戈是一位“前程一片大好”的军人，因迷恋上机村美丽的姑娘色嫫而放弃了升迁的机会，退伍来到机村。他深爱的色嫫却是一个虚荣、向往地位的女人，她虽有着绝世的面孔，罕见的好嗓子，却急切地渴望能够站在城市的大舞台演唱，她为此讨好高官甚至付出身体的代价，最终一无所获地沉迷在无望的幻想中。达戈为了得到她的欢心，为了得到汉人手中的电唱机，不惜破坏机村人的信仰，残忍地带头打死大量被认为是人类兄弟的猴子。在外来意志强大的侵蚀面前，机村人表现出了不解、犹疑和无奈，但也表现出了渴望、臣服和不知不觉的认同。《荒芜》将重心放到了机村的两位“领导人”驼子和索波身上，他们遵从上头若有其事不可违抗的荒谬命令，给机村人带来了前所未有的损失，所有良田顷刻间化为乌有，土地和心灵无奈地走向了荒芜。他们开始了对外界的怀疑，产生了荒谬和宿命般的感觉。

由于过于整齐划一的权力、狂妄的激进思潮、连续的运动导致了非理性的、闹剧般的政策，过多外来意志的侵入让机村遭受了巨大伤害。尤其痛心的是，它原有的乡村信仰、伦理、思维方式都遭到了颠覆性的破坏。外来的意志是绝对强势的，是不由分说的，于是机村人把一片片森林砍伐掉为国家做贡献，没有任何意义地修筑石墙来响应“农业学大寨”的号召。他们不乏盲目、无声地服从的大众，也不乏以索波为首的“积极分子”。因为一旦“积极”，就有可能被纳入领导阶层，有可能摆脱土地，吃上“公家饭”。外来意志与乡村大众的关系又似乎并不是直接冲突的，而是相互利用地纠缠在一起的。

外来的意志就是一种权力，这权力可以给人带来意想不到的好处。当在外做官的叔叔运用权力让达瑟得到上学的机会时，“都说命运真不公平，那些年轻人那么奋力向上，好运却奇怪地落在了浑浑噩噩的达瑟头上”。达瑟的母亲“哭了又笑，笑了又哭”，权力在静悄悄地收编着机村人的内心。达瑟也很难说是幸运的，因为变化无常的政策又把他“遣返”回了机村。还有那么多的机村人都在向往权力可能带来的美好前景，甚至他们的内心完全被俘虏了，色嫫就是典型的一个。

但色嫫却遭到了权力无情的愚弄，她天真地向往着外面的世界，让自己扮足了被利用的角色，甚至不惜以身体为代价去争取机会。那些答应过她的“大官”们却未能兑现诺言，把她冷落在寂寞的机村。而她却痴心不改，她怀着渴望唱那些明亮的歌，这些“歌颂毛主席共产党的歌”，“有老歌里对造物的感恩也有老歌里少有的新生的激情与欢欣”，但“幽怨低回的情愫消失了”，淳朴的内心、乡村的风俗已经完全被异化了。达戈，这个宁愿放弃升迁回到色嫫身边的人，却被色嫫称之为傻瓜，因为他“没出息”，他的做法帮不了色嫫走上舞台。是强大、势利的外来意志诱惑了机村人，是机村人的软弱、盲从和愚蠢毁坏了淳朴善良的乡村信仰。

对乡村信仰与外来意志的纠葛状态的发现，显示了阿来对历史和现实的深刻洞见。这种纠葛状态下的机村剩下的只是“荒芜”了。机村人饱受着“荒芜”的灾难：为了响应“大跃进”，机村人把所有的肥料都堆在了田头，因为外面说这是“科学种田”，可以亩产万斤，结果那年机村人颗粒未收。为了给国家做贡献，机村人让工人砍伐了大量的树木，结果遭遇泥石流，所有良田毁于一旦。越来越多的荒唐事使村长驼子变成了一个宿命论者，“在一个谎言甚至盛行于历史学家的口头与笔下的时代，倒是一个乡下老头的宿命感叹更接近事物的本质”。一向积极要求进步的索波也说：“不是我们种不出粮食，是泥石流毁掉了土地。要是不毁掉森林，泥石流就不会毁掉我们的土地”。这和上面不一致的话是机村人心里真实的想法。也由于“吃不上自己种的粮食”，机村人产生了一种朴素的清醒感，他们要对抗土地的荒芜，要对抗心灵的荒芜。

然而，这种对抗也是不允许的。索波想带领全村人迁移到觉儿朗峡谷，这是机村人歌声中不断传唱的美丽的地方，这被上头认为是封建迷信。驼子带领大家从荒芜的土地上清理石头，去开垦新的土地，而伐木工人却要在他们的新田地上建立墓场，为死去的工人竖立纪念碑。外来意志与机村人的冲突在索波和驼子两位领导身上得到了集中体现。这是一个连思考都要受限制的年代,“进步”“运动”“错误”“突击队”，这些“庞大而空洞的词汇”组成了一个巨大的话语系统，牢牢地把机村人捆绑住了。貌似傻瓜的达瑟的发问显得振聋发聩：“你真的懂得那些词汇的意思吗？主义是什么？先进是什么？革命是什么？你懂得吗？”这就是让他们遭受荒芜、“身心俱疲”的根源。这句疼痛的发问，至今值得我们深思。

阿来说他要用《空山》系列来写一个村庄的“秘史”，他向我们诉说的是一个关于疼痛的秘密，一个关于文化和信仰沦落的秘密。

《出版广角》2007 年第 3 期

《空山　机村传说 1》，阿来著，人民文学出版社 2005 年 5 月出版，责任编辑：脚印
《空山 2》，阿来著，人民文学出版社 2007 年 1 月出版，责任编辑：脚印

# 《启蒙时代》的启蒙三调

宋　强

王安忆的《启蒙时代》终于看完了。与读她以往作品时的感觉一样：慢。她的小说不是一下子就能读完的，不是只靠情节来吸引人的。她擅长把同一时间里的人和事尽可能地拉长，把故事的空间尽可能地扩大，把心理感受和思考尽量拉长，她营造的是一个“慢”的空间。

说到“启蒙时代”四个字，极易让人联想到法国大革命时期的“启蒙运动”，而小说里的故事时间却是在“文革”期间。当代文学对“文革”的叙述已经形成一段历史，从“文革”刚开始时狂热的颂歌，到 1980 年代转为痛斥时代的罪恶，巴金老人的《随想录》成了控诉“文革”、呼唤人性的最真挚的作品。后来，在“文革”中成长的一批年轻人中间产生了怀念激情、青春无悔的思潮，“文革”的色调开始变得有些温暖，代表如电影《阳光灿烂的日子》。此时，关于“文革”的记忆开始变得复杂，叙述呈现出暧昧和含混的特征。我们禁不住要问：“文革”到底是什么样子的？用何种形式来记忆和叙述它才是合理的？“文革”对一代年轻人的成长究竟意味着什么？想必这也是王安忆在写作时要面临的问题。她在《启蒙时代》中做了深入而复杂的思考。

王安忆的“启蒙时代”有三个层面的含义。首先，它是对政治意识形态的反讽。“文革”使整个中国陷入了政治运动的狂潮，它披上了一层对大众进行政治启蒙的面纱，事实上却是最缺乏民主、最缺乏自由、最混乱的一段时期，它与“启蒙”精神在根本上是背道而驰的。小说中的南昌为了追求纯粹的政治身份，竟然斩钉截铁地与父亲划清界限，把父亲称为“叛徒”“修正主义者”，而且，他是非常严肃认真地得出这个判断的。类似的事在小说和现实中不知有多少。于是，“启蒙时代”的命名便具有了一种反讽和戏谑性。在书中，“文革”造成的诸多异化的人和事随处可见，但王安忆并没有用情绪化的方式来面对这些异化现象，没有流于简单的控诉和讨伐，而是表现出了足够的冷静和理智，在舒缓的文字下面流淌的是作者强烈和无奈的感情。

王安忆并不止于在政治层面上对“文革”进行思考，在书中还贯穿着她对市民社会和市民传统的认识，“启蒙时代”还是一种市民意识的启蒙。“市民”“小市民”，长久以来一直是贬义词，在泛政治化的年代里尤其如此。那些琐碎的、日常的，又带有些精致、细腻的东西，在年轻人南昌眼里是鄙夷和不屑的，毕竟，粗糙的年代容不得这些“消极”之物的存在。而南昌最终却臣服在市民意识形态之下。“小老大”是一个出身复杂、生活环境优越的小知识分子，他家里布置的全是精致玩意儿。他知识渊博，情感颓废而带有诗意，孱弱的身体携带着传统知识分子常见的标记：肺病。他不懂什么路易·波拿巴、马克思、恩格斯，不懂什么阶级斗争、国际局势，他是市民阶层、市民意识形态的象征。然而，夸夸其谈滔滔不绝有雄辩症的陈卓然和南昌无一不被他的趣味和爱好俘获，似乎“小老大”用一种细微无声的东西柔和了他们粗糙的内心，这充分显示了市民意识形态的顽强生存能力和“渗透”能力。在政治无处不在、在标语漫天飞舞的时代里，居然还有一群年轻人被那种精致和细腻吸引，居然还有着“小老大”这样的人，居然还有着聚集了各色人等的沙龙——“小老大”的客厅，他们无所不谈，跳芭蕾、听唱片、看内部电影，这是一种改头换面的时尚和潮流，市民的追求和思想在种种面具之下合情合理地大行其道。即使是强大的政治、狂躁的宣传也没有让它销声匿迹，相反，它成了对抗粗糙、对抗心灵荒芜的柔软的武器。这与王安忆在《长恨歌》等作品中的发现是一脉相承的。

更重要的是，“启蒙时代”还是一种青春的启蒙。对于六九届初中生、高中生，以及更多在“文革”中度过了青春的人来说，“文革”也是他们的成长期、身体的发育期和心理的成熟期。“文革”的记忆对他们来说不仅仅是政治层面的，更是成长意义上的。王安忆把那段在混乱时期里同样混乱复杂迷茫的少年心理刻画得入木三分。在政治上，他们自认是革命的正统，父母的身份却复杂而暧昧，他们是懵懂狂热的，又是失落痛苦的。他们经历了造反派的兴奋，也饱尝了被冷落后的孤立。在粗鄙的年代里，少男少女情窦初开，七月和舒娅，南昌和珠珠，他们的相互试探纯净而美丽，“文革”中独特的恋情微妙而有趣。他们的青春也混杂着身体的狂热，喜欢珠珠的南昌和嘉宝走到一块去了，因为珠珠太过遥远而嘉宝触手可及。而还不知责任感为何物的南昌使嘉宝怀孕了……对于青春来说，无论时代背景多么不同，年轻人的心路历程都是相似的，青春的启蒙对于在“文革”中成长的年轻人独具魅力，它给那个灰色的时代增添了活力和丰富多彩的颜色。

王安忆对“文革”的叙述，在平静中暗藏着复杂和多调的力量，使得那个时代在我们眼里变得丰富而立体。

《出版广角》2007 年第 7 期

《启蒙时代》，王安忆著，人民文学出版社 2007 年 4 月出版，责任编辑：杨柳

# 世界诗歌史上的一个突出亮点*

屠　岸

英国十八世纪至十九世纪浪漫主义诗歌是以莎士比亚为代表的英国文艺复兴之后的又一文学高潮，是世界诗歌史上突出的亮点。文学史家认定英国浪漫主义诗歌以五大诗人为代表，他们是：华兹华斯（William Wordsworth，1770—1850）、柯尔律治（Samuel T.Coleridge，1772—1834）、拜伦（George G.Byron，1788—1824）、雪莱（Percy B.Shelley，1792—1822）、济慈（John Keats，1795—1821）。二十世纪后期，英国文学史家认为构成英国浪漫主义诗歌的主要成员还应加上布莱克（William Blake，1757—1827），因此，这六人被称为英国浪漫主义诗歌之六巨擘，已成为英诗界和读者广泛的共识。如果把被称为浪漫主义先驱的彭斯（Robert Burns，1759—1796）也予以加盟，那么在世界诗歌的天空中，英国浪漫主义就是辉煌的“七姊妹星团”（Pleiades）。在这七颗亮星中，济慈出生最晚，生命最短，只活了二十五岁。但他的光越来越强，到今天，已超过了

* 该文是《夜莺与古瓮　济慈诗歌精粹》一书前言，标题为另加。

其他六颗星。

英国维多利亚时期大诗人丁尼生（A.Tennyson，1809—1892）推崇济慈为英国十九世纪最杰出的诗人。二十世纪英国现代派大诗人艾略特（T.S.Eliot，1888—1965）特别推崇济慈，认为他是接近现代风格的杰出诗人。 在欧洲的其他国家，如意大利，济慈的声望已如日中天。意大利罗马“济慈、雪莱纪念馆”（济慈临终故居）中有一项“公示”称：“拜伦于十九世纪在意大利名声很大，特别是在意大利爱国者中间成功地享有盛誉；雪莱在意大利的声誉稍逊于拜伦。济慈当年在意大利没有得到爱国者的称赞，也没有得到诗人们的尊敬。但是今天（指二十世纪和二十一世纪初——引者）济慈已被认为是上述三位诗人中最伟大者。欧金尼奥·蒙塔莱（Eugenio Montale，1896—1981）把济慈列入‘至高无上的诗人’之中。”（蒙塔莱是意大利二十世纪最伟大的诗人，1975 年诺贝尔文学奖得主。）

中国诗人和学者余光中说：“一百多年来，济慈的声誉与日俱增，如今且远在浪漫派诸人之上。”中国学者王佐良说：“华兹华斯和柯尔律治是浪漫主义的创始者；拜伦使浪漫主义影响遍及全世界；雪莱透过浪漫主义前瞻大同世界。但他们在吸收前人精华和影响后人诗艺上，作用都不及济慈。”

济慈出生在社会的底层。在英国的大诗人中，几乎没有一个人比济慈的出身更为卑微。他的父亲是伦敦一家代养或出租马匹的马房经营者。济慈是长子，有两个弟弟，一个妹妹。济慈没有受过高等教育。他在一所私人学校和一所医院里学习过，当过药剂师。但这不合他的志趣，所以他终于放弃医药职业，专心于诗歌创作。他在儿童时期就失去了父母双亲。二十二岁时得了肺结核病。他爱上了聪明美丽的芳妮·布劳恩小姐，订了婚，但无缘结婚。在生命的后期，他被四种状态所困扰，这就是：一、生活贫困；二、恶疾缠身；三、婚姻无望；四、恋诗情结。这四种状态像四条绳索，紧紧地捆住了他，一直到他客死罗马。济慈又是坚强者，面临死亡，他没有悲观绝望，也没有向命运低头。上述第四种状态是他“作茧自缚”，但他无怨无悔。作为一位缪斯的供奉者，他英勇坦荡，一往无前。

济慈曾一度被认为是一个专门讲究官能感受的、唯美主义的、为艺术而艺术的、不关心社会和人民的诗人。中国的诗人和评论家们也曾一度持有此种看法。关于这些，还需回到济慈生前受到舆论攻击这个文学史上的著名事件中去考察。一八一八年英国以保守的托利党派为背景的三种期刊《评论季刊》《英国评论家》和《爱丁堡布拉克伍德杂志》对济慈的《诗集》和长诗《恩弟米安》进行恶意攻击，斥责这些作品诗意低劣，指出这些诗的作者“济慈属于政治上的伦敦佬派和艺术上的伦敦佬派（Cockney School）”。所谓伦敦佬是指政治上激进、艺术上远离古典风格、生活上贫寒、具有平民意识的诗人和政治家。济慈在政治上接近曾因“诽谤”摄政王而获罪入狱的诗人李·亨特（Leigh Hunt，1784—1859）等进步人士，因而被保守文人视为十恶不赦的伦敦佬派。面对保守文人对济慈的谩骂和攻击，济慈的真诚朋友们挺身而出，为济慈辩护。指出济慈诗歌的核心是对美的追求。它具有幻美本质，而没有政治目的。他们说，要真正认识济慈诗歌的魅力，“取决于济慈的文学与政治的隔绝。”他们为济慈的辩护取得了成功，使论敌们喑哑失音。这样就开了认定济慈为唯美诗人和非政治作家的先河。

奇怪的是，“世情恶衰歇，万事随转烛。”论敌的指责和朋友的辩护从正反两面启示后来的评论家们对认定济慈为非政治作家的质疑。到了二十世纪，特别是七八十年代以后，西方评论界中有人来了个一百八十度的转弯，认为济慈诗歌（不仅前期作品）表现出明显的政治倾向和民主意识。一些论文仅仅从政治角度来肯定济慈，这与一个世纪前保守文人认为济慈诗中只有政治没有艺术的论点奇怪地颇为接近，但出发点相反，结论也对立。从在政治上否定济慈到在政治上肯定济慈，这是对济慈评价的悖论，是英国诗歌评论史上的一个奇特现象，十分引人注目。

从政治上肯定济慈，可举一个突出的例子。济慈的《秋颂》写于 1819 年 9 月 19 日。同年 8 月中旬，八万多工人在曼彻斯特彼特鲁广场举行声势浩大的集会，要求改革、要求民主，遭到政府的暴力镇压，死伤四百余人，这就是彼特鲁惨案。有的评论家根据这一历史事件和当时济慈所写的一批书信中所表达的政治观点，分析了《秋颂》中的词语，认定这首诗透露了鲜明的政治态度和激进的民主意识。他们否定了认为济慈从政治上退却和逃避的论断。论者认为《秋颂》中 conspiring（“合谋”，原是说时令和太阳合谋使藤蔓挂住果实）这一意象是对政治危机的回应；或认为诗中的“蜂巢”形象是影射政府囚禁工人的监狱。中国最近也有研究者撰文认同“合谋”意象是“富人镇压穷人的阴谋”，认为诗中“许多意象与当时的政治论战密切相关”。

我们如果深入审视济慈的诗歌作品，当会发现济慈确实是一位艰苦地思考人生、关心社会、同情人民、具有民主思想的诗人。这首先表现在他早期的诗作中。如《写于李·亨特先生出狱之日》，抨击权贵，歌赞自由；如《咏和平》，高呼“打断锁链”，反对“暴君的重来”；如《致柯斯丘什柯》，支持民族独立，歌颂民族解放；如《写于五月二十七日，查理二世复辟纪念日》，抨击封建专制，指斥王政复辟，等等。但是，在济慈后期的诗作中，我们发现不再涉及具体的政治事件。那么，他是不是从政治上后退了呢？

让我们来看一看济慈诗艺的成长过程。济慈作为攀登诗艺高峰的勇者，其成长速度之快，没有别的诗人可以与之相比。他二十岁时提出：“啊，给我十年吧！我可以在诗里／征服自己，我可以大有作为，听从我灵魂对我自己的指挥。”但上帝很吝啬，没有给他十年的时间。他在剧烈的痛苦和骚动的感情中，开始了为诗拼搏的进程。他说：“我从来不怕失败，我宁可失败，也要进入最伟大的人的行列。”从着手试笔起，仅五年时间，他就达到了短促的诗人生涯的顶峰。他遍涉各种诗歌体裁，经历几次诗风的变化，终于完成一系列惊世的杰作。特别是 1819 年的九个月，可称为济慈的“奇迹时期”。在此时期内，他的六首《颂》一一问世，同时写成了《圣亚尼节前夕》《冷酷的妖女》《拉米亚》，以及多首十四行诗。仅仅这六首《颂》就足以使他不朽。尤其是《夜莺颂》《希腊古瓮颂》和《秋颂》，已成为世界诗歌宝库中罕有的奇珍。他的数十首十四行诗使他成为英国浪漫派中主要的十四行诗能手（另一位是华兹华斯）。他的未完成的杰作《海披里安》气度恢宏，音调铿锵，拜伦称赞它“崇高肃穆，堪与希腊埃斯库罗斯的悲剧相媲美”。他的《冷酷的妖女》以精确、严谨而又质朴无华的歌谣体语言造成了令人战栗的艺术效果。他的长篇叙事诗都达到了用诗歌形式讲述故事的高超水平。尤其是《圣亚尼节前夕》，以内涵的丰富，色彩的绚丽和韵律的优美，达到了爱情故事诗的巅峰。从济慈的诗歌中，我们看到了鲜明美丽的绘画，听到了舒徐悦耳的音乐。诗人把各种感觉组合起来，成为各种经验的总体感受和全面领悟。诗人对于身外客观事物的存在，全身心地加以拥抱，产生极度愉悦的感觉——诗人似乎失去了自我意识，与他所沉浸于其中的事物融为一体，成为诗人自己所总括的诗学概念“客体感受力”（negative capability）作用的实际体现。他从愉悦中透露忧伤，从痛苦中发现欢乐，极度深挚的爱情对于他有如死亡的临近；他清醒地意识到梦幻世界的无限吸引力，又明确地意识到现实社会的巨大压迫；他同时追求历史的责任感和美学的超越，把二者结合在一起。他的杰作使他实现了自己的志愿：进入了诗歌史上“最伟大的人的行列”。

关于济慈诗歌中政治与艺术的关系问题，我们的理解是：济慈深刻而冷静地思考了论敌的诋毁之词，从中获得某种启示。他说：“我对自己的评判所给予我的痛苦超过了《布拉克伍德》和《季刊》所强加给我的痛苦。”他是英国诗人中罕见的能无情地剖析自己的勇者。

他终于意识到，政治的话语在诗歌中只能按诗歌的艺术规律来发音。政治倾向和民主意识在诗人心中必须转换成更加宽泛的对人文精神的追求而诉诸诗的节奏。于是我们在济慈的诗歌中见到和感受到一种潜在的、隐性的人文精神，它潜伏在诗人的诗歌审美表达之中，通过诗质话语时隐时现，成为诗语中多变的踪迹。这里，政治意识与诗歌审美形成既矛盾又互动的态势。这里，政治的显在话语被拒绝，成为审美特征显现的前提。这里，又不是完全脱离意识形态，诗人的诗歌经验无法与意识形态彻底决裂。在空洞而言之无物的话语中不存在任何诗歌生命力。有论者认为济慈诗歌对美与真的尽情歌赞恰恰起到了反衬和否定丑恶的现实社会及肮脏政治的作用，那么这一命题同样包容在济慈诗歌中政治意识与诗歌审美既矛盾又互动的论证中。上述评析说明了济慈诗歌的艺术魅力在历史的长河中愈来愈发出炫人光彩的根本原因所在；而我们——后代的读者和诗歌爱好者们，也从这里获得了诗歌的终极启示。

2007 年 5 月

《夜莺与古瓮　济慈诗歌精粹》，[英] 约翰·济慈著，屠岸译，人民文学出版社 2008 年 3 月出版，责任编辑：马爱农

# 从深沉回归率真*

屠　岸

叶维廉先生以诗歌理论家知名。他的理论著作多部在中国大陆、香港、台湾及海外发行，产生了广泛的影响。他多次到大陆讲学。大陆文化界、教育界、诗歌界以及诗歌爱好者中许多人知道诗歌理论家叶维廉，但不太知道作为诗人的叶维廉。中外文学史上一身兼二任（诗论家，诗人）者不少，英国有柯尔律治、济慈（主要是书信上的理论家）、艾略特等；现代中国有闻一多、卞之琳、唐湜等。叶维廉是这一串名单中的一名新锐。他在比较诗学上的研究成果是历史性的贡献。然而作为文学园地里的辛勤耕耘者，叶维廉还是一位卓越的诗人。本书即是明证。

本书收入叶维廉早期、中期、近期的优选诗作八十四首（章），包括他各个时期的代表作和重要作品。从本书可以看到诗人从二十世纪五十年代到二十一世纪初的创作历程，看到他惨淡经营和艰苦跋涉的足迹和心态。

叶维廉被视为现代主义诗人。现代主义，在西方，同样在中国，

* 该文是《叶维廉诗选》一书序。

是一个复杂的概念，它与时代（西方从十九世纪后期到二十世纪中期，在中国则更往后延续）有着紧密的联系。如果说叶维廉诗歌作品的总体风格是现代主义的，那么它的主要特征就是二十世纪中国知识分子的文化情结和世纪焦虑。

叶维廉对中西文化都有深入的浸淫。“五四”以来，特别是大陆自 1949 年以来中国传统文化的断裂促成诗人的忧患意识，一种永远挥之不去的情结。这种情结以纷繁纠结的状态呈现在他的诗作中，尤其在他早期诗作中，形成他诗歌的一大特色。《赋格》《降临》《愁渡》是其代表。诗人写这些诗时是二十几岁、三十来岁的青年。这里看不到风流潇洒或狂飙突进，看到的是一群群纷纭的意象，体现着郁结的交错和焦虑的层叠。它们不唱小夜曲，而是鸣奏交响乐。没有悠扬，有的是沉毅、深邃和郁悒。意象和意象间仿佛没有逻辑联系，但只是常规逻辑的放逐，隐形逻辑忽明忽灭。诗人遵循着“剔除叙述性”原则，但他的诗中存在着“隐形陈述”。没有明面的陈述，故事的陈述在背后闪烁；没有“情节”的链接，而有“氛围”的链接；没有“场景”的延续，却有“意绪”的延续。读完这些诗，叩击读者心灵的是诗人的忧患意识和悲悯情怀。

或者以为现代主义是只关心“内宇宙”而放弃社会关注的自我宣泄。是，有些诗人是在走极端私人化的道路，但不能以此概括现代主义。叶维廉的“内在”与“外在”是沟通的，所以也是统一的。他以他特有的诗风关注着社会、民生、历史。这里仅举数例即可见一斑。在他中期的诗作中，有着对大陆“知青”命运的关注（《梦与醒——一个知青的自白》），对“盲流”生活的牵挂（《朝辞白帝》），对十年动乱造成的后果的忧虑……他的《出关入关有感》提问：“大海是界线吗？”联系到海峡两岸人为的阻隔所引起的无奈与困惑。他的笔调冷峻，但不是冷漠，是一腔义愤，如沉默的火山。诗人对环境问题的关切，更是他诗中常见的“母题”（motif）。每到一处，就有今昔对比。写《初登黄鹤楼》，便想到李白《送孟浩然之广陵》，想到“唐代三月的长江／没有煤烟污染的烟／没有尘垢的春天的花／而且当时的蓝天／绝对透明清澈”。写《牛渚怀李白》，便想到“青天无片云”已成为过去，而今天的现实是“云涌如墨江泻若雷”“火烧万里水淹千城”。写《窑洞居》则驰骋想象，联系到屈原和莎士比亚，而陕北老百姓与之“遥不可及”，依然“在泥土里成长／……／在泥土里死”。固然，他们的命运终有一天要改变。有一首《拉车的女子》，直面现实，写今日中国一个妇女的劳动者形象，又旁及祖孙三代。“同样的汗滴／同样的带子割入她的肩膀”。使人想起了臧克家的诗《老马》。诗人六十岁时访问阿拉斯加后写了《冰河兴》，从冰清玉洁的冰河如何养育了人类世界写起，写到人类物欲膨胀，污染江河湖海，造成“天烧地裂山崩海缺”的地球危象，人类由于自己的愚蠢贪欲而使自己濒临毁灭的边缘。这首诗体现了诗人对历史走向和人类命运的终极关怀，具有极大的震撼力。

从叶维廉的诗作中，可以真切地感到诗人心中和笔下中外文化深沉的积淀。诗人曾说过自己写诗受到中国现代诗人闻一多、臧克家、冯至、艾青、卞之琳、梁文星（即吴兴华）等的影响或启示。他谈到自己早年一首未发表的诗（“酒／在夜中”）直接模仿艾青的诗《手推车》的空间对位形式。同时，还可以看到，他的诗作中隐含着中国古代诗歌的意蕴和神韵。有些诗作直接引入了古人的诗句，有些诗则常常引起对古诗和外国诗的联想。他曾写过一首诗《嫦娥》。中国文人写嫦娥故事的可谓多矣。我们会想到李商隐、鲁迅、毛泽东……但叶维廉的《嫦娥》却极度特异，“那么美好的千年万年的黑色”着实令人惊异。而“坐在青荧的弧形的槛上”“缓缓地爬着千转的阑干”，使我立即想起了但丁·罗塞蒂（Dante Gabriel Rossetti，1828—1882）的诗《登上天堂的女郎》（The Blessed Damozel）。而这，又串联出爱伦·坡（Edgar Allan Poe，1809—1849）的诗《乌鸦》（ The Raven）。前者为后者所激发，人间向往着天上（《乌鸦》），反过来，天上想望着人间（《登上天堂的女郎》）。而叶维廉的《嫦娥》，则是“天波开坼，她持着盛放着花的树降下，……花树降下……”一直到一茎花枝接种到诗人体内那郁结的根。从天上，人间，直到诗人的内心。这与那两位英美诗人的诗相似又迥异。叶维廉的诗《松鸟的传说》，写“一只冻寂的鸟／一棵凝结的松”，“鸟鸣裹在冰雪的春心里／松涛伏在记忆的果核中”，写“鸟狂”，写“羽祭”，写到“祝福一切飞腾的翅翼”，“祝福一切拍动的羽毛”，直到“旋晨曦为舞／拂万物为歌”，“祝福一切飞腾的生命”“冲云浪”“入凌霄”……这使我想起莎士比亚的诗《凤凰与斑鸠》（The Phoenix and the Turtle），其中的诗句：“让歌声最亮的鸟儿栖上／那株孤独的阿拉伯树梢”，“凤凰和斑鸠在火中翱翔，／融为一体而飞离尘世……”最终达到：“美，真，圣洁的情操，／单纯之中蕴含的崇高／已化为灰烬，火灭烟消。”两诗都以鸟和树为象征，写了生和死，净化与升华，一个是烟祭，一个是火祭，两者都达到极限和再生，大悲悯和大欢喜。我感到，莎士比亚和叶维廉在这两首诗中存在着一种心灵的感应。叶维廉还有一首诗《逸》，其中出现秋雨和一行白鹭，使人想起威廉斯（William Carlos Williams，1883—1963）的诗《红色独轮手推车》（The Red Wheelbarrow）中雨水和小鸡的形象。《逸》结尾处写到“如轮而来的／玄裳缟衣”则直接源于苏轼的《后赤壁赋》。叶维廉接受前人的影响或启示，有显性的，有隐性的。从他的许多诗中，可以感到有一张影影绰绰的网，这网把古今中外多少诗情诗意无形地熔铸入他自己的歌吟中。

叶维廉的诗语言，是经过精心的运作而成。中国传统文字——汉字和汉语，具有特殊的美质和无比的丰富性。汉文字的“模糊性”是它的一大特色。模糊性也可以叫作弹性，它与“分析语”的属性迥异，不能用西方的语法来规范它。它没有时式（tense），时常摒除主语，或者放弃人称。它似与自然浑然一体。我们经常从古诗中看到，汉字包含着如此丰富的“象”，组成“蒙太奇”。但在“五四”以后的一些白话诗中，“象”往往缺失。叶维廉努力求索，试图改变这一状况。他对汉字的表达功能孜孜以求，想充分发挥汉语体现“象”的潜能。放逐逻辑，突显意象。说是“意象叠加”，但不是简单的加法，叠加体现勾连、维系、承重、融汇、渗透，其中有隐性逻辑。焦虑、惶惑、郁结，由汉字组成的意象群做出精微、冷峻的表述。美国诗人康明斯（E. E. Cummings，1894—1962）有一首无法翻译的诗：

L (a

l (a

le
af
fa

ll

s)
one
l

iness

如果取消分行，把这些字母连写，就是：

L (a leaf falls) oneliness

括号内的“a leaf falls”是“一片叶子落下”。括号外连起来的“loneliness”是“寂寞”。康明斯是在追求英文字的字母散装与组合给视觉造成的图像（竖排宛若一叶飘坠）诉诸情绪的效果。叶维廉也许由此类诗得到启发。但汉字不宜用“拆字法”。诗人的努力在于汉字的运作上选择什么、舍弃什么、构架什么；注意形、声、意的交叉和化合。例如他的《岁末切片》，其第二段后两节是这样的：

每天早晨
血脉
压迫着
琉璃的神经
欲破未
破欲断未
断

叶
裂
霹
雳

注意诗人如何分行。上节第五、六行以“未”字止，第七行为一个字“断”。这里有声和意的藕断丝连。下节四个字，一字一行，读时一字一顿，形成刀削斧劈的气势，而“叶”与“裂”叶韵，“霹”与“雳”叶韵，四个字都是入声（在现今的普通话中都是去声），给人斩钉截铁的感觉。这两节总共十一行的听觉效果是小提琴断奏（staccato），有轻清，有断续，有决绝；有象的移动，有声的蜿蜒，有情的爆破；汉字的声音能量获得释放。诗人还有一首诗《演变》（“演出试验作品”），出现三个声音同时朗读：声音一，声音二，声音三，一绺一绺地。一个声音象征宇宙，一个声音象征历史，一个声音象征生命。三个层面，三个序次。三者叠加，产生特异的效果。可以看出，诗人在追求着汉文字潜能的深度发挥。

诗人对汉字功能的挖掘还体现在字词的创新营造上。比如“溪石擪奏”（《箫孔里的流泉》），“擪”这个字一般字典里查不到，它读如“叶”（yè），是以指按捺的意思。诗人用“擪奏”这个词（也许有古籍根据），恰当地描摹出岩石伏在溪水上，状若按捺溪琴奏出乐曲。又如“湿漓洪亮的钟声”（《世纪末重见塞纳河》），写周围是“淋漓欲滴”的“美树”，是“如瓣瓣露珠闪烁的花”，而钟声“趁着浪涌而来”。于是诗人创造了一个词：“湿漓”。“漓”字原义为薄，如“浇漓”。在古籍中，曾是人名，也是姓。现在通常见到的，它是广西一条江的名称。它一般只见于“淋漓”这个词，作流滴貌解。作为象形文字，汉字有它的“特异功能”。三点水的偏旁，给人强烈的视觉暗示：水！“淋漓”“潮湿”“流滴”这些字词都是三点水。诗人把“湿”和“漓”结合，构成一个词，用来形容来自巴黎圣母院的钟声，便给人以异常的新鲜感。诗人还有类似的用法，如“漓漓滴滴的愁城”（《湘江橘子洲》）。诗人此类新创的词不少，例如还有“空芜”（不是“空无”——《字的死亡》），“颜彩”（颜色 + 色彩——《北海道层云峡的秋天》），“空噩”（空茫 + 凶险？——《早安，台北》），“驰航”（驰骋 + 航行——《岁末切片》）等等。诗人还有一种试验，即是词性移用，如“鸟群最后的一浪闹声”（《雨后的紫花树》），是把名词“浪”当作量词用了。又如“一群灰鸽子……/咕咕咕咕地/呢喃着你的我的生命”（《泰晤士河，静静地流吧》），是把名词或不及物动词“呢喃”当作及物动词用了，可以直接作用于宾语“你的我的生命”。这应该也是一种创新。有时，诗人把两个名词结合，成为一个意象，如“焰蝶”（《松鸟的传说》）——“一场突发的大火/把记忆烧成/焰蝶”，使人想到大火中飞舞如蝴蝶的灰烬，而它又是火焰本身，因为那是诗人的“记忆”化成。这个词也是卓异的创造。

诗人在答采访者问时提到美国诗人庞德（Ezra Pound，1885—1972）的话：“诗人的责任是净化该民族的言语。”我的理解，净化就是筛选，就是提炼。诗人由此谈到自己提炼语言的努力。创新不是凭空虚拟，而是推陈出新。故创新也是一种提炼。诗人在语言建构和运营上的探索，取得了成功，也会遭遇失败。他的所有这些努力，都是经验，可贵的财富。

从童年到老年，人不断成长，逐渐成熟。诗人同样如此。叶维廉的诗歌创作经历了各个阶段，从单纯走向复杂，从童稚走向历练，从青春走向沉郁。此刻诗人叶维廉已到古稀之年,他的诗作渐趋炉火纯青。回过头去看他早年的作品，如写于二十岁时的《生日礼赞》，又是何等的天真、清新、真率、谐和！“南风，自然的呼吸／芦苇，音乐的姿体／群山，大地的胸脯／城市，人类的婴孩／河流，你我的腰带”。对佳偶的赞辞，是一片青葱，一片灿烂，是遍地春色，遍地阳光！宇宙是一个圆，人生也是一个圆。诗歌，往往也是一个圆。卞之琳写有《圆宝盒》：“你看我的圆宝盒／跟了我的船顺流／而行了，虽然舱里人／永远在蓝天的怀抱里……”从本书的最后两首诗中，我们听到了这样的声音：“我震荡／我平静／我悠然跃入纯然的超越”（《平静的震荡》）；或者，“我们可以再一次／兴奋地等待春天的发生／再一次／幻儿那样／雀跃于新花新叶的初放”（《温城无处不飞花》）。让我们把这些诗同《生日礼赞》一起来阅读，赞美吧！诗人本来是赤子，大自然之子。诗人从老年回归到了少年。这正是诗人的本色；这正是诗歌的本色。

2008 年 1 月 9 日夜

《叶维廉诗选》，叶维廉著，人民文学出版社 2008 年 3 月出版，责任编辑：王清平

# 盲人之盲和人类之盲

宋　强

文学里的手法，大多要经由某个人物的眼睛，来细细打量一个特定世界的人和物。但若是看不见的人生，会有怎样的精彩可言？

继《平原》之后，时隔三年，作家毕飞宇推出他的第二部长篇小说《推拿》。小说讲述的是一群看不见的人——盲人推拿师。很难简单地定义为他就是在讲他们的生活和爱情，因为，他笔下的他们太丰富太独特了，有属于黑暗世界中的每一个细节，尊严、爱、责任、欲望一样不少。

这里有野心勃勃的老板沙复明、张宗琪，有精神上无比强大、迷人的王大夫，有深陷爱情却苦于现实的小孔，有陷入欲望和伦理纠葛中的小马，有大胆泼辣追求爱情的“结婚狂”金嫣……每一个人都鲜活生动，在人生的纠结与暗战中，在努力而艰难的浮沉中，凸显着他们的个性和面貌。因为生活在黑暗的世界里，他们的故事越发显得深刻而让人难忘。

毕飞宇年轻时曾任教于南京特殊教育师范学校，还曾在《南京日报》做过六年的记者。他曾自豪地说，很少有人能有他那样多的残疾人朋友。

这些经历都为他写这样一本书准备了条件。以毕飞宇的观察，他认为“50 后”“60 后”的盲人大多数陷在黑暗里，很静默，性格相对悲观。但是，世道变了。“70 后”“80 后”的盲人很不一样，他们的明亮和乐观，让他惊诧不已。

当然，暖色调并非盲人世界的全部，他们还是有在黑暗世界里的不安全感，有比黑暗更让他们感觉寒冷的侮辱与蔑视；他们也有无奈和绝望，以及绝境中的重生。《推拿》最大的意义在于，它写出了残疾人、盲人的怕与爱，写出了他们的快乐、忧伤、野心、狂想、颓唐，打破了我们对残疾人认知的情感牢笼。

小说里的每个人都有着或幸福或心酸的独立故事，很具传奇性。例如都红，她从小便聪明伶俐，富有音乐天赋，她很快学会了弹钢琴，仅用了三年工夫，她的钢琴考试就达到了八级，创造了一个奇迹。但她得到的并不仅仅是正常人的掌声，更多的是她并不愿意得到的怜悯、同情、误解。她意识到“她到底是一个盲人，永远是一个盲人。她这样的人来到这个世界只为了一件事，供健全人宽容、供健全人同情”。她愤怒地放弃了这种好不容易掌握的谋生本领，半路出家选择了推拿的职业。

还有张一光的故事，他在三十五岁之前是一个健壮的矿工，在一次瓦斯爆炸中他失去了一百多位兄弟，他活了下来，却双目失明。他无法忍受内心无边的恐惧，离家出走。而他并未找到“黑暗生活”的意义，空虚、愤恨纠缠着心灵，他转而到女人那里寻找暂时的忘却。他努力地工作，挣的钱都用在了嫖上。他把妓女称作“爱妃”。“在嫖这个问题上，他有他的硬指标，张一光必须嫖满八十一个女人。等他嫖满了八十一个女人，他就是皇上，起码也是个业余皇上。”他人性中的丑恶、复杂、软弱、痛苦表现得淋漓尽致。

当然，小说关注的并不仅仅是故事，透过故事看到人物的性格和特点才是关键。更重要的是，小说主要是写给普通人看的，技术和传奇显得格外重要，因为这是唤醒常人"良知"的必要途径，虚构让无语者有了说话的机会。

选择"推拿店"，给予人物"推拿师""大夫"的身份，是值得仔细玩味的。只有在这种情况下，"盲人"对于普通人才是有用的。只有在推拿时，推拿师才具备普通人不具备的才能，才不被自己的残疾所碍。所以，当面对客人不明按摩与推拿的区别时，沙复明回敬道："我们这个不叫按摩。我们这个叫推拿。不一样的。"他们有着自己的骄傲和尊严。也正因如此，一旦丧失了这种技能，他们就会陷入无尽的恐慌，"普通人"对他们的态度就有可能发生巨大变化。所以，当都红的拇指被折断的时候，成了"残疾人中的残疾"。对于丧失了技能的、没有技能的残疾人，我们还会给予他们足够的尊重吗？

《推拿》整个故事的节奏是"欢快——矛盾——压抑——爆发"，像一汪汇聚的湖水，水面逐渐上升，最终突破堤岸。里面充盈着爱的气息，但阻碍爱的力量同样强大，他们都曾乐观地明朗地追求着自己的事业、爱情和幸福，但都同样不断遭受着打击。正如沙复明的名字一样，"复明"是永远不可抵达的终点。毕飞宇说他借助于盲人，写了盲人之盲，而其实他想说的，却是人类之盲。"如果说这部小说在塑造了一群盲人之外还有什么意义，大概就在这里了。"

《新世纪周刊》2008 年 11 月

《推拿》，毕飞宇著，人民文学出版社 2008 年 9 月出版，责任编辑：胡玉萍

# 时代的新声

——浅说寓真词及其艺术风格

龚勤舟

在中国传统文化的各门类里，有两种文化最能体现中华民族的文化特性和东方人群的独有思维，它们就是诗词和书法。在此强调这两种文化并非是在降低其他优秀文化的品位和价值。就汉字本身而言，诗词和书法这两个文化门类将人类最伟大的语言文字表达得最为直观，也最具深义。其实，每一个人都会在生命的不同时间、不同地点和不同的人进行交流和书写，因此，语言和文字这两种最基础的文化方式承载着人类历史的过去和未来。也许，正是这两种最基础的文化赋予了中国传统文化无穷的魅力和蓬勃的生机。凝练而又透辟的语言养育了最伟大的文学家，保存了最优秀的文学作品；优美而有深义的文字成就了可以进行无限阅读和欣赏的书法艺术。西方现代著名哲学家海德格尔曾经指出："语言是存在的家。"这在很大程度上表明语言是人类存在的守望者，语言是人类不断流衍的决定性因素。在中国的语言里，唐诗宋词已经成为五千年灿烂文化的象征，其中的博大和幽深是值得每一个人用心体味的。

既然文化成为人类流衍的精神支柱，那么在中华文明的历史长河里，作为早熟的传统文化的诗词和书法，几乎影响了所有的传统文人。长期以来，在语言的视域里，倚声填词已经成为文人们传达人生理想、寄托内心情感的一种文化方式。他们遨游在词的海洋里，或是倾诉，或是欢笑，或是垂泪，或是高歌。总之，倚声带给他们无限的力量，他们已经将这外在的表达方式内化于自己的心灵。寓真就是这样的文人，他的词作也就成其人生的记录和喟叹了。

寓真出生于抗日战争时期，从小接受了传统的启蒙教育，他对传统文化的学习引发了他对古典诗词的热爱。长期以来，他在阅读古人词作的同时进行了大量的创作，他深知每一词牌对句读、四声有着严格的规定，领悟到“凡题意宽大，宜抒写胸襟者，当用长调；若题意纤仄，模山范水者，当用小令或中调”的含义，因而他在填词之前很注重“择调”的工作，以便突出作品的具体内容和思想主旨。

《莺啼序》作为词里的长篇，它给词人提供了足够的篇幅，任词人驰骋于想象的空间，施展铺叙的才华，也提供了表现意识流动过程的广阔天地。吴文英的《莺啼序·春晚感怀》是这一慢词的代表作，在诸多悼亡词里，它是篇幅最长、最完整、最能反映与亡妾爱情关系的作品。“危亭望极，草色天涯，叹鬓侵半苎。暗点检、离痕欢唾，尚染鲛绡；躲凤迷归，破鸾慵舞。殷勤待写，书中长恨，蓝霞辽海沉过雁，漫相思、弹入哀筝柱。伤心千里江南，怨曲重招，断魂在否？”这不仅形象地反映出词人对亡妾生离死别、鸿雁传书、怨曲招魂的深悲剧痛，而且字里行间还透露出这一爱情悲剧是由于某种社会原因所酿成。它感情真挚，笔触细腻，寄慨遥深。而寓真的《莺啼序·长江三峡行》则另有一番情趣，他既没有依葫芦画瓢、单纯模仿吴文英的词作，也并非借这一词牌填写一首关乎个人情感的花间词。词里没有哭哭啼啼、怜香惜玉、柔情断肠的意味，而是一首即景抒情、格调高昂的慢词长调：

> 朱砂轻染，青绿浓敷，任画情诗趣。迤逦过、西陵锦峡，巴里歌乡，荆楚风土，多少眷慕。残阳半水，昏岚弥岸，葛洲坝里桅帆驻。万星灯，灿烂盈湖浦。长江在此良宵，纵情写着，新的乐谱。

他将长江三峡的山山水水、风土人情、历史典故、神话传说进行了有机的融合，在词里一并展现着长江三峡的秀美、险峻、雄壮和神秘。其中的人、事、景、物随着韵调的转换而交错出现，将三峡的瑰丽景象和浑厚历史逐一呈现在长短句里。寓真的这首词在内容上不及吴词的跳跃和跌宕，在对时间和心灵意识的处理上也不及吴词的深刻和繁复，但是集中的意象、白描的手法反倒凸显了整首词的气势和血脉。吴词写得凄凄切切、委婉含蓄，真是回肠九转、一字一泪、动人心魄、令人怜爱，但其中未免夹带着或多或少的媚俗情调，缺少大开大阖的气象。相比之下，寓真能从忧伤的韵调里进行有力的突破，这未尝不是一次创新。

当人们在吟诵优秀的慢词长调时，其中的文字往往贯穿着特别的气势，不论它拥有气宇轩昂、大气磅礴的恢宏之势，还是属于婉转悠扬、情意绵绵的纤细之词，慢词总能让人的内心感觉到气韵生动、气势如虹的伟力。刘熙载在《艺概》里说：“大抵起句非渐引即顿入，其妙在笔未到而气已吞。收句非绕回即宕开，其妙在言虽止而意无尽。”这段话深刻而又透彻地总结了慢词的特色。由于慢词的韵味随着外景的转移和感情的起伏而发生着复杂的变化，所以其韵味的变化丰富了词的内涵，增强了词的感染力。众所周知，词牌有着固有的平仄韵调，虽然不同的词牌决定了词具有特别的调性，但是词牌同样有着很强的包容性，有的词牌不仅能够将小家碧玉、儿女情长、夫妻恩爱、离愁别恨表达得淋漓尽致，而且也可以展现出恢宏雄放、悲壮慷慨的高亢之调，寓真的《八声甘州·刘志丹殉难处》即是一例。

吕梁山静卧枕黄河，思念正深凝。仰英灵悲壮，丹心浇浸，碧草萋青。古镇山庄夕照，简肃一碑亭。吟读几行字，四野回声。

如晦当年风雨，仅幸存陕北，一角红旗。与长征师聚，大业创方成。弹横飞、忽惊身殒，血漫流、黄水岂能平。斯魂魄，须化涛浪，万古奔腾。

在这首词里，寓真将具体地貌外景和现代英雄人物相融合，一方面让人感慨于英雄人物的宏伟壮志，另一方面又对英雄人物战死沙场表达了深切的怀念和景仰。在“吕梁山”“黄河”这些外在景物的衬托下，很容易让人触景生情，让人在波涛澎湃、急流翻腾的大江大河里去感念英雄的伟岸和生命的分量。

其实，在传世的慢词长调中，《八声甘州》这一慢词是很能让人品味到荡气回肠、婉转缠绵的意蕴的。《八声甘州》本身的韵律显现出刚柔相济的声容之美，柳永的一首《八声甘州》便是最好的例证。“对潇潇暮雨洒江天，一番洗清秋，渐霜风凄紧，关河冷落，残照当楼。是处红衰翠减，苒苒物华休。惟有长江水，无语东流。”开篇的一个“对”字写出了登临纵目、望极天涯的境界，它将整首词定格在高古的层面上。整首词的词意从苍莽悲壮转入细致沉思，从仰观眺望转入俯视体察，从气象高迈转入绵绵哀愁，其中蕴含着短暂和永恒、不变和万变的人生哲理，所以得到后人的千古传诵。苏轼的《八声甘州·寄参寥子》同样也是一首脍炙人口、流芳百世的长调佳作，“记取西湖西畔，正春山好处，空翠烟霏。算诗人相得，如我与君稀。约他年，东还海道，愿谢公雅志莫相违。西州路，不应回首，为我沾衣”。其中的意境和韵味不仅体现出人生的孤苦和知音难觅的悲凉，而且活用了谢安的典故，在典故里寄予着自我人生的旷达和对友人的怀念，他要求自己去实现谢公之志，希望参寥子不要像羊昙一样痛哭于西州路。虽然这是一首寄赠之作，但它表达了苏轼和友人参寥子相契如一的志趣和亲密无间的感情。苏词的过人之处往往在于他能够在心生悲情的同时抒写人生的超迈和世间的美好，因而他的词作流露出一股哀而不伤的情愫。也就是说，他的词在凄婉痛楚之余升腾起一股新生的力量。寓真的这首词在格调和内容上和柳、苏的词存在着一定的差异，他借用“八声甘州”这一婉转缠绵的词牌，填写了一首慷慨激昂的优秀慢词。由此可见，同一词牌通过词人无尽的思考，在满怀激情的作品里是可以显示出复杂多样的性情的。

寓真在慢词上取得了可喜的成绩，他对令词也有着发自内心的热爱。令词的曲调整体上比较匀称，声韵的安排大致接近律诗和绝句，但它却比律诗和绝句更为开放和自由。与慢词相比，令词不需要着意讲求铺陈，也不需过分考虑词作的音乐性和韵味的变化，但是令词短小的形式决定了创作的难度。张炎在《词源》里说：“词之难于令曲，如诗之难于绝句，不过十数句，一句一字闲不得，末句最当留意，有有余不尽之意始佳。”寓真在令词的创作上下了很大的功夫，进行了有力的探索，其《菩萨蛮七首 · 春吟》就是令词里的佳作。七首词作在对春天的吟唱里，情景交融，那里有过往的失落、有人生的寂寞、有远方的思念、有夜深的心跳。“飘飘身是天涯客，萋萋草染伤心色。往事恨无穷，愁肠浇酒中”、“春归谁更飘香泽，月来有意怜词客。萧墙树影横，小院静无声”、“从来春意浅，莫悔寻春晚。默自对琴台，何曾襟抱开”、“蛰居尘秽里，蚤虱叮人体。白发作诗翁，管他春到冬”。寓真将生活的点滴和个人的追求融化在清丽流畅的文字里，那语境里间或吹来六朝的余风，间或笼罩着唐人的气息，间或走进了陶潜的悠然生活。那些天然流动的词句，让人在吟诵之时，从表面的文字里感受着读书人的快意和尘世的纷繁，透露着人生的艰难和生活的悲欣。

当然，那里面还蕴藏着一颗鲜活而又冲淡的心。

二十世纪以后，随着西学东渐，西方的科学文化对中国的影响日趋深远。民主政治、生活方式、语言词汇均发生了很大的变化，一股股自由新鲜的气息氤氲在新的时代里。白话文通俗流畅，直白明朗，渐为社会和民众接受，继而取代文言文成为社会的主流语言。正因为白话文的兴盛，丰富了传统诗词的内蕴，于是在现当代词人的词作里，经常出现以俗语白话入倚声的现象。寓真在斟字酌句时，经常取材于俗语白话，而且能够化俗为雅、化俗为奇。“我只想她仍是，农家女、豆蔻青春”、“溪桥下、嫣然笑影，还在洗衣裙”、“水拍着歌韵，浪花伴着鸥舞”、“神女慢走，让我拍个镜头，好个婷婷风度”、“三十多年了，我与君都老，音信杳难求，长怀不解忧”、“生态千千，本源同祖，虚化纷繁色。万年皆梦，终将寰宇归一”。这些语句亲切可人，如话家常。这种对时代语言进行转化重组的过程，既增加了作品的亲和力和幽默感，又可以达到翻新词意、开拓词境的效果。

几十年来，寓真将倚声填词作为心灵的伴侣，他对人间的真情念念不忘，他在历史人物和文化古迹面前抚今追昔，流露出沧桑的情怀和深深的思虑，他将诗词作为跨越尘世、安抚心性的重要途径，所以，他对诗词进行着孜孜不倦地探索。青年时期的寓真，只身一人，从广袤的北国奔赴海南琼州，他在艰难的岁月里离别了亲人，但却对人生、对祖国满怀着乐观向上的情愫，所以其早年词作多有明快蕴藉的意味。如“海路漫漫君莫叹。朝前看，蕉明椰暗遥召唤”、“昔日文章刀斩断，沧波揽起洗胸间，锦帆高挂走天边”。改革开放之后，我国进入了社会主义建设的新时期，寓真回到了久别的故乡，他在工作之余游历了祖国的大好河山，并将自己内心对祖国的热爱融化在词句里，这一时期的词作对具体景物进行着今昔对比，气势豪迈、语义清新。如“紫塞何曾安国土，红颜可使开城阙。愿从今，百族共和平，写新叶。”新世纪之后，寓真的词风又一变，洗尽铅华、自然浑成，虽有迟暮遣兴的余味，但多是抒写人间的暖意，对个人的诗意生活也充满了希望和生机。如“莺莺燕燕露华浓，缱绻意朦胧。人生至此心应醉，尘俗外，天性冲融。忘怀之处，我将更往，梅影笛声中”、“一年一度老人生，落叶空山语。但相望、橙霞缕缕。且随落日诗庄去。采菊篱，吟陶句，只管今宵，梦萦佳处”。他的令词清流婉转，虽不敢说直追北宋南唐，但他对南唐二主、二晏的词作有着独到的领悟。他的慢词象复意密、沉着豪放，得南宋绵丽沉郁之美，取稼轩、放翁之势，又抛弃词句晦涩的弊病，其词不仅合乎周济“由南追北”的论断，而且融入了白话俗语，在一定程度上开拓了词的新境界。

距今八十年前，史学大师陈寅恪曾指出“一时代有一时代之学术”，这表明一时代的政治制度、社会主张以及一时代所提出的新问题、新方法对学术研究有着重要的影响。对于文学艺术、诗词创作而言，一时代的社会环境、人生价值又何尝没有一时代的特色呢。在新的时代里，传统的曲子词显现出强大的生命力和特有的文化内涵，优秀的词人必将在新的时代里创作出凝聚着智慧和汗水的优秀作品。

《文艺报》2009 年 8 月 27 日

《寓真词选　寓真新诗》，寓真著，人民文学出版社 2009 年 8 月出版，责任编辑：王干

# 《王笠耘纪念集》之意义

胡德培

人民文学出版社于2011年4月郑重推出了一册《王笠耘纪念集》。出版这本纪念集的意义在哪里？其意义，看似寻常，又不寻常。

## 一

原来，王笠耘毕业于清华大学外文系。从人民文学出版社1951年3月建社开始，王笠耘就一直在该社从事编辑工作。他几十年如一日，兢兢业业，勤恳认真，不计名利，为新中国当代文学的发展和文学出版事业奉献了一生；他扶植和帮助众多青年作家成长起来，特别是手把手地为许多少数民族作家第一、第二部创作修改成功、出版面世，内蒙古作家一致称颂王笠耘为“内蒙古文学之父”；他一丝不苟、谦虚、敬业、组稿、审稿、加工、校改，总结出了一整套文学编辑工作经验，不但使年轻编辑受惠，而且为作者的创作实践总结优劣得失，指导作者创作，使不少作者受益匪浅；他在诗歌、小说等创作及文艺创作理论方面都卓有建树，社内外众多编辑同人都认为像他这样全能的编辑是不多的。

他的猝然病逝，大家顿感悲痛。

家属遵照他生前遗愿，丧事从简，没有惊扰他人。他的默默离去，更引发众人的深深思念。

2008年年底，在出版社老同志的一次集会上，前总编辑屠岸满怀感情地谈到王笠耘的为人和他几十年为人民文学出版社、为中国当代文学发展所做出的贡献。他说："我们应该学习他、纪念他。"他建议《新文学史料》发表文章，各报刊也可以写写文章，还可以考虑出一本纪念集。

屠岸的倡议，立刻引起大家的强烈共鸣：老同事们纷纷写出了一批文章，社外的同行们、朋友们也热烈响应，各地作家、特别是直接得到过王笠耘支持和帮助的作家们更是深情地缅怀与追思。

一位普通的文学编辑，他做过一些什么事情，让人们难以忘怀，让人们如此深深地思念？

曾任内蒙古作家协会主席的敖德斯尔和他夫人斯琴高娃的唁函中说：惊悉王笠耘同志谢世，"这一噩耗使我们俩非常悲痛！他是一位出色的编辑，也是我们最好的朋友、最好的老师。想当年，我们写出一篇作品或出版一部书时，都要寄给他先看，期待着他提出修改意见，而他每次都特别认真负责地提出宝贵意见。经过他编辑出版的书质量都很高。他对工作认真负责，一丝不苟的精神令我们感佩不已……那段日子是我们一生中最难忘的"。作家最难忘的总是自己呕心沥血的作品，特别是作品写作过程中受惠于某个编辑和友人，那一定会牢记终生的。

作家冯苓植蘸着泪水写成的悼文，详细地叙述了他被极"左"的"政治艾滋病毒"逼成不可接触的"贱民"，只因钟情于文学，王笠耘因偶然的机缘阅读到他的处女作原稿。王笠耘对完全陌生的作者那样尽职尽责，那样一视同仁，那样耐心帮助，那样反复修改，经历三年时间，从头至尾大改六次，冯苓植的长篇小说《阿力玛斯之歌》得以出版，很快即发行一百二十万册，深受广大读者欢迎。王笠耘充满智慧地引领这位“文学婴儿”很快成长起来。冯苓植悼文中称呼王笠耘为“我的恩师，我的文学引路人”，并且说“甘愿为他人作嫁衣，是他最突出的为人品格”。

王笠耘几十年埋头于编辑工作，经他组织、审读、编选、加工的中国现当代文学作品成百上千部，字数当以亿计算，从二十世纪五十年代到新时期，通过他的手而获得出版的有李劼人的《大波》、孙犁的《风云初记》、秦兆阳的《在田野，前进！》、杨沫的《青春之歌》、欧阳山的《三家巷》《苦斗》、张东林的《古城春色》、萧军的《五月的矿山》、孟伟哉的《昨天的战争》、谌容的《永远是春天》、朱春雨的《山魂》、焦祖尧的《总工程师和他的女儿》、张长弓的《追踪金的黎明》、黄秋耘的《风雨年华》以及茅盾、郭沫若、冰心、丁玲、柔石、叶紫、冯雪峰、巴人、王统照、萧三、孔厥、袁静、曲波、康濯、张志民、刘绍棠、梁斌、汪曾祺、赵树理、邓友梅、丛维熙、韦君宜等知名作家的作品。新时期标志着中国文学创作最高水平的长篇小说创作，如《冬天里的春天》（李国文）、《沉重的翅膀》（张洁）、《战争和人》（王火）、《骚动之秋》（刘玉民）等荣获“茅盾文学奖”，王笠耘的辛劳显然是功不可没的。

在文学编辑工作中的勤恳认真，成绩卓著，是王笠耘几十年辛勤奉献中的一个重要特点。

## 二

王笠耘几十年辛勤奉献的另一个重要特点是：勤于思索，善于总结。

他热爱文学编辑工作，积三十年对作者原稿的编辑加工经验，在人民文学出版社编辑月会上作了系统发言，然后整理成文，在《出版工作》上发表出来，这就是著名的《编辑加工十忌》。

他认为："编辑加工是一门大学问，范围很广。"单就文学创作的语言文字加工便是很有规律很有学问的。

他归纳为"十忌"。

一忌错字连篇。"原稿上遗留了一个错字，就是工作上遗留了一个污点。"

二忌语病不断。他说：有些好的作品，就是反复修改出来的。

三忌标点混乱。"标点符号是语言的螺丝钉。""标点符号绝不是可有可无的装饰品，而是语言不可缺少的组成部分。"

四忌规格不一，如人名、译名不统一，注释繁简不一致等等。

五忌引文不核。

六忌违反常识。

七忌改人风格。"有成就的作家都有自己的风格。"编辑不要乱改。

八忌无事生非。"编辑加工中最犯忌讳的是，作品中原是好的对的，却被编辑给改坏改错了。"老作家"有的原稿，一句不改反而是最好的编辑加工！"

九忌依赖作家。"即使是著名的语言学家或文体家，也难免有疏漏。这正如司马迁说的：'智者千虑，必有一失。'"如郭老的历史名剧《屈原》，多次上演和刊印过，在收入《沫若文集》时，"还残留着一些古人不可能说出的现代词汇"。因此，王笠耘说："不依赖作家，这是提高编辑加工质量的一把钥匙。"

十忌过分自信。加工时，"我们脑子里要多有一些问号"，"记忆往往是最大的骗子，词典却童叟无欺"。

新时期，中国当代文学迅速发展和繁荣，各报刊和出版社竞争激烈，王笠耘根据人民文学出版社编辑组稿中的状况和不足，又及时提出了《抓重点书的十条经验》，在编辑室里反复讲解，召开有关部门的联席会，落实到每一位责任编辑直至不同分工的总编辑身上。由此，使我们这个老社增添了活力，焕发了青春。

王笠耘对文学编辑工作和文学创作事业发展的贡献，更为人们称道和被社会重视的是，他根据多年工作积累，结合众多中外文学名著，生动有趣、充满智慧地写出了一本文学创作理论专著《小说创作十戒》。

这是他先后与不同作家谈具体创作时反复切磋过的问题，经他系统总结和剖析，使许多作家心领神会、茅塞顿开。有一天，被内蒙古一些作家激情相邀，在那里开了几次文学创作讲座，同时被那里的《草原》杂志整整一年连载发表。很快，被友人翻译成了蒙古文。国内许多家文学刊物也纷纷转载。刚成立不久的中国文联出版公司立刻拿去出版，而且一版再版皆很快销售一空。一本文学创作理论书籍竟如此畅销，这在图书行业实在罕见。

老作家萧乾一口气读完这本书，即给王笠耘写信，称赞"这是一本难得而且罕见的好书"。"因为这不是顺手拈成的，而是二十年、三十年寒窗下，为旁人作嫁衣裳的老编辑，根据实地观察、阅读和思考而成的，是智慧和经验凝结的结晶。"更可贵的是，王笠耘还不满足，他一再增删、修改、加工、润色，精益求精，使之更臻完善，在新世纪的 2001 年由人民文学出版社修订重出。

王笠耘在工作和事业的追求上都是一个完美主义者、理想主义者，他做一切事情都尽力做得好了还要更好。

## 三

王笠耘几十年辛勤奉献的再一个重要特点是：能编会写，善于帮助作者进行创作。

前期，王笠耘帮助作者进行创作的能力就有突出表现。那时，作者李六如是我党高级领导干部，曾出版了一部长篇小说《六十年的变迁》，影响很大。他的第二卷写出来后，到了王笠耘手上。原稿经过王笠耘加工修改，作者看了非常满意。他立刻向社领导提出，已出版的第一卷，也交给王笠耘重新加工、重排出版。

像这样的例子绝不止这一个。王笠耘帮助作者修改加工、完成创作的能力，在他联系的少数民族地区（如内蒙古、新疆、云南等地）一大批青年作家身上更有集中的杰出表现。

新中国建立不久，那些地区经济、文化相对落后，缺少全国知名作家，文学创作像茫茫草原一样亟待开发。王笠耘深入牧区，热爱草原，与广大青年作家交朋友，了解那里的历史、文化及其绚烂多姿的丰富生活，并且反反复复地与作者们切磋交流，帮助他们将一件件饱含泥土气息的粗糙毛坯，经过精心地打磨和加工，最后烧制成晶莹剔透、闪光发亮的艺术品。这些作品和它们的作者迅速闻名遐迩，为广大读者所欢迎。仅就内蒙古地区来说，玛拉沁夫的《茫茫的草原》《花的草原》、敖德斯尔的《骑兵之歌》《遥远的戈壁》、扎拉嘎胡的《草原的早晨》《嘎达梅林传奇》、冯苓植的《阿力玛斯之歌》《神秘的松布尔》《草原悲欢离合》，张长弓和郑士谦的《边城风雪》、朋斯克的《金色兴安岭》等等具有浓郁的草原气息和丰富的思想意蕴之新作，无不倾注了王笠耘的心血和智慧。这些作者都把王笠耘当作良师益友，时时抑制不住他们的感激之情，以至称呼王笠耘为内蒙古文学的“保姆”“内蒙古文学之父”。这发自内心的热爱的情怀，是非常真挚的，也是十分珍贵的。

王笠耘逝世后，内蒙古的作家朋友得知信息都非常悲痛、非常怀念。

曾任内蒙古文联党组书记、常务副主席和内蒙古作家协会主席的扎拉嘎胡很快写来悼念文章。扎拉嘎胡动情地说：“几十年来，在笠耘同志的不懈努力下，人民文学出版社为内蒙古作家出版了二十余部书……内蒙古作家异口同声说：王笠耘同志是内蒙古文学界的大功臣……他创造的业绩是不朽的。”

玛拉沁夫先后在人民文学出版社出版长篇小说《茫茫的草原》和短篇小说集《花的草原》，从而成为国内第一位少数民族知名作家。他对王笠耘当年对他的鼎力支持和耐心帮助一再表示不能忘怀，非常想写一篇悼念文章却因伤痛太甚写不下去（他在两次电话中对我表达的伤痛之情令我感触良深）！他对人们口耳相传称赞的京城名编崔道怡、张守仁二位同志说：在他心目中，王笠耘才是第一名编。玛拉沁夫，对于他的责任编辑王笠耘感激与感怀之深，由此可见。一位编辑能让一个个作家如此感激和怀念，被人称颂为“第一名编”和“大功臣”，可见他的辛劳和业绩、品格和精神是那么动人，那么深入人心。

他的老同事、老伙伴之一的王鸿谟编审回忆说：“笠耘在出版社的作用倒不在乎他看了几部稿子，编了几本书，而在于他在许多方面都代表了新中国文学编辑的成长之路。如果说文学出版社的编辑队伍是新中国文学编辑的国家队的话，那笠耘就是他们的杰出代表。在文学编辑中，很少像他这样全能的编辑。他创造了新中国文学编辑的新传统新作风，成为取之不尽的无形财富。这方面是值得认真总结。”

## 四

王笠耘在他自己填写的“编辑人员情况调查卡”中交代明白：“1951 年 3 月至今，在人民文学出版社做校对、助编、编辑、小说组组长、理论组组长、现编室副主任、代主任、主任、编审。”这里的“至今”是到 1990 年读完最后一部稿子，几十年他都在极其平凡的编辑岗位上抛洒热血，流淌汗水，他没有什么“总”、什么“局”、什么“长”，没有任何“官职”，但却在平凡的编辑岗位上做出了不平凡的业绩，最终被社会承认“为发展我国新闻出版事业做出了突出贡献”，受到了国务院的表彰，享受政府特殊津贴。这是对他忠于职守、辛勤奉献的最高褒奖和充分肯定。

他的逝世，让编辑同人无比伤感，顿失手足。大家对他的人格魅力皆深深怀念和敬佩。这一切都说明王笠耘在人民心目中的崇高位置：虽然他的职务仅仅是一位普通编辑，但是，辛勤奉献，忠于职守，追求理想，献身事业，都表现出他为人的最高境界和不朽的精神品格。

王笠耘逝世后，出版个人纪念专集，并在人文社建社六十周年的《怀念集》（“怀念那些为人民文学出版社的发展做出突出贡献的前辈们”）中被列名专章记述。王笠耘生前应某报刊“名人自白录”之约按格式填写“我对荣誉的认识”是：“死后的荣誉才是真正的荣誉。”其深沉的意蕴耐人思索和探询。

在这里，出版《王笠耘纪念集》之意义，自当蕴涵于其中了。

我在“《王笠耘纪念集》书后”写了《为编辑竖一块纪念碑》的短文，文中说：“编辑作为无名英雄的工作，他们的每一滴汗珠变成了一行行晶莹闪光的文字，他们的每一分心血变成了一本本感人肺腑的书籍，丰富了中华民族的精神家园，充实了华夏儿女的思想宝库。无名英雄的工作是值得珍惜的，编辑的辛勤业绩是具有普世价值的。凡是对社会发展流淌过汗水的劳动者都应当受到人们的尊敬，凡是对人类进步做出过贡献的先行者都应当被人们永远记住，永远怀念。”

2011 年 6 月 16 日

《王笠耘纪念集》，屠岸等著，人民文学出版社 2011 年 4 月出版，责任编辑：杨柳

# 《天香》：沪上风韵细如画

宋　强

《天香》是读不快的，但慢慢品读的过程让人很享受。目睹着天香园从兴建到衰败，目睹着一个个颇具灵性的人物渐渐凋零，目睹着天香园绣从园里走向园外，让人唏嘘感叹、怅惘不已。

《天香》是一部古色古香的小说，深藏着作者王安忆对上海历史风韵的追溯。

在《天香》里，作者并未刻意强调天香园绣与上海的关系，但可以发现，天香园的兴起、繁华和衰落，天香园绣的产生，都与上海这个新兴城市息息相关。在天香园兴建之初，上海的发展还不成规模，故其中人物经常把它与杭州相比，杭州是古都，有南宋遗留的王气，而上海没有什么积淀，市民之气较重。因为没有积淀，也便没有负担，上海的士风便有了与正统观念截然相反的神韵。正如小说中所说："上海城里，多是居着赋闲的官宦人家，或悬车，或隐退，或丁内外忧。说起来也奇怪，此地士风兴盛，熏染之下，学子们纷纷应试，络络绎绎，一旦中式做官，兴兴头地去了，不过三五年，又悻悻然而归，就算完成了功业。余下的便是游冶玩乐，久而久之，酿成一股南朝风气。……

总体来说，上海的士子，都不太适于做官。莺飞草长的江南，格外滋养闲情逸致”。上海的独特的社会环境、士人风气，加上兴起的市场经济的萌芽，营造了天香园绣产生的环境。在这样的环境里，申家女性相聚园中的绣品，通过没有这么多腐儒思想负担的家人之手，让闺内绣品流传到园外，名声大噪，成就了天香园绣的产生。

申家人每日只知消费，不求功业，没有太多治国平天下的思想负担。偶尔有几个追求功业的，如柯海、阿潜，也只是一时意气，过后便“移了性情”。“移性”在《天香》中是特指信佛，作者在镇海决定放弃俗世繁华立志出家的时候用了这个词。全家人虽感到痛心，但也并未责备，而是用非常理解和尊敬的方式对待，甚至还为他专门修葺佛堂，并请了一尊青石大佛。书中也常用“移了性情”，让人想起《红楼梦》中薛宝钗和林黛玉的那段经典对白，黛玉因读了《西厢记》，宝钗便劝黛玉别移了性情——《天香》中可以说写的全是移情之人，记录的全是移情之事，他们无邪、无忧、无虑，志趣优雅，仿佛魏晋人士，让人神往。天香园中的男士都不是主流的儒林人物，不是钻故纸堆的。柯海的“一夜莲花”、“设市买卖”、制墨；阿昉在闹市开“亨菽”卖豆腐；阿潜跟随唱戏班到处游走——他们的向往追求很可爱，充分享受着生活的乐趣。天香园中的女士性情高洁，品位高雅，均无薛宝钗式的功名意识。申家中每一代人里都有性灵之人脱颖而出，形成一个序列，男的大致为：申明世——柯海——阿潜；女的大致为：小绸、闵女儿——希昭——蕙兰。天香园绣也便在这些性灵之人手中产生和发扬光大。

女子又是《天香》舞台的中心，几乎占了一多半篇幅。她们把整个故事串联起来，是天香园绣产生、发扬光大的关键。天香园绣里饱含了女儿心事，复杂有趣，作者写的细致入微。闵女儿初嫁入申家，四处受冷落，在孤寂中拈起绣针；小绸因恨柯海纳妾，寄情书画，多亏镇海媳妇从中穿针引线暗通款曲，用绣将二人连接起来。小绸和闵女儿终于相知相会，这才有了天香园绣的产生。希昭初嫁入天香园，小绸存着心思让希昭习绣，可自谓“武陵女史”的希昭偏不，而要向外人学画，让小绸甚是失望。正满心期待着，“武陵女史”悄然变成了“武陵秀史”,希昭终不失豪放之情。小绸和希昭之间的“高手过招”一波三折，细腻动人、合情合理。

《天香》的出现，对当代长篇小说的创作技巧、对读者的阅读习惯也是一个大挑战，它在写法上是一次成功的冒险。全书篇幅三十二万多字，写了申家六代人物，其中有详有略，略的只提一句，有可说的便写上一段；重点还是在写可爱之人、可爱之事，如申儒世、申明世一代，儒世写得少，明世则是申家主流，着墨最多；申明世的两子柯海、镇海，镇海性喜静，着墨少，柯海性子随父亲，多有“荒唐”事，着墨偏多。但面对这么一大家子人，作者没有落掉一个，而且写到的每个都让人感觉栩栩如生、历历在目。甚至，出身底层的章师傅、鉴赏字画的赵伙计也让人印象深刻。

小说里在不同地方屡次提到震川先生（归有光）、徐光启、香光居士（董其昌），在第一章便提到了徐光启、香光居士的出生，震川先生设堂讲学；在天香园里，还曾为震川先生、徐光启中举都曾经大举设宴。之后在叙述主要故事的同时，也不忘用两三句提一下他们的情况。他们和天香园的关系至关重要，香光居士的画风影响了希昭，才有了以书画入绣的进步；到天香园逐渐没落，申家人逐渐走向务实，蕙兰以绣艺支撑家用，与素有务实之风的徐光启正相契合。除此之外，似还有一处作用：相对于天香园绣，归有光、徐光启、董其昌更为今人所知，而在天香园繁华之时，徐光启只不过是天香园里邀请客人带来的小人物——作者如此写法，或许是想以徐光启等著名人物为坐标，更加立体地呈现天香园的真实面目吧。尤其是用了许多文字来写意大利传教士仰凰，很难想象，在明朝年间，天主教已经在上海盖了教堂、办了学校，虽然信仰者还不是很多，但也给上海独特的文化增添了新鲜色彩，它与上海的市民文化一起成为多少有些异质的风景线。蕙兰的儿子灯奴受教于仰凰开办的学校，每逢第七日还要学习天主教教义，在当时人看来，仰凰信仰的上帝“出自木匠之家”，与中国历来的神仙相比更接近现实，与上海的市民思想更加亲近。仰凰去世后，乖女与蕙兰合绣，依着西洋画法绣出圣母玛利亚和圣子耶稣像，赋予天香园绣俗世中的神圣色彩。

历史已经过去，几经风雨后，上海的传统神韵是否依然清晰？我们或许在《天香》中能找到答案。

《人民日报》2011 年 10 月 18 日

《天香》，王安忆著，人民文学出版社 2011 年 5 月出版，责任编辑：杨柳

# 是禅者、儒者，亦是书生

——詹福瑞诗集《岁月深处》的诗歌主体

陈彦瑾

福瑞的诗集《岁月深处》出版后，作为责任编辑，很想写点什么，却因为自己并非诗人或诗歌评论家，既无诗歌写作经验也不懂什么诗歌理论，这么一顾虑就放下了，一晃半年多过去了。

老实说，我平时很少读诗，偶尔心潮起伏时捧读的也是经典，今人的诗作几乎不读。因为和许多人一样，总觉得诗歌不像小说散文好鉴别，似乎需要特殊的天赋和话语，面对它，即便是老道的评论家也会变得谦卑、谨慎起来，为了省事，就只好挑那些已有定评的经典读。

然而，当我翻开福瑞的诗稿，才读了几首，就忍不住给福瑞写了一封邮件，表达自己的惊喜。“好诗！没想到这么好！”是我编辑本书时常对同事说的一句话。

福瑞的这本诗集分为三辑：四季、故乡、旅途。四季主要是故乡的四季，旅途则是在世界游走。写四季，是自然之子，对万物流转体察入微，将自然和生命最细微的悸动展露无遗，像《春之韵》《三月》《雨意》《蛩声》等；写故乡，是思乡的游子，情感饱满、浓烈，读之令人哽咽，像《遗产》《母亲》《燕子》《第二场雪》《小名》等；写世界，是游走的学者，试图以理智的清透、过客的轻松，冲淡思考的沉重，像《登皇冠要塞》中，诗人“面对封死的窗口终于想到了一个严肃问题 ／为自由而建却以自由为囚徒／这社会谁在翻手为云覆手为雨”，而“下山时我们选了柏油铺就的正路／悠闲地聊着哥德堡的天气／这里的夏天很爽 冬天却极漫长／是啊／我们不是为思考而来／ 我们是游客 用不着沉重 ／想到这里 我顺便踢开了路上的一枚石子”。

我是有乡村生活经验的，福瑞的诗也唤起我对乡村的许多回忆。然而，我却无法像福瑞那样，将乡村四季刻写得如此细微。如初春的风：“风也被太阳仁慈地融化了／由有形变成无形／有时它会在人前人后打个旋儿／就突然钻进了地里／此时只能在阳光中贴着地皮／才会看到它从地里直直地钻出来／一丝丝一缕缕／和阳光纠缠在了一起”（《春之韵》之一《风》）；盛夏的雨：“夏天的雨是带着动静来的／一滴雨就能溅起一串水泡／一串水泡又会溅起一片水汽／当雨叠成一汪水洼 捋成一条条小溪时／就会突然冒出此起彼伏的蛙鸣”（《夏天的雨》）；深秋的蛩声：“此时 从散发着衰草气息的地缝里／从收缩了皮肤的地心深处／那声音就会曲曲折折地传来／一阵强一阵弱 一阵紧一阵松／像村庄冬眠前要熟睡的呼吸”（《蛩声》）；隆冬的风：“有无形的足 无形的腿／如同千爪虫 牢牢地攫住大地／放怀恣意地在人世间跑马／踏平地上的所有 扫荡地上的所有”（《隆冬的风》）。此外，写初春土地变成了“三花脸”、耕牛“像有经验的账房丈量着土地”，夏天阵雨来临前“天空满腹心事地阴沉着脸”，“躲在叶子里的蝉拼命地鼓噪／狂欢的燕子穿梭于楼群与云间”，秋天“棵子上有些臊气的高粱花子／玉米拔节时骨节咔咔的脆响／豆荚灌浆顶掉紫红花蕾的微动”，甚至写一只小鸡的诞生，“掀起的是一小块三角的蛋皮／露出的是不到几毫米的小洞／探出粒米大的喙 黄嫩如初生豆芽”……诗人对自然和生命细节的捕捉，敏锐、细致到令人惊叹，而这敏锐和细致与其说是刻意，不如说是物我两忘时的自性流露。诗人仿佛是自然之子，诗心与自然无二无别，于是自然和生命的每一个秘密、每一次悸动，都被诗心一一照亮，正所谓“真心照万物，万物自清明”。福瑞的诗是典型的真心流露，毫无矫饰，一派天然。我从福瑞的诗中读出一种禅味，诗人像是一位禅者，已至能所消融、境智合一的境界，其心如朗月，照亮了宇宙和生命的“本来面目”。

梁宗岱有一观点，他认为最伟大的诗必然具有“深沉而强烈的宇宙意识”。他比较歌德和李白诗得出的结论是，两人的共通点是“宇宙意识的丰韵”，即对大自然的感觉和诠译，如歌德，是“以极准确的观察扶助极敏锐的直觉，极冷静的理智控制极热烈的情感”。我以为福瑞的诗亦如是。除了“深沉而强烈的宇宙意识”，情感的节制，以及由此带来的敦厚之美，哀而不怨、悲而不伤的君子之风亦是福瑞诗歌的一大特点。如《故乡》一辑中的大多数诗：“在一场潇潇暮雨中／今年的燕子如期归来／屋子里　母亲常坐的炕头却空了／房梁上燕子也只飞回了一只／院子里白花花的雨下得极凄迷”（《燕子》）；“父亲走时　好像经过了精心设计／他选在了放寒假　我在家的日子／临终　还不忘成就一个孝子的名声”，而母亲“怕我操心　在我上班时悄悄离去”（《遗产》）；“母亲的眼睛却好／前年还给我纫针钉扣子／去世时眼睛还睁着／姐姐说那是在等我回去”，“母亲是在早晨去世的／谁也没惊动／就那么悄悄地走了”（《母亲》）……读到这样的诗句，恐怕少有人不为之动容，少有人不眼眶湿润。诗人像是一位儒者，将“亲不待”的那份悲伤藏在了平静、节制，甚至有些淡淡的不经意的叙述后面，可谓深得儒家美学意趣。

福瑞的诗亦有清醒的超越意识，语言有书卷气，闪烁着学者的思辨的灵光，因而超拔于平庸诗风，更接近于瓦雷里和梁宗岱所说的“纯诗”。像这样一些诗句，都是有着时空和思想的穿透力的：“你无法选择人生的得失／如同你无法选择肤色／无法选择父母　你无法取舍有无／如同你无法取舍黑夜与白昼／无法取舍阳光与水”（《命运》）；“阳光和月光无痕／如水声潺潺不息／挟走了生命里所有的水分／人生就风干为扁平的记忆”（《照片》）；“日常像一块灰色的包裹布／ 严严地卷起了最初的浪漫和激情／ 却偏偏把生活的细节漏下来／ 一经一纬 编织成一片细密的温情”（《温情》）；“我知道这即是此刻的现实／当我转过脸去时 又即刻虚幻／因为我们彼此都是匆匆的过客／如同我们现在的抵达和即将的启程”（《无意义的到达》）；“谁能解开那硕大头颅深藏的思想／如同你最终无法终极宇宙的秘密／只能借助上帝的手／抚平我们无知的恐惧”（《爱因斯坦手稿》）。读到这些诗句，我不由感慨：诗人是禅者、儒者，亦毕竟是书生！

在《致狄金森》这首诗中，诗人说：“在我的国家 在过去／多有来自田园的诗人／他们以月光为墨／以树林为笔 书写心中的自在”。这一句，透露出诗人的古典情怀和抱负——“以月光为墨，以树林为笔，书写心中的自在”，我想这也正是福瑞诗歌的恰当写照。

我很感谢诗集的设计者李猛先生。线装书的开本是他的创意，传达出来自诗歌国度的古典意趣和浓烈的书卷气，冷冰川的插画和大量的留白也增加了质朴、细腻和空灵的诗味，与福瑞的诗歌气质相得益彰，所以很多读者说，这是一本内容和形式完美结合的诗集。

2011年10月

《岁月深处》，詹福瑞著，人民文学出版社2011年3月出版，责任编辑：陈阳春

# 超越父爱的大爱

刘　茵

去年下半年，一连出版了三部作家父亲为重病儿女百般求救的纪实作品：周大新的《安魂》；阎纲的《美丽的夭亡——女儿病中的日日夜夜》；汪浙成的《女儿，爸爸要救你》。三部作品，三个父亲，个个感人肺腑，其中最了不起的父亲是汪浙成。我最早接触到他的作品，在我心目中，他应当被评为感动中国的为人之父的人。我由衷地对他说："汪浙成，你是一位伟大的父亲！"

我的女儿去世，周大新到八宝山送行；他的儿子去世，我们去信安慰他。他的《安魂》出版，阎纲写道："你我都失去亲人，相执同一哭！愿你珍重、健康！"这次我来，阎纲祝贺《女儿，爸爸要救你》出版，让我带给汪浙成两句话："你我感恩社会！你我敬畏天地！"

《美丽的夭亡》是阎纲写我们女儿阎荷的，相似的治病经历，使我在读汪浙成这部作品的时候深感切肤之痛，感慨万端，不能自已。但汪浙成是幸运的，经过重重苦难，终于以强大的父爱将死神拒之门外，夺回女儿的青春。

我的女儿却不幸，生离死别，同我阴阳两隔。我有时想，女儿即便远在天涯海角，永远不能相见，哪怕闻到她的声息，收到她的短信，不断有个念想儿，该有多好！但是，失去的永远失去了，永不再有，只能期待女儿时常托梦给我，喁喁私语，喜相逢。汪浙成，你好幸福啊！此刻，女儿就在你的身边，看得见，摸得着，父女偎傍，相依为命，坚强地活着，温馨地活着，我羡慕啊！

幸运降临在汪氏父女的头上，太不易，甚至不可思议。女儿病情之严重，病魔无休止地摧残，治疗中险象丛生，治疗费用开支巨大，事事惊魂。山穷水尽，又绝处逢生；刚刚转危为安，接着命悬一线；好不容易起死回生，死神又来敲门；生生死死、死死生生，就这样无休止地恶性循环着，过不完的火焰山。然而，即便在失去最后希望的一刻，父亲也绝不放弃，而是孤身赴难，经受九九八十一难，终以大爱的强力、父爱的强光，点燃生命之火，拼命保卫年轻美丽的生命。奇迹出现了！奇迹的出现甚至让人百思不得其解，那只能有一个解释，就是父亲救女之心感天动地！否极泰来，来自天遣神助！

《女儿，爸爸要救你》形象、生动，淋漓尽致地展现了这场生命强夺战的全过程，充分显示了这部文学作品艺术魅力之所在。

当前，纪实文学文学性的欠缺是一个突出的问题。重“报告”和“纪实”，往往忽略文学描绘，直至情境相融，矛盾冲突不惊心，形象不生动，语言不传神，流水账式的刻板叙述，艺术含量匮乏，让人产生审美疲劳。

汪浙成作为获两届全国大奖的著名小说家，在艺术表现方面有着先天的优势。在这部作品里，他借鉴小说手法，着眼于人物的个性描写和人物内心冲突的激化，特别着力于人性的深度描写和思想层面的开掘。在作品结构、语言、细节选择，甚至悬念、伏笔等方面精益求精，在忠实于纪实真实的前提下，充分运用了文学特有的叙事方式和抒情方式，个性鲜明，内涵丰富，掩卷长思，令人唏嘘喟叹，涕泪长流。试想，把一部纪实作品写得既真实可信，又如小说般美感十足、感人肺腑，多么不容易啊，足以见作者的良苦用心和艺术功力。

作品中对父亲饱受煎熬的心理描写尤为突出，那喜怒哀乐、酸甜苦辣、渴望绝望、起伏跌宕、废寝忘食，时时刻刻纠结着读者的心。为了寻找近亲骨髓，不得不把三十多年来弃婴的身世向女儿讲明时，感情上的焦灼和碰撞使他“心灵上经历着一场情感上的超级台风”，千里寻根暗访，“无法遏制强烈的冲动”。

真实有时比虚构更精彩，真实的情节不仅使作品具有传奇色彩，也使父亲的精神得到提升。

当女儿病危时，他的心情极为沉重，思绪飞回十五年前：妻子气息奄奄、语重心长：“要照顾好小泉，不要让这苦命的孩子再受委曲。”“你放心，我一定会照顾好小泉的。”此刻，兑现承诺的时候到了。

女儿骨髓移植排异感染再次报病危，继续治疗至少需要一百万元，“轻则倾家荡产，重则人财两空”，两难的境地，将父亲心理活动的激烈程度推到了极致。他想起女儿小时爬阳台，父女二人的命运系在一条绳子上的情节，心潮翻滚，他快要崩溃了。人在做，天在看，绝不能半途解开绳索做出天理难容的事。不，“失而复得的女儿决不能得而复失”，哪怕只有万分之一的希望也“决不放弃”！除夕的公园里，人们早早回家团聚，剩下“我”一个人在凛冽的寒风中绕冰湖踽踽独行直到星星出来。“我”今晚要比往日多走两圈，一圈为自己，再一圈，为女儿！“我”就这样走过了一生中最苦涩的 2007 年的除夕。

博大而坚守，执着而温情，不是亲生，胜似亲生，人道精神人性美，父爱终于被超越，升华为人间大爱——普世价值的博爱！

还值得称道的，是汪浙成的创作态度。作为一位有着丰富创作经验的作家，汪浙成不自负、不急于求成。他虚心听取我和脚印的意见，下大功夫进行修改，删繁就简，取精用宏，哪怕大删大砍，长达半年之久，从而使作品的面貌大为改观。汪浙成用全部心血浇灌女儿的生命，又倾其全力浇铸血泪之作，礼赞了宝贵的生命，彰显了普世的大爱，正如吴彤医生所评价的：这是一部“融真实性、科学性、文学性于一体的好书”。

在深深理解生命的痛苦之后，更无比强烈地感受到爱的力量和伟大。 让我们感恩社会！敬畏天地！

能够净化灵魂的书一定会流传下来。最后让我再说一遍 ：“汪浙成——伟大的父亲！”

《文艺报》2013 年 3 月 27 日

《女儿，爸爸要救你》，汪浙成著，人民文学出版社 2013 年 1 月出版，责任编辑 ：脚印、刘茵

# 《楼市》：写得真诚，读得不累

谢　欣

杨小凡的长篇小说《楼市》是一部有广度和深度的严肃的现实主义作品。房地产行业牵一发而动全身，辐射面极广，涉及社会各个领域和阶层，上至政府官员，下至城市百姓，甚至乡村的农民，大多数中国人卷入其中。小说《楼市》，既是一个行业焦点，又是整个社会的放大镜。以前房地产题材的小说也出过不少，有的还很畅销，但局限于房地产商的范围内，以他们为轴心，写他们和政府官员的交往，和商界同行的争斗，和情人二奶的纠葛，格局不够大。而这部《楼市》，可以说是把房地产放到一个更大的背景中，全景式地展现了中国高层与底层、城市与乡村、富人与穷人、买房人与被拆房人，是以楼市为切入点的当代中国画卷。

我很佩服作家杨小凡的勇气。房地产行业是一个各方利益、各种矛盾的集散地，稍有不慎，得罪一方，便会带来不必要的毁誉，但作家没有回避这些。小说主要有两条线索，一条是处于社会上层的强势者：地方政府、房地产开发商销售商、银行；另一条是处于底层的平民百姓、被侮辱与被损害者，像无力阻止老屋被拆的七奶奶、建筑工地的农民工、揣着血汗钱的买房人。小说有对地方政府好大喜功的反思，有对房地产商人贪得无厌、尔虞我诈的辛辣揭示，有对地方政府、银行、房地产商盘根错节助长房价的剖析，更有对平民百姓的悲天悯人，这体现出一位现实主义作家的担当意识、责任感。

我对作家勇气的佩服还来自于文学创作的规律层面。在当今社会中，写实是有难度的，你写的东西要能经受住读者因太熟悉而变得刁钻挑剔的眼光，这往往更需要扎实的生活积累、细节的刻画能力、人物的塑造能力、情节的把握能力。“楼市”，是当下社会每天出现频率最高、和百姓关系最密切的话题，每个人都能说上几句甚至还深有研究；再者，楼市的新闻不断，拆迁、跳楼、涨价、虚假销售，早把人们的神经折磨得麻木，作者再直接写它，一要掂量掂量写出的东西还有没有人看，二要看看写的东西能否超出人们耳熟能详的新闻，让读者重新得到审美的刺激。没有一点绝活的作家，要么知难而退了，要么硬写，效果悲催。而小凡有过五年国企房地产老总的经历，对其中的明明暗暗、林林总总烂熟于心，对许多细节有丰富的第一手观察，再加上作者多年的创作修炼，终于在《楼市》中，写出了一个不一样的楼市，既寻常普遍，又特殊个性，既是全景的，又有栩栩如生的人物、活灵活现的场景、扣人心弦的故事、波澜起伏的命运。

有人曾开玩笑说，要把《楼市》当成时下的购房指南。这可能是因为作家写得真实和真诚，也因为作家写出了一种预见。看小说，实际上也是看作家对生活的理解和智慧。这篇小说若真能对读者买房有帮助，也算是文学的无用之用了，善莫大焉。但这还不够，《楼市》首先是一部小说，是文学作品，它更重要的是以文学的方式书写了这个时代的世道人心、美丑善恶，寄寓着作家希望借助作品，使世道人心和社会生活净化向善的理想情怀。

巴尔扎克的《人间喜剧》被誉为十九世纪法国社会的“百科全书”，“百科全书”式的《人间喜剧》最为突出的成就或贡献，就是塑造了作家所处的时代的典型人物，写出了特定时代的人的思维方式、情感方式、个性习惯，它是人的“百科全书”，而不是事的“百科全书”，一切围绕着人来进行。这部《楼市》一个很突出的特点，是给我们提供了众多属于这个时代的、经过作家点睛之笔的人物，是能在纸上立得住的人物，各有其声口，各有其情状，组成了这个时代的清明上河图式的人物画卷。

杨小凡在创作上非常喜欢运用富有余韵的侧面描写或闲笔，这使他的小说，即使涉及严肃的主题，也是那么隽永润泽，举重若轻。他的写作，擅长避实就虚，人们早已熟悉的、新闻里司空见惯的场景人物，就不那么浪费过多的笔墨了，而是写虚。这虚，实质是无处不在、弥漫的内在的魂。比如，避开惨烈的强拆场面，更多着墨即将流离失所的七奶奶和筑窝的小燕子的生死依恋；比如手握重金的银行行长，却痴迷斗蟋蟀，和养蟋蟀的老汉结为挚友，一个内心厌倦官场商场、渴望随性自在而又无可奈何的强势人物跃然纸上。这样的写法，往往写出了真性情，不再拘于道德评价，让《楼市》这部画卷的众多人物摆脱了非此即彼的二元对立，恢复了人性的幽微、复杂、丰富。这样的人还有很多，像市委书记朱玉墨、市长冯兴国、站在拆迁第一线的村支书水亮、地产商胥梅、售楼经理蓝雪都不是可以一眼望到底的简单人物。

杨小凡的《楼市》，写得真诚，读得不累。作家的思想、体验、担当，都融化在其中活着的人和他们的故事里，你仿佛可以从中随意唤出几个人物，和他们扯扯闲篇，问问楼市。

《文艺报》2013 年 7 月 12 日

《楼市》，杨小凡著，人民文学出版社 2014 年 1 月出版，责任编辑：谢欣、安静

# 从《野狐岭》看雪漠：形式创新、西部写生和超越叙事

陈彦瑾

我相信，对于雪漠来说，《野狐岭》的写作是一次突破，也将会是一个证明。由于它，雪漠实现了许多人的期待——将“灵魂三部曲”的灵魂叙写与“大漠三部曲”的西部写生融合在一起，创造一个介于二者之间的“中和”的文本；由于它，许多认为雪漠不会讲故事的人也将对他刮目相看，并由此承认：雪漠不但能把一个故事讲得勾魂摄魄，还能以故事挑战读者的智力、理解力和想象力。因此，我断定，《野狐岭》将会证明：雪漠不但能写活西部、写活灵魂，雪漠也能创造一种匠心独运的形式，写出好看的故事、好看的小说。

## 一　形式创新和好看小说

翻开《野狐岭》，一股神秘的吸引扑面而来——雪漠把“引子”写得很吊人胃口。说是百年前，有两支驼队在野狐岭神秘失踪了，一支是蒙驼，一支是汉驼，他们驼着金银茶叶，准备去罗刹（俄罗斯）换回军火，推翻清家。然后，在进入西部沙漠腹地的野狐岭后，这两

支驼队像蒸气一样神秘蒸发了。这两支驼队在野狐岭究竟发生了什么样的故事？为什么会神秘消失？百年来无有答案。于是，百年后，“我”为了解开这个谜，带着两驼一狗来到野狐岭探秘。“我”通过一种神秘的仪式召请到驼队的幽魂们，又以二十八会——二十八次采访——请幽魂们自己讲述当年在野狐岭发生的故事。于是，接下来的小说就像是一个神秘剧场，幕布拉起之后，幽魂们一一亮相、自我介绍，然后，轮番上场、进入剧情，野狐岭的故事便在幽魂们的讲述中，逐渐显露其草绳灰线。由于不同幽魂关心的事不同，他们对同一事也有不同说法，故事便越发显得神秘莫测、莫衷一是了，这一点，很像日本导演黑泽明的电影《罗生门》，又像陀思妥耶夫斯基式的“多声部”交响乐。梅列什科夫斯基曾说，托尔斯泰的小说是用眼睛看的——“我们有所闻是因为我们有所见”，陀思妥耶夫斯基的小说是用耳朵听的——“我们有所见是因为我们有所闻”；瓦格纳也曾说，歌德是眼睛人，而陀思妥耶夫斯基是耳朵人。我觉得，对于雪漠来说，“大漠三部曲”的笔法接近于托尔斯泰和歌德，而《野狐岭》则和陀思妥耶夫斯基的小说一样，以“声音”为小说真正的主角。在《野狐岭》，不说话的幽魂就只是一些或白或黄或灰的“光团”，或一些涌动着激情的看不见的气，只有说话的幽魂，才以其言语腔调显现出各自的形神样貌、内心情感，如鲁迅评价陀思妥耶夫斯基所说：“几乎无须描写外貌，只要以语气、声音，就不独将他们的思想和感情，便是面目和身体也表示着。”书中，各种声音的讲述看似不分先后顺序，也无逻辑可循，却又如同一首交响乐里的不同“声部”，有小号有大提琴，有鼓乐齐鸣有三弦子独奏，看似芜杂却又踩着各自的节奏，演绎着各自的乐章，并自然而然地汇合成一首抑扬顿挫的丰富的交响乐。

因为是采访幽魂，“我”的“探秘”便跨越阴阳两界。“我”的故事里有寻访前世的缘起，有一条忠诚的狗、一头有情有义的白驼和一头心怀怨恨的黄驼，有彻骨的寒冷、啸卷的饥渴和日益加重的阴气。

幽魂们的故事则复杂多了，故事里有一个自始至终不现身的杀手，一个痴迷木鱼歌的岭南落魄书生，一个身怀深仇大恨从岭南追杀到凉州的女子，一个成天念经一心想出家的少掌柜，一个好色但心善的老掌柜，一个穿道袍着僧鞋、会算命住庙里的道长，一个神龙见首不见尾的沙匪，几位经验丰富艺高胆大的驼把式，几匹争风吃醋的骆驼，还有一些历史人物如凉州英豪齐飞卿陆富基、凉州小人豁子蔡武祁录，更有一些历史大事如岭南的土客械斗、凉州的飞卿起义、蒙汉争斗、回汉仇杀……

要把这么多跨越阴阳两界、南北两界、正邪两界、人畜两界的人事物编织成一个好看的故事是很考验作家的匠心的，而要把这个云山雾罩、扑朔迷离的故事理出其前因后果，也是很考验读者的智力的。你必须在阅读时加入侦探家般的心细如发的推理和想象，阅读的过程很像是探案，需要时时瞻前顾后，边读边还原其来龙去脉。这个过程当然很过瘾。尤其是当你忽而云里雾里，忽而又柳暗花明时，你会有一种类似于探险的兴奋感油然而生，不由自主感叹：想不到，雪漠还挺能编故事的！

为了读者能自己深入其中、探得究竟，我在这里就不亮出作为责编反复阅读书稿之后理出的故事脉络了。而且，这样一个包含无数可能性、无数玄机的小说文本，不同读者定然会有不同的探险、不同的解读。正如雪漠自己在后记中说的："《野狐岭》中的人物和故事，像扣在弦上的无数支箭，都可以有各种不同的走势、不同的轨迹，甚至不同的目的地。……它是未完成体，它是一个胚胎和精子的宝库，里面涌动着无数的生命和无数的可能性。它甚至在追求一种残缺美。因为它是由很多幽魂叙述的，我有意留下了一些支离破碎的片段。……只要你愿意，你可以跟那些幽魂一样，讲完他们还没有讲完的故事。……你甚至也可以考证或是演绎它。……无论你迎合，或是批评，或是欣赏，或是想象，或是剖析，或是虚构，或是考证，或是做你愿意做的一切，我都欢迎。这时候，你也便成了本书的作者之一。我甚至欢迎你续写其中的那些我蓄势待发、却没有完成的故事。”

## 二 回归大漠和西部写生

当然，《野狐岭》的好看不仅仅因为它讲故事的方式——它的“探秘”缘起，它的《罗生门》式的结构，它的陀思妥耶夫斯基式的“多声部”叙事，它的叙述“缝隙”和“未完成性”——和《西夏咒》一样，雪漠在形式创新的同时，并没有忘记自家的“绝活”——我称之为“西部写生”“灵魂叙写”和“超越叙事”。与《西夏咒》略显零乱的结构不同，《野狐岭》有一个既引人入胜又开放、灵活的叙述框架，因而，雪漠在施展这几样“绝活”时，显得更为得心应手、游刃有余了。

作为“灵魂三部曲”之后回归大漠的第一部小说，《野狐岭》里当然有雪漠最擅长的大漠景观：有大漠风光，有沙米梭梭柴棵，有狼，有大漠求生和与狼搏斗——但这一次，这些都只是背景和配角了，主角让给了骆驼和骆驼客。骆驼们怎么放场、怎么养膘，怎么发情配种、怎么为了争母驼和驼王位置打架；骆驼在沙漠里吃什么、什么时候吃，怎么喝水、怎么撒尿，驮子多重、驼掌磨破了怎么办、遇见狼袭怎么办；驼把式们怎么惜驼、怎么起场、在驼道上守些什么规矩，驼户女人怎么生活等等，称得上是一部关于西部驼场、驼队、骆驼客和骆驼的百科全书了。而这些对于我们来说颇为新奇的知识，雪漠仍是以饱蘸乡情的笔墨，将它们浓墨重彩成鲜活生动的风俗画，更通过黄煞神和褐狮子这两个驼王幽魂的讲述，把骆驼当小说人物来写。它们有畜生的思维习性，也有作为畜生看人类时的种种发现、种种类比，它们时不时幽人类一默，或是蹦出一两句调侃，让人拍案叫绝。雪漠写动物向来拿手，《大漠祭》里的鹰，《猎原》里的狼和羊，《白虎关》里的豺狗子，都写得极精彩。现在，又添了《野狐岭》里的骆驼。此外，精彩堪比骆驼的，还有小说末尾那场被称为“末日”的惊心动魄的沙暴……总之，雪漠在《野狐岭》里的回归大漠不是对“大漠三部曲”的简单重复，而是在《大漠祭》《猎原》《白虎关》之外，创造了又一个新鲜的大漠，这种新鲜感不仅仅来自于描写的对象，也来自于描写的态度和笔法。和“大漠三部曲”里现实、凝重、悲情的大漠不一样，《野狐岭》里的大漠多了几分魔幻、几分谐趣、几分幽默，涌动着一股快意酣畅之气。

除了大漠景观，雪漠的西部写生当然还包括西部文化、西部的人和事。和《白虎关》里的花儿一样，《野狐岭》里的凉州贤孝也是西部民间文化的重要载体。这一次，雪漠引用的是一首流传甚广的凉州贤孝《鞭杆记》，唱的是凉州历史上唯一一次农民暴动齐飞卿起义，弹唱贤孝的瞎贤们以西部人特有的智慧和幽默讲述这场著名的历史事件，为小说增添了生动、辛辣的西部味道。相形之下，雪漠也想记录的另一民间文化载体——岭南木鱼歌则逊色很多。毕竟没有真正融入岭南，雪漠对岭南人的生存和岭南文化的描写，和《西夏的苍狼》类似，还只停留于表面，远不如他写故乡西部那般出神入化、鬼斧神工。

## 三　灵魂叙写和超越叙事

《野狐岭》不但有好看的故事和接地气的笔墨细节，宏观来看，它仍然是打上雪漠烙印的一部有寓意、有境界的小说。何为“雪漠烙印”？除了西部写生，还有一样，就是雪漠的文学价值观带来的写作追求——灵魂叙写与超越叙事。这一点，让雪漠在今日文坛总是显得很扎眼。

刘再复、林岗在《罪与文学》中从叙事的维度来考察百年来之中国文学，他们发现中国文学几乎是单维的，有国家社会历史之维而乏存在之维、自然之维和超验之维，有世俗视角而乏超越视角，有社会控诉而乏灵魂辩论。这不奇怪，“五四”前的儒家文化重现世，克己复礼；“五四”后的文化讲科学实证，民族救亡；直到二十世纪八十年代西方现代派和拉美魔幻现实主义等各路思潮为作家带来全新的创作资源，由此诞生的意识流、新潮、实验、现代派、先锋、寻根等文学样式，称得上是对文学存在之维、自然之维的补课了，但超验之维，至今仍处于失落中。从这一点看，雪漠的灵魂叙写和超越叙事，是有着为中国文学“补课”的价值和意义的。

如果说，《大漠祭》主要是乡村悲情叙事的话，从《猎原》《白虎关》开始，雪漠小说有了超越视角——不是现实层面的反思、叩问，而是跳出现实之外，从人类、生命的高度观照——到《西夏咒》更从灵魂、神性的高度观照，其超越叙事有着“宿命通”般的自由和神性的悲悯。而在《西夏的苍狼》中，超越不再是一种叙事的维度，超越作为此岸对彼岸的向往，成了小说的主题；到《无死的金刚心》，雪漠更彻底抛弃了世俗世界，只叙写超验的灵魂世界和神性世界，在此，超越作为灵魂对真理的追求，成了小说的主角。

众所周知，雪漠的超越叙事和灵魂叙写，主要来源于他信奉的佛家智慧和二十余年佛教修炼的生命体验。遗憾的是，批评家对雪漠独有的写作资源普遍感到陌生，结果是批评的普遍失语，更有叹其“走火入魔”者。如何让独有的资源以普遍能理解和接受的方式呈现出来，我想这是雪漠在“灵魂三部曲”之后面临的一个创作难题。从《野狐岭》，我们可以看到雪漠的一些努力和尝试。

首先，雪漠巧妙地运用了幽魂叙事——除“我”之外，其他叙事者都是幽魂，也即灵魂。由于脱离了肉体的限制，幽魂们都具有五通——天眼通、天耳通、他心通、神足通、宿命通，其视角就天然具有了超越性，于是，在讲述自己生前的一些“大事”时，他们总时不时跳出故事之外，发一些有超越意味的事后评价和千古感慨。幽魂们津津乐道的“大事”，不外乎人世的纷争、妒忌、怨恨、械斗、仇杀乃至革命大义、民族大义，还有动物间的争风吃醋、拼死角斗；其中不乏《西夏咒》式的极端之恶，如活剥兔子、青蛙，用石磙子把人碾成肉酱、摊成肉饼，以及“嫦娥奔月”“点天灯”、石刑、骑木驴等酷刑……但所有的这些，以幽魂——不论是人还是动物——的视角看时，都已是过眼云烟了。死后看生前，再大的事都不是事了，再深重的执着都无所谓了。这些来自佛教智慧的超越思想和体悟，由一个个作为小说人物的幽魂之口说出，就有了易于理解的叙事合法性。换言之，《野狐岭》的超越叙事不是来自叙事者之外的超叙事者（在《西夏咒》，这个超叙事者其实是作者自己），而就是作为叙事者的幽魂们自己。超越叙事不是外在于叙事者的言论、说教，而是化入了叙事者的所感所悟——当然，前提是，这些叙事者是幽魂，他们本具超越之功能。

《野狐岭》里，木鱼妹、黄煞神、大烟客等幽魂都有属于自己的超越叙事，但作为小说整体的超越叙事，是由修行人马在波完成的。马在波有一种出世间的视角，在他眼中，前来复仇的杀手是他命中的空行母，疯驼褐狮子的夺命驼掌是欲望疯狂的魔爪，天空状似磨盘的沙暴是轮回的模样，野狐岭是灵魂历练的道场，胡家磨坊是净土，传说中的木鱼令是可以熄灭一切嗔恨的咒子……因为有了马在波的视角，野狐岭的故事便有了形而上的寓意和境界。

但马在波的视角并不是高于其他幽魂之上的“超叙述”，他只是被“我”采访的众多幽魂中的一员，他并不比别的幽魂高明，也不比谁神圣，他的超越叙事别人总不以为然，他们甚至认为他得了妄想症，他自己也总消解自己，总说自己不是圣人。的确，《野狐岭》里无圣人，无审判者和被审判者，只有说者和听者。说者众里有人有畜生，有善有恶，有正有邪，有英雄有小人，这些人身上，正邪不再黑白分明，小人有做小人的理由，恶人有作恶的借口，好色者也行善，英雄也逛窑子，圣者在庙里行淫，杀手爱上仇人，总之是无有界限、无有高下、无有审判被审判，一如丰饶平等之众生界。所以，和“灵魂三部曲”将超越叙事作为神性的指引和真理的审视不同，雪漠在《野狐岭》里最大限度地还原了众生态，超越叙事被作为众生的一种声音，而不是超越众生之上的神性叙述。对于它，信者自信，疑者自疑，不耐烦的读者也可以和幽魂们一起消解之嘲笑之，大家各随其缘。《野狐岭》的美学风格也一改“灵魂三部曲”的法相庄严，而是亦庄亦谐，偶尔来点插科打诨——可以见出，雪漠在创造这样一个众生态时，很享受自己“从供台跳下”的快感——又有着“惟恍惟惚”的模糊美，很像《道德经》所描绘的：“惚兮恍兮，其中有象；恍兮惚兮，其中有物。窈兮冥兮，其中有精；其精甚真，其中有信。”

最后，我想说说我眼中的野狐岭——有点像马在波的口吻，虽然阅读时也曾觉得他的神神道道很是无趣，但奇怪的是，掩卷思量，浮现于心的野狐岭，却很接近他的视角——

野狐岭是末日的剧场，上演的，是欲望的罗生门；

野狐岭是轮回的磨盘，转动的，是娑婆世界的爱恨情仇；

野狐岭是寻觅的腹地，穿越它，才能找到熄灭欲望的咒子；

野狐岭是历练的道场，进入它，才可能升华；

野狐岭是幻化的象征，走进它，每个人都看到了自己，

因此，每个人都有自己的野狐岭。

《野狐岭》是作家雪漠的一次突破，一个证明。

2014 年 7 月

《野狐岭》，雪漠著，人民文学出版社 2014 年 7 月出版，责任编辑：陈彦瑾

# 辑二　第一读者

# 看似下流的提问

——读《寻访林徽因》

岳洪治

在韩石山新近出版的学术随笔集《寻访林徽因》里，有篇文章题为《徐志摩陆小曼交好是在哪一夜》。如果单看这题目，人们也许会觉得有点儿下流，不免会说：韩先生怎么会写这样的文章，人民文学出版社怎么会出这种书？

然而，且慢点儿摇头。俗话说，人不可貌相。文章好不好，也是不可单从题目说话的。

《寻访林徽因》是一本随笔集，每一篇却都具有史料价值，都闪耀着作者的学识与才华。因而，它也是一本学术性的美文作品。作品的特色是和作者的学养分不开的。韩石山毕业于山西大学历史系，有过良好的史学训练。而他所从事的又是文学的职业，出版过长篇小说和文学评论集。因此，文与史在韩石山这里，真正成了一家。本书中四十多篇文章，无论是对二十世纪三四十年代文章的探幽，还是对当年文坛论战的评述、文人情怀的抒写，都能做到韵事风情与史实材料的结合。因而，这些文章不仅好看，而且有益于我们增长学问与见识。

《寻访林徽因》一书涉及的人物：徐志摩、胡适、林徽因、周作人、梁实秋、李健吾、张爱玲、萧红等等，都是现代文学史、文化史上著名的作家、学者。他们的生活道路和对新文学的贡献，至今仍为我们所景仰和津津乐道。要写好这些著名人物，要给读者以新鲜的知识和阅读的快乐，就必须对所写人物与史实详加考稽，发掘与扒梳的工作是不能少的。本书作者全做到了，而且做得很出色。因此，他才写出了《徐志摩学历的疑点》《胡适与陆小曼的私情》《〈雷雨〉是巴金发现的吗》《高长虹与鲁迅的反目》等等这些必须以结实的史料为基础的文章，也因此，他才敢于写下《徐志摩陆小曼交好是在哪一夜》这个看似下流的题目。

据说，著名史学家陈寅恪在讲堂上曾提出这么一个问题加以论证："杨贵妃入宫时是否是处女？"这也是一个看似下流的题目。然而，倘若没有真学问，他敢于提出这样的问题吗？

那么，徐陆二人到底是哪一夜交好的呢？韩石山在他的文章里告诉我们："徐陆就是1925年1月19日这天晚上交好的。"你要知道这个结论是如何得出来的，就请自己读一读韩先生的文章，读读他的《寻访林徽因》。

《太原日报》2002年2月5日

《寻访林徽因》，韩石山著，人民文学出版社2001年10月出版，责任编辑：岳洪治

# 你看到阿Q了吗？

——《赵延年木刻插图本〈阿Q正传〉》欣赏

岳洪治

“我总算被儿子打了，现在的世界真不像样……”

“谁认便骂谁！”

“君子动口不动手！”

留着一条黄辫子的阿Q，嘴上这样嚷嚷着，悻悻地向我们走过来。对于阿Q，我们是太熟悉了。这不仅因为鲁迅先生创造他已有八十年，还因为他在这些年里，经常以各种面目出现在我们的生活中。

然而，先前阿Q出现在我们面前的时候，面目总有些不十分真切。比如说，他所见的阿Q与你所见的阿Q，虽是同一个人，而相貌却不太一样。这是由于你有你熟悉的阿Q，他有他熟悉的阿Q；阿Q虽同为一人，但在不同的人看来，所见却也不完全一致。

现在，阿Q向我们走过来了。他脚下的T型台是人民文学出版社为之搭建的《赵延年木刻插图本〈阿Q正传〉》。这一回，我们可以现场观摩阿Q的表演；我们可以在近处，很清楚地看到他。

1921年底，鲁迅先生创作了中篇小说《阿Q正传》。鲁迅通过阿Q这个人物，画出了我们国民的灵魂。虽然鲁迅先生说："要画出这样沉默的国民的魂灵来，在中国实在算一件难事，我也只得依了自己的觉察，孤寂地姑且将这些写出"；然而，鲁迅先生却是成功地塑造了阿Q这个典型。阿Q所具有的农民的憨厚与游手好闲之徒的油滑，阿Q的"精神胜利"法，几乎在我们每个国民的身上，或多或少都存在着。在现实生活尚不能时时处处皆尽如人意的时候，我们偶尔学一学阿Q，也是获得心理平衡的一剂良药。

为《阿Q正传》做插图的赵延年先生，是浙江美院（现称中国美术学院）著名教授，资深的和杰出的版画艺术家。他为鲁迅小说刻制了大量插图，仅《阿Q正传》，就刻有六十幅之多。

鲁迅是我国新兴版画运动的导师，他一直倡导用木刻做文学作品的插图。《赵延年木刻插图本〈阿Q正传〉》的出版，以图文对读（一面文字，一面插图）的形式，使阿Q更为生动活泼地来到我们中间。赵延年对鲁迅先生版画教言的实践，推动了鲁迅作品的普及，同时也必将提高和增强我们的鉴赏趣味。

《阿Q正传》木刻插图，是这部小说之文字的立体设计和形象的表现。插图是小说文字的升华，它是具象的，更便于我们"现场"地加以欣赏。我们从插图中可以更真切地来感受和体悟作品的意义。因而，赵延年的木刻插图，是以与小说同样的篇幅，以美轮美奂的画面和阿Q形象的多次出场、多种表演，丰富了小说的文字和作品的内涵。

几十幅插图，使《阿Q正传》的文字活跃了起来，使阿Q成为我们可以具体、真切地加以观赏的一位"名模"。

这正是《赵延年木刻插图本〈阿Q正传〉》的魅力所在；这正是这本书的独特价值之所在。

《全国新书目》2002年第7期

《赵延年木刻插图本〈阿Q正传〉》，鲁迅著，人民文学出版社2002年4月出版，责任编辑：岳洪治

# 勇创新体的歌者

——读《戴望舒选集》

岳洪治

因为一首《雨巷》而获得“雨巷诗人”称号的戴望舒，在受到法国象征派诗的吸引和对当时国内流行的“坦白奔放”的诗心存反叛的时候，对于新诗的写法有了自己的感悟：“倘把诗的情绪去适应呆滞的，表面的旧规律，就和把自己的足去穿别人的鞋子一样。”因而，为了写出他那既不是隐藏自己，也不是表现自己的作品，他决心“为自己制最合自己的脚的鞋子”（《诗论零札》）。结果是，他不仅制成了这样的鞋子，而且还穿着这双鞋子，为中国新诗走出了一条新路。

戴望舒作为现代派代表诗人，在星汉灿烂的中国新诗长河中，闪耀出夺目的光彩。他的作品影响了几代人，至今仍受到广大读者的喜爱。人民文学出版社日前编辑出版的《戴望舒选集》，收入了诗人的全部诗作，大部分的散文、游记和几篇小说，比较全面地反映了诗人的创作成就与艺术特色。为喜爱戴望舒作品的读者，提供了一个比较完全而可靠的版本。

戴望舒初写新诗的时候，和当时大多数新诗人一样，追求诗的音乐美，希望所写的新诗也能像旧诗一样，可以吟咏；不仅力求押韵，甚至还注意到了字词的平仄声。其最具代表性的一首，即是被叶圣陶赞为“替新诗的音节开了一个新的纪元”的《雨巷》。该诗的第一节是这样的：“撑着油纸伞，独自／彷徨在悠长、悠长／又寂寥的雨巷，／我希望逢着／一个丁香一样地／结着愁怨的姑娘。”

诗人在这首诗里，运用复沓与回环的艺术手法，描绘了雨巷的寂寥、凄清又悠长，姑娘的冷漠、凄清又惆怅。诗人采用古典诗词中“丁香空结雨中愁”的意象，表现了自己的寂寞，和“梦一般地凄婉迷茫”的心绪。诗篇具有铿锵悠长的音乐美，读来朗朗上口。

但是，戴望舒并不喜欢“雨巷诗人”的桂冠。在写出《雨巷》之后，他很快就摈弃了音节，创作了《我底记忆》等，完全以情绪的抑扬顿挫为节奏的、“现代”味十足的无韵体诗。待到1933年，他出版第二本诗集《望舒草》的时候，为了体现其对于诗要“去了音乐的成分”，要“有新的情绪和表现这情绪的形式”之观念的坚执，便删去了原先收在《我底记忆》中的十八首诗，其中也包括《雨巷》。

戴望舒从“雨巷诗人”走向现代诗，从对音乐美的追求走向对诗的“音乐的成分”的反叛，其原因在于，他认为：“诗的韵律不在字的抑扬顿挫上，而在诗的情绪的抑扬顿挫上，即在诗情的程度上”。“韵和整齐的字句会妨碍诗情，或使诗情成为畸形的”（《诗论零札》）。这种诗观，使他穿越了诗形，而抵达诗质，把握着情绪的律动和灵魂的隐秘，“为自己制最合自己的脚的鞋子”，写出了一首首具有散文美的，像梦一样朦胧的诗篇，成为二十世纪三四十年代中国诗坛上，一位很有影响的诗人。

抗日战争爆发后，戴望舒流亡到香港，被日寇投进监狱，受伤致残。在国家、民族濒临危亡之际，他和许多知识分子一样惊醒起来、振奋起来，思想上发生了巨大变化。这使他写下了《狱中题壁》《我用残损的手掌》等表现出强烈的爱国主义激情的诗篇，并从而把他的创作推上了一个新的高度。

戴望舒在创作中，一面努力再现法国象征派的“优秀”特征；一面有意识地摒弃了象征派诗的神秘与虚玄，不把对形式的重视放在内容之上，同时又汲取了中国古典诗歌，尤其是温庭筠、李商隐诗作中那种与西方象征派诗歌里所共有的含蓄与亲切，从而创立了情境具体，文句可懂，既含蓄典雅，又热情奔放的一派新诗。这种具有散文美的无韵体自由诗，固然是戴望舒为自己制造的“最合自己的脚的鞋子”，然而，这款“鞋样”的推出，也为“五四”以来的新诗，提供了一种更适宜表现现代人的敏感的心灵的新形式。

《全国新书目》2003 年第 2 期

《戴望舒选集》，戴望舒著，人民文学出版社 2002 年 12 月出版，责任编辑：岳洪治

# 毛泽东与著名学者

岳洪治

毛泽东（1893—1976），1893 年 12 月 26 日出生在湖南湘潭韶山冲的一个农民家庭。今年是毛泽东诞辰一百一十周年。为纪念这位伟大的无产阶级革命家、战略家和理论家，纪念这位中国共产党、中国人民解放军和中华人民共和国的主要缔造者，纪念这位发展了马克思主义学说和实践的马克思主义者，人民文学出版社日前出版了《毛泽东与著名学者》一书。

毛泽东和以他为领袖的中国革命，在半个多世纪以来，对于中国学术界的影响是巨大的，而学者们的回应也是激烈的。因而，我们今天将毛泽东与诸多著名学者的交往情况，做一番梳理，应是一件很有意义的事情。

毛泽东一生当中，与许多著名学者有过交往与接触。早年在长沙读书时，教过他的老师们，如杨昌济、符定一、杨树达、徐特立、黎锦熙等，就都是著名的学者。而后来成为我国著名学者的舒新城、周谷城、孙俍工等人，由于年龄均与毛泽东接近，青年时代彼此就有过接触。

以天下为己任，立志改造中国社会的毛泽东，既曾受教于著名学者，又同日后成为学者的诸多才俊之士相知有素，加之多年间对历史、哲学、宗教等学问的探求与钻研，使他本人也成为了一名大学问家。因而，在工作之余，戎马倥偬之际，他常好与各方面的学者、专家，讨论各种学术问题。毛泽东一生当中接触过的著名学者，至少不下百人，其中既有李四光、谈家桢、周培元、钱学森、杨振宁、李政道等自然科学家，也有与之交往更多的文、史、哲诸学界的社会科学方面的学者。《毛泽东与著名学者》一书所涉及的著名学者共五十三人，只是毛泽东交往过的学者中的一部分；其中包括章太炎、于右任、章士钊、马寅初、梁漱溟、周谷城、张伯驹、吴晗等等。

撰写本书的作者之一孙琴安先生，是上海社科院研究员、中青年学者。书中材料，不少系作者采访所得，也有一些是自文献资料、回忆录，或报刊中搜集而来。作者能够以比较客观的语言叙述事件与经过；行文当中，或引征毛泽东信函，或附录相关资料，凡所言谈，均有案可查、有人可证、有信件可查对，而并无凭空臆造、随意发挥之弊。因而，本书一定程度上反映了政治领袖与学者在革命的理论与实践、学术思想与研究方向，以及人格、精神、气质等方面的交流情况。不仅具有很强的可读性，且具有珍贵的史料价值。

通过阅读《毛泽东与著名学者》一书，将会使我们在缅怀毛泽东的同时，能够对过去的一个世纪有更深入的思考，从而更加精神振奋、信心百倍地走向新的世纪。

《深圳特区报》2003 年 12 月 14 日

《毛泽东与著名学者》，孙琴安、李师贞著，人民文学出版社 2003 年 11 月出版，责任编辑：岳洪治

# 是一部小书，也是一件艺术品

——读《赵延年木刻鲁迅作品图鉴》

岳洪治

自从2002年夏天，传出了人民文学出版社将重新修订出版《鲁迅全集》的消息之后，我就一直关注着它的面世。几年过去了，《鲁迅全集》迟迟未见，倒是有几种用木刻作插图的鲁迅作品集，不断地出现在人文社的图书展台上。先是一本《赵延年木刻插图本〈阿Q正传〉》，接着又是一本《赵延年木刻插图本〈狂人日记〉》。再后来又出版了《赵延年木刻插图本〈野草〉》《赵延年木刻插图本〈故事新编〉》。这几种插图本的陆续面世，让我在对《鲁迅全集》的默默等待中，不断地获得了一些小小的惊喜。因为，通过这几种书的阅读，使我更加感性地走近了鲁迅；使我在图文互读中，仿佛清晰地听到了鲁迅的心音；在一种美的享受中，触摸到了一种深沉有力的中国现代文化的脉息。

然而，今年年初，《赵延年木刻鲁迅作品图鉴》的出版，却让我在亲近鲁迅作品的同时，又为我普及了木刻版画知识，给了我一个更大的惊喜。

赵延年先生，是世界知名的现代版画艺术大师。他创作的木刻很是丰富，仅鲁迅作品方面的插图，就有近二百幅之多。在我国版画界，他是一位钻研鲁迅作品最深刻、实践鲁迅木刻教言最勤奋，并取得了很高的艺术成就的木刻艺术家。1991 年，他曾荣获中国美术家协会、中国版画家协会联合颁发的“中国新兴版画杰出贡献奖”。这部《赵延年木刻鲁迅作品图鉴》，汇集了赵延年先生几十年间刻制的鲁迅作品插图和鲁迅题材作品百余幅。每幅作品，都附录了鲁迅原文和作者的创作体会，有些还附了草图。全书所附草图，虽为数不多，却是作者创作过程的真实记录，是作者把自己的真情实感，融入简洁精练的笔触而写下的创作体会。这些朴实无华的文字，一一叙说了作者半个多世纪以来，研读鲁迅作品的心得和对鲁迅伟大人格的认识与敬仰。同时，对于刻制每一幅作品时，所使用的刀法与艺术技巧，文中也都做了详细的说明。

赵延年先生在耄耋之年，写下这部书，既是对其一生创作鲁迅作品插图的完美总结，也是他作为一位木刻艺术大师，留给后世的一份至为宝贵的财富。阅读这部《赵延年木刻鲁迅作品图鉴》，不仅可以使读者从图文互读中，对鲁迅作品获得一个更为直观的认识和更为深入的理解，同时，通过对作者木刻艺术与技法的了解，还会使读者增强版画方面的知识，获得美的滋养和愉悦。

另外，该书的编辑和装帧设计，也是颇具匠心，下足了工夫。全书二百〇一面，均按双面图版，单面文字的形式编排。随便从哪里翻开，都是一面图、一面文字。读者可以很方便地进行图文互读、欣赏，品味其中的韵味与深意。从图版的编排上，也可看出老牌出版社编辑工作的认真和严谨：置于卷首的，是一幅鲁迅像。它不是作者最早的作品，而被安排首个出场。我想，这是因为鲁迅像乃是赵延年的代表作，而在本书中也具有象征意义的缘故。一幅鲁迅遗像——《鲁迅与我们同在》，置于卷末，更是别有意味。其他图版的编排，则不论其创作时间的早晚，一律按鲁迅作品问世之先后而次序排列。翻阅之下，令人觉得规范、顺畅、有序。

《赵延年木刻鲁迅作品图鉴》的装帧设计，也是很有特色的。设计者为这样一个插图本作封面，显然是充分注意到了对“插图”的凸显。设计者将鲁迅像与书名，制作成一个方形印章的形式，置于封面的位置。同时，又选取三幅具有绍兴水乡特色的木刻图版，分别用在了封底和前后勒口处。这个设计，以“无为”而有为，在凸显与尊重插图的同时，达到了与图书内文插图高度和谐的艺术效果。

这是一部图文并茂、雅俗共赏的小书，也是一件令人爱不释手的艺术品。

2005年3月20日

《赵延年木刻鲁迅作品图鉴》，赵延年著，人民文学出版社2005年1月出版，责任编辑：岳洪治

# 遥念天际一悲鸿

——读《吞吐大荒——徐悲鸿寻踪》

王一珂

总是难忘悲鸿那富有艺术家气质的眼睛，它细长、上挑、明亮、深邃；总是难忘悲鸿那匹奔驰的骏马，它洒脱、飘逸、清俊、高洁。真是人似画，画如人。如今，他的名字对我们来说依然那么熟悉，却又那么陌生。悲鸿在哪里？悲鸿是否已经离我们远去？翻阅《吞吐大荒——徐悲鸿寻踪》，沿着作者傅宁军的文字，我努力寻找徐悲鸿留下的一切，追寻他生命的脚印、艺术的足迹。

作者写作此书负载的历史使命感是真切而又沉重的。在今天，在这样一个浮躁烦嚣的时代，追寻徐悲鸿似乎有些不合时宜，而现实将会证实作者苦心孤诣的价值。图书的勒口上印有这样一句话："一个民族的伟大复兴，离不开这个民族的文化复兴，而要复兴民族文化，就不能不去寻找历史上的那些先贤们。"是的，当前，如若国人依然沉浸于眼前五光十色的泡沫文化，对过去怀抱虚无主义的态度，不主动自省，不主动继承民族宝贵的文化遗产，我们就很难站稳脚跟面临新的挑战，更无从去谈完成民族复兴的历史使命。我想，当作者看着那位熟悉北京地形，却对徐悲鸿纪念馆惘然不知的司机时，他的内心一定百感交集。

徐悲鸿，这位二十世纪集中西文化精髓于一身的艺术巨子带给我们这个民族和世界的沉思说不完也道不尽，他的艺术理念对民族文化长久地产生着影响。他不是那种象牙塔里的画家，他的艺术、他的作品早已经深深地留在民族的印象里，让人感到那么亲切、那么熟悉。他的成功与失败都是我们民族宝贵的财富。因此，当我们回顾历史，展望未来的时候，我们不应，也不能忘记徐悲鸿。

徐悲鸿去世之后，二十世纪的人们主要是通过两本书来了解他的。一本是《徐悲鸿一生》，一本是《我与徐悲鸿》，它们的作者分别是徐悲鸿的妻子廖静文和前妻蒋碧薇。前者褒，后者贬；前者扬，后者抑；前者流行在大陆，后者风靡于台湾。其实，两位女士都曾伴随悲鸿度过一段人生历程，也都是“红楼梦里人”，她们的叙述自有其较为强烈的主观倾向和时段限制，读者很难从中窥得悲鸿的全貌。这部《吞吐大荒——徐悲鸿寻踪》，以前所未有的全面视角，多方位、多角度地展现了徐悲鸿的内心世界和艺术生命，真可谓难能可贵！作者踏访悲鸿各地足迹，遍寻与悲鸿有关的知情人，搜集了许多第一手材料。是他的努力，成就了这部书不可多得的史料价值、研究价值；是他的功底，成就了这部书引人入胜的文学魅力。作者文笔极好，看似平实质朴的文字下面蕴含着堪透纸背的笔力。此书没有刻意褒贬任何一位历史人物，只是求真求实。书中的徐悲鸿既刚毅，又柔细；他曾被人伤害，也曾伤害过人；他在执着于艺术的同时，也曾游移于感情之间；他是一位高尚伟大的人，又是一个平凡庸琐的人。他也有缺点，有些甚至是致命的；他也有遗憾，有些一直被他带到坟墓里。作者高扬徐悲鸿艺术精神的同时并没有避尊者讳，而是较为公允地记载了徐悲鸿与同时代人思想碰撞的印痕，尤其是同三位女性的情感轨迹。

徐悲鸿名满天下，但谁能说他不是饱经沧桑，一怀苦楚？！读到他由于生存压力流落街头，动念自杀时，你一定会感到生命的无助；读到他真心为了开始新的生活，不惜贴钱贴画与蒋碧薇了断时，你一定会感到生命的无奈；读到他颓然倒地竟不及写下遗嘱时，你一定会感到生命的脆弱。伟大的人同时又必定是孤独的，青年时代，正因为深感孤独，他才为自己改名“悲鸿”。“悲鸿”，一只飞翔于天际的孤独鸿雁，象征着画家的生命体验和艺术感悟。如今，飞鸿已逝，他留下的雪泥鸿爪却铸就了他的永恒。

不要问，悲鸿应该是这样吗？而要问，悲鸿是这样的吗？一个矛盾的，有缺憾的悲鸿才是一个真正的悲鸿、一个丰满的悲鸿、一个有血有肉有灵魂的悲鸿。只有这样的悲鸿才是打不倒、忘不掉的，只有这样的悲鸿才是值得我们去纪念与怀念的。任何涂抹在死者身上的光环彩绘都会随着时间的洗刷而淡去，唯剩“真实”能够长留人间。《吞吐大荒——徐悲鸿寻踪》将一个真实的徐悲鸿展现给读者，也由此将“悲鸿生命”继续流注于民族血液之中，使它生生不息。

《河北日报》2006 年 12 月 15 日

《吞吐大荒——徐悲鸿寻踪》，傅宁军著，人民文学出版社 2006 年 10 月出版，责任编辑：刘会军、杨渡

# 文林廿八宿　错粲各有名

——读《师友风谊》

岳洪治

翻阅着林东海先生的新著《师友风谊》，脑中忽然就跳出了曹孟德《观沧海》中的一句诗来："日月之行，若出其中；星汉灿烂，若出其里。"可不是吗，书中所写到的朱东润、杨荫浏、俞平伯、冰心、赵景深、姜亮夫、聂绀弩、蒋天枢、刘大杰、缪钺、余冠英、吴组缃、吴恩裕、钱锺书、林庚、启功、陈迩冬、严文井、鲍正鹄、郭汉城、周汝昌、陈祥耀、蒋孔阳、闻捷、牛汉、屠岸、陈贻焮、王运熙等二十八位文林学界之大家耆宿，哪一位不是一颗晶莹闪亮、光照文林的大星呢？这些前辈作家和学者，各以其卓有成就的创作与学术造诣，以其非凡的人格魅力，受到国人的爱戴与敬仰。对于我们后生学子来说，他们虽然不是天上的星宿，却胜似天上的星宿。"高山仰止，景行行止；虽不能至，心向往之。"能够从一卷书中了解到这么多大家、名家的行迹与著述，得以瞻仰其各有千秋的学养与风采，正好似在晴朗的夏夜仰望星空，其间的快乐与收获是难以尽述的。前辈诗人林庚先生，是与作者相交三十多年的老朋友。《诗意人生》一篇，从"诗味的乡情”“诗人的品性”“诗性的学术”和“诗化的童心”等几个方面，记述了这位心地玉石般晶莹、孩童样真淳的诗人，在学术研究、诗歌创作和社会活动中，所表现出来的大家风范与美好品性。从文章中我们知道：当央视《大家》栏目，采纳了作者的建议，要为林庚录制一个专集的时候，他却并不热衷。对于一个电视节目来说，自然会有一种遗珠之憾；然而，从中也照见了林先生处世淡泊的人生态度。文章中记述的另外一件事，或许更有典型意义。那就是在“文革”期间，文化部组织了一些人，为毛主席喜欢的古典诗赋作注。作者与林先生都是注释组的成员。某日，在注释组返回北京的专列上，江青在召集注释组人员开会的时候，把一枝花递给林老，让他转送给夫人。面对这种突如其来的事情，林先生的反应敏捷而沉稳。他依然是正襟危坐而神情自若，没有表现出半点儿喜出望外的神色。曹丕《典论·论文》中有言：“古之作者，寄身于翰墨，见意于篇籍，不假良史之辞，不托飞驰之势，而声名自传于后。”林庚先生正是这样一位古朴而又纯正的诗人。因而，作者行笔至此，也情不自禁地赞道：“当被浪头推起，几乎‘上与浮云齐’，却无平步青云之想，而能保持本色，保持平常心态，这无疑更加难能可贵。谁能为此者？林庚先生。”

《师友风谊》以二十八篇各自独立的小传，记述人物命运，抒写私交情谊，在作者固然是一种珍贵的回味和忆念，而读者从中所见到的，却是这些人物在一个共同的历史的天空下，所表现出的卓越才华和生命的悲欢。书中写到的师友，最年长者出生于1896年，最晚的出生于1926年；相差三十岁，涵盖了两代人。这些人物都是作者在长期从事编辑业务活动和研究工作中，接触最多、最为熟稔的师长和朋友。因此，该书不仅写出了二十八耆宿与作者交谊中所表现出的各有千秋的风采和闪光点，诸如朱东润之刚、俞平伯之诚、冰心之慈、聂绀弩之怪、钱锺书之博、林庚之真等等，而且，书中也生动而深刻地表现出了作者对所写人物独到的体认与见解。

譬如，在记俞平伯的一篇中，作者认为俞先生是性情中人，堪称“千古情种”。文章说：“俞平伯先生首先应是个诗人，他以诗人的眼光和情愫去研讨红学和词学，而不是像长于逻辑思维的学者那样去推理和判断。在情与理的权衡中，他更偏重于情，仍不失其赤子之心，一切都不在乎个人得失而以求真为指归，即所谓‘不以华辞掩性真’。”这几句话，可以看作一把阅读俞平伯其人其作的钥匙。它使我们终于明白：为什么身处逆境之时，俞先生仍能保持平和的心态，在以椅为床、棉袄为被的窘困中，还能写出“拼三椅卧南窗下，黄棉袄子暖烘烘”那样乐观豁达的诗句来。

文林廿八宿，错綮各有名。《师友风谊》对二十八位学林耆宿人生际遇和学术造诣的记述与评说，既有史实，又有史识。不仅鲜活地写出了每个人物不同的性格特征和人生轨迹，而且，生动地反映了一个时期的历史和社会风貌，为我们描绘了在同一个历史的天空下，同样是作为知识分子的这些前辈学者，所演奏出的不同的人生乐章。本书的写作与出版，是建立在作者与前辈学者在相互交往中建立起来的深厚情谊之基础上的。书中所引录的诸多作者与传主间的来往书信和酬唱诗赋，不仅体现出彼此间真挚的情谊，而且，使得本书更多了一种珍贵的史料文献价值。

《光明日报》2007 年 4 月 10 日

《师友风谊》，林东海著，人民文学出版社 2007 年 3 月出版，责任编辑：岳洪治

# 存人存史　议论高奇

——读《文林廿八宿　师友风谊》

宋　红

“一个学者胜过一个以色列国王，因为一个学者死了，没有人可以替代他；而如果一个国王死了，所有的以色列人都是合格的人选。”这是业师林东海先生在其新著《师友风谊》中引录的《巴比伦犹太教法典》中的一段话，林师正是怀着这样的认同感，记述了他与文坛二十八位耆宿的学术交往和深厚情谊，其中有学者大家独特的人格魅力，如朱东润之刚、俞平伯之诚、谢冰心之慈、聂绀弩之怪、林庚之真；亦有鲜为人知的独家史料，如吴恩裕之于“曹雪芹故居”、周汝昌之于“曹雪芹佚诗”；更有对一个世纪以来学者命运、学术走向的探究与思考。款款深情与凿凿史事，灼灼独见与郁郁行文，熔铸成这本殊为难得的瑰奇之书。

## 一　深情与学养

“每当我沏茶的时候，总会不由得想起先师刘大杰先生，因为所沏的茶叶，装在三十年前先生寄赠中国绿茶的原装筒内。上海茶叶公司制作的这个茶筒子，四面拦腰画了一圈幽深秀丽的青山绿水，成了先生赠给我的纪念品，看着它自然会想念恩师。”这是书中《记先师刘大杰先生》的开篇文字。一个茶叶筒子能保存三十年，足见林师于师于友用情之深。他与这些师辈的交往，大都起始于数十年前他们的困顿之际，所以书中时可看到大师们沉下僚、居陋巷的窘况：

> 启功先生居住的小乘巷86号，狭窄的两间小南房没有隔开，就像一条破船。1976年地震时南墙倒了，先生乘机把南墙推出一米，挨着床的墙面用黑油毡隔潮，竟不无得意地作联自嚎曰：“小住廿番春，四壁如人扶又倒；浮生馀几日，一身随意去还来。”（196页）
>
> ……
>
> 姜亮夫的卧室只有一床一桌，吃饭、读书都只坐在床沿上，而且两屉桌上摆满大大小小各种药瓶，只有近床约一尺见方的桌面能用来读书、写字。（75页）
>
> ……
>
> 而1967年夏，作者初来北京，到高教部探访曾经的授业老师鲍正鹄时，昔日“歪戴着一顶法式贝雷帽，风度翩翩”的鲍先生已然成了“头上歪戴着一顶草帽，手上拿着一根扫把”的清洁工。（240页）

在那特殊的年代，作者就这样与师辈们结下了翰墨因缘。若无至情，便不会有这空谷足音。然而能将这份因缘维持下来，除了至情，也需要有自身的学养。启功先生书赠林师的对联是：“思误书更是一适，分才艺足了十人。”对联集自《北史·邢邵传》和《南史·柳恽传》。与清人书“不校不读”的观点不同，邢邵认为与其死校文字，不如多思索一下书中的得失差误，说："天下书至死读不可遍，焉能始复校此。日思误书，更是一适。……若思不能得，便不劳读书。"这正切合林先生的工作特点，因为编辑审稿与通常读书的最大不同就是要把注意力放在挑毛病上，而好编辑的确也有以"思误书"为乐的癖好。下联本是梁武帝称赞柳恽的话："吾闻君子不可求备，至如柳恽可谓具美。分其才艺，足了十人。"启功先生则迻来赞"林"。林师是刘大杰先生的关门弟子，在复旦大学沾溉十年，不仅文章、义理、考据样样来得，而且琴棋书画无所不通，所以在与师辈的交往中话题广泛。

除文学话题外，旧体诗写作与书法是林先生与师辈们交流最多的话题，书中记缪钺、启功、周汝昌、陈贻焮、屠岸等篇都有这方面的精彩内容，其中与周汝昌之间"同室操戈"（当时同在人文社古编室），几十回合的诗词 PK 最是令人绝倒。周先生自署"大荒山无稽崖土地爷""公瑾华颠小乔成老太太轩""且战且走庵居士"，称林师为"玉床尊者""白玉床缺者"（遑论其他，仅二人间五花八门的称谓就足以令人喷饭）；赠诗以"芳名久在红楼梦，素体常凭白玉床"的佳句射"林"姓及"东海"大名（因《红楼梦》有"东海缺少白玉床"之说）；又戏改林先生自署之"清风馆主"为"清风寨主"，言"将来寨主变成社长兼正总编时"如何如何，林师则以二绝句作答：

> 一介酸儒两袖风，周郎用火忍相攻。
> 无情更倩花荣闹，寒馆茅灰逐转蓬。
>
> 周郎相戏赐乌纱，一梦南柯蚁徙家。
> 曾向卢生询祸福，最宜携枕卧烟霞。

前诗戏答改室名事，后诗用唐人田游岩回复高宗皇帝"臣泉石膏肓，烟霞痼疾"典事，表明无意仕途的心志。一篇《红楼解味——记周汝昌先生》

长达二万二千字，然而峰回路转，“如行山阴道上，令人目不暇给”，读来酣畅淋漓，煞是过瘾。关于书法，书中也披露了不少精辟见解，其在《乔松本性——记朱东润先生》中说“朱师以为，学书想要有点小成就，须舍得下大功夫，二十年学篆，二十年学隶，再花二十年学行草，也许可望略有所成。他自己就是这样计划，也是这样做的。听了这一番话，我吓了一跳，竟不敢问津，也因为专业学习较忙，我不能在书法方面下太多的功夫，有负朱师的谆谆教诲”。其实林师在其后的几十年中一直谨遵师教，并未放弃对书法理论和实践的钻研，至今年望古稀仍每日临池不辍。正因如此，在与陈迩冬讨论北碑南帖之长短时才能有来有往，与周汝昌讨论书字笔法时才能你唱我和。

因工作关系，“思误书”是林师与前辈交往的题中应有之义，甚至是订交之始。例如与俞平伯的交往即起始于为俞《唐宋词选释》中李清照《永遇乐》“落日镕金，暮云合璧”句增补了宋王安石《东阳道中》“浮云堆白玉，落日泻黄金”这直接以云喻玉，以金喻日的用例（俞先生之注谓语出梁朝江淹《拟休上人怨别》“日暮碧云合，佳人殊未来”，38—39页）；与陈迩冬先生的交往中也曾建议陈先生在《苏轼诗选·汲江煎茶》“枯肠未易禁三碗”处补注唐人卢仝《谢孟谏议寄新茶诗》“三碗搜枯肠”的诗句。（219页）林师在编辑行中干了三十年，与不少文坛大家的交往都是缘于工作，然而干三十年编辑的人多如过江之鲫，与一流大学者结下几十年情谊的则寥若晨星。我以为，做编辑若没有这点拾遗补阙的本事，便很难与作者交上朋友。

## 二　存史与论学

书名“师友风谊”，取自李商隐《哭刘蕡》诗之“平生风义兼师友”句，所记述者皆是作者亲历，即自序所谓“叙其事、记其言、述其学、存其情”。叙事方面如记杨荫浏、刘大杰、吴恩裕、林庚、周汝昌等篇，均有世间不传的独家史料，这与利用二手、三手材料写成的面面俱到的列传式的人物传记有着完全不同的面貌。而最可贵的还在于“述其学”的独到见解。林师在谈到复旦大学的师资队伍时说：“老一代古典文学工作者，主要出身于清华国学院和无锡国专，还有一部分是留洋归来的，今天称‘海归派’。国专长于考据，学院长于论证，海归长于思辨，各有所长，各有专擅。经过院校调整后，复旦的老教师中，各色人等都有，这倒有一个好处，就是避免近亲繁殖，因而学术思想相对地说，比较活跃。”（390页）林师正继承了复旦的优良传统，而且“转益多师”，得到多位名师的指点，除留日之业师刘大杰，尚有留英之朱东润、“国专”出身之蒋天枢、复旦出身之鲍正鹄、王运熙等，他博采众长，既能考据，更长于论证和思辨，在“述其学”时一方面概括出前辈的治学路数及特点，另一方面也联系时代学术之走向，道出其学术风格之成因，这一点尤其能够发人深思。诸如总结导师刘大杰先生的治学特点时敏锐关注到学术风尚虚实递转的规律：

> 清末民初，国门打开，西风东渐，学术界为之一变，由清之务实转向崇虚，由朴学考据转向理论探讨。中国的学术发展过程，虚实之风随时转换。先秦诸子为虚，汉代训诂为实；魏晋玄学为虚，隋唐义疏为实；宋明理学为虚，清代朴学为实；民元理论为虚。虚实之偏，互为补救，从而促使学术的发展。（107—108页）

在谈及赵景深的民间文学研究时则联系到文学观念的变革：

> 文学观念的大变革，直到十九世纪末二十世纪初才进入实质性阶段，诗文正宗的地位被打破了，俗文学的地位被确立了，民歌、戏曲、小说等俗文学被请进了文学的殿堂。不少学者转向俗文学的研究，王国维之于戏曲，梁启超之于小说，茅盾之于童话，

郑振铎之于俗文学史。文学研究的领域扩大了，而且形成一种研究俗文学的时代风气。(60 页)

在谈及林庚先生以诗人之心和创作理论进行文学史研究的特点时，更概括出二十世纪古典文学研究的三种模式（185—186 页）。

林先生虽然从不写“评红”文章，但却是掌握《红楼梦》研究资料最全的人。从 1973 年到 1974 年，为完成编辑《红楼梦研究参考资料选辑》（一、胡适卷；二、俞平伯卷；三、1919 至 1949 年文章卷；四、1949 年 10 月至 1954 年 10 月文章卷）的工作任务，他大部分时间包括星期日都泡在图书馆，翻遍了当时“北图三馆”的期刊旧报，除第四辑确定选目并完成基本目录卡片后交由他人担任发稿责编，其他三辑均由林先生一手完成。第三辑虽然只选收了三十三篇文章，但却附了五百多篇目录，其中绝大部分都是林先生从积满灰尘的旧报刊中淘出来的。在此之前，见于各种目录的建国前评红文章总共只有一百七十多篇；在此之后，新发现的旧文也为数寥寥。由此可见其穷尽材料之功。以此为积淀，林先生对红学研究的见解可谓戛戛独造。文中说中国文学往往被经学化，经学被史学化，史学又被政治化，而《红楼梦》也经历了这样的异化（“异化”之词出于笔者）：

旧红学把它经学化，求其微言大义，于是有所谓索隐派；新红学把它史学化，讲究考据实证，于是有所谓考据派。从蔡元培到胡适之，就经历了从索隐到考据的过程。至于七十年代初的“阶级斗争”说，自然是政治化了，简直要将《红楼梦》等同于《资治通鉴》，想从中吸取什么经验和教训。这就是之前半个世纪红学的背景。(34 页)

另如总结刘大杰的研究方法是用中外结合的“纯文学”观念研究

“杂文学”，用西方进化论的观念研究中国文学发展史；指出姜亮夫一生突出的学术成就在语言学、敦煌学、楚辞学，“而这三门学问的功底全在于文字学”（75页）；指出王运熙在学术道路上两次实现“转轨”（395页），都是独具法眼的见解。

作为刘大杰先生的关门弟子，林师似乎更多得到了老师的厚爱与真传。他在记先师的文章中说：“先生能考据，但不为考据而考据，而是为论证而考据。他的治学方法是论从史出，史论结合，在纷繁的文学历史现象中理出文学发展规律的轨迹。”（115页）读过这本《师友风谊》，对林师透过现象看本质、找规律的本事有了更为深刻的了解。我们只要看一看林师对吴恩裕之于曹学、之于“曹雪芹故居”的分析，便能管中窥豹。关于“故居”，书中是这样写的：

> 四辆小车折回东边，到了岔道再向西北行进，在与卧佛寺隔山相对的白家疃村停下来。我们跟着吴先生走到村西头，这里有一条干涸的河道，边上横着两条一丈多长的大石板，宽度一米多，厚度近一米。吴先生站在高高的石板上，指向卧佛寺方向的山麓，由东往西挥了一下，说：“敦诚、敦敏就是翻过这座山，沿山麓，由东向西行，到河西茅屋看望曹雪芹的。茅屋前有座桥，就是这座桥；茅屋就在前头。”说着，把手指定河西的一棵小树，好像茅屋真的就在那里。他抬头望了望远处的西山，说：“敦诚说：‘阿谁买与猪肝食，日望西山餐暮霞。’曹雪芹住在这里，天天都可以看到西山。”不错，这里可以望见西山，然而能望见西山的岂止这地方呢，在北京西郊无处不可望西山。我仔细端详了那巨大的桥板，再看了看桥墩，是很结实的三合土，历时那么久，仍然非常坚固。显然这是东西通道的一座大桥，从桥板的厚度看，当是可以行车走马的，哪像茅屋前的私家小桥，曹家若能造这样的石桥，那还用得着住茅屋吗？那还会是“寂寞西郊人到罕，有谁

曳杖过烟林”吗？我想吴先生因为曹家茅屋前有桥，所以要找一座桥定坐标，判断茅屋的位置，也就不管它是什么样的桥了。白家疃村东头有一座古老的戏台，这不像一般农村的简陋戏台，而是相当讲究的颇为气派的戏台。戏台前的一株大树下躺着一通大石碑，碑面朝下，看不见字。据说是什么王爷的碑。就是说这里住过王爷，有这样的气派的戏台，有这样的可以行走车马的大石桥，便都不足为奇了。就在戏台西边一百多米处，有曹雪芹的茅屋，那才真叫奇了怪啦。从正白旗到白家疃，跟着吴先生一路走来，我有一种感觉，吴先生的考察，似乎老停留在想象阶段，很少进行推理判断，否则不可能做出这种难以置信的结论。（166 页）

至此还不算完，林师又把吴先生执着于用民间采风方式研究曹雪芹的因由说了个透：

吴先生 1933 年清华大学哲学系毕业，1936 年到英国伦敦大学政治经济学院从事研究工作，师从哈罗德·拉斯基，获得政治学博士学位，博士论文就是《马克思的政治思想》；抗战胜利后学成归来，曾在中央大学政治学系和北京大学政治学系任教。高校院系调整后，转到北京政治学院，直到“文化大革命”。吴先生在四十年代到五十年代初，出版了不少关于政治学的专著，……然而……在那一切都政治化的年代，学术自然也被政治化了，研究政治学的不切合现实政治，研究马克思的不切合现实马克思，于是吴先生成了被嘲笑的对象，教授级别也由二级降为四级。吴先生对这一切都能顺其自然，西方的那一套吃不开，就把它搁置一边。于是他想到《红楼梦》，从五十年代后期就开始搜集曹雪芹的资料，六十年代初发表《曹雪芹的生平》，从此他便避开了“政治”，躲进了“红楼”。鲁迅先生说“躲进小楼成一统，管他冬夏与春秋”，“红楼”不同于小楼，不能自成一统，仍然属是非之地，但不是大是大非，而是小是小非，虽然水浅，却还是小小的避风港。当年同吴先生一起从伦敦大学政治经济学院出来的，有罗隆基、储安平、王造时等人，这些人想坚持自由主义政治观，结果大都出了问题。吴先生属于“识时务者”，知道躲进“红楼”，因而没有招来无妄之灾。

了解吴先生的经历，对于吴先生在“曹学”方面的一切作为就比较容易理解了。倘若把《红楼梦》当作文学来研究，他不是学文学的，自非他之所长；倘若把《红楼梦》当作经学、史学、政治来研究，涉足的人又太多，不免老是踩到别人的脚印，带出两腿泥。于是他学古人的采风，到民间搜集材料，他不会不知道有些材料并不可靠，然而宁可信其有，不可信其无，否则便玩不下去了，文章也不用写了，总不能躲到“红楼”里无所事事呀。也许他真的相信《红楼梦》里太虚幻境的那副对联：

假作真时真亦假，

无为有处有还无。

脂批云：“叠用真假有无字，妙。”确实妙，至今红学界还有那么一些人，在真假有无四个字上，玩起魔方，好像都忘记了《红楼梦》只不过是一部小说，是一部伟大的文学作品，而不是一部“谜语大全”。我在佩服吴先生的睿智的同时，也为中国的文人感到悲哀。（172 页）

这篇记吴恩裕先生的文章正标题就叫作《躲入红楼》，一个“躲”字，百味尽在其中。他如关于对《废艺斋集稿》之真伪、对周汝昌补曹雪芹诗之不落榫，都有非常精辟的考索与分析（168—170 页、298—300 页），令人叹为观止，限于篇幅，不再引录，只想说：刘先生衣钵在焉！

## 三　吾师与真理

二十世纪八十年代，林师以一本《诗法举隅》名重当时，书的序言是朱东润先生所做，序称“诗不宜于言法”，“即举亦无可举”，林师则在后记中说诗当“入于有法，出于无法”，师生之间的一场小小笔战成为文坛趣话。由此亦看出林师“吾爱吾师，吾尤爱真理”的坦诚精神，这精神一直延续到《师友风谊》中。林师在自序中说：“我不能如列子所说，对待师友‘心不敢念是非，口不敢言利害’（《列子·黄帝》），而是心直口快，坦然吐露。”书中本着秉笔直书的精神，在记述师友之人格、之学术的同时，也指出了前辈在学术上的不足或时代局限。如谈到朱东润先生在传记文学方面写“真”、写“活”的追求时说：

> 他在探索传记的新路子。在这漫长的实践过程中，不断探索和尝试，但似乎仍难于做到如其所期。他毕竟是个学者，所以行文中不知不觉地向学术倾斜，虽然力求多加点气氛描写（如《陆游传》的开头），多加点对话（如《杜甫叙论》），但总的说来，作为传记文学，其文学色彩还是显得淡了些。（12 页）

在评述蒋天枢先生的治学道路时说：

> 其师王国维和陈寅恪先生汉学与宋学兼通，考据与义理并重，而且国学与西学融会，具有新文化运动之后一代新学人的时代特征。然而，蒋先生从师门传承下来的学问，却偏于汉学，更注重疏证，因而尤其重视章句训诂。……从蒋先生为学生指定的研究课题看，都在经史范围之内，其方法又偏于疏证，似乎在接续乾嘉

> 统绪。蒋先生在学术领域从师辈所处之前沿，退回后方港湾，从事于经史疏证，是有其历史原因的。陈寅恪先生在《赠蒋秉南序》中，慨叹自己身经“神州沸腾，寰宇纷扰”，“遭逢世界大战二，内战更不胜计”，因而“奔走东西洋数万里，终无所成”。这无疑给蒋先生一个提示，政治环境对一代学术影响太大了。于是，他便有意避开政治的风险，考据疏证也就成了他的避风港。（98页）

在评价刘大杰建国后的学术成就时说：

> 在五六十年代，先生不仅没有那么多的时间和精力来治学，也往往由于其他社会活动的干扰和困扰，使他失去往日沉潜于学术的心情。……总的说来，其成就并未胜出前半生，至于《中国文学发展史》的修改，恐怕也是失大于得，乃至因这部书而使他经历一场又一场的风波，在毁誉荣辱之间辗转翻覆，这可以说是中国学界的特有现象。（119页）

从上面的评价中仍然可以看到刘大杰先生的真传，看到林师对学术的深入思考。

## 四　细节与幽默

林师有记日记的习惯，虽然后来为了避免文字狱，日记已是越写越短，但流水簿子还是从五十年代一直延续到九十年代。可以看出，书中许多材料都是以日记为根据的，所以相当真实，记刘大杰、蒋天枢、闻捷等人的言行举止，非常具有现场感，是有血有肉的亲历历史。特别是刘大杰先生论学的谈话，刘先生并未形成文字，非林师之记录则无以传，所以弥足珍贵，从中也看出林师侍坐之勤谨。有些则可能是干瘪的记事材料与头脑中挥之不去的记忆相互叠印，如写蒋天枢来京时自己前去探望一节：

> 1973年10月，蒋先生到北京看望他女儿，住在女儿家。17日，我到万寿路他的住处去拜访。在那年代，做学问是谈不上了，只能聊些家常。他身体衰弱，也不能久谈。告别时，他坚持要送我，一直送到大街。大街边，堆土如山，正开膛修地铁。我们师生俩又在松树下、土堆边，站立许久。一阵寒风吹来，飘起他稀疏的头发，显得苍老多了。(95页)

显然时间来自日记，细节来自头脑。询之林师，师言："是呀，那情景好像就在眼前，我一直无法忘掉。"看过书中这类细节，我尤其感到林师用情之深挚。当然，也体会到记录与记忆相叠印的历史还原，这很奇妙。

书中文笔因传主不同而变化，或正襟危坐，写浩然正气；或剑走偏锋，发谐噱幽默。如笔涉西湖美景时说："雨后的杭州西湖，格外秀美，真如林逋《西湖》诗所说的：'春水净于僧眼碧，晚山浓似佛头青。'……6月间，我到达杭州，住在浙江省委新新招待所，就在西子湖边，天天可以看到僧眼佛头。"(70页）谈到"文革"期间行政机构一律取消旧称时说："那样的年代，在强调一元化的同时，一切都趋于单一化，连机构名称也一概称之为'组'，现在说起来似乎有点可笑，然而当时却是都习以为常的，就像衣服的清一色，也都安之若'素'。"(141页）谈到周汝昌补曹诗被当作曹雪芹逸诗而流传时说：

> ……据说吴（恩裕）先生又传给吴世昌先生，吴世昌先生写出文章，于是这"佚诗"便传遍大江南北，乃至引发吴世昌、周汝昌"二昌"交火，闹得不亦乐乎。记得有一次我到干面胡同

里拜访吴世昌先生，先生俏皮地说："《红楼梦》搞不得，搞《红楼梦》都成了独眼龙，我剩一只眼，吴恩裕也一只眼，最近周汝昌一只眼也快瞎了。"为了这"佚诗"，竟然展开一场"龙战"，"搅得周天寒彻"。从同仁周汝昌补作所谓曹雪芹"佚诗"引发的闹剧，就可以看出红学界有些人之捕风捉影，到了何等可笑的地步。（170—171 页）

将毛泽东《念奴娇》词中名句"飞起玉龙三百万，搅得周天寒彻"用到这里，非常巧妙与俏皮，令人忍俊不禁。书中的幽默，常以丰厚的古典文学修养为底蕴，如谈到余冠英虚怀若谷、从善如流的品格时，先引孔子的话曰："善人，吾不得而见之矣。(《论语 · 述而》)"叙事之后则说"倘若孔老夫子于九原见到余先生，一定会改口说：'善人，吾得而见之矣！'"（146 页）至于所录与周汝昌之间的游戏笔墨，若无一定的古典文学修养，恐怕很难完全领会其间的奥妙。书中许多文墨，就像食橄榄，慢慢体会，才能渐入佳境。

## 五　安贫与乐道

在《诗意人生——记林庚先生》一文中，林师写了这样一段话：

政治是政治家实现自己理想的舞台，也是野心家孤注一掷的赌场，又是大众航行的河流。河流翻滚，泥沙俱下，每个人都在波涛中经受考验，能够皭然泥而不滓者，才显出因难能而可贵。当被浪头推起，几乎"上与浮云齐"，却无平步青云之想，而能保持本色，保持平常心态，这无疑更加难能可贵。谁能为此者？林庚先生。

话是称颂林庚先生，但也是夫子自道。因为林师也是在“上与浮云齐”时无平步青云之想的人。1974 年 7 月，林师被借调到“国务院文化组创作办公室评论组”，在那里与从北大抽调去的林庚先生结缘。说“创办评论组”可能听者还有些隔膜，若说到“江天”“洪途”，则从那个年代过来的人无不知晓，不过那是与“四人帮”沾边的臭名。林师拒绝了那边的升官机会，想方设法于 1975 年 9 月回到出版社。林师说：“关于我坚持要回出版社，有人以为我聪明，看到‘四人帮’快垮台了，便溜之大吉。谁能算出毛泽东主席的寿命，谁能算出江青的运命，我可没有那样的先见之明。事后诸葛亮好说，当机立断就难啦。我自信可以靠业务吃饭，不必去搞行政工作，所以我决然请求回归出版社。”（229 页）林师似乎自从走上工作岗位就不断地在辞官：1967 年春，谢绝了复旦大学吸纳他进当时校级领导班子“勤务组”的安排，坚持按原分配方案来到北京；到京后被单位群众推举为音乐家协会“大联委”头头，1967 年秋，林师自我罢官，交出音协大印；1975 年，在已被安排好办公桌的情况下，拒绝了“江天”“洪途”挽留；1987 年，打消了音乐出版社社长兼总编辑要他去接班的动议；1991 年，打报告决然辞去人文社总编助理及古典部主任的头衔。同时，林师也坚决反对我与官场有染，以为越是在官本位的世风中越应该保持书生本色，靠自己的业务吃饭，求得一个坦荡清和的心态，我当然谨遵师命，安之若素。

在记林庚先生的文章里，记录了林庚先生算过的一笔账：“解放前，大学教授每个月工资三百大洋，那时是银圆。肉那时是两毛一斤，工资高于现在四十倍；现在肉涨到八元一斤，涨了四十倍，工资才八百元，整整下降了四十倍。世界上没有哪一个国家知识分子的待遇这么低。”（191 页）虽然今非昔比，但“死者长已矣”，老一代知识分子并没有享受到今天的政策待遇。如今，林师拿着比二三十岁小编辑还低的退休编审工资，住在狭窄老旧的两居室里，用着二十世纪七十年代的陈旧家具，谢绝子女及家乡人要为他装修房间的好意，每日读书、临池、著述，写出了在《诗经》研究领域极具开创性的重要论文《说“南”与“风”》(指出“南”即是“风”，两者内涵相同，唯“风”之名晚出。此论发前人、他人所未发)；又在探究文学发展的规律问题，期待在理论上有新的突破。林师常挂在嘴边的古人之诗是“读书之乐乐何如，绿满窗前草不锄”，他是真能安贫乐道的学者，也是我的榜样。

2007年5月于北京天然斋

《文林廿八宿　师友风谊》(增订本)，林东海著，人民文学出版社2010年9月出版，责任编辑：宋红

# 阅读废名的最佳版本

——读《废名选集》

岳洪治

废名是一个具有田园牧歌情调的乡土作家，也是现代文学史上一个风格独特的作家。他的作品，常以朴讷淡雅的文笔，勾勒出清新的自然景致，抒写着温馨的人情味，创造出一种质朴而深沉，冲淡又醇厚的富于牧歌情调的故事。阅读这样的作品，经常使人于不经意间，就进入了一种诗情画意之中，让你感受到它那宁静而素朴的美，从而获得了一份清雅的审美愉悦。

废名是一位在新诗、散文、小说和文学批评领域，都有建树的作家。尤其他的小说，更是体现了他的创作的实绩。他结集出版的小说，共有五种，包括：《竹林的故事》《桃园》《枣》《桥》《莫须有先生传》等。他的新诗与散文，散见于报刊，并没有结集出版过。理论方面，三十年代，他在北大教授现代文学时，曾写有一份题为《谈新诗》的讲稿，共计十二章；至四十年代，又续写了四章。1984 年，人民文学出版社出版《谈新诗》的时候，在此基础上，又收入了一篇《新诗答问》。1956 年，中国青年出版社还曾出版过他的《跟青年谈鲁迅》。此外，作者还著有《鲁迅研究》《杜甫研究》《美学讲义》《新民歌讲稿》等多种。

人民文学出版社编选的这本《废名选集》，比较真实而又全面、精当地反映出了作者在小说、新诗、散文和论文诸方面的成绩。

废名的小说，以表现我国中部农村普通百姓的平凡生活见长。写实中不乏浪漫气息，具有一种古朴和谐的田园诗般的奇美风格。小说部分选入的作品，从《万寿宫》至《桃林》十数篇，是节选自作者没有写完的一个长篇《桥》。这个长篇，本来就是一个由诸多既有联系而又各自独立的若干短篇连缀而成，《选集》以短篇形式收入，并不会影响到读者的阅读与欣赏。这一部分的最后三篇，是节选自作者的另一个长篇《莫须有先生传》。

废名是从诗歌起步，开始文学创作的。在《谈新诗》中，作者曾这样申明对于诗的主张："新诗应该是自由诗，没有什么诗的格式，但一定要表现着一个诗的内容，新诗的杰作决不能用散文来改作，这是和旧诗不一样的。"他还说，"我的诗是天然的，是偶然的，是整个的不是零星的，不写而还是诗的。"本书收入作者 1931 至 1948 年所写短诗十八首。这些诗，正如有人所说，在语言上存在着"思路难辨"、"古今杂陈"的弊病，比较的费解。然而，认真读来，你仍会觉得那是诗；闪现于其中的吉光片羽，仍会让你开颜一笑。

废名的散文创作，也是"文如其人"的。现代作家当中，他是受周作人影响较多的一个。在文章上，也就表现出一种清新冲淡、返璞归真和宁静自然的风味。本书收入的二十五篇散文，作于 1927 至 1957 年。作者在各不同时期创作的，不同题材内容的作品，都没有遗漏。譬如：记录故都生活感受的，如《北平通信》；忆念儿时故乡生活的，如《五祖寺》《打锣的故事》；怀念亡友的，如《〈泪与笑〉序》；讲谈诗文的，如《中国文章》《神仙故事》《赋得鸡》等等。此外，本书还收录了作者两篇创作谈：《说梦》和《〈废名小说选〉序》；收入了《新诗应该是自由诗》和关于鲁迅及其作品的几篇学术论文。

废名的文章，一向被称为“奇文”“美文”，在现代文学史上，产生过一定的影响。他的小说，曾对沈从文的创作产生过影响。他的散文，也直接影响过《画梦录》时期的何其芳的散文创作。他的诗，对于卞之琳一派新诗，也是产生过影响的。今天的读者，要了解这位在文学史上产生过影响的、风格独特的作家和他的创作，人文社出版的《废名选集》，乃是一个最佳的版本。

2007 年 10 月 26 日

《废名选集》，废名著，人民文学出版社 2007 年 9 月出版，责任编辑：岳洪治

# 用真实成就美丽

——读《莲灯微光里的梦——林徽因的一生》

王一珂

她，那样美丽，那样多才，那样富有人格的魅力。遗憾的是，在她生命之火熄灭之际，少有人意识到她的珍贵、她的价值。一颗沉埋在湖底的明珠，直到二十世纪八十年代初才被人找到，才绽放出异彩。渐渐，越来越多的人开始知道她的名字——林徽因。

这本是件好事，然而，随着时间的推移，许多问题浮出了水面。林徽因的形象丰厚了，但被诸多文学作品塑造出的“林徽因”和历史中那个真实的“她”之间开始有了距离，随之被拉远、被扭曲。

真实的林徽因，我一直在寻觅。有一天，当陈学勇先生的新作《莲灯微光里的梦——林徽因的一生》放在案前的时候，我感到了久违的惬意。

陈先生平日散文很重精神，从来都是恬淡可人，涩中有味。《老萌随笔》如此，《旧痕新影说文人》如此，这本林徽因传记也不例外。你读此书，是在读故事，读人生，同时还在读美文。

书的目录就比较奇特，基本上全由人名、地名和物名组成，并未简单地按照时间顺序排列。可过一遍全书你就会发现，林徽因的一生正是因它们交织而成网状，才有了立体感，才显得饱满而鲜活。每一章虽不完全按照年代排序，可大体上也依据了时间的流脉。只是互有穿插，各有突出。

此书所述内容全部有史可查，不做向壁虚构之词。其中有些珍贵史料属作者多年辛勤收集，部分还是首次公开。例如书中林徽因的家事史料，包括她祖父、父亲的书信与手迹，以及她的一些照片、趣事，都会令你耳目一新。林徽因作为作家，作为建筑学家，谈及她的一生，不涉她的文学作品与建筑思想无论如何是说不过去的；可是，像鉴赏辞典那样解诗，像学术论文那样谈建筑，同样无法成功建构一部人物传记。作者的高处在于，他没有放弃对作家林徽因、建筑学家林徽因的挖掘，他巧妙地将林的作品放入她的生平叙述中，以传记来解读作品，来阐释建筑思想。由此，我们对林徽因的认识从皮表进入了精神，得到了升华。书的附录除去参考书目外是她的年谱和家族世系简表，它们又给读者读解林徽因提供了别样的简洁的脉络。纵观全书布局，独特与严谨毕现。可以说，这本书最大限度地纠正了过去诸多林传的谬误与失实之处，为广大读者了解相对真实的林徽因，也为今后林徽因研究的良性发展树立了典范。

陈学勇笔下的林徽因不是一个被扭曲的美女作家，而是一个在特定时代背景下，为学术、为理想、为信仰奋斗一生的优秀知识分子。她有教养，有追求，对事业执着，对朋友忠诚。良好的家教加之聪颖的天赋，使她在少女时代就卓尔不凡。她美丽，赢得了不少男性的倾慕；但她又从不轻浮，最终找到了自己幸福的婚姻；她向往琴棋书画诗酒花，但并不回避柴米油盐酱醋茶。她写得一手好诗，却将建筑作为自己正式的职业；她是诗人、建筑学家，又是妻子，是母亲。民族危亡之际，她肩扛学术的重担，秉持人格的尊严，拖着残病之身，在极其艰苦的条件下，与丈夫一道做出了令后世惊叹的成就。她在情感上曾经犹豫徘徊，但面对大是大非，却从未含糊。新中国建立，自知时日无多的林徽因，依旧义无反顾地将最后的光和热献给了这块生身之地！

她是伟大的，又是平凡的。作者没想把她写成一个情种，更没想把她塑成一个女神、一个干瘪的完人。作者笔下的林徽因有血有肉，有缺点有矛盾。没有任何一对伴侣永远不磕不碰，从这部传记中我们可以看到，梁思成、林徽因自恋爱之初就冲突不断。有时候，甚至连梁启超都还要介入调解。或许这才是真实的生活吧。当很多人把注意力放在林徐之恋的时候，作者却着意体现林徽因与徐志摩的友谊以及她为了承担这份情爱而背负的重担。林徽因也有婚外恋，作者没有否认。书中叙及林徽因、徐志摩、金岳霖之间的情感时，并没有时下令人作呕的香艳之词，我们读到的是知音间的理解与朋友间的奉献。读者不必追究是非，相反，倒可以体味至爱的动人。

林徽因走了，她已消逝了半个多世纪。有关林徽因的图书不可谓不多，对林徽因的研究史虽然不长，但也有二十多年。遗憾的是，林徽因的面目在近些年纷繁芜杂的相关文学作品中却日益扭曲，以致模糊。今天，该是我们拨开历史的层层面纱，真正走近她，还她真颜，还她公正的时候了。《莲灯微光里的梦——林徽因的一生》是一个开始，相信不会是结束。

《出版广角》2009 年第 1 期

《莲灯微光里的梦——林徽因的一生》，陈学勇著，人民文学出版社 2008 年 8 月出版，责任编辑：王一珂

# 铮铮鸣劲骨　青花白地瓷

——读《宋庆龄的后半生》

王一珂

“此物君宜之，青花白地瓷。铮铮鸣劲骨，落落绘灵姿。壮节平生愿，为民肝胆痴……”这是路易·艾黎赞颂宋庆龄的诗句。的确，用精致典雅的白地青花瓷来比喻宋庆龄的容貌与品格是极其贴切的。作为二十世纪中国最伟大的女性，她有着柔美娴雅的外表，更有着刚毅果决的内心。她把自己的命运与中国——这块生身之地上繁衍了几千年的中华民族紧紧相连，她崇高的情操受到了包括敌对势力在内的普遍尊重。她就是这样一个人。

可以说，她的生命带有极强的传奇色彩，某些经历甚至比小说更加曲折动人。然而，在熟悉她前半生事迹的同时，人们对宋庆龄后半生的故事却知之不多。这本由尚明轩、魏秀堂撰写的《宋庆龄的后半生》，作为国内第一部集中描写建国后宋庆龄的人物传记，可以说在某种程度上弥补了这个空白。

《宋庆龄的后半生》给人的第一印象是深沉、典雅、精致的封面。封面上的晚年宋庆龄正在深夜暖暖的灯光下伏案工作，这样的镜头似乎概括了建国后宋庆龄的一种常态。书的右侧印着原全国人大常委会副委员长、民革中央主席何鲁丽题写的书名，两边辅以暗橙色花纹，娟秀蕴藉。书中配有上百幅珍贵的历史图片，图片分为两部分，一部分随文字走，一部分插在书前和书中，其中有相当一批照片如宋庆龄坐在牛车上视察、宋庆龄和邓小平送别周恩来、工作人员给宋庆龄整理遗容等均属首次发表。在读图时代的当下，它们带给了读者一种别样的滋味和体验。

当然，作为传记，最重者还在文字。开卷细读会发现，作者是本着极其严肃的态度写作的。"无一字不无来历"是作者追求的史学境界，无论一手材料还是二手材料、已经公开材料还是未曾公开材料，尚先生和魏先生均对其出处做了篇后注释；一些重要的历史人物和事件，他们也对其做了页下注解。严谨性和真实性是这部传记区别于很多同类题材传记的一大特色。

建国后宋庆龄的人生经历主要体现在哪些方面？作为国家重要领导人之一的她实际的地位与作用怎样？长期作为党外人士的她与中国共产党的关系如何？特殊年代里宋庆龄处在一种怎样的思想与情感状态？即将辞世之际她有什么顾虑与牵挂？等等，等等，诸如此类，读者都可以在书中找到答案。

"岁寒知松柏而后凋，国难见忠贞之志。"宋庆龄的一生都是如此：越是条件艰苦，越能见出她的高洁与坚贞。置身建国后逐渐升级的"左"的思潮和政治运动，她有过短暂的善意的迎合、赞许，有过困惑和迷茫；而最终，她选择坚持自我独立的人格进行冷静痛苦的反思，对眼前的不合理现象发出了质疑与批判。当然，她表达看法的途径是多样的，有时是婉转曲折的。她会与工作人员们谈心，给亲朋故旧们写信；但到万不得已之时，她也会挺身而出保护同志，甚至直接上书党的最高领导人坦陈己见。今天重温宋庆龄的这些言谈，相信读者都会为之感动而心生敬意。宋庆龄从不随波逐流，青年时代，她可以违逆父母为了爱嫁给孙中山；中年时代，她可以与整个家族决裂为了理想独自前行；到了晚年，她依旧洁身自好，不卑不亢，为了真理和正义宁愿保守一份可贵的孤独。

书中带给读者的不是一个扁平、抽象、高大全的宋庆龄，而是一个丰厚、复杂、充满矛盾的宋庆龄。书中的宋庆龄是柔美的，又是刚毅的；她爱读书、爱画画、爱音乐；她极重亲情，虽然和家族政治上决裂，可那种割不断的血脉亲情始终在缠绕着她；她极重友情，几十年过去，她对待朋友所秉持的永远是一颗温暖的心。她忠于爱情，面对挥之不去的诽谤谰言，她愤怒到可以破口大骂造谣者，甚至即将临终之际，还要亲笔留下文字，记述自己与孙中山先生交往的经历；她忠于理想，在人生的最后时刻，她记挂的还是国家的未来和人民的幸福。

在书的最前，作者用已故学者黎澍的一篇遗文为序。序中，黎先生将宋庆龄评价为“一个完人”。此种观点或许会招致异议。其实，莫忘了黎先生在后面还有一句评价——“一个真正的人”。世间岂有完人，然“真正的人”又有几多？细细品味，从这个意义上讲，宋庆龄死后被誉为完人，是当之无愧的。

一本书，带你走近宋庆龄，走近她生活的年代，走近她火热的心。

《人民日报》2010 年 1 月 26 日

《宋庆龄的后半生》，尚明轩、魏秀堂著，人民文学出版社 2009 年 12 月出版，责任编辑：王一珂

# 天意从来高难问

——读《毛泽东最后七年风雨路》

王一珂

“毛泽东最后七年风雨路”，乍一看书名，你就会感到它的别样。所谓“最后七年”，指的是 1970 至 1976 年这个时间段。它对于毛泽东个人，对于整个中华人民共和国的历史都有着非同寻常的意义。

在这七年中，中国的外交大门前所未有地打开，中华人民共和国得以重返联合国，以美国与日本为代表的一大批国家向毛泽东伸出了双手。

在这七年中，中国国内局势云谲波诡，风云变幻。毛泽东最为信任的接班人林彪与其决裂，折戟沉沙；以江青为首的“四人帮”与周恩来、邓小平等老一辈无产阶级革命家展开斗争，企图篡党夺权。

在这七年中，毛泽东以惊人的速度老去；而也就是在这七年中，他作为共和国的最主要缔造者和领导人，依凭衰病之躯，迎接了一次又一次风浪与挑战。无论政局如何变幻，无论病势怎样沉重，他在绝大多数时间里都保持着清醒的头脑；直至闭上双眼的那一刻，他没有把权力交给“四人帮”。毛泽东的举措，客观上为我们的党和国家在他逝世后成功粉碎“四人帮”减少了阻力。

描述这段历史，很不容易。向广大读者生动翔实地再现这段历史，尤其不易。“毛泽东最后七年”作为一个情结，在红墙女作家顾保孜的心中已经萦怀多年。最终，她选择下笔，把这段历史，把毛泽东暮年的人生经历向读者展示。“图文并茂”是此书一个非常突出的特点，她在叙述历史的过程中，秉持客观的描述，不做深奥的理论分析，字里行间流露着女性作家特有的敏感和细腻。由于工作的需要，她有着多年研读党史的经历；由于条件的便利，她有着多年与杜修贤先生愉快的合作。“他是风云亲历者，她是红墙女作家。”这应当是广大读者对杜修贤先生和顾保孜女士普遍的印象认可。她的文，加之他的照，珠联璧合，相得益彰。本书首度集中描写毛泽东最后七年的风雨历程，书中收入的近二百幅照片，一批首次曝光面世，一批首次还原色彩，还有一张印有拍摄者签名的珍贵图片随书赠送，可谓弥足珍贵！

为二十世纪最为重要和复杂的历史人物毛泽东作传本身就是一件容易吃力不讨好的事情，他对中国乃至世界的影响至深且巨，每个人心中都有自己理解的毛泽东，很难求全责备。顾保孜深知此意，她回避了对人物直接的评价和过于抽象的学理化分析，相反，她采取的是基于客观再现基础上的感性描述，这也是她作为女性作家的特长。除去事件本身，她更多关注的是历史人物的具体言行、音容笑貌、举手投足。由此，她的文字较之很多作家也显得生动本色。

没有经历过一段历史，或者说，面对无法介入的已经成为历史的过往事件，人们对其评介和认识的基础最根本得之于当时经历过这段历史的人物自身的回忆记述和当时留下的第一手文献资料。仅仅依靠前者，也就是说，仅仅依靠当时历史人物的回忆记述，我们得到的历史印象应当是片面的和局限的。更不要说基于没有经历过当时历史的人们第二道、第三道叙述，其偏颇就愈发显而易见。而依靠当时留下的第一手文献资料，我们完全可以尝试较为准确客观地把握历史真相。

顾保孜在文字上不做小说家言，力求叙述的严肃性；同时，她在自己的著作中辅以杜修贤拍摄的历史照片，以其个性化的方式对其解读。可以说，顾保孜在活化尘封历史的同时，也给读者留下了自我认识历史人物，发挥主观能动性的广阔空间天地。

在顾保孜的作品构成中，有着较为包容的主客观兼并的特色。顾保孜的文字，顾保孜对毛泽东的认识，属于顾保孜自己。顾保孜书中的毛泽东不可否认是她个人的，她并不希求她的文字让所有读者接受，成为定义。她在意的是，把你带进一段历史，让你尝试以顾保孜的方式体味一段历史。而她放入书中的杜修贤摄影作品，可谓是当时历史的真实再现。每一个读者都可以通过一个历史瞬间，真切地介入到当时的历史场景。不论这种介入是否深刻，但都并非虚拟。当时的毛泽东就是那个模样、那个状态，就是在那种场景下进行着那样的历史活动。是感动，是震惊，是愤激，都留给读者评说。所以，生动的文字和冷静的图片，成就了顾保孜作品特有的丰厚性。

《毛泽东最后七年风雨路》装帧的整体色调是红色，红色也是毛泽东特有的指代色。封面的背景是巨大的红色幕布，幕布上透露着隐隐约约的迷蒙烟云。此番设计，一虚一实交叠凸显了毛泽东真实的历史空间。幕布前鬓发斑白的毛泽东眉头微蹙，侧靠着沙发，面前摆放着厚厚的线装古籍。此幅图截取自 1972 年毛泽东的一张照片，它也深刻地反映了毛泽东晚年生活和工作的标志状态。封面上所烫“毛泽东”三字系 1976 年毛泽东晚年手书，虽用铅笔写就，笔力苦涩，但老辣纵横，颇能体现毛泽东暮年风貌。

书的前后环衬依旧是红幕布底，所放的是一张毛泽东最后七年中南海游泳池住地书房的全景照片。人去楼空，仅剩下寂寥的书房、空荡的沙发。环衬带给读者的是一片遐想。

内封用的还是红幕布底，左侧印有毛泽东毛笔手书岳飞《满江红》全词。书法遒劲多姿，实乃当世草书绝品。它并非毛泽东最后七年写就，许多读者也许会对这种布局产生疑问。其实，这首感叹年华易逝、时光紧迫，渴盼完成理想，建功立业的词作，很能体现毛泽东暮年的心境。他自己在词作中也曾写过："多少事，从来急；天地转，光阴迫。一万年太久，只争朝夕。"此种心境，直至他即将离开人世之际，都未曾改变。顾保孜书中所述：1975年，风烛残年、双目失明的毛泽东接受唐由之白内障摘除手术，手术期间他指定所放的词调也正是这首岳飞的《满江红》。种种迹象，都透露出他"烈士暮年，壮心不已"的情怀。

当然，最为精彩的部分还是在正文之中，相信，书中的文字和照片都会让你感到震撼。正文分为七章，分别叙述七个年头，名为"1970 双剑交锋"、"1971 亮出底牌"、"1972 国门洞开"、"1973 时不我待"、"1974 重振旗鼓"、"1975 艰难执政 "、"1976 星落长河"。每章章名作者都起得颇具冲击力，既独到又贴切，甚至可以说是那一年的关键词。巨头交锋的惊险、国门洞开的艰难、权力角逐的波诡、伟人长逝的悲壮都于文中展露，神采奕奕的毛泽东、忧伤似海的毛泽东、坚毅刚强的毛泽东、病容憔悴的毛泽东都于图中再现。

读完这本书，毛泽东最后七年的鲜活形象一定会留在你的眼前，留在你的心间。无疑，毛泽东是铁腕人物，家国天下，心怀青年时代就禀赋的理想，矢志不渝，从未动摇；毛泽东又是温情人物，一身诗意，晚年情怀凄怆悲凉，一首词作能令他失声痛哭。可以说，林彪事件从客观上否定了"文化大革命"的合理性，也彻底摧垮了毛泽东的健康。理想与现实、时间与空间的无情矛盾折磨困扰着这位日渐老去的巨人。他的晚年总体上是一个悲剧性的晚年，这个悲剧是国家的悲剧，也是他个人的悲剧。个中缘由，需要许多代人冷静认真地思索、研究与总结，绝非几句痛快的赞颂或指责能够了事。

正如顾保孜在《后记》中所述，希望读者能关注这段历史，喜欢这本书。毫无疑问，不了解这段历史，你就不会从真正意义上了解毛泽东，了解当代中国。可以相信，这本集阅读价值与收藏价值于一体的著作，具有无可替代的地位，会把你带入那段难忘的风雨岁月。

“天意从来高难问，况人情老易悲难诉……”这是毛泽东病中阅读的宋人词句，从中读者或许能体味到他暮年的几丝心绪。历史长河，无数过客如烟云飘散，也有极其少数的几颗昨夜星辰，永久闪烁。无论你怎样评价这位开国领袖，你都会发现，你所认识的几乎所有人，在这一生中都谈到过他的名字——毛泽东。

《出版广角》2010 年第 16 期

《毛泽东最后七年风雨路》，顾保孜撰文，杜修贤摄影，人民文学出版社 2010 年 6 月出版，责任编辑：王一珂、李明生

# 留存历史的气度与神韵

——读《祖父陆宗达及其师友》

陈建宾

《祖父陆宗达及其师友》是“人与岁月”丛书中的一种，是著名训诂学家陆宗达先生之孙陆昕先生对其祖父及其祖父之师、友、生的一种集中回忆与描述。其以陆宗达为描述圆点，笔触及至陆的老师章太炎、钱玄同、黄侃、吴承仕，友人赵钫、马巽、汪绍楹、启功、黄焯，学生张中行、朱家溍、俞敏、张瑄等。这些人多为著名的学者、文化人，其术业有专攻，而性格光彩又个个不同，在作者的笔下都有精彩的呈现。

陆宗达先生1928年毕业于北京大学，曾执教于辅仁大学、中国大学、民国大学、北京师范大学等校。他一生精研训诂，考证名物，是“章黄”学派的重要继承人，被称为“训诂学大师”；又喜交游、美食、烟酒，性情浪漫，兴趣广泛。此书作者自幼随祖父生活，对其学问行迹、性格修养及往来交游等各方面耳闻目见，深有会心；又时常搬小凳子在杏花树下听祖父讲故事，或与祖父的某些友人及学生有若干交往乃至忘年之交，因而获得了独特的经验及别人所不曾有的第一手资料。

多年之后，作者梳理、检选这些心得与经验，成就了此书。其或直录某些见闻与掌故，或以小见大，在事件与趣闻的讲述中旁侧出某种精神，似合手托出另一版本的“魏晋风度”，可谓是“民间历史”的又一素材。

因此，此书不仅为对于陆宗达先生及众多文化名人的集体怀念，也是对于一个逝去的文化时代的历史性追怀和关照。

这大概亦可归于某种“怀旧”情结：怀念一种已渐为现时代所失的气质、风度。那种气质大概既是传统的，又是现代的；既有意气风发的书生意气，又有历尽艰辛的达观洒脱；既大声疾呼以兼善天下，又狂放不羁地凤歌笑孔丘……

诸多的可能性汇聚于这一代知识分子的身上，矛盾，又统一。作者不回避那诸多的矛盾，也不刻意以求统一。他只是一任笔气流淌，做到达观。然而我们又能隐约望见一个灵魂的统摄：“风流”。

作为看待历史人物及事件的一种角度，“风流”指涉一种生动的气韵，是历史人物去“道学”之“蔽”的最好方式。在本书中，作者所要描写的，不是“完人”“君子”，而只是“真人”，“人间”的人。那些被传说的著名人物、大学问家，他们不仅是真实的，而且可能是再“正常”不过的。而对于那些真性情，作者又百般呵护，详加阐释，以让他们还原本来的“真”与光鲜。

有了这样的认识做支撑，作者的叙述在文体上也显示出了巨大的自由性。由于作者多连缀记忆及见闻成文，所以文意呈现出某种跳跃性。有时候所记同为一人，而上下两段之间几乎毫不相连，颇类似于古代的笔记体，或“《世说》风”；亦如朋友聊天、拉家常，一个话题一个话题，看似毫无瓜葛，其实转折过渡又自有纹理。这时候，你只消把那一粒粒珍珠串联起来，就可看到一款款光鲜亮丽的项链，并且，你可由这珍珠想见戴它的人的气度、神韵。

正如前所说，作者并非不分析，但他的分析是为了“去蔽”，就像擦去珍珠上的尘土，而结果，仍是一个个亮晶晶的气度与神韵。那是作者经验的神韵，也是自在自为的神韵。

许多老照片正如经年的老物，见证了历史的点滴存在，证实了那传说中的意气与情愫。

然而，这只是我的一种粗浅的理解，正如作者在序言中说："过去的人们渐行渐远，如果任其湮灭，殊为可惜。月色不分新旧，既曾辉映前人离去，也将照耀后人走来。因此，愿将自己有限的所知，连缀成文。不敢说价值有几，只作纸上鸿爪，以留岁月烟痕，俾今日谈文论史者得一二掌故。"也许本书首要的就是为今人提供某些"掌故"，至于那掌故中的精神韵致，则大可见仁见智，随个人理解去。

人生有涯，历史无情。历史的车轮滚滚向前，许多人与事都在被忘却、淹没、尘封，成为"前朝往事"，在某种程度上，不仅丝毫不再有生动性可言，甚至可能永远不会再被提起。好在我们有了这样一种捕捉历史的努力，留存定格在历史深处的掌故、气度及意味，而又以颇带感情的方式娓娓叙出，从而还原了一个"俱怀逸兴"的生动世界。

《中华读书报》2012 年 6 月 27 日

《祖父陆宗达及其师友》，陆昕著，人民文学出版社 2012 年 1 月出版，责任编辑：陈建宾

# 影像挖掘真实　回忆感知历史

——读《共和国震撼瞬间》

王一珂

“震撼影像记录光荣坎坷，倾情回顾讲述巨变沧桑。”红色透明腰封上印着的两行文字是读者对《共和国震撼瞬间》一书最初的印象。

它们在读者阅读之前大致提供了以下信息：这本书是有关新中国的一部作品；它不属于鸿篇巨制类的史学著作，更不是相关研究论著。开卷之后，这本书的基本特点便可一目了然——它以图文并茂的形式，生动直感、深入浅出地展现了1949年至二十世纪八十年代这个历史阶段中共和国的重大历史事件。

说到本书的内容，应当首先特别强调“重大历史事件”这样一个概念。诸如书中记述的解放军进北平，新政治协商会议，开国大典，抗美援朝，原子弹、氢弹、人造卫星的发射试验成功，“文化大革命”，审判林彪、江青反革命集团，三十五周年国庆大典，无不是对后世产生深远影响的重大历史事件。上述历史事件，可以说，已有不少图书从许多角度涉及。而《共和国震撼瞬间》这本书则是一次集中、立体的展现，它追求的不是理论上的历史总结，也不是内容上的事无巨细。

它的闪光点在于，它基于作者个人亲身的经历和震撼的影像，从作者个人的视角，真切鲜活地折射了中华大地上这个新生国家几十年光荣坎坷的岁月。书中同时也展现了一批知识分子的动人风采。

此书中收入的大批珍贵影像是其惹眼的亮色。能够做到这点，是与它的作者特殊的身份分不开的。孟昭瑞是我国老一辈摄影家中的佼佼者。他的摄影，经常被业内用“大事不遗”这个词来形容。所谓“大事不遗”，既是说，在他的摄影生涯中，新中国那些震撼世界、对后世影响深远的重大历史事件，几乎都囊入了他的镜头。个人的努力加之历史的机遇，使孟昭瑞在这个层面上成为中国摄影界绝无仅有的特例。能够被批准参加开国大典、审判林江集团拍摄的只有极少的几人，孟昭瑞属于其中之一；至于原子弹、氢弹发射试验的拍摄，更是只有孟昭瑞一人参加拍照采访。“文化大革命”期间，毛泽东八次接见红卫兵，他全都在场，全都拍摄了影像。其他单位，尤其摄影大户新华社，基本只发黑白照片稿。而《解放军画报》需要彩色照片刊载，进口了一批非常珍贵的彩色底片。身处其中的孟昭瑞由此也享有了这一得天独厚的优势。他带着进口的高级相机，黑白彩色底片交替使用，留下了“文革”这一特定历史时期毛泽东等重要历史人物和一系列重大历史场景极其珍贵的瞬间，使得后人可以从清晰的黑白、彩色两种片子上看到历史人物和历史场景最为真实动人的面貌。

他的摄影技艺超绝，虽然置身重大历史当中，成为亲历者，但他总能下意识地从局外投射目光，较为冷静客观地记录眼前所发生的一切。孟昭瑞的摄影具有鲜明的历史现场感，既不拔高、也不贬低，不囿于当时的环境限制，而是超越于历史当下。诸如“文革”岁月，他拍摄了很多摄影家在那个场景下不会或不敢拍摄的镜头，留下了刘少奇与毛泽东、江青同在一个画面的瞬间。正因此，当今，他的摄影作品在各类拍卖会上常以高价中标。他又被称为摄影界的常青树，他的摄影作品具有恒久的生命力，时过境迁许多年后，依然能带给人不尽的回味。

我们都有这样的经验，对人或事物的理解把握，个体都是从感性认识起步的，而这个阶段非常重要，不可逾越，与理性认识有着同样的价值。这本书中所涉及的重要历史人物、重大历史事件，无数人都会关注。但对其真正丰厚的感性体验，却并非很多人能够有幸体悟。诸如，对共和国开国领袖毛泽东主席，或者对“文化大革命”，无数人有无数种评价，有无数种看法。有深刻的，有肤浅的，有公允的，有偏颇的。可是，说到早已成为历史的“文革”，当时的真实场景到底是怎样的，早已故去的毛泽东主席和他的战友政敌们，在那个特定历史阶段，他们的真实形象是怎样的，精神面貌是怎样的，他们所深处的历史场景是怎样的，很少人脑中有比较立体的认识。我们看待一个人、一件事情，最初的直观印象就会给我们一个内心的价值评判。它或许不够全面、不够深刻，但它却真切实在。这与不去感受体验，仅凭一些研究著述得出的抽象评价的价值是不可同日而语的。

你翻看了这本书中的照片，对开国大典、抗美援朝、“文化大革命”，对毛泽东、江青、刘少奇、林彪、周恩来会有属于你自己的感性认识，它不同于任何其他著述中的评介，甚至也不同于孟昭瑞个人的讲述，它只属于你自己。照片会默默地告诉你许多不能用语言表达的信息与情感。这就是影像不可替代的价值！

那么，是否单纯的影像呈现就足够了呢？不是的。这部书并非做成一本画册就可以完事。作者将一幅幅作品连贯了起来，形成故事的结构，引导读者，给读者讲解，提示读者从一些容易被忽视的角度理解图像，或者提供给读者单从图像画面无法获取的解读信息，帮助读者进而把握历史。

此书的读者对象非常宽泛。从年龄阶段划分，乍一看，这本书属于有一定人生阅历的读者喜爱的对象。然而，经过调查，我们发现，关注此书的读者许多还是上班族的青年。青年对历史性话题不是全部默然，那些比较敏感的、重大的历史阶段、历史事件，他们依然有着极其强大的探求动力与了解欲望。

将这本书的读者群定位于某个阶层、某个领域等等，都不准确。其实，对此书中所涉及的历史阶段有着深厚情感的广大工农阶层，有时也会解囊购买，做以纪念，做以对一个时代的怀念。这个领域的读者同样不可小视。此外，广大摄影爱好者，影像资料的收集者、研究者，也必然会对此书产生关注。换句话说，这本书的购买者，或者说感兴趣的读者从量上讲是很大的，从面上讲是很宽的。

稍微细心的读者翻开此书，都能体悟到它的与众不同。珍贵的历史镜头、真实的历史叙述拼接在一起，令人应接不暇，好似享受一份视觉盛宴与精神大餐。尤其“文革”部分，审判林彪、江青反革命集团部分，曝光的影像和新颖的叙述，都带给读者耳目一新的感受。毫无疑问的是，本书的许多内容和图像是独一无二的，是其他同类图书所不具有的。读者只要有心，一定可以从中读出自己所需要的有价值的东西。

从影像中挖掘真实，从回忆中感知历史，具有深长的意义。

《出版广角》2013 年第 4 期

《共和国震撼瞬间》，孟昭瑞著，人民文学出版社 2012 年 6 月出版，责任编辑：王一珂

# 独立苍茫自咏诗

——郑珍和他的诗

廉　萍

有人说，这是一个巨大的存在，子尹先生和他的诗。

可是，直到不经意间翻开这本书，我才第一次注意这个名字，惭愧。然后就是一读，再读，一发不可收。的确，在如今我们很多人目力不及的地方，不管看得到看不到，他和他的诗，他的著作，就是一个巨大的存在。

——题　记

出生在偏远贵州的清寒人家，这大约就是郑珍的原罪了，这注定他被世人认知的道路，凭空多了一份艰难，不管生前，还是身后。好在，在必须忧心衣食之前，他已经学会了读书，而且读得不错。这尤其要感谢他母亲和母亲的家族，一个藏书甚富、注重知识的书香世家。

小时候，和其他男孩子一样，他顽皮而聪慧：“时时摘花惹僧骂，官长每以神童骄。”（《偕萧吉堂游桃源山》）师长的赞美，无疑坚定了他读书的志向，所以到十七八岁，就已经“读书扫俗说，下笔如奔川”（《阿卯晬日作》），俨然少年才俊。不久遇到良师，时任贵州督学的程恩泽。程先生为他指出了治学方向：“为学不先识字，何以读先秦两汉书？”并且赐字“子尹”，鼓励他效法东汉尹珍，一位曾赴中原向许慎学习，然后回乡，开贵州教化的先贤。程先生大概不会想到，他当年的鼓励，冥冥中注定了这位年轻人一生的道路。

那个时代，读书人的正途出身还是科举。从二十岁开始，二十年之间，郑珍多次赴省城和京城参加考试，路途备尝艰辛，可惜所获甚微。他开始考虑自己的志趣和道路。三十岁再次落第，他就已经打算“闭关”，专意经学，“纵有贵命宁弃捐”（《追寄莫五北上》），不再去考试了。但为了家计和父母期望，不得不继续奔波。这种心情，黄仲则诗里也有：“倘来事业惭青鬓，未了名心为老亲。”（《丁酉正月四日自寿》）直到父母相继过世后，他才彻底绝意功名，一心居乡，耕读著述。除了庐墓守制的那几年，写诗，一直是郑珍生活的重要内容。后人把他留存的诗歌编成《巢经巢诗钞》。流传虽不甚广，但凡读到者，无不折服。今人戴明贤，心仪其人，涵泳其诗，更是把自己数年心得，用“以人驭诗、以诗证人、因人及诗、人诗共见”的写法，做成一本“诗传”《子午山孩——郑珍：人与诗》。

书中最先让我停下来并反复细看的，是这样一首：

> 日出起披衣，山妻前致辞。瓮余二升米，不足供晨炊。仰天一大笑，能盗今亦迟！尽以余者爨，用塞八口饥。吾尔可不食，徐徐再商之。或有大螺降，虚瓮时时窥。（《瓮尽》）

一天早晨起床，妻子说：家里没米了。诗人的反应不是窘迫焦虑，而是惊诧：你怎么才说呢？现在就是去偷也来不及了啊！算了，咱俩先别吃了。不过你可要勤快着点，经常看看空瓮，万一有田螺姑娘做好事来送米呢！——这个时候还有心情开玩笑。要知道此时的郑珍才不过二十七八岁，血气方刚的正常反应，应该是“出东门不顾归”才是，可他却“徐徐再商之”。恂恂儒者，心地性情可见一斑了。

除了反常反应，整首诗另一个笑点，是它的遣词造句很容易让人联想到著名乐府诗《陌上桑》。起句“日出起披衣”，和人家的第一句“日出东南隅”，是不是很像；第二句“山妻前致辞”，也和“罗敷前置辞”文脉暗通。可是人家罗敷女“前置辞”，夸的是老公“四十专城居”；自己山妻“前致辞”，说的却是家里没米。经典文本和现实生活颠倒相映，错乱生姿，读罢可发一大笑。笑罢却是有一点泪。读书人一至于此！

子尹诗里，家庭亲情和田园生活随处可见。“猫犬共花荫”（《闲庭》），“蝶度菜花前”（《闲眺》），“落日瓜棚五母鸡”（《山居夏日》），“菜摘蚕豆上中叶，樵分鹊巢高下枝”（《雪风》）。连烧柴都要靠拆鸟窝，清贫如此，子尹却能怡然自若，不改其乐。除了天性仁厚，我想可能还和他的生活经历有关。二十五岁那年，子尹长子未满周岁不幸夭折，母亲受此刺激也大病一场。“昨朝此刻怀中物，回首黄泥斗大坟。”（《才儿生去年四月十六日，少四十日一岁而殇，埋之栀冈》）——也许正是这种“人类对刹那间‘人天隔绝’的普遍惊怖”（戴明贤语），才使得他认识到温暖的亲情和平静的家园，是如此重要，须臾不肯分离。

在早年一首题《山居夏晚》的诗里，他这样写道：“雨散暮天青，余光照远汀。草堂朝蝙蝠，瓜架织蜻蜓。晚饭依花聚，林风入酒醒。闲情更无暇，儿女上池亭。”草堂瓜架，蝙蝠蜻蜓，林花儿女，天伦融融，颇有陶诗风致。可是生计所迫，他并不能时时刻刻待在家里享受这种田园风光和天伦之乐，而是不得不辗转奔波，从南到北，从东到西。

为了应考或者入幕，子尹曾经几次离家长行，在途中，念念不忘的就是家人和故乡。思念孩子，“梦醒觅娇儿，触手乃船壁”（《出门十五日初作诗黔阳郭外三首其二》）——一觉醒来习惯性摸摸孩子，结果摸到的只是又凉又硬的空空船壁。一个男人，对孩子居然也能有如此细腻的情怀。思念母亲，念念不忘临别时母亲“倚樽饲幺豚，泪俯彘盘抹”（《芝女周岁》）的情形——在猪圈喂小猪，眼泪扑簌簌掉到猪食盆里。在昆明第一次见到山茶花，马上想到回家后“口谈树高向母赞，指形花大为母娱”（《归化寺看山茶》）——嘴里说着，手里比画着，生恐母亲不相信。母亲去世以后，“三年不事吟咏”，恢复作诗以后，抬笔就是写给母亲的哀思：

> 园角一茅亭，亭后双枣树。几年亭破草荒芜，旧为阿娘拜斗处。……有时阿母来小憩，有时阿母还留连。掔掔挽挽捻菅线，续续抽抽纺木棉。紫蕹堆袍帮妇脱，黄瓜作犊与孙牵。一窠鸡乳呼齐至，五色狸奴泥可怜。……（《双枣树》）

——两棵枣树下面，是母亲曾经小憩留连的地方：有时候捻线，有时候纺棉，有时候帮儿媳妇剥紫蕹的皮，有时候用黄瓜哄小孙子做游戏。呼唤一声，一群小鸡就飞奔过来，花猫也喜欢在母亲身上撒娇……都是普通人家寻常情景，却字字令人下泪。母亲去世十年之后，还写诗说：“当墓修横眉，种梅密无路。一株常默对，是母搭衣树。”（《梅屺》）——墓前一株梅树，是从老宅移过来，经常默默相对，因为母亲曾在这树上搭晾衣物。子尹把母亲安葬在子午山，从此自号“子午山孩”。 一个人长得再大，走得再远，也永远都是母亲的孩子。

旅途风景，异地风情，民生疾苦，则是他诗集中写得很好的另一类题材。比如写公安水灾过后，人民用渔网做篱笆的情形：“公安民田入水底，不生五谷生鱼子。居人结网做耒耜，耕水得鱼如得米。高田鱼落田反芜，生鱼之地变生蔬。网亦从之变其用，环葱绕芥如围鱼……”（《网篱行》）比如写黄果树大瀑布：“断岩千尺无去处，银河欲转上天去……文章之妙避直露，自半以下成霏烟。”（《白水瀑布》）用文章比瀑布，想象奇绝。比如写在云南出公差：“逢树便停村便宿，与牛同寝豕同兴。昨宵蚤会今宵蚤，前路蝇迎后路蝇。”（《自沾益出宣威入东川》）看过小说《围城》的，想必对方鸿渐等人途中遭遇的“肉芽”和跳蚤印象深刻，这一情节应该就是取材于作者亲身经历。钱锺书先生在《谈艺录》里曾提到子尹这几句诗，并说：“余读之于心有戚戚焉。军兴而后，余往返浙赣湘桂滇黔间，子尹所历之境，迄今未改。形羸乃供蚤饱，肠饥不避蝇余……每至人血我血，掺和一蚤之腹；彼病此病，交递一蝇之身。子尹诗句尚不能尽焉。”正是这种相似经历，使得钱锺书先生读子尹诗时感同身受，并给予了高度评价。

三十九岁那年，子尹最后一次赴京赶考，大病一场，几乎死掉，勉强交了白卷出场。在此时所作一组小诗的序中，他这样写道：“自清明入都，病寒，遂夜疟。至三月初七二更，与乡人诀而气尽。三更复苏。以必与试，归始给火牌驰驿，明日仍入闱。卧两日夜，缴白卷出，适生日也，作六绝句。”经此一难，剧痛回头，越发看透世事：“命存哪复计浮名！”（《其一》）发誓从今以后“锄花冢下过余生”。（《其六》）就是这样一位读书人，不想再科举求官，不想再路程奔波，只打算安贫乐道、诗书自娱，可是生活却不放过他。他终究没有走出自己的时代：暮年之人，遭逢战乱，子孙相继夭逝，白发人频送黑发人。在逃难途中，和杜甫一样，他用自己的诗笔，为我们留下了个人家国命运相交织的、饱蘸血泪的“诗史”。这段命运，却是我们不忍复述的了。看了他的晚年遭际，简直不能回头再读他那些写给孩子们的、充满希望和亲情的文字。他当年喜得孙女，“一笑遂称翁”（《谷日知元旦家举孙女，再用沐字韵》）的文字，他溺爱孙子“便令新妇莫教啼”（《六月二日生孙阿厖二首之二》）的文字，都令人无法重新面对。

不仅人事，他一生浸淫其中的经史书籍，也屡遭劫难，晚年更是和家园一起付之乱军一炬。"贫家万卷得来难，连屋成灰也可叹。细算十三年七十，纵存能尽一回看？"（《闻望山堂以十七日为贼毁书示儿其二》）亲手埋下万卷藏书的劫灰，心里默想：再过十三年我就七十岁了，即使书都还在，我也读不了一遍了，烧了也罢！——还能怎么样呢？前人说："诗人例穷苦，天意遣奔逃。"（苏轼《次韵张安道读杜诗》）如果一切都是天意，又能说什么呢？

我在想，假如子尹先生知道自己晚年会遭逢那么多的不幸，他还会那么努力而认真地生活，爱每一株花草、爱每一个人吗？假如子尹先生知道，他呕心沥血写就的诗赋文章，生前寞寞身后寂寂，他还会那么用心地读书、用力地做学问吗？——后来，我觉得，他还是会的。一个人，生在天地之间，不能假良史之辞，不能托飞驰之势，只能靠自己的力量的时候，如果想声名传于后世，那么就只有"努力"二字。

评家多以为郑诗宗韩，在以文为诗、用语奇奥等方面，确乎如此。我却觉得，在精神气质上，子尹和老杜相通更多。站在各自的大时代里，他们"独立苍茫自咏诗"的身影，是彼此叠映的。"苍茫"也是子尹诗歌里经常出现的意象，他年轻安贫乐道时，写"问鱼浑不应，心迹两茫茫"（《安步》）；中年歧路彷徨时，写"谯楼灯火见，独自下苍茫"（《雪中度吴桥至郡黉》）；晚年历尽劫波，写"微雨坐松根，默想苍茫意"（《埋书其三》）……沉思默想之际，独立咏诗之时，诗人们生前身后的苍苍茫茫之感，如今我们只能通过文字，抚摩追想了。

以今日热闹之眼光来看，子尹先生，无疑乃边缘之地边缘之人。处偏远之地，守文化传承，斯文一脉，仅仅不绝如缕。但是他的作品所传达的安贫乐道的情怀，奉亲读书、甘隐田园的生活方式，正是千百年来传统文化中从不曾轻蔑过的，是传统价值里足以抗傲王侯、内心自足的一部分。这一点，无论如何不应该被忘掉。

而戴先生注郑的工作，无疑也是居寂寞之地，做寂寞之事。子尹先生平生致力于经学和古文字研究，行文好用古字，有些地方不免艰涩。限于学识，对先生的经学，我不敢置一词。只能读读诗。幸好有戴先生的工作，才能让我们超越文字隔阂，深深体会古人之心。

《文史知识》2014 年第 6 期

《子午山孩——郑珍：人与诗》，戴明贤著，人民文学出版社 2013 年 6 月出版，责任编辑：杜丽

# 打开梁思成心灵世界的钥匙

——读《梁思成心灵之旅》

王一珂

梁思成的名字家喻户晓，很多人都知道他是位建筑学家，都知道他曾为保护古城北京大声疾呼；但梁思成的建筑思想，尤其是政治理念，知之者可谓寥寥。

如完整把握梁思成的建筑思想，最好通读他的全部学术著作。现有《梁思成全集》九卷行世，全部读完，且还读懂，不但需要时间和精力，还需具备一定的专业基础。把握梁思成的政治理念则更为困难，因为大多数相关档案尚未曝光，相当数量对中国思想史具有价值的文献尚不能被接触和掌握。

可以说，梁思成的研究之路还很漫长。值得庆幸的是，随着时代的发展，一些材料逐渐公开，我们有了探索的可能。

《梁思成心灵之旅》就是这样一部带有探索意义的图书。它由梁思成遗孀林洙整理，分为正编、副编两个部分；正编又分为三个板块。全书可以1960年为界，正编为此前部分，副编为此后部分。用林洙的话说，“前一部分（正编）主要是梁先生的古建调查报告、建国后关于建筑的一些文章，包括在特定历史条件下被迫所做的检讨；后一部分（副编）则是书信，写给我的书信，起自1962年，终至先生去世前夕，几乎全部第一次公开面世”。

个人认为，正编的意义在于，它主要通过节选（在节选的文段之间，辅之以林洙的解读）的方式，以时间为经，以梁先生撰写的建筑（包括美术设计）文稿（包括书信）为纬，向读者大致勾勒了梁思成的建筑历程，对梁思成的建筑思想做了普及性介绍。副编的意义在于，它首次公开了梁思成最后岁月中与林洙的百余封通信，清晰、真实地再现了梁思成晚年的生活状况。尤其可贵的是，它鲜明地展现了梁思成晚年的政治观点和思想困境，一定程度上反映了特殊年代的社会现实。故而，本文更多地对副编多谈几句。

新中国成立不久，梁思成的建筑思想即受到批判，之后的岁月里，这类系统性的批判接二连三，使梁陷入极大的困惑。客观环境的巨大压力，阻碍了他在建筑领域的探索，打乱了他本来明晰的学术思路。他开始不断批判自己，否定自我。他的事业长期处于停滞状态。当然，从梁思成与林洙的书信中我们可以看到，只要条件稍微宽松，只要存在一点点可能，作为一个学者，梁思成就会想到自己未竟的事业，想到自己的学术。相信，当读者看到梁思成向妻子汇报《营造法式》注释工作的时候，一定会为之动容。遗憾的是，这类文字，在梁思成晚年通信中少之又少。

这批文献中保留更多的，是梁思成对政治、时局的看法和认识。不难发现，以1949年为界，梁思成有了明显的转变（这样的转变同样反映在林徽因和他们那一代知识分子身上，只是梁、林更为明显和突出）。作为欧美留学归来的理工科知识分子，梁思成对政治本无兴趣。偶尔接触到政治人物，基本也是与教学或学术研究相关。如东北大学时期与张学良的接触及抗战时期与朱家骅、蒋介石的间接接触。但在1949年以后，情况发生了改变。

经过对比，梁思成对新生的共和国产生了真挚的情感。他选择留下，随之，怀着“士为知己者死”的信念，全身心地投入到新中国的建设中。他接受了马列主义的思想体系并在 1959 年加入了中国共产党。如果说，1960 年之前梁思成还在矛盾中试图保留自我的话，1960 年之后的他，基本上不再进行任何抗争。他的学术思想在遭到批判的同时，政治地位也在一步步提高。他开始不停地参加诸多会议，进行政治活动，无暇也无力再进行过多的学术探索。这个分界，正可以通过《梁思成心灵之旅》的正、副编（尤其是副编）看出。

“文革”前，出国参加国际建筑会议，他关注的是建筑领域的政治斗争（实质上是两大阵营政治斗争的曲折反映）；与往日的学生在国外相遇，他会痛斥其“美帝”思维；观看全国运动会，他高兴的是“突出政治的体育表演，也只有在我们自己的国家才可能看到”；平日里谈及琐事，信末不忘叮咛在乡下参加“四清”的妻子“依靠领导，吃透政策”，“万万不可只顾到自己，把贫农老大爷撇在一边”；看到新疆民族关系和睦融洽，少数民族高呼“毛主席、共产党万岁”时，他欣喜不已；印度总理夏斯特里病逝，梁得知后，从两国关系出发，感到“说不出的幸灾乐祸地高兴”；梁自叹“阶级斗争方面，……一点经验也没有，连土改都未参加，所以非常羡慕你（指林洙）”，“以我这年龄和健康情况，这辈子永远没有可能像你一样战斗在第一线了”。他认为：“对一些伪装的和隐藏的阶级敌人最难认清。希望你（指林洙）在这方面提高警惕，加强嗅觉，时时刻刻不忘用阶级观点去认清本质、分析问题。”罗隆基去世，他表现出冷漠和嘲讽；吴晗受难，他立场鲜明地站在倒吴一边。

客观上讲，“文革”之前的梁思成，虽然学术上受到批判，但仍享受诸多优厚待遇，他依然保持着幽默、达观的心态，依然采取紧跟的姿态，与党保持着高度的一致。

然而，“文革”之后，自认为左派的他，还是未能逃过这场暴风骤雨的冲击。这次打击，比以往任何政治运动力度都大。梁思成的身体逐渐垮下来，精神受到重创。1968 年梁被保护性安排住院，《梁思成心灵之旅》收入的这批书信的最后部分，正反映了梁最后阶段的生活状态和思想状态。尤其令人感触的是，在极“左”思潮的压力下，林洙的两个孩子与梁之间逐渐产生了距离，梁自己的孩子也远隔天涯。梁思成在信中这样向林洙坦言：“假使在‘走’（指自己死亡）以前不能和两个孩子关系搞好，我会觉得永远对不起你们母子三人，我将抱憾而死。”酸楚凄凉之感浸透纸背。此时的梁已由运动之初的紧跟、支持转为彻底的迷茫和失落。

之后，梁思成曾短暂出院。1972 年，他在痛苦、困惑中离世。

可以说，《梁思成心灵之旅》用梁思成自己的文字（相当部分是《梁思成全集》中没有收录的），而不是他人的叙述，为读者梗概了梁心怀瑾玉报效祖国的一生；它用资料梳理和档案曝光相结合的手段，以普及读物的形式，为梁思成建筑思想、政治思想的研究提供了一份材料，贡献了一点力量。虽然这只是一个开始，但我们相信，此后的梁思成研究一定会走向更为深广的领域。

《出版广角》2014 年第 10 期

《梁思成心灵之旅》，梁思成、林洙著，人民文学出版社 2013 年 4 月出版，

责任编辑：王一珂

# 五丁开山斧凿崖

——读《莫友芝诗文集》

葛云波

就在一个方圆不过十里的小山村，贵州省遵义县禹门乡的沙滩村，竟成为后世艳称为“沙滩文化”的摇篮，从清代乾嘉盛世开始，繁荣发展达一百余年，产生了名流学者包括黎、郑、莫三家祖孙五代，出现了郑珍、黎庶昌等巨儒。莫友芝更是其中的佼佼者。

莫友芝（1811—1871），字子偲，自号郘亭，晚称眲叟。晚清著名学者、诗人和书法家，与郑珍并称“西南巨儒”。屡试不第，终身布衣，与当时中国政治、文化上的重要人物曾国藩、张之洞、左宗棠、李鸿章、彭玉麟、郭嵩焘、翁同龢等皆有往来。其创作繁复，是晚清宋诗派的代表诗人。张剑等先生长期搜集和阅读莫友芝的作品和资料，在撰写《莫友芝年谱长编》的同时，将收罗到的各种诗文刻本、稿本、钞本，按照题材及创作先后编辑整理，加以新式标点，汇集而成《莫友芝诗文集》上下两大册，实在是莫友芝之功臣。

该书的最大特色是：汇总莫友芝诗文作品最广最全，收入了罕见的未刊手稿、钞本。诚如本书后记所云：“莫友芝未刊之手稿、钞本数量丰赡，却散存于北京、上海、江浙、川黔、台湾等各地，寻访实在不易。且因系手稿、钞本，藏家视若珍宝，多秘不示人。我们为获一纸，往往费尽周折，耗资当然更不在话下。有时因收藏单位主管者的固执，我们需要多次往返，才能得到所需的材料。”而经过编者的苦心搜罗，汇聚成书，则对于读者阅读来说无疑提供了极大的便利。

本次编辑校点整理的情况大致如下：一、诗歌收录有：新发现的《影山草堂学吟稿》四卷和《郘亭诗补》四卷（517首），以及《郘亭诗钞》六卷（410首）、《郘亭遗诗》八卷（546首）。《影山草堂学吟稿》为早期未刊诗集，前三卷以上海图书馆藏莫绳孙钞本为底本，后一卷《郘亭外集》以中国台湾“国家”图书馆藏莫绳孙钞本为底本，均以中国社会科学院文学研究所藏莫绳孙孙女莫姝珠钞本作参校。其中《郘亭外集》又参校以中国社会科学院文学研究所藏莫友芝手稿本、台湾“国家”图书馆所藏莫友芝手稿本《郘亭诗稿》等。《郘亭诗补》系搜罗海内外各种莫友芝未刊稿本、钞本所得的诗篇，前三卷分别为道光年间、咸丰年间、同治年间所作，不能明确编年者列为卷四。《郘亭诗钞》以咸丰二年遵义湘川讲舍旧刊、同治五年江宁三山客舍补版为底本，校以咸丰二年遵义湘川讲舍原刻本、民国七年贵阳文通书局铅印本《郘亭诗钞》、国家图书馆藏《郘亭先生手稿》等。《郘亭遗诗》以其最初刻本光绪元年莫绳孙所刻本作底本，并参校以《郘亭日记》和北京大学所藏《郘亭诗钞》钞本等。二、词收录《影山词》三卷，以台湾“国家”图书馆藏莫绳孙钞本（123首）为底本，校以民国期间贵阳文通书局印行《黔南丛书》第四集本（114首），并据黔南本补入4首词，参校南京图书馆藏三卷钞本，并据中国社会科学院文学研究所藏莫友芝手稿《影山草堂杂稿》补入1首。三、文收录有：《郘亭遗文》八卷，以其最初刻本光绪元年莫绳孙所刻本作底本；《郘亭杂文烬余录》二卷，无刻本，以台湾“国家”图书馆藏莫绳孙钞本两卷作底本。二种均参校以中国社会科学院文学研究所藏《郘亭文集》

手稿本，以及莫友芝其他著述和清人相关著述等。《郘亭文补》五卷，系搜罗海内外除以上二种之外，各种莫友芝所著单篇之文，据其内容，略分为五卷。《黔诗纪略》《持静斋藏书纪要》《宋元旧本书经眼录》《郘亭书画经眼录》《郘亭知见传本书目》等著作中莫友芝所作的传证或叙录，因其皆已单独成书并公开问世，这次整理，除《郘亭遗文》《郘亭杂文篓余录》已有者，其他概不收入本书，庶免滥收之讥。四、集联收录两卷，以清双鱼罂主人同治十三年辑录《古今集联》作底本。原本仅注所辑联语作者名，未注出处，且时有讹误，此次整理，均标出联语出处，并改正错讹。

本书的第二特色是：辨伪存真，务实可靠。古籍整理自然重视作者的每一篇作品，哪怕只言片语都弥足珍贵，故收集者求全之心甚切。然而个别整理者不辨真伪，鱼龙混杂，求多求全，结果导致他人作品误录进来，误导了一般的读者，大大降低了古籍整理的质量。而莫友芝是书法家，常对其嗜好的诗文心摹手钞，故其遗留的手稿中，相当一部分是移录他人之作，故稍有不慎，即致张冠李戴之误。然本书整理者仔细考辨，去假存真，为读者扫清了重要的障碍。如贵州省图书馆藏《莫友芝先生存真集手稿》，有《刑科右给事中见义陈君墓志铭》《承德郎兑峰陆公表》，实系莫友芝抄自邹元标《存真集》卷七、卷十。台湾“国家”图书馆所藏《独山莫氏遗稿》中，旧题为莫友芝所作的《词稿》一册，其中所录词作实属周之琦，所附诗亦非莫氏自作；而《影山草堂杂文》一册，其作者实为冯志沂、何曰愈等人。整理者不为热爱莫氏其人，而得“书”忘形。可见整理古籍没有热情不行，不沉着冷静亦不可行。

书后附录有丰富的《晚清、民国时期莫友芝研究资料》和精要的《莫友芝事迹简编资料》，为我们深入理解、研究莫友芝及其诗文作品提供了便利。

太平天国灭亡后，遵曾国藩嘱托，莫友芝到江南一带搜访在战火中遗失的《四库全书》，数年后的1871年秋，携次子莫绳孙去泰州查访，船刚到兴化县内，突感风寒，高烧不退，于9月14日病逝，年六十一岁，时手握正在校阅的《隋书》和《黔诗纪略》。兴化知县甘绍棠特于南京莫愁湖畔设置灵堂，供人凭吊。故友曾国藩闻悉，亲率僚属捧香步行到灵堂祭奠，并饱含热泪手书一副挽联："京华一见倾心，当年虎市桥头，书肆订交，早钦宿学；江表十年常聚首，今日莫愁湖上，酒樽和泪，来吊诗人。"千古以下，令人唏嘘不已。斯人已逝，然斯文得借张剑等先生之力，而完善成为《莫友芝诗文集》，寔可喜庆。汪士铎尝评莫友芝诗如"五丁开山斧凿崖，绝无一平土"，移来称颂《莫友芝诗文集》之成，亦不为过。

《古籍新书报》2009年7月28日

《莫友芝诗文集》（上下），张剑、陶文鹏、梁光华编辑校点，人民文学出版社2009年1月出版，责任编辑：葛云波

# 日军暴行　老兵作证

程　文

像往年一样，每到八九月这个时节，就常有大批从日本来的老年游客，他们先到北京，然后或去上海、南京，或去辽宁、山东……这些年逾花甲的老人不是普通的观光者，在他们要去的地方，都留着他们一段噩梦般的过去，埋着他们一生一世的记忆。几十年来，这记忆在折磨着他们的心灵。尤其是每到一年中的那几个特殊的日子，这记忆就使他们每每不得安宁。

2000 年 9 月 16 日，就又有这样一个由前侵华日军老兵一百多人组成的旅游团，赶在“九一八”这个日子之前，去那个五十年前使他们良知回归的地方——“抚顺战犯管理所”旧址，举行集体向中国人民谢罪的活动。这次的老兵旅游团带来了日本文艺社刚刚出版的一本反映前侵华日军第五十九师团在我山东地区推行“三光”政策罪行的纪实小说《永远的祈祷》。作者北冈信夫当晚在他下榻的宾馆约见了我，将这本不平凡的新作签赠给我，让我代书中的陈述人向山东人民转达他们“永远的忏悔”之情。

北冈信夫是知名日中友好人士。他（1937 年生）毕业于早稻田大学政治经济学系，后曾在中学执教，1999 年退休。早在大学期间就因积极开展谴责日本侵华战争、争取和平和促进日中友好运动而屡次受到社会右翼势力的排挤、恐吓并受到过学校当局的处分，险些中断了大学学业。但他一直坚持斗争，后在促进日中关系正常化、恢复日中邦交等各历史进程中，他都是积极的活动家。他在中学任教期间，勇于向学生揭露日军的侵华暴行，甚至直言批评日本政府当局站在社会右翼势力一边，讳言日军侵华历史和诸如南京大屠杀等众所周知的暴行。因而继续受到社会右翼势力的仇视。

1999 年，也是这个时候，经中国艺术研究院电影研究所研究员俞虹等几位老先生的介绍，我接受过北冈先生的采访。当时，他就是受两位已故前日军老兵的生前嘱托，为完成这本书的写作，第二次来华访问的。两年前，他曾来过一次，但未能达到预期目的，所以，他们对那次的中国之行抱有很高的期望。

这两位前侵华日军的老兵，一位名叫紫竹坚一郎（化名），另一位叫大友光司（化名）。日军侵华期间，他们都是日军盘踞在我山东地区的第五十九师团独立步兵一一一大队和四十五大队的曹长级下士官，主要活动在鲁中的从章邱到淄博、青州、临朐、蒙阴、莱芜一带，是 1941 至 1943 年间，日军在“治安强化运动”口号下，对这一地区连续发动烧光、杀光、抢光的大扫荡军事暴行的目击者和参加者。他们参与过无数烧杀掳掠的暴行，亲手屠杀过我手无寸铁的无辜百姓。许多诸如用机枪扫射，拿屠杀妇女、儿童取乐，把无数村庄一把火化为灰烬的情景，以及连普通的农民群众都面对他们的枪口和军刀高喊“打倒日本帝国主义！”“中国人民不会饶过你们！”口号的场面，给他们留下了终生抹不掉的记忆。日本战败投降后，他们被押解到东北“抚顺战犯管理所”，经过多年的教育改造，在认识到日本对中国犯下的滔天大罪之后，他们沉痛地表示认罪，并不止一次地通过有线广播公开交代自己所犯罪行，并大胆揭露他们亲眼目睹的日军在山东的种种暴行。在中华人民共和国开国大典后，提前释放的一批日本战犯中，他们是其中认罪态度最好的一部分人。回国后，他们在与他们同时被释放的两位上司——藤田茂和远野力将军的影响下，为促进日中友好积极参加和平宣传运动，登过揭露日军侵华暴行和向中国人民认罪的讲坛。为此，从二十世纪五六十年代起，也受到日本政府当局和国内极右势力的排挤和恐吓。

战后五十多年来，面对中国对日本表现出的宽容大度和日本一些人对侵华历史死不认账的一贯行径，他们越发对过去所犯的罪行悔愧万分。过去那许多惨不忍睹的场景仍常常把他们从梦中惊醒，他们觉得，身为这场罪恶战争的亲身参加者，有责任把这段历史的真相如实地告诉后人，以求自己的子孙不再重犯历史错误。为此，在日中建交后，他们曾以旅游者的身份来山东，凭吊他们推行过惨绝人寰的“三光”政策的地方，悼念死在他们手下的那些无辜亡灵。

这二人已于 1996 和 1998 年先后去世。生前，他们把自己在侵华战争期间的亲眼所见和亲身所为的事例都口述录音，把它亲手交给了当时还在高中执教的、深受他们信赖和尊敬的北冈信夫先生，恳求他不仅把这些事实告诉学生，而且要把它写成书，以此谢罪于中国人民，也垂诫日本的后世子孙。

北冈信夫先生十分重视这两位良知不泯但已抱憾死去的同胞的重托，决心及早完成他们的嘱托，以告慰这两位受了大半生良心折磨的逝者。为此，退休后，他曾专程来华，根据死者留给他的手稿和音像资料，到我鲁中有关地区进行过按图索骥的查访。时过不到一年，这本和着陈述人血和泪的书终于问世了。它以包括“序章”“终章”和“笔者后记”在内共五章三十三节，对陈述者其人和他们所留的全部资料，分别如实地做了叙述。

《永远的祈祷》也将帮助我们的子孙后代永远记住我们这段历史的创痛。这本书不仅重现了前侵华日军对我山东人民所犯的触目惊心的累累罪行，而且通过老兵的陈述，我们还可了解到许多重大惨案的策划背景，窥见日本军国主义所培养出的一代侵略狂和“东方法西斯”的特征。他们有时肆无忌惮地屠杀无辜，有时是以此为战绩，谋求自己一级军阶的晋升；他们动辄焚烧大片的村庄，以手无寸铁的百姓做活靶，练刺杀，驯军犬，或用刺刀挑起一个婴儿，当众污辱一名妇女，甚至品尝中国人肉，仅仅是为了寻求一种以强凌弱的快意。当然，我们也还可以看到无数的抗日英烈视死如归的革命英雄主义精神，在刽子手们的心理上会产生怎样的惊人反应。

北冈先生在送我这本书的同时还给了我一沓剪报——书出版刚刚一个月，在日本国内就引起了热烈的反响，社会进步舆论盛赞作者为日中友好事业做出的一大贡献。北冈先生说，他总算完成了两位逝者的嘱托，实现了他们的夙愿。“是他们的良知鼓舞了我，更进一步激发了我的爱国心和历史责任感，我必须把他们亲身经历过的历史证言留给后世，让我们的青年一代知道以前的历史教训。否则，日本如果再重犯类似的历史错误，将毁灭的不是别人而是日本自己。”

2001年10月

《永远的祈祷　两个从死亡边缘上生还的日军老兵的真诚告白》，[日本]北冈信夫著，包容译，人民文学出版社2001年10月出版，责任编辑：陈旻

# 迷人的国度，更迷人的诗篇

——读《泰戈尔诗选》

岳洪治

印度是一个古老而迷人的国度。每当说起印度，我们脑海里，便会现出一片莲花盛开、菩提成荫的美丽景象。然而，印度的美丽迷人，还因为有泰戈尔和他的文学作品。泰戈尔用他超凡的创作“在荆棘丛生的地球上，为我们建筑了一座宏丽而静谧的诗的乐园”。人民文学出版社出版的《泰戈尔诗选》，为我们走近这个迷人的国度，欣赏泰戈尔优美的文学作品，提供了一种最为便捷的方式。

拉宾德拉纳特·泰戈尔（1861—1941），是印度近代著名诗人、作家和社会活动家，也是亚洲第一位“诺贝尔文学奖”获得者，世界文学史上的巨匠。他的作品，为印度近代文学，开辟了广阔的道路，在世界文学史上，占有重要的地位，被誉为人类“精神生活的灯塔”。泰戈尔的创作，在诗歌、小说、戏剧等诸多领域，均取得了卓著的成就。然而，从本质上说，他却是一位诗人。诗歌，是他毕生最为倾心，也最为得心应手的艺术形式。他的诗歌，不仅是印度文学中的瑰宝，也是世界文学中的瑰宝。这部《泰戈尔诗选》所选入的《吉檀迦利》

《新月集》和《园丁集》，是泰戈尔最具代表性的抒情诗集。

《吉檀迦利》是泰戈尔的代表作，也是二十世纪文学中，影响最为广泛的一部诗集。该诗集于1912年在伦敦出版后，立即风靡了西方世界；1913年，荣膺“诺贝尔文学奖”。

“吉檀迦利”在印度语中，是“献诗”的意思。因此，这部诗集也可以译为“献诗集”。它是诗人献给一位神祇的心灵之歌，内容主要表现了人与神之间的精神之爱。这位神祇，是从印度哲学中玄而又玄的“梵”这一抽象概念演化而来的，一个人格化了的宗教之神。因此，在诗人笔下，这位神祇，除了经常被直呼为“神”之外，有时也被称为“主人”“朋友”“父亲”，或是“国王”。泰戈尔的宗教哲学思想，主要来源于印度古代奥义书哲学和印度教毗湿奴派教义。奥义书哲学认为，“万有同源，皆出于梵；万有一如，皆归于梵”。——人的灵魂与宇宙精神，具有实质的同一性。无论是山川河流这些自然物类，还是社会人类的精神意识，都不过是“梵”存在的不同形式，都是“梵”这一宇宙精神的显现。因此，诗人所追求的最高的精神境界，就是达到“梵我一如”。而在“有限”中证悟“无限”的欢乐，也便成了《吉檀迦利》这部宗教抒情诗集创作的母题。

《吉檀迦利》共收入103篇作品，是诗人从其同名孟加拉文诗集和另外几部孟加拉文诗集选编而成，并亲自译为英文的。诗集中的作品，歌颂了印度美丽的山川、勤劳勇敢的人民，讴歌了纯真美好的爱情，具有一种催人奋发向上的现实主义精神和浓郁的生活气息。这些作品，以清新质朴、优美自然的语言，生动活泼的形象，表现了诗人真挚热烈而又含蓄细腻的感情。诗篇中宁谧而深邃的意境，将哲理与诗情熔于一炉，充分体现了泰戈尔诗人兼哲人的本色。

《新月集》是泰戈尔以自己的孩子与妻子为原型，以自己的家庭生活和儿童情趣为题材，而创作的一部英文诗集，被誉为世界文学中无与伦比的艺术珍品。这部诗集，收入作品40篇，初版于1913年。

此前，在 1903 年的时候，诗人曾出版过一部《儿童诗》，那是一部孟加拉文诗集。《新月集》中的作品，便是作者自己从《儿童诗》移译过来的。

泰戈尔一生热爱儿童。他总能够从儿童的视角进行观察与思考，总能够站在儿童的立场上说话。他希望自己能够在孩子的世界里，“占一角清净地”（《孩子的世界》）。在《新月集》中，诗人以赤诚的童心，讴歌了儿童纯洁美好的天性；以朴素明快的语言，为我们描绘了一个活泼可爱、天真无邪的儿童世界。这些作品，表现了诗人对真善美的憧憬与追求，洋溢着一种向往自由与和谐的精神。

我们今天能够读到这部诗集，不能不感谢许地山先生和郑振铎先生两位前辈。这部诗集的译介，最初，是许先生向振铎先生提出的建议，他认为：“《新月集》，却又须用新妍流畅的文字译”，而振铎先生，则正是最适宜的人选。然而，振铎先生最终决定翻译这部书，更多则是出于对《新月集》的一见倾心：“我喜欢《新月集》，如我之喜欢安徒生的童话……”郑振铎先生于 1923 年译为中文出版后，至今已流传了将近一个世纪，受到我国几代读者的喜爱。

《园丁集》初版于 1913 年，也是作者一部代表性诗集。这是一部以歌咏人生与爱情为主旨的英文抒情诗集，书中收入了 85 首诗作。如果说《吉檀迦利》是一部“宗教之歌”，《新月集》是一部“孩童之歌”，那么，这部《园丁集》就是一部“生命之歌”了。《园丁集》中的诗篇，有一些是赞美女性与母亲的作品，但是，多数篇章，则主要是对男女之间美好爱情的咏唱。在这些诗篇的创作中，诗人采用了象征主义、唯美主义等艺术手法，细腻而含蓄地表现了男女爱情生活中的方方面面。在对青春爱情进行亲切回味的同时，也对爱情的甜蜜与苦涩、快乐与忧伤等感情，做了理性而深刻的思考。这些诗篇，意境隽永而深邃，发人深思，引人遐想。诗行间充满着动人的青春朝气和真挚爱情所焕发出的美丽光彩。

《吉檀迦利》《新月集》《园丁集》三部诗集，同属于泰戈尔诗歌创作第二阶段的作品。因而，它们在价值趋向和艺术追求上，也具有大致相同的特点。简言之，就是对真挚爱情的歌颂和对纯真儿童的赞美。其中一些作品所带有的神秘意味和朦胧的美，则透露了当时西方象征主义、唯美主义、纯诗，以及为艺术而艺术等文学流派与文学思潮，对泰戈尔诗歌创作的影响。

除此之外，这部《泰戈尔诗选》还收入了一部泰戈尔的《故事诗》集。《故事诗》，是诗人根据佛教故事、印度教故事、锡克教故事和一些英雄故事而创作的诗篇。这些作品，以民歌的曲调和生动的口语，歌颂了英勇的人民、正义的事业，表现了印度人民反对殖民统治、顽强奋进的光荣传统和民族自豪感。因而，这部诗集中的作品，一向是印度中小学课本必选的教材，也是印度人民世代传诵的诗篇。

冰心先生在《吉檀迦利 · 译者前记》中说："在我到过印度之后，我更深深地觉得泰戈尔是属于印度人民的……他用人民自己生动素朴的语言，精炼成最清新最流利的诗歌，来唱出印度广大人民的悲哀与快乐、失意与希望、怀疑与信仰。因此他的诗在印度是'家弦户诵'……"的。我们大多数的读者，或许都不曾到过印度。那么，就让我们翻开这部《泰戈尔诗选》，踏着泰戈尔优美诗歌的旋律，一起来领略一番，恒河两岸的旖旎风光和人民生活的多姿多彩吧。

2002 年 3 月 6 日

《泰戈尔诗选》，[ 印度 ] 泰戈尔著，冰心、石真、郑振铎译，人民文学出版社 2002 年 1 月出版，责任编辑：胡真才

# 斯蒂文森：给人间送光的人*

屠　岸

斯蒂文森的儿童诗集《一个孩子的诗园》中有一首诗：《点灯的人》。1984 年 10 月我访问英国，在爱丁堡的一次出版界集会上，我把我和方谷绣合译的《一个孩子的诗园》中文本送给英国朋友们。座中一位 M 女士翻阅这本书，她不懂中文，但可以观赏书中的插图。她一眼就看中了缪印堂画的一幅，知道是《点灯的人》。她说她非常喜欢这首诗，称赞这幅插图好，画出了那个时代的气氛。她告诉我，那盏街灯现在还原封不动地竖立在这个城市的斯蒂文森故居门外。很遗憾，我来不及去看那盏灯，因为这次访英日程太紧了。2001 年我应邀赴英国讲学，时间充裕，9 月，偕女儿再访爱丁堡。在爱丁堡的苏格兰三作家（彭斯、司各特、斯蒂文森）纪念馆里，我见到展柜中有《一个孩子的诗园》1885 年初版本，正好翻开在《点灯的人》这一页。同时，在玻璃柜内灯光照射下，另一件展品是《点灯的人》的字体放大了的诗节，正吸引着来访者。我随即把它拍摄了下来。斯蒂文森的诗作很多，

* 该文是《一个孩子的诗园》一书新版后记，标题为另加。

为什么突出《点灯的人》？我思考着，走出了纪念馆。我和女儿找到了海略罗大街17号，门上有铜牌："斯蒂文森故居"。可惜不能进去，里面还有住户。这条街上有一排住宅，沿街有一盏盏街灯。17号门外的那盏，该就是斯蒂文森儿时每天傍晚见到工人李利点燃的街灯吧。1984年M女士说现存的街灯是当年的原物，该不会错。这街灯形状古老，保持着十九世纪的风格，只是那时用煤油，现在改用电了。我看着这街灯，感到亲切，就在灯柱旁留影。我想象着当年斯蒂文森见到的景象：工人"李利拿着提灯和梯子走来了，把街灯点亮。"我想着，为什么苏格兰朋友们那么喜欢这首诗。诗中说："汤姆愿意当驾驶员，玛利亚想航海，我爸爸是个银行家，他可以非常有钱；可是，等我长大了，让我挑选职业，李利呵，我愿意跟你去巡夜，把一盏盏街灯点燃！"有人说，诗中的"我"是个资产阶级家庭的孩子，他能以平等的态度对待工人，能以亲切的感情与工人交流，而且毫无阶级偏见，表示自己将来愿意当一名工人，从事体力劳动，为社会服务，因此这首诗非常难能可贵。这也许不失为一种可以认可的观点。但我感到这首诗之所以被许多人喜爱，恐怕在于它体现了一个天真孩子的幸福观。诗中说："只要门前有街灯，我们就很幸福，李利点亮了许多盏，又点亮一盏在我家门口……"在孩子眼里，那个点灯的工人是个光的输送者，他给一家家送来光，因而给一家家送来了幸福。孩子自己将来也要做一个送光者。光是幸福的源泉。《一个孩子的诗园》里有好些诗是歌颂光的。《黑夜和白天》歌赞晨光："花园重新呈现出来，涂满碧绿鲜红的色彩，正如昨晚花园在窗外消失了一样奇怪……"《炉火里的军队》赞扬火光："朦胧的夜色正在降落，炉火把空屋涂成红色，火光把天花板照得暖和，火光在书脊上跳跃闪烁。"《夏天的太阳》称颂太阳："沿着海洋，循着山岭，绕着辉煌的蓝天运行，给玫瑰着色，教儿童高兴，他——伟大宇宙的园丁！"斯蒂文森赞美工人李利，就是赞美送光的人。这跟他赞美送光的早晨、送光的炉火、送光的太阳是一致的。在他眼里，李利就是普罗米修斯。所以，《点灯的人》也是一首“光的赞歌”。

《一个孩子的诗园》里绽放着一朵朵、一丛丛美丽的花，每一朵花都是一首优美的儿童诗。除《点灯的人》外，还有《刮风的夜》《我的影子》《该睡的时候溜了》《漫游》《瞧不见的游戏伴儿》……许多令人难忘的诗篇。《不列颠百科全书》指出：“《一个孩子的诗园》中的诗，表现出一个成人在重新捕捉童年的情绪和感觉时的异乎寻常的精确性。在英国文学中，这些儿童诗是无与伦比的。”请注意这里指出的“异乎寻常的精确性”。斯蒂文森写这些诗时已三十五岁。一般人到了这个年龄，早已把自己儿时的心态忘记了。斯蒂文森不同，他对儿时的情绪、思维、心态、感受有着惊人的记忆力。鲁迅说：“孩子的世界与成人截然不同。”斯蒂文森却能在成年后重新把握与成人截然不同的“孩子的世界”，而且能用优美的诗句捕捉童心，把握童心，表现童心，达到“异乎寻常的精确”程度。这，确实令人惊叹。

我们，无论是儿童读者还是成人读者，读着这些诗，都会觉得心头一亮。那么，斯蒂文森虽然没能成为“点灯的人”，却成了一个给人间送光的人。

《点灯的人》捕捉了作者儿时对点灯工人送光的心理感受，写的是现实。而儿童心态中的一个特点是想象或幻想。比如，他写游戏，把自己和玩伴想象成海上的冒险家；写睡眠，把床想象成小船，把做梦想象成远航；或者，把自己的影子幻想成一个顽童；把冬天的太阳想象成“冰冷的火球”；把被子和床单想象成山林和旷野；把炉中的炭火幻想成行进的军队；把林中草丛幻想成一个“小人国”；更有甚者，把庭院幻想成古代的战场，让自己和头脑中的历史英雄人物在一起砸断镣铐，向敌人反攻……总之，这些诗无论写现实，还是写幻想，始终紧扣着儿童的心理特征、思维方式和审美情趣。而且，写得如此美妙，读来如此悦耳，不仅吸引儿童读者，而且吸引成人读者。读着这些诗，就仿佛进入了一个迷人的童心王国。因此，我深感《不列颠百科全书》对这部诗集的称赞并不是过誉。

《一个孩子的诗园》是二十世纪八十年代初我和妻方谷绣合译，由人民文学出版社出版的。后来再版过几次。2001 年我把这个译本赠送给爱丁堡斯蒂文森纪念馆，该馆负责人表示感谢并予以珍藏。我很高兴这次人民文学出版社再次重印这本书。本书译者之一的方谷绣已于 1998 年病逝。再印此书，也是对她的纪念。她在九泉之下见到这本书的新版本，也会高兴的。

2006 年 5 月 21 日

《一个孩子的诗园》，[ 英 ] 斯蒂文森著，屠岸、方谷绣译，人民文学出版社 2006 年 6 月出版，责任编辑：王晓亚

# 双生波伏瓦

杜　丽

提起波伏瓦这个响彻女性主义天空的姓氏，我们和大多数人一样，只知道那个唯一的，以和萨特的试验关系而为人所议论纷纷的、女权主义或是存在主义的、至今仍光环压身的西蒙娜·德·波伏瓦。我们不知道，这世界上竟然还有着另一个波伏瓦，女画家波伏瓦，不那么声名显赫，和丈夫过着相对安稳的家庭生活的波伏瓦，埃莱娜·德·波伏瓦。这就是《波伏瓦姐妹》一书的作者要向世人讲述的故事：原来波伏瓦还有一个妹妹！

对于那个唯一的波伏瓦，她的童年我们简直可以猜得到——聪明、强势，发育得早，表情决断，小小年纪就具有了权威，越发衬托出妹妹——被遮蔽的那个波伏瓦的焦虑、恐慌、忐忑，人们甚至很少对这个波伏瓦微笑，因为他们把目光都给了姐姐，就算是姐姐抢走自己的好友扎扎，妹妹也只能独自啜泣。

在姐姐的阴影下，这个被称为“玩具娃娃”的小女孩竟然也顽强地、悄悄地长大成人了，——在该结婚的年龄嫁给了萨特的学生里奥内尔·德·鲁莱，成了一个为姐姐所蔑视的“资产阶级妇人”。有一张姐妹俩幼时的照片，在梅里涅克花园里，三岁的埃莱娜和五岁半的西蒙娜，镶蕾丝褶边的小帽衬着她们天使般的小小脸庞，姐姐目光坚定地注视着镜头，妹妹却看向另一个方向，谁能预测姐妹俩人日后截然不同的人生：究竟谁更幸福，或曰谁更幸运？是著作等身、声名显赫的姐姐还是家庭正常、事业有成但不是那么著名的妹妹？这其实也是困扰着几乎所有职业非职业女性的天问。本书作者克洛迪娜·蒙泰伊，也是当代法国的一位女性历史学家、女性主义者，二十岁便结识西蒙娜，日后又因机缘和巧合，成为埃莱娜的忘年密友，她应该是最为了解这对姐妹闺中心曲和隐微的人之一，她告诉给我们的答案和实情究竟是怎样的呢？

从青年时代起，西蒙娜就下定决心不让做资产阶级妇人的命运发生在自己身上，因为她恐惧资产阶级婚姻中的微笑、谎言、虚伪和不得已的后果——通奸。曾经，她认为自己和萨特之间无须这种资产阶级的谎言，两人之间靠的是一种超越世俗的永恒联系。但是，事情并非如同我们想象的那般美妙，这对非凡伴侣的非凡契约带给女性一方的隐痛，以及她为对抗这隐痛所做的努力和付出的代价也同样是非凡的。同时，本书还让我们了解到这样的内幕：西蒙娜去世后，埃莱娜读到了姐姐在致萨特的信中对自己的无情嘲讽和轻蔑，在不能当面质问姐姐的时候，突然发现这些陌生的话语，八十岁的她还是难以释怀；另一个内幕更加体现人生的嘲讽：在 1968 年的那一场学运高烧里，学生都来投奔萨特，西蒙娜感到巨大的失败和失落——她有几千页的书出版了，有千万册的书卖到了全世界，而这个急需新标尺的国家，却没有人来承认她的价值，而一直在姐姐阴影里的埃莱娜，此时正跟随丈夫在乡间作画，在五十八岁上又焕发青春，两姐妹的人生沉浮，令人徒然感叹命运的翻云覆雨手。

有个趣事值得一提，作为一本双人传记，本书的附录却只是西蒙娜·德·波伏瓦一个人的著作目录——这个唯一的波伏瓦仍旧是独自荣耀，而埃莱娜的名字依然是“波伏瓦的妹妹”，也许这就是双人传记的危险所在，如同玩跷跷板，总是难免失衡倒。

《乐周刊》2007 年第 1 期

《波伏瓦姐妹》，[ 法 ] 克洛迪娜·蒙泰伊著，王晓峰译，人民文学出版社 2007 年 9 月出版，责任编辑：黄凌霞

# 那个曾被如此偏袒的敖德萨

杜　丽

最早知道敖德萨这座城市，是通过电影《战舰波将金号》——那因 1905 年“波将金”号军舰起义而得名的、通向海边的漫长雄伟的“波将金”阶梯；最早知道伊萨克·巴别尔这个人，是通过那本几年前被再度发现而喧嚣一时的《骑兵军》；而将这座城市和这个人联系在一起，则是读了手头这本饱蕴着欲望、梦幻、暴力、苦难和另类诗意的奇书——《敖德萨故事》。

这是一本讲述二十世纪二十年代敖德萨这座“上帝之城”“罪恶之城”的种种奇人异事、市井百态的短篇故事集，被誉为是一部敖德萨犹太黑帮朝代更替、男欢女爱的传奇，是一部在敖德萨的废墟上为敖德萨谱写的一曲挽歌。

说起敖德萨，这座始建于 1794 年的黑海海滨城市，不由得会令人感叹时光的翻云覆雨手——这座俄国女皇叶卡捷琳娜二世亲命缔造的海滨要塞，在十九世纪中叶曾位居俄罗斯第三大都会、全世界最大的谷物交易口岸，即使当时整个的俄罗斯都在危机四伏，位于乌克兰大草原南端的敖德萨却仍旧是犹太人纸醉金迷的天堂。这位黑海边上的风姿绰约、妩媚妖娆的绝色女郎，以其混血的气质、风尘的本色，令多少尘世男女都身不由己地拜倒在她那用天使与魔鬼两种面料制成的宽大裙摆之下，臣服于她脸上变幻莫测的欢乐与哀愁交织的表情之中，沉溺在她耀眼的金色阳光和藏污纳浊的沉沉夜幕之下。

幸运的是，对于如今早已随滔滔逝水湮没在历史尘埃中的昔日荣华，敖德萨自有其命定的卓越记录者，或曰说书人——伊萨克·巴别尔。在他汪洋恣肆、纵横驰骋的笔下，当年城里一个个多姿多彩、个性鲜明的底层小人物和犹太黑帮头子的形象呼之欲出，这座城市的昼与夜、红与黑、情与欲、泣与笑、忧与乐被逐一记录下来：其酒绿灯红、其烟视媚行、其不道德的交易、其残酷青春、其生老病死、其勃勃生机……全书既洋溢着世俗的苦乐悲喜，又流淌着苦难的黑色诗意，堪称是又一部尚未被国内读者认识的俄罗斯文学经典——一部有声有色的“敖德萨密码”。难怪《金蔷薇》的作者康·格·帕乌斯托夫斯基会对巴别尔发出如此赞叹：“一位俄语的魔术师诞生了。”美国作家约翰·厄普代克则更加感性地说：“巴别尔的雄文，似闪电，似不眨眼的目击者。”——他们说对了，巴别尔用魔术师般的语言、不眨眼地目击了敖德萨的每一次心跳和脉搏——无论是纯洁的还是邪恶的。

尽管如此，对于我们今天的读者来说，仅仅用文字记录的这本珍贵的密码也许还不足以令我们完全相信敖德萨那昔年的荣光，编者早已预料到了这一点——随书所配的多幅罕见的老照片，则能使读者身临其境地感受昔日发生在敖德萨、俄罗斯的那一幕幕神奇的故事。

作为自己的故乡，巴别尔对敖德萨的感情是格外复杂的——“敖德萨是个人欲横流的城市”。巴别尔在本书开篇就曾经这样宣布；而当他为自己对敖德萨的偏爱而辩护时，则说：是呀，我偏袒它，的确如此，也许是存心要偏袒它，然而，它却有不同之处，那就是，“在这个城市生活尽管单调、忧伤，然而还是非常引人入胜”。

读完这二十一个充满日常性却又异常惊心动魄的小故事，想来今天的读者都会同意巴别尔的话——敖德萨，的确是个人欲横流的城市，在那里生活，的确单调、忧伤，又的确引人入胜——而我要说的是，敖德萨，它曾经在时间中被如此偏袒、被如此厚爱，而今，又在文字中被如此娇宠、被如此珍藏。这正见证了那句迟到的评价：巴别尔是一个天纵其才的作家，而敖德萨，是一座天佑其爱的城市，《敖德萨故事》，则堪称一本天赐人间的奇书。

《乐周刊》2007 年第 2 期

《敖德萨故事》，[俄]伊萨克·巴别尔著，戴骢译，王天兵编，人民文学出版社 2007 年 1 月出版，责任编辑：杜丽

# 温柔：照亮生命中黑暗的灯

——读《我亲爱的甜橙树》

廉　萍

若泽（1920—1984），在有十一个兄弟姐妹的贫困家庭中长大，四十八岁那年，用十二天的时间，根据自己的童年经历，创作了这部《我亲爱的甜橙树》。随后热销四十余年，翻译成几十种语言，拍成电影电视剧，让无数人落泪。

虽然上架建议里写着“儿童文学”，虽然主人公只有五岁，但这是写给成年人看的书，至少是给贫穷暴力中的家长看的。但现实是，最应该读这本书的人却读不到：衣食还顾不上，哪里有时间和闲钱看书呢？和眼下那些粉红色果酱体温情脉脉甜味芬芳的亲子读物完全不同，这本书里，糅合着温情与憎恨、痛苦与幸福、追忆与怀念、生命与死亡、幻想与真相……一个早熟的孩子，用自己的心灵和眼睛，观察、感受、体味、抗争成人的世界，这段经历一直影响着若泽，但直到四十二年之后，他才能够表达出来。虽然此时，作者心中依然有着拂之不去的迷茫。

五岁小男孩泽泽就是作者的童年。圣诞节前，爸爸失业了，脾气变得暴躁。妈妈不得不工作。家里曾经有过九个孩子，因为送人和夭折，只剩六个。他经常挨打，他还要照顾最小的弟弟。这样多子贫穷的家庭生活，今天中国城市的孩子难以想象，但现实中并非不存在。很多中年人的记忆里应该还存一些影子。所以，这个巴西小男孩的故事，我们读来并不隔膜。

贫穷的阴影开始并没有影响泽泽的自由生长。他心中有一只会唱歌的小鸟，他耐心照顾小弟弟，飞翔在幻想的世界：鸡窝是动物园，树叶当门票，篱笆是欧洲，纽扣可以做成甜面包山的缆车，蝙蝠是空军基地的飞机……当然，他也淘气，比如，藏起伯伯的眼镜，用玻璃片割断邻居的晾衣绳，说脏话……通常换来一顿狠揍。

第一次触摸到贫穷“干枯的手指”，是圣诞节。他没有得到礼物，不能送给小弟弟礼物，甚至没有像样的晚餐。圣诞节是有钱人的节日。在别人的快乐中，孩子们窥到了生活的真相，“大家全都是大人了，全都是难过的大人了。正把悲伤当作圣诞晚餐慢慢咀嚼着。”泽泽把怨气转移到父亲身上。“有个穷爸爸真是糟糕透顶！”爸爸听到后“眼睛瞪得老大老大，好像比平时一下大了许多，大得可以布满班古电影院的整个银幕，里面充满了悲伤”。泽泽意识到了对爸爸的伤害，决心弥补。他擦皮鞋赚钱，给爸爸买了一盒烟。感动的爸爸用勺子一小口一小口喂抽泣的泽泽吃沙拉。这是书中难得一见的温情场面。

泽泽天性中有善有恶，外部的温柔与粗暴也在较量，把他往两个方向扯。有时候温柔与爱占了上风。派姆小姐虽不漂亮，却是一位称职的老师，她经常在课间给泽泽零钱买点心，她说泽泽是读得最好的学生。泽泽更加喜欢上学了，他把“小魔鬼”收进抽屉里。每天上学路上，泽泽从别人的花园里摘一朵花儿送给她。泽泽不知道这是“小偷”，他以为花儿都是“上帝的”。好老师又一次救了他，她说：“花瓶永远都不会空着，每当我看它的时候，就会看到世界上最美丽的花儿，我就会想，这是我最好的学生送我的花儿。”

可是在家里，泽泽依然挨揍。他看到爸爸难过发呆，决定做点什么。他开始唱他认为最好听的歌："我想要一个裸体女郎……"爸爸的反应出乎意料，一记耳光打到他的脸上，"再唱！""我想要一个裸体女郎……"又一记耳光，又是一记耳光……"我的脸几乎动弹不得，好像被掀掉了。我不知道自己是应该停下来还是应该听爸爸的话。……可是在痛苦中我下了一个决心：这是我最后一次挨揍，最后一次，哪怕我因此而死。"这次挨揍，泽泽大病一场。心理发生了变化："当你不再喜欢一个人，他就会在你心里慢慢死去。"泽泽在心里杀死了爸爸。

幸好还有老葡，一个在泽泽心中"先死后生"的忘年好友。泽泽曾经因为扒他的车被打了屁股。但恰恰是他，成了最理解、关心泽泽的人。他带泽泽看医生，教育他不说脏话，一起去钓鱼、看电影，终于在泽泽心中重新种下温柔和快乐。快乐就是心中有个灿烂的太阳，这个太阳照得一切幸福。老葡就是泽泽心中的太阳。泽泽甚至请求他收养自己。但老葡说：我不能把你从你父母那里带走。老葡承诺像亲生儿子一样对他。泽泽懂得了什么是温柔，感受不到温柔的生命并不美妙。

可是，老葡意外死亡。泽泽的世界重新破碎。"痛苦就是整个心在疼，……它让人四肢无力，情绪低落，连脑袋在枕头上动一动的愿望都没有。"泽泽不知道"哀莫大于心死"的中国古话，但是他体验到了。这是泽泽最黑暗的时刻。这段黑暗影响了他的一生。

泽泽心中曾有一只会唱歌的小鸟，当他用自己的思想思考——"自己在心里说话、在心里观察事物"——的时候，就把小鸟还给了上帝，选择了甜橙树。甜橙树可以对话，可以倾听，可以让他以梦为马。老葡死了，这棵甜橙树也被砍倒了。泽泽唯有长大。一切在他眼里都恢复了无意义的本来面目。亚马孙河只是水沟，动物园只是鸡窝，黑豹子只是一只黑母鸡。不满六岁的孩子变成了大人。

这是一本伤感的书。父亲粗暴，母亲缺位，家里最亲密的人，小弟弟路易斯，在二十岁的时候放弃了生命；姐姐格格，在二十四岁的时候也认为活着已经没有意义。泽泽坚持下来了，也许是因为老葡，一个陌路人，曾经给了他那么多的温柔。这些温柔，成了照亮生命中如漆黑暗的唯一那盏灯。成年后的泽泽也开始送给孩子明星照片或弹球，可是，“有时候，我在温柔中感到幸福；有时候，我却感到迷茫，而这种情况甚至经常发生。”

一灯如豆，如何才能照彻生命？唯有每个人，每个人都点亮手中的温柔之灯，才能为自己的孩子，别人的孩子，照亮前程。

《深圳商报》2011 年 1 月 10 日

《我亲爱的甜橙树》，[巴西]若泽·毛罗·德瓦斯康塞洛斯著，蔚玲译，人民文学出版社、天天出版社 2010 年 6 月出版，责任编辑：王永洪

# 外国诗歌百篇必读

屠岸　章燕

诗歌是人类最早的表达情感的艺术方式之一。它伴随着生命而来，伴随着人类对于自我的猛醒意识而来。在远古，人类就把与自然的交流，与万物生命的汇合，与邪恶力量的争斗融入诗歌的境界和诗歌的幻想。高亢的旋律，低沉的吟咏，欢快的节奏，舒缓的乐音，语言之优美与音乐之律动，在诗歌中达到了完美的结合。在人类从蒙昧走向文明的路途中，诗歌带给人心智的启迪，开启了人类对美的追寻，对真理的探索，对智慧的渴求，对理想的展望。然而，文明的进程同时也伴随着令人难以逃离的苦难，而诗歌则使人类在凄清与悲凉中获得勇气与力量，带着希望与理想踏上人生的旅途。及至现代的工业文明对人类心灵的侵蚀，理性的失落与幻想的衰退更使人类对自身的心性危机有了彻骨的感触。在这个充满不安与危机的时代，正是诗歌在唤醒麻木的神经，拯救受伤的灵魂。诗歌成为人类现代生活的精神解救剂。正如海德格尔所期待的，人类必然向着最终能够“诗意地栖居”这一目标而前行。

外国诗歌浩如烟海，要想在这样广大的诗歌海洋中挑选出一百首最为精湛的诗作献给读者，并非易事。就地区来说，我们选择的空间跨越了东方与西方，涵盖了欧洲、亚洲、非洲、北美洲、南美洲的三十余个国家的优秀诗作。欧洲的诗歌是与她的文明进程一同行进的，有着悠久的历史和丰富的样态。它的源头可上溯到古希腊时期。古希腊诗人宛如受到奥林匹斯山神的引领，在诗歌的天宇翱翔。他们以优美的音韵，温婉抒情的格调和充满幻想的意象给欧洲人开启了神圣的诗歌之门，影响了后来欧洲诗歌中浪漫抒情风格的形成。稍后的古罗马时期的诗歌作品在继承希腊传统的同时，进一步丰富了诗歌创作的形式，在诗歌风格、诗歌语言、诗歌意象等方面都有了极大的拓展。诗人们在一种严谨而雄浑的诗体中表达情感，抒发情致，使这一时期的诗歌形成了欧洲文化中又一种影响深远的创作范式——古典主义。然而，古希腊罗马时代作为欧洲诗歌发展的早期，大量优秀诗作主要为叙事诗，抒情诗数量较少。我们这里所选的这一时期的诗歌仅有几首。希望读者能从这几首诗作中体味出欧洲诗歌在其青春年少时期的永久魅力。文艺复兴时期是欧洲跨越了中世纪的黑暗之后迎来的人性复归的伟大时代。这一时期的诗歌发出了对人性永久而深沉的呼唤，它赞美纯洁灵动的心性，高扬求索与怀疑的精神，歌咏美的自然与一切美的事物。意大利诗歌在文艺复兴的早期首次奏响了人文主义的凯歌，给整个欧洲带来了追寻真理，赞美人性，质询权威的清新之风，出现了但丁、彼特拉克等一批杰出的人文主义诗人，影响了整个欧洲的诗歌发展，为这一时期欧洲诗歌的繁荣起到了引导与启蒙的作用。文艺复兴时期的诗歌在十六、十七世纪的英国达到了全盛，取得了令人瞩目的成就，涌现出莎士比亚、弥尔顿等伟大诗人，把人文主义的精神推向了高峰。十七、十八世纪理性时代的诗歌成为智性的精粹，那富于哲思的机智与奇想给人带来思索与警醒。但是，以新古典主义艺术原则来规范诗歌的创作在一定程度上限制了诗歌的自由。十八世纪末十九世纪初，浪漫主义诗歌运动覆盖了欧洲的大部分地区，带来了诗歌在摆脱了新古典主义之后的全面新生。诗歌在这个时期启蒙了人类向往自由与博爱的精神，使人感悟到自然的灵魂与人类心智的融合。诗歌引领人们去觉察、去体悟那神秘朦胧的未知世界和梦幻与想象中的潜能与力量。诗歌艺术达到了欧洲诗歌发展史上的高峰。在英国有华兹华斯、拜伦、雪莱、济慈，在法国有拉马丁、雨果、缪塞，在德国有歌德、席勒、荷尔德林，在俄国有普希金、莱蒙托夫等大诗人的出现。在波兰、匈牙利、罗马尼亚等国家也涌现出杰出的浪漫主义诗人。他们的诗歌创作推动了整个欧洲浪漫主义诗歌运动，为此后诗歌向着更为独特而具有个性的审美原则发展开辟了道路。十九世纪后半叶，法国的象征主义诗歌重视感情中直觉的因素和对感情的意象化表达，而反对在诗歌中直接传达思想，反映现实。他们的这一艺术思想给诗歌审美带来了新的生命。波德莱尔、马拉美等诗人的创作为十九世纪末的唯美主义诗歌和二十世纪的现代主义诗歌开了先河。二十世纪的欧洲诗歌是一个呈多元趋势发展的时代，既有艾略特、庞德的英美现代主义诗歌，也有俄国的现实主义诗歌、西班牙的现代主义诗歌，等等。他们风格各异，形式多样，为这一时期的诗歌带来的是斑斓的多元化的色彩。

北美洲的诗歌主要是美国诗歌，它与欧洲的文化传统源远流长，不可分割。但北美诗歌历史较欧洲短得多。它开始于十八世纪，而那时的诗歌创作尚未脱离欧洲文化的影响。值得重视的是美国十九世纪以来的诗歌创作，它以极其高昂的热情和顽强的、具有美国风格的开拓进取精神给二十世纪的诗歌发展注入了新的活力。从爱伦·坡到惠特曼、狄金森、弗罗斯特，再到庞德、威廉斯，美国的诗歌发展始终沿着独特与创新的道路前进，为二十世纪的现代主义诗歌以及后现代主义诗歌的走向提供了新的可能。

欧美诗歌中还有一个相当重要的部分，那就是西班牙与南美洲国家的诗歌。这一部分诗歌在二十世纪的欧美诗歌中占有重要地位。他们的诗歌一方面以民族的和民间的文化为根基，发展诗歌的本土性与根性，另一方面则着重以沉思的、睿智的独特眼光来观察人的心智，探索人与自然的关系，思考永恒的生命与宇宙的本质，体味丰富的人生哲理，在超现实主义的审美追求中开创了诗歌的又一种质性。

与欧美诗歌传统不同，古老的东方诗歌神韵带给人们又一种精神与灵魂的超越。在这里，东方的概念是广阔的，包含西亚、中亚、东亚及南亚各个地区以及非洲各地。从现有的资料来看，诗歌的源头在东方。早在三千年以前，在西亚的两河流域就已经流传着一些史诗的故事情节，后经文人整理形成文字。西亚的诗歌汇集了东西方两种文明的精华，既有东方文化对奇思幻想、神秘超脱、飘逸放浪之境界的追寻，又融入了西方文化对现实生活和理性思维的观照，成为构架两大文明的桥梁。古希伯来诗歌和阿拉伯诗歌都具有相当的影响力，构成了东方诗歌的最早样式。文明古国之一的波斯素有“诗国”之称。波斯诗歌在一定程度上继承了阿拉伯诗歌的传统，同时在诗歌结构、语言形式等方面开创了新的反映本民族的精神与历史的优秀诗风。诗人们在诗歌中表达对生活的热爱和对人生的思考，诗作意境深远，语言凝练典雅，富于哲理，同时也充满抒情的格调。中古之后，中亚地区的诗歌得到了发展，土耳其的诗歌把宗教理想、哲理性的教诲与对现实生活的反映融合起来。此后，这一地区的诗歌多反映民族的危亡，与争取自由与解放的斗争结合起来。十九世纪末二十世纪初，这一地区的诗歌受到象征主义、唯美主义的影响，创造出富有新意的诗歌形式和意象，与世界现代主义诗歌同步，涌现出了纪伯伦那样的在世界范围内产生广泛影响的大诗人。南亚的诗歌我们选择了印度和印度尼西亚诗人的作品。印度的诗歌与它的宗教与文化紧密相连，有着悠久的历史和丰富的传统。长篇史诗作品对印度以及整个东南亚的文化与文学产生了不可忽视的影响，在东方享有盛誉。泰戈尔的诗篇文笔优美清新，将抒情与哲理融于一体，在世界范围内吸引了大批的读者，成为古老东方文化的不朽之作。日本诗歌则与我国的诗歌有着源远流长的关系，它的俳句作为日本诗歌最为独特的品种曾经受到美国现代主义诗人庞德的推崇，庞德还受到中国古典诗歌的巨大影响，由此开启了西方现代主义诗歌，使得古老的东方诗歌意境与现当代的西方诗歌相互连接，相互依存，成为不可分割的诗歌整体。非洲的诗歌更加传达出热情的、青春的和原始的呼唤，召唤着文明在反思与警醒中探索人类的未来。塞内加尔、尼日利亚等国的诗歌创作在非洲较为突出，尤其二十世纪以来出现了一批优秀的诗人诗作。索因卡是第一个获得“诺贝尔文学奖”的非洲作家，这说明世界在今天对非洲文化已开始重视。西方人在经历了漫长的历史变迁之后终于开始把目光投向这片古老的土地。

欧美诗歌的翻译是过去我国诗歌翻译的重点。许多著名诗人的重要作品已经被译介到中国来。亚、非、拉各国的重要诗歌作品，也已陆续译成中文。我们选择的对象着重在几个方面，其中之一是尽可能选名作名译。一首诗可能有多种译本。诗翻译得好与不好直接影响到读者的理解和欣赏。因此，我们力求选择翻译得较好的译本奉献给读者。另一个是在选择名作的同时，关注一些重要的而以前我们介绍得较少的作品。例如，莎士比亚的诗我们除选了一首人们较为熟悉的十四行诗之外，还选择了另一首同样是十分重要的诗《凤凰和斑鸠》。这首诗国内的读者以前不很熟悉，但它却是莎士比亚十分独特而重要的作品。我们选择这样的诗，意在让读者尽可能了解那些他们过去不太熟悉，但却是重要的诗作。还有一个就是选择一些以前国内介绍得较少的，但却是十分重要的诗人的诗作，比如这里入选的德语诗人策兰的作品。这是一位十分独特的诗人，一生经受各种折磨和坎坷，诗作十分艰深，但读来却能够从中得到感悟和启发。他是奥地利现代的重要诗人。

对于东方的诗歌，我们选择的目标集中于重要诗人的名作，其中有些是读者熟悉的，比如泰戈尔的作品。但仍有一些诗作读者可能比较陌生。我们希望给读者提供一个比较全面地了解世界诗歌的窗口。但是，仍然有不少遗憾，比如，从篇幅来看，欧美两地的诗作要远远超过其他地区。这或许是西方中心主义仍在作祟的缘故吧。由于历史传承的惯性作用，这种“祟”还是很难彻底排除。再比如，我们选择的诗歌多数集中在二十世纪以前，是传统上已经被公认的优秀诗作，一些在现当代诗坛上有影响的诗人的作品入选的较少。还有一点更为遗憾，就是由于篇幅的限制，许多优秀的诗歌不得不割爱。

在编选过程中我们征求了多位专家学者的意见，他们是孙绳武、郑敏、绿原、卢永福、夏玟、吕同六、林一安、王永年、黄晋凯、北塔等，他们给予了热情的帮助和指导。他们对选目、对不同的译本发表了不少好的意见，对名篇的选择谈了很有价值的想法，他们中有些人还给我们提供了较好的译本。在此对他们表示真诚的谢意。

我们在认真听取专家学者意见的同时，也仍然在用自己的心智去理解和感悟每一首诗，以我们的心去接近每一首诗。所选的诗也是我们为之动心的。比如，一般选本中都不见俄罗斯诗人巴尔蒙特的《生命律》，但我们偏爱它，因而，把它选入这个选本中，希望读者也能喜欢。当然，也有一些诗仅因为它的重要性和知名度才选入，比如金斯伯格的诗《嚎叫》。本书中的注释绝大部分为译者本人所加，也有个别注释为编者所加，书中不一一指出。

根据“外国文学经典百篇必读书系”的整体要求，本书书名为《外国诗歌百篇必读》。这里的“百篇”是取其整数。我们对所选诗歌的篇数尽量压缩，但仍不能限制在“一百”这个数字之内，本书实选诗歌数为一百二十七首。

作为世界诗歌的编选者，我们的学识和能力有限，这个选本必定存在疏漏和不妥之处，希望读者给予批评指正。

2011年6月

《外国诗歌百篇必读》，屠岸编选，人民文学出版社2011年6月出版，责任编辑：马爱农

# 柳成荫装帧艺术*

李吉庆

柳成荫先生二十世纪五六十年代在我国出版、装帧艺术界及文学爱好者中已享有盛名。记得在青少年时期，我就对书籍装帧艺术产生了浓厚的兴趣。每当去书店或是图书馆浏览、借书，我特别注意书的封面设计。那时，我很喜欢当代文学图书，有许多作品不仅内容好，而且封面设计得很新颖，很吸引人，对有些设计好的书爱不释手。有一批设计家的作品我很欣赏。其中柳成荫先生设计的书，我更加偏爱，如他设计的《红色的果实》《生命线》《夜归》《激流飞渡》《真正的人》《新同学》等书的封面，都给我留下了深刻的印象。

由于从小喜爱这门艺术，1959 年我如愿以偿地考入了中央工艺美术学院书籍美术专业。对装帧艺术界的情况开始逐渐了解，我才真正对装帧艺术这门学科有所认识，对柳成荫先生也就更加关注。1964 年大学毕业，我分配到过去做梦也没想到的我国出版中外文学的最高殿堂——人民文学出版社工作。能和我十分敬重、久仰的著名

* 该文是《柳成荫装帧艺术》一书前言，标题为另加。

装帧艺术家柳成荫先生等几位前辈一起工作，我感到非常荣幸。这是我真正学习工作的开始。我十分珍惜这块园地，诚心诚意地向老一辈艺术家学习。

我和柳成荫先生在人民文学出版社共同工作生活了三十多年，可以说是他的知己，对他的人品、为人，所从事的美术编辑工作、装帧设计和插图创作比较了解。今天，人民文学出版社出版《柳成荫装帧艺术》专辑，我感到十分欣慰，认为人民文学出版社做了一件非常有意义的事，体现了出版社领导对这门学科的重视。无论是我国的文学艺术界，装帧艺术界，还是人民文学出版社，对于深入探讨和发展这门独特的艺术都具有重要的现实意义，特别是在当今进入电脑设计和制作的新时期。

《柳成荫装帧艺术》精选了八十余帧中外文学作品的封面设计和九十余幅插图，大体代表了作者的艺术水平。在这里我不想就具体的作品进行分析评论，还是留给同行和读者去品味欣赏。我着重就柳成荫先生在装帧设计和插图创作方面的业绩和艺术风格、特色概括做个介绍。

柳成荫，原名沈荣祥，1929 年生，苏州人，1950 年毕业于苏州美专西画系，1950 年分配到北京出版总署新华书店总管理处美术编辑室工作（这是几个国家出版社的前身）。1951 年调入人民出版社，1953 年调到人民文学出版社，1957 年作家出版社成立，任美术组组长。1962 年作家出版社合并到人民文学出版社，从事美术编辑、装帧设计和插图创作，直到 1992 年退休。

柳成荫先生热爱书籍装帧事业，四十年如一日，始终以饱满的热情，全身心地投入创作设计工作，默默耕耘、埋头苦干，以甘当“孺子牛”的精神，先后创作设计了古今中外的书籍封面和插图近千幅，精心创作设计了许多高质量、高品位的优秀作品。他为中国的著名作家：鲁迅、茅盾、巴金、冰心、丁玲、臧克家、胡风、光未然、艾芜、田间、杜鹏程、浩然、魏巍等设计封面，为外国的名家：雨果、大仲马、巴尔扎克、果戈理、列夫·托尔斯泰、屠格涅夫、泰戈尔、法捷耶夫、高尔基、陀思妥耶夫斯基等设计封面和插图。其代表作有：《台湾小说选》《南行记》《随想录》《芙蓉镇》《将军吟》《地球的红飘带》《周恩来青年时代诗选》《诗情与哲理》《中华散文珍藏本》（丛书）《悲惨世界》《基度山伯爵》《简·爱》《屠格涅夫文集》《列夫·托尔斯泰文集》《安娜·卡列尼娜》《母亲》《静静的顿河》……

有不少作品多次参加国内外的展览，并多次获奖，受到同行、作者和读者的好评，有不少作家亲自写信向他本人表示感谢。可以毫不夸张地讲，柳成荫先生在装帧设计和插图创作上显示了他极高的艺术造诣，对于出版事业做出了突出贡献，在我国的书籍装帧艺术方面占有一定的位置。他在文学艺术界、出版界、装帧艺术界和文学爱好者中享有很高的声誉，但是他本人从不张扬，为人谦虚谨慎，默默地、认认真真地工作，堂堂正正做人。这是非常难能可贵的，为我们树立了学习的典范。

柳成荫先生的创作经历，我想大致分两个阶段。二十世纪五十至六十年代末，是他的第一阶段。新中国诞生，社会发生了翻天覆地的变化，思想建设和经济建设突飞猛进，文化艺术事业得到蓬勃发展。中国文学艺术创作相继进入繁荣发展的新时代，新的文学作品层出不穷，对于装帧艺术来讲，应该适应新形势、新时代的需要。柳成荫先生正是在这一全新的时代开始从事这项工作的。对于书籍装帧这门艺术，大家既熟悉又生疏，远的不说，真正的革新与发展，是从“五四”以来的新文化运动开始，鲁迅先生亲自领导并参与对书籍装帧艺术的改革，他带领和团结了如陶元庆、司徒乔、孙福熙、钱君等一大批的艺术家，创立了新的现代风格。据记载，当时由鲁迅先生亲自装帧的书就有五十六种之多。他是我国现代书籍装帧设计的开山人。进入六十年代，新的课题摆在我们面前，沿着二十至三十年代的路走下去，显然是不适宜，因为时代变了，书的内容不同了，书籍装帧艺术的形式必须适应新时期的需要。现在装帧艺术界常提的一句话，即要观念更新。其实在二三十年代就是这样做的，到了五十年代也是这样做的，只不过随着时代的变化，文学艺术创作的发展，不断对装帧艺术提出新的要求，以适应新时代的需要罢了。

柳成荫先生遇到的新课题就是如何开展新的工作。他是经历了一个学习、提高到创新的过程。在这个阶段，他着重以封面设计为主，经历了酸、甜、苦、辣，这种感觉只有同行们才能真正体会到。

书籍装帧艺术是一门综合性的造型艺术。它是属于工艺美术的范畴，同其他兄弟艺术相比既有其共性又有其个性。各种画种、各种艺术流派、各种艺术形式，包括民间艺术，都可应用于书籍装帧设计中，具有巨大的包容性。同时，它又是一门独特的艺术，因为它要从属于书的内容，依附于书，这就是它的从属性。但又不完全受书的内容约束，它并不是书的图解。设计者完全可以发挥自己的创造性，也就是它的独特性。设计者还往往受到书的成本、印刷工艺、制版、纸张、材料等方方面面的限制，如此，就形成了以一种独特的艺术语言形式奉献给广大读者。柳成荫先生为掌握这门独特的艺术语言，不断地学习、磨炼，在实践中不断总结，不断提高，不断创新，付出了极大的辛劳。

他首先十分重视生活的积累。因为生活是艺术创作的源泉，对于从事文学书籍设计和插图创作尤为重要。生活的积累来源于两个方面：一个是直接的生活积累；另一个是间接的积累。柳成荫先生从不放过下去深入生活，搜集素材的机会，他认为：下去写生，目的不一样，有两种方法，一种是从绘画的角度作画，搜集素材，见什么画什么，为创作的依据；另一种是从封面设计的角度，对自然景象，从构图的要求进行取舍，这样搜集的景物是自然的又是我的。他是从书籍装帧艺术的角度来看自然景象，用装帧艺术独特的方法将它们表现出来。多年来他直接搜集掌握了许多生活素材。同时，他从不放过来自间接的生活素材，既注重传统艺术的学习，借鉴古人，古为今用，又对外来文化艺术进行探讨研究，从画册、杂志、展览、电影、文学作品、戏曲、音乐以及曲艺等姊妹艺术中汲取养分，来增强丰富自己的艺术素养。“读万卷书，行万里路”对一个艺术家来说十分重要，柳成荫先生就是沿着这个方向走的。他经过多年的辛勤努力，积累了丰富的生活资源，开阔了视野，具有了很高的艺术修养，熟练地掌握了这门艺术。

“文革”后，经过拨乱反正，文化艺术领域获得新生，书籍装帧艺术空前的繁荣，进入了大发展的新时代。这也是柳成荫先生进行创作设计的第二个阶段。新的形势为文化艺术创作创造了非常好的环境，充分调动和发挥了设计和创作的积极性，他更加全身心地投入到设计的创作中，可以说，这是他大显身手，创作和设计大丰收的鼎盛时期，真可谓全面开花、硕果累累。他这一时期的创作不仅数量多，而且质量高。前面提到他的代表作，其中大多数优秀作品就是出于这个时期。这一时期，他的封面不仅设计得好，而且创作了许多中外名著的插图。这也是和第一阶段不同的。

每一个装帧艺术家同其他画家、艺术家一样，其作品都有自己的艺术风格和特色。柳成荫先生的装帧艺术风格、特点大致可以用：简练、清新、含蓄、高雅、庄重、大方十二个字来概括。这是他集多年的积累、高深的修养，刻苦磨炼、不断创新的结果。

封面设计，这个巴掌大小的园地，有人把它称作书的衣裳，有人把它视为作者与读者之间的桥梁……总之，对这块小小的园地，千万小瞧不得，它可以放射出巨大的艺术光芒，产生无限的艺术魅力，有多少个画家、装帧艺术家在这块园地上耕耘、探索。柳成荫先生耕耘了一辈子。在封面设计方面，他始终追求形式与内容的统一，追求封面的含蓄性、内在的美。首先他的创作态度是严肃认真的，他是把封面设计作为一种创作对待，以锲而不舍、永不满足的精神，进行创作设计。他认为："对一本书，首先要了解书的内容，经过思考形成对作品的概念，在这个基础上进行构思……"他强调进行创造性的构思，"既不脱离书的内容，又不受内容拘牵……先立意，要'意在笔先'，'迁想妙得'。"他认为："构图（布局）是形式美的重要标志，在构图上突出一个'奇'和'巧'字，但'奇'和'巧'应该是'平'中的'奇'和'拙'中的'巧'。"他对四世纪谢赫提出的绘画法则——六法论中的"经营位置，则画之总要"——理解得颇为深透，"布局是体现形式美的重要基础。""一个好的封面设计，给人第一个印象是引人入胜的，往往是新颖的布局……要做到画面小，景物少，而意境开阔，浩瀚幽远，意趣无尽，这才是一种美的境界。""封面设计的特点，就是要以少胜多，少就是概括，'少'要不失充实，'少'要比多更耐看，给人以丰富的感觉。"柳成荫先生遵循丰富的想象力进行构思。他为了设计好一本书，通常要画出几幅精美的草图来，有的达到十几幅草图，这是一般人想象不到的，也是不可理解的，但是柳成荫先生就是这样做的。迄今他还精心保留着那些珍贵的设计小样。常言道，一定的量反映一定的质，这是量变到质变的辩证关系。这是柳成荫先生所以能够创作设计出如此多的高、精、尖的作品原因所在。

柳成荫先生封面设计的另一个特点，就是表现方法的多样性。他原先学习的是西画，具有扎实的造型能力，但到了人民文学出版社，从事的又是中外文学的设计和创作，需要有丰富的极强的表现力。他善于从中外艺术的各种表现形式和方法，拿来我用，融会贯通到封面的设计和插图创作中，形成自己的风格，极大地丰富了表现力。在他的作品中，有写实的、有写意的，有具象的、有抽象的，有传统的、有现代的，有黑白的、有彩色的，有绘画性强、有装饰性强等多种多样的表现形式和方法，运用自如，得心应手，是个多面手。

值得一提的是，他的不少作品，采用了他拿手的写实技能。运用肖像画的表现方法，把一本书的作者或书中的主人公刻画得惟妙惟肖，如为著名作家鲁迅、丁玲、巴金、冰心、冯雪峰、臧克家、冼星海、王任叔等造像，并用多种巧妙的手法用于封面上，起到真实、动人、可亲的艺术感染力，显示出深厚的功底。

他在色彩的运用上也别具匠心。为了“随类敷彩”的需要，对封面的色彩有独到的研究，形成了他的清新、明快、优雅的风格。“文革”前，制版、印刷、纸张材料比较落后，还要考虑到成本问题，出版社一般要求封面用铅印的做法。即使用胶印的办法，也往往都限制在四色之内，设计和效果受到很大的局限，当时铅印的封面类似套色版画的样子。难怪西方有人把中国的封面列为版画的范畴。柳成荫先生就是在多种限制的约束下，创造性地研用了一色多用，油墨重压的手法，使两色可以产生多色的艺术效果。为了深入研究彩色油墨相压产生不同效果的规律，他多次亲自下厂和工人师傅一起实验、积累经验、收集制作了油墨重叠相压的色标样本，大大提高了工作效果，丰富了封面色彩的表现力。不仅如此，他还是最先将串墨的办法应用于封面的开创者之一。如《静静的顿河》《鲁迅年谱》《生者与死者》《金光大道》等封面，就是用铅印串墨的手法，大大烘托了封面艺术效果。用今天电脑制作的眼光看过去，感到再简单不过了。可是在当时的条件下这就是个创举。

柳成荫先生的封面设计，具有强烈的时代感。如今，我们随便浏览一下他设计的封面，首先有一种极强烈又浓厚的时代气息，被那个时代吸引住了。无论从封面上表现的气氛、封面的人物、景象，以及色彩等，一看就是那个时期的作品，今天还能引起许多联想，感觉特别亲切。这就是他的作品成功之处，抓住了书的灵魂，“气韵生动”这个根本。这一点对于经历过那个时代的人感受尤为明显。

柳成荫先生对文学作品插图特有情趣。他进行了大胆尝试。“文革”后，他迸发出强烈的创作愿望，在插图创作中获得了新的丰收，优秀插图一个个出世，达到新的艺术境界，在插图艺术上有新的建树。

《芙蓉镇》《永不掉队》《罗亭》《基度山伯爵》《克林索尔最后的夏天》，以及《莽秀才造反记》等一大批中外文学名著的插图，就是在这个时期频频诞生的。

这些插图构思巧妙，重点对主人公的形象抓住不放，精心雕琢，夸张变形，而对一些不必要的背景大胆省略取舍，突出主要人物。通过人物的形象来打动人，形神兼备，吸引读者对文学作品产生共鸣。

构图多变是他插图的第二个特点，突破了传统的格式，吸收和运用现代平面构成的艺术手法，以多角度、多侧面、多层次的方法进行尝试。用虚与实、疏与密、隐与现、聚与散、宾与主等法则，追求画面的效果，使画面变化多样，强化了主题的表现力。

黑白对比的表现方法是他插图艺术的最大特点。虽说他过去为书籍做过不少彩色插图，最具代表性的还是他的黑白插图。他运用了黑、白、灰的艺术效果，点、线、面相结合的表现方法，以高度的概括力，采用大黑、大白对比的手段，形成了形象生动，节奏明快，蕴藉感人的艺术效果。张仃先生认为："'黑白'产生的力度和丰富的内涵是其他色彩不能替代的。""白为万色之母，黑为万色之王。""黑白灰是一门学问，大千世界眼花缭乱，黑白灰给人以极大的安慰。"精辟地论述了黑白灰的艺术价值。这是柳成荫先生艺术生涯中的又一朵奇葩。

当今，出版事业蓬勃发展，书籍装帧艺术已经进入电脑设计和制作的新时代。时代不同了，条件不同了，出版物进入市场经济的大潮中，商品竞争日益激烈，书籍装帧艺术受到极大的冲击，但它必须适应这种新形势的需要。因为书是一种商品，但它又是一种特殊的商品，它是传播思想、文化、科学技术的商品。市场要求它的广告性必须得到加强，而相对的是它固有的特色，书卷气又如何体现？这又为我们提出了新的课题，关键是设计者如何把握。新观念也好，新思维也罢，创新是时代的需要，如何继承和发展传统的艺术，开创新的装帧艺术未来，创作设计出不愧新时代的更多更好的高品位的书籍装帧艺术作品，这是一个摆在我们面前的新任务。

《柳成荫装帧艺术》的出版，也许能给当今从事这门艺术的同行带来一点有益的东西，起一点借鉴作用。历史在前进，未来世界是美好的。希望有更多更美的书问世。

2005年9月

《柳成荫装帧艺术》，柳成荫著，人民文学出版社 2006 年 3 月出版，责任编辑：何婷

# 当代生活的万花筒

——读《勾魂拐——悬念小说集》

岳洪治

乍一看到这本标明为“悬念小说集”的《勾魂拐》，并没有想到竟会是人民文学出版社出的书。之所以会有这样的意识，并非对“悬念小说”有什么偏见，只不过是见多了当下各种标新立异、花里胡哨的小说名号，便以为此等《勾魂拐》者，亦不过假“悬念”之名，勾读者之腰包而已，岂有他哉。

可是，当我看清楚了，此乃人民文学出版社的出版物，上面的想法，立刻坍塌无遗。“读好书，找人文”与其说这是该社的一句口号，不如说这是包括笔者在内的广大读者，在长期阅读中所形成的一种理念，更为切实。

于是，这本《勾魂拐》，便列入了我的“必读书”，而且，当晚就看了起来。

先看目录 ：“高速路”“女骗子”“警察的故事”“坠楼者”“我的第一次”“贾先生的发迹史”“暗恋”“去越南”“寒冷的早上”“银行劫案”“春日里的星期天”“伦巴的印象”……二十几篇作品，基本涉及到了社会各个阶层人士的生活，故事新奇别致，引人入胜。由于其内容的广泛和多姿多彩，各层次读者都会从中获得阅读的快乐。

让我们翻开《坠楼者》看看：

> 上个星期三，丈夫从十八层楼的窗台上摔了下去，摔成了一摊烂泥。窗台上的水盆和抹布，说明他有可能是擦玻璃时失足摔下去的。

然而，丈夫出事那天，妻子出差返城后却没有回家，而是先去了与之有同居关系的男同事家。丈夫从美国回来已两个月，他们没有过一次性生活。丈夫有恐高症，怎么会去十八层楼窗外擦玻璃。丈夫巨额人寿保险刚刚生效，而其坠楼时间就在这位妻子回到家的五分钟之后……妻子承认她已不能忍受丈夫的冷淡。她那天进家门时，看到丈夫恰恰蹲在窗台上。

读者至此自会认为：这个妻子正是嫌犯。

但是，故事的发展竟让我们大感意外：丈夫是个艾滋病患者，他自行坠楼前留下了遗书。

故事至此，本可结束了，作者却又荡开一笔：正当妻子悲苦难言之际，有两个男人出现在门前，他们很抱歉地告诉她：她丈夫的艾滋病，是个“令人高兴的诊断错误”。

故事写得真实自然，一波三折；结尾那陡然一转，令人不能不击节而叹赏了！

可是，如果这部小说集中的作品，仅仅是以情节诡异、悬念迭出见长，其品位就将大打折扣了。作品的时代性，不仅是一部作品生存的理由和依据，更是指定其价值之高下的一个主要凭证。《勾魂拐》这部书最主要的特色，是其富于传奇色彩的每一篇故事当中，都蕴含着当今鲜明的时代特征。

这部小说集，是我们当今生活的万花筒，我们每个人都不妨抽空拿起来看一看。内中所呈现的别样的生活，会令你大开眼界，会心一笑；其高超的艺术技巧，将使你领略到真正好小说应有的韵味。而那深蕴其中的对于当今社会生活和时代文化的叩问，当会使你对我们的生活，更多一份关心与思考。在深入的阅读中，你不难发现，这本书里飘忽着当今许多国人的魂灵……

2002年12月16日

《勾魂拐——悬念小说集》，宋毓建著，人民文学出版社2002年2月出版，责任编辑：仝保民

# 灵魂何时变颜色

——读长篇小说《她爬上河岸》

程　文

人世间有许多巧合。北京的劳教、劳改农场，恰好坐落在团河、清河、双河、天堂河，还有银河，都带个“河”字。于是北京人创造出两个新词儿：被关进农场叫“栽进河里”；被放出来的，不论男女，都叫“河里爬上来的”。

这里是“栽进河里”的一群女劳教。她们经历了浩劫，告别了沉沦，在坎坷的人生中，交织着悲凉的眼泪、炽热的爱情和扭曲的青春。

这是王笠耘新著长篇小说《她爬上河岸》的“题记”。“栽进河里”的通常说法叫“失足落水”，因失足者常常是涉世不深的青年，故习称“失足青年”。二十世纪五六十年代，西方有过“迷惘的一代”“垮掉的一代”，我们没有。但“文革”后的七十年代，我们出现了太多的“失足青年”。在他们“坎坷的人生”中都经历了怎样的心路历程呢？

我读过“伤痕文学”，其中不少有真情实感的作品使我流下过同情的眼泪，但我们能只满足于扯开衣襟向后代展示自己的疤痕吗？我也读过“老三届”文学中的一些礼赞自己“青春无悔”的不乏激情和诗意的作品，但心中总激不起作品中的那种洒脱和轻松。

《她爬上河岸》（以下简称《河岸》）对这代人的青春历程做出了不同的回应——想说“无悔”不容易。

故事是从粉碎“四人帮”之后拨乱反正的年代开始的。“文革”时期留下的冤案堆积如山，每桩冤案都牵连着不止一个家庭的命运。作者把镜头聚焦在银河劳教农场一中队的一群女劳教身上，但故事的情节使作品的时空跨度由此辐射开去，绘成了北起呼伦贝尔草原、抗日根据地白洋淀，南至边陲惠州，时跨半个多世纪的一幅长长的历史画卷。

女性，尤其是二十多岁的花季少女，天生丽质，性行贤淑，是易于激活读者心灵的表现客体，但是写好女性而又不落俗套也分外不易，特别是像女劳教这样的女性群体。《河岸》恰恰在这方面显示了作者艺术表现上的独到功力。

夏薇和凌红燕是两个身世、遭遇都极其相似的人物：生在新时代，长在红旗下，从小受到革命家庭的熏陶，都是学校榜上有名的好学生，对未来充满着美好的抱负和憧憬。但在历史的劫难突然降临到头上时，她们灵魂的变化却是那样的迥然不同。

小说主人公夏薇自尊自爱，正直善良，“出淤泥而不染”。父亲本是海外学成归来报效祖国的高级船舶工程师，“文革”一开始却被扣上了“反动学术权威”的罪名，被迫从自己设计的轮船上投海自尽。母亲曾是白洋淀地区备受群众拥戴的抗日县长，重工业部司长，也被以魏六顺为首的造反派揪斗折磨致死。夏薇瞬间家破人亡，沦为孤儿，又险些被坏蛋魏六顺强奸。只是由于她的顽强反抗，才保住了自己珍如生命的童贞。为了给被诬陷致死的父母报仇她犯了间接的故意伤害罪。她为保护为她出了这口气的五个小哥儿们和她的男友，为他们顶罪才“栽进河里”，给她内定的罪名是“流氓团伙，五龙一凤”（如今，谁还理解当时流行的“震东四、盖天桥、九龙一凤”那句话的分量）。在“河”里她背着这莫须有的罪名，忍受着屈辱，在坚守着自己灵魂的纯洁奋发上进的同时，还努力帮助自己“难友”们偿还“心债”，正确地对待人生。

凌红燕是将军的女儿，母亲也曾是抗日妇救会的主任。“文革”伊始，她就成了全校“响当当的红卫兵”。不料一夜之间，爸爸被打成了“彭德怀的死党”，她顿时成了“隐藏很深的‘狗崽子’”。红卫兵头头乘机以勒令她晚上来揭发爸爸反革命罪行为由，奸污了她。

> 姑娘一旦失去了童贞，就像被冲决的堤坝，一溃千里。以后就破罐破摔，甚至还迷恋于自己的堕落。凌红燕就是这样。她甚至勾引来那个头头，同时又招来一个大流氓跟她睡觉，半夜里看那头头被打得死去活来，好不开心！

凌红燕从此自暴自弃，自甘沉沦，变得浪荡放纵，玩世不恭，因此被父母逐出家门，发誓不再相认。凌红燕变成了流落街头的“黑牡丹”，不久便栽进了“河”里。在“河”里她与夏薇成了姐妹相称的挚友，在夏薇的影响下逐渐改变了自己放浪不羁、游戏人生的恶习，找回了她失去的理性。

除了主人公夏薇、“黑牡丹”凌红燕，其他诸如同是“二进宫”的“东单美人”谢淑芳、同性恋的蓝小琦、“天坛姑奶奶”赵炜芬、“二队长”施林英等，也都个个刻画得个性鲜明，栩栩如生。

农场管教干部中的中队长柳菲，是作者着力塑造的一位颇具人性化的公安干部的正面形象。是在拨乱反正时期受命以中队长身份来银河农场蹲点的北京市劳改局的副局长。她不仅在农场“像父母对待孩子，像医生对待病人，像老师对待学生”一样帮助一批批“失足落水”的学员找回失去的自我，恢复自由，而且还要千方百计解除她们的后顾之忧，永远摆脱“失足者”的阴影。这与一贯坚持认为“‘文化大革命’再过十年八年必将还会再来一次”，因此履行自己职责一贯宁“左”毋右的“左队长”乔洁玉的形象，也形成了另一种鲜明对照。

小说中的男性人物，如加害夏薇一家的造反派头头魏六顺，夏薇为其顶罪的男友欧阳沫和他的父亲欧阳谷灵，红燕之父凌将军，“抗日老交通”葛爷爷和他的孙子葛维良，老兵痞、抗战时期就有过调戏民女劣迹、后又混入公安队伍，利用职权伙同儿子把女劳教当成他们父子“性奴隶”的银河劳教农场的瞿场长，帮夏薇报过仇的五位小弟——老大金今、司机老二、大厨老三、会计老四和一直暗恋着夏薇的小五潘亚青，甚至连未曾正式出场的柳菲的前夫吴忠和与她即将成婚的男友、惠州公安局长戎纶等，虽着墨不多，但也都一个个有血有肉，活灵活现，令人感到呼之欲出。

作品中也不乏象征性、哲理性很强的细节穿插和描写。如夏薇精心收藏着的那条在不同年代多次捆绑过妈妈、沾满妈妈鲜血、连带着她一家两代人遭遇的绳子，以及小说结尾的那段对象征着夏薇和欧阳沫爱情的那盒杏脯（幸福）的寓意深长的描写。

在一个与常人社会隔绝，远离男性世界的天地里，关着这样一批“六根未净”的青春女性，她们又各有自己不同的人生态度，禀赋生性，光怪陆离的灵魂，面对道德和法律，你能想见将会演绎出怎样的故事吗？

单从长篇小说创作技巧的角度，《河岸》中值得称道之处还很多，但作品成功的主要原因还在于作者着意剖析的是人的灵魂。而灵魂一如人的基因、面相和指纹，大体相似而绝不会完全相同的。

一位从事文艺创作的作家读了小说《河岸》后盛赞不已：“什么

叫中国现代小说，哪里有范本？——请读《她爬上河岸》！”

我不知道长篇小说究竟有没有“范本”，我只觉得，好久没有过像读《河岸》这样的阅读享受了；要论作品的社会教益，我敢说，这是一本足能陶冶人的情操，净化人的心灵，呼唤人间的爱心和宽容，促进社会和谐的一部具有匡世功能的好书。

2006年元月

《她爬上河岸》，王笠耘著，人民文学出版社2005年6月出版，责任编辑：杨柳

# 渴望阳光

——读王笠耘《她爬上河岸》

胡德培

王笠耘，经历十六个春秋，很不寻常地写出一部书:《她爬上河岸》。他是为特殊人群写的，也是为我们大家写的。

那些女人，因为这样那样的原因，成为劳教农场的劳教人员。她们渴望摆脱阴霾，渴望阳光，是多么难啊!

那位女主人公，在荒唐的年月，那么热切地期待阳光，却常常被阴云和黑暗所笼罩，眼前总是迷蒙一片。未成年时出于义愤，采取非常的举动，砸坏了没良心人的腿;本是义举，却有违法理……一时冲动，扭曲了人生之路。从此，个人行为上、精神上、生活上全都被改变了。

解脱劳教后，她以优异成绩考上理想的大学，成为人们瞩目的佼佼者。然而，黯淡的过去成为她灵魂的包袱，无光的岁月，在她心灵的深层布下的阴云依然很沉很沉……那荒唐的年月尽管已经远去，可难以祛除的阴云何时才能散尽？十年、二十年，一代人、两代人……

当然，人们应当看到：阴云飘散，终究会有阳光普照大地。

那群人渴望阳光。我们，一切希望生存和发展的人群，世界上一切生灵（包括所有动物和植物），都是渴望阳光的。因为，它能给一切的一切以生机。

我们都熟悉一句歌词："万物生长靠太阳"啊！

被人尊称为"童话爷爷"的作家严文井，1984年写过一篇短文，题目就叫《阳光》。文中说："阳光是匆匆的过客，总是去了又来，来了又去。""他制造一个个梦，更制造一个个觉醒。"——这是童话？这是寓言？他让人们明白，他给我们提供了一个反复思索和探求的课题。

我觉得，这也许是王笠耘小说的深意所在。

我们大家都渴望着、寻求着。

《人民公安报》2006年3月6日

《她爬上河岸》，王笠耘著，人民文学出版社2005年6月出版，责任编辑：杨柳

# 獒与狼的再次交锋

——读《藏獒 2》

王一珂

《藏獒》刮起的旋风还在耳边回响，《藏獒 2》就已向文坛再次重磅冲击。在这部小说即将问世之际，不少人已在心里急切地盼望。它该是什么样子？它会不会再次带给人们灵魂的震颤？它对第一部《藏獒》会有什么超越？如今，《藏獒 2》一书在手，看罢之后，相信所有人都会说：是的，它没有辜负广大读者的厚望！

《藏獒 2》与第一部明显不同的特色在于它更为集中地从全方位、多角度展现了藏獒与狼群之间的搏斗与厮杀，并将激烈搏杀的场面作为描写的重中之重。在作者杨志军笔下，我们看到的是这样一幅阔大的图景：冬天的寒冷草原到处肆虐着狂风，弥漫着飞雪，在狂风席卷的飞雪中夹杂着怒吼和号叫，交织着鲜血和眼泪。这是藏獒和豺狼的比拼，这更是正义与邪恶的较量！不难看出，在《藏獒 2》（包括《藏獒》）中，他将最精彩、最酣畅的笔墨都赋予了藏獒和狼，人物描写在某些地方甚至仅仅起到衬托和推动情节的作用。谁都不能否认，杨志军笔下的藏獒和狼个个呼之欲出，他不仅画出了它们的貌，更勾出了它们的神。

作者曾长期居住在青藏高原，熟悉那里的一山一水、一草一木，他的灵魂早已经同那块土地融在一起，不可分割。在他看来，藏獒所表现出来的品格最能代表那块土地蕴含的精神力量。与《藏獒》一样，《藏獒 2》肯定、张扬的依然是藏獒所体现的精诚、无畏、团结、重义的本色；否定、批判的依然是狼所体现的狡诈、自私、冷酷、阴险的恶德。与其说作者写的是藏獒和狼，不如说作者写的是两种人、两种人格、两种价值取向。小说将藏獒与狼的思想碰撞描绘得淋漓尽致，阅读中读者有时甚至会忘记故事的主角是动物从而陷入阅读人物冲突小说的幻境。可以说作者的写作立场是鲜明的，他毫不掩饰对藏獒的爱和对狼的憎。这是作者写作前后两部《藏獒》的基本原则，也是他对当今社会深刻思考的思想结晶。

然而，作者丝毫没有为此令自己小说中的藏獒和狼在概念化或“样板”化的阴影下徘徊片刻。他笔下的动物，包括人物都是鲜活、生动、复杂和痛苦的，你很难用一种单纯的词汇和语言概括出他们的性格特征。这一点在《藏獒 2》中表现得更为出色。同是藏獒，我们看到的是坚忍博大的冈日森格、顾全大局的江秋帮穷、舍生取义的徒钦保甲、默默无闻的多吉来吧；同是恶狼，我们看到的是胆怯自私的上阿妈头狼、多情体贴的多猕头狼、诡诈凶险的断尾头狼。它们真是各具特色，呼之欲出。藏獒是正义的化身，但它也有缺憾。江秋帮穷由于战略失误导致藏獒与狼搏斗时大量同伴伤亡，徒钦保甲由于权力欲的驱使而赶走自己的战友，甚至几乎完美的冈日森格偶尔也有独断专行一面的流露。狼是邪恶的象征，但它也有怜悯，也有爱情。当父亲堕入深深的雪窝，无法逃身时，两只饿狼并没有对其伤害，索求的仅仅是一点儿人手中的粮食；当尖嘴母狼遭遇攻击时，一匹属于另一群体的狼竟也会舍身相救。与作者笔下的动物描写相比，人物描写虽然着墨不多，但也毫不逊色。父亲、丹增活佛、央金卓玛、梅朵拉姆、班玛多吉、夏巴才让等人无不给读者留下深刻的印象。尤其夏巴才让为保护大家脱险情愿牺牲自己的壮举，对比其此前的傲慢负气，读者不能不为之动容。作者成功地采用了刻画人物欲扬先抑的手法，反而更加突出了草原人品格的高贵。这批人不是完人，不是圣人（包括丹增活佛），但他们都是善良、高尚、为他人敢于牺牲自我的人。从他们身上，我们看到了藏獒精神的闪光。

成功地刻画众多动物、人物须大手笔方可做到。这部小说将众多动物、人物放置在莽莽草原（准确地说是雪原）上，通过多条线索、多幅画面让复杂曲折的情节得以完美展现；读者在阅读中不仅可以获得文学的美感，而且还能够体味到观赏电影的乐趣。由于多组事件同时发生，但发生在不同的地点，较难把握，作者采取镜头切换的手法，像放电影一样，先表现一组画面，一条线索，等它发展到紧要关节处及时打住，转而展现另一组画面，另一条线索，直待遇到同样精彩处时再折回来继续上一段情节的叙述。文中一条线索会分叉成两条乃至多条，几条线索也会合为一条。整部小说跌宕起伏、荡气回肠，每一条线索都被作者梳理得有条不紊，读者翻阅小说丝毫不会感到阅读的疲劳。《藏獒 2》完全没有很多长篇小说拖沓冗长的文字，到处都感人肺腑，到处都摄人心魄！如此一来，汉扎西雪中求助，冈日森格领兵斗狼，多吉来吧独战群狼等等摄人心魄的画面就得以交错展现在读者眼前。可以说，是作者非凡的笔力成就了《藏獒 2》这部小说前所未有的恢宏气势和开阔视野。它的面世一定会引发无数读者的情感认同。

作者爱藏獒，爱那块养育了他的青藏高原。无疑，藏獒所表现的风格正是作者衷心向往和追求的。时下，在无数人被狼文化误导，彼此尔虞我诈，互相倾轧又于事无补的生存环境中，《藏獒 2》就像一股清凉剂，冷却见利忘义之流的头脑，给他们以精神的净化和哲理的启迪。

读读《藏獒 2》，你或许会感到温暖，或许会感到惭愧，或许会得到一种使自己战胜一切艰难困苦的力量，或许你还会体味到某种境界的美丽！

《北京晨报》2007 年 1 月 21 日

《藏獒 2》，杨志军著，人民文学出版社 2007 年 1 月出版，责任编辑：周昌义

# 水做的爱情乡愁

——读鬼子《一根水做的绳子》

宋　强

鬼子的小说一向以“悲悯”为标签，喜欢用有点刻意的“苦难”叙事来对抗平静繁荣的生活表象，犹如狠狠地用针刺向皮肤，那疼痛会让忍不住瞌睡的我们获得刹那间自残式的清醒。他笔下的人物都是属于乡村的，卑微而渺小。他让他们经历痛楚，用残酷的温情来对抗城市的冷漠。《一根水做的绳子》同样延续了“苦难”的叙事风格，但是淡化了“苦”，而是把蘸了苦水的绳子拧了又拧，拧出来一丝涩涩的“甜”。

鬼子在这部新作中讲述的是一个苦涩而凄婉的爱情故事。阿香与乡村教师李貌相恋，她一头亮泽芳香的黑发，深深吸引着李貌，成为李貌心中纯洁爱情的象征。阿香在匆忙中把身体的第一次给了这个懦弱的男人。事情败露后，李貌在被驱逐后与一村妇匆忙结婚生子，阿香却始终对他充满浓浓的爱情。后来，俩人历经磨难，但最终无法取得一纸婚约，阿香抱憾而亡。阿香的愿望似乎很简单，就是想让李貌好好地给她一次，慢慢地给她一次，她想忘却第一次匆忙中的疼痛，想从容宽裕地享受一次性的快乐、爱的神秘。但是，她命中注定要选择无奈和悲苦，她失去了女人的机能，注定与性的快乐无缘，注定要做一个爱情的守望者。

小说的气质是沈从文式的，充满了乡村传说的悠远韵味，有点惊奇，还有点像神话或传说。它的爱情是属于平民的，但平民女子阿香的执着与守候带给人的感动并不亚于携带着贵族气息的《一个陌生女人的来信》。小说让人感叹：原来浑浑噩噩、粗风粗俗的乡村居然也可以演绎如此真挚的爱情，一片荒芜的野草中竟然也隐藏着纯粹的纯美。在这动荡而肤浅的时代里，主人公对爱情的守候还充满了乡愁气质。随着时代的变迁，中国人心灵转变的速度远远赶不上疯狂的现代化进程，宁静的乡村追随着喧嚣的城市，和田园风光相关的一切一去不返，作家在哀悼爱情的同时也在哀悼乡村的逝去，无奈地向它们渐行渐远的背影发出一声遥远的叹息。

小说是“反欲望”式的写作，守候、爱情、纯净是它的关键词。作者想留住的是爱情的“味”，而非直接的性。性和欲望，是当下写作的一个关键词。自二十世纪八十年代起，作家们越来越大胆地涉足性和欲望，企图用它作为长驱直入的利刃，刺醒被概念化写作愚弄得僵硬不堪的文学的活力与野性，它几乎成了作家穿透历史和生活的单筒望远镜。在图像化、网络化的今天，欲望更是成了夺人眼球的独门暗器，它无休止地泛滥成了现代社会的一个顽疾。欲望的破坏力短暂而直接，“优美”“崇高”在它面前不堪一击，但鬼子却试图放逐“欲望”，留住真爱。他在后记《炒一盘鹅卵石下酒》中表达了对故事主题的期待，那是一个奇特而又充满人生哲理意味的寓言：两位老人捡了一把比蚕豆略大的鹅卵石，放到锅里和着油盐酱醋辣椒一起炒，炒好后老人拿它下酒，把它放到嘴里慢慢地嘣，为的是把鹅卵石里浸透的味道嘣出来。男女之事恰似如此，那种直接的吞咽虽然可以饱一时之饥，但吞石填肚的后果无疑是饮鸩止渴。相反，那种慢慢嘣着、品着的味道才让人记忆绵长，石虽未下肚，味却能铭刻心灵。

小说成功的另一关键在于作者没有将关于“美好”的故事俗套化，而是写得婉转自然，没有一丝一毫的造作。阿香和李貌之间的感情并非自始至终都是纯净的，李貌对她的引诱就不乏欲望的支使。他们各自的性格也有着许许多多的弱点，李貌显得过于懦弱胆小，阿香则固执，还带着些许的简单和“傻”气，但阿香对爱情的期待和坚持依然足以“感天动地”。他们不渝的爱情，和着那浮躁时代的乡愁，做成了这根“水做的绳子”，它虽柔滑无骨，却拴住了李貌的爱情，拴住了内心的执着，有力地拴住读者的心灵；它绵绵不绝，“抽刀断水水更流”；它动人心弦，“剪不断理还乱”。

这水一样的爱情乡愁，像一杯淡淡的清茶，味道悠远，沁人心灵。

《出版广角》2007 年第 12 期

《一根水做的绳子》，鬼子著，人民文学出版社 2007 年 8 月出版，责任编辑：王干

# 现代与传统间的穿梭

——读《龙飞三下江南》

王一珂

或许至今，许多读者尚未从《一只绣花鞋》那惊险奇绝的氛围中走出，还在回味那似断非断，似续非续的结尾。“一朵金色的梅花，飘然而落……”她落到了哪里，白薇的结局到底如何？当你手持《龙飞三下江南》的时候，一切都有了答案。

这部小说 1972 年完稿，是《一双绣花鞋》的续篇。当年的稿子正如作者所述的那样：“故事讲得还算圆滑，但无法上升到审美范畴。而且，因为文体的局限，四万字的篇幅也过于短小。”可以说，这部小说，包括《一双绣花鞋》在内，都是作者基于当年手抄原稿进行的再创作。再创作的过程中，作者过滤掉了那个特殊年代文学作品带有的胎记，摒弃了枯燥的政治说教；与此同时，我们还能发现，这部作品在承继传统与借鉴西方两个方面做出了双向的尝试与努力，为我国现代恐怖悬疑小说构建了多种发展可能。

说它是传统的，因为它主要由情节组成，由一波波起伏的情节将故事一次次推向高潮。情节，以及在情节中摸爬滚打的活生生的人物是小说的亮点，是维系读者不倦快速阅读的纽带。中国传统的说书很注重做“扣子”，也就是在情节发展的紧要点上戛然而止，故意吊住读者口味，增加读者的阅读欲望。《龙飞三下江南》正文加上“序”共十个部分，每部分结尾无不在紧要关头止住。一切似乎都要到下一章才能见出眉目。跌宕起伏的故事令人油然想起中国近现代和明清的武侠小说，甚至可以感受到“水浒”“三国”的风韵。不是吗？都是江湖豪杰，各显神通；都是正义邪恶，殊死搏斗。人物，尤其是正面人物，他们具有比常人高超的胆略与智谋，他们勇于直面常人难以想象的艰难困苦。他们从来都是家国天下为重，从来都不顾及个人的安危荣辱。龙飞，作品的主要人物，不就是这样一个生活在现代社会中的“大侠”吗？他躲炸弹，避暗枪，探虎穴，制强敌。他就是活脱脱的一个虎胆英雄！

然而，小说同一情节中又暗藏其他玄机，同一人物思想心态又复杂矛盾；所以，我们又说它是现代的。从《一只绣花鞋》到《龙飞三下江南》，一口气读下，你难道没有嗅到柯南道尔笔下福尔摩斯的气息？难道没有看到麦家笔下特工人物的神采？作品时而插叙，时而倒叙，充满了离奇的计中计、案中案。无疑，作者对西方侦探小说进行了有效的借鉴。中国传统侠邪小说中的人物性格往往是单一的、扁平的。而张宝瑞笔下的人物绝不如此。龙飞一身正气，侠肝义胆，但真正面对白薇——自己初恋的情人时，他也会心存恻隐，也会因为一时间内心的思想斗争而错失良机。心狠手辣的白薇同样也深爱着龙飞，尽管明知他们之间由于理想与信仰的差异彼此间早已存在着一条不可逾越的鸿沟，但她几乎从来没有放弃过软化龙飞的努力。当龙飞深陷虎穴，她周围的所有势力都欲除之而后快时，她的内心却充满了苦闷与酸楚。人物思想越复杂，性格就越丰厚。作者展现的每一次正义与邪恶的比拼，都是心理素质的较量。如果不熟悉人物心理，不能真实表现人物在紧急条件下的心理反应，所有关键情节的发展都会难以自圆其说。成功地把握心理、表现心理，无疑是作者写作中的重要目标。《龙飞三下江南》中对人物心理的再现，比《一只绣花鞋》还要精彩和成熟，令人有身临其境、感同身受的体验。小说虽然篇幅不长，但人物众多，情节纷繁，从多个角度刻写出了人性的善与美、丑与恶。作者认为：真正伟大的文学作品应当是深刻挖掘人性的作品，而不是附庸风雅的无病呻吟之作。他在努力通过文学，通过小说来写人，写复杂的人性。阅读的时候，倘若把张宝瑞的小说仅仅当作武侠，那真是辜负了作者的苦心。

上述种种，都说明了这部小说毋庸置疑的现代性。其实，文学中所有现代性都与民族性息息相关。作品的背景是二十世纪的六十年代，有些事件，有些人物曾在我国历史上真实存在过。作者把悬疑的现代武侠放入真实的现代中国历史，小说也就随之增添了几许厚重。读小说，不仅了解人性，也进入历史，这是两全其美的。除此之外，作者用细腻的笔，描绘了祖国大陆、港台以及异域一些地区的风情，这些笔墨既成为交代故事的注脚，又是情节发展的润滑剂，读者在阅读过程中得到了精神的缓冲，也获取了文化领域的信息。

《龙飞三下江南》带领我们进入的是一个既遥远又切近、既迷蒙又清晰的世界，当你徘徊在两者之间无所适从之时，小说已渐近结尾，好像所有的“扣子”、疑团都将被解开，而你又不知不觉，这就是所谓入境吧。路明走出神秘墓穴，战友们却无影无踪；毛泽东接见龙飞，暗影里却埋伏着杀手！我们又走进一个“扣子”，小说到此为止。其实，一切都还没有结束……

《全国新书目》2007年第24期

《龙飞三下江南》，张宝瑞著，人民文学出版社2007年11月出版，责任编辑：胡玉萍

# 大潮滚滚读《国运》

刘 茵

当此改革开放三十周年之际，吕雷、赵洪将一部沉甸甸的《国运——南方纪事》奉献于读者，为共和国献上了一份厚礼。

这是一部书写中国命运的大书，是迄今为止反映改革开放这一中国历史上最为伟大辉煌时期的最具价值的力作。

作品以“南方”广东为依托，以全国为背景，以改革开放为主线，以重大社会事件为视点，以时间为顺序，从市、省、中央——市、省领导到中央领导人，在广阔的社会背景下，对中国改革开放的历史进程作全景式的鸟瞰，进行政治的、历史的、社会的、经济的、文化的多角度、多层次的展现。重大的主题、历史性的事件、领军的人物、文献性的珍贵资料、宏大的叙事、磅礴的气势，铸就了这部作品的史诗品格。可以说，《国运》是第一部全景式展现中国改革开放波澜壮阔图景的大型纪实文学作品。

《国运》副题为“南方纪事”，“南方”以广东为代表。近代以降，广东在中国有着不可替代的极其特殊的地位和作用，广东毗邻港澳，侨胞如云，八面来风，浩荡的珠江孕育着海洋文明。西汉时期，广东地区就与外洋诸国有商业往来，鸦片战争前已是中国唯一的对外口岸。三十年代曾经出现过“南天王”陈济棠一手推动的经济腾飞的黄金时代。广东人一向敢为天下先，富有革新创造的精神。但是，就是这个在建国初期还算富裕的省份却逐渐沦为贫困地区，被一水之隔的香港远远地抛到后面，以至出现了上百万人先后移居和后来人们成群结队舍命蜂拥向香港的尴尬局面。

历史在这里沉思，中国共产党在反思、在探索、在苦苦地拼搏。大潮在涌动，改革开放势不可挡，三十年辉煌壮丽的历史，被两位激情的作家摄入笔端，成为中国改革开放三十年的“史记”，铸就了英雄“群像”的“列传”。

《国运》交织着新与旧、改革与保守、先进与落后的矛盾与斗争，痛切地抨击改革开放前极“左”思维定式的弊端，直面改革中广东所遭遇到的非难、指责和冲击。以邓小平为代表的党中央审时度势，顺应世界潮流和国情民意，抓住机遇，不失时机地确立改革开放的大政方针，排除万难，推进改革，改变了中国之命运。改革开放的序幕在广东拉开了，特区建立了，市场经济催发了，中小企业露脸了，高科技产业发力了。知识分子建功立业获重奖，证券市场破土而出，引进外资，开发房地产，设立招商局，转让土地使用权，实现土地股份合作制，开辟加工贸易区，废除干部职务终身制……南风北渐，举国响应，亿万人民如饥似渴，向强国梦的目标进军，揭开了国运昌盛的新篇章。中国终于探索出既不因袭苏联模式，又不照抄西方的具有中国特色的新体制。今天，捧读《国运》，回顾改革开放三十年的历程，仍令人心潮澎湃。

读《国运》，我强烈地感受到，几十年饱经忧患的中国人民在中国共产党领导下所进行的强国富民的探索何等艰苦卓绝、可歌可泣！在崎岖坎坷的行进中，有多少泪水、挫败和牺牲，付出了多么沉重的代价！正如前珠海市委书记梁广大所感慨：“在计划经济和‘左’

的路线时期，辛辛苦苦的工作却没有给百姓带来好日子，越折腾越穷。”可以想见，局面的打开何等的不易！

改革大潮中，挺立着一大批站立潮头的英雄人物。总设计师邓小平总是在关键时刻，甚至是十分微妙的时刻出现在广东。他的三次“南巡”讲话力挽狂澜、惊天动地、振聋发聩；他三次“南巡”的革命实践，展现出他稳掌改革航船破浪前行的舵手风采，绘声绘色，栩栩如生，是全书中最为动人的篇章。邓小平之后，站立在南粤热土上的风云人物，“杀出一条血路”，他们是一长串中国人耳熟能详的改革者的名字：谷牧、习仲勋、任仲夷、谢非、林若、袁庚、吴南生、黎子流、梁湘、梁广大、厉有为……群星璀璨，功德无量。《国运》作为纪实文学的一大优势，就是时代人物形象的再现，就是对于改革者声情并茂的描绘，一个个血肉丰满的人物形象深深地印在人们的心中。

如此重大的题材，如此宏大的工程，如此众多的人物和浩繁的事件，写作的艰辛可以想见。吕雷、赵洪先后花费五年的时间进行采访、写作和修改，走访的对象、查阅的资料不计其数，其写作态度的严肃负责十分感人，堪可称道。

《文艺报》2008年8月12日

《国运——南方纪事》，吕雷、赵洪著，人民文学出版社2008年6月出版，责任编辑：脚印、刘茵

# 满庭花雨四季春

——读长篇报告文学《昆曲之路》

龚勤舟

在几千年中国传统文化的大江大河里，汇聚了众多优秀的文化门类，它们以不同的形式展现着具有中华民族独特个性的文化内涵。虽然它们的表现形式不同，但却将传统文化的神韵和气息展现得淋漓尽致。这些文化能够流传到今天，显示出传统文化有着强大的生命力。

昆曲作为传统文化中的重要一支，虽然不及书法、诗赋那样具有上千年的辉煌历史，但是在它已经走过的六百多年里，经历了大风大浪，也遭遇过艰难险阻，它的生命饱含着沧桑的色泽。六百多年里，它得到文人士大夫的广泛喜爱，举办过空前绝后的虎丘曲会，可又因为自身曲高和寡的品质，民国时期的全福班寿终正寝。新中国成立后，它得到党和国家领导人的百般呵护，被列入第一批“世界非物质文化遗产”的名单，传字辈学员绞尽脑汁保留曲目，白先勇倾心打造青春版《牡丹亭》，科学家王选在生命的最终时刻惦记着昆曲的振兴……这一系列关乎昆曲命运的传奇故事使得它在传统文化的发展中独具魅力。

长篇报告文学《昆曲之路》对昆曲历史进行了一次全面的述说，在述说历史的过程中，杨守松不仅将历史岁月里日益破碎散佚的事件进行了重新组合，而且在重新组合的同时把握着昆曲这一文化载体的精神血脉，从而使其成为一个充满活力、灌注生机的有机体。其实，每一项优秀文化在传承和发展的过程中都不是一帆风顺的，它们或是受到时代的排挤，或是遭到统治者的打压，或是由于自身的局限使其遭遇社会的冷落和民众的忽视。昆曲作为一项曾经盛极一时而又濒临灭亡的传统文化，它在盛衰交替的岁月里必然成为具有沧桑感和断代感的产物。正是因为昆曲的沧桑和断代，致使它具有特别的历史性和时间性，致使它成为历史的产物，成为人们在历史隧道中不断追寻的生存根源。伽达默尔说："断代意味着一个横断面，人们由此生发出测算新的时代。"杨守松深知文化的传承和流变，深知传统文化与时代特性之间的关系，因此，他借助通俗的文学语言讲述了关系着昆曲命运的典型故事，让人在阅读传奇故事和具体事例之后，领悟昆曲在现时代的意蕴和内涵，从而达到传承昆曲的功效。

既然昆曲作为一项优秀传统文化，那么它的发展传承必然有着自身的传统。传统不会随着后人的主观意愿而肆意更改，它已经成为我们不得不接受的东西，是我们存在和认识的最基本条件。历史性是人类存在的基本事实，无论是理解者还是文本，都内在地镶嵌在历史性中，真正的理解不是克服历史的局限，而是去正确地评价和适应这一历史性。昆曲正是因为自身具有阳春白雪、曲高和寡的内在品质，所以使其在民国时期名存实亡。然而"文革"期间政治挂帅，将昆曲上演为样板戏，为阶级斗争服务，表面上让昆曲贴近大众，其实这种对昆曲剧目的随意篡改不仅不利于昆曲的长期发展，而且使其高雅的艺术品性庸俗化。在《昆曲之路》中，杨守松对昆曲的艰难发展历程进行了详细的回顾，他是在传统中对昆曲进行着解读，是在强调继承之余探索着昆曲的创新。

二十世纪五十年代的《十五贯》，在昆曲发展史上占据着非常重要的地位，《十五贯》的改编和演出，使昆曲获得新生。也许昆曲命不该绝，昆曲如有神助，就在它苟延残喘、行将就木的时候，《十五贯》救活了昆曲。《十五贯》是一部以情节取胜的昆曲剧目，曲折复杂、扣人心弦、波澜丛生、开合自如，它批判了封建贪官的昏庸无能，赞扬了清官况钟的机智严谨。改编后的剧目吸取了原本剧目的主要内容和艺术特色，强调了况钟注重调查研究、重事实、重证据、秉公执法的优良作风，具有很强的现实意义。《十五贯》进京演出，致使北京城满城争说《十五贯》，京城上下呈现出一票难求的热闹场面。毛泽东、周恩来等党和国家领导人观看之后，对《十五贯》给予了很高的评价并且对其进行了表彰。1956 年 5 月 18 日，《人民日报》发表题为《从“一出戏救活了一个剧种”谈起》的社论，称赞它是贯彻“百花齐放、推陈出新”戏曲改革方针的良好榜样。

从目前广受喜爱的昆曲剧目来说，它们是以传承为主，同时进行局部的创新。当今演出的昆曲剧目都是几百年前留存下来的，在《西厢记》《牡丹亭》《长生殿》《玉簪记》《桃花扇》等有限的剧目里，昆曲却赢得了无数观众的青睐和爱戴。这些有限的剧目成为人们百看不厌的艺术审美对象，这在很大程度上显现出昆曲的经典性和典范性。经典依赖于读者，由于它不断地被阅读、理解和解释而获得权威性和神圣性，如果没有不断地被阅读、理解和解释，就不可能有经典。观众与昆曲的互动，成就了昆曲的经典性。昆曲的经典剧目《牡丹亭》讲述了杜丽娘和柳梦梅生死离合的爱情故事，其中洋溢着追求个人幸福、呼唤个性解放、反对封建制度的浪漫主义理想，感人至深。《牡丹亭》文词典丽，宾白饶有机趣，曲词兼用北曲泼辣动荡及南词婉转精丽的长处，数百年来进行了无数次排演，但是导演和演员在排演的过程中，本着“万变不离其宗”的旨意，尊重原著，贴近现实。白先勇的“青春版”始终遵循“只删不改”的原则，以杜丽娘和柳梦梅的爱情为主线，结合当代青年的审美情趣，得到了海内外的一致好评。

在我看来，昆曲的精神内涵和独特韵味使其成为传统文化的精髓。作为一门将文学和艺术完美融合的传统文化，它将人们的审美、人们的心灵和人们的生活带到了文化的境界里，因而，昆曲在几百年历史长河中具有超越性的意义和古典的东方神韵。它的精神内涵决定了它具有面向未来的开放度，决定了它将时间里的三个阶段融合为一，使得时间成为一个不断延展的领域，从而使得昆曲这一文化拥有永久的气质。然而，时代的变迁促使文化形式发生着相应的改变，在六百年沧桑岁月里，昆曲随着时代的变迁而不断地流变，从明清时期的家班戏子到新中国成立后政府扶持的昆剧院演员，从厅堂宅院的小戏台到灯光变幻、时尚华贵的大剧场，它的形式和内容进行着不间断地继承和探索，在当今这一全球化、多元化的社会里，昆曲正在自身的发展规律里适应着时代的需求。

《昆曲之路》不仅仅是对昆曲六百年历史的梳理和命运的总结，不仅仅是对昆曲在新中国成立以来起死回生的同情和爱戴，不仅仅是对当前社会昆曲繁荣的颂扬和讴歌，而且《昆曲之路》是在借昆曲这一优秀传统文化作为载体来描绘中国文化的历史传承和中国人民对自己文化的呵护。从某种意义上说，《昆曲之路》展现了传统文化的发展之路，在对其历史的回顾中，在对经典事例的述说中，《昆曲之路》开启了昆曲的发展空间。从更深入的层面来说，《昆曲之路》体现出中华民族丰富的审美取向，它在全球化背景下重新思考和审视中华民族的民族特性问题。因此，《昆曲之路》不仅仅是一条已经走过的路，它走得悲辛，遭遇磨难，在命途多舛的岁月里绝地逢生，而且它是一条通向未知的路，在这条向未来远行的文化道路上，它给予了人们无尽的启发和思考。

杨守松的《昆曲之路》是一部全面系统的讲述昆曲文化的著作，他从宏观的角度对昆曲六百年的历史进行了梳理和总结。同时，杨守松有着开阔的眼界，为昆曲在今后的发展进行着深入的探讨。他将昆曲作为文化的典范，希望从昆曲来把握文化发展的道路，因此，“昆曲之路”在一定程度上成为“文化之路”的缩影。杨守松对昆曲进行了精心的调查研究，他用自己的生命来捍卫文化，他尽自己的全力来守护文化，所以他既是文化的传播者，又是文化的守望者。

《文汇读书周报》2009 年 10 月 16 日

《昆曲之路》，杨守松著，人民文学出版社 2009 年 6 月出版，责任编辑：王干

# 乡情·诗意·真淳

## ——读刘仁前长篇小说《香河》

龚勤舟

人类的情感永远都是深切的，就像古希腊智者赫拉克利特所说——一个人不能两次踏入同一条河流一样，人的一生不可能同时怀有两份意义等同的乡情。对于故乡的感念，对于养育自身的那方水土，人的情感就像一条悠长而又绵延的河流，从心灵的内核出发，流向身体的每一个角落。在这大千世界、茫茫人生中，每一个人都心怀一份思乡的情结，每一个人都拥有属于自己的一方水土，即使那方水土只是邮票大小的地方，即使那方水土密布着沟壑和山石，即使那方水土遭遇着风尘和海啸，它都给予人们一份特殊的记忆。刘仁前的故乡在那湿润柔美的苏北平原，他的长篇小说《香河》溢满了神圣而又纯洁的乡情。

《香河》描绘了二十世纪六七十年代的苏北平原，在这一时代背景下，《香河》却是和“文革”时代相隔离的。仁前对那个时代农民生存状态的书写，没有浸染上浓重的政治色彩。因此，《香河》的性格决定它既是一部“边城”，又是一片诗意栖居的田园。小说的故事从柳安然家的豆腐店和三奶奶家的代销点出发，村子里的一个个鲜活的人物围绕着两家的日常琐事逐一展开。柳春雨和琴丫头、杨雪花之间的爱情，打上了刻骨铭心的印记，各种复杂的因素杂糅在一起，使得柳春雨和琴丫头的纯真情感不能延续，于是，爱情的挫败让琴丫头的人生布满了伤痕和困惑。她和陆根水有名无实的婚姻，使之生发出无限的绝望和苦痛。如果说小说里的男性形象是在尽可能地彰显小说的博大胸襟，那么小说所塑造的女人性格则更多地透露出小说的诗性和柔美。琴丫头正是凭借她那非凡的气质和精巧的双手，千辛万苦、坚韧不拔，在情感的深渊里挣扎，从而进入了生命的另一种境界。她曾经失声痛哭，曾经天真烂漫，但她对人生、对爱情怀有永恒的信念，她对世间的不离不弃促使她在凄美中走向人生的淡定。她精心呵护自己的女儿小英子，将幸福寄托在小英子的身上。年少的小英子和喜子情同手足，他俩的相遇，预示着有情人终成眷属的美好，寓意着柳春雨和琴丫头爱情的延续。月光下的情侣依偎在香河的潺潺流水中，他们让生命得到升华，让和谐与祝福在圣洁的土地上铺展开来。

小说写了三代人的爱恨离别，其中的爱既是轰轰烈烈，又是水乳交融。其中的恨只有苦痛的意味，表现在泪水和命运之间。它没有动枪耍刀的复仇、没有虚与委蛇的阴沉，可以说它是一部展示大爱的作品，它将所有的恨全都包容在爱的文字里了。小说中的人物在爱的情意中延续着传统农村的生活，他们所享有的精神文化虽然赋予了新的形式，样板戏和露天电影深入到苏北的农村，而且得到广大民众的喜爱。但是，这些文化产物的政治影响力却并未侵扰农民日出而作、日落而息的生存习惯，中国传统的农耕文明和小农经济依然氤氲在香河的水域里。村头豆腐店固守在那片邮票大小的乡村，于是，这种封闭的经济和简单的文化方式保存了农民本有的性情，质朴憨厚、任劳任怨、知足常乐，成为他们向往的生活情趣。

近年来，借二十世纪六七十年代为背景来叙写乡村的长篇小说层出不穷，大部分优秀作品都是在“文革”的框架中展现人性的错位和精神的困惑。苏童《河岸》中那些特定时期的历史沉浮成为贯穿小说的重要线索，权力和政治在家庭内部的抗争，母亲对儿子和丈夫的唾骂和遗弃，父亲对儿子的禁锢和“精神阉割”，在暴力的视野下再现了历史情境中底层人物的人生际遇。毕飞宇的《平原》通过摹写诸多乡村人物独有的性格和命运，描绘了王家庄这片原始与美丽的平原，平原上的爱情和人性又将这片古老土地的政治和文化权力淋漓尽致地透露出来，让人在小说中感受着中国农民的奇特生存形态和乡村青年的冲动焦灼、困厄迷惘。贾平凹《古炉》中的农村和农民在“文革”降临时，迅速被恶和暴力所充斥，原本安宁、古老的生活秩序被彻底打碎，取而代之的是一个充满猜忌、对抗搏斗的人文精神废墟，小说试图通过广袤的历史纵深感来铺就几千年中国农民的破坏和毁灭、善良和美好。诸如此类的优秀小说在思想上均有所拔高，因此让人在阅读时体味到震撼人心的力量，它们通过一个个小说人物折射出变异的时代和扭曲的人性。仁前的《香河》却一反“文革”的苦难叙事，字里行间飞翔着灵动恬美的气象。它或许是在进行一次历史的还原，或许是一次日常生活的真实记录，它让人世间最本真、最纯朴的性灵在极权无度、风雨如晦的岁月中逐渐地现身。或许它更是在用无数个精致的细节和人物来表达这样一个事实：在任何时代中，不论是充溢着悲辛的煎熬，还是散发出血腥的暴力，农民都在内心守护着自己的生存方式，他们不被外界诱惑和干扰，金钱和欲望终将飘逝于九霄云外，只有朴实的物质生活和简单的精神需求才是人生的首选。

在我看来，《香河》更是一部别致的小说，它不以波澜壮阔的故事取胜，不以奇幻怪诞的人物炫目，它的文字飘散着一股股静谧和淡定的气息，这种气息正是仁前努力渲染的小说意境。《香河》的独特性折射出作家个人的小说理念和创作理想，他的内心积淀了多年的生活，他似乎在不断地描绘这样的画卷：苏北农村的一景一物透露着浓郁的乡村景致，农村的一人一事勾勒出人性深处的朴实和善意。或许，当人们读罢《河岸》《平原》《古炉》等长篇佳作之后，再来领会《香河》里的叙事，那些举重若轻的文字，那些朦胧淡雅的色泽，犹如一幅幅水墨点染的中国画呈现在人们的眼前。正是因为它的独特，让人们得以穿越那段史无前例的岁月，让心灵渐渐地趋于安详。柳春耕其貌不扬，早年独自离开香河，却闯下了自己的一番天地。柳翠云托人说媒，投奔了现役军人王志军，寻觅到自己的幸福与祥和。他们的外出，给封闭落后的香河带来了新鲜事物，同时也使得香河村的田园古朴逐渐地隐退。柳春雨厮守在香河，养家糊口、敬老教子，他的心长久地守望着这片诗意的土地。琴丫头安家生女，生活的艰辛却磨不去她对故土的钟情。

它是一部关于传统乡村的留恋和记忆，小说的人物和故事隐藏着仁前内心世界的真情。那颗悠扬的、善良的灵魂载着一部历史、一段传奇、一个梦想，在具体的文字中缓缓地驶向人们的内心深处。它是一段沧桑岁月的永久见证，仁前通过数十年的体察，渐渐地读懂了中国的农村和农民，虽然他的写作囿于苏北一隅，但那水乡的柔情、村落的安逸，透露出农民的本性。他对善良人性的塑造，体现出跨越尘世的美丽，他在简单的故事中赋予了农民无尽的宁静和诚意。正是这缕淡淡的乡情，让人欢愉、让人垂泪、让人遐思、让人迷醉。

《文学报》2011 年 10 月 14 日

《香河》，刘仁前著，人民文学出版社 2010 年 5 月出版，责任编辑：孙顺林

# 诗性·宏大·梦想

——长篇小说《广厦万象》读后

曹　剑

一部优秀的长篇小说，往往烙印着史诗的特性，对于史诗的理解和把握，不仅仅需要作家对小说繁复的结构、密集的人物进行精心地摆布，而且更需要作家对于时代、民族、历史、人性等诸多元素进行灵魂深处的审视。《广厦万象》就是一部具有史诗性质的长篇小说，它以全景式、大角度、多方位作为叙事特征，对我国改革开放以来的中国建筑产业进行了波澜壮阔的描绘。它有着建筑业百科全书式的恢宏气象，再现了共和国建设者的风雨历程和悲壮人生，洋洋四十万字，积蓄着作者的血泪，作者用犀利的目光和博大的情怀将自己对人类的悲悯、对社会的批判、对历史的同情、对自然的热爱，通通融化在小说的文字里。

作者长期从事建筑工作，对行业生活烂熟于心。《广厦万象》通过对我国建筑产业的书写，讲述了现时代建筑业的发展和变迁，充分提示了建筑业在当代人类生活中的地位和作用。小说故事密集，一波三折，悬念丛生。贾星作为小说主人公，在整部小说中起到了推波助澜的作用。他本是蟒河市建筑公司的高管，由于正直和认真，在单位遭受打压和排挤，眼见同事全督佑经营的全能建筑公司在改革开放的浪潮中风生水起，贾星带领自己的团队成立了群星建筑公司。两家公司好似一对双生子，助推着蟒河市的城市建设，但两个公司走的却是两条截然不同的道路。全督佑的全能建筑公司的幕后指挥长是交通局长郝华能，他依靠自身职务上的便利，为全能建筑公司开启了一路绿灯，他还以一些非正常竞争的手段与群星建筑公司进行着恶意竞争，险些把群星建筑公司扼杀。面对着恶劣的官商勾结，贾星和他的团队始终相信邪不压正，他们对建筑事业孜孜不倦的追求，为之倾注了生命和信念，在持之以恒地对真理和正义的追求下，群星建筑公司最终成为享誉全球的大型建筑集团。

《广厦万象》犹如一幅现时代建筑业的人间浮世绘，更是一部建设者的打拼史，它还原了高楼林立背后那些不为人知的辛劳与挫折，以及那些用智慧与刚正攻克的挫折与考验。由此可见，作家笔下的小说人物所凸显出来的生命力量并非指向个人对现实社会的有力把握，也并非指向个人对世俗化时代的无尽追随，这种生命力量来自于个体本身的包容性和凝聚力，它在困惑和煎熬中得以释放。

小说关乎人类的日常生活，优秀的小说总能在掩卷之余带给人们无尽的启思，不管这种启思是欢悦还是忧伤，是轻盈还是沉重，它都将成为生活的某种指向。从某种意义上说，《广厦万象》描写的群星建筑公司正是我国现时代民营企业的典范，群星建筑公司的发展道路遍布着坎坷和艰险。它先后经历了承建高楼坍塌、被竞争对手诬告、陷入合作伙伴所设的圈套等一系列考验，贾星带领公司员工认真吸取失败的教训，从建筑的专业技能上提升团队素质，时刻注重用最新的理念、最先进的技术和以人为本的信条建设着人类美好的家园。贾星不仅在建筑的专业技术上高人一筹，他更是一位成功的管理者和决策者，选人以能、任人唯贤，正是他的知人善用，年新立从怀才不遇的小技术员变成了门窗厂的总经理；刚走出象牙塔的"大北"被委以企业文化建设部部长的重任，把企业文化做得有声有色，为建设者们创造了一个积极向上的精神家园；市建设局副局长贾月辰、留学归来的贾日辰、外国设计师末莉等一大批青年才俊都为群星建设公司奉献着一腔热血。这些青年人之所以紧密地团结在一起支持群星，愿意为群星肝脑涂地，正是因为被贾星的才干和人格魅力所吸引。贾星以他的上进、正直、爱才、惜能，凝聚了一股浩然正气，让群星建设集团从上至下都汇聚着属于建筑的、时代的、社会的正能量。

建筑并非一堆冰冷生硬的钢筋水泥混合物，经过群星人的精心规划，学校里的建筑是童话里走出的蘑菇、大白菜和胡萝卜屋，政府大楼更是一座在外形设计、技术攻关上属国际领先的节能环保绿色建筑。当然，建设者们也并非一群埋头与冰冷的建筑材料亲密接触的冷血动物，他们有情有义、有爱有痛、有血有泪。小说对于人性的彰显，具体而细微地表现在群星建筑集团员工的身上。小说努力开拓着人们的生活视野，希望人们能从庸常的社会中超越自我。贾星与胡敏相濡以沫的夫妻之情、贾月辰与周悦的闺密之情、贾日辰与末莉的异域恋爱随着小说情节的不断发展，引人入胜，让人感动。

文学是心灵的艺术，文学展现着人类复杂的心灵变迁。文学将人类内心的焦灼、无奈、彷徨、困惑，以及随时间流衍所成长的大慈大悲、伦理忏悔的全过程进行着淋漓尽致的展现。因此，文学是丰富的，它让时间与空间这两个维度不断地转换和现身。它是属于精神境界的真实，它是心灵意义上的高贵，它对人性深处的挖掘，可以触动人类的心灵，震撼人类的灵魂。

《人民日报》2014 年 8 月 12 日

《广厦万象》，姚立发著，人民文学出版社 2013 年 11 月出版，责任编辑：安静、龚勤舟

# 高官的良心，作家的良知

## ——读《高官的良心——中国足球打黑第一斗士》

刘　茵

几年前，朱晓军的名字鲜为人知。2007 年，他以报告文学《天使在作战》荣获第四届“鲁迅文学奖”，名冠群芳，被誉为“杀进文坛的一匹黑马”，对其评价是：“充分体现了报告文学的战斗作用，对关乎国计民生的重大问题敢于秉笔直书，是近年来涌现的最为震撼的作品之一。”朱晓军声名鹊起。

难能可贵的是，朱晓军不是稍纵即逝的流星，而是以自己的勤奋与努力继续发光，不断奉献新作，如《一个医生的救赎》《中国百年婚姻档案》《留守北大荒的知青》《让百姓做主》等，持续受到好评。现在，又一部堪称上乘的新作《高官的良心——中国足球打黑第一斗士》呈现在人们面前。《高官的良心》同样是秉笔直书，也是近年来令人震撼的作品之一。

《高官的良心》集中笔力塑造了一位足坛反腐斗士的形象。主人公陈培德系浙江省体育局局长，清正廉洁，正气凛然，敢讲真话，坚守社会良心。十年前，在足坛乌烟瘴气、腐败丛生之时，他挺身而出，铁肩担道义，举起打黑的大旗，撼动了中国足坛。

陈培德是中国足球打黑的第一斗士，《高官的良心》是揭穿足坛腐败黑幕的第一部纪实文学作品。

作品以陈培德为中心，将人物、事件、问题融为一体，通过一个个足坛典型的腐败事件，展开正义与邪恶的一波又一波的殊死较量，扣人心弦。陈培德这位有血有肉的打黑斗士的形象跃然纸上。

绿茵场上弥漫着黑雾，足坛的肮脏黑暗触目惊心。金钱成为中国足球转动的最大动力，中超联赛 22 场中 2/3 给裁判送钱；一支甲 B 球队最后几场竟行贿几千万元；陆俊大吹黑哨竟蝉联六届“金哨”，简直是国际丑闻！作品主要通过杭州绿城与上海中远的“5·16”赛事，“甲 B 五鼠”案，支持绿城和吉利俱乐部揭黑，与宋卫平、李书福联合向黑哨宣战，在广州全运会上带浙江团树正气“干干净净参加、堂堂正正拿金牌”等可谓强劲的叙述和描绘，展现了陈培德反腐斗争的坚韧与顽强，感人至深。

作者是在矛盾与艰难中对人物进行塑造的。足坛关系网的盘根错节，足协对打黑斗争的漠然置之，冷遇和打击的接踵而来，令陈培德身心交瘁，郁闷焦灼，彻夜失眠，暗自下泪。他被“违反党纪国法”等排山倒海般袭来的大帽子压得喘不过气来。明枪暗箭令“陈培德的手颤抖了，心颤抖了，整个身体也颤抖了”。坚持还是放弃？他忧心忡忡，灵魂无时无刻不在遭受煎熬。最终，他没有倒下，不但坚守而且出击，说：“我不能视而不见，要对得起国家和人民，对得起这份责任，对得起自己的良心。”

当有人劝阻陈培德行将退休何苦乃尔时，他铿锵有声：“和腐败斗争，不受退休不退休的限制……只要还有腐败，即使退休以后，我也还要斗……即使有不测，如果鲜血能擦亮更多人的眼睛，也是死得其所。”

作品还从陈培德的身世、家教、经历等诸多侧面描写陈培德如何成为清官的心路历程。年轻时远大的抱负依然沸腾于胸中，父母亲的教诲不时地响在耳边。他从政之后，从不以权谋私，弟弟依然当修理工，妹妹依然是小学教师。当家人让他为孩子找工作时，他发自肺腑地说："我不能用手中的权力给家人办事，你就当哥没有当官好吗？"女儿任亚洲最大的石材厂高管，陈培德主管的浙江体育局兴建几十万平方米的场馆，竟未用过该厂一块石料！这样廉洁的国家干部对于贪腐怎能视而不见听之任之！陈培德既是一位廉洁官员，又是一位反腐斗士。

温家宝总理在今年（2011）"两会"的记者招待会上说："我认为最大的危险是腐败。"官员腐败是当今社会的痛点和热点。足坛腐败已经激起群愤，反腐题材触及大众最敏感的神经。正由于此，作为中国足球打黑第一斗士的陈培德形象的出现，以及作为揭穿足坛腐败黑幕的第一部反腐纪实文学《高官的良心》的出现正当其时。

《高官的良心》可贵之处还在于反腐题材的深化。朱晓军并非简单地写行贿和受贿，并非把黑哨的出现仅仅看作是道德败坏的个人行为。腐败已经渗透进生活的方方面面，足坛腐败只是冰山之一角。作品中关于龚建平事件的描述颇具代表性。龚建平珍惜来之不易的国际裁判的荣誉，本想干一番事业，然而诱惑不期而至。在金钱诱惑面前他诚惶诚恐，从拒绝收受到忐忑不安，最后收受贿赂，堕落为"黑哨"；得知可以退钱，他喜出望外、如释重负，不料，悔之晚矣，锒铛入狱，四十多岁便郁郁而终！打死一只苍蝇，却放走了老虎，足坛打黑无果而终，龚建平成了牺牲品，而行贿者也是受制于潜规则。正是社会腐败导致龚建平悲剧的发生。作者悲愤地发问："腐败你毁了多少人？还会有多少人被你毁掉？"又问，"足坛腐败，其他行业就不腐败吗？教育卫生、司法科技就不腐败吗？"继而大声疾呼，"我们每一个中国人都要起来与腐败做斗争！"

报告文学是勇者的强项，朱晓军以报告文学作家的担当精神承担起时代的重托，敢于直面社会的尖锐题材，充分发挥了报告文学的批判功能，堪可称赞。陈培德的义举得到同事、朋友、家人、媒体，以至省长和省委书记习近平等极其广泛的支持。更可喜的是中纪委派调查组彻查足协问题，继而司法介入，横扫足坛妖雾，足坛头目南勇、谢亚龙、杨一民等纷纷落网，人心大快！

温家宝总理 4 月 14 日与国务院参事和中央文史馆馆员谈话时说："一个国家，一个民族，总要有一批心忧天下、勇于担当的人……总要有一批刚直不阿、敢于直言的人。"打黑斗士陈培德就是这样的官员，直面贪腐的朱晓军就是这样的作家。《高官的良心》的出版增强了反腐的信心，给人以希望。

报告文学的批判性在二十世纪八十年代得以发扬光大，九十年代后批判功能弱化、钝化、泛化，锐气大减，严重萎缩，令读者失望。《高官的良心》等作品的出现新人耳目，令人欣慰。

《中国文化报》2014 年 8 月 14 日

《高官的良心》，朱晓军著，人民文学出版社 2011 年 3 月出版，责任编辑：脚印

# 辑三　织锦裁云

# “老树着花无丑枝”

## ——修订本《中国文学史》编辑手记

宋　红

“中国文学史”，作为一种文体写作，是一百年前的新生事物。它是由西方取道日本传入中国的。最早的“中国文学史”出于日本人之手（古城贞吉著），初版于1897年。出于中国人之手的第一本《中国文学史》为林传甲著，初刊于1904年（讲义印本；正式出版于1910年6月）。嗣后，便有了林林总总的各式文学史问世，以至文学史的写作本身，亦成为一种历史。

一百年来，文学史的叙述范围、观照重心、研究方法，以及所使用的语言，一直都在随着时代的变更和研究的深入而发生着变化，文学史的研究和写作则在这种自觉或不自觉的变化中，在不断的自我否定中并不轻松地前进着。戴燕在《文学史的权力》一书中写道：

> 我们对以往文学的了解，大多是从文学史著作中来的，文学史给了我们完整而又清晰的古代文学的轮廓面貌，给了我们堪称系统、准确的古代文学知识，同时，还给了我们有关古代文学学

科的一些重要概念，以及使我们能够就专业问题进行交流与沟通的语言。很多人恐怕都有下面的经验：到今天，文学史所给予的观念、概念和语汇，已经成了我们专业身份的标志，当一群人在一起谈论古代文学的时候，很容易我们就能凭着文学史养成的直觉，判断出其中的内行或外行。（171 页）

她写这段话是为了提出这样一个问题："这些几乎成了我们日常思维与谈话习惯的一部分的语汇、概念，这些看起来天经地义、地老天荒的东西，真是从来就有的，还是只是在某一时段里生成的？"并由此说明文学史写作的千差万别。然而我想提出的是另一个问题：究竟哪一种文学史"给了我们完整而又清晰的古代文学的轮廓面貌，给了我们堪称系统、准确的古代文学知识，同时，还给了我们有关古代文学学科的一些重要概念，以及使我们能够就专业问题进行交流与沟通的语言"？究竟哪一种文学史"所给予的观念、概念和语汇，已经成了我们专业身份的标志"？问题的答案很清楚：在相当长的一个"时段"里，莘莘学子都是读着游国恩、王起、萧涤非、季镇淮、费振刚五位先生主编的四卷本《中国文学史》（下简称游本）走进中国古典文学殿堂的。

游本《文学史》初版于 1963 年，自面市以来，已经历了三十九年的风风雨雨，沾溉了一代又一代的年轻学子，至今仍然显示着活跃的生命力。其间游本《文学史》共经历过三次较为重大的修订，费振刚先生在本次修订版的《再修订后记》中介绍说：

第一次是在 1978 年，其具体情形可见附于《中国文学史》第四册后 1978 年 10 月 27 日写于广州的《后记》。第二次是 1998 年至 1999 年，原来的版因多次重印而有所损坏，需要重新制版。责任编辑宋红提议利用这一机会做一次全面的修订，具体的做法是由她通读全书，提出修改意见，再由当年参加编写全过程的孙静、李修生和我研究讨论，给以确定。这次修订除改正行文中不甚确切的用语，以反映社会和学术的更新发展外，主要是重新核实引文，纠正引文中的一些错误，重新对一些古文和古代诗词进行断句和更换个别材料，以反映新的学术成果，同时也勘正了一些误排之处。这次修订前后用了半年多的时间，全书有近八百处做了修订。第三次即本次的修订是在世纪之交的两年里进行的。出版社考虑到这部文学史要在新世纪里更好地发挥它作为大学教材的作用，提议再进行一次较大规模修改。他们邀请廖仲安、孙静、李修生、沈天佑和我做了多次讨论。……修改工作大致有以下几个方面：对个别过于绝对化、政治化和现代化的用语做了修正，以求比较客观和平允；适当增加对近年来考古新发现和学术新成果、新进展的介绍；对行文中引文增补出处；为了扩大学生的阅读面，增加对文学发展过程中重要作家、作品的了解，每册增加“阅读书目”一项，列有本册所论述到的作家的别集和总集；校正错别字，改正不妥的标点和断句。

兹择要对第三次修订工作加以介绍：

一、增加脚注。《文学史》原本设有面末脚注一项，用以并存异说、提供补证、校勘版本等。脚注很有学术价值，但注条数量不是很多。随着学术研究的深入，特别是近十几年来考古发掘方面所取得的新成果，必然会引发文学史方面的新探索和新思考。此番修订，在不改变原书总体框架和前辈学术观点的前提下，特别注意将新的学术观点和于旧说有所匡正的出土实物情况纳入脚注中。如“上古至战国的文学”编在概说中讲到武王灭殷的时间是“公元前十二世纪初”（第一册旧版 8 页。按，本文所用为 1991 年一版第 8 次印刷本，1998 年电脑排版后页码有变化），新版（8 页）此处增设脚注，提供了我国第九个五年计划国家重点科技攻关项目“夏商周断代工程专家组”将灭殷时间定在“公元前1046年”的研究成果。又如关于《诗经》的成书时间，新增脚注特别介绍了学者们对《商颂》成书时间的分歧意见，视线追踪一直达到2000年（新一30—31页）。第一编“概说”在讲到中华民族的文明起源时，引述到“仰韶文化”和“龙山文化”（旧一4页），新增脚注则补充了“河姆渡文化”“良渚文化”“红山文化”等新的考古发掘情况，从而说明中国早期文明的多元发展（新一4页）。在言及宋玉赋的真伪问题时，旧版认为《古文苑》所载宋玉赋六篇、《文选》所收宋玉赋五篇俱为伪作，新版在此处加脚注，引述了“相当一部分学者”如胡念贻、姜书阁等的不同意见，并介绍了当代学者对1972年在山东临沂银雀山西汉早期墓葬中发现的唐勒赋残简的研究情况，指出：

> 关于该赋的作者则有唐勒、宋玉两种说法。尽管对赋的篇名、作者有不同认识，但他们都认为该赋的形式与《大言赋》《小言赋》相近，这就不仅为《文选》所载，更为《古文苑》所载的宋玉赋作的真实性增加了有力的证据。

这样一种处理方式，反映了修订者尊重历史的审慎态度和尊重科学的宽博胸怀，在保持原有框架的前提下融入新的学术观点和研究信息，这是修订工作中最可称道之处。此外，“秦汉文学”编第一章第四节所增关于尹湾汉墓简牍《神乌赋》的脚注；“清初至清中叶的文学”编《红楼梦》章所增关于曹雪芹生年有三说、关于曹雪芹生父有二说的脚注，均反映出这方面的特点。

二、增补内容。如果说第一册的修订成果主要体现在脚注上，那么第二、第三册的修订成果便主要体现在内容的增补方面。如“隋唐五代文学”编“概说”，在总结唐代文学繁荣的原因时，新版特在“唐代的君主很重视诗歌”一段中加入了洪迈《容斋续笔·唐诗无避讳》条的对比与评说，说明当时诗人的创作较少受到干涉（旧二 9、新 8—9 页）。同编第一章第二节，旧版在评述上官仪诗歌的内容与风格时贬抑成分较多，新版增出一段，讲述“他也有被唐人赞美仿效的名作”，增补的内容虽不足二百字，但却起着重要的平衡作用，使关于上官仪的评述更为平允，也更符合历史的真实（旧二 23、新 22—23 页）。因为他毕竟是初唐文坛开一派诗风“上官体”的重要作家。同编第五章第四节，在讲到杜甫对后世的影响时，于韩愈论杜的结篇文字之后补入了近代以来康有为、梁启超、陈独秀、胡适、鲁迅、闻一多、陈寅恪、郭沫若、毛泽东等重要历史人物对杜甫的认识与评说，可视作杜甫研究史之梗概（旧二 119、新 118—120 页）。

除增补论述内容外，新版《文学史》还注意到作品内容的增补。如“秦汉文学”编第一章第三节介绍枚乘作品时，旧版称：“《汉书·艺文志》著录枚乘赋九篇，今存《七发》一篇是他的代表作。”新版则将《艺文志》所著录的篇名一一录出，这便增加了信息量（旧一 140、新 138 页）。又如“隋唐五代文学”编第十章第二节介绍李商隐时，增补了李商隐的寄慨咏物之作《蝉》，通过这首诗的征引，可使读者了解李商隐作品的又一个方面（新二 207 页）。再如“宋代文学”编第五章第一节，介绍李清照时，旧版只着重介绍了她的词，于诗文仅一笔带过，新版则对她的诗文加以征引、介绍和评述，使读者对这位女作家的创作有更为全面的认识和了解（旧三 89、新 86—87 页）。同样，“元代文学”编旧版第八章第二节，在介绍元代后期作家时，对萨都剌仅着墨于他的诗，对他的词则一笔带过，新版（第九章）征引了他的《满江红·金陵怀古》（旧三 319、新 320 页），使读者对他的词能够有具体感性认识。

三、修改行文。与内容上的增删相比，行文上的修改只能说是一种“微调”。“魏晋南北朝”编和“近代文学”编的修改便主要是以“微调”

为主。虽然说是“微调”，但字句上的锱铢斟酌，正关系着观点、评价上的高低轻重，比较修改前后的行文，便可看出执笔者的良苦用心和改动之精要。例如“魏晋南北朝文学”编第五章第四节谈“梁陈诗人和宫体诗”时，新版将“文学的趋向腐化堕落”（旧一 324 页）改为“文学的趋向腐靡”（新一 320 页）；将“梁简文帝萧纲更进一步提倡写色情的诗”（旧一 324 页）改为“梁简文帝萧纲大力提倡写宫体诗”（新一 320 页）；将“《咏内人昼眠》《美人晨妆》等等描摹色情的宫体诗”（旧一 324 页）改为“描摹女人情态的宫体诗”（新一 321 页），诸如此类，淡化了政治评判色彩。旧版“隋唐五代文学”编第二章第二节谈到对王维的评价时说：

> 有人甚至推尊他为“诗佛”，把他捧到和李白、杜甫同样高的地位，这显然是极端错误的。（二 48 页）

新版改作：

> 有人甚至推尊他为“诗佛”，以与“诗仙”李白、“诗圣”杜甫相并提，但在文学史的总体评价上，他很难与李、杜等量齐观。（二 48 页）

“诗佛”“诗仙”“诗圣”并出，便具体解释了旧版中“把他捧到和李白、杜甫同样高的地位”的说法，其实只是各拈出一字，以概括各人的风格特点，同时也能给读者更多的文学史信息。将“极端错误”的断语改为“在文学史的总体评价上，他很难与李、杜等量齐观”，也使简单粗暴、失之偏颇的说法得到纠正。又如“近代文学”编第一章第二节最后一段讲到蒋春林的词时，旧版说：“实际他的某些著名作品如……等等，诬蔑太平天国革命，凄苦哀怨，表现了地主阶级的没落情绪和反动立场，完全是封建糟粕，应该坚决抛弃的。”（四 388 页）新版改作：“如……等等，反对太平天国革命，凄苦哀怨，反映了一般地主阶级知识分子的情绪。”（350 页）改动中，“反动”“封建糟粕”，诸如此类带有明显时代痕迹、政治痕迹的字眼得到筛汰，行文语气更为客观，评价也更为公允。此外，行文上的改动也使叙述更为严谨，如“隋唐五代文学”编第十三章第一节，旧版谈“词的起源、发展和民间词”时说：“又如白居易和刘禹锡的两首〔忆江南〕……”（二 258 页），“和”，此处所要表达的意思是“与”，但字面又可理解为“附和”，读为第四声，这样便成为刘禹锡先作了两首〔忆江南〕，白居易随和了两首。而事实是白居易写作在前，刘禹锡写作在后。因此修改时将二人姓名间的“和”字改为顿号。而下面所引两首作品，前为白居易作，后为刘禹锡作，使用并列结构最为合适（新二 259 页）。总之，行文上的修改虽不及严复当年译西人著作，“一名之立，旬月踟蹰”（《天演论译例言》），但一丝不苟的精神是相通的。

应当指出，学术研究是在不断探索、不断积累中向前发展的。游本《文学史》也在学术的前进中、读者的关注中不断完善着。《文学史》中还有一些细节的改动是在学者朋友和读者朋友的关照下完成的。如“宋代文学”编第三章第二节谈“苏轼的文论和散文”时，旧版以为苏轼论文之语“大略如行云流水……常行于所当行，常止于不可不止（《答谢民师书》）”是评论自家文章，有学者朋友指出其文是为谢民师作品而发，评论自家文章的相似之言见《文说》“吾文如万斛泉源，……常行于所当行，常止于不可不止”。另如“清初至清中叶的文学”编第一章第一节谈到明末爱国遗民诗人时，提到吴嘉纪“字野人”，有读者来信指出“野人”是吴嘉纪的号。诸如此类，我们均在重印时及时予以改正。特别需要提出的是，“魏晋南北朝文学”编第六章第二节谈到“南北朝散文”时，引用了郦道元《水经注》中“巫峡”一节：“自三峡七百里中，两岸连山，略无缺处……”至“巴东三峡巫峡长，猿鸣三声泪沾裳”引文结束。许多年来，该文一直被认为是郦道元《水经注》中的名篇，然而这段文字恰恰不是郦道元的手笔，而是他注《水经》时逐用了晋宋时人盛弘之《荆州记》中的一段。《太平御览》卷五十三收录此文，标注赫然。1997 年修订时，我们换掉了这段文字。由于游本《文学史》问世时间长，使用范围广，所以借此机会特做说明。

“在 20 世纪出版过数百种的‘中国文学史’”（戴燕《文学史的权力》47 页）中，恐怕很难说哪一种是最优秀的，但应该可以说游本《文学史》是最好用的。北京大学葛晓音教授撰文说：

> 本书取材和章节编排与教学需要相适应，各编根据每个历史分期的特点，按时代先后分列章节，以讲述作家和作品为主，论述详略适宜，重点突出。关于文学史上的重大现象、重要作家的生平、著作内容及其在文学史上的地位和影响等，均辟专节阐述。重点作品多以解说和分析相结合，文字严谨，条理清晰，并适当引用古代文论中精彩的评语，准确具体地阐明其思想艺术特色。……同时，为了勾勒出史的纵向脉络，本书又在每编前面加“概说”部分，简述这一历史时期的社会文化背景以及文学发展的基本风貌。每编之后又加“小结”，扼要地总结这时期各种文学形式的发展过程以及成就或缺陷。

文中提到的“概说”和“小结”的确是书中最浓缩的部分。1997 年《文学史》改版重排，我作为责任编辑通读校样时才惊奇地发现，原先在其他书中见到的反映某种文化现象的谣谚，诸如“熟读唐诗三百首，不会作诗也会吟”“《文选》烂，秀才半”“五十少进士，三十老明经”等，早已浓缩在《文学史》的“概说”中，而以前学习这门课程时竟浑然不知！

本书除条目清楚、便于把握外，成于众手而能一气贯注，也是其优长之处。通读全书，绝无扞格之感，使后来许多集体项目均无法望其项背。我们不妨以上述《水经注 · 江水》“巫峡”篇为抽样，对手边可以找到的文学史做一番调查，答案自明。

在历史进入二十一世纪的今天，在大学教育强调“厚基础、宽口径”的新形势下，游本《文学史》“仍以内容全面、材料翔实、体例适当、便于教学，既有一定的学术深度，又符合教学规律的要求，而受到高等院校中文系师生的欢迎”（费振刚《中国文学史再修订后记》）。“人事有代谢，往来成古今。”游本《文学史》能够在百年来的数百种文学史中保持生命之树三十九年常绿，一切已尽在不言中。而此番由五位学者对《文学史》所做的全面修订，更使其如老树着新花。宋代诗人梅尧臣有句曰：“老树着花无丑枝。”祝愿修订本《中国文学史》花繁叶茂，“绿树成荫子满枝”，较从前有更为久长、更为健旺的生命力。

2002 年 7 月于北京天然斋

《中国文学史》（修订本），游国恩、王起、萧涤非、季镇淮、费振刚主编，人民文学出版社 2002 年 7 月出版，责任编辑：宋红

# 隔着新世纪的门槛往回看*

## ——写在“近代文学名家诗文选刊”前面

宋　红

经过二十年的改革、开放、建设、发展，从噩梦中醒来的中国人带着难以忘却的创痛、带着取得成就的喜悦、带着对美好未来的憧憬走进了二十一世纪。

一百年前，二十世纪之初的1900年，英、法、德、意、美、俄、日、奥八国联军入侵中国，烧、杀、抢、掠。一百年后，二十一世纪之初的2001年，中国成功加入世贸组织。在香港、澳门顺利回归的今天，在中国人已经站起来和正在富起来的今天，做一番百年回首，看看蹒跚于二十世纪之门的中国，无疑有着特别重要的意义。

在“十月革命一声炮响，给我们送来了马克思主义”之前，鸦片战争一声炮响先给中国人送来了资本主义。当大清国那一直闭锁的破败国门被帝国主义的洋枪洋炮轰开之后，中国人开始“睁眼看世界”，并为现代西方发达的工业文明所震惊，意识到：此夷狄非彼夷狄，“二百

---

* 该文是“近代文学名家诗文选刊”编者按，有删略。

年来，西洋自测算格物之学大行，制作之精，实为亘古所未有”；“东土之人，见西国今日财利，其隐赈流溢如是，每疑之而不信。迨亲见而信之矣，又莫测其所以然”（严复《原强》）。于是，“先进的中国人”纷纷把目光投向西洋和学习西洋成功维新变法的东洋，希望从那里找到变法图强的良方，因为当时的局面正如梁启超在《变法通议·论不变法之害》中所说：

> 大地既通，万国蒸蒸，日趋于上，大势相迫，非可阏制。变亦变，不变亦变。变而变者，变之权操诸己，可以保国，可以保种，可以保教；不变而变者，变之权让诸人，束缚之，驰骤之。

然而东西方社会、文化间的巨大差异，使“拿来”也变得不是那么唾手可得。正如严复在《〈天演论〉译例言》中所说：“新理踵出，名目纷繁，索之中文，渺不可得，即有牵合，终嫌参差。译者遇此，独有自具衡量，即义定名。”以至有“一名之立，旬月踟蹰”（同上文）的情况。由此可以想见，东西方文化间的交融是怎样一种化合的过程。当时的“体用之辩”，即具体反映了两种文化的碰撞。而当新科学、新学科引进中国之后，则大大激发了国人对传统文化的思考，思想界之活跃，实发“五四”新文化运动之先声。

在火光血影中写成的中国近代文学，记录了中国漫长封建社会的解体和由封建社会向半封建半殖民地社会蜕变的阵痛；记录了一百年前中国人艰难跨入二十世纪的心路历程；记录了中国人为民族前途和命运所做出的探索和牺牲。感觉敏锐的知识分子，可以说是民族的神经，往往能提前感知时代的风云际会。而对祖国前途、民族命运的关注，则体现了千百年来中国知识分子“位卑未敢忘忧国”的优良传统。已经站起来和正在富起来的中华民族，到了该让自己“硬”起来、“强”起来的时候了。回顾一百年前中国人的强国之梦，做一番抚今追昔的反思，便是我们编辑“近代文学名家诗文选刊”的初衷。

丛书初拟为十种，由于诸多方面的原因，定为目前的七种，一次推出。即:《龚自珍选集》《康有为选集》《梁启超选集》《严复选集》《林则徐选集》《翁同龢选集》《秋瑾选集》。其中前四种为我社原有出版物的改版重排，后三种为新书。所以使用重排本，以其为之作注者都是学界知名人士，可以说是“名家”注“名家”。虽注释体例有不尽规范之处，所下断语亦难免带有时代烙印，然释作品背景之周详、注历史典事之精到，则是后来人很难逾越的。加之选注工作被当今学界视为小道，或根本不算科研成果；或在计算成果时大打折扣，致使当今要找到笔下“应有尽有”和“应无尽无”的新注家非常不易。

重排中，我们对旧注本做了适当的技术处理:一、删除“落后”“反动”等游离于正文之外的空泛政治性结论；二、改正个别不确切的僻字注音和语词注义；三、改正注释中的引文差误；四、改正原书排校错误；五、与新注本求得大致相同的体例。需要说明的是我们对旧注本的以下两种情况未做处理：一、征引史料多为撮述，虽加引号，但并非严格引文者，如《梁启超选集》即属此类情况；二、对所注出典有不同见解者，如《严复选集·三月三日……游万生园》“何曾三起继三眠，却笑万生成万死”。注〔11〕曰:“三起三眠:《三辅故事》:‘汉苑有柳，状如人，号曰人柳，一日三眠三起。’”细味之，三起三眠似当指蚕眠，而非柳眠，即《本草》所谓“蚕三眠三起，二十七日而老”。也就是蚕由初生到成蛹的时间。若“一日”之内而“万生成万死”，何乃太速耶？然在做注者已归道山的情况下，此类问题不宜强加于人，故一仍其旧。

鉴于当今注释人才之难得，我们尤其应该感谢为丛书之新选题担当选注工作的几位先生，特别是杨国桢先生。为丛书作注时，杨先生的女儿病情危重；注稿完成之日，正女儿撒手尘寰之时。杨先生在《林则徐选集》的前言中表达了对女儿深深的歉疚和思念，于此我们亦向杨先生和他已故的女儿表示由衷的敬意和感谢！请相信，一个青春女孩的生命正以书卷形式在我们中间延续着，我们希望杨先生因此而得到安慰。

有研究表明：1840年前后，中国在世界上还是一个经济繁荣的国家，国民生产总值仅次于英国，位居世界第二，远超德、法、俄等国。当年清军战败的主要原因并不是武器落后，并不是火炮射程够不着人家，也不是我们的军费投入不够。据史料记载，甲午海战时的北洋水师在舰船吨位、航速、火力等方面与日本海军或是相差无几，或是互有优劣。北洋舰队的“定远”“镇远”两艘铁甲舰综合了英国“英伟勒息白”号和德国“萨克森”号铁甲舰的优长，各装十二英寸大炮四门，装甲厚度达十四英寸，堪称当时亚洲之最，在世界上也处于领先水平。日本方面，即使威力最大的“三景号”舰，也无如此规模的装甲防护。就火炮而言，无论大口径火炮，还是小口径火炮，我方均占优势，只有中口径火炮，日本稍稍领先。总起来看，双方实力大体相当，北洋水师并不比日本海军逊色。然而，北洋水师惨遭失败，全军覆没；日本联合舰队却一舰未沉！人们不禁要问：巨额军饷堆砌起来的一流的海军不经一战，原因何在？答案很清楚：战败的根本原因是清廷腐败无能，军队素质低下。这就是为什么英军拿不下一个小小的虎门炮台，却能让整个大清政府屈服的原因。如今，我们切不可忘记历史的惨痛教训。

中国人的强国梦做了一百年了，龚自珍说：“我劝天公重抖擞，不拘一格降人材。”（《己亥杂诗》）翁同龢说：“留取世间真道德，看人扼腕献奇方。”（《小游仙》）林则徐说：“苟利国家生死以，岂因祸福避趋之。”（《赴戍登程口占示家人》）秋瑾说：“拼将十万头颅血，须把乾坤力挽回。”（《黄海舟中日人索句并见日俄战争地图》）梁启超说："吾心目中有一少年中国在。……老年人如夕照，少年人如朝阳；老年人如瘠牛，少年人如乳虎；老年人如僧，少年人如侠；老年人如字典，少年人如戏文；老年人如鸦片烟，少年人如泼兰地酒……人固有之，国亦宜然。"(《少年中国说》)

与一百年前相比，我们的确取得了很大的成就，完全没有理由悲观；但我们在做梦的时候，人家却在一步一个脚印地向前走，与当年的那八个国家相比，我们更没有理由盲目乐观。中华民族经历了太多的苦难，"中华民族到了最危险的时候"——一百年来，国歌中的这句话其实不止一次在中国大地的上空响起。我们没有时间走弯路、更没有时间走回头路了！好在新中国的几代领导人为我们勾画了越来越明晰的发展蓝图，"落后就要挨打"，就要被"开除球籍"，"中国人首先要把自己的事情办好"，"发展才是硬道理"，"中国的发展离不开世界"，"关起门来搞建设是不能成功的"，"中国共产党……代表中国先进生产力的发展要求，代表中国先进文化的前进方向，代表中国最广大人民的根本利益"。——只要我们葆有自信、自立、自强的民族性格，不忘海纳百川、雍容大度的汉唐精神，"聚精会神地"搞建设、谋发展，中国一定会有更加美好的明天。

温故而知新，便是我们编辑这套丛书的现代意义。

2003 年 8 月

"近代文学名家诗文选刊"——

《龚自珍选集》，龚自珍著，孙钦善选注，人民文学出版社 2004 年 1 月出版，责任编辑：宋红

《康有为选集》，康有为著，舒芜、陈迩冬、王利器选注，人民文学出版社 2004 年 1 月出版，责任编辑：宋红

《梁启超选集》，梁启超著，王蘧常选注，人民文学出版社 2004 年 1 月出版，

责任编辑：宋红

《严复选集》，严复著，周振甫选注，人民文学出版社 2004 年 1 月出版，

责任编辑：宋红

《林则徐选集》，林则徐著，杨国桢选注，人民文学出版社 2004 年 1 月出版，

责任编辑：宋红

《翁同龢选集》，翁同龢著，马卫中、张修龄选注，人民文学出版社 2004 年 1 月出版，责任编辑：宋红

《秋瑾选集》，秋瑾著，郭延礼选注，人民文学出版社 2004 年 1 月出版，

责任编辑：宋红

# 关于《文选》的注释、版刻与流传*

乔秀岩　宋红

梁昭明太子萧统所编《文选》，是我国现存最早的通代诗文总集，选录先秦至梁代诗文辞赋七百余首，是研究梁以前文学的重要文献。《文选》以昭明太子所编又称《昭明文选》，自隋代初年萧该始，注本迭出，版刻不绝，并渐次形成以注释、校雠、评论为核心的"选学"，由唐至清直至当今，瓜瓞延绵，流沫不绝。

现存版本大致可以概括为唐钞注本（及日本转抄唐本）、李善本、五臣本、五臣李善本、李善五臣本五类，兹分述如下：

## 一　唐钞本以及日本转抄唐本

敦煌吐鲁番出土的《文选》抄本，有白文本和注本。2000年中华书局出版《敦煌吐鲁番本文选》，将大部分残卷汇集影印。同年巴蜀书社出版《敦煌本〈文选注〉笺证》，所收敦煌本书影又出《敦煌吐

* 该文是《日本足利学校藏宋刊明州本六臣注文选》一书出版说明。

鲁番本文选》之外。

清末日本学者发现的《文选集注》抄本，现分藏各处。过去有罗振玉以及“京都帝国大学文学部”的影印本；2000 年上海古籍出版社汇编出版《唐钞文选集注汇存》，十分便利使用。

传存抄本皆是残卷，且与刻本系统存在较大差异，需要单独研究，目前出版的资料也比较丰富。而对大部分读者来说，更重要的是以下四类刻本。

## 二　李善注本

李善“上文选注表”的时间是唐显庆三年（658）九月，现存最早的李善注刻本为北宋国子监本，虽系残卷，但可证李善注本流传之绪，弥足珍贵[①]。其次为南宋淳熙八年（1118）尤袤刊本，是现存最早完帙，有 1974 年中华书局影印本。此本明清递有翻刻，而以清嘉庆十四年（1809）胡克家本影响最大。1977 年中华书局影印胡刻本，书后附录“胡刻本与尤刻本异文”以及篇目、作者索引，屡经重印，是当今最具影响力的本子。

## 三　五臣注本

吕延祚“进集注文选表”的时间在唐开元六年（718）九月 ，此所上者即五臣注。表中称李善注“忽发章句，式微载籍，述作之由，何尝措翰”，因此另集吕延济、刘良、张铣、吕向、李周翰五臣为注，“三复乃词，周知秘旨，一贯于理，杳测澄怀。……作者为志，森乎可观”。与重在解释词义及典故的李善注不同，五臣注重在阐述文章题旨及背

① 参详程毅中、白化文《略谈李善注〈文选〉的尤刻本》，见《中外学者文选学论集》，以及本书附录尾崎康《补说》。

景，故简注而详疏。这种方法入宋后渐受质疑，故流传日稀，传存至今者，除日藏旧抄本外，有宋刊本两种，其中绍兴三十一年建阳陈八郎宅刊本虽有补抄，仍成完帙（全书三十卷，其中卷二十一至二十五系补抄，另外也有部分缺页补抄），有台湾影印本。另一种杭州“开牋纸马铺锺家”刻本，现存残卷（参详《中国版刻图录》）。另朝鲜有多种版本，包括刊本和活字本。

## 四　五臣—李善注本

六臣注可分两类：一类五臣在前，李注在后。一类李注在前，五臣在后。因属于前一类的广都裴氏刊本及其翻刻本题作“六家文选”，故有些学者将前一类称为“六家注”本，以区别于后一类“六臣注”本。将五臣注与李善注合刊的初始时间已难确考，资料显示以北宋元祐九年（1094）秀州州学刊本为最早，且五臣在前，李注在后。属此类型的有明州本、广都裴氏刊本以及明袁褧嘉趣堂重刻广都裴氏本、朝鲜活字本等。

现存版本中，以明州本时间最早，北京图书馆、台湾故宫博物院、日本宫内厅、日本东洋文库等均有收藏，皆有识语说明绍兴二十八年十月赵善继知明州任，即命校正修版（见图版一。参见本书附录长泽《解说》及台湾《故宫博物院宋本图录》。识语只称“赵公”，《乾道四明图经》卷十二“太守题名记”云：“赵善继，右朝散大夫直秘阁，绍兴二十八年十月初八日到任，二十九年六月二十六日罢任。”《寶庆四明志》同）。日本足利学校藏本有1974至1975年汲古书院影印本。

广都裴氏本有台湾故宫博物院藏本（见图版三。可参台湾《故宫博物院宋本图录》）。但该本用袁褧嘉趣堂重刻本配补，全书六十卷中宋本仅存二十六卷。据《知圣道斋书跋》及《天禄琳琅书目后编》，广都裴氏本有识语云“命工锲于宋开庆辛酉，至咸淳甲戌仲春工毕”

云云。然据《天禄琳琅书目（前编）》卷十，此识语见于嘉趣堂覆刻本的某些传本，为书估造伪以冒充宋本者。日本版本学家阿部隆一据刻工名等推断，广都裴氏本的刊刻时间当在南宋光宗朝至宁宗朝前期之间[①]。至于袁氏嘉趣堂覆刻广都裴氏本，则刊成于嘉靖二十八年（1549），而嘉趣堂本亦有翻刻本。

朝鲜活字本有韩国奎章阁藏本、日本东京大学东洋文化研究所藏本等，前者有韩国影印本，后者可在其网页查看全文。此活字本书后载录了三则历史上《文选》刊刻中的重要版本信息（并见图版四），计有：

1. 天圣四年（1026）平昌孟氏刊五臣注本沈严《后序》。

2. 国子监校刊李善注本天圣三年（1025）校勘、天圣七年彫成、天圣九年（1031）进呈诸臣衔名。

3. 元祐九年（1094）秀州州学汇刊五臣注、李善注之识语。

其中平昌孟氏刊刻五臣注本《后序》及秀州州学汇刊识语尤其重要，且不见于其他版本，因而近年来备受学者瞩目（张元济 1951 年在《涵芬楼烬馀书录》中已言及此本，但当时似未见重视）。据这些识语可知，元祐九年（1094）秀州州学以平昌孟氏刊五臣注本为主体，参用国子监刊李善注本，新编成六臣注汇编本。秀州州学刊本当是此类刊本之祖本，可惜现在已经亡佚不可得见。此本虽附录“宣德三年（1428）朝鲜铸造活字记”（见图版四之四），实际所用活字乃十七世纪初训练都监重雕者，非宣德三年铸字，排印时间更在嘉趣堂本之后。

## 五　李善—五臣注本

宋赣州本、建州本、元茶陵本等皆属此类。有研究者指出，赣州

① 参见阿部隆一《（增订）中国访书记》，日本汲古书院 1983 年版。

本刊刻于绍兴、淳熙间（1162—1181）[①]，是此类刊本中现存最早的祖本。另据学者分析，建州本属于赣州本系统，而茶陵本乃覆刻建州本[②]。1919年，商务印书馆将涵芬楼所藏建州本影印编入《四部丛刊》初编，近有1987年中华书局的再次影印本和1999年浙江古籍出版社的缩印本，故使《四部丛刊》本亦大行于世。台湾另有影印史语所收藏“宋末刊本”，在台湾一地普及较广，实则明代翻刻茶陵本，书估伪造刊记冒充宋本而已[③]。

历史上几种《文选》注本的出现与刻本的刊刻流传往往此消彼长，并与时代风气的变革密切相关。倪其心先生指出，唐贞观年间南北文风以中和雅正趋于一致，学风崇实，不尚清谈，此时出现的曹宪《文选音义》即重在文字训诂，学承曹宪的李善《文选》注亦以训诂为主而推及释事诠典；高宗永隆二年（681）以后的四十年间，进士考试须“先试杂文两首”，迫使举子必须熟练掌握各种文体，因此重在疏通文义、探究“述作之由”的五臣注便应运而生。直至北宋，利于习文、便于科试的五臣注仍然较李善注更受欢迎[④]。另据《宋会要》《玉海》等记载，景德四年（1007）三馆秘阁曾奉诏对李善注《文选》校勘、刻版，但大中祥符八年（1015），刚刚刻成的书版却在宫城火灾中焚毁。天禧五年（1021），监三馆书籍之刘崇超以“内《文选》

---

① 参见傅刚《文选版本研究》第179页。另，《（增订）中国访书记》通过分析赣州本刻工，推测其刊刻时间当在光宗朝或其前后时期。另据尤袤刊本淳熙八年跋言“四明、赣上各尝刊勒”，认为是淳熙八年（1181）以前所刊。

② 参见斯波六郎《对〈文选〉各种版本的研究》（见《中外学者文选学论集》。案：此译文与上海古籍出版社1979年版《文选索引》卷首所载《文选诸本研究》同篇异译）及《（增订）中国访书记》等。

③ 参见《（增订）中国访书记》。

④ 参见倪其心《关于〈文选〉和文选学》，《中外学者文选学论集》第295—313页。

只是五臣注”，再次奏请刊刻李善注本，至天圣七年（1029）刻成[1]。所以此前北宋国子监只有五臣注本。又据天圣四年（1026）平昌孟氏刊五臣注本沈严《序》称，“二川、两浙先有印本”，可见除国子监本外，北宋前期民间坊刻五臣注本尚有数种。

由于北宋前期只通行五臣注，到天圣年间始出现李善注刊本，李善注的影响力不大，因此当时甚至有李善注出现在五臣后的错误说法[2]。在这种情形背景下，秀州州学首次汇刊六家注本便以五臣注为主，李善注为辅，也是事理自然。北宋中期以后，从庆历间范仲淹革新始，到熙宁、元丰间王安石变法，崇实之风又起，以苏轼为代表的古文家主张“文起八代之衰”而贬薄《文选》，但却肯定了继承汉学传统的李善注，从此五臣注的地位越来越低，渐为李善注声名所掩。所以南宋赣州州学等后来的六臣注本便颠倒主从，以李善为主，五臣为辅，尤袤更撇开五臣，做成单行李善注本。明代学术重评点，六臣本与李善本并行，清代重朴学，故《文选》注本独推李善。所以几种刻本的出现次序是：

五臣——李善——五臣李善——李善五臣

而北宋以来《文选》版本的主流变化则是：

五臣——五臣李善——李善五臣——李善

《文选》版本众多，情况复杂，文字互有优劣，同时又互相渗透。

---

① 参见张月云《宋刊〈文选〉李善单注本考》，《中外学者文选学论集》第772—774页。

② 《东观馀录》引《崇文总目》（成书在庆历元年1041）谓李善“因五臣而自为注”。孙复《寄范天章书》云：“唐李善以梁昭明太子《文选》五臣注未尽，别为注释，且《文选》者多晋宋齐梁间文人靡薄之作，虽李善注之何足贵也，国家尚命镂板，置诸太学。”

如与明州本同一系统的嘉趣堂本，注文应是五臣在前，李善在后，正文用五臣本，而偶出校记说明李善本异同。但是卷十九《洛神赋》及《补亡诗》首篇〈南陔〉前后共六页，却是李善在前，五臣在后，而且往往出校说明五臣本的异同。根据书中偶在同一页正反面的相同位置出现墨钉的情况，可以推测嘉趣堂重刻所据广都裴氏本已经破损，由此又可以推想，卷十九的那六页，也许是底本缺页，拿某个李善—五臣注本（如赣州本、建本等）来配补的。这是在技术层面不同版本相互渗透的例证，至于编辑校订文本方面不同版本互相渗透的情况，一直以来为学者所关注，例证甚多，问题也很复杂。在抽取部分内容将明州本、朝鲜翻秀州本、嘉趣堂本、胡刻李善本、《四部丛刊》本进行对勘后，我们打消了举证具体文字异同的想法，因为版本情况之复杂使挂一漏万的比较变得很没有意义，而厚此薄彼的举证更不是科学的态度。这种复杂性也要求我们分别看待不同系统的《文选》文本，拿不同系统的文本直接进行对比校勘，只会把问题弄得更复杂。在上述五大类中，第一类的敦煌吐鲁番本、《集注》本，第二类的尤刻本、胡刻本，第三类的陈八郎宅刊五臣本，第五类的建本、翻茶陵本，如今都有影印本，参考利用非常方便。唯独第四类五臣—李善本，国内迄今尚无影印本问世。实际上，这一类的祖本秀州本以五臣注孟氏本及李善注监本为底本，这两种已经亡佚的版本，比现存任何五臣注本、李善注本（也就是第二、第三类）都早得多，好得多[①]。另一方面，第五类李善—五臣本以第四类版本为底本，颠倒主从而成[②]；也有学者认为第二类的尤袤刻本以第五类版本为底本[③]，仍然可以说是第四类版本的后裔。底本最好，影响

① 参见程毅中、白化文《略谈李善注〈文选〉的尤刻本》，《中外学者文选学论集》第 224 页。

② 参见《对〈文选〉各种版本的研究》，《中外学者文选学论集》第 853 页。

③ 参见范志新《文选版本论稿》，江西人民出版社 2003 年版。

最深广，此类版本的重要性不待具体论证而自明。可以说，在诸多《文选》版本中，为学者平常阅读查阅选择一种最适合的版本，当推此第四类版本。

在此类版本中，朝鲜本因为附有秀州本原跋，而且文本内容似乎对秀州本比较忠实，因此近年来最被学界关注。可惜，朝鲜本的排印时间实在太晚，尚不敢保证其文字与秀州本完全相同，而且活字字体也不够精美，不便阅读使用。广都裴氏本已无足本，不能作读本用，嘉趣堂翻刻广都裴氏本虽然也是十分重要的好版本，但在刊刻时间及刻字之秀美方面远逊于明州本。综合考虑各种因素，我们选择影印明州本。研究者姑且可以拿此本为五臣—李善本的代表，有必要时，也可以查看韩国影印本或东洋文化研究所网页核对朝鲜本。总体上说，明州本有时对内容雷同的李善注或五臣注有所省略，而朝鲜本及嘉趣堂本则没有省略。朝鲜本在框架结构方面应该最接近秀州本的原貌[①]。然而，明州本的改动乃是遵循了秀州本的整理体例。将五臣注、李善注合刊，不免会有重复，所以秀州本跋尾交代的整理原则是："二家注无详略，文意稍不同者，皆备录无遗；其间文意重叠相同者，辄省去留一家。"此首开仅留一家的合编体例。但秀州本有删省不尽之处，所以明州本自然会循着秀州本的原则做进一步的整理。嘉趣堂本整编注文次序，明州本对注文有删省，虽

① 一般而言，朝鲜版本对其底本比较忠实，很少进行积极的校改。秀州本跋语称改正底本"舛错脱剩约二万馀处"，而此朝鲜翻印秀州本仍然有不少显误字，如卷二十二谢灵运《从游京口北固应诏》中"玉玺戒诚信，黄屋示崇高"句，录善注误《汉书》为"书汉"。此类显误，明州本、《四部丛刊》本中往往不误，不知是秀州本改而不尽者，朝鲜本传其原貌，明州本、《四部丛刊》本已经校改，还是秀州本原来不误，朝鲜本翻印时产生讹误。然而也有明州本、《四部丛刊》本误而朝鲜本不误的情况，如谢灵运《游赤石进帆海》中"虚舟有超越"句，朝鲜本录善注作"庄子曰有虚舟来触舟"，胡刻李善本同，而明州本、《四部丛刊》本作"触月"。《庄子·山木》原文曰："方舟而济于河，有虚船来触舟，虽有惼心之人不怒。"是知明州本、《四部丛刊》本误。

然都是问题，但只要我们利用单行的李善注本、五臣注本，这些缺点都可以补救。斯波六郎对明州本的评价是："明州本的多有五臣注详而李善注略之处，是其缺陷，它的优点在于比之袁本、赣州本、《四部丛刊》本，多存李善注、五臣注旧式，李善注在胡刻本、袁本、赣州本、《四部丛刊》本中经后人窜改过的文字，此本又往往独存其旧。"①

明州本之最善本为足利学校藏本，此本系原版早印，无一缺页，无一补版，而其他现存印本都有绍兴二十八年修版识语，补版所占比率相当高。图版二是台湾故宫藏本的书影，该页为补版，与足利本（本书第〇三八页之 0149、0150）对照，不难看出原版与补版之间截然不同的风貌。详情请参看本书附录长泽《解说》及尾崎《补说》。足利本原为金泽文库旧藏，1560 年（即日本永禄三年）足利学校的第七代庠主（校长）上杉九华道经相州时，应当地城主北条氏康、北条氏政父子之邀，为其讲授《周易》与《三略》，北条以金泽文库所藏宋刊本《文选》作为礼资，赠送给上杉九华。因此该本《文选》目录末有"司业九华叟"墨书，下有花押；旁边又有足利学校第九代庠主三要墨书"加朱墨点，三要"；另起一行的上方有"北条氏"朱印，印文下墨书题署"永禄三年庚申平氏政朝臣"（此墨书题署亦见于卷三十末）；内中有九华手识五则，见于第二十四、三十、三十九、五十七、六十卷之末；另外，卷首卷尾又时见"金泽文库"的长方形印章。日本藏书家森立之（1807—1885）《经籍访古志》对此本的评价是："字画精严、镌刻鲜明，宋刻中尤妙者。"此《文选》于 1962 年被日本国家文化财审议委员会确认为"日本

---

① 参见《对〈文选〉各种版本的研究》，《中外学者文选学论集》第 852 页。正如本书附录长泽《解说》说，斯波所见版本非常有限，因此他对每一种版本的总体评价不足以为定论，但具体分析仍然有一定的参考价值。

国宝”。

足利藏明州本《文选》先后庋藏于有“聚书之渊薮”[①]美誉的金泽文库、足利学校，递经日本几代汉学大家之手，传存中曾被仔细阅读，并留下重要识语、校记。如李善注卷三十一江淹《杂体诗》中的“张廷尉杂述　绰”，张，显为“孙”字之误，《四部丛刊》本出校记曰“五臣作孙”。足利本同李善本（朝鲜本亦同），原刊无校文，但阅读者却在“张”字左侧手添“音作孙”校文。“音”者，《文选音》也[②]，乃《文选》早期注本，赖传存于日本的古抄本《文选集注》中才得以保存其吉光片羽，足利本校读者对《文选音》的引录也有着重要的意义。此外，书页天头上还有校读者的校记和补注，如卷三十七曹子建《求通亲亲表》“解朱组佩青绂”句，天头的补注是：“《礼记》曰‘诸侯佩山玄玉而朱组绶’。《苍颉篇》曰‘绂，绶也’。”做补注校勘者为何人，目前尚难确认。但从手书上有专名线等朱笔印迹看，足利第九代庠主三要在书上“加朱墨点”时，这些书字就已经存在了。从所补内容多偏重于《周礼》《礼记》《诗经》看，做补注校勘的人很可能就是长于经学的足利第七代庠主上杉九华。另外，足利本的正文边上还有笔画浅细的日文训点，是日本古代的研读者后加上去的，并不影响中国读者的阅读和使用。

---

① 明郑舜功《日本一鉴》卷四：“中国书籍流彼多珍藏山城，大和下野文库及相模金泽文库，以为聚书之渊薮。”（转引自严绍璗《日本藏汉集珍本追踪纪实·在足利学校遗迹图书馆访“国宝”》第210页）下野文库当即指足利学校，以足利学校所在之栃木县即古之下野国。

② 《新唐书·艺文志·四》著录有“萧该《文选音》十卷、僧道淹《文选音义》十卷”、“公孙罗注《文选》十卷、又《音义》十卷”、“曹宪《文选音义》卷亡”“许淹《文选音》十卷”，均已亡佚，唯法国巴黎国家图书馆藏敦煌遗书中有《文选音》唐写本残卷九十七行，未详著者，有研究者以为是许淹作品。又日本传存唐写本《文选集注》残卷多处引录《钞》《音决》二书，不署撰人。有研究者提出《钞》和《音决》或为同一作者，即公孙罗。

现由人民文学出版社重新影印出版“日本国宝”明州本《文选》，我们有幸得到原书收藏者日本足利市足利学校的慨允，在此表示由衷的敬意和感谢。同时亦向慨允使用相关书影的台湾故宫博物院、东京大学东洋文化研究所表示由衷的感谢。我们也有幸得到研究宋元版本之权威专家尾崎康先生的热情支持。尾崎先生曾经对日本、中国台湾收藏的宋元版本进行全面、详细的调查研究，也直接调查过足利本以及台湾收藏北宋李善注本原本，他特意为我们的这次重印撰写《补说》，对汲古书院版长泽规矩也《解说》有所修正和补充。日本汲古书院一直以推进学术为宗旨，长期以来出版了大量高品质的古籍影印本，对古籍研究起到非常重要的积极作用，饮誉全球汉学界。我们这次得到汲古书院的慨允，以他们的影印本为底本，重新扫描拼版。这样做不仅可以避免重新拍照对原书的损伤，也能保证版面的印刷质量。汲古书院本32开精装六册，一面印原书半页。今改为16开四拼一形式，除新编页码外，另以阿拉伯数字标示原汲古书院本页码，以避免两种影印本之间因页码不同而造成混乱。同时亦将汲古版页码标示于原书目录之下，以方便检索，而不再另出细目。原书目录中有两处与正文排序不符的情况，我们已按书中实际位置标注页码，故这两处目录下的页码顺序颠倒。



2008年3月

《日本足利学校藏宋刊明州本六臣注文选》，萧统选编，吕延济、刘良、张铣、吕向、李周翰、李善注，人民文学出版社2008年3月出版，责任编辑：宋红

# 六十年辉煌的鉴证*

王海波

在我社总编室有一个卡片柜，里面保存着从 1951 年建社至今所有已出版图书的记录卡。每本新书，都有自己的“档案”，记录着书名、著译者、出版时间和图书的装帧、开本、书号、印数、定价等信息，有的卡片上还记录了简单的内容说明；如果一本图书再版或重印，还会在已有卡片上续录版本的沿革、变更等情况。光阴似箭，流年如水，六十年过去了，总编室的记录人员换了一代又一代，而且从 1996 年开始使用计算机进行编务管理，但这项手工的卡片记录工作却从未间断，卡片也越来越多，它们按分类编号，有序排列，人民文学出版社六十年的图书出版资源就在这里积淀、延续、传承。

当我还在编辑部的时候，偶尔为了查找某种图书的版本，曾经见过这些卡片，那时就有感于其记录之详尽，想着如果整理出来，将是十分珍贵的出版史料。到总编室工作以后，恰逢出版社即将迎来六十年社庆，作为纪念建社六十年的一个重点项目，社里决定要编一部

* 该文是《人民文学出版社六十年图书总目：1951—2011》一书编辑絮语，标题为另加。

《人民文学出版社六十年图书总目》，这是我社历史上第一部完整的大型图书目录，我有幸承担了它的编录工作。当编辑二十多年，编辑出版的图书也有许多，但这一次意义真的不同。我们常说当编辑是为人作嫁，而这回我感觉则像是为自己、为自己的家在做一件事情，一件大事，我愿意不避烦琐，倾尽全力，追求完美。

在我国，目录的编撰可谓历史悠久，东汉班固的《汉书·艺文志》，记载了先秦至西汉的学术文化典籍，是中国现存最早的目录。而反映我国古代的著述成就，规模最大、最全的目录就要推著名的《四库全书总目提要》和《四库全书简明目录》了。但是，对于编写当代图书的出版目录，可参考的文献并不是很多，尤其是编写体例，我基本上是在编录过程中边摸索边形成的，我所坚持的原则是既要有体例，又不能过于教条；一切以完整真实地体现出我社图书出版的实际和实绩为基本宗旨。

首先，根据我社图书出版的实际情况，从写作语言的角度，按照中文著作与译作两大板块对图书进行了划分，这从总体上体现了我社中外文学并举的出版特色。但有极个别用少数民族文字或外文写作的中国文学图书也依照习惯归入了著作类。接着，参照我社图书出版记录的原有分类，在著译两大板块之下，按小说、诗歌、散文、戏剧、理论研究等五种文体门类对图书进行次级划分，这又从另一个层面突出了我社作为专业文学出版社文学图书门类齐全、品种多样的优势。在这一个层次内，考虑到综合性的作家个人专集或包含多种文体的作品合集不能简单归入某一种文体类别，故又单独设立了“作品集”一类；而针对以上类别尚不能完全涵盖的图书，主要是非文学的社科文化类、少儿类、教育类、艺术类等图书，又另设了“其他”一类，这体现了我社在挺拔主业的同时，调整结构，丰富品种的出版思路。如此划分下来，在著作和译作的大框架下，恰巧各有七个类别，我社六十年的图书就这样如彩虹一般缤纷呈现出来。

解决了分类问题，就进入到图书信息的收录阶段。对于信息的收录，应以客观准确为标准，最可靠的做法是以图书本身为依据。但由于时间和图书保存条件的限制，很难做到上万种图书的每一种版本和印次都能见到原书，此时，我主要依据的资料就是我社的图书出版记录了。选择哪些图书信息进入书目，直接关系到书目承载的信息量大小和书目的资料价值。在书名、著译者和出版时间这几个构成书目的必备项目之外，我又复选了丛书、装帧、开本、书号、定价等项目。我的考虑是：六十年间我们积累下雄厚的出版资源，这些资源不断被重组、激活、翻新，以适应今天读者的需求，这个过程也正是很多作品和图书走向经典的演化过程。最能够体现这个过程的就是丛书形式的出版，我们众多的常销图书，如《呐喊》《朝花夕拾》《家》《骆驼祥子》《围城》《红楼梦》《钢铁是怎样炼成的》等等，都一再被收入到不同的丛书中，使用过十几个甚至几十个书号发行不同的版本，通过收录这方面的信息，最能凸显我社图书多年来所产生的持久而深远的影响。装帧和开本虽然是对图书外观的客观记录，但它却是图书内容的外化和定位。建社初年的图书基本上是清一色的大小 32 开，但就在这大小考量之间也体现了出版者对图书的倾向性，堪比不着一字的春秋笔法。而从大小 32 开，到现在异彩纷呈的各式开本和装帧手段，更反映出我社图书在形式上不断丰富和发展的进程。书号和定价虽然是简单的数字，但书号是一本图书的身份证明，也是我社图书传承有序的标志。从我社最早的自有编号，到后来的全国统一书号，再到现在的标准书号，书目中全程记录了新中国成立以来书号使用、管理、演变的历史轨迹。而对图书定价的记录，虽然很多都是过去时了，但也为从经济学的角度去研究文化提供了珍贵的第一手资料。值得一提的是，1955 年之前的图书，那成千上万元的定价，是使用我国第一套人民币时的图书定价，现在看来已经很有历史感了。

定下了这样的收录体例，就等于给我自己上了一个紧箍咒。试想，六十年的图书记录，有一些疏漏舛错也在所难免，但我却要在有限的时间内对于发现的问题进行查补。感谢信息时代对信息流通和传播的支持，我需要的很多图书信息都是在网上获得的，像国家图书馆及各省市和各大学图书馆的公共目录查询系统，孔夫子旧书网等等都给了我很多的方便。特别是孔夫子旧书网，上面贴出的许多旧版图书封面或版权页，让我能够直观地得到可靠的数据，而有些旧书即使在图书馆也是极难找到的。

面对大量的图书信息，有时还需要甄别和考校。举个例子，鲁迅的杂文集《集外集拾遗》，在同一个书名下，存在两个不同内容的版本：一个版本是 1938 年第一版《鲁迅全集》出版时由许广平最后编定的一本鲁迅集外文集；另一个版本则是我社在 1959 年出版的继许广平编定之后又陆续发现的鲁迅其他佚文，两书收文几乎完全不同，这第二个版本其实就是后来的《集外集拾遗补编》。这在出版记录中并没有区分，为了体现这一点，我在书目中将两个版本分别列条。还有《莎士比亚全集》，我社在二十世纪有十一卷本和六卷本两种版本，各卷收文有很大不同，但在图书出版记录上是重合的，前六卷叠加在一起，但标明了内容的区别，我在收录时予以剥离，另列条目。

在编录的过程中，很多细节都是需要注意把握的，稍有疏忽就会出现纰漏，比如名称前后的变化。1978 年我社出版徐迟的报告文学作品，书名为《哥德巴赫猜想》，2005 年“中国当代报告文学精品书系”中收入以此为书名的报告文学集，改为《歌德巴赫猜想》，前后仅半字之差；翻译作品也有译名差异的问题，托尔斯泰的作品，旧译《安娜·卡列尼娜》，现译为《安娜·卡列宁娜》；外国作者的名字不仅有不同的音译，连国籍也会有所变化，作家艾特玛托夫，在苏联解体之后国籍改为吉尔吉斯斯坦，他的相关图书也由原来的欧洲移至亚洲部分。这些细节都直接影响着书目的质量，更影响着读者对图书信息的准确了解。

埋头编录书目的时候，时间紧张，来不及多想，现在工作已近尾声，反倒诚惶诚恐起来。编录这样一部六十年的图书总目，我个人的学识和能力实在是太有限了，唯恐因为我的任何疏忽，而影响到出版社的形象。

在图书总目的编辑过程中，感谢社内各部门的积极配合，感谢总编室同事们的大力支持，他们不仅为书目的编写提供很多线索，还分担了不少日常性的事务，使我得以全力投入书目的编录工作。还要特别感谢张静、刘伟利、李娜、李婉愉，做了大量原始资料录入的基础工作；感谢翟铭、杨新岚用计算机编制书目索引。

这一本厚厚的图书总目包含了六十年来几代文学出版人的汗水和心血，编完之后，我也仿佛跟着他们的脚步重新走过六十年。这里面的每一本书，都有他们的身影，都有不同的故事，就让我们在书中记住他们吧！

2011年1月

《人民文学出版社六十年图书总目：1951—2011》，王海波辑录，人民文学出版社 2011年3月出版，责任编辑：王海波

# 泥土中刨出来的明珠*

## ——《农民家书》编辑手记

廉　萍

2012岁初，《农民家书》入选2011年“大众喜爱的50种图书”，随后两次登陆央视“读书”栏目，松一口气的同时也想，终于可以为这本书写一点东西了。

选题确定时，我面对的是一千余封刚刚整理出来的原始书信，打印稿足有一尺厚。单单从头至尾读一遍，就是不小的体力活。上百万字的东西不可能全用在书里，所以第一步是筛选，把一些无实质内容、彼此互见重复的，删掉。每删一篇，都颇费衡量，唯恐误删了重要信息。为了最大限量容纳信息，哪怕只一处提到了西瓜价格，或者大雨天气，都尽量保留。方言口语也都存原貌，不润色。信史，就该这样，由海量真实细节构成。一本书，篇幅终究有限，我不惜压缩了书信格式，把头尾的问安、此致删掉，宁愿伤筋，绝不动骨。

留下的信，需要编目录、排次序。最省事的莫过于按时间一马平

---

* 该文原标题为《我编辑策划的书让作者家属“泪流满面”》。

川排下来。但整个阅读过程就会变成一场马拉松，使读者疲劳。所以衡量篇幅，把握生活内在节奏，或三年或五载，把全部书信分为六编。每个阶段，侯家的生活重心都会有所转移：比如考大学、参军、工作、男婚女嫁、晚辈教育、养老等等。书信的目录编纂也不容易。如果数量不多，还可用日期或人名作目录。《农民家书》若这样，将会是一场灾难。最后我采用了大事记的形式，只占三页，很像目录应有的篇幅。事实证明，这样脉络也很清晰。书的“骨架”终于确立了，每一封散发着泥土芬芳的家书，就是使之丰满立体的“血肉”。

每编之前，我都选了一幅时代特征明显的“全家福”做开篇。单是这几张照片，如果一字排开，也是一幅农民生活五十年巨大变迁的缩影。我还安排了这样一个结尾：“自 2001 年起，侯永禄的记忆力已大不如从前，因手指发抖，写出的字有些歪斜，但他仍以坚强的毅力坚持给儿孙写信，直至去世前夕。2005 年 3 月 13 日，侯永禄去世，享年七十五岁。”同时，配了一张“空巷”的照片，取“曲终人不见，江上数峰青”诗意，或者“灵均去后楚山空”。种种努力，只为寻出千封书信中隐含的“神韵”。

从侯永禄的信中，我还找到这样一段话：“我……觉得平时的积累素材非常重要。……我的意思是指今后你们都要记日记，特别是一些重大事件的时间、过程要记准。因为我总觉得你们中要出大有作为的人，所以来往信件必须妥善保存，千万不要被‘文革’吓坏了人，抹杀了历史，毁坏了文化。写《家史》不是我一个人所能完成的，将来必须由你继续写下去！”可以看出，侯家的写作和资料留存，并不是无意、偶然的，而是有着非常明确的历史责任意识。陕西秦地，历史悠久，底蕴深厚。文化之根，深藏民间。一脉斯文，至今不绝。诞生过《史记》的土地上，如今诞生了农民自己撰写的史诗性作品，也许并非偶然。这是民间力量第一次有意识的史诗性写作，意义非凡。所以我把这段话变成黑体，配上作者照片，放在扉页——这是全书的“灵魂”。

有了骨架、血肉、神韵、灵魂，这就不再单是一本普通的书。我拟定的评语是“农民版《傅雷家书》，真实见证中国农村五十年巨大变迁”，至今思之，不以为过。而且，我确信，它的巨大价值，会在传播过程中，被更多的人发现、挖掘。

在跟美编和出版部门的沟通制作过程中，我的要求是，用最普通的封面，最普通的开本和最普通的纸。一颗出自泥土的明珠，只要拂去尘埃，光华自然灿烂，无须任何装饰。最后的结果是：52.6 万字，662 页，近百幅插图，定价只有 38 元。——无他，我只希望更多的人有能力读到。

收到样书当天，家属给我发来短信，说“泪流满面”，并说，在书中看到了“编辑”的工作。闻听此言，我已知道，自己这几年的细磨，完全值得。

《中国图书商报》2012 年 10 月 30 日

《农民家书》，侯永禄著，人民文学出版社 2011 年 7 月出版，责任编辑：廉萍

# 看似寻常最奇崛　成如容易却艰辛*

宋　红

词，兴于唐而盛于宋，是一种可以配乐歌唱的新体抒情诗。它集抑扬顿挫的音乐、错综复杂的韵律、长短参差的句式和真切感人的情性于一身，很快成为一种深受人们喜爱的文学样式，亦是有宋一代的代表文学样式。

词之于宋，便如诗之于唐，正处在“阴阴夏木啭黄鹂”的全盛时期。一部《全宋词》，收有一千三百六十四名词人用千余种调式写成的近二万首词作。

宋词选本，宋已有之。然最具影响者，当数清朝末年人朱祖谋编选的《宋词三百首》。朱祖谋（1857—1931）字古微，后改名孝臧，一字藿生，号沤尹，又号彊村。归安（今浙江湖州）人。光绪九年（1883）进士。四十岁以后专力于词，是清末词坛之大家。所编《宋词三百首》，系与好友况周颐商榷而成。编选中数易其稿，颇费踌躇；出版后又三作增删，如琢如磨。其书民国十三年（1924）初版，选词人八十七家，词三百首。

* 该文是《宋词三百首简注》一书出版说明，标题为另加。

不久即加重订，增入张孝祥《念奴娇》（洞庭青草）等十一首，删去苏轼《念奴娇》（大江东去）等二十八首，故第二版实选词二百八十三首，未足三百之数。后又出第三版，增补林逋《长相思》（吴山青）、柳永《临江仙》（梦觉小庭院）二首，确定为词人八十二家，词二百八十五首。

《宋词三百首》初版七年后，唐圭璋先生以第二版为底本为作笺注，“多历年所”（吴梅笺序语），于民国三十六年由上海神州国光社出版。随着唐先生《宋词三百首笺注》的广泛流传，《宋词三百首》之第二版成为最通行的本子。然第二版篇目少而遗珠多，除前面所言苏轼《念奴娇》外，秦观《踏莎行》（雾失楼台）、欧阳修《临江仙》（柳外轻雷）等名篇亦在删除之列，不免令人生叹。另一方面，朱祖谋作为清末词坛上独树一帜的选家，凡入其眼目的作品，必均有堪当其选的品格。为全面了解朱祖谋的编选标准和审美眼光，为使“三百首”较少遗珠之憾，也为了给读者提供一个满足三百之数的《宋词三百首》读本，我们将《宋词三百首》三个版本中的入选词章全部保存下来，合为一册，计得词三百一十三首。这庶几可视为经朱祖谋选出的、满足三百之数的“全本”《宋词三百首》。

此前，我们曾对蘅塘退士的《唐诗三百首》作过简注，此番亦对此“全本”《宋词三百首》加以简注，以期有联璧之美。简注的重点在于释难字、释典事、释诗思诗句之因承。在此过程中，吸收了先贤、今贤注释《宋词三百首》的一些成果，亦纠正了一些失误，未能一一注出，于此特作说明，并向为词学研究做出贡献的学者表示感谢。

希望我们的努力能得到学界的认同，希望我们的合成本《宋词三百首》能为广大读者所喜欢。

2001 年元旦

《宋词三百首简注》，武玉成、顾丛龙注，人民文学出版社 2001 年 6 月出版，

责任编辑：杨华、管士光

# 文章江左家家玉　令名士林代代香

——《徐祯卿全集编年校注》出版有感

葛云波

被艳称为“江南四才子”中的唐寅、文徵明、祝允明因书画风流，自明代以来妇孺皆知，而另一位不以书画名世，且墨迹几尽，加之年少夭折，故声名似略逊，然其在诗界则崛然不群，非但为“吴中诗人之冠”（《明史》卷二八六），压倒唐、文、祝诸子，更能与当时文坛领袖李梦阳、何景明齐名，号为“四子”（末列边贡），是“前七子”中唯一的南方籍人士。更有甚者认为他与高叔嗣“更千百年，李、何尚有废兴，二家必无绝响”（王世懋语，后多有呼应者）。他就是明代的文学家徐祯卿。

徐祯卿（1479—1511），字昌谷，一字昌国。吴县（今江苏苏州）人。举弘治十八年（1505）进士，授大理寺左副。坐失囚，降国子博士。卒，年仅三十三岁。葬苏州虎丘西麓，祠在盛家浜。

“清才最数徐昌谷，年少居然格老成。”（沈德潜语）在他短促的一生里，却有许多闪光点。十岁，能为古文辞；十七岁撰《新倩籍》；弱冠成《谈艺录》；所为诗歌标格清妍，摛词婉约，驰名京城。不但得时人李梦阳等人盛赞，以为“麟凤芝宝，世所希遘见”，“鸾翔而虎变，彬彬乎出人士前”（《迪功集》序）；更得后人钦佩，清初“神韵派”领袖王士禛赞颂云：“天马行空脱羁靮，更怜《谈艺》是吾师。”（《戏仿元遗山论诗绝句三十二首》其二十四）数次行役大江南北，停骖辍棹，必以《迪功集》自随，平生瓣香之情不言而喻。今人钱锺书更是“径攘徐祯卿书名”（《谈艺录》自序），亦敬慕其人之举。

自明以来，流传的徐祯卿诗文集，种类颇繁，有《迪功集》（正集）、外集、别稿（五集）、全集之分；卷帙则有一卷、二卷、五卷、七卷、十一卷、十五卷、十六卷之殊。然迄今尚无全面、细致的校勘整理，更无注释，是为遗憾。范志新先生居苏州，是迪功乡人，乃能遍查徐氏诸集，研读大量相关文献，广为搜罗，精心校勘，集六年余之功，总而玉成《徐祯卿全集编年校注》，厥功甚巨，洵为徐氏卒后五百年之佳话。

兹简单介绍一下本书所据校勘诸本及相关本子的版本情况，以便略窥本书用功所在：

1. 徐祯卿生前尝编有数种集子，弘治间家刻一卷本《叹叹集》，惜已佚。

2. 正德李梦阳刊豫章七卷本《迪功集》。徐氏手定，卒后由徐缙校，交李梦阳刊行。诗文集六卷附《谈艺录》一卷，诗一百八十九首，文二十四篇（包括赋十篇、颂赞文十四篇）。今美国国会图书馆、临海博物馆和南京大学图书馆有藏。每半版八行，行十八字；版心有上黑鱼尾。此今见《迪功集》之最初刻本。

3. 正德庚辰（1520）徐伯虬刊家塾七卷本《迪功集》。今藏清华大学图书馆。相较豫章本，增入二首：《郊斋宿大兴隆寺》《示弟祥卿》。校刻质量不高。行格每半版九行，行十六字；版心为上白鱼尾。

4. 嘉靖二十一年（1542）长洲皇甫涍刊《迪功外集》二卷本。分上下两卷，分别收诗三十四首、六十六首。行格九行，行十六字，与家塾本合而异于豫章本。傅光宅所弃诗十四首为此本所有。今藏上海图书馆。

5. 嘉靖姑苏袁氏刊十五卷本。包括正集七卷、外集二卷和别稿五卷及其附录一卷。浙江图书馆藏本仅正集七卷，非完帙。所知唯日本大谷大学悠然楼藏有全帙。此本犹如一丛书，正集、外集、别稿，各有所自。正集、外集分别取自家塾本、皇甫涍本，别稿外复有附录一卷，每半版十行，行十七字；版心鱼尾上方有“文园奇赏”、下横线下作“觉睡亭”。《别稿叙》后有木牌作：“姑苏袁氏新雕　嘉靖庚戌仲春”，卷末亦有木牌作：“嘉靖庚戌春仲袁氏雕”。

6. 陈王道光州六卷本。唯见于欧大任（1516—1595）《重刻徐迪功集序》。

7. 万历十二年（1584）六月傅光宅刊七卷本与次年刊十一卷本。前者世称浒关公署本。后者合梓《外集》《别稿》，连已刻正集共为十一卷。正集出袁本，收诗一百九十首，文二十五首。外集于皇甫外集取八十六首；于袁本别稿得六十四首，文十二首。十一卷凡收诗三百四十首，文三十七首。正集卷前有傅序、李梦阳序，末有徐缙跋、郭仁后序；外集前有傅重选序、皇甫涍序；末有高第跋、皇甫汸后序。案：郭仁《后序》，全璧今存湖北省图书馆藏傅氏十一卷本。美国哈佛大学所藏本郭序为残篇，北京大学藏出哈佛本之清钞本（补配）。傅氏十一卷本除是万历周文萃十七卷全集本的重要来源，今国家图书馆藏一清抄本、光绪《弘正四杰集》之《徐迪功诗》，均出此十一卷本。

8. 万历己未（四十七年）长洲周文萃刻十七卷全集本。其特色有：(一) 一改徐集过去以题材分类，而代之以诗体分卷；(二) 卷首有总目，目下均表明诗文的来源，作“以上见正集（外集、别稿、别稿附）等”；(三) 收诗最多。傅编外集，于别稿删芟“十去八”，周本已据袁本大体补足。今计《全集》诗，出外集一百四十二首外，出正集一百九十首、别稿和别稿附一百九十一首，凡五百二十三首，高出丛书型徐集的袁本六首。《全集》文，出正集者二十五篇（包括十首赋及《谈艺录》），出外集十二篇（实即傅氏取诸袁本别稿者），直接取自袁本别稿及附录者六篇。收文凡四十四篇。文亦称完备。《全集》仍多有遗漏。傅氏所删之皇甫本外集，有《直沽值风》等十四首阙补；袁本别稿《鹦鹉编》之《梅花落》二首，《全集》漏收。总目标明来历，亦有讹误，如《全集》标明“外集”者，多有实属别稿者。

9. 清乾隆二十五年鞠履厚云间刻七卷本。附录有徐缙跋、正德庚辰刊识、顾华玉跋等。当出傅七卷本，属家塾本系统。于清廷违碍字眼，如胡、虏、羌、戎颇多忌讳，因屡有删削刊落，《四库全书总目·迪功集提要》即据鞠本而作。

10. 光绪二十一年（1895）湘雨楼刊《弘正四杰集》之徐迪功诗集八卷本。收诗七卷，正集四卷外集三卷。附《谈艺录》一卷。又辑有《诸家评论》若干。卷首有傅光宅、李梦阳二序，卷四末有徐缙跋、郭仁后序，出傅十一卷本。北京大学图书馆藏此另种，有益阳薛祈跋谓“版刻颇精”。

11. 摛藻堂《四库全书荟要》与文渊阁抄七卷本。两种只有正集及《谈艺录》，多有异同，文渊本的祖本是豫章本，而荟要本亦是豫章本为基础，校以家塾本，颇似嘉靖光州本。

自傅氏十一卷本郭仁后序已称“全集”，继而有周文萃刻十七卷全集本，然如上述，皆未全备。《徐祯卿全集编年校注》即是在全面普查、充分研讨徐祯卿各种集子版本之后，对现存版本加以汇集、整理而成。本书以周文萃刻《徐昌谷全集》为底本，参校美国国会图书馆藏六卷本、临海博物馆所藏六卷本、周星诒校本、四库文渊阁所收本、傅光宅编选《徐迪功集》十卷本、鞠履厚校本、湘雨楼刊《弘正四杰集》本等。明清以来，诗文总集、选集亦多有收徐祯卿诗文者，足资参证，因取其重要者，如钱谦益《列朝诗集》、朱彝尊《明诗综》、王士禛《二家诗选》、沈德潜《明诗别裁》、朱琰《明诗钞》、汪端

《明三十家诗选》等参校。周氏原本目录有将别稿中作品误入外集者，此盖从傅氏外集，今一一纠正，复归其位。本书爬梳收罗，补得逸诗二十九首，文五篇。收诗凡五百四十二首，文赋五十四篇。收录诗文已超越前贤。

《谈艺录》，周氏原本编入卷十四“书论”卷，因从诸本例，析出独为一卷。所用校本，除上述有关诸本外，复用嘉靖《顾氏四十家小说本》《莹雪轩丛书》所收近代日人近藤元粹《谈艺录评订》本参校。

《剪胜野闻》《异林》旧题徐祯卿作，然尚不确定，故暂列在附录中。此两种与《新倩籍》皆笔记小说类，通俗易懂，故不加注释。《新倩籍》《剪胜野闻》皆以《景印元明善本丛书十种》之《纪录汇编》本为底本，《异林》以《说郛续》本为底本，并校以他本。既入附录，例不出校记，随文改正。此又《迪功集》所未及者。遂为名副其实之“全集”。此其第一大特点。

本书的第二大贡献是，在研读作品的基础上，考索作者行踪与交游情况，对作品进行了编年。此与书后附录《徐祯卿年谱简编》，俱有裨读者阅读、理解和进一步的深入研究。

徐祯卿诗文向无注本，本书从各种文集史籍、方志笔记、书画题跋及近人研究成果，多方钩稽，于典故交游、经历地理、前人诗文尽力探本求源，注明出处，有裨于全面细致地解读其人其文，此又超迈前人之所在。

古籍整理尤当注重搜罗有关的文献资料，本书于此做得最为充分，可谓楷模。书后附录若干卷。《待访诗文目》卷，列举所目击到的存目，知徐祯卿创作及存佚情况。《交游唱酬题赠》卷，选录诸家篇什，可见往还事迹、行谊及品题者，间采后人凭吊之作。《序跋著录》卷，取序跋于徐祯卿诗文集诸种刊本，及刊本不存而见于他人文集者。《传记志文》卷，包括传状、墓志、祭文、像赞、祠记等；传略重复者，略之。《杂记评论》卷，采集历来文集、笔记、诗话有关材料，可补传志及正文评语之不足。又附录《徐祯卿诗文集版本考》《徐祯卿年谱简编》。前者于徐氏诗文集版本探其源流，辨其得失，明其嬗变之迹。《徐祯卿年谱简编》与校注互为表里，借以了解诗人生平行状。作者旧撰有《徐祯卿年谱》，今多有匡补。

明代何良俊赞美徐祯卿的作品“出典雅于藻倩之中”，打比方说“若美女涤去铅画，而丰腴艳冶，天然一国色也”；又比较说，前七子的其他人都是村夫、粗汉子而已（《四友斋丛说》卷二十三）。明末清初的文坛领袖钱谦益称赞徐祯卿“文章江左家家玉，烟月扬州树树花”说：“至今令人口吻犹香。”（《列朝诗集·丙集》）二人是说徐祯卿的作品能调动读者的眼睛、口耳，用现在时髦的话说，就是“养眼”“有味道”。现在范志新先生集累年之功，而成《徐祯卿全集编年校注》，无疑是将这“天然一国色”精心梳妆好了，让读者研读之际，有无限的享受，口吻含香，欲罢不能了。

《古籍整理出版情况简报》2009 年第 9 期

《徐祯卿全集编年校注》，范志新编年校注，人民文学出版社 2009 年 1 月出版，

责任编辑：葛云波

# 《薛涛诗笺》修订版：百年三代治一书

葛云波

## 一　薛涛千古，名扬中外

“唐诗大振，妇女奴仆，无不知诗”（贺贻孙《诗筏》卷下），在这样的背景下，唐代出现了薛涛这样的著名女诗人。她才情轶荡，作诗轻蒨艳丽、清拔苍劲（晚唐张为《诗人主客图》列入清奇雅正之升堂者），生前名望很高，当时名士如元稹、白居易、牛僧孺、令狐楚、裴度、严绶、张籍、杜牧、刘禹锡、吴武陵、张祜等，都乐于与她唱和，更不用说那位广宣上人也有意让她参与酬唱（《宣上人见示与诸公唱和》）。元稹赞云：“言语巧偷鹦鹉舌，文章分得凤凰毛。纷纷词客皆停笔，个个公卿欲梦刀。”胡曾（或谓王建）尝赞美她道：“万里桥边女校书，琵琶花下闭门居。扫眉才子知多少，管领春风总不如。”她赋诗五十余年，有诗五百首，辑为《锦江集》五卷（晁公武《郡斋读书志》），后佚，今存仅九十多首，散见于各书。

“薛涛才情，标映千古。”（明郭炜《古今女诗选》）她出入幕府、历事十一镇之经历，与元稹的情缘，“女校书”的奏请，丹霞红霓般的薛涛笺，以及谜一般的身世，都能引起后世无限怀想。其人其事，其诗其笺，甚至远播域外。美国有三位女诗人译介了薛涛诗，最早的是美国的魏莎（Genevieve Wimsatt）著有《芳水井》。在日本、韩国、法国、德国、西班牙等国都有不少译本或译作（详见《薛涛诗笺》附录一《涛诗外译》）。

## 二　薛涛诗集，笺注有功

薛涛既然有如此深远的影响，其诗又散佚，汇集的工作就很有意义。近现代以来，张篷舟先生不是最早的薛涛诗整理者（傅润华编校有《薛涛诗》，光华书局 1931 年），但却是积极传播薛涛诗而极有影响者。他整理出版的《浪漫二诗人》（南京书店 1933 年）、《薛涛》（成都文言出版社1942年，再版两次）、《薛涛》(上海念瑛斋藏版1949年版）等都较有影响。因为时代的原因，进入新时期，对于普通读者来说，阅读古诗已很困难，所以对薛涛诗加以笺注，便显得尤为重要。而篷舟先生便在这方面做了筚路蓝缕的工作。四川人民出版社 1981 年《薛涛诗笺》简化字横排版是我国第一部有笺注的薛涛诗专集，在普及方面做了很大的贡献。

人民文学出版社 1983 年出版的《薛涛诗笺》繁体字竖排版，在诗笺之外，增补了搜集到的历代大量文献资料，分《薛涛传》《薛涛坟》《薛涛字》《薛涛笺》《薛涛井》《薛涛酒》《薛涛像》《薛涛剧》等部分编排，殊为难得，有助且有功于学者研究。

《薛涛诗笺》初版收涛诗八十题九十二首，收录最全，并且于存疑者谨慎处理。其据《万首唐人绝句》《分门纂类唐歌诗》《又玄集》《才调集》《本事诗》等，或纠谬，或删补，是正不少。他从南宋赵孟奎编刻《分门纂类唐歌诗》残本十册中，发现各本《薛涛诗》均未收录的《浣花亭陪川主王播相公暨寮同赋早菊》《朱槿花》《题从生假山》

等三首涛诗，是他整理方面的重要贡献之一。其《版本源流》以及《旧籍薛涛诗专集收诗情况表》对薛涛诗的版本及其选本等收录情况，缕述、罗列甚详甚细甚明。

刘天文教授评价曰："该书搜集史料繁富。考证薛涛身世之精审，以及对涛诗的考辨笺注，可叹为观止。张篷舟研究薛涛的主要成就，在于他充分占有史料，用新的观点和审美视角，廓清了千余年来封建士族文人强加在女诗人头上的污名秽迹，全方位地从诗品到人品对薛涛作了历史唯物主义的评述，塑造了一个文采风流、出淤泥而不染的女诗人形象，并为薛涛研究开拓了广阔的途径和方向，起到了导夫先路的作用。对薛涛研究做出了贡献。"（《薛涛诗四家注评说》）其评价应该是符合实际情况的，不为过誉。

感动于篷舟先生研治薛涛诗几十年，1943 年岭南画家关山月花三天时间绘《吟诗楼图》一帧，摄影家高岭梅拍摄望江楼风景十余帧，漫画家丁聪铅笔速写《枇杷门巷》一帧，1947 年国画家张大千用明纸明墨描金彩绘《薛涛制笺图》六尺条幅，均题赠予他，弥足珍贵。1947 年他将关、张两画介绍给《中国生活》画报，用十一色橡皮版影印，流传甚广。此段故事，洵为文艺界的佳话。

## 三　修订工作，三代相继

篷舟先生青年时期"读《薛涛诗》，悯其人之轗轲，慕其辞之秀美"（《自序》），在 1925 年即于成都《晓光日报·春华周刊》发表《薛涛的诗》一文。从这研治的开始，即见他是投入了深挚的热忱的。带着这样的热忱，他先是做了"近三十年的采访与研究"，尽了相当大的努力，整理出版了几个版本，但是他仍不满足（1949 年版的《薛涛》后记）。新中国成立后，他利用业余时间，常到北京图书馆善本部、柏林寺书库、首都图书馆查阅古籍，多年冲寒冒暑，锲而不舍，多有发现。他感慨道：

"点滴积累，固非容易，有所创见，尤其难能。"他以竭泽而渔的方式，终于整理出《薛涛诗笺》。即便是1983年人民文学出版社版(下简称"初版")面世，他仍说："若欲臻于完善，必俟将来陆续增修，或乃可及，故予仍不希望此即定本。"（自序）他也的确在继续研究，而且生前一直在修订它，这都反映到了现在的修订版里。

可喜的是，其子张正则先生先是在1948年暑假翻译了美国女作家魏莎的《芳水井》，退休后，在不误发挥其航空专业余热的情况下，又投身于薛涛研究。他与妻季国平、女张雅一齐沉浸在探究薛涛诗的愉悦当中，发表了不少新的成果，几十年来成为薛涛研究的一支生力军。在深入研究并长期关注薛涛研究现状的基础上，他们对《薛涛诗笺》进行了全新的修订，夯实这个"薛涛研究的基石"（日本横田睦美《薛涛诗于日本的受容》评初版语)，使之更上一层楼。

这次修订主要包括两部分的内容：一是补入篴舟先生1983年至1991年间的修订内容，二是正则先生等近二十年来的修订内容。

第一部分的总量不是很大，但也有比较重要的地方。比如：篴舟先生从宋刻《分门纂类唐歌诗》发现的《朱槿花》，次句为"司蒡芙蓉草録云"，而清阮元辑《宛委别藏》写本作"□□芙蓉草绿云"，初版云："今暂依宋刻原文，备考。"而到1989年作《〈朱槿花〉新话》一文（傅庚生等选编《百家唐宋诗话》)，据卓文君"脸际常若芙蓉"以及《宛委别藏》写本改"録"为"绿"，联想"绿云"代指妇女秀发，并疑"司蒡"为"同蒂"，"草"为"葉"之形讹。次句或为"同蒂芙蓉叶绿云"。尽管这样的推测没有版本上的依据，但能自圆其说，给读者提供了一种合理的理解思路，亦是很有价值的。

第二部分则是本次修订的重点。其内容包括以下几个方面（此部分皆于文字前标明"续笺"，以别于初版)：

（一）更换底本，增加参校本，校勘慎重，真伪辨明

初版所依据的底本是《全唐诗》，但诗的排列顺序却不全同于底本，

极少诗按写作先后排序，然不少涛诗的写作时间仍难考订，故该顺序亦不理想。修订版改以明万历三十年洗墨池蜀刻本《薛涛诗》为底本，诗排序相同，依次为五律、五绝、六言、七律、七绝、七言六句、杂言；底本未收之涛诗，则据他本补入，题前标以“补遗”或“续笺补遗”，分别插入各诗体之末。

参校本增加《文苑英华》《唐诗类苑》，校出有价值的异文；也相应地充实了《旧籍薛涛诗专集收诗情况表》。可参考的篇目虽少，却极其珍贵。

修订版参照宋、明、清旧本校改底本少数题句，并出校记。初版径改涛诗诗题两处及诗句三处，并无古本为据，且所述改动题句理由，亦有欠严谨处；而修订版于这五处仍从底本，但在相应的续笺处说明初版改动情况及其理由，以及自己对改动的见解。如此做法便更为慎重妥当。

已判明非涛之作以及《赠杨蕴中》之类鬼语无稽之诗，概不收入诗笺正文。初版将涛七绝残诗《题从生假山》仅列入“真伪诗考”一节，今改入诗笺正文。增补《牡丹》诗一首，因明《古今名媛汇诗》、清《全唐诗》及《洪度集》等多本收作涛诗（或谓薛能诗，似需深入辨别真伪后，再作定论）。修订版共收涛诗八十一题九十三首。

（二）全书的结构重组

初版中，《薛涛诗》（包括诗笺、《版本源流》《涛诗评价》《唱和诗存》）与《薛涛传》《薛涛坟》等并列，皆为正文。修订版则将初版《薛涛诗》诗笺部分单列为“薛涛诗笺”，作为正文，其余部分则依次作为附录一至附录九，其中初版《薛涛诗》中的《版本源流》《涛诗评价》《唱和诗存》《真伪诗考》等四节，纳入修订版附录一《薛涛诗》中。这样就突出了薛涛诗及其笺注，其他部分的研究和资料性质也更为明确。

（三）订补诗笺及相关资料，臻于完善

1. 补充校笺，更为翔实。因新参校本的增加，以及新的论断，故修订版校勘校记多有增补。注释部分，增补更多，注解翔实确切。如《春郊游眺寄孙处士》其二“夹缬笼裙绣地衣”之“笼裙”，初版无注。续笺引五代后唐马缟《中华古今注》：“隋大业中，炀帝……又制单丝罗以为花裙，常侍宴供奉宫人所服。”又引薛涛时人白居易《紫薇花忆微之》诗“浅碧笼裙衬紫巾”，理解为“隋唐时一种舞裙”，则对于读者揣想原诗提供了更多的材料。又如《寄张元夫》，初版注释“张元夫”时引用元稹《贻蜀五首》之四《张校书元夫》全诗，谓之“唐校书”，很有价值，但还是显得单薄。续笺又据《旧唐书·张正甫传》附正甫兄张式传，知元夫为式长子，兄弟相继登科，文章为世盛称，大和初兵部郎中、知制诰，迁中书舍人，出为汝州刺史。则张元夫生平豁然，知薛涛所交为何等人士。又据元稹赠张元夫诗于元和九年（814），点出元夫此年应在西川。此对于进一步编年等的整理研究均有益处。

《题从生假山》是篷舟先生的发现，但初版仅有对“宅相”为外甥之典的简单注释，对于第三句“铜梁公阜□□□”残句向无笺注，大概因为缺字难通，一些专集干脆不提它。修订版充实了“宅相”的例证，对第三句首次加以校笺，指出铜梁山在今重庆市，古与剑道、玉垒并称险要，提出“公阜”疑为“介阜”（介邱，大山）之讹，“推知薛涛或将外甥之‘假山’比拟成‘铜梁大山’，或其外甥由铜梁运来山石为料，堆出假山”。虽暂无版本依据，但对于理解全诗自圆其说，令人豁然开朗。

笺注里还有一个特点值得一提：续笺者张正则先生为工科出身，因而更具严格的逻辑性和科学探索精神，这也体现到薛涛研究和笺注当中。比如考证《咏八十一颗》所咏为珙桐，《金灯花》所咏为金花石蒜（Lycoris aurea），都利用了植物学的知识。

2. 刊谬纠偏，正本清源。古诗既为高度精练的语言艺术，诗人又炼字各有不同，故对一些诗句存在不同的理解，便在所难免。但理解往往有高下之别。比如《酬韦校书》“芸香误比荆山玉”，初版解释“芸香”为“掌管图书官署，即秘书省”，代指“芸台”。续笺则谓“芸香”句，述其登科前之事，当读作“（有人曾用）芸香（来）误比（你）荆山玉”，芸香并非代指芸台，此句意在以芸香多而贱、荆玉稀而贵来做对比。韦正贯登科之事既然与此诗关系密切，故续笺又据《唐会要》卷七十六，补笺长庆元年（821）贤良方正能直言极谏科及第、宝历元年（825）详明吏治达于教化科及第，则对于了解此诗的作年及韦正贯的背景都有直接的益处。

《筹边楼》“壮压西川四十州”，各本均作“四十州”，初版据卢求《唐成都记》改作“十四州”。续笺则详考最接近大和年代的李吉甫《元和郡县图志》，计得大和五年西川所辖州的总数，与涛诗所称四十州之成数相近。因此各本作西川四十州应无误。故修订版仍按他本作“四十州”。又兼指出：或谓四十州指剑南道东、西两川共三十八州，实与涛诗之“西川四十州”不符，且此诗系赠西川节度使，如将东川之州数计入，则显然不宜。亦很具有说服力。

续笺充分吸收近些年的学术研究成果，并保持清醒的头脑，做出自己的判断。这也是修订版的一个特色。比如吸收日本辛岛骁《鱼玄机·薛涛》（《汉诗大系》第十五卷）的一些见解，肯定彭云生未刊稿《薛涛诗校正》、陈文华《唐女诗人集三种》注的一些认识。但同时对已有的一些判断，则不盲从。比如《赠段校书》初版以为赠段成式，后来学者多从此，亦有主张为段文昌者。续笺则以段文昌、薛涛在世时，段成式从无官职、官衔，故所赠当为段文昌。又如《酬郭简州寄柑子》，初版注谢惠连有《甘赋》为切题，而辛岛骁谓“谢家郎”指谢灵运，与咏柑无涉，故未妥。或谓郭简州为郭封颖，与东川节度使郭钊，俱为郭子仪之孙且“当为兄弟”，故以谢灵运、惠连兄弟美誉之；然续笺据《新唐书·宰相世家表》，证明郭钊为子仪第三代孙，郭封颖为子仪第五代孙，故其“兄弟”之说未妥。此续笺皆有所说明，亦在文献不足征的情况下，不下匆忙的结论，宁可暂付阙如。

3．校录明本题跋，提供重要信息。修订版改用明万历三十年洗墨池蜀刻本《薛涛诗》作底本，是明智之举。该本卷首有樊增祥1914年题词〔满庭芳〕，初版已抄录，但“佳语”误作“佳话”，且未录小注。修订版做了订补。此明本卷末另有沈兆奎1919年跋、夏孙桐1930年题《蕙兰芳引》词一首、萧方骐1935年题诗两首，初版却未录，今修订版细录之。此为研究版本传播、诗歌接受、近现代诗人作品辑佚之重要资料。

4．增补资料拾遗，勘正初版资料顺序。修订版附录三《薛涛坟·资料拾录》据《全唐诗》补入唐郑谷《蜀中三首》其三、据明徐𤊹《幔亭集》卷十四补入《香闺七吊诗·薛涛》；附录八《薛涛像·资料拾录》据《幔亭集》卷十四补入《题幼孺所藏薛涛小像》。类似的增补很多，足资读者考察薛涛的接受史，具体地体会薛涛的魅力所及。

附录六《薛涛井·资料拾录》初版收录甚富，但在资料的排序上存在一些问题。比如：录自《蜀诗》卷十一的吕潜《成都杂感》初版放在杨慎之前，且标明其字“时见”。然揆度第三句小注“前朝妇女皆诗社”，当指明代情况，则吕潜当为入清之人，而清代吕潜字孔昭者，为四川人，则契合无间。录自《新修成都府志》卷五十的王珙《薛涛井》，初版放在曹学佺之后，盖该府志刻于天启元年，误以为晚明人；其实王珙字廷珪（初版误作“琪”）为明初人。故修订版对一些资料做了相应的调整，不至于误导读者做出错误的推论。

5．补叙所见薛涛诗专集的新旧中文版本以及域外各国翻译出版情况。（1）补叙所见的辛亥革命以来薛涛诗专集的新旧中文版本，简要叙其特点。所叙录最晚近者为子庄、雒尘著《相见若只当时月——唐代第一传奇女诗人薛涛的诗与情》，点明它未收《牡丹》及残诗《题从生假山》，误认《罚赴边有怀上韦令公》两首五绝为一首五律，误改《罚赴边上武相公》二首题为《罚赴边有怀上韦令公（其二）》，并误认此两首七绝为一首七律。盖不欲其谬种流传也，亦可见其视野兼及纯学术著作之外。（2）增叙薛涛诗域外各国翻译出版的情况，于《薛涛诗笺》附录一内增设《涛诗外译》一节。这是具有一定程度外语功底的正则先生的优势，他本人也英译了数十首薛涛诗。该节对于了解域外的涛诗翻译情况，开展文化交流，加强薛涛诗的翻译和研究，尤有裨益。

6. 精选中外近年薛涛研究成果，附录于相关部分。国内近年报刊上发表有关薛涛的文章数百篇，修订版仅精选其中极少量的；对于域外的薛涛研究成果也精选极少几篇。毕竟该书不是论文集成，故精选极其必要的篇目或提要。

## 四　余语

通过以上简单的论述，我们对于这本书的修订情况有了大致的了解，不能不为有了这样一本臻于完善的读本而感到高兴。自篷舟先生1925年发表第一篇薛涛文章，至今已近百年，一门三代醉心于女诗人薛涛，精心整理文献，递相研修，成此《薛涛诗笺》修订版，结成正果，不啻一段文苑佳话。1982年，江南许白凤千里来访老友张篷舟，见其新作《薛涛诗笺》繁体字本手稿，即席作〔虞美人〕词，赞其老友为："薛涛千载生同里，异代成知己"；他却万万不会料到篷舟先生的子孙也是薛涛的异代知己、忠实"粉丝"，做了后来居上的扎实工作。这样的佳话若能更多一些，便是学界的幸事，读者的幸事。

《古籍整理出版情况简报》2013年第1期

《薛涛诗笺》（修订版），张篷舟笺，张正则、季国平、张雅续笺，人民文学出版社2012年11月出版，责任编辑：葛云波

# 《小莽苍苍斋藏清代学者书札》出版始末

胡文骏

在接触《小莽苍苍斋藏清代学者书札》的选题前，我对于古人信札收藏者的印象，多半是耆旧宿儒，或遗老遗少，难以将之与一位曾任中共中央要职，在“文革”初期愤而弃世的政治人物联系起来。直到 2012 年新春，在国家清史办，这部书稿的两位编撰者曾立和陈烈老师，将厚厚的书札释文原稿交给我们，我才开始走近小莽苍苍斋主田家英和他的收藏世界。

## 历经时代烟波的收藏

初检编者打印出来的小莽苍苍斋所藏清代学者书札目录，令我惊叹，三百多位清代文人、学者以及官吏的手书汇为一编，吴伟业、厉鹗、钱载、卢文弨、赵翼、钱大昕、翁方纲、章学诚、刘大观、孙星衍、焦循、阮元、林纾、罗振玉、王国维……这些构成清代文学、学术史的中坚人物，历历俱在。而很快，我便有幸得见这些墨迹的真貌——曾立和陈烈老师带着书札原件，到出版社预备的影棚进行照相复制。

在小小的影棚里，十来本并不起眼的册页错落地摆放在桌上。田家英先生的长女曾立老师将其中一本翻开，一张精美的花笺赫然呈现在眼前，仔细辨认，是晚清金石学家、甲骨文的发现者王懿荣给舅父的书信。单是鲜丽的印花信纸和挺拔周正、墨迹清晰的行楷，便让我叹赏不已。在随后的攀谈中，我逐步了解了田家英先生和他的小莽苍苍斋。

田家英先生原名曾正昌，四川成都人。十六岁赴延安参加革命，二十六岁担任毛泽东主席秘书，参与《毛泽东选集》一至四卷本的编辑工作及新中国第一部《宪法》和中央重要文件的起草。少年时代的田家英曾梦想成为一名作家，十二岁起发表文章，短短数年间，他已在成都的报刊发表了一百三十多篇杂文、散文和小说。自学的经历，使他逐渐对中国文学和历史产生了浓厚的兴趣。在延安的陕北公学，他成为最年轻的教员，而授课的工作使他更希望编出合适的教材，特别是清史。这一夙愿在建国后他担任中央要职时也并未打消，由于工作繁忙，他便先撰修清史做好文献资料的准备。

二十世纪五十年代中，田家英开始了对清代学者墨迹的收集，他认为，法书、书札、诗文稿等可以成为考史、证史借以征信的资料。他自幼崇拜过几个人，其中之一是谭嗣同，于是他在谭嗣同的斋号“莽苍苍”前加一“小”字，把自己的斋名定为“小莽苍苍斋”。

十几年间，他把绝大部分工资、稿费都用在收藏上。北京琉璃厂文物店，西单、王府井的古旧书店是他收获最多的地方。还有就是利用和毛主席外出开会、调查的机会，跑遍了上海、杭州、成都、武汉、广州等城市的文物店。有一次他在杭州开会，听说古旧书店有海宁藏书家后人卖出的一千多封清人信简，立即与店方联系，并利用工作间隙在一周内把上千封书信过目一遍。为了弄清信与信之间的联系及其价值，他把信札借回来，摊在下榻宾馆的地板上对比琢磨，最后买下四十封。

到 1966 年，他的藏品已达千余件，包括书法、书札、诗集、文稿等；年代从明朝末年至民国初年，涉及清代各个时期的文人学者、学术流派和历史名人五百余位。与他的工作习惯类似，他对这些藏品一一分门别类，做了井然有序的系统归纳。谈到这儿，曾立老师拿起一本蓝色布面装裱的册页，宣纸书签上写着“平津馆同人尺牍”，是赵翼等十一位学者写给孙星衍的信札集。还有由钱大昕、翁方纲等给钱泳的信合成的“梅华溪同人手札”，而冯桂芬、郑观应、杨锐、康有为、梁启超等人的信合成册后，被标注“此册所收乃晚清输入新思想者”。可见在收藏的同时，田先生也在思考着他心中清史的框架。

1966 年，田家英先生成为“文革”首批受难者之一，小莽苍苍斋的收藏也戛然而止，并在中南海就地封存。历史的机缘难以捉摸，正因为这些藏品被封在禁地，未流落民间，也就逃过了十年浩劫中“破四旧”等运动对文物旧藏的戕害。二十世纪八十年代田家英先生平反后，小莽苍苍斋的藏品发还给田先生家人时，除了部分被在那个时期能够自由进出中南海永福堂的特殊人物拿走，多数保存完好，尽管蒙着厚厚的尘土。

## 多重价值的翰札集萃

经过几周的紧张拍摄和排版，《小莽苍苍斋藏清代学者书札》原图和释文合体的书稿，终于进入了编辑加工环节。原稿收录清人书札近六百通，这些书札少则数十字，多则千余字，全书的释文就近二十万字。撰者的书法各异，每一通都得逐字逐词仔细辨认，加上撰者小传、排序定秩，编撰者的艰辛工作可以想见。而编辑的把关也尤显重要，审稿工作由人民文学出版社古典部的主任周绚隆先生亲自完成。对释文、小传重新做了增补性的考订，对错乱的顺序编码进行调整，往往核实一个落款署名，就需要翻阅史传、书法字典、清人书画集等各种工具书。我在随后对原稿的进一步梳理和调整中，也更加清晰地认识到这部书的多重价值。

清人文献浩如烟海，书札简牍是其中很特别的一部分，相对于公开发表的诗文作品，这些书信较少隐讳虚饰，发自肺腑，直抒胸臆，不仅对编辑清人全集有补充之用，对研究清代人物之间的关系，甚至某些比较私人领域的问题、一些在思想和心态方面的细微东西都有文献参考价值。

书中大多是学者文人间的书信往来，往往谈及学术问题，或疑义相析，或考订商量，堪比一篇篇短小精悍的学术论文，而比论文更多了一份真实的情绪。更有意思的是这些书札反映了学者们小则生老病死、节令馈赠、民俗民风，大则朋党纷争、干戈离乱、社会变革，既有生活方式和心理活动的描述，又有社会矛盾和国家兴衰的记录，为我们认识古代文人和社会状况提供了珍贵直接的史料。(参见《小莽苍苍斋藏清代学者书札》所收陈庆庆《翰札集萃——“小莽苍苍斋”藏清代学者书札评述》）例如书中收录了不少刘墉的书信，有一封致曹文埴的写道：“北方食物，求惠我一二，可以健脾，不但解馋也。蚊子极恶，不能缕启，再报不尽。……”担任要职的大学士向人讨要吃食，并掩饰不为解馋，更将对蚊子的厌恶诉诸笔端，这些有趣的生活细节在别处是很难得见的，也可见野史、民间流传的这位“刘罗锅”幽默机智的形象未必没有根由。再如书中收录的王国维致沈兼士一函，寥寥数十字，说的却是和诗文风月完全无关的话题：“敝集奉上官堆纸廿部、白纸五部（因寄来白纸甚少)。官堆纸孟蘋处定价码洋八元，实收八元，白纸码洋十元，实收八元。……”我看到了在《人间词话》中带我进入美学神境的词学大师斤斤计算纸张价格的现实。

本书中，这类学术和史料价值的例子不胜枚举，同时，这部三百余位清代文化名流手书的合集，简直可以说是一座清人书法艺术的博物馆。如清代早期，延续晚明书风的遗民书法家吴伟业；清代中期，崇尚帖学的大家翁方纲、刘墉、王文治和渐开碑学风气的碑学书家邓石如、伊秉绶、陈鸿寿、黄易、孙星衍、洪亮吉、张廷济、阮元、江声；清代晚期，碑学鼎盛之时的碑派名家何绍基、俞樾、张裕钊、赵之谦、翁同龢、吴大澂，以及在清末民初书坛显赫的吴昌硕、康有为、郑孝胥、罗振玉、章炳麟。通过他们的书信墨迹，既可梳理清代书风发展之脉络，兼可一窥书家个人风格之演变。（参见《小莽苍苍斋藏清代学者书札》所收陈庆庆《翰札集萃——“小莽苍苍斋”藏清代学者书札评述》）

除了书法艺术，这些书札所用的信笺、行文中体现的辞令之美，无不可用作赏玩、研习。此外，对于近年日益火爆的文物交易市场，这部书也完全可以作为鉴定书法字纸的辅助。

如此丰富多元的价值，使我对小莽苍苍斋主的收藏更加仰慕，也对他的后人二十多年来不懈地整理出版藏品的工作由衷敬佩。

**流芳百世的文化传承**

在一年多后的新书出版发布会上，内文、书封、函套无不精美典雅的《小莽苍苍斋藏清代学者书札》端放在眼前，田家英先生的长女曾立老师、次女曾自老师、次婿陈烈老师以及他们的子女悉数到场，讲述往事，研讨新书，我更加领悟了传承的含义。

两位曾老师是本书的顾问，也是小莽苍苍斋藏品命运的见证人。曾自老师深情地回忆说：“大概是在五六年级的时候，星期六回到家的时候，我父亲新买来的东西都在一面墙上挂，是我母亲那间房子，有一面墙空着，专门挂按新采购到的墨迹，说明那时候采购量是很大的。他晚上工作，白天休息睡觉，等到他起来，一个星期没见孩子们了，他会抓着你的手很得意地告诉你那些新挂上墙的藏品。比如我印象比较深的是他识得篆书联后，会特别得意地告诉我们那些字，给你断出句子来。”“六十年代以后，不管是放寒暑假，还是周末，父亲经常带着我们去西单、王府井，就从中南海东门出，走故宫河沿那些地方，那都有旧书店。人家请我们到楼上，楼上并不是雅座，是仓库，所谓内柜。那时候也不是像现在对首长特殊招待，而是给你开放一个窗口，新到的货，可以先随便挑。我们弄得满身都是土，把宝贝淘出来，夹着、抱着，欢喜地，不管土不土的，反正我爸爸也是一个不拘小节的人，头发也是乱蓬蓬的，身上土就土吧。要是东西多，就坐公共汽车回来，要是少大家分发夹着、抗着弄回来。……”

我想，田家英先生对学术的执着、对收藏的热爱在那时已对年幼的女儿潜移默化，在藏品经历浩劫、失而复得后，对父亲未竟事业的继承便顺理成章。曾立老师说："作为他的女儿，是我们的一种责任，因为东西在我们家，我们要不做这件事，没有人做。如果这些藏品，不贡献到社会上，就等于辜负了我父亲当时收藏的初衷。”朴实的话语背后，是二十多年来全家人的辛苦付出。在这部《小莽苍苍斋藏清代学者书札》的编撰工作中，田家英先生的外孙女、外孙也已经担纲重任，传承家风。

1962 年后，田家英先生在政治舞台备受冷落，陷入苦闷。那时，小莽苍苍斋的藏品给了他极大的精神慰藉。当他在翰墨书札间与古人对话时，也许不会想到，他为纂修清史做的准备，今天以另一种形式为世人共飨，以另一种途径实现了他对文化传承的追求。

《光明日报》2013 年 9 月 3 日

《小莽苍苍斋藏清代学者书札》，陈烈主编，人民文学出版社 2013 年 7 月出版，责任编辑：周绚隆、胡文骏

# 金针相传　为“杜”作嫁

——《杜甫全集校注》编辑手记

胡文骏

2013年春节假期结束后，当几摞《杜甫全集校注》（以下简称《校注》）的校样摆在我们面前时，紧张，兴奋，还有一丝畏惧——终于要开始了，这部注定成为我们这个古老而年轻的编辑部里程碑式的出版成果，进入了最后的编辑通读阶段。

这是一次简短的工作动员暨校样分配会，而走到这一步，时间已跨越三十余载。1976年《校注》立项后，拥有众多专家型编辑的人民文学出版社古典文学编辑部在第一阶段编撰工作中，就发挥了重要作用，为校注组提供了由古典部王利器、舒芜等先生于二十世纪六十年代据杜工部集十一种宋、元刊本和明钞本所作的校勘记二十大册，为全书的校勘工作打下了很好的基础。其后印发征询意见样稿、召开样稿审订讨论会，编辑部无不全力参与。

2009年，校注工作因故中辍多年后，在人民文学出版社领导的支持下，时任编辑部主任的周绚隆编审与山东大学相关领导、原校注组成员多方协商斡旋，《校注》工作终于重启。

全书初稿完成交付出版社后，编辑部请已经退休的老编审杜维沫、刘文忠先生进行第一遍编辑加工，再由在职编辑最后精审通读。于是，如同书稿经由新老几代学者共同编撰完成一般，编辑工作也历经传承，最后落到了我们这支年轻的编辑团队肩上。

二十四卷、近七百万字校样的审校通读，由编辑部葛云波、胡文骏、徐文凯、李俊——三个“70后”、一个“80后”共同承担。因为原稿有一大半是数十年前的手写旧稿，校样完全由排版人员逐字辨认录入，形成了大量舛误；而且重启后新编撰的一部分稿件，也存在与旧稿体例不统一、行文不一致的问题，要在2014年初如期出书，最后这一阶段的工作不啻为一场攻坚战。

在与全书终审统稿人张忠纲教授的沟通下，编辑团队首先确定了加工原则，并在其后的工作过程中不断完善，包括内容增删、行文规范、字词统一、标点句读、字体版式……可谓巨细靡遗。虽然是各自看校样，但遇到典型的错误，我们会提醒彼此注意；有了难解的问题，我们会共同讨论，以免个人妄断。有时，我们甚至会为一个字争得面红耳赤。每卷校样由一人初审后，再与另二三人交叉复审，以保证个人的知识盲区得以弥补。看完一卷，我们会把发现的问题汇集成文字，通过邮件反馈给该卷的校注者和统稿人张忠纲先生，经过他们斟酌后改定，其间往复数次的例子并不鲜见。张先生有时住在山东济南或威海，有时住在美国，改订的校样便数次寄往这些地方，请他再三审定。最后，我们累计重出的校样至八九次，有的甚至超过十次。

在编辑加工过程中，我们从书稿中学到了很多，同时也利用自身所具备的专业素养帮助校注者改善原稿的质量。例如，古人刻字常与通行字体笔画有异，其原因可能与书法演变或具体刻工习惯等有关，如在《校注》使用的底本中有“湏”字，按文意应作“須”字理解，原稿即判断为“須”的误字。我们在编辑过程中，细核底本，查阅相关资料，确定此字不误，反而体现底本的特点，于是商请校注者调整了相关校记。有些异体字还反映出时代的特点。如杜甫诗中“弃”字，底本不作繁体“棄”，原稿仅出了校记。我们作了补充说明：因为唐人避讳唐太宗李世民的“世”字，而“棄”中间作“世”，始改作“弃”字。这样便做到了知其然，也知其所以然，有助于读者理解。原稿附录中的《诸家咏杜》《诸家论杜》《重要杜集评注本简介》各部分，排列以撰者生卒年为序，但原稿许多人物的排序不准确，我们一一核定，调整了顺序，对于清晰准确地理解杜学史的脉络有很大裨益。由此，我们的工作也提升了全书的学术质量。

业内常将编辑工作比喻成为他人作嫁衣，多半取作者、作品成名而编辑无闻之意；但换一个角度，编辑工作一字一句地改订，也确与一针一线相似。当春和日丽，第一时间见到《校注》的样书，我们无不激动感叹。身为后学，我们在这部巨著的编辑过程中重温“诗圣”的传世佳句，参习千载注杜的精理妙义，更领略萧涤非、廖仲安、郑庆笃、焦裕银、张忠纲等前辈学者严谨扎实的学风和深厚渊博的学养，何其有幸！而秉承人民文学出版社古典文学编辑部传统的作嫁金针，亦在我们手中传递，不减光彩。

《北京青年报》2014 年 6 月 6 日

《杜甫全集校注》，萧涤非主编，人民文学出版社 2014 年 1 月出版，责任编辑：葛云波、胡文骏、徐文凯、李俊

# 从洪业的杜注构想看《杜甫全集校注》

李　俊

洪业（1893—1980），名正继，字鹿岑，号煨莲，福建侯官（今闽侯）人。曾任燕京大学历史系主任、图书馆馆长、教务长等职务。在燕大期间，推动成立燕京学社，主持编纂便于检索古籍的引得系列丛书，所著有《杜甫：中国最伟大的诗人》，论文结集为《洪业论学集》。

洪氏在1940年发表的《杜诗引得序》是一篇堪称经典的杜集版本论文。这篇文章详细介绍了历代杜集版本和各家笺注之优劣，最后提出“今尚宜有杜诗校注一书”的愿望，并对“杜诗校注”内容框架做了一番构想。其详如下：

> （一）曰校者，当以今尚孤存之王琪原刻而裴煜补刻之《杜工部集》为底本，而以次校勘《九家注》本、伪王状元本、《分门集注》本、宋版黄鹤《补注》本、宋板及黎刻《草堂诗笺》本，并及元版高崇兰本，而标录其异文焉；更编辑唐宋总集、类书、诗话、笔记，及别集注文中所引载之杜诗细校焉，标其书名篇第，而注出其底本之异同焉；再后亦可以钱本校之，录异文而冠以“钱曰”，

> 以示分明；校及钱本者，以清人引《杜》多从钱读也。（二）曰注者，当就宋人各注，及后来胡、钱、朱、卢、黄、仇、浦、杨各注，采其精当者，各覆校原书，标明出处卷第焉；覆检而不能得其文者，冠某注曰于其书名上以示分别，书或已佚，而昔人之本或今本不同也；月露风云，字句自明，无烦以典故为注解者，阙焉；其有昔人旧注所未及而宜为补注者，能补则补之，冠以“新注”二字，不敢以其余为我有也；其宜补而不能补者，别细列一表，附于书后，以待后人也。（三）录诗，宜依王、裴原本次第，续添逸诗，宜从所见本之先后次焉；每诗各为编号，以便校注案语引证之用也。（四）校文、注文，当分二段，分列诗后，校文以字母、注文以号码编次；诗正文相当之处，仅注字母、号码，以便前后照检也。（五）凡考本事以明全诗之笺解，如其说当，而本诗必有之而后明者，更录注文之后。凡典故不实之注、批评赞赏之语、章法格调之论、弥缝敷衍之辞，概从删芟不录可也。有《杜诗校注》一书如此，庶可以上对古人、下诏来学，丝毫无遗憾矣。

今天读来，文字行间裹挟的亢奋情愫扑面而来，激动似乎未曾消退。然而，时隔七十四年，一部全新的《杜甫全集校注》（下文简称《校注》）才迟迟面世。古人说：“学如积薪，后来居上。”经过四分之三世纪的变迁，我们不禁想问，这部由萧涤非先生主编的全新《校注》比之洪氏当年的设想变化了多少？较而言之，二者不同之处主要是：一、参校本有变化；二、注文的丰简与旧注的取舍安排有所不同；三、《校注》的体例的类例和附录更加丰富。第一方面的不同是因为学术研究有了新的发现，后两项的不同则体现了撰著者立意上的差异。下面不妨循着洪业先生的构想，逐一检看这些变动。

先来说第一项。底本是笺注的基础，在古籍整理领域，学界就有“底本选对，事半功倍”之说。在洪氏的构想里，底本应选用“今尚孤存之王琪原刻而裴煜补刻之《杜工部集》为底本”，至于具体是哪个本子没作说明，可能是指潘氏滂喜斋藏的宋本，该本于1957年12月由张元济借出交商务印书馆影印，题名《宋本杜工部集》。洪氏当时未得目验，但据《滂喜斋藏书记》悬拟而已，真正读到《宋本杜工部集》已是发表《序》文十几年后了。检阅之后，他说：

> 这是非常重要之本。……书后有当时九十一岁老儒张元济菊生先生的长跋一篇。考订六册实合二本而成。其一是南宋初年浙江覆刻嘉祐四年(1059)王琪增刻宝元二年(1039)王洙编订原本。其二是用以配补此本者，乃即钱谦益所谓绍兴三年(1133)建康府学所刻吴若校本。凡所审定，皆不易之论。……我于1959年在星洲买得六册；归后取与钱注本细校，更易昔年所举十疑，逐条比勘。结果：昔所疑，而今涣然冰释者，有：因影印本中实有这些，可见并非钱谦益所妄加、妄改。昔所疑，而今其疑转剧者，也有：因现今影印本所可用以对校只有五卷，已经钱氏七凿混沌以死，其余十五卷，究竟如何，好像奇痒，急待爬搔。又昔疑樊晃之序，吴若之记，恐皆钱氏所伪撰。今既不见此六册中，自更要问：此二篇者，全是钱氏所作乎？抑仅钱氏奋笔窜改以虞山变换庐山面目乎？(《我怎么写杜甫》)

后又在《再说杜甫》一文中提到此事，意思大体相同。所谓的“十疑”是指《杜诗引得序》中质疑钱谦益注杜诗以吴若本《杜集》为底本一事。钱谦益声称自己用的是宋吴若本，可是该本按他自己的说法，在藏书楼绛云楼大火中焚毁，此后再无一见，而各大藏书家所宝藏宋代珍本秘籍不乏各种杜集，但却没有一部类似的吴若本，故不能不疑，于是枚举十条加以论列。吴若本之所以可贵，是因为它刊刻于南宋初年，直承宋代考订最为严谨的王洙编定、王琪刻的《杜工部集》。《宋本杜工部集》为潘氏旧藏，该书由两个宋本拼合而成的，据张元济先生研究，其中半部的确为吴若本的孑遗。洪氏阅览之后，虽然声称困惑未能全部冰释，但基本上还是认可这部《宋本杜工部集》是当下最佳的杜集版本，因此也应是全新杜集校注的理想底本。《校注》即以此作为底本应是一个正确的选择，估计也会得到洪氏的许可。

正是有了这个本子，所以“杜诗校注”构想在校记中“校及钱本”一项也就没有必要了。清代注杜诸家，钱谦益声称以吴若本为底本，朱鹤龄以蔡梦弼《草堂诗笺》为底本外，其他几家没有明确交代，但都说参校种种版本，可能底本选择不甚讲究。吴若本原书不存、《草堂诗笺》目前尚有数种存世，由此而言，清人所编之集的版本可以一同黜免，不必作为主要的参校本。这样一来，对参校本的选择也就自然要往前推，以明代以前的版本为主。洪氏开示的参校本为《九家注》本、伪王状元本等七个版本，以元代之前的版本为主。洪氏提出此构想时还在慨叹，“其半尚在秘藏，安得有人影印而传布之”，而到《杜甫全集校注》工作组开展时，条件真的比以前好多了，他们能够函请国内各大图书馆提供便利，复印珍本，所以版本更加丰富，其主要的参校本是：①清初钱遵王述古堂影宋钞本《杜工部集》（钱钞本）；②宋阙名编南宋刊《草堂先生杜工部诗集》（仅存六卷，南宋残本）；③宋刻郭知达编《新刊校定集注杜诗》（宋九家本）；④贵池刘世珩玉海堂影宋丛书本覆刻《王状元集百家注编年杜陵诗史》（宋百家本，苏州图书馆有藏宋刊原本）；⑤宋刻《黄氏补千家集注杜工部诗史》（宋千家本）；⑥宋刻《分门集注杜工部诗》（宋分门本）；⑦《门类增广十注杜工部诗》（宋十注本，仅存六卷）、宋刻蔡梦弼《杜工部草堂诗笺》三种（⑧蔡甲本、⑨蔡乙本、⑩蔡丙本）；⑪元刊《黄氏补千家注纪年杜工部诗史》（元千家本）；⑫元刊《集千家注分类杜工部诗》（元分类本）；⑬明钞赵次公注《新定杜工部古诗近体诗先后并解》（残本，赵本）；⑭元明间刊刻，元范梈批选《杜工部诗范德机批选》（范本）。

共十四个版本，是洪氏的两倍。除一元明间刊本和一明钞本外，其余皆为宋本。可见《校注》在参校本选用方面，踵事增华，更为精密。

其二，关于注文的组织，二者的精神比较一致，即积极利用旧注，甄别优劣，撮其菁华，然后再补其不足。宋人旧注侧重义理旨趣的探求，其缺点是有时不免臆说。黄庭坚批评当时笺杜弊病时说，“彼喜穿凿者，弃其大旨，取其发兴于所遇林泉、人物、草木、鱼虫，以为物物皆有所托，如世间商度隐语者，则子美之诗委地矣”（《大雅堂记》）。清人要好一些，他们对名物掌故、地理沿革、典章制度、交游行踪等，做了很多精密的考证，有此基础自然也就更加精审了，但有时也不免杜诗“无一字无来处”的贻害，犯起穿凿而不得要领的毛病。如仇兆鳌注《佳人》“兄弟遭杀戮”引《诗经·鄘风·蝃蝀》“远父母兄弟”，《又呈吴郎》“无食无儿一妇人”注引贾谊《新书》“民无食也，则我弗能使也”、《晋书》“皇天无知，邓伯道无儿”、宋玉《神女赋》“见一妇人”。这两个例子仅仅找出了字词的用例，对理解本诗没有什么作用，其实这些词也没有深刻之意，可以不注。不仅如此，有时甚至适得其反，如《月夜忆舍弟》“有弟皆分散，无家问死生”引《诗经·陈风·隰有苌楚》“乐子之无家”，原诗悲叹流离分散，例证表达的却因“子”之无家而悦喜。洪氏说“月露风云，字句自明，无烦以典故为注解者，阙焉”，可能就是对此而发的。从这一点看，洪氏的志趣似乎更加贴近清人杨伦。杨伦说：“注家繁称远引，惟取务博矜奇，……至近时仇注，月露风云，一一俱烦疏解，尤为可笑。兹所采各注，或典故必须疏证，或足发明言外之意，否则俱从芟汰。其易晓者，亦不复赘词。”对于众说纷纭的则“择其善者定归一解”云云（《杜诗镜铨凡例》）。《校注》注释原则是“务使词语明而诗义彰”，对歧异之见，“则择其言之有据，于领会诗旨较有助益之说，兼取而并存之，以供裁取。如有必要，则参伍己见”。“参伍己见”跟洪氏“新注”的意思是一致的。至于洪氏提出的“其宜补而不能补者，别细列一表，附于书后，以待后人也”，《校注》没有明确的涉及，一则有学术上的尴尬，二则是因为操作起来比较困难。

其三，洪氏说：“录诗，宜依王、裴原本次第”，这种处理方式应是版本学家保持版本特点的作风，但是这样做的缺点是旧版本中的编次错误无法得到纠正。原本是按年编定的，有些诗的编年并不准确，仇兆鳌、杨伦注杜时根据自己的考订重新做了编次。今《校注》即以杨伦《杜诗镜铨》为基础，再参考学术研究成果对部分诗作加以调整，次序已非原本面目。关于准确编年的好处，清人赵殿成说：“叙事之法，编年为上，别体次之，分类又其次也。”（《王右丞集笺注例略》）冯浩谓：“年谱乃笺释之根干，非是无可提挈也。”（《玉溪生诗笺注发凡》）杨伦也说：“诗以编年为善，可以考年力之老壮，交游之聚散，世道之兴衰。……使编次得则诗意易明。”（《杜诗镜铨凡例》）诗集编年追求准确是清儒的共识。

其四，“校文、注文，当分二段”，这是当今普遍行用的方式，不必赘言。

其五，对评析文字的处理，洪氏认为，“剖章句、标对偶、玩灵巧、赏玄妙、论格调，以示诗法者，则人人幸会不同，领悟各别，自可后生不让前贤，但仅可选诗而论之，后载诸诗话焉，不必列入全集也”（《杜诗引得序》）。“概从删芟”，未免有点严苛，因为即使以简约著称的《镜铨》也择要存录，以便金针度人。由此可见，洪氏期望得到的是一部简约可靠的杜集文本，功能较为纯粹。《校注》则力求内容丰富，为此除沿用了《详注》的“集评”一目外，又创设“备考”一项，前者“列举前人有关全诗或全文旨意、艺术技法、风格异同等等具有参考价值之评论，以及有代表性之异解，可备一说者”；后者辑录涉及诗文编年、写作地点之别解，以及相关人事资料、赠答赓和之作等内容。配合题解、注释，征引旁及稗史、杂记、诗话、小说，内容之广博，几乎囊括了历代有关杜诗各种问题的资料，即仇兆鳌所谓“凡与杜为敌者，概削不存”者也一并胪列，以备参考。此外，再加上上承《详注》而后出转精的附录《杜甫年谱简编》《传记序跋选录》《诸家咏杜》《诸家论杜》《重要杜集评注本简介》。这些内容使得本书几乎可以作为杜诗笺注史的工具书来利用。附录没出现在洪氏的构想表述里，我们不得其详。双方的异趣可以“洪氏务精，《校注》务博”来简要概括。

以上是二者区别之大略。洪氏没有注杜的计划，他只有整理唐代史家刘知几《史通》的计划，并为之准备多年，最终却未能实现。洪业先生提出“杜诗校注”构想逾三十八年，萧涤非先生始着手《杜甫全集校注》工作，又逾三十六年，《校注》面世，杜集的整理像是一场接力的游戏，前赴后继，而萧先生竟也是中道驾鹤，未见奏功，后期则由其高弟张忠纲先生统稿杀青，最终了却了一桩近代学人的心愿，在杜集整理史上留下了浓墨重彩的一笔。

《中华读书报》2014 年 6 月 25 日

《杜甫全集校注》，萧涤非主编，人民文学出版社 2014 年 1 月出版，责任编辑：葛云波、胡文骏、徐文凯、李俊

# 从茫茫宇宙俯瞰红色大地

## ——从《长征》的书籍设计谈书籍设计的市场行为

刘　静

### 一　《长征》书籍设计创作缘起

刚刚拿到王树增的《长征》书稿，在进行书籍设计前期准备时，说实话，并没有太多的热情。因为众所周知的原因，出于政治宣传的需要，市场上已经有了关于长征的书籍二百多种。我有一个习惯，在设计每一本图书时都会阅读原稿，这样可以最直接地和作者对话。感受作者的创作热情和熟悉文本的行文风格。当我翻开书稿，仅仅读了第一页的一段文字时，我周身的汗毛就已经竖立起来，全身有一种电流通过的感觉，大脑中瞬间产生一种冲动……

现将这段文字摘录如下：

湿润的天地间只有细雨落入红土的沙沙声，寂静令进入小镇的红军官兵感到一丝不安，他们沿着道路两侧的土墙停下了脚步，二十二岁的前卫营营长周仁杰在把这个空旷的小镇探视了一遍之后，站在镇口下意识地朝通往县城的土路上看了一眼——就在这一瞬间，他看见了从朦胧雨雾中突然闪现出的三个穿土黄色上衣和短裤的人，以及三个人身后跟着的那条同样是土黄色的狗。

接踵而来的巨大灾难令这位年轻的红军营长永生难忘，即使在十六年后他已成为新中国的海军将领时，回想起这个瞬间周仁杰说他依然会不寒而栗。那三个土黄色的身影和那条土黄色的狗的突然出现所导致的后果影响深远：它不仅使红军的一支部队在艰难跋涉数月之后面临一场恶战，而且对于整个中国工农红军来说它还是一个危险的预兆，预示着中国历史上一次前所未有的大规模军事转移将是充满艰辛与磨难的远征。

作者的文字强烈地刺激着我的大脑皮层，我于是产生了一种冲动，一种将自己的这种感觉传递给每一个看到这本书的读者的冲动！

我要感谢google地球频道让我们能从浩渺的宇宙中如此细致地俯瞰我们的地球。

我仿佛从茫茫宇宙俯瞰红色大地：一群年轻的生命为着他们的信念和理想，在波澜起伏的中国大地上，用他们的鲜血镌刻下一条闪着暗红色光芒的线条。没有领袖，也没有草地和雪山，只有一条红色的印记。

作者的笔平和、忠实地叙述着，从人类文明发展的高度来评价七十多年前的这一历史事件。看到的是整个的长征，是长征途中年轻的生命流淌着的汩汩热血，是四百多场战斗中撒下的鲜血，是带血的脚掌在山川、河流和峡谷中留下的鲜红的印记。一张有着粗糙手感和起伏的红色手揉纸，两颗白色的只有在红军时期才这样组合使用过的五星和镰刀斧头，烫印在长征的起始地和会师地，中间连接的是用红色电化铝烫印的红军长征所走过的路线。一种强烈的视觉冲击已经让我血脉贲张。只有用最简洁的设计语言才能将本书的翔实内容和硬朗的写作风格完整地呈现在读者面前。

毕竟这是一本纪实文学作品，纯文字的体例留给我的设计余地并不大，我力图从每一个细节上对这一影响人类文明历史的事件进行阐述。轻轻翻开红色的封面，使用的是一张由杂草纤维和不同的麻质材料制成的衬纸，让读者好似身陷其中：红军士兵们吃着树皮草根，物质条件极其困苦，可是他们的昂扬斗志却可以感染每一个人。在每一个章节页摒弃了一切无病呻吟的设计，以满版黑色作出血的印刷，配以一张同时期长征中红军官兵的照片以及本章节事件发生的时间、地点。和图书封面的设计截然不同的是这次从一个相对平视的角度，将我们拉近到长征这一历史事件之中，让读者在阅读的同时，用触觉和视觉去体味长征，和作品中的主人公近距离接触，一起去翻越雪山、穿过草地，去经历血与火的洗礼！

于是就有了你现在看到的这本《长征》。《长征》甫一问世，它的设计就得到编辑、作者、图书销售人员和读者的高度评价。简练的设计语言带来的强烈的视觉冲击力，在纪念长征七十周年的图书市场上成为最抢眼的一部作品。

在图书设计上一部成功的作品，除了以上谈到的设计师对于文本的总体风格和作者叙事行文特色的把握以外，还有和责任编辑的沟通，以及对书籍设计是商品市场行为一部分的理性分析。

## 二　书籍设计的市场行为分析

初接触《长征》稿件，本书责任编辑脚印老师充满激情地为我描述了这是怎样一本从大历史观的角度来写作的纪实文学作品。文本充满了历史厚重感和感性的语言描述，是一部难得的好作品。脚印老师是一位非常出色的责任编辑，她具有对一本图书从文本到成书各个环节的成熟掌控，这种掌控不是说责任编辑处处唯我独尊，处处必须体现责任编辑的好恶。她对于此书的设计没有提出任何的具体要求，只是向我提出必须让这本书在销售时从所有以长征为题材的图书中脱颖而出。这个要求看似简单，实现起来却一点也不简单。这个要求也体现出编辑对自己编辑的图书一经上市所面临挑战的一种担忧。我们知道，一部再好的作品也必须通过销售才能实现它的价值，而如何从市场上已有的二三百种以长征为题材的图书中脱颖而出完成其销售价值，这种竞争当然会让图书的责任编辑担忧。那么这个工作理所当然落到了书籍设计师的肩上。

现在图书市场每年新书就有几十万个品种，加上重印书、再版书，每年百万千万计的品种在销售。据人体工程学统计，人眼在一米之外从书架陈列的图书上匀速移动时，掠过一本静止不动的书籍封面的时间只有短短的0.2秒。我们如何在这个短短的0.2秒内吸引到掠过的眼球的注意，就完成了书籍设计的第一个功能，注意功能。当读者从书架上拿起这本书的时候，他会感受到这本书所使用的纸张材料的质感、注意到书籍封面上文字的排列和使用的印刷工艺产生的美感，在翻动这本图书时会领略到精心设计的内文文字字体字号和排列所带来的视觉的愉悦。然后他才会产生去阅读这本书的冲动。这就是书籍设计的功能在读者选购图书的第一个环节产生的第二个功能，引起阅读冲动。读者在有了阅读和购买这本书的冲动后会翻到封底去查询这本图书的定价，综合考虑定价和对本书阅读需求的一个平衡点，最终才会购买这本图书。图书虽然是特殊的商品，但它毕竟是商品，所以它具备商品的一切属性。它的定价最后会决定读者是否购买此商品。那么它的定价由这么几个方面决定，一是图书作者的版税高低，二是图书印数的多少，印数越高，单册图书平摊的成本越少，定价就越低。反之，定价就越高。三是图书印制成本的高低，在图书定价的阶段前两项因素基本上已经不会有太多的变量了，我们已经不可能再去改变作者的版税或者为了降低定价而不顾市场需求无限度地扩大图书的印数，所以我们只能在书籍设计上、在图书材料和印制工艺上，在保证图书品质的同时最大限度地降低成本，这是我们书籍设计师不得不面对的事实。综合以上因素，在进行《长征》的书籍设计时，仅选择了手感粗糙凹凸不平的手揉纸上烫印一条红色长征线路，加上两颗白色的红军时期特有的五角星，尽量少地使用了设计元素，从而最大地获得了视觉上的吸引力。

我们知道，人的视觉有一种自觉的简化原则，在这种原则下，越简化的形象越容易被记住、越容易吸引人的视线。设计著名的流水别墅的美国建筑设计师莱特对设计有一个阐述：less is more（少就是多）非常形象明了地说明了这个道理。

## 三　书籍设计师的工作在图书销售中的位置

关于书籍设计师所从事的工作在图书销售中的位置，我们不用深入去说，大家都认可的当然是设计要促进销售。落实在实践中，国内的书籍设计界也多有纷争，我们是通过对一本书的设计去实现我们个人对设计的理解和实现设计师个人的价值，还是通过对一本书的设计去实现这本书籍的文本价值。这看似是一个虚无的命题，似乎不需要进行讨论。说到底就是书籍设计师和书籍本身争夺话语权的问题。我们现在有一些图书设计，一味地使用一些高档或奇异的纸张材料，一味地使用标新立异的印刷工艺，为了追求所谓的设计创新意识，一味求新求异，完全不考虑印刷材料和印刷工艺和图书文本间关系的割裂，仅仅是为了满足我们所谓的设计创新，这是在图书设计中值得我们注意的一个倾向。

笔者始终认为文本始终是书籍设计所要表达的灵魂，所有的设计、纸张、印刷工艺均应围绕在这样一个前提下选择，看一个书籍设计成败与否不能仅仅看这个设计在材料选择上的独辟蹊径、设计意识是否创新，更重要还要看此设计和文本结合的程度以及设计风格是否符合文本所固有的气质。笔者接触过一个作家，他在谈到书籍设计时说过这样一句话：内容就是形式。我非常认可这句话，觉得这是对书籍设计优劣最好的诠释，应该是我们书籍设计师追求的最高境界。形式融合在文本的阅读中，文本的特质通过形式完美地显现。大象无形、大音希声。反之，当一个设计已经强大到可能使阅读者忽略了文本的存在时，我们实际上已经背叛了文本。皮之不存，毛将焉附。

古希腊戏剧家在表演一出戏剧前往往将戏剧的剧情发展提前告诉观众，为的是避免观众在对剧情的猜测中丧失了对戏剧表演艺术美的欣赏。从古到今、从欧洲文明到东方文明，我们都可以在不同的艺术形式中找到形式和内容的关系。我们不可能脱离开文本的精神单纯谈论一个书籍设计的优劣！就像同样我们不能抛开设计仅仅去谈论一种工艺或一种纸张的好坏。经济的发展，让我们处在一个唯技术唯新的时代。近几年，人们也在谈论当代中国几位“电影大师”的作品中丧失掉的某种电影本质的东西，《无极》《十面埋伏》《满城尽带黄金甲》《英雄》，场面不可谓不大、画面不可谓不炫、技术不可谓不新、投资不可谓不巨，但是对这些作品的评价为什么都不尽如人意。很简单，形式脱离了内容，或者说形式遮盖了内容。

那么书籍设计的创新理念是不是就只能囿于文本而无法突破呢？笔者一直想阐述一种概念设计和应用设计的关系。有人问数学家总是在研究一些和实际应用看似无关的模糊数学有多少价值？模糊数学的实际价值在于在对模糊数学数论解析过程中，会推导出一系列的定理公理，而这些定理公理在应用数学中是会起到实实在在的作用的。

服装设计中 T 台表演服装的设计也是一种感念设计，它需要的是在设计创新方面走得越远越好，这些表演时装的设计同时也是为应用服装的设计提供了实验结果和实现的可能性。可是表演时装永远也不会取代实用服装走到现实生活中来。

在艺术学院陶瓷设计系也一直有着艺术陶瓷和生活陶瓷的设计课，艺术陶瓷设计实际上也是一种概念设计。艺术陶瓷和生活陶瓷的区别在于艺术陶瓷具有独立的欣赏价值，以及在设计和烧造艺术陶瓷的过程中可以发现许多不曾尝试过的烧造工艺和艺术效果。这些烧造工艺和艺术效果为生活陶瓷的设计提供了更多的创作空间。

而书籍设计和以上两种艺术设计所不同的是它并不具备独立的欣赏价值和审美需求，但同样不妨碍进行概念书籍设计创新的尝试，并对应用书籍设计在印刷工艺上、材料上以及设计理念上提供指导。在概念书籍设计中，我们需要的是走得越远越好，而在图书还是一种流通的商品阶段，概念设计是无法取代应用书籍设计的。因为应用书籍设计不仅要考虑书籍设计的形式法则和创新理念，同时最重要的还要关注书籍的终极目标——实现销售才能实现文本的文化价值，才能起到对文化的传播。

《出版参考》2008 年第 3 期

《长征》，王树增著，人民文学出版社 2006 年 9 月出版，责任编辑：脚印、李羽壮

# “哈利·波特”——天才女作家为这个世界做出的伟大贡献

王瑞琴

哈利·波特一岁时，父母被黑巫师伏地魔杀害，脑门上的一块闪电形伤疤在他的记忆中刻下了这次凶杀。可怜的哈利从此和姨父姨妈及表哥生活在一起，受尽了虐待和欺负。十年来从没有人给他过过生日，也没有人给他送过贺卡。但是在他十一岁生日那天，世界似乎起了变化，猫头鹰给他衔来了一封神秘的信，那是霍格沃兹魔法学校的录取通知书。

9 月 1 日，哈利·波特像世界各地的所有孩子一样到学校去上学，只不过他是提着宠物，握着魔杖，背着各种魔法书，在伦敦国王十字车站常人看不见的 $9\frac{3}{4}$站台乘火车去那遥远的地方。

古城堡般的魔法学校以它特有的魅力欢迎了哈利和他的同学们：大礼堂的天花板上闪烁着耀眼的星光，白色的幽灵在他们头顶上飘荡，宽大的餐桌上摆满了美味佳肴，会说话的肖像询问他们入门的口令……

哈利在魔法学校生活得十分开心，由于他的善良，他的见义勇为，他有了两个最知心的朋友，一个是脸上布满小雀斑的热情男孩罗恩，一个是学习顶呱呱的女孩赫敏。他天才的飞行技术为他赢得了霍格沃兹学校有史以来最棒的魁地奇（魔法世界一种球类运动，球员要骑着飞天扫帚在空中打球）找球手的称号，他传奇般的身世更使他成为老师和同学瞩目的人物。然而，他周围不断发生令人不可思议的事件：学校三楼的一个房间里怎么会出现一条长着三只脑袋的大狗？是谁在圣诞节之夜送给哈利一件隐形衣？厄里斯魔镜怎么会映出哈利死去的父母？魔法界银行古灵阁为什么被盗？黑魔法防御术教授奇洛的头上为什么总是莫名其妙地围着一条大围巾？他的身上为什么永远散发着一股难闻的气味？传说中的魔法石到底是怎么回事？……这一切为什么总与哈利·波特的名字相连，是否与失踪的伏地魔有关……

这是“哈利·波特”系列第一册《哈利·波特与魔法石》的内容概要，但是我没有把书中最震撼人心的情节讲给读者，这需要我们的读者亲自去读，因为无论我如何表述，都难以概括故事本身的精彩。我将第一册的内容引出来，是希望我们年轻的读者一而再，再而三，再而四……再而七地读下去。我敢说，你将从中得到从未有过的阅读快乐。

“哈利·波特”是英国天才女作家罗琳为这个世界做出的伟大贡献，她讲述故事的才能近乎完美无缺。本书丰富的想象力，跌宕起伏的情节，叩动人心的悬念，意想不到的转折，福尔摩斯侦探似的推理，令人捧腹的幽默，空前绝后的惊险，使人一打开书就无法合上，非要一口气读完不可。

“哈利·波特”的惊险故事发生在一个非常人的世界里，这个世界为作家发挥她奇特的想象开创了一个广阔的空间。但是书中人物的情感又是我们正常世界所具有的。这也是这套书的魅力所在。读着这本书，我们被那个世界所发生的一系列奇奇怪怪的事件吸引着，但是我们又时时在关注着书中人物的命运，因为他们跟我们有着同样的情感，同样的好恶，同样的是非观。哈利·波特是一个聪明、勇敢、善良、重友情、富有责任心、勇于牺牲自己而成全别人的孩子，他身上所具有的优点是我们人类共同提倡的，只不过罗琳不是通过说教，而是通过精彩的故事告诉读者的。

“哈利·波特”是一套少年儿童小说，但是她独具匠心的写作技巧，对人物性格淋漓尽致的刻画，也会给成人读者带来极大的阅读乐趣。从这一点讲，“哈利·波特”堪称一部经典之作。我们相信，随着时间的考验，“哈利·波特”不仅仅是一部创造出版奇迹的畅销书，而且会成为世界儿童文学史上一个里程碑。

《中国图书商报》2000 年 9 月 22 日

《哈利·波特与魔法石》，[英]J.K. 罗琳著，苏农译，人民文学出版社 2000 年 10 月出版，责任编辑：王瑞琴、叶显林

# 拥抱大自然，做动物的好朋友*

李现刚

印度国父莫汉达斯·甘地有句名言："一个民族的文明和道德进步的程度可以用他们对待动物的态度来衡量。"他的这一观点应该得到我们的认同。观照当下的中国社会，有一个事实我们无法回避：我们对"仁慈养殖""动物福利""动物权利"等概念的理解似乎并不是很深刻。而这些概念在国外许多国家早已深入人心，人们通过漫长的争论，已经达成一个共识：作为人类的我们，有责任，也有道德、有义务，去仁慈地对待动物，让它们生活在人性的环境里，让它们身心健康，生活快乐；即便它们中有些是我们要食用的动物，我们也应该仁慈地对待它们。在国外一些大学里（诸如美国），动物伦理课和大地生态伦理课是哲学系的主要课程，也是大学生必须学习的基础课程之一，各种动物保护协会组织已经遍布美国。同样类似的组织在其他发达国家也已经得到普遍发展。

我们既没有经历过类似的思想大争论，我们的大学里也鲜有动物

* 该文是"伯吉斯动物童话"系列编辑絮语，标题为另加。

伦理课程教授。造成的结果是，我们既缺乏动物保护方面的知识，又对动物缺乏怜悯之心。此外，我们国家的各种动物保护协会组织也只处于起步阶段。不得不承认，在动物伦理文明这一方面，我们落后得似乎有点多。

为此，我们精选了美国著名童话作家、自然主义者、自然资源保护论者、“睡前故事大叔”伯吉斯的八篇动物童话翻译出版，奉献给我们的小读者，希望可以让他们从小就有保护动物和自然的意识，培养生态道德和生态文明意识的觉悟。

在这套了不起的动物童话里，彼得兔、狐狸雷迪、土拨鼠约翰尼、麝鼠杰里等小动物，或乐观，或任性，或贪玩，或调皮，或聪颖，或愚笨，或好了伤疤忘了疼，总是不停地惹祸上身，却总能在同伴的帮助下逢凶化吉，遇难成祥。它们经历着一个又一个有趣、刺激、惊险的奇遇，同时又增长着一个又一个见识，感悟着一个又一个道理。我们希望小读者们在享受阅读愉悦的同时，可以领悟到这些童话所蕴含的道理和意义。这恰好印证了德国著名作家席勒的那句名言：“更深刻的意义蕴藏于我童年时听来的童话故事，而不是生活教我的真理。”

我们相信这套动物童话所揭示的道理和意义，将会对小朋友们的成长有所助益。美国前总统乔治·沃克·布什、“诺贝尔经济学奖”获得者乔治·阿克洛夫、“迪士尼世界”的创始人沃尔特·迪士尼、“贝贝熊系列”的作者简·贝伦斯坦和斯坦·贝伦斯坦以及“斯凯瑞金色童书”的作者理查德·斯凯瑞等名人从小就是这套童话的读者。这些童话让他们获益多多，并成为影响他们一生的童年读物，为他们的成长以及后来的成功奠定了坚实的基础。

我们希望小朋友们可以跟他们一样，爱上读书，爱上这套动物童话，和动物们做朋友。

我们还希望小朋友们能够认同伯吉斯的动物保护理念——用伯吉斯博物馆的建馆宗旨来说，那就是：关心、爱护野生动物，保护大自然——并行动起来，去保护那些可爱而又易受各种伤害的动物朋友。

2013年3月

“伯吉斯动物童话”系列——

《狐狸雷迪奇遇记》,[美]T.伯吉斯著,[美]H.卡迪绘图,钱晓红译,人民文学出版社、天天出版社2013年7月出版，责任编辑：李现刚

《土拨鼠约翰尼奇遇记》,[美]T.伯吉斯著,[美]H.卡迪绘图，史倩倩译，人民文学出版社、天天出版社2013年7月出版，责任编辑：李现刚

《彼得兔奇遇记》,[美]T.伯吉斯著,[美]H.卡迪绘图,张树娟译,人民文学出版社、天天出版社2013年7月出版，责任编辑：李现刚

《负比利大叔奇遇记》,[美]T.伯吉斯著,[美]H.卡迪绘图，张树娟译，人民文学出版社、天天出版社2013年7月出版，责任编辑：李现刚

《小嘲鸫莫克尔奇遇记》,[美]T.伯吉斯著,[美]H.卡迪绘图，张树娟译，人民文学出版社、天天出版社2013年7月出版，责任编辑：李现刚

《麝鼠杰里奇遇记》,[美]T.伯吉斯著,[美]H.卡迪绘图,张树娟译,人民文学出版社、天天出版社2013年7月出版，责任编辑：李现刚

《青蛙爷爷弗洛格奇遇记》,[美]T.伯吉斯著,[美]H.卡迪绘图，张树娟译，人民文学出版社、天天出版社2013年7月出版，责任编辑：李现刚

《田鼠丹尼奇遇记》,[美]T.伯吉斯著,[美]H.卡迪绘图,杨晓霞译,人民文学出版社、天天出版社2013年7月出版，责任编辑：李现刚

# 漫话《一千零一夜》*

王瑞琴

《一千零一夜》是中古时期阿拉伯地区一部杰出的大型民间故事集。它以卷帙浩繁的规模，绚丽多姿的画面，离奇突兀的情节，奇特诡异的幻想，代表了古代阿拉伯文学的最高成就，吸引着一代又一代东西方读者。它包罗宏富，不拘一格，童话、神话、寓言、笑话、历史故事、冒险故事、恋爱故事、奇闻轶事，应有尽有；天南地北，陆地海洋，无所不至；从各个不同时期，不同地域和不同角度反映了中世纪中近东国家的社会制度、生活方式和人民的思想感情，描绘了一幅幅色彩斑斓的社会生活画面，是一部颇有价值地研究阿拉伯古代社会史的参考文献。

《一千零一夜》阿拉伯原文为“一千零一个夜晚”，中译本习惯译为《天方夜谭》。“天方”来源于沙特阿拉伯麦加城内的“克尔白天房”的谐音，“夜谭”是指阿拉伯人喜欢夜间讲故事。我国古时称阿拉伯国家为“大食国”，明朝以后改称“天方国”，所以后来把《一千零一夜》

* 该文是《一千零一夜·少年版全集》一书前言。

译为《天方夜谭》，意思是“天方国的故事”。

《一千零一夜》的最初编者已不可考。从这部作品所反映出的文化特征、民族精神、风俗习惯、宗教信仰和它的高度艺术水平来看，最初出现的时间当不会早于阿拉伯帝国形成之时的八世纪。近代文学评论家大多认为它的故事和手抄本在中近东各国开始流传的年代约在八世纪中叶，即中国史书上称“黑衣大食”的阿拔斯王朝（750—1258）的前期（750—850），大约是哈伦·拉希德哈里发和麦蒙哈里发执政的时代。这是阿拉伯历史上的一个重要时期。阿拉伯帝国在这时已经形成，它的统治机构和各项制度日臻完备。它的疆域，东起印度河流域，西临大西洋，地跨亚、非、欧三大洲。伊斯兰教经典《古兰经》业已编成，并已成为统治阶级驾驭万民的有力工具。九世纪前后，帝国的政治、经济和文化发展到鼎盛时期，大规模的向外扩张战争已经停止，人民生活稳定，贸易兴旺，市场繁荣，到处一派升平景象。经济得到了发展，文化生活和精神生活也随之活跃起来。与此同时，阿拉伯固有的文化受到了被征服民族，如：叙利亚、埃及、美索不达米亚、波斯文化的影响，并在吸收希腊、罗马、印度文化的基础上融会贯通，产生了灿烂的阿拉伯新文化。新文化的出现，推动了民间文学的繁荣，特别是阿拉伯民族的民间文艺“说书”得到了进一步的发展。再者，阿拉伯人自古以来就以勇敢和富于想象著称于世，中古时期的升平世界使他们的这一特长得以发挥。他们从陆上和海上到世界各地去周游、去经商，生活充满新奇和冒险，同时也给他们带来经济上的富足和精神上的乐趣。在这些生活基础上，他们鼓起想象的双翼，在神奇的王国中遨游，加上他们生就一副能说会道的“铁舌头”，于是那些神奇美妙的、绚丽多彩的、趣味无穷的故事就油然而生了。讲故事的人不仅受到民众的欢迎，而且被召进王宫为哈里发说唱。为博得民众的称赞和哈里发的欢心，他们就不断到民间去搜集或自编一些新奇古怪、精彩生动的故事。《一千零一夜》就是在这样的历史条件下孕育而成的。

《一千零一夜》的故事来源，主要有三部分。

第一部分是从古波斯文的《一千个故事》译成阿拉伯文的，这一部分是全书的核心，它提供了《一千零一夜》的基本情节和脉络，以及主要的男女角色（包括“引子”中的山鲁亚尔国王和山鲁佐德王后）。第二部分是阿拉伯帝国最盛时期阿拔斯王朝的故事，大多是哈伦·拉希德哈里发和麦蒙哈里发执政时期发生在巴格达的故事。第三部分是关于埃及马穆鲁克王朝（1250—1517，也称奴隶王朝）的故事，主要讲的是从 1440—1550 一百多年间埃及的风土人情。

关于《一千零一夜》成书过程的下限，人们根据书中提供的有关资料探讨，认为在十六世纪中叶。此时阿拉伯帝国灭亡已有四个世纪。

《一千零一夜》之所以能够经久不衰地流传下来，成为人们喜爱的读物，主要是因为它有着与众不同的艺术价值、研究价值和训诫意义。

整部故事集系民间流传之作，包罗万象，五花八门，编写者在收集整理它们的时候聪明地用一个“引子”（即开篇的《山鲁亚尔与山鲁佐德》）便把几百个主题不同而又互不关联的故事巧妙地组成了一部完整的故事集。“引子”是一个很有训诫意义的故事，讲的是某国王因妻子行为不端而憎恨天下所有女人，他每天娶一少女，过一夜便杀之。才貌双全的宰相之女山鲁佐德自愿进宫，用讲故事的办法劝诫国王改变了杀戮女人的恶习，从而引出了一千零一个夜晚的故事。而这一千零一个夜晚的故事，也是大故事套小故事，小故事套更小的故事。如《商人与魔鬼》《渔夫与魔鬼》《国王、王妃、大臣和王子》等都是大故事中穿插着好几个小故事。这就是《一千零一夜》中最突出的艺术特色——框架式的结构。这种结构可以将许多不同时间不同地点流传的故事组成一个庞大的故事体系，可以自由发挥，也可以节外生枝，既可以算一个故事，也可以独立成篇。这种艺术结构对后来许多著名作家的作品都产生了影响，如薄伽丘的《十日谈》、但丁的《神曲》、塞万提斯的《堂·吉诃德》等。

《一千零一夜》艺术上的另一大特色，就是浪漫的充满幻想的表现手法。《一千零一夜》中有许多故事，发挥了丰富的文学想象和大胆的艺术夸张，给我们创造了一个能够产生一切奇迹的神话世界：一叫即开的岩洞（《阿里巴巴与四十大盗》），有求必应的戒指（《乔德尔和他的两个哥哥》《马尔鲁夫的故事》），会飞的乌木马（《乌木马的故事》），要什么给什么的神灯（《阿拉丁与神灯》），可伸缩的帐篷（《印度王子与山中仙女》），能呼风唤雨的神王（《哈桑与羽衣公主》）……这些不可思议的事物与故事中的人情世态奇妙地融合起来，相互辉映，大放异彩，使读者不但了解了古代阿拉伯人民的生活，也知道了他们的理想和愿望。今天我们中国人提起一些难以想象的事物时，都喜欢用“天方夜谭”来比喻，可见这种艺术特色的深远影响。

如果我们对《一千零一夜》进行一次扫描，可将那些奇思妙想的故事大致分成这样几类：

1. 体现“善恶报应”的故事。这类故事在《一千零一夜》中占有很大比例，大多用写实和浪漫的幻想互相交织的表现手法，歌颂了人们在与邪恶势力做斗争时所表现的勇敢和智慧，刻画了他们淳朴善良的品质和对美好生活的憧憬。如《渔夫与魔鬼》中的渔夫在面对“高大无比，顶天立地，眼似灯笼，嘴似山洞，腿似桅杆，手似铁叉”而又杀气腾腾的魔鬼时，开动我们人类聪明的大脑，终于用计谋和智慧，战胜了凶恶和邪气的魔鬼。还有《阿里巴巴与四十大盗》和《阿拉丁与神灯》中的主人公，都是靠着正直善良、足智多谋、勇敢刚毅，战胜了各自的对手。阿里巴巴战胜了贼心不死的强盗头子，阿拉丁战胜了奸诈狡猾的非洲魔法师。这类故事的主题就是对正义力量的赞美，对邪恶势力的鞭挞，具有警世意味。

2. 斥责社会风气腐败和同情百姓疾苦的故事。《一千零一夜》中有许多故事揭露了封建统治阶级的荒淫无耻和凶狠残暴。如在“引子”中，使人目睹国王在杀了与人私通的王后以后，竟然残酷到每夜要宰相找一个少女来供他寻欢作乐，翌日清晨再把她处死的地步。还有不少故事描写了宫廷和朝臣穷奢极欲、挥霍无度的生活，如在《哈里发与哈利法》《真假哈里发》中就有不少这样的场面。统治阶级过着花天酒地的生活，而百姓呢？在《幸福主要靠什么》里，我们看到那个穷苦的靠搓麻绳养家的青年“干上一年也不见得能赚四百金币”。《渔夫与魔鬼》中的那个渔夫“一家五口，全靠他打鱼为生，勉强度日”。这种鲜明的对照是阿拉伯中世纪封建社会的真实记录。

3. 描述爱情的故事。《一千零一夜》中有许多故事歌颂了男女青年对爱情的忠贞、对幸福的向往和追求。如在《卡麦尔王子与白杜尔公主》《尼尔曼和努尔玛》中都描绘了男女主人公在追求纯真爱情的过程中经历了许许多多的坎坷和磨难，但凭着对爱情的坚贞不渝，他们最终还是战胜了种种困难，赢得了幸福。《一千零一夜》中还有不少人与神恋爱的故事，描写了青年人为争取婚姻自由而进行的与传统观念决裂的斗争，如《哈桑与羽衣公主》《赛伊夫王子与古曼丽公主》，情节曲折生动，具有很强的艺术感染力。

4. 描绘经商和航海冒险的故事。《一千零一夜》中有不少反映航海经商的作品，《辛伯达航海历险记》是最具代表性的名篇。那惊心动魄的故事情节，离奇古怪的冒险经历，神奇大胆的夸张描写，使这篇故事在艺术上达到了《一千零一夜》的顶峰。从这篇故事中，我们可以看到中世纪阿拉伯地区商业贸易繁荣昌盛的景象，了解到阿拉伯国家在很早以前就与中国、印度以及欧洲国家进行贸易交往的情况。我们还可以从这些故事中得到关于当时社会风尚、生活习俗、民族性格、世态人情、道德精神、经济发展状况等方面的知识。许多国家的文学研究者指出，《辛伯达航海历险记》完全可以脱离《一千零一夜》，独立成书。

应该指出，《一千零一夜》具有浓厚的宗教色彩，这是和当时的社会状况分不开的。在中世纪，伊斯兰教是阿拉伯社会的精神和政治支柱，它以绝对权威主宰着社会生活的各个方面，因此，书中许多故事都充满说教气，但是这并不影响本书宏大的艺术魅力。此外，作品中还有一些宿命论的故事或情节。很多评论家都认为这是《一千零一夜》中的糟粕或者不足之处，但是这些故事却真实地反映了当时阿拉伯的社会生活和人们的所思所想，具有浓郁的时代特色；而且这些故事都十分神奇，具有很强的可读性，比如《哈希卜与蛇女王》《一座魔城》《努伦丁与沙姆士丁》《埃及商人阿里》《阿吉卜国王》《樵夫与财宝》等。其实，这些故事虽然有很强的宿命色彩和不可知的神秘性，但同时也宣扬了一种奋斗精神或表达了一种对后人的教育意义，所以无论哪个选本里几乎都少不了这些故事。

《一千零一夜》早在十一世纪至十三世纪十字军东征时期就被传往欧洲，对欧洲的文学、绘画、音乐都产生了一定的影响，除我们前面提到的几部著名作家的作品外，乔叟的《坎特伯雷故事集》，莫里哀的《乔治·唐丹》，莱辛的《智者纳旦》，莎士比亚的《终成眷属》《辛白林》以及威尔第、莫扎特、瓦格纳、圣－桑、贝多芬的音乐作品等均可见其影响。

《一千零一夜》从二十世纪初叶开始传入中国，多是从英、俄、日文译出，纳训先生是第一个从阿拉伯原文翻译《一千零一夜》的译者。随着国家的改革开放，译本越来越多，但这并不是坏现象，因为《一千零一夜》与其他世界名著不同，它的版本奇多，其中没有任何两个版本是一样的。不是篇幅不一样，就是故事内容或者某些情节不一样。在许多较早的阿拉伯原文的《一千零一夜》中，流传最广的两个故事《阿里巴巴与四十大盗》和《阿拉丁与神灯》都未被收入其内，学者们对这一现象众说纷纭，大都认为这两篇作品最初是长期生活在阿拉伯国家的欧洲人写成的，而《第九尊人像》《印度王子与山中仙女》《波斯三姐妹》更被认为出于欧洲人之手。

总之，《一千零一夜》是一部极具魅力的民间文学鸿著，尽管许多故事都存在着生活中不可能有的神奇色彩，但每个故事都留有当时阿拉伯社会的烙印。青少年读者不仅可以从这些美妙的故事中领略旖旎绮丽的异国风光，还能了解中近东各国的历史，开阔眼界，驰骋遐想。

我们这里向青少年读者介绍的《一千零一夜·少年版全集》，是从二十世纪四十年代埃及知识出版社出版的一部专门为青少年改写的版本中翻译过来的。改写本与成人本相比，从选材到风格，更多地注意到了孩子们的心理与情趣。成人本虽然内容丰富，涉及面广泛，但许多故事掺有糟粕，宗教色彩浓厚，贬低妇女的内容较多，不适合孩子们阅读或者对他们有害。这一改写本在成人本的基础上做了某些加工，对一些无益于孩子们的故事或片段进行了修改或增删，既保持了故事的原型，又照顾到了孩子们的心理特点。其次，在叙述故事的行文中，改写者运用了便于孩子们阅读的语言，优美而简练，生动的描写和幽默、有趣的叙述将给读者留下深刻的印象。

当青少年朋友们翻开这部书，一篇一篇地读下去的时候，定会觉得自己步入了一个奇幻的世界。这里不仅有神灯、飞马、魔戒、藏有财宝的地下宝库、会说话的鸟儿，还有变幻莫测的大海、钻石闪烁的山谷、鬼怪出没的森林……这里的一切一切，都会引起你的遐想。也许你会想：我要有那么一盏神灯该多好啊，我将用它为人们做好多好多有益的事情；我要有那么一匹飞马该多好啊，我将驾驭着它在万里长空驰骋。你还想当阿里巴巴，到深山或者森林中去开发宝藏；更想成为辛伯达，扬帆于烟波浩渺的大海，去探险，去寻宝，去世界各地观光……此后，当你合上书，反复回味这些故事时，你就会赞叹古代阿拉伯人丰富的想象力和高超的智慧，钦佩他们编撰故事的才能。

2013年7月23日

《一千零一夜·少年版全集》，阿拉伯民间故事，王瑞琴译，人民文学出版社

2013年11月出版，责任编辑：仝保民

# 策划出版茅盾《大鼻子的故事》的难忘情缘

王　苗

2012 年初夏，与韦韬先生打电话联系茅盾先生的版权，当时韦韬先生并不住在通州家中，而是住在国防大学第二干休所。电话接通，告诉韦韬先生想出版一本茅盾先生的儿童文学作品选，韦韬先生大致问了一下我的策划方案，很爽快地就答应了。放下电话，庆幸之余，竟还有一丝忐忑，没想到谈得如此顺利，没想到老先生如此和蔼可亲。这么顺利就谈成了合同，让我都有些不敢相信。

韦韬先生说话略带些南方口音，吐字清晰，声调颇高，音色中洋溢着年轻和热情，显得极有活力，丝毫不像近九十岁的老人。电话中不由自主地说："听您电话，觉得您气色特别好，一定要保重身体！"韦韬先生爽朗地笑了。没过几天，就收到先生签好的合同，一笔一画、一丝不苟。

接下来就是选篇目、编稿子、发稿、校对……有很多波折和烦恼，也有很多愉悦和收获。虽然正经在中文系读了几年书，对茅盾先生的创作面目竟不甚了解，原来，他还写过那么多逸趣横生的童话作品；原来，他对北欧神话和希腊神话有着那么精到的了解；原来，他不仅写过上海滩的大资本家吴荪甫，还写过上海滩蝼蚁一样生活的孤儿，这不就是另一个“三毛流浪记”的故事吗？那个自立自强的少年印刷工，不就是无数上海滩底层孩子的生活缩影吗？……

足足折腾了一年多，2013年8月，茅盾先生儿童文学作品选《大鼻子的故事》终于出版了。见到样书后，第一时间联系韦韬先生，之前一直没有机会拜访，想趁送样书的机会当面致谢。没想到，干休所的电话久久无人接听。心中一阵不好的预感，改打先生通州家中的电话，仍旧是无人接听。无奈之下，开始打干休所的总机电话。这次通了，对方是一位语气颇显冷漠的女士，她无比警惕地问我："你找韦韬先生做什么？"说明了意图，女士语气舒缓了很多:"韦韬先生已经去世了。"

虽然已经隐隐觉得不安，但听到这句话时，震惊、失落、遗憾还是攫住了我。韦韬先生是半个多月前去世的，要是我的效率再高些，说不定先生去世前还能看到样书，于是又是深深的自责。一时我竟然语塞，呆呆地对着电话那头的女士自言自语："那我该把样书和稿费寄给谁呢？"女士竟也是神通广大的，当即告诉了我韦韬先生的女儿DY的电话。赶紧打通DY女士的电话，DY女士也是温和可亲的，问题顺利解决了。仿佛一个即将远去得无影无踪的风筝又出现了一根细细的线，我又跟茅盾先生有了联系。

去给茅盾研究会的老师们送书，来到位于北京后圆恩寺胡同的茅盾先生的故居，精致小巧的院落隐藏在人潮涌动的南锣鼓巷的一个小巷子里，更显得宁谧与肃穆。院中竖立着茅盾先生的汉白玉半身像，天井中是一个爬满瓜藤的秋千架，结了累累瓜果。不多几位游人在小院中静静地参观、拍照。

茅盾先生的生平展做得很好，每一张图片下我都长时间驻足观看。从那些斑驳的、充满岁月痕迹的图片和文字资料中缅怀先生的风姿和功绩，仿佛离茅盾先生近了很多。在图片中还看到了年轻时的韦韬先生和孩童时代的DY女士，觉得无比亲切，又有无限的流年的感慨，鼻子竟有些发酸。

走出小院，正是夕阳西下时节，附近的一个小学放学了，胡同里挤满了蹦蹦跳跳的孩子和接孩子的家长。带着外地游客旅行的人力三轮车夫不住地按着车上的铃铛，希望能按出一条路。再往前走，就是著名的南锣鼓巷了。

经典作品是不朽的，经历了一代又一代人之手，但仍然生动鲜活，仍然永葆青春。

《中国出版传媒商报》2013 年 10 月 29 日

《大鼻子的故事》，茅盾著，人民文学出版社 2013 年 6 月出版，责任编辑：王苗

# 续断“国粹”照眼新

——“罗萌国粹系列长篇小说”编后琐记

刘　炜

编辑渴望编发不同风格的佳作，正像演员希望扮演不同性格的角色，视之为乐事并从中得到满足，这大概就是追求吧！

前些年，港台小说纷至沓来，其中虽不乏佳品，但更多的是粗劣之作，眼看这股鱼龙混杂的文化潮流充斥大陆文化市场，我心颇为焦急——大陆那么多有思想、有艺术功力的作家，为什么不写些故事好看又有文化品位的小说奉献给读者呢？作为首届茅盾文学奖获奖作品《将军吟》和《芙蓉镇》的责编，我渴望在编发反映社会现实生活佳作的同时，也能编发些既有较强可读性，又有丰富文化内涵、艺术品格、雅俗共赏的逸品、雅品。这种期盼是强烈的，甚至可以说是魂牵梦绕。

然而，这梦中的逸品、雅品却迟迟不见到来。

1998 年底，在十年的漫长等待之后，我和我丈夫终于获得美国的绿卡。即将离开故土的前夕，我的心情是复杂矛盾、躁动不安的。为了能恢复内心的宁静，我决计不再看稿，“刀枪入库，马放南山”。不料，偏偏在这个时候，天降大任于我，一本大部头的书稿——

《丹青风骨》摆在了我的案头。朋友相托，盛情难却。加之职业毛病，本性难移，于是军心又动摇了，朋友前脚走，我后脚就翻看起来。这一看不要紧，眼睛蓦然为之一亮！——干了几十年的编辑，眼睛已磨出了老茧，心也凝上了冷静的外壳，不会轻易被吸引、被感动。故此，这“一亮”格外难得！——这不正是我期待已久的既有较强可读性，又有丰富文化内涵与艺术品格的雅俗共赏之逸品、雅品吗？！……

在读这部书稿的过程中，我不时被吸引到荡气回肠的故事情境中，作品中巧妙设置的一系列扑朔迷离的悬念，使我情不自禁产生急于了解故事结局和人物命运归宿的强烈欲望，便经常欲罢不能，以致废寝忘餐。这种情形在我的编辑生涯中是不多见的。为什么会这样呢？仔细分析，这部书稿除了具备一般好小说的基本因素之外，突出的优点就是写了非常好看的故事——它描绘了大陆某丹青世家三代人执着的事业追求和爱情纠葛，展现了中国画家们的理想情操和生存境遇。内容是通过价值连城的古画名作《雪血江山图》辨析真伪的复杂过程来展现的，作者设计了多幅名画赝品鱼目混珠的系列情节，案中有案、悬念迭生、疑云萦绕、气氛神秘。虽没有公安人员的出场，却很有侦探小说动人心魄的悬疑氛围和艺术效果——真画到底在哪儿？人物的命运最终归宿如何？这是给读者以高度阅读快感的重要前提。其次，是小说具有鲜明的民族特色和较高的文化品位。它格调优雅，意蕴深沉，语言清新，文采峬峭，知识面涉猎极广（辞赋、画论、书法乃至民间泥塑、文房四宝等），艺术地展示了中国画独有的美学理念和技法精要，以及文房四宝的鉴赏情趣，从而，巧妙地弘扬了我国民族文化宝库这一国粹精华，大大丰富了小说的知识性、趣味性和文化含量，读来醇香满口，雅趣盎然，让人怡情悦心！

当我以最快的速度读完《丹青风骨》并写了审稿意见送审后，竟发现我已经情不自禁关注起这部小说的命运了。虽然我对自己的眼力是很自信的，但艺术上仁者见仁，智者见智乃是常情，出现不同意见亦不足为怪。然而，事实证明我的担心是多余的，复审彭沁阳副编审、终审高贤均副总编辑很快通过了，他们基本同意我对书稿的看法，一致认为这是一部具有很高文化品位、雅俗共赏的佳作。就是说，肯定小说的文化品位与雅俗共赏特征是我们三审编辑的共识。我们认为它将拥有广泛的读者，能够满足不同阶层读者文化消费的需要。应该指出，小说创作中要找到“雅”与“俗”的契合点是不容易的。从某种意义上说，达到雅俗共赏乃是小说创作所追求的理想境界之一。只有这样的作品才算是文化市场上真正意义的畅销书。与此相反，误把媚俗劣作视为文化市场的宠儿，乃是低趣味的玩笑。

一个好编辑，关键在于能挖掘作家的创作潜力，使其作品更上一层楼。基于这一认识，我总爱把自己当成一名“掘进工”，面对作家这种“矿床”，常做不厌其烦的“挖掘”，碰到“护短”的作家，当然是费力不讨好的，但却仍痴心不改，这也许是我太迂腐了吧！《丹青风骨》原已达到较好的水平，是比较成熟的作品，可我还觉得有些不足，比如原稿开篇情节进展较慢，个别人物命运设计过于理想化等。我认为作者有足够的能力，可以克服这些缺点，使作品达到它本应企及的高度，便又忍不住对作者罗萌进行照例的“挖掘”。

罗萌是蒙古族，十二年前下海经商，之前有过二十几年的“爬格子”经历（罗萌语），当时是几家公司的董事长，用他自己的话说，“有了面包又没了魂儿，写小说是为了重圆文学旧梦，找回失落的心情”。

我坦率地告诉罗萌《丹青风骨》被通过了。也就是说，不再做润色也已经可以发表了。但同时我又讲了它的不足，说了几句“如果那样，将会更好”的话。我本没有非得让他修改的意思，可他听完后竟主动提出要再次修改。我清楚地记得罗萌当时的表情，他粲然一笑，说：“我希望你对我能像对莫应丰一样。”（这之前我曾送他一本我编撰的《莫应丰》专集，书后有我写的《友谊地久天长》的文章，想必他已看过）。他的神色天真而明亮，只有真诚面对艺术的人，才会有这样的微笑、这样的神色。我当时会心地笑了。看来，他写小说不是为了出版来装潢个人的儒商门面，而是确想攀登文学高峰，以圆当年文学梦。

当时他很兴奋，谈了他为什么写《丹青风骨》，由此提及他在国外做商务考察期间，看到华侨后裔被所在国文化同化后，对本民族文化疏离的现象所感到的痛惜和遗憾。他认为优秀的国粹文化乃是中华民族之根，不应在侨民后裔中断裂，他用中药“续断”的名称来喻义，要用自己的系列小说去参与神圣的民族之根的“续断”大业，为海外侨胞提供这方面的系统读物。同时，也为各国朋友间接提供了解中华民族文明程度与历史积淀的鲜活文本，供他们从中感受华夏子孙的民族精神与生态氛围。他的创作主旨明确，并有系统的构思，准备写十二种像《丹青风骨》这样的国粹小说，分四辑推出，他还大致讲述了每种小说的具体内容。我觉得他的选题很好，既弘扬了国粹文化，又弘扬了主旋律。鉴于《丹青风骨》的写作水平，相信其他书稿的质量也会不错。我便把这些情况向领导做了汇报，并提议以“罗萌国粹系列长篇小说”的丛书形式，一并推出《丹青风骨》《杏林风骚》《梨园风流》（他计划中的第一辑），得到了领导的首肯。

1998 年 12 月中旬，我专程飞赴罗萌的家居地——海口。目的是与他共同讨论完成书稿的修改，并与他签订系列丛书合同。出乎我意料的是，三部小说的封面他都已经设计好了，封面上的画是他自己画的，字也是他自己题的。好家伙，每本书从里到外，他一个人全包了。我想，我遭遇了一位天才。还让我出乎意料的是，罗萌进入创作状态时竟像拼命三郎，如痴如醉，心无旁骛。经常是整整一个上午一动不动地伏案改稿，中午小憩一会儿，然后继续奋笔，晚饭后一直写到午夜。这样，《丹青风骨》七易其稿，合计起来，洋洋几百万字，也算蔚为大观。看来，他是个玩命追求艺术的人，从他身上我领悟了“天才来源于勤奋”的道理。当然，与他的合作也并非皆如我意，他惊人的固执常把我搞得很累。我承认他聪明、才思敏捷，有时，我只谈几句对某个情节的意见，他就理解了，同意的不用我细说，很快就把书稿修改得比我想象的还好。不同意的，又会毫不含糊地固执己见，以致有时我们几乎要争吵起来。最后往往是，或者我冷处理，给他时间去思考，想通了再改；或者我平静下来，考虑他的观点的正确性而放弃自己的初衷。有时，我在想，固执与自信像孪生兄弟很难区分。罗萌是个有思想的人，否则他不会想到要弘扬国粹，也不会把小说写得那么深沉。但有思想的人由于很自信，就很固执。也正因为如此，他才是一个有血有肉、个性鲜明的人，与这样的人交朋友，让人感到真诚、实在。

这次修改，使《丹青风骨》又有了明显的提高，其情节更加紧凑，人物命运催人泪下，注入了作者较为深刻的思考，作品蕴涵更为厚重。这至关重要的升华，使我感到欣喜，因为当今大量创作都是对小说质的规律性的迷失：或者是演绎政治概念式的所谓“宏大叙事”；或者是无病呻吟、“为赋新词强说愁”的甜腻私人话语。这部小说的出现，无疑会引起文坛足够的注意。

在异国他乡，我心系祖国，也心系书稿。此时，我似乎对“自我”有了更新、更深的认识：编辑生涯是和我的生命连在一起的！半年后，当我终于盼来了《杏林风骚》与《梨园风流》写就的消息时，立即从美国飞回北京，又赶赴罗萌属下的东北商务基地——锦州与葫芦岛，投入对这两部书稿的审阅、修改。

《杏林风骚》同样具备《丹青风骨》的优点，也有好看的故事。小说描写了我国北方草药集散地药王庙镇中医世家程氏两兄弟分别从事中医、西医所经历的奋斗之路和爱情生活，同时也写了一批中医、药农、药商等世家近百年历史时期中的沉浮荣辱。其中医道人道、中西医术的精辟观照，以及异国情仇、同窗恩怨等人物命运的不俗设计，特别是对东方皇帝、西方总统、人民领袖、名流苍生等五彩缤纷人物的生动描摹，让人感到新鲜，具有较强可读性。另外，小说在着意刻画人物形象的过程中，还巧妙地展现了中医中药的神奇功效，其“专业”

程度令人惊叹！同时也进一步证明了我国民族医药国粹的博大精深与源远流长，使作品具有了浓厚的知识性和较高的文化品位。此外，《杏林风骚》另一个鲜明的特色就是采取史诗式的叙事手法，将编年与断代灵活穿插，分上下两卷，中间跳过近三十年历史，使小说故事情节进展较快，展现的历史背景也较广阔，从而增进了历史纵深感和沧桑感，是一部艺术张力较强的耐读之作。

自然，《杏林风骚》的成型也躲不过必经的工序：编辑看稿、提意见、双方争论、作者再润色。而且，“争论”的环节有增无减，只不过人熟了，习惯了，双方都不那么耿耿于怀了。在争论中，我进一步了解了他的性格、为人，知道他很饱学，看的书不少。“博观而约取，厚积而薄发。”他不时地引经据典，让我心悦诚服。从争论中我学到不少知识，获益匪浅。

在罗萌修改、润色《杏林风骚》的时候，我抽空看了《梨园风流》的初稿，边看边把想法用铅笔写在稿面上，最后又与他交换了意见。我带着已改竣的《杏林风骚》返回北京，他带着待修改的《梨园风流》飞回海南去潜心“爬格子”。因为绿卡的缘故，我要按期回美国，留给罗萌完成《梨园风流》的时间很有限，只有两个月。行前我们约定：他完成一部分，寄给我一部分，保持热线联系。不久，就接到他寄来的第一部分书稿，以后陆续而至。我随收随看，越看越兴奋，随时把自己的感受和思索通过电话告诉他、鼓励他。从这个意义上说，《梨园风流》是在电话线上最后完成的。

《梨园风流》除保持这套系列丛书的特色外，似乎更为好看，更具有文化内涵，艺术上也更臻圆熟。小说是写某京剧名伶世家几代人从艺生涯的悲欢故事。围绕某市京剧艺术节筹备工作而展开，通过寻找历年受迫害的名伶归队，重振京剧舞台，展现了在改革大潮的冲击下，梨园内外各类人物的精神风貌，同时倒叙了京剧舞台诸多旧事，揭露了旧中国和左倾路线统治给京剧艺人带来的重重苦难，以及给京剧发展造成的不尽困扰。这部小说以“情”为牵线，以个性鲜明的人物形象为依托，写了梨园沧桑、几代风流、名优沉浮、红伶荣辱、夫妻离合、姊妹易嫁等一系列悲喜活剧，以及封建王爷、军阀政客、投机艺人、腐败官僚等众多人物，其大起大落、大开大合的情节设计，具有较强的艺术感染力。小说以历史与现实、舞台与社会相结合的表现手法，热情地赞扬了京剧国粹多姿多彩的艺术魅力和无穷的生命力，巧妙而生动地介绍了梨园史话、名伶掌故和流派、唱腔、武打、戏码等京剧基本知识。懂京剧的内行人能从中看出门道；不懂京剧的外行人，也能从中得到充分的艺术享受。因此说，《梨园风流》借小说之载体，充分弘扬了京剧国粹艺术之精华与古老中华的民族精神，它是一部很有文化品位的现实主义佳作，也是罗萌这三部长篇中最为好看和成熟的一部。

每次我都是匆匆地来，又匆匆地走，在匆忙中改就的三部书稿不免都会留有些许遗憾，但总体上看它们还都堪称上乘之作。我喜欢它们，把它们留在祖国时，还要带走它们的影子。这影子伴我飞越太平洋，萦绕在我的脑海中，久久挥之不去。情绪激越后的沉思是清醒、从容的，似乎在美国的土地上，我才找到了作家罗萌最初产生创作冲动时的那种感觉，也才找到了这国粹小说的真正魂魄。记得，罗萌跟我说“要用自己的小说参与神圣民族之根的‘续断’大业”的情景，当时我只是泛泛地听听，没有深想。现在我知道了他不是唱高调，说说而已，这的确是他发自内心的真实感受。因为他讲的那情境、那状况，我在美国也亲自感受到了，也便理解了他的话的真正含义。

我常常想：罗萌何以能把国粹小说写得那么好？直接的原因当然是他原本当过文学杂志的编辑，也写过各式各样的作品，有较扎实的创作功底，只不过在这之前没有写过长篇小说罢了。但我更愿认为，是命运使他一度脱离文学圈，因而与文学拉开了距离，距离产生美，更产生“旁观者清”的效果。加之他去国外广泛考察过，使他思想有了质的飞跃，看问题更加全面、深刻，知道国内外读者的阅读兴趣，了解文化市场的客观行情，懂得雅与俗的辩证统一关系。此外，他的成功还应归结于他的知识结构与文化修养。写小说就是讲故事，不同的故事、不同的叙述方式，便有了不同的风格。问题在于小说的故事虽然是编的，却不能流露出编的痕迹，要能够弄假成真，也要能让人信以为真。罗萌显然是个中高手，擅长编故事。我把这一印象对他说了，询问他何以这许多新奇故事能信手拈来？他微笑着送我一本厚厚的《艺术情境定式法》。这是他与别人合写的专门研究艺术情境理论的专著。他告诉我，艺术情境的构造技巧是艺术创作的最重要的技巧，掌握这门理论，就是掌握了艺术创作规律，编故事，制造悬念也就容易了——能把如何写好小说上升到理论的高度进行阐释，并从中找出规律性的东西，进而创造出具体技巧与方法来，他能写出好小说也就不足为怪了。当然，需要指出的是，他的成功根本因素还在于他的生活积累。记得，我们共同改稿的日子里，他零零散散地向我讲述过他的简历：他是成吉思汗后裔，生于锦衣玉食人家，幼从外公悬壶习医，后家道中落，不得已空门求生，又入梨园从艺，兼习丹青。后因出身缘故被调整到农村，从知青到公社团委书记、中学教师、县文化馆创作员、市文联文学杂志编辑、专业剧团编剧等。后又下海，做园林规划师、证券市场弄潮儿，又先是参与、后是领衔进行治疗艾滋病新药的研制等等，功成名就后，又重返文坛来圆旧梦……他随谈话的内容变换着表情，喜怒哀乐溢于言表。谈到在京剧团的学戏生涯，他还情不自禁信口哼唱了两句言派名段《让徐州》。想起这情形，我不能不深为感叹：坎坷的人生经历是他创作的宝贵源泉——有幼年的“悬壶习医”和下海后的艾滋病新药研制实践，才有今天的《杏林风骚》；有青春盛年时的“兼习丹青”，才有今天的《丹青风骨》；有当初戏曲学校的“梨园从艺”，也才有今天的《梨园风流》。这就是创作的根本规律，谁都不能从中取巧。

在洛杉矶，我找到一份中文人物杂志的主编工作，社长对我很器重，这本来是件好事，可我最终还是放弃了这份工作，选择了回国！在美国的亲戚朋友都不理解，为什么等了十年才拿到别人艳羡的绿卡，同时又有了非常对口的白领工作，刚来美国半年就要重返故园？我告诉他们：我有个朋友在写国粹系列长篇小说，我觉得很有意义，所以想回去帮他。

美国的亲朋虽然一时听不懂我话里的全部含义，但都明白了我的大体意思，知我是想回国做一件有意义的事，便都不再诧异。

回国后，我继续完成《杏林风骚》和《梨园风流》的编辑工作。这两部书稿的复审仍是彭沁阳，终审除高贤均外又增加了前副总编辑何启治。他们仔细、认真地审阅了书稿，不但给予了肯定、赞扬，同时也指出尚存的不足，并提出修改情节的构想设计，对我的责编工作有很大帮助。根据他们的修改意见，我进行了最后的发稿技术处理。在主审的编辑们与作家本人共同努力下，两部小说更趋成熟、出色。

现在，罗萌的国粹系列长篇小说即将问世，分享这“续断”大业的第一批成果的甘美，我的心很甜。

有位著名歌词作家曾说，他很长时间不读小说了，原因是现在的小说有俗无雅，没有文化。这位歌词作家的话无疑是有根据的，但在这篇编后文字的结尾，我很想向这位歌词作家进一言：唐李颀在《听安万善吹觱篥歌》诗中，有“变调如闻杨柳春，上林繁花照眼新”一联，我这里稍加篡改，可做“变调如闻新杨柳，续断‘国粹’照眼新”——新翻杨柳之词已不同前朝之曲，为“续断”民族之根而新写的国粹小说是很好看的，它可以证明有文化又雅俗共赏的小说还是有的。

2000 年 7 月 9 日于北京

“罗萌国粹系列长篇小说”——

《丹青风骨》，罗萌著，人民文学出版社 2000 年 10 月出版，责任编辑：刘炜

《杏林风骚》，罗萌著，人民文学出版社 2000 年 10 月出版，责任编辑：刘炜

《梨园风流》，罗萌著，人民文学出版社 2000 年 10 月出版，责任编辑：刘炜

# 深秋有如初春[*]

屠　岸

这本诗集收入诗作二百零七首（其中十四行诗九十七首），大部分作于 1990 年《哑歌人的自白——屠岸诗选》出版之后，但仍包含这之前的作品，一直上溯到二十世纪四十年代初。这里所收的诗都没有收入以前的个人诗集中，除了一首《梦幻曲》（原题为《给——》）。此诗已收入《哑歌人的自白》，再次收入本书，是因为它被多种诗选收入，常有错讹和漏行。它首次发表于上海《绿诗岛》1946 年 3 月 15 日第一号，发表时即有多处误排和漏排。《中国新文学大系 1937—1949 · 诗卷》选收此诗时，即根据《绿诗岛》版本。选编者认为必须保持入选作品首次发表时的原貌，为了忠于历史，这完全应该。但选编者事先没有与作者通气，没有了解到初次发表时即印错多处、漏排诗行以至文理不通的事实。为此，本书收入此诗，使它的原貌再出现一次。

1990 年 6 月 13 日，章世鸿君（《人民日报》高级记者，我的内弟）告诉我，他发现自己过去的日记本里抄录了我写于四十年代初的诗。

* 该文是《深秋有如初春　屠岸诗选》一书后记，标题为另加。

我很高兴，因为“文革”中我损失了四十几个我的诗的手抄本。过了几天，我收到了世鸿从上海寄来的信（写于 6 月 14 日）和我的诗。他在信中说 ：“今天九时飞抵上海，十二时到家。我想你也许急于读你青年时代的诗，于是当夜抄上，共三十五首，想不到这么多！那时我对这些诗作极为欣赏，我可说是你最早最热心的读者了。一边抄，一边感到这样的诗，你现在也写不出了，确实没有任何概念化，而且那时你已形成自己的风格，没有拼凑的痕迹，犹如一幅幅清淡的水彩画，其中也受到中国古诗的影响，有音韵、节奏感。”世鸿喜爱这些诗，我感到欣慰。他的评论也许过誉。但他说这些诗没有概念化，现在的我也写不出了，这倒是真话。我写于四十年代的诗，一部分保存在“文革”后期发还的“抄家物资”中，其中有些收入了《哑歌人的自白》，而世鸿所抄存的三十五首，大部分是我遗失后第一次再见的作品。经过一些删汰，收入本书。这些诗还使我想起一件事 ：1948 年秋，我本想自费（由我的哥哥和我的爱人出资）出版一本诗集，其中就包括这些诗，但被友人劝阻，说这些诗有“小资产阶级情调”，与当时的伟大时代气氛不合，因而作罢，改为出版我译的惠特曼诗集《鼓声》。这些诗经过了半个多世纪，终于有了与读者见面的机会。

1998 年 1 月 12 日，在张家港诗会期间，第一次见到孙绍振先生，交谈起来。他问 ：“你写过庆祝中华人民共和国成立的诗吗？”我说 ：“没有啊！”他随即背诵了几句 ：“你——长途奔波的／历史老人呵，／请停下你的脚步，／你看一看，然后／赞叹吧，／赞叹又欢呼！……”我仔细一想，是的，我写过这样一首诗，但久已忘却。他说，1949 年他读初一，国文老师印发了这首诗给学生看，他现在还能背出开头的几句。我说，那是在新中国成立的前夕写的，大概发表在上海的《文汇报》或《解放日报》上。对此，我感到欣喜？还是惭愧？这只是一首平凡的诗，却使一位少年（后来成为诗评家）记在心中经过了半个世纪，是出乎我的意料的。回京后，我翻箱倒柜，搜寻我的经过浩劫（“文革”

中被抄家两次）后的“剩余物资”，终于从柜底找到了那首诗的剪报，纸已黄脆，但字仍清晰，诗题叫《光辉的一页》，发表在1949年9月25日《解放日报》上。现在再看看，这首诗仍然很平凡，但记录了自己在一个重要历史时刻的心情，因此收入本书。

这本诗集的体例是分两编，第一编是自由体诗、半格律体诗和格律体诗（十四行诗除外），以写作年代先后分辑；第二编为十四行诗，不以写作时间先后而以属性或随意性分辑。这两种编法混合在一本诗集中，可能有不谐调感。但作者的用意在于使十四行诗集中起来呈献给读者。

一位受尊敬的前辈老诗人曾谦称自己在诗史上只能是minor poet（次要诗人），即不可能是major poet（大诗人或主要诗人）。我知道自己连minor poet也不够格，不可能在诗史上留下痕迹。我有这点自知之明。但毕竟为诗努力了一生，总该是诗阵地上的一名小卒吧。这本书也只是把汗水和脑汁的结晶物留下来奉献于缪斯的祭坛上和读者的眼前。我在1988年12月为《哑歌人的自白》写的“后记”中说：“我真诚地期望或相信，在我的面前，还将会有一次或几次新的冲刺。”十多年来，我实现了自己的期许。1998年，与我风雨同舟半个世纪的伴侣离我远行。极度的哀痛使我从沉默中抬起头来，再次拿起了诗笔，并促使我再编一本自己的诗集。这就是本书。收在这里的诗，凭我自己的眼光选录，也设想她会以怎样的标准选录。我欢迎读者严格的批评。尽管这些诗不可能在历史的筛选中生存下去，但如果有读者说，这位诗作者写诗还是真诚的，我就十分满足了。

2001年1月

补记：

将近一年过去了。今年夏秋间我应英国诺丁汉大学“文化研究与批评理论”研究生院院长麦戈克教授的邀请，赴英讲学。10月3日在该校做学术报告《诗歌与诗歌翻译》。借此机会，于8月、9月、10月偕小女儿游历美国、法国、意大利、西班牙，访问了许多著名诗人的诞生地、故居、墓地、纪念地、纪念博物馆及剧场、文化名胜、著名建筑物及风景区。这是一次很好的、实实在在的学习。从学习中得到灵感，写了十四行诗十六首，趁本书发稿之前，加进第二编“十四行弦琴”中，作为“辑Ⅵ”。这样，本书中的十四行诗总数就成为一百一十三首；全书收诗二百二十三首。

2001年12月10日

《深秋有如初春　屠岸诗选》，屠岸著，人民文学出版社2003年1月出版，

责任编辑：王清平

# 放飞艺术蝴蝶*

刘　炜

老叶是我尊重佩服的作家朋友之一。多年来，我一直关注他的创作，每每新作都会给我艺术的感动。这次出版他的个人专集，作为责编我不但反复系统地阅读老叶的作品，挑选精品中之精品，而且还想找一位与之相配的写序人。我把要找名人写序的想法告诉老叶，他回信说：

至于序，实在不好办。找我前辈的长者，均已离世，活着的亦不便打扰。而同辈的，谁又是“名人”，不好说。我的意见是，序如可免就免了吧。实在不能免，我恳请你写一篇。在我看来，你也是“名人”（有名的人便是“名人”也）。何况，序的目的无非是让读者对集子有个概略的了解。你反复读过我的作品，应该是最有发言权了（如今再找人读这些陈年东西，未免太难为别人了）。总之，请你务必接受我的恳请，万勿推辞。先谢了，几时去京，

* 该文是“中国当代作家选集丛书”——《叶蔚林》一书编后记。

请你好好撮一顿。

他如此真诚，没有时下浮躁之风，处事淡泊，心态宁静。特别是那句“有名的人便是‘名人’也”，表现他质朴，对朋友信任、尊重，我深为感动。但人贵有自知之明，我的发言权充其量是在编后记里。我坦言相告，最后老叶提出想请李国文写序。他说：“国文兄平和、厚道、乐于助人。”可他担心李国文抽不出时间。李国文和叶蔚林是神交已久的老朋友，当我将老叶的心意转达给李国文时，他欣然应允了，而且文章写得非常精粹，我高兴极了！两位对艺术有共同追求的作家亲密合作，无疑使这集子更显出分量和文采。

我和老叶交往已二十年了。记得第一次晤面是在长沙召开的湖南省文学会议上。事前，莫应丰对我说叶蔚林是他最最要好的朋友，让我结识一下。他说这话时以往那种傲气十足的神态收敛起来了，代之以少有的谦恭和柔顺。立即我便感受到老叶在莫应丰心中的位置了。会间休息，莫应丰引我与叶蔚林相见，老叶给我的第一印象是儒雅、谦和、诚挚、厚道。他向我伸过手说：“祝贺你！”此时，与会者都在向刚刚获得首届“茅盾文学奖”从北京归来的莫应丰、古华祝贺，而老叶却偏偏祝贺我，我自然诧异了：“为什么祝贺我？”他笑着回答：“你责编的两本书都获了大奖，说明你的鉴赏力和劳动得到了社会的承认，难道不值得祝贺吗？”此人的思路不一般！这表现了对编辑，也是对普通劳动者的尊重，难怪莫应丰对他另眼相看。我心中油然产生感激和敬佩之情。

一下子便缩短了彼此的距离，美好的交往由此开端。他约我和莫应丰去他家做客，我毫不客气地提出想吃大米粥和咸菜。大米粥有了，咸菜也有了，饭桌上还有我叫不出名堂的菜色，其中有一盘雪白的嫩肉吸引了我，连夹几筷子。老叶问我：“好吃吗？”我回答：“很鲜美。”他又问我：“吃出是什么肉吗？”我猜测说：“是螃蟹肉。”他笑着告诉我：

"是蛇肉。""哇？！"我吓住了，摇手再也不敢去碰了。老叶表示后悔："我应该等你吃个够再告诉你这是蛇肉。"这是我有生以来第一次吃蛇肉，也许是最后一次吃蛇肉，是老叶给我吃的蛇肉，所以留下的印象很深。

从此，我喊他"老叶"，我们成为了朋友，常有书信往来，真诚相待，他来北京专门托我替他选购皮鞋。

我分管编发长篇小说，他专写中短篇小说，彼此交往少有涉及稿件的功利色彩。但我还是不时地想为朋友尽点力，跟他合作一把，留个念心儿。正好，来了机会，出版社要出版"中国当代作家选集丛书"。老叶是新时期之初活跃在文坛上颇有影响的作家。他以代表作《在没有航标的河流上》一炮打响，其清丽隽永的艺术风格得到广大读者的激赏。随后，他的中短篇佳作源源不断地涌现，大火了一把，为文学创作的繁荣做了贡献，因此，"中国当代作家选集丛书"也应当收入叶蔚林的作品专集。

1996年，老叶来北京开会，我便去京西宾馆看望他。"人之相知，贵相知心。"我俩见面很自然地缅怀起我们共同的知心朋友、英年早逝的莫应丰。思绪万千，恍如隔世。哀叹过后，我向他约稿，颇有点化悲痛为力量的意味。早已移居海南的老叶回去后很快地把作品寄给了我，我便沉浸在阅读其作品的愉悦中，开始进行编辑工作。我注意对他不同时期的作品选取，按写作年代编排顺序，力求入选的作品具有代表性，基本能反映他创作实践的轨迹和艺术风格。

老叶虽是广东仔，但命运使他和湖南结下不解之缘。1959年，他由部队转业到湖南省民间歌舞团。"文化大革命"期间被下放在湘南山区劳动、工作十年，跟山民们摸爬滚打，从生活最底层获得感觉。受湘文化的熏陶，继承了前辈作家沈从文、周立波等大家风范。"入苍则苍，入黄则黄。"他耳濡目染，从外表到心灵彻底湘化了，浑如一个湘人，并成为在中国文坛上崛起的"湘军"作家群中的一员骁将。

至今，还有一些同行把他当成地道的湘人呢。出于他对三湘乡土人民的热爱、怀恋，于是他笔下描绘的山水、草木是那样一往情深、色彩缤纷：潇水的清流婉转，木兰溪的静谧优美，菇母山的雄奇壮伟，黑谷老林的白狐皑雪，洞庭湖堤上的白马绿杨，沼泽草滩的斑驳陆离……从这些富有地方特色的描述中，老叶无不精雕细刻，营造氛围，渲染情调，展示了朴素清丽、语言优美、文意幽婉的艺术风格，他的一些名篇是那么玲珑剔透，精巧圆润，惹人喜爱。

老叶经历过苦难，是位严肃的小说家，有强烈的社会责任感，他笔下的诗情画意的描绘蕴涵了深邃的社会意识。他的作品真实地反映了世相百态和时代风云变化，表达了人民的呼声和爱憎情绪，张扬了人道主义精神和人性的美好，鞭笞了封建主义余毒和极“左”路线罪恶，迸发出撼动人心的社会感召力和艺术感染力。《在没有航标的河流上》展现了人民在极“左”路线的凶险洪流中为生存而搏击；《酒殇》控诉了黑暗权势对人身心的摧残，呼唤人性的回归；《感恩之地》抒发了对祖国山川的热爱和对劳动人民的感恩之情；《五个女子和一根绳子》中天真烂漫的少女以死抗争命运的摆布，幻想灵魂能自由遨游天上“花园”，合唱一曲反封建之歌；《蓝蓝的木兰溪》党的先进分子女广播员冲破人为的阶级樊篱，与右派分子的儿子相恋，讴歌了青春的美好和爱情的甜美。他的作品没有泛泛空谈和无病呻吟，也不追求新潮、迎合时尚、媚俗讨彩，是货真价实的“纯文学”。

老叶善于用各种艺术手段塑造鲜活的人物形象，写出他们的性格、命运、本质。他把自己的情感融注到人物形象之中，甚至直接进入故事，跟主人公混在一起，交往交流，让人感到亲切自然。老叶擅长从带有悲剧色彩和某种缺憾的人物身上挖掘出令人惊奇的闪光亮点，使人物形象显得丰满而真实。《在没有航标的河流上》粗犷、放浪形骸的盘老五，在危难关头表现出果敢、无私，那一身正气让人惊叹；《桃花井轶事》中表面不拘小节、爱说荤话的大龙，却是位心地善良、敢于承担责任的男子汉；《菇母山风情》中平日懒散粗心的大树，最后为扑救山火献出了宝贵的生命，表现出英勇无畏的牺牲精神。同时，老叶以饱满的热情和细腻的笔触塑造了一群可亲可敬的女子美好形象。她们具有村野女子的共性，柔中带刚，纯中有媚，有个性，有向往。而她们又性格各异，或活泼，或爽快，或孤僻，或沉稳。《黑谷白狐》中孤身在深山老林苦练打“对眼穿”的钟菌儿，《春水茫茫》中要自己主宰命运、讲情义的屈青萍，《割草的小梅》中继承父业坚持到沼泽割草的小梅，《五个女子和一根绳子》中的五个纯真无邪的要好少女等等，她们都表现出中国妇女的传统优良美德：自尊、自爱、自强。其艺术形象闪耀着人道主义光辉和浪漫主义色彩，丰富了当代文学的人物画廊。

老叶是个很内向的人，重情，也善于写情。亲情、友情、爱情都得心应手，运用自如。对人的情感把握得准确到位，脉络清晰，真实动人。《酒殇》中被下放到山区劳动的右派分子刘守璜，对离婚的前妻、对给他生女儿的情人、对追求他的瑶女不同的感情差异，写得入微传神，合情合理，体现出他是个心地善良的好男人，他的死更令人同情和深思；《割草的小梅》中善良的小梅暗恋城里收草员小陈，又善解看着她长大的古旺叔对她的痴情，表现出她纯真的天性，使她更加光彩照人。值得一提的是，老叶写男女恋情堪称一绝！细腻、平实、真挚、甜美，写得够味儿，令人神往。《蓝蓝的木兰溪》中党员赵双环在世俗的重压下对电工肖志君的苦涩爱恋；《荒湖之恋》中，在芦苇滩放鸭的男知青与被囚禁的麻风女隔水相望、用烟火交融彼此慰藉的、奇特凄惨的初恋；《白马绿杨堤》中被卖身为人妻的段青枝与抗日负伤的大少爷刘双印的刻骨铭心的生死恋；《黑谷白狐》中孤女钟菌儿对避难大学生黎明无怨无悔的爱的奉献等等。作品洋溢出的悠悠情思、切切悲情，使人牵思萦怀。

1998 年，因修改“罗萌国粹系列长篇小说”，我去海南出差，接待我的是作家罗萌。他对我说："韩少功和叶蔚林听说你来海南了，想尽地主之谊，为你接风洗尘。"他还强调地说："特别是叶蔚林，平时是很少出来应酬的。这回主动出来迎接刘大姐，可见刘大姐的面子够大的。"听到两位在全国有名气的作家如此重情义，为我捧场，我心里非常感动。第二天，我们相聚在海口市一家湘菜馆。旧友重逢，分外高兴，随意扯谈。韩少功在谈话中提到老叶仍在创作，我很高兴，马上表示出专集要收录他的新作。这次发稿，老叶寄来几篇，我看过之后兴奋不已。他童心未泯，创作活力不减，写男女恋情还是那么荡气回肠。尤其是《秋日回忆》一篇，写看守梨园的少女姣姣与男学生明明之间那种原本的、纯真的、相互吸引的情感。把少男少女情窦初开、懵懵懂懂、甜甜蜜蜜、慌慌乱乱，描写得逼真、可爱。这充分表明老叶笔锋没钝，内心仍有块青草之地，被阳光沐浴得郁郁葱葱。从心田的绿茵上，不断放飞出五色斑斓的艺术蝴蝶，飞进读者的窗口，带去他的祝福。

老叶今年四月底来信对我说：

> 我去年大病一场（中风），幸亏治疗及时，总算没落下明显的后遗症。但元气已伤，身体大不如前。更重要的是经此一劫，深感生命的脆弱，对一切都感到淡然了。

我想，这本集子呈献给读者，也许会激起老叶兴奋的浪花，给他些慰藉，让他记住仍有爱他的作品的读者……

2002 年 5 月 25 日于北京

"中国当代作家选集丛书"——

《叶蔚林》，叶蔚林著，人民文学出版社 2002 年 9 月出版，责任编辑：刘炜

# 左拉不会否定

——《王蒙自述：我的人生哲学》编后记

包兰英

当第一次读这部书稿时，我想到了大文学家左拉的一句话："当我读一本小说的时候，如果我觉得作家缺乏真实感，我便否定这作品，不论他是……在底层还是在上层。"左拉对允许虚构的小说尚且如此，讲述人生哲学的非文学作品就更应该是给人以真实。

那么，左拉如果读到这本书时会怎么说呢？当我日不足夜以继之地看完这部书稿后，心里便有了底：左拉不会"否定这部作品"！因为它给人最直观的感觉就是讲真话，不讲假话；讲实话，不讲虚话；讲有用的话，不讲废话，真实到把他只能对家人讲的话都向读者和盘托出，这就是"肺腑之言"。而这种真实还在于作者既不失却人生的终极关怀，也不讳言吃喝拉撒的第一必须；既不为了讨好读者而去赶时髦，也不对陈腐的东西去死抱枝头；既不以"教师爷"的口吻来训诫什么，也从不故作谦虚、扭扭捏捏。该激动时就激动，不去装什么深沉；该愤慨时就愤慨，也不去充当什么中庸；该通俗时就通俗，更不去装什么斯文。什么"狗屎化""小花活""永远够不着肉骨头的狗""你永远占不了所有的点儿”“最高的技巧是无技巧”等等，这非但不有伤大雅，而恰恰是该书成功的重要之处。但丁讲过，文学语言与俗语相比较，“俗语是较高贵的”，“是光辉的”，光辉在大家都清楚，既“照亮别的，自己也被照亮”。连贺拉斯也讲“如果发排得巧妙，家喻户晓的字便会取得新义，表达就能尽善尽美”。我想没有一个读者包括行家里手会怀疑作者这种语言、语境的处理能力。

然而，作者毕竟不是在和我们闲侃人生，而是站在哲学的理性思维的高度在和我们探讨，以极强的责任感和严肃的态度在和我们交流倾谈，那么自然就要有它的深度、高度和积极的科学态度。但这深度是深入浅出，而不是让你读不懂；这高度是从生存的最低点升起，而不是站在云端讲些不食人间烟火的家语，讲些故弄玄虚的玄学家语，讲些道貌岸然的假道学家语，讲些存天理灭人欲的儒学理学家语；这态度就是严谨分明，绝不给人以含糊，更不是胡说八道。尽管他绝不放弃马克思主义的世界观和方法论，但也从不抬出伟大的人物来唬人，而是在传统与现代的交汇点上，在文学、人学、马克思主义哲学的扭结上去讲自己的也让大家能接受的语言，并创造出属于人生哲学的新观念新范畴。

也许正是为了这深度和高度吧，他绝不排拒传统文化与西学现代思想中的优秀成分。如在借鉴老子的“有为”与“无为”的思想时，他表达的却是自己的概念，用自己的思想为这外壳填充起了现实人生的内涵。还有“生存权利”与“生命价值”，“会学”与“学会”，“身外之学”与“身同之学”，“幼稚的成熟与成熟的老到”，“人性恶不一定只属于别人”，“不要以为自己就是尺度”，“低调原则”与“价值民主”，“大”境界与“小”乐趣，等等。在这些所有的范畴、概念、命题、格言式的语句中，作者讲述的都是自己的思想，从而为人生哲学深入浅出地注入了新鲜的“清水”与“蜜水”；不仅从“自己的智慧中汲取清水供人一饮”，而且从古今中外的先进思想文化中为我们“拿来”

而且是消化好了的东西，从而为我们“提供最甜美的蜜水”（但丁语）。而这“清水”和“蜜水”也一定会胜过外国廉价的“鸡汤”与洋味儿的“奶酪”。

真实也罢，深度也罢，高度也罢，一部作品的成功与否，还要看它的价值。而它的价值就是作者用了四年多的时间，在近五十年的文学即人学创作的历史文化积淀中，去写自己近七十年人生亲历的经验、体悟、哲思，这至少是对一种高度抽象概括的“文学人生”的还原与对林林总总现实人生的理性升华。这样的作品，难道会没有价值吗？

还是用左拉的话来做结语吧：“真实具有自己的声音，我相信大家都不会听错。”“读者朋友虽然并不自夸有细致的感觉，但完全能辨别什么是表现真实的作品，他慢慢就倾向这作品。”

我相信左拉的话，更相信《王蒙自述：我的人生哲学》。

《新华文摘》2003年第6期

《王蒙自述：我的人生哲学》，王蒙著，人民文学出版社2003年1月出版，

责任编辑：包兰英

# 用生命之笔写一篇“世界的散文”*

包兰英

这是一部以生命美学为主题的思想散文集。

在十九世纪以前的西方文坛上，以思想散文著称于世而至今不衰的大家，莫过于古罗马的奥古斯丁、法国的蒙田、英国的卡莱尔与美国的爱默生。

尽管他们都已升入历史的星空，但他们的作品至今仍在世界各地流行。

尽管他们的作品各有千秋，但有一点相同的就是都把深邃的思想与优美的文学手法有机地熔为一炉，把理想的追问与现实生活相结合，并形成了一种特有的文体风格样式。

今天，在这里奉献给读者的《生命美学的诉说》就是这样的一部作品。

这里记录了人类千百万年生命经验的诸多反思与总结的生存箴言；这里汇集了有史以来植物、动物、人类三个层级的生命世界与大

* 该文是《生命美学的诉说》一书编辑絮语，标题为另加。

自然相互演绎出的至今仍令人悲伤叹惋而又足以激动人心的生命现象与生活的真理；这里更多的是作者从社会最底层从人生的起点一步步走来的心路历程、生活激情与生命美的体悟。但，一个人的生命亲历总是有限的，于是作者又“请”来了古今中外一百二十多位著名的思想家、文学家、艺术家和诗人，与读者娓娓倾谈，对你进行生命美的诉说。

泰勒斯这个人类的“哲学之父”为你创造了令婢女窃笑，却能证明哲学家也足能赚钱的一种“思”；奥古斯丁说出了“亚当的后裔虽然是属于血气的、必朽的，却能作地上的美与庄严”的生命庄严；赫德尔这个“人类学之父”说出了人是动植物的一种“特殊”，却又声称“人类不是一种土鳖”的亦庄亦谐；进化论的创始人拉马克与达尔文诉说着“丛林法则”怎样打造了生命的完美与灭绝；蒙田则告诉你“一些人胜过一些人的优势”怎样形成；卢梭说“有的人可能百岁走进坟墓，但他一生下来就已死亡”；弗洛姆却说“谁一无所有，谁也就不存在”；而爱默生则说“宇宙般大的杯里只有一滴生命之水”；黑格尔说“生命的意义在于必然要达到人的形象”；席勒说“生命不是人的最高价值”；歌德也说“生命的全部奥秘在于为了生存而放弃生存”；巴尔扎克要人们去眺望比女人的爱情更高远之处；舍勒却说“人正是他高贵的追求才导致他一败涂地”；而雅斯贝斯则说“性格本身就是一种命运”；雪莱说“哀伤的思绪是最美的歌”；斯宾塞也让我们“说出悲哀”；弥尔顿更把忧郁称为“神圣”；而尼采却一言以蔽之地说“思想家们不过是在‘掘鼹鼠洞’”，却又让我们在自己的“立足处”深挖下去……

不过，人是不能靠钻尼采的“鼹鼠洞”去生活的。于是，作者又把我们拉进现实，告诉我们怎样在美与丑的中间绿野上走过；怎样用生命之笔来写一篇“世界的散文”；怎样去处理人生不可规避而必须接受的竞争、成功、失败、欢乐、痛苦、悲剧、家庭、婚姻、情感、人欲、天伦、权利、责任、自我与他人、社会、心境、命运、机遇与选择；还有怎样对待生命的过程与终结……

该书也许不会给你带来财富，但一定会帮你提升自己的生存境界，帮你拓展出宽阔的人生视野。

由于该书大量引用了古今中外哲学家、思想家、史学家、美学家、人类学家等的名言、名诗和神话、历史故事，还有千百年积累流传于民间的民谚俗语，所以极大地提高了全书的思想、文化、科学、知识的含金量，确有“一书在手，百卷在握”的益处，也称得上是多向度审视生命美丑的广角镜与“小百科”。

我们深信，该书的出版一定会受到读者的欢迎。因为书中的每一篇都有价值，每读一遍都会有新的收获，对每个追求生命完善、积极向上的人都会有所裨益。

2004 年 1 月

《生命美学的诉说》，周殿富著，人民文学出版社 2004 年 1 月出版，责任编辑：包兰英

# 一段善缘，两种人生

——谈杨继仁散文精选《莫道往事如山》

陈彦瑾

认识杨继仁老师完全是因为一本书的出版。如今，这本名字叫《莫道往事如山》的散文精选，因为我所不知道的某种机缘，经我编辑如期出版了。

从发稿到付梓，逐字逐句地阅读全书就有四五遍之多。而杨老师，却只有幸见过一面。初稿加工完时，适逢杨老师来京，便请他到社里来审阅。看他认真地逐篇检视每一处修改，心里稍有些忐忑。我见过将自己的文字视为圣旨的作者……不过眼前的杨老师虽说不露痕迹、略显严肃，从文字里感觉到的他却是平实中蕴含风趣，眼界开阔、头脑通达的一个人，这样的人，应该会比较好沟通的吧。

果然，杨老师审完书稿，对大部分修改给予了肯定，小处不同意见也是有商有量的，对我好像比较信任。后来每一次通电话商量编辑事宜，他传递给我的都是完全的信任。因为这份信任，本来就重的责任心又沉重了不少，结果书稿竟反反复复过了四五遍。

因书结缘，这大概是多数像我这样从事编辑工作的人最常见的

“奇遇”吧。对编辑来说，每一部书稿的到来都是一个缘分信号，与作者的这种相遇方式，既是奇妙的，又隐含很多不确定性，微妙如同命运。

我想我和杨老师的遇见，称得上是一份善缘吧。他给我信任，我回报他责任；而且更重要的是，因为这本记录他人生点滴的散文集子，一些沉淀在我记忆深处的久远往事被一遍遍唤起，他的人生和我的人生，因为这本书，奇妙地碰撞出了很多声音。

他是经历丰富的作家，在四川内江那个小城度过既有乡土乐趣又日子多艰的童年时代。像很多“50后”作家所经历的一样，他当过工人，经历了“文革”，然后，在那个百废待兴的时期转向了文学创作。我注意到，他开始创作的1979年我刚好上小学一年级，也就是说，他开始运用文字编织文学梦的时候，我才刚开始学习语文。1988年，他写下了感动许多人的名篇《莫道往事如山》，那年我刚刚初中毕业，十五岁。如今看来，这篇文章之所以感人，大概是因为写出了“文革”中一部分年轻工人的青春滋味和朦胧希望吧。他在内江棉纺厂当保全工的那段青春时光，在他笔下凝结成这么一段清新动人的文字：

> 记得一个盛夏夜晚，我和几个师兄弟从江水里钻出来，骨架一放松，光着身子躺在温沁润湿的江岸上。身边是浆汁饱满的草丛，蟋蟀唱鸣其中，头顶是淡墨淡蓝的无垠星空，一弯新月躲在云后，夜风拂过全身，软滑滑，凉沁沁。躺着躺着，大家都莫名其妙不说话了。这时，不知从什么地方传来小提琴声，若断若续，好像是“新疆之春”。琴声缠绕着我们，撕扯着我们，召唤着我们，仿佛远处飞来一辆马车，载着欢乐的人们，高声唱着春的礼赞，渐渐、渐渐向我们跑来……然而，这只是一首曲子，在这温馨宁静的夜晚奏响的曲子，在这动荡岁月里变得

陌生的曲子。曲终弦绝，留下一团空白，让我们去填补。用金色的童年，人间的温暖，还是用心底的希望，明日的幻想？说不清。人人都希望生活美好，此时生活根本与“美好”二字挨不上边。恍惚间，我想起了高尔基的几行诗：“我们都是由亲爱的大地，为了幸福而诞生到人间！为了使它变得更加美丽，太阳就把我们赐给了大地！”以前读它，并不觉得怎样，此时此刻，我从这些诗行中似乎体验到了一些什么，淡淡的，温暖着你的心；酸酸的，激灵着你的身。

谁能说这不正是青春的滋味？那是喜悦和骚动都一样懵懂莫名的感觉。还记得 1988 年那个十五岁的我，常常在盛夏的中午，整个村庄都在蝉鸣声中安静地午睡时，一个人爬上学校后面的一座小山，怀着莫名的怅惘和喜悦眺望远方如黛的群山。杨老师在文章中慨叹：往事难忘，往事如山，而我却期望青春往事真的如山就好了，可以永远静静地绵延在那里，随时供我眺望——但青春却真的不是山，而是风，是烟，吹过就散了。

八十年代以来，杨老师创作了长篇传记文学《张大千传》《中国船王》，长篇小说《活法》《师兄师妹》，中篇报告文学《绝无仅有》和中篇传记文学《大海轰鸣》等作品，获奖无数。其中对他来说最重要的，恐怕要数《张大千传》了。这部作品出版当年获得全国优秀畅销书奖，至今不断再版。在 1991 年写的《我知道，作品知道》里，杨老师深情回顾了当年写作和出版这部作品时和编辑之间的一段段善缘。那是那个年代特有的交流方式，远在北京的编辑会不远千里跑到作者所在城市看稿、改稿，并以手写的书信来传递对书稿的评价、见解。很遗憾，我没有赶上在那个文学尚是显学的淳朴年代里从事编辑工作，1991 年，我才刚从一个小县城考上大学，军训一年后才正式进入校园，当时，文学已现颓势，著名的三角地到处张贴的，已经不是文学讲座而是各类经济学讲座和出国留学、勤工俭学广告了。市场经济风雨欲来，文人们开始焦虑，引发了一场关于人文精神的大讨论。然而，这场讨论并没能阻挡经济大潮的涨起，反而越来越多的文人开始“触商”了。也许是潮流所致，1992 年，杨老师从四川来到了深圳，只是不为商，依旧为文。

从盆地到海洋，位置的变化给杨老师的写作带来了新的视角和灵感。一方面自然是“迎新”，新的城市，新的生活，新的观念冲击着他，于是有了《新房咏叹调》《近看深圳》《从盆地到海洋——两个四川人的对话》等文章；另一方面则是“怀旧”，向过去的生活、向那已经远离的故乡，思考、寻访自己的来处和去处，《潮州访祖》《从“湖广填四川”谈起》《岭南绝唱》等便是这些思考、寻访的结晶。有意思的是，两类主题的文章，笔致似乎也分别带有“海洋”和“盆地”的气息，前一种轻松诙谐，笔调甚至略显俏皮；后一种则将史料和个人感怀交织，平实、朴素、厚重、蕴藉，具有思考的分量。

整个剧变中的九十年代，杨老师在深圳，写作、炒股、旅游；我则在大学求学。1999 年毕业我去了人民文学出版社，十年之后，我们的人生轨迹因为这本书，有了一个交点。

生活总是在前进，不管往事多么沉重如山。经过九十年代的变迁，新千年的人们步伐已经完全没有了迟疑，简直是在时代潮流中跑步前进了。九十年代末即成为时尚潮流的旅游，在新千年更走向了海外。杨老师也丝毫没有落伍，《夕照阳关路》《夜走越南山路》《那些海外中国小商人》《那就是青藏高原》《远山苍茫》《数字法兰西》《向北，向北！》等记录了他周游海内外的脚印，更以文字刻画着旅途中过往客的际遇和情感。就在出版本书的过程中，他还自驾游了四川，又准备去内蒙古、去美国一游，潇洒得令我羡慕不已。而我，还在为工作努力着，并开始为自己不远即将到来的中年忧心忡忡了。

杨老师说，或许他还会再出一本书，揪着灵魂，回顾人生。不知道，那本书的缘分将会落在谁身上？

2009年9月

《莫道往事如山》，杨继仁著，人民文学出版社2009年7月出版，责任编辑：陈阳春

# “纯棉时代·感动书系”诞生记

陈彦瑾

如今，专栏结集出书是图书出版的常见现象，也是编辑组稿的一条捷径。不过，专栏有人气而出书遇冷落的情况也常有，即便是名家的结集、名专栏的结集，也存在由“专栏”向“图书”转化的问题，毕竟，文章一篇篇分开读和放在一本书里一起读，感受是不一样的。所以，专栏结集出书绝不是将多篇文章简单排列在一起就完事，而是要以“图书”的方式来呈现这些文章，呈现不好，就会出现专栏热而图书冷的情况。我觉得，“以图书方式来呈现”的工作主要有三点，一是选题策划，让结集后的图书有一个鲜明的主题；二是内容编辑，依照主题对文章进行增删、润色，编好目录；三是装帧设计，让选题创意和内容编辑完美地结合在图书形式里。这三点，实际上也是编辑的一种“二度创作”，创作好了，即便是籍籍无名的专栏作家，也能凭此次结集出书让图书市场记住他——作家因专栏结集而成名的例子并不少见——我编辑的第一套书“纯棉时代·感动书系”就是一个典型例子。这套书是为专栏女作家赵婕的随笔集量身打造的，下面说说我这次“二度创作”的全过程，以飨编辑同人。

## 缘 起 感 动

那是我到人民文学出版社工作的第四个年头。当时文坛正盛行“专栏女作家”，常在媒体副刊露脸的，有陈彤、赵赵、巫昂、叶倾城一干人等，她们的专栏结集，是那时节出版的新宠。当时，赵婕也常在《女友》《北京晚报》《京华时报》“博客中国”等媒体开专栏，不过我事先并不知情，她的文章是我在网上找资料时无意发现的，因为读后有一种猝不及防的感动，而决定联系她。

## 从阅读感觉出发，寻找选题创意

和赵婕联系后，我将她所有文章收集齐全，仔细读完，发现最能打动我的是一些跟爱情、友情、亲情有关的谈情感的文字。这部分文章看上去很朴素，读完又觉得有一种动人的灵性，这灵性来自于作者对生活和情感的一些别致、独到的领悟，或者说来自于她的一种悲悯情怀和生活智慧。那时的专栏文风，流行的是伶牙俐齿、才华逼人型，读时很过瘾，读后却不让人惦记。而赵婕的文字虽不时尚，却让人感动，一如璞玉，外表质朴，内在灵动。我意识到，这份感动，这份灵性，正是我寻找选题创意的关键所在。

寻找选题创意的过程，很像酿酒。读过的文章和阅读的感觉在心头慢慢发酵，只等某一天某个词语像酒酿一样溢出。一天，我看到电视里来自时装界的报道称，同水晶一样，纯棉已被 e 时代的人们认为是有智慧和灵性的织物，2004 年秋冬时装界已开始怀念纯棉年代，宣告纯棉时代即将到来……听到这儿，哗，一个词终于溢出：“纯棉时代”。

用“纯棉”这一意象来比拟赵婕作品的文学感觉是贴切的。而时装界宣告回归纯棉更使我意识到，一种社会心理的回归需求已经抬头，它和我们久违的朴素情感有关，和真实不虚的生命体贴有关，和日常生活里的不经意的感动有关——这些，正好也是赵婕作品的情感内核。于是，我进一步把“纯棉”升华为一种“呼唤回归”的时代需求，以“纯棉时代 · 感动书系”这一既主流又时尚，既亲切又大气的创意，来命名她的作品。

### 组织营销话语，寻找市场“通行证”

找到选题创意后，还要进一步组织营销话语，也即找到图书走向市场的那张“通行证”。这需要对创意关键词进行细化分析，找到它和读者的价值关联性。紧扣“纯棉”“感动”两个关键词，我拟写了三条营销话语：一、“人能感动，就能幸福”。感动是一种能力，而对麻木忙碌的现代人来说，更是一种奢侈。现代人幸福指数低，原因之一是丧失了感动的能力。感动是现代人接近幸福的阶梯。二、人生需要“纯棉”呵护。纯棉，自然朴素、真实体贴，肌肤需要它的疼惜，人生更需要它的呵护。三、让生活告别 e 时代，回归纯棉时代。e 时代是数字化生存，是电子的、金属的、坚硬的、冷漠的，纯棉时代是诗化生存，是柔软的、体贴的、怀旧的、内敛的。

### 内容编辑，实现专栏文章向图书章节转化

接下来是对总共不到十五万字的零散文章的分类编排。我将其分为三类：谈婚姻的，谈爱情的，谈友情的。考虑到作者虽写专栏已有读者缘，但对图书市场来说还是新面孔，出单本不具有冲击力，我决定出丛书，三类正好三本书：《纯棉婚姻》《纯棉爱情》《纯棉女友》。作者也积极配合，为每一本专门补充创作了一批稿件。

编排时遇到最大的难题是：如何克服专栏文章平面而零碎的弊端，

实现专栏文章向图书章节的转化。我想到的是以“问题”带出章节的方法，以“问题意识”增加阅读深度。我让作者为每一篇文章，从“问题”角度写几句导读性文字，同时放在目录上，这样，既克服了专栏文章的平移，形成了书的纵深结构，又弥补了文学随笔篇名不够抓人的缺憾，挑起读者的阅读欲望。

请谁作序也是一个问题。对于策划理念鲜明的书系来说，序作者不仅要有人气，还要能够认同书系传达的理念。作者向我推荐北大教授、著名作家曹文轩。不论学术研究还是文学创作，曹文轩老师都坚持文学“感动”和“美”的力量，请他作序真是再妥帖不过了。果然，曹老师的序文《感动天下》恰切地阐述了“感动”的文学意义，将书系提升到一个高度。我自己也写了一个序《回归纯棉，珍惜感动》，阐述自己的策划意图。

### 装帧设计，直接传达选题创意

最能直接传达选题创意的莫过于书的装帧设计。为书系物色风格气质吻合的绘画作者颇费了一些周折。后来我想，赵婕是《女友》的专栏作者，何不从《女友》的插画作家里找合适的呢？结果找到了右意达。果然，她绘制的八十多幅女性插画，既天真拙朴，又诗意灵动，直接传递了一种纯棉气质。而她设计的内文也是图文并茂，与文字相得益彰。开本采用的是当时不多见的二十四开方形开本。正文轻型纸，全四色印刷，封面纯质纸，前衬是一种类似棉花的日本纸，使书整体上具有一种朴素温馨、大巧若拙的“纯棉”感觉。

### 令人欣慰的结果

所有这些，在当时都可以说是开先河的尝试。书出版后，获得社里年度选题策划奖，并作为社里重点书之一，在北京图书订货会上引起不少关注，获得了那一年由新浪网、《新周刊》《新京报》联合举办的“三新读书沙龙”颁发的“最佳创意奖”。因为这套书，赵婕在“博客中国”的专栏点击率直线飙升，媒体将她亲切地称为“纯棉作家”。而我也借这次“二度创作”，积累了编辑经验和信心，此后又编辑了多种受欢迎的专栏随笔集，如加肥猫的《三分之一的加菲猫》，王小柔的《都是妖蛾子》《还是妖蛾子》《妖蛾子：纪念版》《越二越单纯》等，形成了时尚专栏随笔集的产品线。

2012 年 2 月

“纯棉时代 · 感动书系”——

《纯棉婚姻》，赵婕著，人民文学出版社 2005 年 1 月出版，责任编辑：陈阳春

《纯棉爱情》，赵婕著，人民文学出版社 2005 年 1 月出版，责任编辑：陈阳春

《纯棉女友》，赵婕著，人民文学出版社 2005 年 1 月出版，责任编辑：陈阳春

# 策划，让有生命力的图书焕发生机

——谈谈“妖蛾子畅销珍藏本”

陈彦瑾

认识王小柔是十年前。那时，她刚出版她在天津《每日新报》的专栏结集《把日子过成段子》，是文坛崭露头角的“专栏女作家”。而我到人民文学出版社工作也不过四年，刚编辑了我策划的第一套书——赵婕的专栏随笔集“纯棉时代”。因为“纯棉时代”，赵婕认定我是一个好编辑，正好她的朋友王小柔想出第二本专栏结集《都是妖蛾子》，赵婕就推荐了我，帮我们结了这个缘。

话说那时的专栏文风，流行的是“语不惊人死不休”的伶牙俐齿、才华飞扬型，却少见王小柔这种幽默俏皮、诙谐逗乐的文字；那时的“70后”写作给人的印象是思想前卫、行为开放，言必身体、享乐、性，同为“70后”的王小柔却一副规规矩矩的邻家丫头模样，在鲜活闹嚷的市井生活里有滋有味地捕捉她的“妖蛾子”，用聪慧狡黠的市民生活智慧调侃社会流行时尚，这样的文本、这样的写作，一时把我迷住了。怪的是，对于她段子里的天津方言，我这个南方人却没有丝毫阅读障碍，反而很容易领会她的幽默，发稿时是边看边偷笑，还偶尔咯咯笑出声，令同事屡屡侧目。那时，我就坚信，王小柔的书必会畅销。因为，能让编辑发稿时开心成那样的书，也一定能让读者开心、喜爱。

果然，《都是妖蛾子》出版后，“妖蛾子”这一方言词迅速成为流行语，它所代表的幽默俏皮加小市民智慧的文风，一时成为阅读风向标，而作为市民生活哲学的“把日子过成段子”这句话，也经久不衰，成了王小柔作品的精神标签。很快，一批号称“鱼香肉丝”的铁杆读者应运而生，王小柔也被誉为“中国最哏儿作家”。从此，王小柔每年结集出版一本段子集，迄今已出九本，每本销量都在两万册以上。除《有范儿》《乐意》《如愿》外，《都是妖蛾子》《还是妖蛾子》《妖蛾子：纪念版》和今年最新出版的《越二越单纯》均由我组稿、责编，《把日子过成段子》《十面包袱》去年版权到期后，也收入了我策划的丛书“妖蛾子畅销珍藏本”。

策划“妖蛾子畅销珍藏本”的初衷是为了满足广大读者的需求。随着时间的推移，《都是妖蛾子》《还是妖蛾子》等王小柔早期作品在各大书店常显示库存缺货，一批近年涌现的“鱼香肉丝”想看却买不到，只好到孔夫子旧书网、淘宝网去高价购买，有的甚至买了复印版。社里也常接到读者的咨询电话，有的干脆要求再印些。正好《把日子过成段子》《十面包袱》版权到期，我就想，不如把它们拿来，和本版的三本“妖蛾子系列”一起，五本一套推出。

丛书策划的关键，一是丛书名，二是创意，也即卖点。“妖蛾子畅销珍藏本”由三部分组成：“妖蛾子”，是王小柔作品的美学标签；“畅销”，是王小柔作品的市场标签；“珍藏本”，则是此次结集的价值标签。美学、市场、价值三位一体，这一丛书名既得体，又打眼。而创意，则体现在腰封语中。我主要抓三点：一、这是“中国最哏儿作家”王小柔经典畅销段子的“首次结集”。二、这五本段子的写作历时十年，记录了二十一世纪第一个十年中国人日常生活里的形形色色，堪称“一部活色生香的二十一世纪中国市民生活史”。三、珍藏本书，就是“珍藏那些逝去的日子”。这里最关键的是第二点，它将王小柔的写作上升到了一个高度，使这五本书具有了“大于部分之和”的整体意义，和值得让人收藏的理由。

的确，王小柔的书里虽然每篇不过三五分钟的短文，讲的都是些“鸡零狗碎”的事，但内容非但不单薄，还具有一种大气厚重的美学锋芒，而且题材相当时尚。基本上，社会流行什么，王小柔就用她的市民智慧调侃什么。于是乎，非典、炒股热、足疗、养生、减肥、买房、装修、学车、白领热、世界杯……这些带有时代气息的市民生活被她一一涂写成了幽默俏皮的段子，真真是“把日子过成段子”。平时每年结集出一本，调侃当年市民生活热点，如今五本连看，还真让人不知不觉回顾了新世纪第一个十年里的那些“日子”。所以，丛书出版后，很多读者发微博说，这套书让他们回味无穷，看着看着，嘴角就浮现会心的微笑，仿佛看到了当年学车的自己、买房的自己、炒股的自己、看世界杯的自己……

当然，好的策划，除了靠腰封、新闻稿，还要靠书本身来体现。我把重点放在了装帧设计上。巧的是，美编李思安正好是“鱼香肉丝”，也是天津人，可谓“天作之合”。但她毕竟年轻，初稿过于童稚化。我告诉她，王小柔的风格是“混搭”，一点搞怪，一点时尚，骨子里是文艺，底子里是市民，而这套书，还得加一点怀旧。当年美编康健设计的《都是妖蛾子》被“鱼香肉丝”公认“最对味”，我便让她以此为参照，推陈出新。她悟性极好，很快拿出了让作者、编辑都满意的设计。这一设计还获得了本社年度装帧设计二等奖。

丛书最忌讳一加一等于二似的简单组合，于是我对新收的《十面包袱》和《把日子过成段子》进行了必要的编辑加工，使它们的编排体例、版式设计向本版的“妖蛾子”系列看齐。《把日子过成段子》出版时间最早，原序已不适用，我就请王小柔写了新序，又增加了有关“王小柔悦读会”的几则新段子，插图也由原来的插画换成了王小柔摄影作品。另外，为增加卖点，我还编辑了五本《妖蛾子经典语录》，配上王小柔儿子土土的涂鸦插画，一本一个印张，随书附送。

“妖蛾子畅销珍藏本”荣获社里2012年度选题策划奖。这套书出版后不到两个月即加印，说明王小柔的段子的确有生命力，也再次启发我：好策划能让有生命力的图书焕发新的生机。这大概就是好编辑常说的，要善于“折腾”常销书，“拧干毛巾的最后一滴水”吧。

2013年2月

“妖蛾子畅销珍藏本”——

《都是妖蛾子》，王小柔著，人民文学出版社2012年9月出版，责任编辑：陈彦瑾

《还是妖蛾子》，王小柔著，人民文学出版社2012年9月出版，责任编辑：陈彦瑾

《妖蛾子：纪念版》，王小柔著，人民文学出版社2012年9月出版，责任编辑：陈彦瑾

《十面包袱》，王小柔著，人民文学出版社2012年9月出版，责任编辑：陈彦瑾

《把日子过成段子》，王小柔著，人民文学出版社2012年9月出版，责任编辑：陈彦瑾

# 《越二越单纯》的开心事

陈彦瑾

《越二越单纯》是王小柔的第九本段子。九年前认识王小柔时，她刚出版第一本段子《把日子过成段子》，是崭露头角的“专栏女作家”。经过每年一本段子的持续出版，她独创的幽默俏皮加小市民智慧的“妖蛾子”文风已成阅读风向标，一批号称“鱼香肉丝”的粉丝应运而生，“把日子过成段子”也被广泛引用渐成“神句”，而王小柔本人，则被誉为“中国最哏儿作家”。

九年里，她的段子有四本由我责编：《都是妖蛾子》《还是妖蛾子》《妖蛾子：纪念版》，以及今年刚出的这本《越二越单纯》。犹记九年前刚拿到《都是妖蛾子》书稿时对着电脑边看边偷笑的情景，那时我就坚信，王小柔的段子必会畅销。因为，能让编辑发稿时乐成那样的书，也一定能让读者开心、喜爱。如今看下来，果不其然。

和其他段子一样，《越二越单纯》依然是诙谐逗乐的文风，依然是用市民生活智慧调侃社会流行时尚，不同的是这一次她在鲜活闹嚷的市井生活里捕捉到的“妖蛾子”，带着2012年的生活色彩，且个个都“二得比较有性情”，而编辑过程中也点缀着一件件开心事。

很多人以为，王小柔跟她段子里的人物一样能作，其实不然。小柔外表沉静，骨子里文艺，里外都很不“段子”，但她有快乐的天赋，大事小事经她参与，即刻就成了一只只开心飞舞的“妖蛾子”。所以，编辑时跟她讨论书名、封面、宣传，总会被她的“妖蛾子大法”激发出快乐的激情，常常笑到嘴抽筋。

话说某日，王小柔来社里，我带她转了几个部门，跟串亲戚似的，很快，笑声就响彻楼道了。楼上楼下转完一圈后，我、小柔、发行部的闻静，王小柔粉丝、青年读物编辑室的文珍，在楼道里开起了营销会，就书的书名展开一番热议。我提议叫“欢喜”，意在书让人开心，且春节上市喜兴。小柔说，“欢喜”有佛教味，不如把喜字换成囍，这样就有市井味了。闻静说，封面的囍字最好用剪纸，随书送天津剪纸，喜兴。文珍却说，“欢喜”太正经，还是“妖蛾子”风好。我说，书里有一段子名很打眼，叫《越二的人越单纯》。王小柔脱口而出：越二越单纯，不装才文艺。我们仨立即报以“耶”！的确，如今人们喜欢把“二”挂嘴边，“二”已不是老话里说的傻，而是教人幽默、单纯、轻松、开心的一种“正能量”了。但随后文珍又说，简单些，不如叫“纯二”。闻静说，找二锅头酒厂做广告。王小柔说，送二锅头酒瓶剪纸，标上刻度，100度为纯二……大家一番哄笑，继而妙语迭出：“不是所有的二都是纯二”“说说那些年的二事”“大家二才是真的二”……但见楼道里四女叽喳，个个笑得前仰后合。最后，大家一致认为，“纯二”有日本味，还是“越二越单纯”吧。这一场突如其来的营销会，前后不过一刻钟，就把书名、封面语、营销话题诸大事都解决了，效率空前，快乐空前。

书名定下后，美编李思安拿出的封面设计也很二。但见三只胖鸟瞅电视，鸟一说：那些年，我们的二事儿；鸟二说：你又犯二了！鸟三说：不是所有的二，都是纯二。只是鸟儿要么戴蓝底白点围脖，要么顶个小凉帽，挎个游泳圈，装扮太低龄，跟王小柔文字里的生活底蕴很不搭调。于是，某日，我和王小柔在 QQ 上商量怎么打扮这三只胖鸟。我们都觉得“70 后”怀旧风好。“70 后”的青春时光赶上了纯真的八十年代，如今步入中年正被市井生活包围时，最能领悟王小柔段子里的生活和诗意。于是，我们把凉帽换成小军帽，游泳圈换成小军绿书包，围脖改为海魂衫，再来个红彤彤的小语录本，背景也由大海蓝换成咖啡色怀旧底纹……诸多建议交给美编，改后封面果然又二又单纯。

书出版后，某日，我们各自在电脑里端详封面，QQ 对话如下：

王小柔：你说，为嘛是三只鸟，为嘛不是两只？

我：三鸟成群，二鸟成双。成群是朋友，成双是男女。

王小柔：那为嘛不是四五只呢？

我：四五成匪了。

王小柔：这封面都是数学啊！

2013 年 2 月

《越二越单纯》，王小柔著，人民文学出版社 2013 年 1 月出版，责任编辑：陈彦瑾

# 演员张译的七年写作

赵　萍

四年前，张译踏进我们朝内166的老楼，那时候《士兵突击》已经播过，锃亮的水泥地上，不断有兴奋的脚步，年轻同事们纷纷找他合影。只记得当时的张译站在我们纷乱的书堆中，羞答答的，竟然有些脸红。就是那次张译将他整理好的三十万字的稿子郑重地交与我们。

那些稿子是张译之前三年博客文的结集，刘稚和我看完如实交代感受：很高兴这不是一本写手采访明星成书或是个人形象展示的写真集。每一个字都有鲜明的张译风格，文思细腻、文字生动，尤其一部分写自己成长的文章，有趣温馨，里面有一代人共同的成长记忆，很多文章看完忍俊不禁却又百感交集。但是不足也很明显，博客文结集，杂乱，受限网络互动的特殊语境，离成书还有距离，只能保留三分之一，希望张译能再写，而且希望是我们要的那三分之一的水准。

再写，我们深知困难重重，张译的已有文字都是自己一个字一个字敲出来的，风格独特。那里面的满腔热忱、沉静诉说，或许成名之前的张译可以，但是对于这位正处在演艺黄金期也是掘金期的明星，说实话我们没抱太大的希望。

这再写，就是四年。这期间只要过一段时间，貌似害羞的张译就会找身边的人将他的写作动态分别汇报给我们：张译在剧组里像模像样地写作；张译专门飞海南、厦门把自己锁在酒店里闭关写作。见了张译的面我们一顿赞扬鼓励，张译却一脸严肃一本正经地跟你唠叨："唉，我调整好所有状态正襟危坐准备写作才发现那酒店怎么在集市边上。""我去海南怎么就跟了这么一帮搅局的人呢。"不过还好，每每有文章传来，看了总让我们对新的一篇满怀期待，也让我们对演员写书有了新的认识。

张译写书的心态很有意思，他恨不得隐姓埋名，甚至考虑过用笔名来出这本书，因为他觉得演员这个职业对于出书来说，是一种负累，大家一听说演员要出书，都会以为是很多图片的那种，要不就是请别人采访代笔写的成长奋斗史，可能很多人不会真正去关注自己最在乎的文字。的确，作为编辑我也是第一次遇到一个演员真正像一个文艺青年，像一个有抱负的写作者那样，去踏踏实实地观察记录，去辛苦地爬格子，细笔画一样生动地描述自己面对的生活。但是张译却对这辛苦活儿着迷，"因为这本书，我养成了搜集素材强迫症，经常在大家谈性正浓的时候，我就掏出手机，把这些故事的关键词记下来，强迫症导致我已经无法跟正常人进行正常的交流"。这是一群好玩的人，也是一群特殊的人，他们"几乎每天都行走在路上，住着不同的酒店，听着不同的方言"，沉浸在不同的人生之中，他们登台演戏，琢磨人物剧本，研究人以及人物关系，优秀的演员观察生活、语言表达的能力是出类拔萃的，他们能够贴切地体会情节情景，揣摩各色人物，并用自己所能调动的所有外在方式将其表现出来，应该说他们有着表述的得天独厚的条件。只不过形式转换立意表现的诀窍，灵动的书面表达，以及叙述背里透出的敏感独特的想法，是需要一些积累和天赋的。很幸运，得益于自己知识分子父母的严苛，还有话剧团几千本经典优秀舞台剧本的熏陶，更重要的是自己对故事的热忱让他的这本文学处女作有了独特的文学品质。

我眼中的张译这四年没什么变化，他身处演艺圈，依江湖的传说，那里面光怪陆离，风云际会。可是眼前的张译倒是乐在其中，入戏出戏，依然故我。他喜欢去体会不同的生活，在戏里也在戏外。他讲过自己的某段经历，在十万火急赶飞机的道上，他却突发奇想地混入了某个选秀歌手的粉丝群里，凑热闹地围观，与一个热血粉丝交流心得，不亦乐乎。演员的职业让他必须成为镁光灯下的焦点，但是他时常会抽身而出，置身事外，发发呆，看看景儿，想想事儿，也爬爬格子。能够做到这些，内心一定是宁静的，想来这份难得的宁静有性格教养使然，也有自己一步步的体悟和修为。

如此挤牙膏一般出文章的四年，匆匆而过。终于有一天有一坨叫作奶猪的大侠出现，快马加鞭，张译的书稿终于也跟他在剧组里的写作的身影一样有模有样。然后就是我们在张译哀怨眼神的注视下，毫不留情地删、删、删。最终张译的“巨著”《不靠谱的演员都爱说如果》剩下的纯字数十七万字，无论是开头的段子搞笑热身，还是接下来让你浑身发冷的“我见过的躯壳”，唏嘘俏皮的三十怀旧，心酸寂寥的成长经历，好玩的演员故事，他可爱的猫某某们，这洋洋洒洒的一本，全是干货。

这是用七年诚意、热忱和才情晾晒的干货。

《北京青年报》2013 年 11 月 22 日

《不靠谱的演员都爱说如果》，张译著，人民文学出版社 2013 年 10 月出版，

责任编辑：刘稚、赵萍

# 辑四　一池春水

# 人生本应该是放松的

林　凯

陆昕写了一本精彩的好书，就是《祖父陆宗达及其师友》。

我与陆昕平日往来甚多，他写这本书后，跟我说时我并没有在意，因为我们每次见面他常说起他祖父陆宗达的事迹，听多了，所以对他写什么与怎么写并没有理会。后来他跟我说他要出版这本书，想找出版社，并让我看了书的目录，目录是章回小说的形式，我建议他把题目改成随笔式的，那样会生动活泼，否则会让人觉得写法陈旧。过几天，他果真改了，并将目录和书稿一同发给了我。

我先是给了一家出版社的编辑，这位编辑博士出身，一开始很兴奋，待看过稿后，他告诉我说稿子写得没什么意思，我也不知道他讲的有意思和没意思是依据什么划分的，以什么为标准。这样我就找到了人民文学出版社，找到了不是博士出身的王培元。我相信培元的品位和学养。果真，培元答应了。

这本书的书名起得很大方，也很大气、平和。真正的读书人还是喜欢平和及能准确反映书的内容的书名。这本书出版后，我拿回家，谁看了都不罢手，几乎都是通读完了以后才给我，没想到这本书成了今年春节我家过节的一份快乐的礼物。

这本书文字最大的特点是读起来让人感到不紧不慢，轻松从容。中国的书法讲究“松透”，就是写字既要放松，又要写得准确，才能称为高手。我不知道这个道理适合不适合写作，想来恐怕也相差无几。书里面讲的人情物事，总有让你忍俊不禁的地方，就跟听相声抖包袱一样，让你会心地笑，不由自主地笑。这年头开心的事不多，这本书真的让人开心不少。陆昕笔下的一个个大学者都活得那样坦诚，不虚伪，不做作。他们有时候说话很严肃，有时说话无所顾忌，不像我们今天看到的一些不伦不类的学者，拿腔拿调，不苟言笑，一副伪君子的面容，好像自己干的是一项什么伟大的事业，把自己看成圣贤，把别人看成是浮躁的产物。其实说白了，他们根本就不会放松，在做学问上根本就不会重拿轻放。

跟陆昕聊天总听他讲到祖父陆宗达的吃，陆宗达在当时是有名的美食家，“食不厌精，脍不厌细”。在这本书里他讲到祖父吃饺子，只能一锅五个五个地煮，后来在家人的抗议下，通融为可以十个十个地煮。讲到祖父告诉他：“炒菜吃的是菜，那里边的肉绝不能吃，那肉是给菜调味儿的。”但是陆昕是有肉就吃，祖父就常常指责他长了一个“低水平的胃”。临末了儿，还总拉长声音来句：“肉食者，鄙——”鄙字后面还拖个长长的韵尾，也不管旁边有没有外人。可见陆宗达先生的幽默。吃刀削面以过油肉当卤是陆昕从他祖父那里得来的真传。为此，我还去问过山西的老人，才知陆宗达传得对，因为以西红柿和酱当卤不是过去山西人的吃法。更有意思的事是，陆宗达常把“百货”念作“薄荷”，把“沙发”叫作“梭发”。陆昕和祖母取笑他道：“薄荷大楼买梭发。”陆宗达反驳说：“‘百’的字音就念‘薄’，是我们把字音念白了；‘沙发’的英文即念‘梭发’。”这段我们听来是个有趣的故事，但是我们也可从中看到有学问人家的家庭教育及子弟所受的熏陶。启功跟陆昕讲：“当年我和你爷爷都在辅仁大学教书，我们这些个同事常在一起聚餐。聚餐时，酒上来了，菜也上来了，大家可并不急着先吃喝。把酒倒好，大家举着杯子，听你爷爷讲一个字。比如今儿这菜里有一道鱼，就请你爷爷讲《说文》里这个‘鱼’字怎么来怎么去。讲完了，大家才把这酒一饮而尽。”从这一点上可看到陆宗达的学问。据陆宗达的磕头弟子俞敏讲：“1940年前后，我和另外三个学生跟颖明先生学《说文》。照师门惯例，要藤花榭本，钉成一原本。最让我吃惊的是颖明先生讲到某一个字（他讲《说文》是按黄先生的未成著作《义源》，也就是《文始》的改订本讲的，字是按‘初文’下属各字排列的）的时候，顺便告诉我们这个字在第几卷头上或是后尾儿上哪个地方，比方‘左上角’什么的。”学问做到这份上，说明是把《说文》全背在了脑子里，可见那一辈人真是下了苦功夫。书中讲到的吴晓铃我也认识，也到他的府上去过，记得我从他的院子走出去时，他指一指院里的一块砖说：“这是明朝的，送给你吧。”我当时没有要。据陆昕书里记载，吴晓铃临终前还吃卤煮火烧。陆宗达临终前，陆昕还给他买豆汁焦圈。一代学人，真是吃出了风味，吃出了感情，吃出了人生。

书中讲到的黄焯、启功、张中行等，也非常有趣。黄焯是黄侃的侄子，居于武汉。“文革”末年，他整理黄侃的遗文，想将来出版，便找陆宗达借黄侃的一些东西，结果一连给陆宗达去了几封信，也不见回音。他火了，正好有人去北京，他就给陆宗达写了封信说，如果你还没有反应，我马上买火车票北上，到你家后直奔你的书屋，将你书架上所有的书都取下头本拿走。送信人见到陆宗达，还没掏信呢，陆宗达就说，我正有书捎给黄焯。结果这封信就被送信人给收藏了。启功也很有意思，陆宗达九十诞辰时，他作了两首诗，抄好裱好。头天主办方想取走布置会场，他未允。第二天，又来人取，他也没同意。最后他亲自抱着裱好的字来到会场，亲眼看着悬挂起来。等开完会不久，字也丢了。这就是这一代知识分子特别认真的地方，认真得在我们看来都有点“愚”，但也就是这“愚”，让我们觉得可亲、可爱、可敬。书里这样有趣的事情实在是太多了，就不一一列举了。

这本书中的人物大都人生坎坷，他们有过学术上的辉煌，很多也当过“臭老九”，在“文革”那个不幸的年代，各有各的不幸。但是我们看到那一代学人无论在什么样的环境下，依然不忘生活，不忘读书，真是难得。中国最美的知识分子，就是这些人，中国要是没有这样的知识分子对传统文化的传承和捍卫，中国文化早就完了。文化的繁荣不是靠嚷嚷出来的，要有人才，要有精英。

我在一家与书有关的杂志社工作，在我买书、看书、逛书店的过程中，很注意文人掌故一类的书。当然，这也是我的偏爱。这类书写得好的实在是少而又少，多是道听途说，或是东抄西抄。你要是留心，常常会看到这类书的封面上作者一栏写的是谁谁谁编著，多是夹生饭，读来不生动。陆昕这本书写的是绘声绘色、有滋有味，我们平常要是对绘声绘色、有滋有味感触不深的话，看一看这本书就知道什么是绘声绘色、有滋有味了。写到这样的境界很难，不仅要有这样的人生经历和家庭环境，还要有很好的文笔。陆昕具备这些条件，所以他能写出这种格调和氛围，写出这些大知识分子的爱恨情仇，写出他们真实的生命状态。我读后曾想，这么好的书，对逝去的那一代人，尤其对陆宗达是一种最好的慰藉，对今天的读者来说，是我们仰望前辈、了解前辈最好的窗口。

《博览群书》2012 年第 4 期

《祖父陆宗达及其师友》，陆昕著，人民文学出版社 2012 年 1 月出版，责任编辑：陈建宾

# 跨学科视野的中国古代文学和古典文献学研究

## ——评孙尚勇新著《乐府文学文献研究》

王永波

2007 年 6 月，人民文学出版社出版了西北大学文学院孙尚勇博士近年研究乐府的专著《乐府文学文献研究》（以下简称《乐府》）。全书三十五万字，除《前言》外，由十四篇与乐府文学和文献相关的论文组成。该著的主体内容集中在中古音乐史、中古诗史和音乐文学文献三个方面。涉及中古音乐史五篇，主要考证了学术界聚讼颇多的乐府建置、鼓吹曲、郊庙歌、相和歌、横吹曲等相关问题。涉及中古诗史四篇，主要论述了建安、东晋诗歌与乐府的关系问题。涉及音乐文学文献四篇，主要研究了《宋书·乐志》《乐府古题要解》《乐府诗集》的性质、体例及整理等问题。勉力读罢，感触良多，兹择愚见是书优缺点之要，述之于下，以求正于著者及学界前辈、同好。

## 一

《乐府》一书的优点主要表现在以下六个方面：学术史意识、问题意识、文献意识、方法论意识、创新意识、规范与前瞻意识。

准确了解和把握学术史是学术研究的必要步骤，它一方面可以保证我们的研究不是“载之空言”，另一方面也使我们有可能成为过去和未来之间的重要中介。《乐府》一书以《20世纪乐府研究述论》为首，比较全面地考察了二十世纪乐府研究的学术史进程，为全书的所有讨论确立了一个起步点。其他各篇也同样体现了著者对学术史的极大关注，亦颇具启发性。比如《东晋相和题乐府的音乐文化背景》一文，引用曹道衡先生《论〈文选〉中乐府诗的几个问题》从音韵学角度对题名曹植《怨诗行七解》年代的判定，以印证著者由音乐史角度得出的“《怨诗行·明月照高楼》一曲在东晋末南朝一直被用于演唱”的结论。(《乐府文学文献研究》，257页。下同)。

学术研究必然以解决一定的学术问题为目标，问题意识的有无往往成为某项成果是否能够取得突破并推动学术发展的关键。据《前言》，《乐府》一书是在著者博士学位论文的基础上增订而成的。阅毕全书，足见该著有别于时下流行的陈陈相因却章节分明的学位论文体例，著者分明是以问题的探讨为中心，而并不追求表面结构的整饬。全书每篇都针对一定的学术问题而发，并遵循提出问题、分析问题、解决问题的次序理智地展开论述。比如《黄门鼓吹考》，开篇扼要概括研究状况，提出学术界长期存有疑问的黄门鼓吹的历史内涵和东汉四品乐的性质两个问题；接下来分析与黄门倡相关的文献材料，得出“黄门倡是侍从帝王的倡优，其职责是以歌舞俳戏娱乐帝王。黄门鼓吹主要职责则是作为乘舆的礼乐仪仗，平时有持兵护卫之任”（83页）的初步结论；接续分析涉及黄门鼓吹的五类二十七条主要文献材料，得出其中二类“‘汉乐四品中的黄门鼓吹’与‘用于乘舆仪仗的黄门鼓吹’性质上互相接近，二者的本质含义应该相同，即它们本来都是鼓吹曲”（92页）的第二步结论；接续分析“汉乐四品”的相关文献材料，得出“‘汉乐四品’以徐天麟《东汉会要》的记录最为完整可靠，四品乐即大予乐、雅颂乐、黄门鼓吹乐、短箫铙歌乐；这四种音乐之间不存在等级、雅俗之辨的问题，它们都属于仪式用乐”（95—96 页）的第三步结论；接续对与四品乐中第四品“短箫铙歌乐”的音乐内容及其与第三品“黄门鼓吹乐”的关系作了详细考察,得出“汉明帝以‘短箫铙歌’名第四品之军乐，而其实际内容则既包括用作军中之乐的鼓吹曲，又包括李延年根据胡曲改编的横吹曲二十八解”（102 页）的第四步结论；最后总结全篇。由上面的简单分析可知，针对黄门鼓吹问题，著者的每一步工作均非虚设，每一步工作都是力求解决某个小问题，进而对文章开头提出的问题做出回答。其态度之严谨，理路之明晰，论证之细致，足资借鉴。

文献材料是学术研究的基础和前提，任何一项研究都离不开材料支撑和文献工作。《乐府》一书各篇均能以材料先行，深入分析考辨，进而提出结论。该著关涉文献的四篇文章，《〈宋书·乐志〉考辨》等三篇是对特定文献的研究，《〈乐府诗集〉点校拾遗》则深入到文献校勘学研究。《〈宋书·乐志〉考辨》通过对《宋书·乐志》著录之相和曲、平调曲、清调曲、瑟调曲、楚调曲的细致考辨，指出“《宋书·乐志》的相和歌著录，主要参照了刘宋时代实际演奏的相和歌，并对音乐史中的相和歌给予了必要的关注”，见引《乐府诗集》的《荀氏录》“不是西晋的荀勖所作，而应是荀勖之后、王僧虔之前的一位荀姓士人所撰”，相和、三调和大曲“历经曹魏、西晋直至刘宋一直有规模不等的演奏，尽管演奏体制有所不同，但它们在中古音乐史中存在共生关系，并不是彼亡此兴的严格的历时性的事物”（313 页）。《〈乐府诗集〉点校拾遗》则对中华书局和上海古籍出版社点校出版的两种《乐府诗集》在校勘上存在的部分问题（拾遗约一百八十余则）做了订正，涉及了音乐文学文献整理的校勘原则问题。此篇所举问题有一般校勘学错误，更多地则涉及到音乐学问题。一般校勘学失误，凡书皆难以避免，这里不涉。而专业文献如佛教文献、医学文献等的校勘，尤其要求以该领域较为完善的知识和经验储备为前提。《〈乐府诗集〉点校拾遗》所举误例就体现了著者在音乐学方面的扎实基础和孜孜以求的精神。比如，文中对点校本“云门舞二首”误题“二首”（376页），《隔谷歌》“兄为俘虏受困辱”一首误移（390页）的考辨等，对《平调曲》题解（400—402页）、《清调曲》题解（404—405页）、《瑟调曲》题解（407—408页）、《孟珠》题解（430—431页）、《雅舞》题解（434页）的重新校理等，不仅有利于促进音乐文学文献校勘的规范化，有利于《乐府诗集》一书的修订重印，对中古音乐史、诗史研究更具有极大的裨益。

自觉的方法论意识是当代学术研究发展的必要条件。《乐府》一书在这方面也有很好的启示。毫无疑问，该著的学术方法首先是文献学和音乐学，其次亦涉及诗学、历史学、文化学等多学科领域。解决中国文学史研究中的疑难问题是著者在《乐府》一书中贯穿始终的思考，比如《汉唐郊庙乐舞考论》对郊庙歌辞用韵对近体律绝影响的考察、《建安诗歌与乐府关系新论》对建安诗歌的诗学逻辑的探讨、《东晋相和题乐府诗的音乐文化背景》对陶渊明《怨诗》创作背景的追索等等，无不体现了著者对中国诗学有关重大问题的关注。不难发现，著者关于中国诗学的这些思考显然与《相和歌杂考》中对相和歌历史传承所作的编年工作有密切关系，论自史出。另外，《乐府建置考》注意了汉代礼仪文化建设与乐府机构立与罢的联系，《汉唐郊庙乐舞考论》讨论了古代文、武二舞传统的形成，《论吴歌〈六变〉的“因事制哥”》考索了《六变》的内涵及其作为戏剧的可能性，这些又都体现了著者的文化视角。

创新是学术的生命和真谛，《乐府》一书可以说处处展现了著者的创新精神。当代乐府研究是幸运的，又是困难的，尤其是渴望创新，因为它必然要面对一个里程碑式的著作—王运熙先生的《乐府诗述论》。如果刻意另辟蹊径，完全可以避开王先生曾经讨论的问题；如果希望推动此领域研究的深入和前进，却绝不能绕道而走。《乐府》

一书并没有绕开王先生，书中有认同并坚持王先生意见的，如对汉代乐府建置的考证；更有以王先生为基础继续向前的，如关于黄门鼓吹和《六变》《荀氏录》的探讨，关于相和与相和歌、但歌关系的考察等等。类似创见，在在皆是，实可谓“名章迥句，络绎不绝”。知者自明，兹不备举。

一门学科，尤其是一门曾经辉煌，但未受普遍关注，当下发展又面临困境的学科，其继续发展有赖于继之而起的研究者的规范与前瞻意识。学术研究最大的规范在于充分尊重已有成果并适当作出价值评判，《乐府》在对王运熙先生的相关研究作了扼要总结之后说“尽管王运熙的一些结论在今天看来未必完全可靠，但他仍然堪称二十世纪乐府研究领域最有个性和最富有代表力的学者”（31 页），就见出了他自觉的规范意识。学术研究最佳的前瞻意识在于在有所立论的基础上，为后来的研究留有余地并指明可能的方向。《乐府》一书在对二十世纪乐府研究作全面述论之先提出了“对未来乐府研究作出展望”（1 页）的预想，集中体现了著者的学科前瞻意识。又如：《建安诗歌与乐府关系新论》中提出建安诗歌与汉乐府背离的观点，《东晋相和题乐府诗的音乐文化背景》中提出要注重研究汉乐府对中古诗歌存在长期影响的观点，二者乍看似矛盾，实则寓有著者对古代诗乐关系的辩证思考，这显然为相关研究的可持续发展提供了可能的方向。《吴兢〈乐府古题要解〉的体例及影响》篇中，著者在讨论《要解》时，附带考察了旧题吴兢《古乐府》的问题，揭明《古乐府》源于六朝旧编，在唐宋时期广泛流传并续有增补的事实，这不啻为唐宋诗史甚至元明清文学史研究提供了一条至关重要且饶有趣味的思路。

## 二

《乐府》一书因为有了上述优点，我们甚至可以称之为一本优秀的学术著作。但很遗憾，书中也存在这样那样的不足，这主要表现在以下三个方面：校对缺失，文献缺失，知识缺失。

作为一本以校勘见长的学术著作，《乐府》一书中出现的校对与文献缺失尤其需要批评。第395页倒数第一至二行“湖北崇文书重雕本”，“书”下脱“局”字；倒数第二、四行，两处的“皆是”均应作“皆无”。

《礼记·明堂位》：“成王以周公为有勋劳于天下，是以封周公于曲阜，地方七百里，革车千乘，命鲁公世世祀周公以天子之礼乐。……升歌《清庙》，下管《象》，朱干玉戚，冕而舞《大武》，皮弁素积，裼而舞《大夏》，……言广鲁于天下也。”《礼记·祭统》：“昔者周公旦有勋劳于天下。周公既没，成王、康王追念周公之所以勋劳者，而欲尊鲁，故赐之以重祭，外祭则郊社是也，内祭则大尝禘是也。夫大尝禘，升歌《清庙》，下而管《象》，朱干玉戚以舞《大武》，八佾以舞《夏》。”这两段文字于进一步校理《乐府诗集》卷五二《雅舞》题解有重要意义。题解“其后成王以周公为有勋劳，命鲁公世世祀周公以天子礼乐，升歌《清庙》，下管《象》《武》，朱干玉戚，冕而舞《大武》，皮弁素积，裼而舞《大夏》，以广鲁于天下也”一段主要改编于《明堂位》，其中之“下管《象》《武》”，《明堂位》和《祭统》皆作“下而管《象》”，题解“下管《象》《武》”之“武”字或衍，否则与下文“冕而舞《大武》”似相矛盾。

知识缺失，在《乐府》一书中亦偶见。如第25页综述唐代乐府研究，应增列刘永济先生《唐乐府史纲要》。第141页以下讨论郊庙歌辞转韵问题，便未引及刘勰《文心雕龙·章句篇》的话：“贾谊、枚乘，两韵辄易；刘歆、桓谭，百句不迁。亦各有其志也。昔魏武论赋，嫌于积韵，而善于资代。陆云亦称，四言转句，以四句为佳。观彼制韵，志同枚、贾，然两韵辄易，则声韵微躁；百句不迁，则唇吻告劳；妙才激扬，虽触思利贞，曷若折之中和，庶保无咎。”这段话既保留了曹操和陆云较早关于转韵问题的意见，同时也表明，齐梁时期，人们开始普遍重视诗文用韵的规范化。第 317 页："明钞本较早有明天一阁藏本，至清代归陆心源皕宋楼，此本今不知何在。"其实，天一阁、皕宋楼所藏明钞本《乐府古题要解》见在日本静嘉堂。严绍璗《日藏汉籍善本书录》云："乐府古题要解二卷。唐吴竞编撰。明人柳佥手写本。柳佥等手识文本。共一册。静嘉堂文库藏本。原天一阁等旧藏。"著者未作详细调查，空发感慨，实属不该。

此外，著者在《建安诗歌与乐府关系新论》中提出，建安诗歌与汉乐府"二者属于不同的诗歌艺术领域，如果一定要指明它们之间的关系，与其说建安诗歌继承了汉乐府的精神，毋宁说建安诗歌在整体和主流上偏离了汉乐府的精神，而且，正是这种偏离开启了中国古典诗歌的新纪元"（245 页），令人颇生"发唱惊挺"之感。《文心雕龙》诗与乐府二分的观念，是著者上述立论的重要依据之一，但这一观念本身仍要求对《文心雕龙·明诗篇》和《乐府篇》作更合理、更全面的比对和研究之后才能论定。在前提尚未确定可否成立之前，推出"新论"，似略显仓促。

## 三

由音乐文学层面观，孙尚勇博士的乐府研究一定程度上继承了他的老师王小盾教授的治学特色，视野宏通，但稍显急促；由文献学层面观，他的研究又或多或少受到他的另一位老师项楚先生的沾溉（《〈乐府诗集〉点校拾遗》无论行文格式，还是术语使用，都显见《敦煌歌辞总编匡补》的影子），唯谨严与细致逊于乃师。就前者论，他的研究部分发扬了任半塘先生和王运熙先生在唐代文艺学和乐府学领域所确立之优秀的学术传统，在当今学术总体繁荣与研究个体焦虑并存的时代，甚为难得。单就乐府研究论，《乐府》一书可谓除王运熙先生《乐府诗述论》而外，这一领域迄今最为重要的一部著作，或者说，它在王运熙先生著作的基础上，于某些方面把此领域研究向前推进了一步。

尽管存在上述微瑕，但前述诸多优点彰显了著者跨学科的学术视野，也决定了这本专著必将成为乐府研究学术史上一部具有转折意义的力作，必将对本学科的持续发展产生深远影响。由于首都师范大学赵敏俐教授、吴相洲教授等学人的积极推动，乐府学渐有成为当今显学的趋势。我们当然有理由期望孙尚勇博士能以此书为阶，继续精进，为当代乐府学研究，乃至中国古代文学和古典文献学研究作出更多更大的贡献。

《乐府学》2008 年第 3 辑

《乐府文学文献研究》，孙尚勇著，人民文学出版社 2007 年 6 月出版，责任编辑：葛云波

# 湖湘文化研究的新创获

——评萧晓阳《湖湘诗派研究》

章　池

湖湘文化研究堪称近年地域文化研究的一个典范。在湖湘文化研究日益深入的今天，研究湖湘哲学与历史的学术著作不断涌现，近代湖湘文学研究则相对薄弱。孙海洋《湖南近代文学史》是湖南近代文学研究开创性的论著，刘再华《近代经学与文学》对湖南文学的论述亦颇多新见。但对于湖南近代诗歌进行系统深入研究则当以萧晓阳的《湖湘诗派研究》为胜。

萧晓阳的《湖湘诗派研究》，第一次对近代文学史上重要的诗歌流派——湖湘诗派——进行了深入细致的论述，考察了这一诗派在湖南近代诗坛的意义及其与近代文坛上诸诗派的相互关系，是湖南近代诗歌研究领域具有开拓意义的论著。

《湖湘诗派研究》最引人注目之处是对湖湘诗派进行了系统而深刻的论述。湖湘诗派是近代诗歌史上一个有争议的诗歌流派，许多学者将它称为“古董”诗派予以贬斥；现代学者汪国垣则不囿成见，在《光宣诗坛点将录》将这一诗派的代表人物王闿运推许为近代诗人之冠冕，然而语焉不详。萧晓阳的《湖湘诗派研究》第一次对这一诗派的由来、主要活动、创作倾向都做了系统论述，并在此基础上深入探讨了湖湘派诗论、代表作家、第二代诗人及受其影响的异域诗人诸问题。除了王闿运诗歌前人已稍有研究之外，对“兰林诗社”其他诗人如邓辅纶、邓绎、李寿蓉、龙汝霖等的研究均属开创性的探索。文中论及与此派相关的诗人上百人，并突破前人之说，将湖湘诗派概括为“近代文坛上一个带有感伤情调的诗歌流派”。这一结论的提出，无疑重构了近代诗坛的新格局，必将推动学术界重新审视这一重要诗歌流派。

《湖湘诗派研究》的又一个突出成就是将研究置于近代文化的背景下，勾勒出了近代湖南诗坛的风貌。该论著主要研究好尚魏晋的湖湘派诗歌，但同时亦论及与之相关的其他诗派，尤其是湖南的诗派与诗人。在一定程度上，湖南各诗派的消长，是中国近代诗坛面貌的缩影。作者在论述湖湘派时，详细地讨论了与之针锋相对的、以曾国藩为代表的咸同时期宋诗派，并指出了二者在渊源上的差异；同时探讨了湖湘诗派与“诗界革命”派特别是谭嗣同诗歌的异同；还涉及了易顺鼎等人为代表的唐诗派，讨论了兼有西昆派倾向的曾广钧、李希圣诗歌。特别值得一提的是，书末附录“湖湘诗派百年综谱简编”，列举了近代湖湘文化史上的大事，堪称湖南近代诗史纲要。文中搜集的家族文化资料为后来研究者继续深入探索近代湖南文化提供了便利。

《湖湘诗派研究》还有一个在学术研究中颇具开创意义的成就，即阐明了近代湖湘诗派对于现代文学的影响，对于融通近现代文学研究有着重要意义。尽管随着研究的日益深入，近现代文学研究的畛域逐渐被打破，但在近代文学研究中，将所论述的文学现象放在宏阔的学术视野来立论的学术研究并不多。《湖湘诗派研究》以其独特的研究，为古代诗歌演进到现代诗歌做出了合理的阐释。尤其在论述其与现代文学的关系时，显得非常细腻。“文献学中的史学力度和文学阐释中的思辨灵性成为这篇论文的有力支点”（罗时进《序》）。比如，论著在论及湖湘诗派雅好魏晋之风对现代文学思潮的影响时，举出王闿运“著述未涉唐后”之语，以证实章太炎《辨诗》之言“唐以后诗，但以参考史事存之可也，其语则不足通”有其渊源。鲁迅之语又与章太炎相近：“我以为一切好诗，到唐已被作完。”作者以洞微阐幽的笔触，指出了这一诗派与现代文学之间的联系。凡此种种不胜枚举，明智的读者自有会心之处。

《衡阳师范学院学报》2009 年第 2 期

《湖湘诗派研究》，萧晓阳著，人民文学出版社 2008 年 4 月出版，责任编辑：葛云波

# 宏通　深微　创新

## ——萧晓阳《湖湘诗派研究》读札

李金坤

湖湘诗派，又称汉魏六朝诗派，是活跃于中国近代诗坛百年之久的一大诗歌流派，名冠近代众多诗派之首。作为此派领袖人物的王闿运，学界似乎一边倒地评价其诗是以“杂凑模仿”为能事，脱离现实，没有实际意义。 陈衍堪称此类言论之代表，其云：“湘绮五言古沉酣于汉魏六朝者至深，杂之古人集中直莫能辨。……盖其墨守古法，不随时代风气为转移，虽明之前后七子无以过之也。”(《近代诗钞》）对于此派，历来研究成果较少，且大多集中于对王闿运其人其诗的探讨。 至于对“湖湘诗派”进行全面研究者，自是一片空白。“萧晓阳有志为湘绮去蔽，并为近代湘中诗坛和湖湘派声气相通的异域灵鬼们立传。”（罗时进《序》）萧晓阳在其博士论文的基础上修订而成的洋洋三十余万言的大著《湖湘诗派研究》（下文简称“萧著”），以其翔实的史料，宏通的视野，深微的阐析，还湖湘诗派以本来面貌。萧著郑重指出：“湖湘诗派人在近百年的诗歌创作历程中，推崇《楚辞》，镕铸八代，张扬了诗人慷慨任气的个性精神， 表现了忧伤哀怨的悲剧情感，透露出特有的时代气息，形成了典雅绮丽的诗歌风格。”(388 页)“在古典与现代、文言与白话、中学与西学相交汇的晚清社会，湖湘派诗歌以其狂放的气势，傲睨一切的姿态，批判现实，不时冲破格律诗歌的樊篱，在一定程度上使诗歌回到了自然之途，成为中国诗歌史上古典诗歌向现代诗歌转变过程中重要的一环。”（389 页）“湖湘派诗歌作为近代诗歌史上感伤诗歌的开拓者，开创之功实不可没。”（390 页）但萧著也认为：“（湖湘诗派）由于在形式上存在着拟古倾向，其末流以拟古为高，刻意求似，严重削弱甚至掩盖了诗歌本身的精神，成为这个诗歌流派的致命的弱点。”（389 页）萧著如此实事求是的评价，可谓甚中肯綮。简要论之，萧著具有视界宏通、论析深微与观点创新的三大特色。

## 一

萧著旨在探研湖湘诗派的精神特质与风格特征，较为清晰地描述其演进轨迹，窥探其诗歌精神的文化渊源，以及对后来文学影响的流变情况。 因此，著者将全书八大章分设为三大板块：第一板块为“生成论”（即第一章：近代文化语境中的湖湘诗派），主要从宏观之角度来探明湖湘诗派产生的历史文化背景，楚文化传统对湖湘诗派的积极影响，辨析湖湘诗派与同时代其他诗派文化渊源的差异所在，理清它与近世感伤文学的关系。第二板块为“本体论”（即第二章：湖湘诗派综述；第三章：湖湘派诗论；第四章：湖湘诗派领袖王闿运；第五章：汉魏诗风的中坚：“兰林词社”其他诗人；第六章：湖湘诗派之羽翼——湘中唱和诗人与异域湖湘派诗人；第七章：湖湘诗派与近代其他诗派的关系），这是全书最为精彩的核心部分。 此一部分采用群体与个体、本地与异域、中观与微观相结合的论析方法，就湖湘诗派的名称由来、主要活动、创作倾向、诗学思想、领袖风貌、中坚力量、羽翼状况、异派关系等一系列重要问题进行了全面而系统的梳理与考析，由此而归纳出湖湘诗派的精神内蕴与艺术特征。第三板块为“影响论”（即第八章：湖湘诗派之影响），从中观的角度，就“湘中诗歌”“江南名士”“蜀中之文”三方面论述了湖湘诗派的流风余韵，由此凸现出湖湘诗派的精神魅力与显要地位。加之本书附录“湖湘诗派百年综谱简编”富赡厚重的文学史料价值的呈现，使得全书这一“三大板块、通贯百年”，“纵横交错、宏微并举”，“溯源探流、考论结合”的独特体例架构十分鲜明而突出，给人以视域宏衍、涵盖古今、纲举目张、行文大气的审美感受。

## 二

学术见解之深微独到，是萧著的一大亮点，主要体现在三个方面，即：摸清背景见源头；异同比较见分晓；洞幽烛微见素养。

萧著在论述湖湘诗风中的感伤思潮产生的原因时，除了直接受到时代的影响外，着重探讨了地域环境与语言文化的重要因素。他认为，湖湘诗歌中普遍存在的感伤情调，与湖南方言紧密相连。这是因为湖湘派诗人深受楚辞的影响，而湖南处于南方方言区较僻远的地域，山环水绕，交通不便，长期以来很难与外界交流，较多地保留了古语。在发声上这些地区多尚浊声（即阳调），故诗句富有厚重质实、凝练顿挫之感。而诗中常用仄声韵，又使得诗歌多呈现出急促而悲凄的情感基调。又如诗人们多写秋风、霖雨、寒霜、坚冰等气候意象，诗歌便自然蒙上了一层令人压抑的愁怀意绪与悲凉之雾。实际上，楚语、楚物、楚境、楚候等等，无一不是诗人悲情愁绪之外化与寄托。作者如此从地域文化背景来考析具有鲜明地方特征的湖湘诗派的感伤情调生成之因，实是精深周密之论，令人信服。

作者于书中多用比较方法来体现自己鲜明的学术见解与观点，立论深稳，给读者以深刻的印象。这在第七章中对“湖湘诗派”与“同光体”的比较辨析，尤为突出。作者认为，“同光体”在当时是作为湖湘诗派的对立面而出现的，因此，二者之间的差异极为明显。首先，论诗祈向不同。湖湘诗派崇尚远古歌谣、楚辞及三唐诗；同光体则以宋诗为宗。“在具体的创作方法上，宋诗派多发议论，以文为诗，以‘义理’‘考据’入诗，又好用典，多显得峭刻苍老；湖湘诗歌则多用比兴、借鉴汉赋与骈文浑厚回宕的气韵，而在表达上力求自然。”（344页）“造成这种差异的原因，在于二派诗歌创作目的不同。尽管‘同光体’诗人与湖湘派诗人都具有一个共同点，就是都认为诗歌是为己而作，但湖湘派重视情感，尤其是长于抒发悲情的特点非常明显，是为情感的艺术；而‘同光体’诗人则是为艺术而艺术。”（345页）然而，二者之间却都具有崇尚“古雅”的美学特征，这又与二派诗人之间频繁交往、思想互染有关。如此辨析，有理有据，诗脉清晰。

萧著在对诗歌作品的鉴赏方面，颇多洞幽烛微之处。如对湖湘诗派领袖人物王闿运模拟之作《南国有佳人》的分析，认为：“诗歌写得绮丽柔婉，借潇湘佳人盛年不偶、忧思难忘，抒发自己抱负不得施展的苦闷心情。词旨与原诗相近，而情调似晚唐温、李之诗，与李商隐诗《离思》相比较，追求述情的境界、古艳的风格，较为高华。”（160页）诗旨发掘之准确，比较论析之明晰，颇能激发读者的思维能力与阅读兴趣。又如对王闿运《待晓将别》之诗炼字入神效果的分析，说：“‘消’言愁深、‘入’说寒意、‘青’状灯光，都是锤炼所得，又是信手拈来，俱是传神之笔。将‘愁消酒’倒置重组，别有深意与趣味。”（163页）如果说王诗已达炼字入神之美好境界的话，作者之赏论又何尝不是“锤炼所得”的炼字入神之精彩之笔呢？

## 三

萧著是一部有意为湖湘诗派去蔽正名、还原本真的颇具鲜明挑战意识的力作，因此多具学术创新的精彩亮点，如行山阴道上，风光旖旎，令人目不暇接，美不胜收。兹就本书中对前人所谓湖湘诗派为“最保守”诗派而无社会现实意义的种种旧说予以否定，对湖湘诗派悲情审美特征的全力掘探与充分肯定的两大主要创新之处略作评述。著者认为：“在流派纷呈的晚清诗坛，湖湘派诗歌犹如刺破青天的古剑，发出了炫目的寒光。时代激情在诗人心中迸发，给沉闷的清代诗坛注入了新的生机与活力。湖湘派诗人是特立独行的带剑者，驰骋于污浊昏暗的世界之中，镕铸古人之诗以为我用，抒慷慨之气、发不遇之悲，形成了近代文坛上一个带有感伤情调的诗歌流派。”“湖湘诗派的诞生就是作为宋诗派的反动、以挑战庙堂文学的姿态出现的，从这个意义上说，湖湘诗派不是保守的诗歌流派，而是古典诗歌精神与形式的革新者。”（387 页）即使“（湖湘诗派）间或有学古未化之痕，也属白璧之瑕，不能简单地称之为‘最保守’的诗派。”毫无疑问，湖湘诗派已“成为中国诗歌史上古典诗歌向现代诗歌转变过程中重要的一环”。（389 页）令人惊叹与钦佩的是，上述这些掷地有声、新人耳目的学术观点与见解，全是作者于三百余种有关湖湘诗派的著作及后人研究该派论著中爬梳剔抉、沉潜玩味所得的真知灼见，是“采铜于山”而独具自家面目的难能可贵的最新学术成果。此外，作者对湖湘诗派的悲情审美特征的揭橥，也是大可称道的独辟蹊径之创举。仅从萧著目录观之，我们便可感受到湖湘诗派那浓郁的悲情色彩。如第一章中的“楚文化精神与近代湘人的悲剧情怀”，“近代湖湘诗风中的感伤思潮”；第二章中“推崇《楚辞》，以遣悲怀”；第四章中“怀才不遇——人生的悲音”，“感伤乱离——末世的哀情”，“芳辰丽景——对景独伤情”。此章乃专论湖湘诗派领袖王闿运悲情诗的表现特征，体现出湖湘诗派悲情内蕴的典型代表之意义。又如第五章中“邓辅纶之诗——哀歌、悲歌与啸歌”，“诗歌创作论——梦中诗、狱中诗、咏兰诗与悲情”，“骚之苗裔：独立不迁的孤客情怀”；第六章中“人生悲情的倾诉与流露”，

“寄禅之诗：出家人的悲情与玄想”；等等。真是“悲情”满“目”（目录），摇人心旌。可见，“悲情”二字，已成贯穿湖湘派诗人作品中的主旋律。作者精拈出“悲情”二字，以概括湖湘诗派总的情感特征，实在是发前人所未发的创新之举，具有重要的学术史意义。

湖湘诗派成员众多，时贯百年，头绪纷繁，关系复杂，应该说萧著现在的撰述体例与论述范围，已较为出色地完成了湖湘诗派的研究任务，实属不易。不过，对于这样一个大诗派，单凭一部书是难以毕其功于一役的。除了作者已论及的部分诗人外，还有相当一部分诗人可以继续研究。作者以“悲情”论湖湘派诗的情感内蕴，极为准确，但除此而外，是否还有其他类型的情感意蕴？诸如此类，都可值得进一步深入研讨。我想，对于湖湘诗派的研究，作者既然迈出了坚定而稳健的第一步，相信他在不久的将来，定然会迈出更为优美、有力而辉煌的步伐，奉献给学界越来越多的学术精品。我们祈盼着！

《云梦学刊》2010 年第 1 期

《湖湘诗派研究》，萧晓阳著，人民文学出版社 2008 年 4 月出版，责任编辑：葛云波

# 《湖湘诗派研究》述评

[美]江　岚

在被英美文化所接受的中国古典文学范畴当中，诗歌一直占据着举足轻重的地位。从目前被美国高校的外国文学课堂所普遍采用为教科书的数种中国古典文学作品英译选本里，不难清晰地看到这个特点。但谈到中国古典诗歌的艺术特色、演进历程和诗学特征，对清诗所知甚少而评价消极的现象普遍存在。一般认为清诗既无法与唐宋抗衡，也不堪与同时代的小说、戏剧相提并论。早在二十世纪二十年代，梁启超就曾经在《清代学术概论》中断言，清代诗歌“真可谓衰落已极”。这种评价在王国维明确概括并广为流传的“一代又一代之文学”的观念之下，明显地阻碍了后世对清诗的客观研读。此外，文学的语言承载工具在“新文化运动”中由文言而白话的整体转型，也使得清诗随着古典时代的终结而被长期忽略。

印第安纳大学教授罗郁正（Irving Yucheng Lo，1922—　）与另一位华裔学者柳无忌（1907—2002）合编的《葵晔集：汉诗三百年》[①]

① Wu-Chi Liu, Irving Yucheng Lo, Ed: Sunflower Splendor: Three Thousand Years of Chinese Poetry, Midland Books, 1975.

是中国古典诗歌英译的专门选本，有中、英文两个版本。英文版组织英、美两地五十多位译家，合力译出中国历代诗、词、曲精选作品，十分引人注目。其中的最后一个部分译介包括毛泽东诗词在内的明代以后中国诗词作品，共六十三页，与第三部分长达三百余页的唐诗译介篇幅相形见绌。到 1986 年，美国当代汉学家将纳森·柴乌斯（Jonathan Chaves）翻译编选的《后期中国诗歌哥伦比亚精选集：元、明、清三朝（1279—1911）》[①]一书出版，清诗才成为被独立译介的一部分。书中介绍了钱谦益、吴伟业、吴嘉纪、恽寿平、道济、金农、郑板桥、袁枚、刘鹗等数位诗家，并翻译了一些他们的作品，但显然远不足以展现清诗承继过去历朝传统形式并向纵深发展，积极建设新诗风的风格特征，更未能揭示作为处在中国诗歌古今裂变的特殊历史时期的有清一代诗歌，试图调和传统，适应时代变迁的精神特质。罗郁正 1985 年出版与 William Schultz 合著的《待麟集》[②]，有中、英文两种版本，译介清代诗家七十二人以及他们的作品，是迄今为止并不多见的清诗译介专书。清代众多诗家之中，被专门译介的也只有袁枚等数位而已。由此可见，美国学界对清诗的了解和研究还处在比较原始的阶段。

诚然，中国古典文学源远流长，名家众多，作品浩繁，任何一种跨时代的选集所能够体现的，也只能是一个概貌。对于中国古典文学作品的英译选本，就更不可能吹毛求疵。但由缺欠观照所导致的对清诗的价值贬抑，必然影响对中国诗歌演进历程这一有机整体的基本认识，影响对中国古典文学总体的文化传承和历史连续性的宏观总结，也必然影响对近现代诗歌发展源流的客观判断。

---

① Jonathan Chaves, Tran & Ed: The Columbia Book of later Chinese Poetry: Yuan, Ming, and Ch' ing Dynasties (1279-1911), New York: Columbia university press, 1986.

② Irving Yucheng Lo, William Schultz, Tran & Ed: Waiting for the Unicorn: Poems and Lyrics of China's Lat Dynasty, 1644-1911, Bloomington: university press, 1987.

上个世纪中期以来，国内学界以钱仲联先生为代表的老一代学者，为清诗的整理、校注和研究做出了杰出的贡献，清诗的成就及其历史优势与价值逐渐得到认识和肯定，到近二三十年，清诗俨然成为中国断代诗歌研究中成果最为突出的领域。国内的研究成果，对于我们重新认识清诗，公正评价清诗在中国诗歌古今演变的过程当中独特的样本意义，提高对清诗的学术判断，无疑具有现实的借鉴作用。

一般提到清诗艺术形式之百法纷凑，思想内容之宏衍丰盈，作品数量之汗牛充栋，“集大成”之类的表述很常见。然而所谓“集大成”毕竟是一个宽泛而不够中肯的结论，究竟“集大成”之后所形成的特色是什么？这些特色在清诗早、中、晚三期的具体表现是什么？尤其对于处于古今激变之临界点的晚清诗歌，其“集大成”的结果是否直接指向古典诗歌衰落的必然性？这个结果对现代诗歌整体异军突起究竟产生了多少影响？要寻求这些问题的答案，仅仅着眼于以学宋为宗，以生新为贵，以奇险为尚的“同光体”，将晚清诗歌史演绎成宋诗理念的兴衰，甚或是唐宋诗歌的思想发展史，显然难免偏颇。而湖湘诗派，又称汉魏六朝诗派，成员千余，活跃于晚清诗坛达百年之久，长期以来却鲜受论者注目。近年乘文化复兴之势，湖湘诗派及其诗歌作品虽又重新回到学界的视野，但也多沿袭前人旧评，认为“以王闿运为代表的湖湘是晚清诗坛主张复古、非常保守的诗派”[①]，“他们把汉魏古诗当作最高典范，甚至认为文章愈古愈好，这种复古倾向显然是违背文学发展和进化规律的。……他们的文学创作往往缺乏反映时代的进步内容，无法向新文化迈进，因而随着封建统治的结束而迅速走向衰落。”[②]可见普遍贬多于褒，甚少持平之论，与湖湘诗派及其作品的实际成就与历史价值并不相称。

萧晓阳博士洋洋三十余万言的《湖湘诗派研究》之所以引人瞩目，

① 马卫中、刘诚：从湖湘诗派的兴衰看王闿运的诗坛地位。《文学遗产》1999（5）。

② 孙海洋：《湖南近代文学》，东方出版社 2005 年版。

便在于通过对“湖湘诗派”深微全面的个案研究，较为清晰地探索出这一大流派的诗歌精神及其文化渊源，以及对后来文学流变的影响。全书以湖湘诗派代表作家“湘中五子”为中心，兼及第二代湖湘诗人与受其影响的外围诗人，就时代背景、社会环境、地域文化、方言因素等几个方面的影响，系统考察湖湘诗派的名称由来、活动情况、诗人心态、创作风气和诗学主张，由此归纳出湖湘诗派的精神意蕴：“湖湘诗派的诞生就是作为宋诗派的反动、以挑战庙堂文学的姿态出现的，从这个意义上说，湖湘诗派不是保守的诗歌流派，而是古典诗歌精神与形式的革新者。”（387 页）同时总结出湖湘诗派以“悲情”为主的抒情特征：“湖湘诗派人在近百年的诗歌创作历程中，推崇《楚辞》，熔铸八代，张扬了诗人慷慨任气的个性精神，表现了忧伤哀怨的悲剧情感，透露出特有的时代气息，形成了典雅绮丽的诗歌风格。”（388 页）而这个风格的形成，源流上与湖湘文化一脉相承，过程中与近代文化语境密切相关。过去清诗史中所论及的宗唐与崇宋之争在这里被作者阐释为重情感与崇理性诗论的较量、唐宋与汉魏诗风的差异，其迥异于前人的结论，为湖湘诗派在近代诗歌史上确立了缘情诗派的重要地位，使得近代诗坛的现有架构出现了令人耳目一新的格局。

另一方面，作者在掌握大量文献资料的基础上，探讨了近代诗坛诸诗派此消彼长之间，与湖湘诗派流变的渊源。从以曾国藩为代表的咸同期宋诗派，到以谭嗣同为代表的“诗界革命”派，从郑孝胥、陈三立等“同光体”诗人到樊增祥、易顺鼎等唐诗派，再到南社与苏曼殊，作者以令人无可辩驳的证据，在比较中考察、评析他们与湖湘诗派之间千丝万缕的关联，郑重指出：“在古典与现代、文言与白话、中学与西学相交汇的晚清社会，湖湘派诗歌以其狂放的气势，傲睨一切的姿态，批判现实，不时冲破格律诗歌的樊篱，在一定程度上使诗歌回到了自然之途，成为中国诗歌史上古典诗歌向现代诗歌转变过程中重要的一环。”（389 页）至此，作者以其敏锐的学术洞察力，清晰勾勒出中国诗歌由古典而现代的演进脉络，从而为历来受到质疑的近代诗歌对现代文学究竟有无影响的问题，昭示了合理的肯定答案。表明在中国诗歌全史的宏观视野下，新旧诗歌虽是迥然不同的两个世界，相互之间却有着不能断然割裂的文化传承。而湖湘诗派不仅是古典诗歌终结点上一个值得重新审视的流派，更是现代诗歌发端期内一个不容忽略的文学现象。

总之，《湖湘诗派研究》虽就一派立论，然其打破既有论述格局，使湖湘诗派珠玉重光的学术思辨，多有创新的真知灼见，置于宏阔的学术视野当中，所阐释的晚清诗歌对于新文学产生的印象，更具有贯通近现代文学研究的重要意义。

[美]《美国中文教学与研究》2010 年

《湖湘诗派研究》，萧晓阳著，人民文学出版社 2008 年 4 月出版，责任编辑：葛云波

# 旁征博引　纵横观照

## ——读李庆立先生《怀麓堂诗话校释》

赵伯陶

### 一

明代李东阳所著《怀麓堂诗话》是明代中叶一部较为重要的诗歌理论著作。它继诗风雍容典雅、以歌功颂德为能事的“三杨”台阁体之后，上承南宋严羽《沧浪诗话》诗宗盛唐的格调论，下启前、后“七子”复古的诗学崇尚，企图在雅、俗两种文化品格的融合中找到平衡点，调和山林与台阁两种不同价值取尚的诗文风习，认为两者“固皆天下所不可无”(《倪文僖公集序》)，从而开辟明诗的新天地。作为一代宰辅，李东阳工诗文、精赏鉴，擅书法，又长期处于与其前倡导台阁体的“三杨”同样的强势地位，“居高声自远”，一呼百应，茶陵派一度风行海内，实为当时诗坛趋向。在前人的文学旗帜下寻求变迁，并非刻意标新立异，而是顺水推舟或因势利导，其中不无反复或曲折，但总的趋势是向前迈进，一部中国文学史即当作如是观。

以李东阳为首的茶陵派文学主张，散见于其《李东阳集》中，

《怀麓堂诗话》则是其诗歌理论全面集中的呈现，首由其弟子王铎编刊于正德初。王铎之序有云："是编乃今少师大学士西涯李先生公馀随笔，藏之家笥，未尝出以示人，铎得而录焉。其间立论，皆先生所独得，实有发前人之所未发者。"但长期以来，论者对于茶陵派关注并不多，远不如对前、后"七子"文学主张的瞩目。司马周在《20世纪茶陵派研究回顾》一文中写道："笔者对64篇论文（著作）从时间上进行了统计：1901—1950年研究论文及相关著作5篇（部）；1951—1980年研究论文及相关著作3篇（部）；1981—2000年研究论文及相关著作56篇（部）。"仅从数量上看，二十世纪后二十年的有关研究就是前八十年的七倍，可见其发展趋势。2000年以后至今十年间，有关李东阳或茶陵派的研究更是成果斐然，不计单篇论文，有关著作就有尚永亮、薛泉《李东阳评传》，薛泉《李东阳研究：以政治心态、文学思想为核心》，周寅宾《李东阳与茶陵派》，姜衡湘主编《李东阳研究文选》等，堪称日益走红。人民文学出版社2009年出版李庆立先生所作《怀麓堂诗话校释》，可以用"旁征博引、纵横观照"八字形容之，近四十万言的篇幅细致详尽地阐释了李东阳的论诗主张，为今后李东阳研究提供了重要的参考文献。

## 二

李庆立先生数十年一直致力于明代文学研究，文献与义理并重，先后整理校注谢榛《诗家直说笺注》《谢榛诗集校注》《谢榛全集校注》《谢榛诗选》等。《谢榛研究》则是其厚积薄发的一部专著，至今海内外研究谢榛的学者无出其右。由于有关于谢榛研究的丰厚基础，李庆立再作《怀麓堂诗话校释》就驾轻就熟、从容不迫了。就本书体例而言，人民文学出版社1961年所出郭绍虞《沧浪诗话校释》显然为所效法，不过也有改进之处。《沧浪诗话校释》之"校注"，后者以"校记""注释”分担；前者之“释”，后者则以“按语”代之；至于附录、附辑等，前者包括严羽论诗信函一通以及有关严羽传记、序跋提要、评论、题咏等；后者附录则分为六类：即“李东阳其他著述中有关诗论的文字（一〇二则）”“李东阳论诗佚文、佚事（一〇则）”“序跋提要”“有关李东阳诗学理论和诗歌创作的散评（二五七则）”“李东阳的主要生平资料索引”“主要参考书目”。可见当今如若研究明代诗学，《怀麓堂诗话校释》不可或缺。校释者在“代前言”《李东阳诗学体系论》中对《诗话》所标举之三纲，即“诗文辨体是其高扬的旗帜”，“诗歌音律是其贯穿的主线”，“诗歌真情是其追求的宗旨”，加以系统论述后说：“纲举目张，其《怀麓堂诗话》以及其他著述中有关诗论的文字便大都为其统摄，于是看似纷杂无章的论说，就按照一定的内在逻辑互相连接形成了有机的整体。”正是因为有这样一个诗学体系的构建，才令茶陵派在明中叶诗坛有了举足轻重的地位。校释者从而认为：“这一体系不仅对当时的茶陵派产生了巨大的引领作用，使台阁体末流弥漫的诗坛颓靡的景象大有改观，而且对其后的杨慎、公安三袁，以及钱谦益、王士禛、沈德潜等，皆有所启迪。”“确实，李东阳诗学及其诗歌创作在明代中叶主流诗风由台阁向复古嬗变的过程中发挥了重要的作用。”这些判断皆是极中肯綮的。

《怀麓堂诗话校释》主体部分是对李东阳一三八则诗话的校释，先说底本与校本的选用。校释者选用文渊阁《四库全书》著录之《怀麓堂诗话》为底本，以《说郛续》本、《知不足斋丛书》本、《历代诗话续编本》以及1985年岳麓书社出版周寅宾所整理之《李东阳集》本为校本，其原因，校释者认为：“一是因为明代各版本皆已佚散，而据《四库全书总目提要》知《怀麓堂诗话》来自‘浙江范懋柱家天一阁藏本’，其‘藏本’很可能就是王铎刊本或陈大晓翻刻的王铎刊本。虽然该底本在著录《四库全书》时，四库馆臣擅自对个别文字作了删改，但其版本价值是不容置疑的。二是因为清乾隆之后诸版本多据《知不足斋丛书》本翻印或整理，而于《四库全书》本关注不够。”在古籍整理中，以《四库全书》本为底本并非首选，但具体到《怀麓堂诗话》的整理，当属不得已而为之。

在全书的“校记”“注释”以及“按语”中，校释者注意吸收学界当下已有成果或公认之事实，融会贯通。如第三五则：“本朝定都北方，乃六代、五季所不能有；而又移风易俗，为一统之盛，历百有馀年之久。”“校记”云：

> “乃六代”三句：诗话本、全集本作“乃为一统之盛”。知不足本作“乃□□□□所不能有，而又用□□□为一统之盛”。《北京大学学报》2005年第六期载马云惜（当作骎）《李东阳〈麓堂诗话〉考论》：“案四库本前阙四字作‘六代五季’，后‘用□□□’竟改为‘移风易俗’，而诗话本与岳麓本则全删两句，以首尾径接。实则前四字固不能臆必，后三字当为‘夏变夷’无疑。”

又如第六五则：“《杜律》非虞伯生注，杨文贞公序刻于正统某年，宣德初已有刻本，乃张姓某人注。”于“杜律”句出注云：“《杜律注》实出自元代江西金谿进士张伯成之手，后人谓虞集注，乃是假托其名以行之。对于此，明代陆容《菽园杂记》卷一四、杨慎《升庵集》卷五《闲书〈杜律〉》、蒋冕《书元张伯成〈杜诗演义〉后》（黄宗羲编《明文海》卷二一三）、徐𤊹《徐氏笔精》卷三《〈杜律〉虞注》、曹安《谰言长语》及清代王士禛《池北偶谈》卷一四《张伯成注杜》等皆有考证……”关于《杜律注》的撰者问题，上海古籍出版社1986年出版周采泉《杜集书录》，是书卷一一著录《杜工部七言律注》二卷，对于虞集注杜律问题所论甚详，有结论云：“姚际恒《古今伪书考》而后，再经余嘉锡、程会昌等之考定，《虞注》之伪昭然若揭矣。”有关《杜律》非虞集所注的问题，《怀麓堂诗话校释》用四五百字的篇幅加以补充注释，简明扼要地参考前人有关成果，考证翔实有序，对于读者助益良多。又如第一三三则："僧最宜诗，然僧诗故鲜佳句。宋九僧诗，有曰：'县古槐根出，官清马骨高。'差强人意。""县古"二句是否为宋初九僧所作，清《陕西通志》卷九八所引《同官志》语，认为是唐杜甫壁间所题诗句，但传世杜甫集并未见此二句。校释者于"注释"中用三百余字加以考订，列举文献，有条不紊。最后总结说："总之，梅尧臣、谢希深、欧阳修、吕陶皆未指明作者，杜诗诸版本亦未收录此二句，其是否出自宋九僧，有待进一步考稽。"《古籍整理与研究学刊》2003年第六期刊有杭州师范学院中文系汪少华《"县古槐根出，官清马骨高"出处之谜》一文，也并未最终解决其出处问题，文末提出"希望有学人在此基础上进一步证实或证伪"。所谓英雄所见略同，对于目前尚难以考订的问题存疑，显示了两位学者治学极其慎重的态度。

《怀麓堂诗话校释》纠正《诗话》原有之疏漏或讹误，也功不可没。如第四三则："李杜诗，唐以来无和者，知其不可和也。""注释"则云："'李杜诗'三句：此言不确。"其后有关和李白诗分别列举宋苏轼五古《和李太白》、宋郭祥正《和李太白诗四十三首》、元王奕一首、元李孝光一首，有关和杜甫诗分别列举宋王彦辅《凤台子和杜诗》三卷、宋邓忠臣、王之道、元王奕、程端礼等人之和杜诗，虽然未必竭泽而渔，穷尽文献，却也蔚为大观。近年来，电脑以及相关逐字检索电子书的应用，的确有助于注释工作中"博览"全书，但若无胸有成竹的路径选择或关键词确定，一切也就无从谈起。又如第七五则："杨文贞公亦学杜诗。古乐府诸篇，间有得魏、晋遗意者。尤精鉴识，慎许可。其序《唐音》，谓'可观世变'。序张式之诗，称'勖哉乎楷'而已。""注释"云："'其序'二句：杨士奇并未序《唐音》。其《东里集》之《续集》卷一九'跋'有《唐音》一篇，谓'余读《唐音》，间取须溪评王、孟、韦诸家之说，附之此篇，所选可谓精矣……余意苟有志学唐者，能专意于此，足以资益，又何必多也'，对《唐音》评价甚高，但无'可观世变'字样及类似的说法。元虞集《唐音原序》:'襄城杨伯谦好唐人诗……以盛唐、中唐、晚唐别之,凡几卷,谓之《唐音》。音也者,声之成文者也,可以观世矣。'(杨士弘《唐音》)杨士弘《唐音原序》:'夫诗之为道,非为吟咏情性,流通精神而已。其所以奏之郊庙,歌之燕射,求之音律知其世道,岂偶然哉?'(《唐音》)盖李东阳误记。"注释纠原《诗话》之讹,详其源流,认真细致,极有学术价值。

《怀麓堂诗话》中论诗之语,或可参见于作者《全集》中之诗文,或可于《诗话》中寻得旁证,校释者"按语"中多有阐发,益见其钩沉索隐,用力之勤。今仅以第五六则"按语"为例:

> 此则针对"今之为诗者,一等俗句、俗字,类有'燕京琥珀'之味,而不能自脱"而发。联系第二四则"质而不俚,是诗家难事……唐诗,张文昌善用俚语,刘梦得《竹枝》亦入妙",及《李东阳集》第三卷之《文后稿》卷一一《蒙泉公补传》所谓"其为文高简峻拔,追古作者;诗亦雅健脱俗"等,则知李东阳并不反对俗句、俗字入诗;他只是强调对俗句、俗字要加以改造、点染使之雅健而已。这与严羽《沧浪诗话·诗法》所谓"除五俗"不同。而宋周紫芝《竹坡诗话》:"李端叔尝为余言,东坡云:'街谈市语,皆可入诗,但要人熔化耳。'"宋杨万里《诚斋集》卷六六《答卢谊伯书》:"诗固有以俗为雅,然亦须曾经前辈取熔,乃可因承耳。"宋孙奕《履斋示儿编》卷一〇《诗说·用方言》:"子美善以方言里谚点化入诗句中。"实为李东阳所本。

这一篇"按语"烛幽发微,左右逢源,校释者于古代文论轻车熟路般的驰骋纵横,是功力深厚的证明。因篇幅关系,上举"按语"属于短小精悍者,其他各则"按语"或有长出此则数倍者,如第一则有关"辩体"的"按语"、第二则辨析古诗与律诗的"按语"、第一一则针对诗歌“以辞达意”的“按语”、第一〇三则考证集句诗源流的“按语”、第一三五则有关杜甫诗“集诗家大成说”的“按语”等等，纵横观照，上联下挂，皆属有的放矢之论。特别是第一二则辨析诗与画异同的“按语”，长达两千余字，古今中外，引证丰富，洋洋洒洒，已形同一篇小论文。此外第三五则有关“唐以诗取士”的“按语”、第七九则有关韩愈、苏轼等人诗风异同的“按语”、第一一〇则关于李白、杜甫诗歌成就之比较的“按语”等，无论考订辨析、生发议论，都能要言不烦，探骊得珠。至于一些较为短小的“按语”，虽用语无多，却也往往颊上三毫，神采备见。

纵观《怀麓堂诗话校释》，“注释”以外，显然“按语”是最能体现本书学术价值的熠熠闪光之处。校释者在“后记”中有言：“上世纪五十年代末以来，人民文学出版社出版的近六十种《中国古典文学理论批评专著选辑》，沾溉学林，影响巨大……每念及已推出的专著，多为前辈名家校点、注释，我则惴惴不安，唯恐佛头着粪、狗尾续貂，败坏其声誉。”这当然是校释者谦逊之言，实则是书之学术水平并不在“近六十种”之下，可为今后治古代文论以及明代诗学研究者备于座右，以供取资。

## 三

在拜阅全书的过程中，笔者也发现一些尚可商榷或可略加补充之处，谨此提出以商诸李庆立先生。或许因为篇幅所限，是书对于《诗话》中所涉及的前人诗句，注释多不引原诗，尝鼎一脔，难解全味，极易造成对李东阳品诗用心的理解障碍。如第一三则：“‘鸡声茅店月，人迹板桥霜。’人但知其能道羁愁野况于言意之表，不知二句中不用一二闲字，止提掇出紧关物色字样，而音韵铿锵，意象具足，始为难得。若强排硬叠，不论其字面之清浊，音韵之谐舛，而云我能写景用事，岂可哉？”“注释”云：“‘鸡声’二句，见温庭筠五言律诗《商山早行》。”“鸡声”二句为古今传诵之名联，但读者一般对全诗并不熟悉，如能将《商山早行》全诗注出：“晨起动征铎，客行悲故乡。鸡声茅店月，人迹板桥霜。槲叶落山路，枳花明驿墙。因思杜陵梦，凫雁满回塘。”则不但此联所处颔联位置不言而喻，于李东阳措辞用意之理解也不无助益。另如第一五则：“‘写留行道影，焚却坐禅身。’开口便自粘带，已落第二义矣。所谓‘烧却活和尚’，正不须如此说。”“注释”仅云：“‘写留’二句，见唐贾岛《哭柏岩和尚》（又作《哭柏岩禅师》）。”由于注释未引原诗，管中窥豹，总令读者有些莫名其妙，按原诗：“苔覆石床新，师曾占几春。写留行道影，焚却坐禅身。塔院关松雪，经房锁隙尘。自嫌双泪下，不是解空人。”可知所引二句在原诗颔联位置，与颈联皆工稳可诵，联系全诗意象，所谓“烧却活和尚”之论，当属略带调侃性的“酷评”；李东阳所谓“粘带”“第二义”之论亦可商榷。

陈田《明诗纪事》被列为校释者“主要参考书目”之一，第一八则“注释”二所注潘祯，即引《明诗纪事》丙签卷五有关资料。第九〇则“注释”一：“彭民望：湖南人。布衣。曾客游京师，与李东阳多有唱酬。余未详。李东阳有《赠彭民望三首》、《再赠三首用前韵》、《寄彭民望》等诗和《祭彭民望文》一篇。”有关彭民望的传记资料甚为难觅，唯见《明诗纪事》乙签卷一九选彭泽诗七首，小传略云：“泽字民望，攸（今湖南株洲市）人。景泰丙子（1456）举人，除应天通判。有《老葵集》。”陈田另引《沅湘耆旧集》云：“民望诗宗法甚正，涯翁称其清而腴，简而有余，见之而可亲，追之而不能及其所之。其倾倒如此。”又有按语云：“老葵风调遒上，七律尤推擅场，正统、景泰间不多见也。”校释者若能引用《明诗纪事》有关彭泽的上述材料，当有益于读者研治。

是书第一三八则：“元诗：‘山中乌喙方尝胆，台上蛾眉正捧心。’”“注释”云：“‘山中’二句：明田汝成《西湖游览志馀》卷一二《才情雅致》谓明瞿佑有七言律诗《题伍胥庙》，其颔联为‘江边敌国方尝胆，台上佳人正捧心’。瞿佑，由元入明之人。”如此注释写过传奇小说集《剪灯新话》的瞿佑，似太简单，与全书体例亦不相合。按瞿佑（1347—1433，旧有1341—1427一说），字宗吉，号存斋，钱塘（今浙江杭州）人。洪武中以荐授仁和、临安、宜阳训导，永乐间任周王府右长史，永乐十三年（1415）以作诗得祸，谪戍保安（今陕西志丹）十年，后赦还。一生博览群书，著述宏富，诗文集有《存斋遗稿》。清钱谦益《列朝诗集小传》乙集“瞿长史佑”云：“宗吉风情丽逸，著《剪灯新话》及乐府歌词，多偎红倚翠之语，为时传诵。”陈田《明诗纪事》乙签卷一三选瞿佑诗十三首，有按语云：“宗吉才华烂漫，咏古之作最为警策。若徒赏其《安荣美人行》、《美人画眉歌》及《漫兴》、《书生叹》诸篇，鲜不为才人之累矣。”其《伍胥庙》诗：“一过丛祠泪满襟，英雄自古少知音。江边敌国方尝胆，台上佳人正捧心。入郢共知仇已雪，沼吴谁识恨尤深。素车白马终何益，不及陶朱像铸金。”

是书第一二九则：“曩时诸翰林斋居，闭户作诗。有僮仆窥之，见面目皆作青色。彭敷五以‘青’字韵嘲之，几致反目。予为解之，有曰：‘拟向麻池争白战，瘦来鸡肋岂胜拳。’闻者皆笑。”“拟向”二句用典，若不注出，读者实难以理解“闻者皆笑”的缘由。第一句典出《晋书》卷一〇五《石勒下》载记：“初，勒与李阳邻居，岁常争麻池，迭相殴击。至是，谓父老曰：‘李阳，壮士也，何以不来？沤麻是布衣之恨，孤方崇信于天下，宁雠匹夫乎！’乃使召阳。既至，勒与酣谑，引阳臂笑曰：‘孤往日厌卿老拳，卿亦饱孤毒手。’因赐甲第一区，拜参军都尉。”白战，即指互相搏斗；又指作“禁体诗”（即一种遵守特定禁例写作的诗）时禁用某些较常用的字。宋欧阳修为颍州太守，曾与客会饮，作咏雪诗，禁用玉、月、梨、梅、絮、鹤、鹅、银、舞、白诸字。这里即有双关搏斗与作限韵诗之义，自然浑成，所以可笑。第二句典出《晋书》卷四九《刘伶传》：“（刘伶）尝醉与俗人相忤，其人攘袂奋拳而往。伶徐曰：‘鸡肋不足以安尊拳。’其人笑而止。”有此句相衬，就更令人忍俊不禁了。

是书第五三则：“《红梅》诗押‘牛’字韵，有曰：‘错认桃林欲放牛。’《蛱蝶》诗押‘船’字韵，有曰：‘跟个卖花人上船。’皆前辈所传，不知为何名氏也。”“注释”一云：

> 《红梅》诗：清《御选明诗》卷一一六《七言绝句》：“嘉兴乩仙《红梅》：‘玉骨冰肌孰与俦，点些颜色在枝头。牧童睡起朦胧眼，错认桃林误放牛。’”明胡应麟《少室山房笔丛》卷二一《二酉缀遗下》：“《七修类稿》……又曰：一人招（箕）仙请作梅花诗，箕遂书‘玉质亭亭轻且幽’一句，其人云欲题红者，即续曰：‘著些颜色点枝头。牧童睡起朦胧眼，错认桃林去放牛。’”按：潘德舆《养一斋诗话》卷四：“然学诗之失，戒廓则每入于纤，纤亦不可不防也。如《红梅》诗云：‘错认桃林欲放牛’，纤极矣！西涯又赏之。且桃林，地名，非桃花林也。桃林之放牛，乃周王武功告成时事，与牧人何干？由纤得误，直不堪一笑者，而犹以为名句耶？”其或未见全诗，或强作解事。因为从全诗看，“桃林”根本与“周王武功告成时事”无关，“直不堪一笑者”，应为潘德舆。

傅璇琮等主编、北京大学古文献研究所编《全宋诗》第六八册收录吕徽之《红梅》诗：“疏影离奇色更柔，谁将红粉点枝头。牧童睡起朦胧眼，错认桃林欲放牛。”小传云：“吕徽之，字起猷，号六松，仙居（今浙江）人。宋亡，以耕渔自给，与同里翁森有交。事见《辍耕录》卷八。今录诗十二首。”明人扶箕（乩），即将南宋吕徽之《红梅》诗改易首二句，变换为从咏白梅到咏红梅的转折递进，虽见巧思，究非原创，这里仍以注出原作者为宜。“注释”二云：“《蛱蝶》诗：出处未详。”按明唐寅《六如居士全集》卷三有《咏蛱蝶》七绝一首：“嫩绿深红色自鲜，飞来飞去趁风前。有时飞向渡头过，随向卖花人上船。”唐寅（1470—

1522)，字伯虎，一字子畏，号六如居士、桃花庵主，又自称“江南第一风流才子”，吴县（今江苏苏州）人。弘治十一年（1498）举乡试第一，翌年入京会试，受科场案牵连，谪为吏，耻不就，放浪诗酒。善书工画，著有《六如居士全集》六卷。《明史》卷二八六《文苑二》有传，内云：“寅诗文，初尚才情，晚年颓然自放，谓后人知我不在此，论者伤之。”清钱谦益《列朝诗集小传》丙集“唐解元寅”有云：“伯虎诗少喜秾丽，学初唐，长好刘、白，多凄怨之词，晚益自放，不计工拙，兴寄烂漫，时复斐然。”清朱彝尊《静志居诗话》卷九“唐寅”谓其：“于画颇自矜贵，不苟作，而诗则纵笔疾书，都不经意，以此任达，几于游戏。此袁永之辑其集，仅存少年之作，实未足以尽其长。”陈田《明诗纪事》丁签卷一一上选唐寅诗九首，有按语云：“子畏诗才烂漫，好为俚句。选家淘汰太过，并其有才情者不录，此君真面不见。”李东阳（1447—1516）长于唐寅二十三岁，当属其父执一辈，《诗话》录其诗以“皆前辈所传，不知为何名氏也”为记，是一件趣事。唐寅在当时诗坛徒有才情而名位不彰，其《咏蛱蝶》一诗末句以巧思赢得士大夫青睐可以想见，但流播众口渐湮没原创者之名，致令李东阳误以为“前辈”云云，亦可见明代官本位社会下之人情世态。

以上所述可商榷之处，质诸庆立先生，若果属实，亦不过白璧微瑕。就全书而言，《怀麓堂诗话校释》的确属于当今古籍整理不可多得的优秀成果。

《古籍整理出版情况简报》2010 年第 6 期

《怀麓堂诗话校释》，李东阳著，李庆立校释，人民文学出版社 2009 年 10 月出版，

责任编辑：葛云波

# 溪流清澈映青山

——评《金戈铁马辛弃疾》

徐　莉

梁实秋先生在《我的一位国文老师》中，回忆到“徐老虎”讲课的情景，说他介绍完作者后，必大声朗诵一遍，使听者在他朗诵时，便已明了文章好处的一半。这与鲁迅先生在《从百草园到三味书屋》中所描写的私塾先生讲课的情形相仿佛。因为有了文学大师的刻画，这些儒学之师留给我们如此深刻的印象，使我们觉得，对于博大精深的经典之作,只能做“妙不可言”“只可意会,不可言传”式的“感觉”，听者只能根据朗诵者沉醉的形态来体味其中的无穷意蕴。也正因为如此，朱自清先生虽然主张将诗歌进行分析，但是也相当明白其中的危险，一旦讲不好，文章、诗歌的精华就会丧失。但是赵晓岚老师对于辛弃疾生平、诗歌的评析、论讲，却完全改变了我对于诗词不可讲的印象。

辛弃疾是“词坛飞将军”，其词意境宏阔，翻转自如，时人已熟知其“醉里挑灯看剑”“气吞万里如虎”等等充满英雄豪杰之气的词句。凡是喜欢中国古典文学的，尤其是喜欢古典诗词的，莫不把辛弃疾作为心目中的爱国英豪，他所开创出的词的另一境界，也深为人所折服。历来评说辛弃疾的学者多之又多，辛弃疾也早已成为众人眼中的传奇人物，在这样的情况下，又该如何深入浅出地论说辛弃疾，使辛弃疾再度进入人们的视野，从而对他的一生遭际和词作有更深一层的体味和感怀？

不应忘记，辛弃疾还有“稻花香里说丰年，听取蛙声一片”“最喜小儿亡赖，溪头卧剥莲蓬”的词句，这些词是王国维先生所谓“能写真景物，真感情者”，特“有境界”（《人间词话》）。这类词与杜甫的《江村》诗“老妻画纸为棋局，稚子敲针作钓钩”有相同的意趣。在寥寥数语中将生活之场景描摹状写于眼前，饱含着令人欢喜的恬静。赵晓岚老师将辛弃疾的这些“农村词”放在《金戈铁马辛弃疾》的第八章来讲，真是一个精心的安排，唯有洞察辛弃疾坎坷一生与他的词作之间的深刻关系，才能做此编排。“七八个星天外，两三点雨山前”“陌上柔条初破芽，东邻蚕种已生些”，是什么样的人能够在常人已经熟悉到漠然的景象中看到无穷的诗意，并把它们写进词作之中？

在阅读完《金戈铁马辛弃疾》一书的前七章后，再读到这些“农村词”时，就会在这些词句的诗意之外看到“悲壮”的色调。辛弃疾从小就在祖父的培养下，一是增加了爱国的志向，一是受到了实际的训练。长大成人后，他加入义军，显示了他的智慧和才干。南下归于南宋、在被弹劾之前，他一直努力于抗金事业，并通过种种方式来表达自己的愿望、表现自己的才能。有《美芹十论》《论盗贼劄子》等文写成；也有实际的治政措施，既能安抚一方百姓，又能训练出强有力的军队。但是现在这个英雄人物却不得不去继承陶潜的传统了。一方面，他在国家历经磨难的境况下，体味到平静的日常生活是多么难能可贵，另一方面却仍隐含着抱负的空怀。

英雄落幕，悲歌奏起。总括辛弃疾的一生，即可用“悲壮”来概括。赵晓岚老师仿佛是一个精巧的织布手，任南宋江山如何飘摇不定、政局如何复杂变化，辛弃疾的生平遭际如何难以堪说，她都能将这些内容与辛弃疾的诗词创作、文章论著一起织成“悲壮”二字，其中经纬不乱、丝丝相扣。以全书的大结构为例，在《金戈铁马辛弃疾》这本书的序幕和结尾处，谢枋得祭拜辛弃疾的故事被再三提及。这是采用了回环式的结构，在故事的传奇之外，渲染了凄厉、慷慨、悲愤、英雄相惜的“悲壮”气氛。对于书中的结构，赵老师的安排也是极其细致妥当，其手中之梭穿插自如，起承转合自然顺畅，毫无阻隔之感，令人读后酣畅淋漓、不忍释手。

“我见青山多妩媚，料青山见我应如是。”赵晓岚老师把辛弃疾比作青山，那么我愿意把《金戈铁马辛弃疾》这本书比作清澈畅达的溪流，因其清澈而使辛弃疾这座青山的影像更显俊朗高拔。溪流还在缓缓地流向远方，它与青山一起，在历史的长河中因为相互的映照而放着璀璨的光芒。

《海南日报》2011 年 1 月 13 日

《金戈铁马辛弃疾》，赵晓岚著，人民文学出版社 2010 年 5 月出版，责任编辑：葛云波、胡文骏

# 辛弃疾的惊人“预言”

石　珂

近日翻阅赵晓岚女士新著《金戈铁马辛弃疾》，感慨颇多。细腻的讲述让人似觉时空倒转，回到了辛弃疾所生活的那个纷乱时代。会因目睹南宋朝廷一次次错失战机，一次次遗漏人才而摇头叹息；会为稼轩“气吞万里如虎”的英雄气概一次次受挫于南宋朝廷的庸人统治而悲愤不已。一些思绪始终萦绕心头，特别是辛弃疾的“预言”让人无法释怀。

《金戈铁马辛弃疾》中，赵晓岚女士讲解辛弃疾担任滁州知府这段经历时指出：辛弃疾在滁州不仅为官一方，对这个边境城池进行了一系列的改革，而且他“对金国内部情况给予了高度的关注”，在对情报进行综合分析后向朝廷上奏了“仇虏六十年必亡，虏亡而中国之忧方大”的预言。

翻检史料，我们可以知道辛弃疾这则预言见载于南宋景定年间谢枋得任江东转运司贡举考试官时所拟策问试题中：

犹记乾道壬辰（1172），辛幼安告君相：“仇虏六十年必亡，虏亡而中国之忧方大。”绍定验矣，惜乎斯人之不用于乱世也！

谢枋得为辛弃疾预言之准而惊讶，为人才不被重用而悲叹。千年之后我们再回头看那段历史，仍会发现“仇虏六十年必亡，虏亡而中国之忧方大”的预言实在准得惊人。

南宋绍定七年（1234），宋蒙联军攻破蔡州城，逃亡此地的金哀宗完颜守绪已做了放弃的打算，无奈之下草草传位完颜承麟，自己则自缢而死。但不幸的是完颜承麟没能突围，死于宋蒙联军的铁蹄之下，传衍百年的大金帝国也随之风流云散了。此时距谢枋得听得辛弃疾预言的乾道壬辰年刚好六十二年。宋蒙灭金看似洗刷了金灭北宋的耻辱，但仅一年，蒙古大军就对南宋发起了全面进攻，而南宋终究斗不过彪悍而一意征服宇内的蒙古大军。祥兴二年（1279）厓山海战中陆秀夫背着年仅八岁的小皇帝赵昺跳海而死，南宋终究也灭亡在了曾经的“盟友”手上。

辛弃疾为何能做出如此准确的预言？他关注到了金国内部的什么情况？我们现在已经很难确切知晓，但从零星的材料中，仍能拼凑出一些线索。

隆兴元年（1163）“符离兵败”后辛弃疾曾向朝廷进献《美芹十论》，认为南宋此次虽败，但金国灭亡却是不可逆转之势。“盖国之亡，未有如民怨、嫡庶不定之酷，虏并有之，欲不亡何待？”将亡国主要因素归结为民怨与宫廷斗争，金国恰好两项都占。分析民怨时，辛弃疾认为金国的横征暴敛已经到了“民不堪而叛”的程度。分析宫廷斗争时，辛弃疾认为金国内部上下猜防、斗争严重。十年前（1161）完颜雍趁完颜亮侵宋时发动东京政变，完颜亮在军帐中被将领缢杀。这轰动一时的大事对辛弃疾影响颇大。《宋史》云：“金主亮死，中原豪杰并起，耿京聚兵山东，称天平节度使，节制山东、河北忠义军马。弃疾为掌书记，即劝京决策南向。”完颜亮南侵之时，正是辛弃疾与金国决裂之际。那时，还没南归的辛弃疾在金国的土地上亲眼见到人民的怨愤在完颜亮动兵之时爆发，亲身感受到统治集团的矛盾在开战之后激化。我想这正是辛弃疾能做出“仇虏六十年必亡”判断的前提吧。

不过“虏亡而中国之忧方大”的判断是不是指蒙古的崛起以及最后灭宋，其实很难坐实，因为此时北方的威胁并不只蒙古一股势力。完颜亮南侵时，金国内部除了东京政变外，耶律撒八等领导的契丹族起义也必然引起辛弃疾的注意。完颜亮南侵后急需兵源，西北路的契丹青壮年全在征兵范围内，这一决定瞬间激化了双方矛盾，各地契丹人纷纷起义，甚至攻占了原来作过辽国首都的临潢府。另一方面，逃亡漠北的辽国皇族耶律大石所建立的西辽降服了高昌回鹘等政权，在中亚还很有些影响力，金世宗也曾担心“宋人喜生事背盟，或与大石相通”。可见契丹人对中原地区也有潜在的威胁。

辛弃疾做出预言的乾道壬辰（1172），蒙古各部仍处于分裂混战之中，实力并不太强。虽然南宋士人对蒙古人时常骚扰金国边境的事情有所耳闻，如乾道六年（1170）楼钥出使金国所写的《北行日录》中就有记载。但南宋士人与蒙古接触甚少，对蒙古的了解也可能模糊不清。辛弃疾《美芹十论》《九议》等奏议中也并未直接提及蒙古。所以“虏亡而中国之忧方大”可能只是笼统地指向北方各彪悍的少数民族政权，毕竟实力不强的南宋如果正面遭遇他们任何一个都没有必胜的把握。只有做好“自治”“屯田”等工作，南宋才有能力应对北方局势的变化，才能在北方诸胡的矛盾中寻找到收复中原的契机。

不过北方局势的变化与蒙古的崛起都非常迅速。庆元三年（1197）出使金国的卫泾所写《奉使回奏事札子》已认为在蒙古的袭扰下金国已现“危亡之兆”。但恐“一弱虏灭，一强虏生，犹未足以喜也”。蒙古兴起的威胁才正式进入了高层的考虑范畴。不过忧虑意识毕竟敌不过发热的头脑，冒进的“开禧北伐”多年后仍轰轰烈烈地拉开了大幕，南宋政权走上了一条不归之路。

一语成谶的故事并不少见，北宋秦观的绝笔《好事近·梦中作》便常被看作一则死亡预言。当吟完“飞云当面化龙蛇，夭矫转空碧。醉卧古藤荫下，了不知南北”后，秦学士便“笑逝而化”于“龙母”之乡——滕州。龙、藤的意象与死亡地点的隐秘地联系常使后人嗟呀。但这样的预言太过空灵。辛弃疾“仇虏六十年必亡，虏亡而中国之忧方大”的预言则如赵晓岚女士所讲，是在“对金国内部情况给予了高度的关注”的前提下做出的正确判断。不是缥缈的云雾，不是无根的浮萍，它显示的是辛弃疾过人的才能与洞察力，预言料中的是金、宋两国的命运。这样全局的眼光，如此正确的判断却犹如石沉大海，在南宋朝堂之上没击出半点涟漪。辛弃疾满怀壮志地南归，却犹如鹰入囚笼，羽翅终不得以伸展。辛弃疾的不幸不仅是个人的悲剧，而且是南宋朝廷的悲剧。历史犹如滔滔江水一去不返，但幸好有赵晓岚女士的《金戈铁马辛弃疾》带领我们回到江边，伫立良久，清凉的江风总会让燥热的头脑清醒一些的。

《中华读书报》2011 年 4 月 27 日

《金戈铁马辛弃疾》，赵晓岚著，人民文学出版社 2010 年 5 月出版，责任编辑：葛云波、胡文骏

# 评《国朝闺秀诗柳絮集校补》

徐振贵

江西财经大学付琼教授整理校补的《国朝闺秀诗柳絮集校补》，由人民文学出版社 2011 年 9 月出版，此书可谓清代女性诗歌的洋洋大观，为研究女性文学艺术的“淘金者”，又提供了更为广袤的一片富矿。

清代女性文学的地位不容忽视。胡文楷《历代妇女著作考》收录历代女作家四千余人，其中清代就有三千八百七十余人（含张宏生等增补的二百七十人），清代女性文学的成就由此可以概见。近年来，女性文学研究，特别是清代女性文学研究，“已成为一门国际化的显学”（胡晓明《江南女性别集丛刊小引》），海内外相关的研究著作踵武相接，清代女性文学文献的整理也取得了较大的成绩。《江南女性别集初编》收清代女性别集四十余种，《美国哈佛大学哈佛燕京图书馆藏明清妇女著述汇刊》收清代女性别集五十余种，《清代闺秀诗话丛刊》收清代闺秀诗话十四种。《国朝闺秀诗柳絮集校补》的出版，标志着清代女性文学文献的整理在别集、诗话之外又取得了开拓性的进展。

清人黄秩模（1808—1868）乃是历经清末嘉、道、咸、同四朝、刻书不下百十数部的私人刻书家。他在汪启淑乾隆年间所辑《撷芳集》和完颜恽珠道光年间所辑《国朝闺秀正始集》《国朝闺秀正始续集》的基础上，根据自己制定的人诗并重、存没兼收的选录标准，消解流品、以韵系人的编纂体例，南方为主、群体为先的主体框架，历时六年，博采广收，终于咸丰时期刻成《国朝闺秀诗柳絮集》。该集所收一千九百四十九家的八千三百四十三首诗作中，诸如归懋仪《五人墓》对因抨击魏忠贤奸党而英勇就义的五位市民英雄的热情歌颂；江苏李氏《弓鞋》“三寸弓鞋自古无，观音大士亦双趺。不知裹足从何起，起自人间贱丈夫”，对夫权的指斥厉喝；王采薇《木兰词》中对木兰独立人格的衷心赞美；高景芳《输租行》中对农民租税惨重、生活痛苦的同情；方彦珍对“女子作诗不宜”论的驳斥；陈尔士《典钗》中对贵族殊丽“两鬓直千万，或取诸民脂”的揭露；杭州袁氏对郭巨埋儿以悦其母的愚孝行为的斥责（《责郭巨》）；邵飞飞《薄命词》“为问生身亲父母，卖儿还剩几多钱？”“炎天斗室秽难闻，蒜蒜葱葱尽日熏”，对佳人薄命的悲伤倾诉，等等，都不失为直面人生、无意纲常、感情真挚、动人心魄的真诗好诗。其中，那“荷叶裁衣藕刻船，长丝轻掷一竿悬”的泼辣渔妇形象（童凤《赠渔妇》）；“脉脉无言对落晖，临风孤影更何依。伤心不及天边鸟，犹得含哺傍母飞”的悲伤情怀（熊琏《哭母》）；覃树英《永顺官署寄母家》“城势低如署，山光四望通。家遥千嶂外，岁尽百蛮中。孤雁朝啼雪，哀猿晚啸风。心情自无限，珍重寄诗筒”所流露的雄拔之气；“身随流水远，愁逐晚潮生”（江鸿祯《寄兄》）的对仗工整又流走生动，都能看出清代闺秀诗歌造诣的不可小觑之处。《国朝闺秀诗柳絮集》不愧为数量最多又颇具文学价值的清代女性诗歌总集。

但是，清代女性诗歌在结集和流传过程中失真现象十分严重。相当数量的女性诗歌在结集时经过编者“善意”的加工润色，后来的选本在选入这些作品时又往往以居高临下的姿态妄加改篡和增删。因而对于女性诗集的整理而言，校对就显得尤为重要。《国朝闺秀诗柳絮集校补》以三百余种馆藏古籍文献为据，为《柳絮集》及其《续编》《又续编》中六百三十二位女性的诗歌增加“校记”二千二百四十六条。对于校勘出的异文，一般不作改动，只是谨记于“校记”之中。对于《柳絮集》及其续编中的明显错误，则据所见他本，慎重改正。少数无可依据者，一并附于“校记”之中。此类例证，俯拾即是。态度相当谨严。仅是全书“校记”，就有五万多字。另一方面，《柳絮集》于诗人名下皆系以小传，但这些小传只是对女诗人的社会关系加以罗列，至于其生卒年代、经历怎样、诗集版本情况如何，则大都付之阙如。这自然会影响解读其所选入的诗歌。此次校补为其中的二百九十七位清代闺秀小传补充了有关诗人生平及诗集版本方面的材料四百九十五则，近二十万字，称为“辑补”。辑补所引材料本身另需说明或补充者，则于辑补之末酌加案语，对于考证诗人的生平事迹颇多裨益。例如，熊琏小传，黄著只有寥寥二十一个字，据《澹仙诗钞》等辑补五百馀字；黄著徐灿小传仅有五十多字，据《国朝列女诗传》等书，辑补七百多字。对辑补的材料，并非仅是抄录，而是于疑误处酌加案语，予以说明，足见所下功夫。更为重要的是，辑补中所录的材料均为胡文楷《历代妇女著作考》所未收录者，其文献价值不言而喻。

黄秩模是一位颇有成就的刻书家，其木活字本《逊敏堂丛书》收子书不下百种，许多重要文献赖此以存，至今为学界所信据。然而，黄秩模本人并没有引起当今学界的关注，有关其生平与刻书的零星记载颇多缺略和谬误。瞿冕良《中国古籍版刻辞典》在黄秩模名下仅列《逊敏堂丛书》的子书《广卓异记》一种，并不及黄秩模生卒年，仅曰“清道光间宜黄人”而已。《江西历代人物辞典》《宜黄县志》亦皆不著黄秩模生卒年，后者甚至将黄秩模编刻的《逊敏堂丛书》和《国朝闺秀诗柳絮集》李戴于黄秩虞名下。付琼不仅考证出黄秩模的生卒年，而且编成了《黄秩模年表》附于书尾，其补阙拾遗之功亦不可掩。本校补本的“前言”也是黄秩模及其《国朝闺秀诗柳絮集》研究的力作。

《古籍整理出版情况简报》2012 年第 2 期

《国朝闺秀诗柳絮集校补》，付琼整理校补，人民文学出版社 2011 年 9 月出版，责任编辑：徐文凯

# 联璋组璧　嘉惠学林

——新编、点校《沈德潜诗文集》评介

蒋晓光

文学文献的整理，其价值不但在可观览一时、一人创作的全貌，更在于从横纵两面考究作品对传统的继承与创革，以及在同时、后世的影响和接受，而这一点最为集中体现在独领风骚的大家之中。清代中叶的沈德潜继钱谦益、王士禛之后主盟诗坛，以“格调”为符帜，振起一代诗风，篇什、论说布在人口，然而长时期以来沈氏全集整理出版的工作却是付之阙如的。

清朝入关伊始，上虽有文治之心，但天下士子工诗好文者仍沿袭明末遗风，以钱谦益为诗国宗主，文柄的旁落自然引起统治阶层的恐慌。康熙帝即位后，不次擢升王士禛，将其由郎官转为翰林院侍读，皇权笼罩下的新一代的诗坛盟主由此崛起，而王氏提倡的“神韵”说也流衍开来，即诗学史上所谓的“钱王代兴”。及沈德潜以“老名士”的身份跻身进士之林时，初登天子位的乾隆皇帝正雄心勃勃效法乃祖之政，而王士禛去世后的清代诗坛又显得扑朔迷离起来，由是年轻的皇帝将垂垂老矣的诗人引为诗友，游宴唱和，恩遇叠加，未及十年，沈氏已官居礼部侍郎，并以诗主“格调”而晋为诗坛盟主。与此同时或稍后，翁方纲、袁枚却分别提出“肌理”“性灵”之说来与沈氏分庭抗礼，沈德潜成为清代中期诗坛一位承前启后的人物。风云际会之下，反观清代诗学发展的脉络，我们有理由期待一部经过整理的沈德潜诗文全集问世来促进这一时段诗歌艺术研究的深入。今幸有潘务正先生、李言女士编辑点校的四大册《沈德潜诗文集》于2011年10月在人民文学出版社出版，可谓有德于沈氏，而又惠及学林。

全书主要分为《归愚诗钞》、《归愚诗钞余集》、《一一斋诗》、《竹啸轩诗钞》、《归愚诗钞》（十四卷本）、《矢音集》、《黄山游草·台山游草》、《南巡草》、《沈归愚诗文稿·诗稿》、《归愚诗余》、《归愚文钞》、《归愚文钞余集》、《归愚文钞》（十二卷本）、《归愚文续》、《沈归愚诗文稿·文稿》、《浙江通省志图说》、《说诗晬语》、《辑佚》、《附录》等十八个部分，以乾隆年间教忠堂刻本《沈归愚诗文全集》为底本，参校他本，几乎将沈德潜之诗文网罗殆尽。通观全书，笔者认为新编《沈德潜诗文集》（下称《沈集》）有三点贡献需特表出之：

第一，汇全众本。认识新编《沈集》的价值，必须对沈德潜其人其书做一了解。沈德潜，苏州人，字确士、归愚，生于康熙十二年（1673），乾隆四年（1739）成进士，官至礼部侍郎，十四年以原品致仕，在籍食俸，复加尚书衔，卒于乾隆三十四年（1769）。沈氏在六十七岁之前过着普通士子的生活，尝从叶燮学诗，其文学主张基本形成，此前已有诗文集刊印；中进士后由皇帝超擢，御前行走十年，后归养二十年，年九十七卒，赐葬，谥文悫，这一时期相关著述不断刊行，甚至由皇帝撰序，并有亲自写定的文稿进呈；乾隆四十三年徐述夔《一柱楼诗》因所谓有“怨愤之语”被定为“逆案”，而沈德潜却在其中为徐作传，乾隆震怒，称其“卑污无耻，玷辱缙绅”，剥夺一切官衔、谥典，已刊行的诗文集虽未被查禁，但不少文句被人挖改。在以上三种因素的影响之下，造成沈氏诗文集版本纷杂的局面。就诗集而言，《归愚诗钞》

为编者所寓目者即有十余种，它们在成书、刊印的时间上存在巨大差异，所收篇目大不相同，因此编者去其重复，分录为《归愚诗钞》和《归愚诗钞》（十四卷本）两种版本形式，同时将所见诸种《归愚诗钞余集》《竹啸轩诗钞》整理后以单本形式著录，加上之外的各种诗集共同组成沈德潜诗集的全貌，而文集的整理同是如此，为学界对沈德潜进行整体研究提供了极大的便利。

第二，考校精良。诸家所刻沈德潜诗文，异文多，舛误亦多，新编《沈集》对此考证极为细致。《归愚诗钞》卷二《民船运》中四句："三月发京口，四月停淮城。五月下黄流，六月指济宁"，校记曰："'三'，《竹啸轩诗钞》卷七十五作'五'；'四'，《竹啸轩诗钞》卷七十五作'六'；'五'，《竹啸轩诗钞》卷七十五作'七'；'六'，《竹啸轩诗钞》卷七十五作'八'"；《归愚诗钞》卷十二《秋日过浴凫泾》前四句："田家无面势，草屋乱西东。菱渚半边白，枫林两岸红"，关于第一句，校记曰："《竹啸轩诗钞》卷六此句作'江流遶村落'"，第四句，校记曰："'两岸'，《竹啸轩诗钞》卷六作'一片'"，两种版本均可通，或是诗人前后修改所造成，故存异文以备查考。《归愚文钞》卷五《书〈后汉书·东夷传〉》，校记曰："'书'，清刻本作'读'，《归愚文续》卷十一题作'书《后汉书·东夷传》后'"，此为据他本对校例；《归愚文钞》卷六《秦誓论》中"《复》之九二曰：'不远复，无祇悔'"，校记曰："'九二'，应为'初九'"，此为据引文出处对校例；《归愚文钞》卷十二《〈徐龙友遗诗〉序》中"入社者张子岳朱"，校记曰："'朱'，细核后文，应为'未'字"，此为据原文前后用语对校例。诸如此类，不一而足，可见编者考校之用心。

第三，搜罗宏富。关于沈德潜各种诗文集的版本虽然众多，但所收篇目并不齐备，仍需拾漏补遗。新编《沈集》的《辑佚》部分，补"佚诗"三首，"佚文"三十六篇，另有对联、存目诗文数十篇。"佚文"中有价值的文字极多，《〈飞鸿堂印谱〉序》谓："然体制虽殊，本原遥溯，谈篆刻者必以秦汉为宗，犹论文者必准则《左》《史》，论诗者必讨源风骚，论书画者必问途钟、张、吴、顾诸家也。近日篆刻家但工妍媚，不求淳古，而故作怪异者，则又橅形似于剥蚀坏烂，致尽失古人之真”，其“讨源风骚”的主张以及追求“淳古”的意趣，实可与沈氏编撰五朝别裁诗集的本旨结合起来进行研究；《跋明仇实父文衡山〈西厢传奇〉书画合册》曰：“余因录《会真记》以冠其首，又附以王范考订及元集所载，证是为微之所寄托，非独志书画之并喜，且以见悟于妄而返于真者，斯诚为善补过者欤？……阅是册者，幸勿徒艳其事而三复焉”，《西厢记》本为艳情之作，而沈氏却又回到《会真记》中所谓的“善补过”，与其提倡的“格调”说之“温柔敦厚”的诗教传统可以对读。至于《〈唐人五言长律清丽集〉序》《〈停云集〉序》等亦有较高的诗学价值。

总之，新编《沈集》为学界提供了一部精准全备的沈德潜诗文总集。正如编者在“后记”中所言，当前对沈德潜的研究之所以集中在其诗学理论及诗歌选本上，主要原因在于文集整理的滞后。笔者相信，在推进理论研究的过程中，必然需要回到诗歌创作中来，是编的完成定将推动全面研究沈氏文学成就的展开。

《古籍整理出版情况简报》2012 年第 9 期

《沈德潜诗文集》，潘务正、李言编辑点校，人民文学出版社 2011 年 10 月出版，

责任编辑：胡文骏

# 贯通古今　体大思新

张　炯

在诗歌研究方面，建国前我们曾有陈钟凡的《中国韵文通论》和陆侃如、冯沅君的《中国诗史》出版，但未涉现代诗歌；还有公木先生主编的《中国诗歌史论丛书》九卷出版，可视为从先秦到现代的断代史论的连缀。但像赵敏俐、吴思敬新编的从先秦到当代，还外加民族卷这样规模宏大、内涵丰富的《中国诗歌通史》，在我国学术界还是第一部。各卷主编皆属学有专长的学者，编写人员前后用了八年时间，才打磨、锻造出这样一部十一卷、共八百一十七万字的中国文体史的巨著，其学术价值自不待言。这是我国诗歌界的一件大事，也是我国文学研究界的一件大事。

在中国文学的各种文体中，诗歌是历代最重要的文体，源远流长。我国是诗歌大国，自古至今产生过浩如瀚海的诗作，历代都涌现过无数的诗人。其间，诗歌从内容到形式与风格都产生过多次的变迁。由于战争和各种灾难，许多诗人和诗作往往被历史所淹没。而文学史著作不但要从史料发掘中客观地叙述文学发展的史实，适当地评价历代作家和作品的历史地位与价值，还要探讨文学发展的历史特色和规律。

因而，编写一部诗歌通史，必然有很大的难度。

《中国诗歌通史》至少有以下的特点和优点：

第一，它依据唯物史观和文艺是社会生活反映的产物等基本观点，重视从文学与不同时代的政治、经济、文化等生活结构的联系中去考察和诠释我国诗歌的历史发展，考察和诠释我国不同地区和民族的诗歌特色发生的缘由。书中各卷的论述都很重视诗歌发展的历史背景，具体论述到不同时代的诗歌题材、主题、形式和风格的演变与当时社会生活变动的关联。

第二，它是目前最全面的中国诗歌通史。全书不但纵贯古今，涵盖海峡两岸三地的诗歌发展与成就，还设立少数民族诗歌卷，对我国古今少数民族诗歌的发展史实和重要的作家作品作专门的论述。这是文体史中前人所没有做过的。

第三，它是目前内涵最丰富的中国诗歌通史。全书不但研究更加深入、细致，并能揭示各个历史时代诗歌发展的特点和表现形式。如对《诗经》的研究，不但有分时期、分地域的论述，还作了依题材不同而细加分类的论述；不但对《诗经》的创作和编集过程做深入研究，还对《诗经》的演唱和传播也作了深入的论述。全书不但对《诗经》、楚辞和两汉魏晋南北朝诗歌以及唐诗、宋词、元曲和明清诗歌、现当代诗歌的历史发展和各自特点作了详细的论述，对历代伟大的、杰出的著名诗人都有必要的篇幅作出比较充分的介绍和评价，还论述了过去文学史著作所忽视的但有独特成就与影响的诗人。

第四，它也是具有许多新的观点、新的立论的中国诗歌通史。例如先秦卷对《易经》卦爻词的诗性新探，指出许多爻词的古歌特色。又如指出汉语诗歌有中华许多民族参与创作，古代杂言体诗《汉鼓吹铙歌》十八曲就是多民族文化影响的产物。再如将我国长篇诗歌区分为创世史诗、英雄史诗、叙事长诗、抒情长诗、伦理道德长诗、宗教长诗、信体长诗、历史长诗、文论长诗和套歌等十大类别等，凡此诸多论断多为前人所未有的新见。

第五，它还具有当代世界性的视野和诗学共识与史识，对中国诗歌发展的特点和规律作出自己的总结和探讨，并努力升华为诗歌美学的理论认识。全书论述中展现的正是同中有异的中国诗歌美学理论的独有体系。

总之，《中国诗歌通史》是一部多方面超越前人同类著作的好书。微感可商榷的是，把少数民族诗歌单独列为一卷，与历代各卷就有不少重复之处，但考虑到少数民族诗歌有许多皆属民间口传创作，产生的年代难以确切稽考，要完全融入不同断代卷去论述又存在一定困难，单独列为一卷恐也是不得已的一种选择。

我相信，这样一部著作的编撰和出版，一定会产生广泛的影响，也一定会大大促进中国文学史和文体史研究的更上一层楼。

《光明日报》2013 年 1 月 7 日

《中国诗歌通史》，赵敏俐、吴思敬主编，人民文学出版社 2012 年 6 月出版，责任编辑：葛云波、杨华、胡文骏、徐文凯、李俊

# 中国文学创新研究的基石

——评李定广教授《罗隐集系年校笺》

严　明

在中国社会的历史文化背景下，上世纪初开始的中国文学史的编撰都是按照朝代更替的顺序展开，并逐渐形成了中国文学史撰写的学术观及传统套路。近三十年来，中国古代文学研究堪称兴盛，冠以中国文学史研究名目的各种论著成千上万，而相关论文则更是数以十万计，可谓浩如烟海，一派前所未有的繁荣景象。然而在学界繁华盛景的背后，却存在着这样的尴尬事实，就是真正有原创性内涵的研究论著不多，而立足于扎实文献基础的实证研究也不多。也就是说花费了大量的研究人力成本与研究经费，而结果却是大量的重复内容与表面化论述，这样形成的所谓成果很难有多少创新价值，对于中国古代文学研究的深入和拓展也很难真正起到推进作用。此种现状令人不满，因而也不断出现关于“重写文学史”的呼唤和讨论。

大浪淘沙，真正有学术创新价值的研究论著终究经得起时间的考验而能青史留存。代表近三十年以来学界《中国文学史》编写水平的，当推章培恒先生主编和袁行霈先生主编的《中国文学史》[①]。这两套同名教材皆吸取了学界最新研究成果，编撰精良，在高校教学及学术界影响巨大。这两部文学史尽管编撰思路及章节安排有所不同，但都还是恪守着中国史学传统，依照朝代的更替来编排文学史进程，并以历代文学家及经典作品作为基本章节。这种按照文体分类以及以主要作家作品的线性排列为主要内容的文学史编撰法，实际上是一百多年来中国文学史编撰和研究的缩影。在这样的背景下，近几年具有创新意识、采用新方法的研究层出不穷，比如美国耶鲁大学孙康宜教授和哈佛大学宇文所安教授主编的《剑桥中国文学史》[②]，从文学文化史（history of literary culture）的视角，重新检视已有中国文学史的各种范畴，注意避免国内文学史研究中特别重视的文体分类的藩篱，也在很大程度上避免了以主要作家及作品为主线的传统演绎法，而更关注历史语境和时代写作方式对文学创作及传承创新的影响。这样崭新的研究思路，充分显示出近些年来美国汉学界对中国文学史研究的“他者”视野及创新成果。而在国内，上海师范大学人文学院李定广教授对罗隐的系列研究，包括近期出版的《罗隐集系年校笺》[③]，则显示出中青代研究者在中国古代文学研究方面的踏实努力及成功范例。

罗隐是晚唐杰出的文学家和思想家，但在现有的中国文学史论著中却得不到应有的重视，对此李定广教授早就撰文加以辩正[④]，并积十数年之精力，独力撰成这部八十五万字的系年校笺巨作，可谓厚积薄发的创新之作。本项成果是对罗隐诗文全集的一次集大成的、开拓

---

① 章培恒、骆玉明主编：《中国文学史》，复旦大学出版社 1996 年版。袁行霈主编：《中国文学史》，高等教育出版社 1999 年版。

② 孙康宜、宇文所安主编，刘倩等译：《剑桥中国文学史》（上下卷），生活·读书·新知三联书店 2013 年版。

③ 李定广：《罗隐集系年校笺》，人民文学出版社 2013 年版。

④ 参见李定广：《遭遇历史误会的文学巨人——罗隐文学史地位之重估》，《学术界》2006 年第 6 期封面标题论文。《新华文摘》2007 年第 4 期以《应重估罗隐的文学史地位》为题摘要转载。

性和有深度的整理和研究，推出了一部搜罗完备、校勘精审、笺注确当、系年准确、集评丰富、资料全面的罗隐全集。既向学界提供罗隐集的完备可靠文本和最佳系年集评本，亦通过精准笺注充分发掘罗隐诗文意蕴，以适应罗隐研究乃至唐五代文学研究的现实需要。本书内容包括总论、辑佚、辨伪、校勘、笺注、系年、集评、年谱新编、版本序跋、历代评论资料等，称得上是对罗隐诗文集整理和研究的集大成之作。其研究的走正路，贵创新，突出表现在以下三个方面：

其一，有关罗隐的材料收集详尽，门类齐全，做到了竭泽而渔，一网打尽。文学研究的基点永远应该是占有充分的文献资料，根据历史文献和第一手资料展开推论及阐述，李定广对罗隐的研究就很好地做到了这一点。其“后记”自言：“发现通行罗隐集文本的佚失、舛误、脱文较为严重，使用不便，故决心对罗隐集进行全面整理，终于历时近八载而成此书。”[①]朴素表白中透露出一份做学问的执着与自信，其对罗隐集的重新整理，包括辑佚、辨误、修正、增补等皆依据可靠的文献，一一对应，言之有据，显出根基扎实，乃至达到超越前人之作的水准，可谓后出转精[②]。

定广教授对于文献资料的极端重视，从其复旦大学博士毕业论文《唐末五代乱世文学研究》中就能看出端倪。正如著名学者王运熙教授所评：“对过去学术界研究不够的唐末五代文学（特别是唐末诗）做出了较为深入细致的探索，提出了若干独到的看法，辨正了过去一些模糊乃至失误的主张，颇有新见，值得称道。作者对有关原始材料的考索、整理，对近人的研究成果，旁搜博览，对与晚唐五代文学有关的政治、社会、思想情况，注意分析阐释，加强了著作的历史感。”定广收集文

---

① 李定广：《罗隐集系年校笺 · 后记》第1178页，人民文学出版社2013年版。

② 《罗隐集》已有雍文华点校的《罗隐集》（中华书局1983年版），潘慧惠校注的《罗隐集校注》（浙江古籍出版社1995年版）。雍校本于校勘颇为用功，但误校误改不少，又限于时代条件，辑佚仍不全，且无辨伪亦无笺注。潘注本校勘做得较细，但底本选择欠佳，且只校异同，不校是非，亦无辨伪，注释过简，并且误解、错注也不少。

献资料所花费的扎实功夫从其附录一“辨伪与补遗”中可以看得很清楚。罗隐的著述散佚严重，且年代久远，辑佚辨析非常困难。定广教授遍查海内外各种版本，勘校比照，辑佚整理工作在集大成基础上又贡献了新的原创性成果。在吸收陈尚君《全唐诗补编》《全唐文补编》，以及雍文华、潘慧惠、李之亮等人辑佚成果的基础上，经过艰苦爬梳，又新辑得罗隐完整诗十四首(其中八首可靠,六首放在“存疑诗”部分)，残句诗七首，新辑得罗文三篇。本成果经重新辑佚后，依宋人著录将罗隐现存著作整理为《甲乙集》《谗书》《两同书》《妖乱志》《罗隐启事》《吴越掌记集》《杂著》七个部分。《罗隐启事》与《吴越掌记集》均为本次重辑，其中《罗隐启事》一卷十九篇，流行于宋代，宋以后已失传本,本次重辑有幸全部辑自宋刻《文苑英华》,终还该书之原貌。为学界提供了罗隐集的最为完备可信的文本和系年集评本。

其二，中国文学研究能否创新，是否掌握充足的文献资料是基础和前提，这自不待言。然而，对于已经收集的大量文献资料怎么选择使用，如何在浩如烟海的古代材料中辨析真伪，找到最有力和最具说服力的证据，以及利用这些文献证据来展开合情合理无可辩驳的阐述和论证，这些都是考验学者知识功力之处。李定广的罗隐研究，对文献的掌握不仅烂熟于胸，而且理解深刻，角度新颖，选择得当，辨析精细，往往能够见前人所未见，发前人所未发，因而推陈出新，显示出中青代古代文学研究者的良好学术素养和厚实的知识积累。比如罗隐诗长于咏物,其《甲乙集》中咏物佳作颇多,如卷一的《牡丹花》、卷二《金钱花》、卷三《桃花》《梅花》《柳》、卷八《蜂》、卷九《扇上画牡丹》、卷十《鹭鸶》等，皆为当时传诵、后世不忘的名篇。李定广在笺注这些佳作时不仅广博引征，精准注释，而且对作品的分析最见功力。如第 110 页对名篇《鹦鹉》诗句意、主旨的解释和分析与通行的《唐诗鉴赏辞典》等书的理解完全不同，读后觉得通行的理解有误。将咏物佳作放在整个唐诗乃至中国诗歌史上进行源流比较及特征辨析，凸显出广阔的研究境界，而这样往往就能突破旧规陈说。

罗隐的咏花诗尤其是咏牡丹细腻深刻，形态生动，精神毕现，为历代诗坛所传颂。如“似共东风别有因，绛罗高卷不胜春。若教解语应倾国，任是无情亦动人。”“公子醉归灯下见，美人朝插镜中看。当庭始觉春风贵，带雨方知国色寒。”这些名句以美人比牡丹，咏人与咏花浑然一体，其美妙意蕴令人欣然意会却难以细辨。其笔法不仅为宋词所继承，直到清代《红楼梦》中还成为薛宝钗绝妙神态的签词。李定广裒辑历代评语，辨清咏花诗技法源流，在此基础上把罗隐的咏牡丹诗定位为“全唐最佳”，实为不刊之论。在其《罗隐集系年校笺》中，似这样踏实论证辨析之处不胜枚举，可谓精彩迭出，读之令人欣喜。

其三，敏锐发现中国文学研究中的关键点和重要问题，提出破旧立新的创见，这是几乎所有的研究者都想达到的境界。但是创新研究如何做得卓有成效，在持续勤勉钻研的基础上，还是需要具备较高的见识、素养和才华，这样才能突破陈旧观念，激活创新思维。李定广在古代文学研究方面的十年磨一剑的努力无疑是成功的，他的研究从辨析晚唐体出发①，论述罗隐在晚唐文学史中的重要地位②，让古代人物及经典佳作回归文学史的原生态，进而辨析文学史发展的传承关系及代际整合③。从历史证据出发，从古今贯通出发，从文学的社会

① 李定广：《论“晚唐体”》，《文学遗产》2006 年第 3 期。人大复印资料《中国古代、近代文学研究》2006 年第 11 期全文转载。《2007 年中国文学年鉴》全文收录。《2006 年中国古代文学研究年鉴》“论文摘要”收录。

② 李定广：《遭遇历史误会的文学巨人——罗隐文学史地位之重估》，《学术界》2006 年第 6 期封面标题论文。《新华文摘》2007 年第 4 期以《应重估罗隐的文学史地位》为题摘要转载。

③ 李定广：《由诗词关系审视唐五代词的演变轨迹》，《文学评论》2008 年第 2 期。《新华文摘》2008 年第 15 期以《唐五代词演变轨迹新探》为题摘要转载。人大复印资料《中国古代、近代文学研究》2008 年第 7 期摘要转载。李定广：《论北宋词与晚唐诗的近亲关系——兼论宋词化用唐诗现象的文化含义》，《求索》2006 年第 11 期。《新华文摘》2007 年第 7 期以《宋词化用唐诗现象的文化含义》为题摘要转载。

影响及文化价值阐发出发，这是李定广进行晚唐文学研究的基点，也是其罗隐研究取得突出成就的重要因素。其中诗文“系年”具见功力。《罗隐集系年校笺》中的大部分诗文都有系年，信而有征，主要依据作者前期著作《罗隐年谱》[①]，在充分吃透罗隐现存全部诗文的基础上，遍参前贤成果和历史文献典籍，对罗隐一生行迹钩稽详细，许多主要事迹或发前人所未发，或颠覆流行说法，作者为此付出了艰苦的劳动，全面调查了现存于北京、上海、台北、杭州、南京、长沙等地的罗隐诗文善本及各种有价值的传本，通过仔细比较，弄清了各本的系统源流及文献价值。

仅靠花死功夫，恪守陈章旧规，埋首古籍，皓首穷经，也很难获得中国文学研究中的“远见卓识”。学术研究的价值主要体现在具有现实意义，即当代性，因而卓识的出现往往启发于当世，而非滞留在远古。李定广深谙此理，他在详细梳理了历代的相关评价材料之后，不仅指出了作为杰出思想家的罗隐对明末清初黄宗羲的直接影响，还剖析了鲁迅大力推崇罗隐小品文所引发的后续复杂效应，更注意到了毛泽东对罗隐的特殊喜爱和高度评价。“前言”明确提出：“如果说鲁迅对罗隐小品文的发现已经改变了人们的观念，那么毛泽东对罗隐诗歌的认识至今并未引起学界足够的注意。与鲁迅的直截评论不同，毛泽东主要是通过圈点、批注和手书三种方式来表达自己对罗隐诗的独特认识和极度欣赏。”[②]李定广发现毛泽东故居藏书中对罗隐的诗作圈画、批注最多（超过李白、杜甫、李贺、白居易等名家），最喜爱吟诵罗隐的名句“时来天地皆同力，运去英雄不自由”。[③]显然毛泽东“看到了罗隐诗穿越时空的思想价值，可谓罗隐的异代知音；看到了罗隐这样一位具有卓越的见识、独步天下的文才和凛然气骨的知识分

---

① 李定广：《罗隐年谱》，上海古籍出版社 2012 年版。

② 李定广：《罗隐集系年校笺·前言》第 14 页，人民文学出版社 2013 年版。

③ 此联出自罗隐《甲乙集》卷三《筹笔驿》。

子，却不能为大唐王朝所用，怎能不为之叹惋”。[①]“前言”在中国文学史研究中关注当代名人的态度和评论，其效果当区别对待。李定广所论，文献清晰，事实确凿，言之成理，当有其重新认识和改写文学史的重要意义。由此亦可见，中国文学研究中的睿智和慧眼，有时候确实来自于文学研究圈子之外，所以圈子之内的研究者，应该持续保持包容的心态和开放的视野，这样才能不断推进当下的中国文学研究，十数年来定广教授就是这样踏实前行的。

《罗隐集系年校笺》堪称集大成之力作，书出不久，即获学界称赞。著名学者蒋寅先生评曰：“大著校笺精核，功力深湛，弟浏览之下，佩服不已。罗江东集从此得一定本，其有功于学林非浅也。”[②]著名学者陈尚君先生评曰：“大著功力深邃，颇多创获，在体现阁下之努力与追求。”[③]虽说个别诗作的注释似还可再细致一些，如卷七《姑苏真娘墓》诗颈联中的“山泉”“海雾”，除了对应定广教授注释所正确指出的典故含义之外，还对应着虎丘实地景点地名（距离真娘墓仅十米的憨憨泉、百米之外的剑池、虎丘又名海涌山、进虎丘山门即海涌桥）[④]。但这或许有些吹毛求疵了，因为李定广教授在古代文学研究方面像极一只勤劳探索的工蜂[⑤]，快马疾驰无须鞭，这部罗隐集的校笺佳作的兼美完备就是最好的证明。

《学术界》2013年第12期

《罗隐集系年校笺》，李定广编辑校笺，人民文学出版社2013年6月出版，

责任编辑：葛云波

---

① 李定广：《罗隐集系年校笺 · 前言》第15页，人民文学出版社2013年版。

②③ 据李定广教授提供蒋寅先生、陈尚君先生信函。

④ 参见宋朱长文《虎丘山有三绝》文：“望山之形，不越岗陵，而登之者，风见层峰峭壁，势足千仞，一绝也；近邻郛郭，矗起原隰，旁无连续，万景都会，四边穹窿，北垣海虞，震泽沧州，云气出没，廓然四顾，指掌千里，二绝也；剑池泓渟，彻海浸云，不盈不虚，终古湛湛，三绝也。”

⑤ 罗隐《甲乙集》卷八：“不论平地与山尖，无限风光尽被占。采得百花成蜜后，为谁辛苦为谁甜？”后两句成为定广教授的博客题名。

# 记《韩国诗话全编校注》的出版

蔡美花

《韩国诗话全编校注》是以延边大学“东方诗话研究”团队为主体，并与南开大学、吉林大学、韩国延世大学等国内外高校诸多专家、学者展开广泛合作，在所有参与人员的共同努力下，历时五载，于2012年12月在人民文学出版社正式出版发行。该书收录了韩国自高丽李仁老《破闲集》至现代李家源《玉溜山庄诗话》为止，目今所能见到的全部韩国古代诗话。也是国内外收录规模最为庞大、涉猎范围最为全面的第一部全景式展现韩国古代诗话历史全貌的文献典集。

《韩国诗话全编校注》也是韩国诗学乃至东亚诗学研究的重要文献资料，它的出版发行具有深刻的历史文化意义和重要的学术价值。

## 一　历史文化意义

其一，《韩国诗话全编校注》是中国文化“走出去”并在古代韩国产生深远影响的历史见证，对中国传统文化在海外的传播及其发展形态的深入研究提供了重要的文献依据。“诗话”是历史上中国文化“走出去”的典型代表。诗话之体源于中国，因其方式灵活，长短随意，且尤其便于抒发刹那妙悟和灵光一现的认知而深为中国古代文人所眷爱，成为流行最为广泛的一种诗歌批评样式。后传入朝鲜、韩国、日本等东亚国家，并逐渐成为中、朝、韩、日以汉诗为媒介进行广泛的文化交流的主导方式。《韩国诗话全编校注》一书集结了韩国历代全部可见的诗话著作，不但可以梳理出诗话一体在韩国的流播轨迹，还可以从中窥见中韩两国文人进行诗歌交流的历史真相，更可以感知到中国古代的诗歌理念、审美倾向，及其深厚的历史文化底蕴在域外的深刻影响。同时也形象地展示出了中国文化走出去的途径和方式。《韩国诗话全编校注》既能为我们提供中韩文化交流的历史图景，呈示出中国文化走出去的人文景观，同时它也是中华文化走出去战略的历史延伸，是该战略的重要组成部分，而且可以为这一文化战略提供必要的技术保障和理论支撑。

其二，《韩国诗话全编校注》对于东亚多元文化的和谐共存有着积极的借鉴意义。韩国诗话的产生源于中国诗话的深远影响，但绝非中国传统批评样式在韩国汉文学语境中机械而简单的“历史回现”，韩国古代诗家在受容中国传统诗话的过程中对中国的诗话传统有意识地进行了批判性的汲取，进而构筑成颇具“朝鲜半岛”地域文化意味的诗话批评形式，并彰显出其别具民族个性的美学诉求。因此，通过韩国诗话，不仅可以领略到中国传统文化在域外的传播盛况，亦可以体认到中国文化在海外变异发展的形态。回顾中韩文化交流的历史轨迹，审视历史上的文化交融过程，并以这种交流为范例，提供一种不同民族之间文化互融与互荣的经典范式，可以为不同民族之间的文化研究提供经验和模式，为共同繁荣当下的社会主义大文化、弘扬中华民族的文化精神起到一定的积极作用。

## 二　学术价值与意义

首先，该书开创性地完成了对韩国古代诗话文献典籍的整理与校注工作。在此之前，最为完备的韩国诗话资料集是韩国赵钟业编纂的《韩国诗话丛编》(17卷)。但《韩国诗话丛编》大多为手写体的影印本，多有残破、难辨之处。《韩国诗话全编校注》则以现象学理念为主导，采用对文字、目录、版本的校勘和辨伪等文献学的研究方法，进行标点整理，对作者信息、成书情形、诗话内容及具体文字等都进行了详细的校注，尽量保持了韩国诗话原有的历史样貌。对其只做精炼的题解、必要的校勘以及简单的注释等，而避免对其进行任何的主观阐释。

在校勘过程中，《韩国诗话全编校注》尽量选择善本为底本，有他本者即以他本为参校本，无他本者则以相应的诗集、诗话等为参照。至于错、讹、衍、脱者则直接改之并出校勘记。有的讹字虽无他本依据，但明显或由于形似而讹或由于音近而讹者，也一并改之并出了校勘记。全书以竖排繁体的方式编辑出版，其文字输入、标点、分段等诸多方面，也都经过了细致的斟酌，并再三核校，尽量做到精致可信。可以说，本书是现今收录最全、版本最优，并完成了现代排版的韩国诗话全集，在中韩诗学研究史上具有里程碑式的意义。

其次，《韩国诗话全编校注》一书，为中韩相关研究领域的研究者提供了系统完整而又现代排版的文献典籍。近年来，朝鲜—韩国学研究在我国学界发展迅猛，并在诸多方面取得了丰硕的研究成果。但是原创研究甚少，多是以个别作品或个别作家为研究对象的个案研究，缺乏就某一方面而展开的系统研究。这一现象多与文献典籍的破译及查阅的不便有相当的关联。《韩国诗话全编校注》的出版，为拓展东亚文学的研究领域、深入进行朝鲜—韩国古典文学及跨文化研究提供了重要的原始资料与系统、全面的文献典籍，这就必将推动韩国古典文学批评及中韩跨文化的深层次研究的进一步发展，进而促进该领域出现更多的创新性研究成果。

最后，为重构韩国诗话史、东方诗学史，构建了系统完整的诗话资料体系，实现了前沿性的突破。《韩国诗话全编校注》以影印版《韩国诗话丛编》为基础，多方面考察了《韩国文集丛刊》和其他文论选本、作家个人文集等相关资源，删除重复的诗话二十三种，新增诗话三十余部。本书将韩国十三世纪到二十世纪的诗话著作聚集一堂，呈示出韩国诗话的历史发展脉络，梳理出韩国诗话史发展演进的基本逻辑轨迹，为探究韩国诗学体系以及重构韩国诗话史、东方诗学史奠定了坚实的资料基础。

总之，该书是国内外收录规模最为庞大、涉猎范围最为全面而现代排版的第一部全景式展现韩国古代诗话全貌的文献典集。毋庸置疑，《韩国诗话全编校注》的出版具有深远的历史文化意义及重要的学术价值。

《古籍新书报》2013 年第 134 期

《韩国诗话全编校注》，蔡美花、赵季主编，人民文学出版社 2012 年 12 月出版，责任编辑：周绚隆、葛云波、胡文骏、徐文凯

# 诗满涛笺

——读《倦倚碧罗裙：明清女性词选》

吴柯静

我想，我们第一次读女性词人的作品大都是从李清照开始的。事实上，这应该也是许多人最后一次阅读一位女性词人。史书偏爱男人，总是朝堂上运筹帷幄，沙场上金戈铁马，于是丢失了很多有趣的心事和细节。娇嗔打闹，斗草对弈，瀹茗焚香，对镜匀妆，较之于男性又是另一种美好。你若对这样的细节有兴趣，便会觉得易安、淑真都不够细致，但好在我们还有明清。这两朝女词人多，作品更多。赵雪沛《倦倚碧罗裙：明清女性词选》共选二百八十二家、八百四十五首词作，将重要词人和作品都网罗其中。明清时代女性的生活和精神于是有了清晰的轮廓。

大概首先要澄清一个误区。史书和传奇都不遗余力地塑造着“红颜多薄命”的形象，但真的不是所有的女词人都婚姻或家庭不幸。的确有许多人同朱淑真一样所嫁非人，或有情人终不成眷属；也有人同易安一样大起大落老年颠沛流离受尽凄风苦雨；更有一些终生未嫁或是嫁后心死礼佛而终的。但是仍然有许多人有一个圆满的家庭，夫妻双方志趣相投，儿女成荫，相携一生。明清时代的女词人，并不是如我们想象中或是常见的古典诗词中勾勒出的女性一样，立不尽的风露中宵，盼不完的良人还家。她们大都出身于富足的家庭，受过良好的教育，颇懂得享受生活的乐趣。例如袁枚的随园女弟子们，彼此相熟，往还酬唱颇多，也斟酒，也吟诗，也赏花，也斗草，姐妹之间的友谊和怀念在她们的作品中占了不少的篇幅。《词选》中选孙云凤一首《少年游》，写得也实在是少年游："淡扫蛾眉，轻盘螺髻，妆罢更涂黄。云母屏前，水晶帘外，荷气杂衣香。晚来放艇波心去，独自觅清凉。笑摘青莲，故惊女伴，隔水打鸳鸯。"世家少女仔仔细细地化好妆之后，走过云母屏，掀起水晶帘，在荷香四溢的池子里放舟。但是显然不只她一人在场，她也不是真的想要独觅清凉，而是摘荷花打鸳鸯，戏弄自己的女伴。小女儿狡黠的情态读来亲切得好像自己身边的好友，雅致的生活细节也令人怀想。

当然，间或也有天赋异禀，今生只许做诗人的奇女子出现，她们的身世际遇则又是另一种光景。例如清代四大女词人（徐灿、吴藻、顾春、吕碧城）之一的吴藻出身商贾，无法嫁得风雅之士。但是她胆子大眼界宽，婚后结交名士，交游唱和，甚至易装为男，出入风月场所，竟果真赢得名妓倾心，几乎想相伴终老，人生过得堪称新景迭出，异彩纷呈。她的词作就风格多样，粗细工笔，随写随有，粗豪起来也丝毫不露怯。不过无论她如何抒情，基调都是忧郁的。这与其说是家庭不谐所致，不如说是敏感的女性与诗人对于精神生活的追求屡败屡战的尝试和排遣。

明清之际女词人众多，性格各异，即使是诗学渊源一脉相传的世家大族子孙风格也不尽一致。沈宜修本人词作已足堪观赏，所生五子三女都有文才，长女叶纨纨清丽委婉，二女叶小纨亦有可观，幺女叶小鸾则真如鸾凤，灵动异常了。叶小鸾的主要题材不同于母亲和姐姐，她觉得身世浮沤，不堪凭寄，但她所憧憬的是羽衣灵兽，梦中仙境。她说她“西去曾游王母池”，有“琼苏酒泛九霞卮”；回视天空则“星斗如堪摘”，“云烟似做衣”。梦中仙境何其清冷缥缈，真有雾里蓬莱似无还有之感。叶小鸾的一颗心似乎早已熟稔那个云端的世界，后来妙龄夭逝，总有几分天女谪降终又归去的诗意色彩。

当然，叶小鸾特异的题材是一个较为极端的例子，但是在众多题材和写法中，明清女词人对于自己作为女性词人和女性词人的那些局限不能不说是有所自觉的。例如朱中楣说：“闺阁拈题尤不易，字讳推敲，争得尖清句。”若这态度还不够明显，那么严曾杼“生憎落笔即愁思”一定能代表一部分女性词人的观点。从传统中国古典诗歌开始，女性作为审美对象出现在诗歌中的形象，几乎都是由男性来塑造，他们几乎无一例外地使女性变成身体上充满引诱力，而精神上以男性为中心的袅袅婷婷到带有某种病态的固定形象。女性诗人和词人的出现虽然更真切地呈现出了女性生活，但是并没有消解这种固定形象。朱淑真这一类为情消瘦的作者反而一定程度上加强了这个形象，甚至使后世的女性作家们有遭遇“按男性理想塑造自身形象”这种讥评的可能。明清一些女词人显然开始试图对这种传统的女性形象进行挑战和反叛。顾贞立就是其中佼佼者。她是清代著名词人顾贞观的姐姐，家学深厚可见一斑。她的词作虽素以豪放著称，却毋宁说是一种自然随意的爽快。她描写闺中文学生活：“与清溪小妹，飞笺索赋；孀闺病嫂，险韵同裁”，已隐隐有些自嘲的意思。《南乡子》中更直言：“羞说善词场，总是愁香怨粉章。安得长流俱化酒，千觞，一洗英雄儿女肠。”她对女性传统的题材和意境都颇有意见，所以她自己的词作充满漫游和诗酒，字里行间有几分男儿气概。顾贞立晚年经历十分颠簸，词风也由豪爽变为萧疏颓废，但她毕竟有壮心，还是要倔强地写：“莫去泛扁舟，潇洒应无我一流。向日豪怀依旧在，能酬，诗满涛笺酒满瓯。”这样的气度胸怀，不管是刻意为之也好，出于天然也好，都是对传统女性形象的反叛。如果说明清女词人有胜过前辈之处，那么最耀眼最难得的应该就是这种女性的自觉和反叛的精神。

《倦倚碧罗裙：明清女性词选》还为每一位词人都撰写了小传，简洁扼要地介绍生平和作品。词作已如花繁锦簇、风格各异，生平经历更是各有跌宕、令人感慨。在面目庄严的正史之外，读这类书籍好像与血肉丰满的女性促膝，倾谈爱情和生活，也是赏心悦目的快事一桩。

《中华读书报》2014 年 1 月 1 日

《倦倚碧罗裙：明清女性词选》，赵雪沛编选，人民文学出版社 2013 年 2 月出版，责任编辑：徐文凯

# 罗隐集整理研究的“集大成”之作

## ——李定广先生《罗隐集系年校笺》评介

沈文凡

“得即高歌失即休，多愁多恨亦悠悠。今朝有酒今朝醉，明日愁来明日愁。”这首千古名作《自遣》正是晚唐诗人罗隐所作。罗隐，科举生涯虽屡试不第，一生游离，但其胸怀济世之志，以锐利幽默的笔触、不畏权贵的品格和别树一帜的思想，成为了晚唐时期的代表性作家、思想家。不过由于传统文化与历史误会等因素，一直以来文史学家没有予其足够的关注和重视，对罗隐及唐末文学的研究不够全面彻底，以致这个领域的学术研究比较欠缺。随着时代的进步，罗隐诗文的文学价值日益显现出来，为了适应不断增长的研究需要，上海师范大学李定广先生倾尽心力，经过多年收集校勘，新著《罗隐集系年校笺》。其书，校勘精细，搜罗宏富，注解确当，编次有序，是对罗隐诗文集的一次集大成的整理和研究，在完备性和准确性上超过了前人之版本，推进了罗隐诗文的研究水平。

概括而言，此书主要有如下特点：

1. 版本搜罗系统而全面，甄辨严谨有据。罗隐著述达十多种，但经过历代流传，散佚、错乱、增补、转抄、转刻等情况纷繁而严重，学界尚未系统全面地梳理罗隐诸集的各流传版本。作者经过艰苦爬梳，层层调查比较，明辨并整理了以往的诸家所辑，且在辑佚整理上又颇多新见，贡献了自己的原创性学术发现。此次整理，甄辨出通行本（通行的《罗隐集》及《全唐诗》《全唐诗补编》《全唐文》《全唐文补编》）中伪诗十三首，伪文四篇，补得佚诗二十五首，佚文三篇。在搜集甄别过程中，严谨负责的学术态度是作者开展工作的首要标准，须有充分的证据才可证其伪，有疑点或证据不充分者均归之为存疑诗。如《全唐诗》所收《遇边使》《移住别友》《堋口逢人》三诗，以及残句“马上抱鸡斗三市，袖中携剑五陵游”“帘卷残阳鸣鸟鹊，花飞何处好楼台”等伪作此次并未收录。如654页，将《泾溪》归为存疑诗的原因在于“《全唐诗》重出于杜荀鹤集，《万首》卷七二作杜荀鹤诗，《唐风集》亦收，《统签》罗、杜双载”。又如655页《题项羽庙》列为存疑诗的理由是“本篇录自明周楫《西湖二集》第十五卷《文昌司怜才慢注禄籍》，为本次新辑诗。《文昌司怜才慢注禄籍》虽为罗隐传说故事，但所引罗隐诗多首，未见伪作。暂存疑”。笔者审慎认真的治学态度于书贯彻始终，然亦非人云亦云，此次收录还提出《妖乱志》非伪作，故今本《妖乱志》的全部文字辑入在内。

2. 罗隐作品收录全备，编次有序。作者奔走多地，调查现存罗隐诗文善本及各种有价值的传本，鉴别各家之同异，整理辑佚，共收录诗五百零二首，残诗二十二首，存疑七首，文的部分亦有三篇新补。所收诗文总量超过以前所有整理本（含《全唐诗》《全唐诗补编》《全唐文》《全唐文补编》中的罗隐诗文），堪称罗隐诗文集最完备的本子。本书分为上下册：上册为罗隐诗歌汇总，编为十二卷，其中《甲乙集》十卷依照宋本原貌编次，《甲乙集补编》二卷为重辑本，依时代先后编次，还有《存疑诗七首》；下册是罗隐除诗歌外的文集以及附录，整理为《谗书》五卷、《两同书》二卷、《妖乱志》一卷、《罗隐启事》一卷、《吴越掌记集》一卷、《杂著》及罗隐相关资料附录。其中《罗隐启事》与《吴越掌记集》均为本次重辑，尤其《罗隐启事》自宋之后业已失传，经过多方调查研究，终在宋刻《文苑英华》中找到，得以还书之原貌。本书欲向学界提供罗隐集的完备可靠文本和最佳系年集评本，在资料、辑佚、校勘、笺注、系年、集评等方面均超过以往，是对罗隐诗文全集的一次集大成的、开拓性的和有深度的整理和研究。

3. 校勘考证细致精准，参校善本数量大，纠谬、校补成绩卓著。作者所用参校本多达数十种，多种善本均为首次使用，其中很特别之处在于其首次且充分利用了傅增湘的巨著《文苑英华校记》。更值得肯定的是，此次校勘不仅纠正了通行本的数百处讹误，而且从罕见善本中校补了数十处脱文，可以说实现了其为罗隐集提供可信文本的夙愿。如罗隐名著《谗书》，明清以来的各种通行本乃至中华书局校勘本均有许多脱字，各种文选在选罗隐文章时亦只得以缺字处理。而此次李定广教授全面搜罗各种存世的早期善本（包括从台湾寻得的元明善本），绝大部分缺字终于得到校补。如《秦始皇意》补“也”“与”，《木偶人》补“像”，《市赋》补“刈”，《迷楼赋》补“望”，《代韦徵君逊官疏》补“音”等。在文意的理解上都很关键，不补齐则读不通，难理解。在诗歌部分，如101—102页《送内使周大夫自杭州朝贡》：“八都上将近平戎，便附輶轩奏圣聪。三接驾前朝觐礼，一函江表战征功。云归阆苑何日见？水到瑶池触处通。知有殿庭馀力在，莫辞消息寄西风。”校记云：“八”底本作“入”，误，据《英华》、张本、《全唐诗》改。“三接”底本作“三变”，误，据《全唐诗》改，《英华》、屠本作“三按”，“按”当为“接”之形误。“驾”底本墨钉，据《全唐诗》、张本補。毛本作“殿”，与末联重字，误。《唐诗类苑》作“御”。“归”底本作“间”，据《英华》、张本改。“苑”底本作“阙”，据《英华》、张本、《全唐诗》改。“到”底本作“底”，据《英华》、张本改。短短八句诗就指出误字多达六处。又如532页的《江南行》：“江烟湿雨蛟绡软，漠漠小山眉黛浅。水国多愁又有情，夜槽厌酒银船满。细丝摇柳凝晓空，吴王台榭春梦中。鸳鸯瀏鶒唤不起，平铺绿水眠东风。西陵路边月悄悄，油壁车轻苏小小。”校记云：本篇录自《文苑英华》卷二〇一（宋刻本）。《乐府诗集》题作《江南曲》。“小山”底本注“小一作远”，《乐府诗集》《唐诗品汇》作“远山”。“细丝摇柳”底本注“一作绷丝採怨”，《乐府诗集》作“绷丝採怨”，《唐诗品汇》作“细柳摇烟”。“油壁”《全唐诗》、张本作“油碧”。“车轻苏小小”底本注“一作轻车嫁苏小”，“苏小小”《乐府诗集》作“嫁苏小”，“车轻”《全唐诗》作“轻车”，又《全唐诗》卷十九诗末注“集作香车苏小小”。从这首诗歌的校勘来看，作者不仅校改工作逐字有序，且使用多种来源可靠的校勘底本。同样，文的部分校勘成果亦很可观，如717页《三闾大夫意》“虽放逐江湖间，未必有腹江湖意”中“湖”，李抄本、宝抄本、《全唐诗》作“鱼”，似更确。“苟有合乎道者，则楚之政未亡，楚之灵未去”中“未亡”，雍校本误作“未忘”。虽其校记仅有两处，但其文意已略有不同。

4．诗文系年信而有征。作者仔细研读罗隐生平和其作品内容，同时查阅大量文献资料，以编年之法进行系年，使罗隐的大部分诗文都有了清晰准确的发生背景。144页《淮南高骈所造迎仙楼》，根据《鉴戒录》指出，中和元年罗隐与顾云同拜访淮南节度使高骈，顾云因早已进士及第得以被高骈留用，而罗隐却不久后回到钱塘。其行前作诸诗讽刺高骈迷信神仙之可笑。故断此诗作于中和元年（881）。169—170页《宿荆州江陵馆》，作者通过考证，指出此诗为咸通九年（868）罗隐在长安落第后东下，经商於、襄阳至荆州，宿于馆驿而作。为使背景更明了直观，作者还指出此诗“与卷三《隐尝在江陵忝故中令白公，叨蒙知遇，今重过渚宫，感事悲身，遂成长句》作于同时同地”。又如913—914页《谢屯田全郎中启》，选自《文苑英华》卷六六六（宋刻本），系年解题云：“盖作于乾符三年或四年。从‘校籍于真官笔下’‘吉兆’‘致之于芳英之中’看，盖为全郎中推荐罗隐入京兆府试

‘十等第’，隐作本启表达感谢。晚唐凡能在京兆府秋试中入‘十等第’者，类同及第，十分荣耀，通常会在来年礼部春试中顺利及第。”从书末所附《罗隐年谱新编》可知，乾符三年、四年罗隐均在京兆府获得“等第”，故本篇系年准确且考证翔实。这正是此书的特色之一。

5.“笺注”充分发掘罗隐诗文意蕴，作品评析很有特色。关于《罗隐集》的笺注本，此前只有一本潘慧惠校注的《罗隐集校注》（浙江古籍出版社 1995 年版）。但潘注本在文学背景、创作环境及唐诗格律等方面缺少系统的梳理研究，故留有颇多遗憾之处。本次笺注工作远超前人，作者将诗文与相关文人、作品和史实相互结合进行互证，尤其其中人名、地名、典故的运用均予以考明。最惊喜之处在于作者在详尽注释的基础上，对作品的评析也颇下功夫，情透纸背，令人信服。270 页《秋居有寄》：“端居湖岸东，生计有无中。魇处千般鬼，寒时百种风。性灵从道拙，心事奈成空。多谢金台客，何当一笑同。”文中“有无中”注为似有似无，时有时无，并指出其出自王维《汉江临眺》：“江流天地外，山色有无中。”“魇处千般鬼，寒时百种风”两句释意谓世态炎凉，其中前句释为梦惊之时见到多种鬼怪，并笺注此处用典，出自王延寿《梦赋》。“百种风”也注明用典，“典出宋玉《风赋》雄风、雌风之分。双关多种风言风语。另《起世因本经》卷十：日天宫殿，有五种风吹转而行。……月宫殿中，亦有五风”。还有“金台客”，注喻所寄之人，用战国时燕昭王曾筑黄金台以招延天下贤士为典，意为所寄之人已登黄金台，另联系卷七《春日投钱塘元帅尚父》中“正忧衰老辱金台，敢望昭王顾问来”，使文意更易理解。这篇作品评析上也一针见血，字字珠玑：“此诗表达自己处境之艰辛及对现实的失望乃至恐惧，故而寄诗谢绝某位‘金台客’的关心。全诗注重炼字炼句。‘魇处千般鬼，寒时百种风’两句，具有高度概括性和深刻性，犹神来之笔，凸显罗隐的讽刺艺术。”结合当时的时代背景和历史典故，作者对“端居”“寒时”“从”“心事”“一笑同”等多处字词逐一解析，使之如拨云见雾，了然于心，从而也达到了鉴赏的目的。741—742 页《梅先生碑》中出现的人名、地名、典故、事件均一一注明，十分精细完备。其对作品的解读也很到位："本文似为乾符五年（878）罗隐避乱南游至安庆府望江县小茗山汉梅福居所时感慨而作。通过表彰西汉末乱世中一位位卑而忧国、敢于冒死直谏的'正人'梅福，讽刺那些身居高位而畏惧祸及妻子、口不臧否的达官显臣。感慨'天下无道，则正人在下'，从而借古讽今，表达在唐末乱世中自己以'正人'梅福自况。文章就事论理，精辟深刻，情感强烈。'天下有道，则正人在上；天下无道，则正人在下'成为经典名言。"文集很多诗文都带有这种评析，足可见作者的用心之艰和功力之深。

6．诗文"集评"资料齐全且分类得当，"附录"内容系统。大部分的诗文均附上"集评"，汇集历代评论家对其作品的评语。一般历代诗话、选本、史著中的单篇罗隐作品评论，作者皆录入篇末。对罗隐诗文进行总评或泛评者，则收入"附录六"之"历代评论资料"中。"附录"部分系统而完备。分为七项，分别为：辨伪与补遗，历代罗隐的生平资料，历代罗隐诸诗文集之序跋，历代文献对罗隐著作之著录和提要，同时代人寄赠及后代对罗隐的吊怀诗文，历代对罗隐其人及诗文的总体评论，罗隐年谱新编——著者《罗隐年谱》的节缩本。"集评"资料的搜集实非易事，许多都是未经整理出来的沉睡在各地图书馆古籍部中的原始资料，搜集所耗时间和心血绝不亚于"笺注"。"附录"的七项内容也在尽力对罗隐资料"竭泽而渔"，以为罗隐研究提供参考。"附录"中的许多资料都是作者首次发现的"新"资料，如"序跋"部分所收元至正十五年刘基所撰《罗隐谢恩表跋》，今人整理的刘基全集以及历代各种总集均未收录，作者发现于罗隐楷书真迹《谢恩表》卷末。

不必讳言，此书亦有不足之处。如标点的误漏和使用不当，校笺中有错字等一些微小错误。但李定广先生在审慎吸收前人成果的同时，立足于现今研究需要，注重开拓创新，力求为学界提供一本全备可靠的罗隐文集。其很可贵之处并不在尽善尽美，而在于作者不畏艰辛，本着客观求实的原则，以其深厚的学术功力著成《罗隐集系年校笺》，填补了这个领域的很多学术空白，相信此著会将有关罗隐研究乃至唐末文学研究导向深入。

《西华大学学报》2014年第2期

《罗隐集系年校笺》，李定广编辑校笺，人民文学出版社 2013 年 6 月出版，
责任编辑：葛云波

# 新时期罗隐研究的杰出成果

## ——李定广《罗隐集系年校笺》评介

李德辉

## 一

唐代诗人罗隐文学过人，思想深刻，人品卓绝，前人对他评价很高。但建国以后却未得到公正对待，各文学史仅仅将其视为小名家，与郑谷、杜荀鹤等相提并论，不肯给予较高评价。受这种观念影响，罗隐研究的学术投入不够，严重滞后于时代要求。其文集虽有多种校注本，但整理工作却并不到位，不能满足研究需求。上海师范大学李定广教授的新著《罗隐集系年校笺》，较好地解决了这一问题。其书内容丰厚，校勘精细，搜罗宏富，注解确当，编次有序，是近年做得最好的唐人别集整理本，代表了罗隐研究的最新水平。其所取得的成就主要有七个方面：

1.收录篇章多，辑集资料富。书分上下册，上册为罗隐现存诗作之总汇，举凡正集及佚诗，已定及存疑诗，整篇及残句，聚于一处。下册为散文、杂著、附录之总汇。每篇诗文，正文校录原文，校记备列异文，集评汇录资料，一册在手，一览无余。如此全备之书，前此所无。集评的资料对于掌握诗文内容、艺术很有助益。例如745—746页的集评，对解读罗隐《梅先生碑》就很有启发，其特色是以古注古，相当于另一种形式的笺注，好处多多。

2. 校书态度审慎，不轻改原文，一般只备众本，校异同。偶作改正，必有实据。如556页《送朗州张员外》辑自明刻本《文苑英华》，其"肠断秦原三二月"之"三二月"，底本作"二三月"，平仄不合，据傅增湘《文苑英华校记》所引宋本乙正。通过各种方法，指正了深藏底本的很多误字，附带还指出了他本的很多错误，担负起一般的古籍校勘所不担负的任务。59—60页指出，《送臧濆下第谒窦鄜州》"也知绛灌轻才子，好谒元常醉少年"，"元"字底本作"尤"，误，据张本改。下面的笺注引书指出，元指东晋顾荣，常指北魏常爽，二人同时，皆爱奖挹后进，以文对武，于义正合。这是对校和他校结合解决问题的典范。

3. 多数诗文都据内外诸证推定了作年。编年之法，是将全部作品依照内容、地点、年代，分别系入罗隐一生的不同阶段，再据相关资料排定年份，不能定者亦给出大致时段。323页将《寄处默师》定为光启元年润州作，理由是乾符元年二人曾同游润州甘露寺，中和元年又同游钱塘樟亭驿，至作此诗之时已交往十年，故云。结论严谨有据，是可信的。

4. 注释全备，确当，很少漏注、误注。453页《送光禄崔卿赴阙》："上国已留虞寄命，中朝应听范汪言。"指出这里用了虞寄、范汪两个乱世人物之典。时僖宗在成都避寇，崔某授光禄卿，徵赴阙下，此种情况，与虞、范二人的身份、事迹正好相合。605页提出《感弄猴人赐朱绂》作于僖宗播迁之际，非如《幕府燕闲录》所云作于后昭宗播迁之时，理由是昭宗励精图治，不喜嬉戏，喜欢嬉戏者乃僖宗，罗隐因此歌颂昭宗，讽刺僖宗，对待二人态度不同；再则从首联看，罗隐作此诗之时仍在科场，到僖宗光启中，便已放弃科举，不在长安，不可能有此诗，解释合理，令人信服。为了加强论证，书中还广泛使用了参读法，即同一人在此诗中出现，即举他诗以相佐证。257 页《商於驿与于韫玉话别》，先说明诗歌的写作背景及于韫玉的生平简况，再举卷三《商於驿楼东望有感》、卷五《与于韫玉话别》作为补充。384 页《寄乔逸人》指出，此乔逸人即乔诩，其事迹可参卷四《湘中见进士乔诩》、补编卷一《大梁见乔诩》。这样结合他诗作综合的考察，一个人的生平与交游情况就清晰了。

5. 重视文献的辑佚、辨伪、辨重，在这些方面有绩可称。此次新编文集，对以往各家所辑的罗诗作了一次总账式的清理，甄辨出伪作 13 首，补得佚诗 25 首。一些疑难作品，亦拿出主见。如 522 页《竹》诗，亦见贾岛名下，指出此非贾作。509 页《病骢马》，《全唐诗》及《四部丛刊》本元稹集收作元诗，佟培基等定为元稹作，以无确证，暂时存疑。不仅诗歌，文章杂著的辑佚辨伪亦有成绩。下册在前人工作的基础上，补出佚文残句数篇，并提出《妖乱志》非伪作，五代郭廷诲《广陵妖乱志》是在罗隐《妖乱志》的基础上改写的，故将今本《妖乱志》的文字全部辑入此书，另辑佚文三段作为续补遗。867—933 页据《文苑英华》辑文 19 篇，一一为之精注，并按时间重排顺序。这些都是此次整理之成果，成绩不俗。

6. 作品分析最见功力。如 110 页对名篇《鹦鹉》诗句意、主旨的解释和分析与通行的《唐诗鉴赏辞典》等书的理解不同，读后觉得通行的理解错了。210 页指出《重过三衢哭孙员外》既是哭衢州刺史孙玉汝，也是自哭。全诗不用典故，注重情感，巧用双声叠韵对以抒悲情。612 页《春风》用的是咏物诗中的贬题格，即对题咏对象不夸反贬，指出其不好的一面，让人警醒。诗歌贬斥春风，指责它不该把糠秕抬举到青云之上，以刺主司不公。538 页指出《芳树》为长短句歌辞，抒情风格、句法立意都有过人之处。为证明此点，在集评中引牟宗三语以揭示之。610—613页提出《中秋不见月》是表达对寡居女性和宫女的同情，《竹下残雪》是借题发挥，颂扬残雪顽强坚持的精神。在朱温急欲代唐的背景下，此诗当有特殊的寓意。《杏花》是以杏花繁艳喻部分世人春风得意，已谢梅花则喻穷苦文士。这些解释都切合实际，有点明题旨之效。且此三首咏物诗均辑自《万首唐人绝句》，经过前人挑选，为罗诗上品，比较耐读，对其加以简注，撮其精华，十分必要。

7. 研究方法有创新，笺诗和校文结合，笺注而兼校勘之功。218页《寄窦泽处士二首》其二："牛山道士无仙骨，却向人间作酒徒。"校云："牛"，底本作"牢"，据毛本、张本改，接着在下面的笺注中说明理由：牛山、牛山叹、牛山泪、牛山悲等，皆喻人生短暂或短寿，牛山在这里是比喻道士法术平庸，不能使人长寿。作牛山与讽刺道士追求长生的主旨相合，作牢山则无此深意。后面并引杜牧《九日齐山登高》诗，说明作牛山是。604页《题杜甫集》："忍教孙武重泉下，不见诗人说用兵。""诗"字底本作"时"，据张本改。后面的笺注解释道，诗意是说，耒阳的杜甫墓遭到水浸，被毁坏，情形如此，恐怕兵家孙武在九泉之下，将见不到诗人杜甫与其论兵，故云不见诗人，若作时人则无此深意，其说良是。

## 二

唐人文集校笺属于古代文献编纂的一种，衡量这类成果质量的主要标志是全、真、正。全是首要的和基本的要求，具体说，应当搜罗到作者的全部存世作品和研究资料，不可有重大遗漏。文献校勘应当全面掌握作者著述的各种版本情况，避免重要版本遗漏。所作注释应当全面深入，不可失注，尤不可避难就易。只有这些工作都做齐全了，才可称全。真的基本要求是不伪不滥，即所编文献本身是真实的，采集的史料都经过了审慎的考订，没有羼入伪文。真还指文献文本的真实，即通过校勘考证，改正了各种误文，还文献以本来面目。既不放过各种文本错误，又不擅改原文，还能逐一注明资料的原始出处。正主要指各种事实考证、细节阐述的正确性及词语解释、作品系年的准确度。

若持此三条标准来衡量此书，当会发现，此书的学术特色正好也是全、真、正三点。

“全”。一是作品收录齐全，版本收录完备。经过辑佚去伪，全书共得诗502首，残诗22首，存疑7首，编为12卷，数量和规模都超过了以往的任何一种罗集。下册将罗隐诗歌以外的各种文史杂著一网打尽，《谗书》《两同书》《妖乱志》《罗隐启事》《吴越掌记集》《杂著》，都被收入。诸书的辑集和作品的系年笺注，或依旧本，或加重辑，或作新辑。校笺之前，先对海内外罗隐诗文的版本收藏作了一次竭泽而渔式的摸底，从中筛选出时代早、内容足、讹误少、版刻精的，作为此次整理的工作底本。价值稍次的则用作主校本，从头到尾通校。再次一点的作为参校本，偶尔取校，以定去取。通过这些办法，找到的版本之精，辑得的诗文之多，超过了以往。特别是《罗隐启事》一卷，前此未见，属于作者此次取得的原创性成果，学术含金量高，值得特别肯定。此书在宋代犹有传本，《崇文总目》及《宋史·艺文志》都有著录，但元明以后书目即不见著录，显已失传。作者经过多方努力，最终从周必大《文苑英华序》中发现，这卷文章早在宋太宗朝就已被李昉等录入《英华》，当时可能是感于其书内容珍贵，传本不广，故将全卷收入。发现了这条线索以后，著者就据《英华》校录，共得文十九篇，逐一考辨笺注。每一篇的系年、考辨和笺注都十分精彩。《罗隐启事》的发现、系年、考辨和笺注，是唐文研究的新成果，最能体现著者的创造性劳动。

二是文本校勘备。即通过对校、他校、本校、理校等法，找到了很多有价值的异文，发现和改正了底本文字的许多讹脱衍倒，提高了校本的质量。93 页《湘南春日怀古》“苍茫野树碍归云”，“茫野树”三字底本墨钉，据残宋本校补。183 页录出了《早春送张坤归大梁》的七处异文，311 页《魏城逢故人》录出了与集本差异较大的主要异文，笺注解释了致异的原因。416 页“亦知霸世才难得，却是蒙尘事最平”，“霸”字底本作“罷”，“蒙”作“窮”，据张本、《文苑英华》及《全唐诗》改。473 页《柳诗》、517 页《帝幸蜀》、524 页《漫天岭》，校记和集评录出了同一诗的不同版本，文字差异较大。为何如此，读者可作进一步的研索。

三是多数作品都有准确的系年、地点、事因和人物考证。351 页指出《寄酬邺王罗令公五首》作于天祐元年，诗中谓罗绍威“尊明主”，指朱温为贼，此皆昭宗朝才有之事。305 页指出《遁迹》是写隐居忧国之情，从诗中“胡尘自此多”可知作于咸通、乾符中。下引《资治通鉴》史事证明，唐室是自咸通十年后才“胡尘自此多”。309 页指出《中元即事甲子》系中和三年中元节作于长安，时拟自京入蜀。是年夏，宰相王铎收复两京，僖宗滞蜀未归。312 页指出《魏城逢故人》是罗隐离开成都返回长安，途经绵州东北魏城驿所作。诗题中的魏城是魏城驿的省称。不仅此诗，罗隐还有多篇馆驿诗，驿名今人十分生疏，为助理解，综合多种资料，准确注出了各驿所在的地理方位。全书注出的馆驿有彭蠡馆、魏城驿、黄鹤驿、商於驿、莲塘驿、纪南驿、上亭驿等，这应当是本书取得的一大功绩。为了集思广益，还广泛参酌了名家成果。765 页《说石烈士》就参考了卞孝萱先生的成果，指出文中的故事可能是虚构的，作者不过是借当时传说来塑造一位爱国者形象，将故事的主人公拟名孝忠，寓意其人忠义，其事忠烈，通过这种手法来侧面批判唐末缺乏忠臣，臣僚不顾名节。下册逐一说明了《谗书》《两同书》的成书年代、撰写过程、著述宗旨、文章结构、写作特点、文学渊源、思想意义。有讽刺性的，还指出讽刺意蕴和思想上的闪光点，以显示罗隐思想人格的卓荦之处。文句有异同讹脱衍倒者，一一备校。每篇之后，都集合历代评论以供参考。哪怕是类书野史、只言片语，只要和罗隐有关，必加搜采。其中还有很多冷僻之书，非经多年积累不能到此境界。像这样的书，其价值又是以往各书所无法相比，也不能替代的。

四是词语典故诠释齐备，确当。罗隐作诗喜欢用典，措辞含蓄，抒情委婉，阅读困难，典故诠释很重要。这种事，搞得好就是一大成绩，反之就是一门缺陷。此书的典故索隐，成就相当突出。《芳树》《大梁见乔诩》《圣真观》等，篇幅长，用典密，笺注难度大，一一为之溯源释义。325 页《病中上钱尚父》八句用了五个典故，一一注明。有些典故隐藏很深，亦被挖出。例如“中元甲子”，初看是个普通词语，著者却指出它是个双关语，既指中元节，也指历数家的“中元甲子”，事关李唐兴衰运数，下面征引资料就此详加申述。371 页指出，《听琵琶》“香筵酒散思朝散”，“朝散”既指唐代文散官朝散大夫，也指唐朝散亡，寓家国之悲。又，白居易曾为朝散大夫，作有《琵琶》诗七篇，故朝散亦兼指白氏。259 页《封禅寺居》“谁能赋秋兴”，指出这是说要像潘岳那样作《秋兴赋》，抒感时归隐之志。下面又说：“一说此指杜甫《秋兴八首》。”表明己见的同时还注意保存异说，不隐没他人功绩，做法可取。

五是背景挖掘深入，力求探得真相。229 页指出，《郴江迁客》系咸通十四年春作于湖南，时朝廷某高官贬往湘南，任郴州刺史，罗隐目睹此事，作诗代为鸣不平。检《唐刺史考全编》，是年五月，工部尚书严祁为权相韦保衡所逐，贬授郴州刺史，罗诗即咏此事。433 页指出，《奉使宛陵别二三从事》作于大顺二年冬。时罗隐任钱塘令、镇海军节度掌书记，衔命出使宣州。时宣歙观察使杨行密与钱镠关系融洽，交往密切，钱镠府中唯有罗隐文学、词辩过人，为一方人物，故遣其出使。此后钱、杨二家交恶，不可能有遣使交聘之事。诗作于临行之前，故云“偶别家乡隔路岐”。495 页指出《东归别所知》作于咸通五年春第五次落第之后。罗隐咸通元年初次赴京举进士落第，随即奔河中府依令狐绹。此后四年，每年都是自河中出发入京参试，故云“两处因依五岁寒”。785 页所录《请追癸巳日诏疏》一文，颇为著名，内容重要，想要为之系年但又缺乏外证，于是转而从文中搜寻内证，发现文章是咸通三年作于长安，证据坚确，结论可信。

六是艺术鉴赏多，为一般的校注所无。一般的前人别集整理，都是长于文字校勘、词语解释，短于文学欣赏，作品的写作手法、意象意境都置之不论。翻阅起来，但见满纸书名、引文，读来味同嚼蜡。此书则十分注重艺术分析，深挖作品精髓。这种风格，跟时下的很多校注编年之详于考述，短于赏析者有很大的不同，使人另眼相看。134 页对名篇《筹笔驿》作了精解，不仅句意疏通准确，作品评析也别有新意。筹笔驿是唐代入蜀驿路上的著名驿馆，中晚唐北宋骚人墨客路过此驿，多赋诗感怀，有的甚至题诗上壁，其中不乏名作，这个驿站因此也成为名家竞技之场。其中唐诗以李商隐和罗隐的最好。而自北宋起，人们就倾向于认为，李诗要比罗诗好。作者则提出，罗诗立意之深刻，构思之精密，语言之流利，内容之切题，技巧之新颖，都要远胜李诗。若取二诗对读，发现确实如此。罗诗先是由驿及人，后又由人到驿，立意极高，概括精切，谋篇巧妙。若论第一，唯有此诗方可当之。首联概括出诸葛一生之忠节，颔联指出其大业难成，遗恨终生之原因，富含哲理，意思为李诗所无。颈联更将批判的笔触深入到蜀汉政权的内部，以为君懦臣奸，苟且偷生才是亡国的根由，蜀国的灭亡不是由于天意，而是因为人事。由此可见王业艰难，守业不易。尾联改以拟人手法，写出人之无情和物之有意，言诸葛之诚节感天动地，斯人虽殁，精气犹存，数百载后，流水草木犹为之饮泣。如此精切之诗，千载之下读之犹能令人搔首低徊，感讽不已。人们黜罗扬李，那不过是震于李商隐之大名，而未加细思深考。现在看来，李诗笔法单调，意思含糊，不能曲尽诸葛一生之功业品节，思想之深刻、艺术之精湛确实不及罗诗。所以我们对于前人作品，还是应当是处所是，不能一味盲从曲说。作者还注意到，罗隐诗文的格律声调抑扬与其情感变化有关，感情平顺之际，就用平仄规范的律体，否则就用拗体。3 页《曲江春感》、431 页《官池秋夕》等篇皆属此类。

其次说“真”。“真”首先是指深挖出隐藏在诗文背后的事实真相，使人明了。48 页从典故、官职解释，为何《秋日有酬》一作《寄王师范》。中间提到，王师范年岁、官位都与罗绍威相当，师范一日遣使求诗，时罗隐正在绍威幕中，得见此事，遂将从前赠给绍威的旧作稍加修改，寄赠师范，因而有诗句意蕴的雷同，解释合理。“真”其次也指写作背景解说之真。罗隐一生，以应举、游幕二事为主，长期离乡远游，足迹遍及大江南北，作品的写作时间、地点、人事既具体又复杂。这些东西不搞清楚，作品就无法读懂。对于这类诗歌，背景考释是首位的工作。作者在这方面花费的心力也最多。40 页、69 页对罗隐二诗中夏口的地望、建置、沿革作了精当的解释，可以纠正时下某些书中的误注。687 页提到，《圣人理乱》一文言及，古之君子，有位和道的矛盾。位胜其道者还可以致身尊显，康庄富寿；位不胜道者则泣焉、叹焉、围焉、厄焉。此四词并非泛泛而谈，原来各有所指。所用之典为何，一一注出，令人佩服。“真”还指诗文意蕴、写作特点的把握之真。罗隐不少诗作，多用比体，寄兴深微，初见往往茫然不知所谓。这时，好的校笺往往能拨云见日，此书就有这一特点。125 页《水边偶题》，初看不知所谓。笺注指出，此诗是作者屡举不第之后以道家思想自慰，诗由野水无情联想到人生有限。水边花好，自己却白发满头。每思及此，便觉穷达皆过眼云烟，无须太在意。罗隐科场失意，厄于一第，长期遭受不公的对待，又生当乱世，见惯了太多的不公和丑恶，不能容忍，因此赋诗多讽骂之意。又喜托物抒怀，往往表面为一物，实则别有所指。究竟所写为何，费人寻思。作者在这方面特别留意，对罗诗讽意多所揭示。195 页指出《经故洛城》是借古讽今，借东汉末权奸跋扈的史事暗讽唐末的相似现实，所刺为宦官田令孜假威弄权，旧说刺东都招讨使曾元裕，未确。342 页指出《萤》诗是借萤火虫依草，暗讽唐末文人倚靠宦官以求荣达。348 页指出《燕》诗表面咏燕，实兼自喻自宽，写法与《鹦鹉》相似。707—715 页所录《谗书》五篇杂文，一一指出其写作手法、寓言性质、写作意图和抨击对象，分析其讨论问题的切入点及立场观点，所举为何史事，说明什么哲理。731 页《木偶人》所指为何，一时不易看出，读了注解则涣然冰释，知道是批评唐末华而不实的风气，讽刺追名逐利、不知廉耻的世风。

第三说“正”。“正”首先体现在文意的准确把握，事实、背景的正确阐释。747 页指出《书马嵬驿》作于自长安入蜀途中，似为感于唐末战乱而作，忧心唐朝经不起战乱而亡国。下面揭示了罗隐对玄宗谴责、同情兼有的复杂态度，阐述了文中的新观点：唯有圣人才能当水旱兵革之灾，非圣人不足以当之，必致亡国。23 页考证，晚唐诗人章碣，中和癸卯岁（883）作诗仍自称举子，光启（885—887）中仍在赴举，非如《唐诗纪事》所说乾符中登进士第。证据取自章诗，其说甚确，可纠《纪事》及孟二冬《登科记考补正》之误。585 页《薛阳陶觱篥歌》“乌江太守会稽侯，相次三篇皆俊逸”，乌江太守指谁，底本及《全唐诗》云指白居易。岑仲勉《读全唐诗札记》则提出是指和州刺史刘禹锡。笺注指出岑氏所考为确，此事确与白氏无关。白氏为苏州太守，非乌江太守（和州刺史）。566 页《淮口军葬》“一阵孤军不复回”，所记事情具体，不注则不知所云。为此而征引《资治通鉴·咸通九年》史料，指出题目中的“军葬”指这年唐军和庞勋叛军在泗州淮口大战，结果为其所败，被斩杀数万。事后集尸野葬。注解得当，很有必要。

“正”其次指文字校勘、作品归属的正确性。校勘方面，最值得一提的是校补方面取得的成绩。自清代以来通行的各种罗隐集，在文本上存在着许多错误，底本脱文尤多，未能得到很好的补正。本次校勘看准这一空缺，尽量据明以前善本补全。诗歌方面所补的有意义的地方多达数百处，文的部分所作工作尤有意义。如《谗书·秦始皇意》所补之“也”“与”二脱字，《谗书·木偶人》所补之脱字“像”，《谗书·市赋》所补之脱字“刈”，《谗书·迷楼赋》所补之脱字“望”，《谗书·代韦徵君逊官疏》所补之脱字“音”，以及《吴越掌记集·吴公约神道碑》、《杂著·陈先生集后序》所补的三处脱文，在文意的理解上都很关键，不补齐则读不通，难理解。补文之外，对于异文正误、文义优劣的裁断亦很有见识。23 页引《新唐书·选举志》证明，《送章碣赴举》首联，诗句以作“苹鹿歌终”为确，《全唐诗》作“歌中”为误。29 页《雪》诗“细玉罗纹下碧霄，杜门颜巷落偏饶”，“颜”字底本作“倾”，误，据《文苑英华》、张本及《全唐诗》改，校记从字形和文意上说明了理由，甚是。此外，诗文的辨伪辨重方面所作工作也很有意义。535 页《鞠歌行》，《全唐诗》及王琦《李太白全集》均作李白诗，校记引陈尚君《全唐诗补编》指出，此非李诗，此诗的宋刻本，作者还是署名罗隐，明刻本《英华》李白诗之后又载此首，而失作者姓名，遂误为李作，其说甚是。而对以往某些被定为伪作的诗文，作者也提出了新见，有几篇重新确定为罗诗，不为无见。

“正”也表现在人名考证的正确。罗隐交游广泛，作诗提及人名，往往遵唐代通习，使用代称、别称。所写究竟为何人，索解甚难。为此，广泛借鉴学界人名考证、职官考证成果，如吴廷燮《唐方镇年表》、劳格、赵钺《唐尚书省郎官石柱题名考》《唐御史台精舍题名考》、岑仲勉《郎官石柱题名新考订》《隋唐史》《金石论丛·郎官石柱题名新著录》、郁贤皓《唐刺史考全编》、陶敏《全唐诗人名考证》等，辅以个人思考，多方获解。运用此法考出，卷二《寄杨秘书》中的“杨秘书”，即卷九《京口送杨子蒙东归》中的杨子蒙。208 页提出罗诗中的“广陵李仆射”，非如学界所云大中年间淮南节度使李珏，而是咸通末淮南节度使李蔚，诗盖作于淮南李蔚幕府。236 页指出《寄大理寺徐郎中》中的徐郎中是徐焕，此人乾符五年任大理少卿，为徐有功之后，故诗云“因思证圣中”，“理合有阴功”。435 页结合郁贤皓《唐刺史考全编》、吴在庆《唐五代文学编年史·晚唐卷》，考出《送王使君赴苏台》中的王使君是王蕴，此人中和四年任苏州刺史。然而细究之，作诗地点、背景似乎又与罗隐的行踪不合，因此下文又采纳另一种意见，指出此王使君还有可能是指王抟，此人光启初任苏州刺史。这些考订都贯注了科学精神，可以相信绝大多数都是正确的，其中有的结论即使陶敏《全唐诗人名考证》这样的权威著作当中也没有，是作者提出的新见。

“正”还指地理考证的正确。131 页《夜泊毗陵无锡县有寄》笺注指出此诗是罗隐自家乡余杭沿运河水路北上，干谒幕府，途经无锡时所作。139 页指出商於驿在河南内乡县东，地当长安至荆南驿路，为罗隐自杭州入江西、湖北进京应举所必经。为此而参考了严耕望先生的名著《唐代交通图考》及王禹偁的名文《商於驿记后序》，对诗人行踪、交通路线作了准确而深入的解释。可见作者于交通地理之学比较留意，因此在这方面解决的问题也比较多。

## 三

毋庸讳言，此书也有一些不足，这里适当指出，以俟修订。如：

其一，引文有误。27 页笺注【三】“尉倫”当为“尉佗”之误。156 页引王楙《野客丛书》，“李嘉祐”误作“李嘉佑”，“尊罍”误作“尊壘”。

其二，正文录文有误。266 页《旅梦》“蟾佳向人斜”，“佳”为“桂”之误。

其三，某些引诗不太讲究史源和版本。616 页《四顶山》，辑自《方舆胜览》卷四八，但《舆地纪胜》卷四五《庐州》所引之诗时代更早，版本更好。617页所辑《姥山》诗，亦存在同样的问题。

其四，史识有误。45页笺注【一】，误相衔、宪衔为一事。宪衔指御史台官等执掌司法大权者，中晚唐五代亦常用来宠任方面大臣，与相衔不是一事。

以上问题瑕不掩瑜，可以今后完善。总之，该著的出版把罗隐研究的水平大大推进了一步，是唐人别集整理的典范，晚唐五代文学研究的新标杆。其面世也为今后的古代别集整理树立了新的典范，值得大力肯定。

《文学遗产》网络版2014年第2期

《罗隐集系年校笺》，李定广编辑校笺，人民文学出版社2013年6月出版，责任编辑：葛云波

# 传记研究领域的新成果

——评许隽超《刘大观年谱考略》

马振君

许隽超教授《刘大观年谱考略》（以下简称《刘谱》），2013年11月人民文学出版社出版，这是作者主持的国家社科基金后期资助项目的结项成果。开本宏阔，用纸考究，印刷精美，图文并茂，托之于手，厚实而有分量。此书内容更与装帧形质相符，相映生辉。

谱主刘大观生活于乾、嘉、道三朝，阅历丰富，交游广泛，为高密诗派的代表。作者选此人为谱主，认识与定位很清楚："拙著以刘大观生平、交游、诗文创作及所处社会、文化、地域背景为基本研究内容。通过搜集、剪裁、排比、考订相关史料，力图准确、清晰地勾勒刘大观一生行实，展现那个时代文学创作、学术研究、吏治民生的多个侧面。"可见，作者是带着一种严肃的史家意识进行研究的。可以说，史的特质是《刘谱》最大亮点。这突出表现在以下三个方面：

首先是史料的权威性。《刘谱》最大限度地利用了清代档案资料。这些档案资料，包括中国第一历史档案馆和台湾史语所藏朱批奏折、录副奏折、题本，还包括《清代官员履历档案全编》《大清搢绅全书》，乾、嘉、道三朝的实录、起居注、粮价清单等。如“嘉庆十五年庚午（1810）五十八岁”条，此条前半主要载刘大观劾初彭龄一案始末，自正月上疏至三月入都候旨发落，仅两个多月的时间，但有关公文甚夥，经作者梳理排列，长达二十页，近二万字之多，非常清晰地再现了这一案件的来龙去脉。《刘谱》还运用了一种很有特色权威档案,即粮价清单。作者“于彼时经济史料亦间有援引，盖非仅视之为文人年谱也”，可知作者是将此《刘谱》作为能反映社会经济的史书来编纂的，而非止通常的“文人年谱”。可以说，权威的结论来源于权威的资料，资料的权威性使《刘谱》更具史料价值，学术性也更强。

其次是史料的丰富性。除上面所列档案类资料外，《刘谱》所引资料最大来源是同时代人的诗文集，这类史料大概占到一半强。正是诗文，使谱主显得有血有肉，跃然纸上。同时代人的年谱、宗谱、传记类文献，特别是谱主家乘《邱县刘氏宗谱》，这是《刘谱》“世谱”部分的重要资料支撑,也是《刘谱》后面部分很多行实系年的重要依据,这些传记类资料非常好地充实了年谱。据统计，书后参考资料所列方志文献有七十六种之多，这些资料或用于说明人物行实，或用于补充事件，或用于说明一个地名、一处景观，这都增强了年谱的历史真实。

第三是行文的客观性。具体表现在以下几方面。一是让材料自身说话,尽可能不加评价。如关于纲目内容、诗文隶属等,若有需说明处,也只加按语。审慎考订，一切出于实证，摒绝蹈空之弊。一是内容繁简视材料而定，故每年下内容多寡不一。有的年份因没有任何资料，则干脆付之缺如，如乾隆二十、二十一两年即为此类。而有的资料是非常重要的史料,不可或缺,则不厌其多,如上文所述之嘉庆十五年条,有近三十页之多，几乎占全书篇幅的十分之一。一是纲目叙述语的拟定，也一以资料为准，充分体现了客观、准确、简练的特点。

《刘谱》的第二个亮点是体例更为完善。这主要表现在以下三个方面:一、将《年谱》部分按谱主宦迹分为“读书应举”“初宰粤西”“继牧宁远”“兵备河东”“退居怀庆”五卷。从文章学角度看，这使得《年谱》眉目更清晰醒目，便于读者全面把握谱主生平，提高了可读性。二、将人物小传附列于后。附录中共列四百七十三人的小传，先汉人，次满、蒙、朝鲜等，资料准确，重点突出，用语简洁，有些可补现有相关工具书之不足。三、编有人名索引。人名后以小括号列出其常用字或区分身份的相关信息，以免混淆，后面即列所在页码，一目了然，使用便利，增强了本书的使用价值。

正是基于装帧的精美、史料性的增强和体例的完善，使得《刘谱》特色更鲜明，资料更权威，实当得起“力作”之誉。

《古籍新书报》2014 年第 139 期

《刘大观年谱考略》，许隽超著，人民文学出版社 2013 年 11 月出版，责任编辑：李俊

# 杜甫研究的里程碑著作

——《杜甫全集校注》初读记

陈尚君

立项三十六年后，皇皇十二厚册，多达六百八十万字的《杜甫全集校注》（简称《校注》）终于由人民文学出版社出版。此书的问世，是中国当代古籍整理和古典文学研究的重大收获，谨向纂注者和出版社表示祝贺！笔者在此将初读以后的一些认识和所知写出，与读者分享。

## 宋以来的杜诗研究回顾

在中国诗歌史上，杜甫的地位至高无上，唐末被赞为“诗史”，苏轼称之为“集大成者”（《后山诗话》），宋以后被尊为“诗圣”，影响其后千年诗歌发展走势。杜甫以前诗歌以古诗、乐府为主，杜甫以后近体诗方成为诗歌主脉。杜甫穷极变化的巨大创造力，为后世提供了无数探讨不尽的法门和范式。无论江西派还是同光体，无不受其沾溉而各成气象。杜诗研究也成为宋以后最多学者关注的课题。从汇集作品、校勘编年开始，进而注释，继而集注，到宋末已经发展到千家注杜的规模，赵次公、蔡梦弼、黄鹤等人的解读注释代表了宋代的水平。经过元明的低谷，明末王嗣奭、胡震亨续有所得，清代则以钱谦益、朱鹤龄、仇兆鳌、浦起龙、杨伦为代表。进入二十世纪，杜甫研究日新月异，但可以代表当代水平的集大成著作则始终未见。日本前辈学者吉川幸次郎（1904—1980）曾发愿全注杜诗，计划作《杜甫诗注》二十册，特别关注杜诗在继承前彦开拓诗境方面的努力，每首诗都有日译和详解，可惜仅完成五册（筑摩书房 1977—1982）即去世。山东大学著名杜甫专家萧涤非先生从 1978 年起领衔汇校汇注杜甫全集，学界曾抱持殷切期待，相信此项工作必然给杜甫研究乃至整个中国文学史研究带来巨大的影响。我那时还刚学术起步，做过两篇研究杜甫生平和著作的文章，曾穷尽所有地阅读杜集，深感杜甫作品之瑰玮和历代研究之鸿博，对此项工作期冀尤切。无奈世事多舛，萧先生在全书进展过半即不幸去世，因人事纠纷，这一项目耽搁下来，很感遗憾。三年前方得到消息，经过山东大学校方和人民文学出版社的多方协调支持，由萧先生学生张忠纲教授领衔，该项目重新启动并已接近完成全稿。出版社嘱我推荐申请国家出版基金，我恰已接任曾由萧先生担任的中国唐代文学学会会长，深感大作家研究是带动一代文学研究的根本，更期望前述工作得以完成出版，因此大喜过望，愿尽绵薄。再经过两年多的反复修订校改，纂修者和出版社都付出巨大努力，终得问世。

## 萧涤非先生与杜诗校注

萧涤非先生（1906—1991）早年研究汉魏乐府，中年后专治杜甫，1956 年出版《杜甫研究》二册，上册通论，研究杜甫生平和诗歌的思想艺术成就；下册诗选，对杜甫代表诗歌二百多首作详尽的注释解读，是古典诗歌选本之典范，也因此奠定了萧氏在杜诗研究领域的地位。《校注》的设想从1976年提出，1978年立项，随即展开工作。在萧先生指导下，校注组在研读杜诗的同时，一是检阅元、明以还诸家别集、诗话、笔记、丛谈、杂著等书，摘录有关杜诗资料，力求其全，分门别类加以整理，以备检索；二是广事搜求海内外杜诗版本、注本，历时六年，得以大备。同时，校注组还沿着杜甫当年的行迹，赴山东、河南、陕西、甘肃、四川、重庆、湖北、湖南等地，对照杜诗，作实地考察。将全书设想、体例印发全国有关专家征询意见，并于1984年试印样稿，到杜甫故里召开样稿审订讨论会，达成共识。经历1980年代的努力，就在全书进程过半之际，因主编去世，合作诸人因分工、进退等分歧，致使编纂工作停顿了近二十年之久。我虽然对具体内情不甚了解，但知道的是2009年山东大学徐显明校长推动重启编修，学校成立此书工作协调领导小组，提供经费和人力支持，方得完成。全书出版时署名："主编萧涤非，全书终审统稿张忠纲，副主编廖仲安、张忠纲、郑庆笃、焦裕银、李华"。显得很特别，体现了对历史的尊重和对实际责任人所付出的艰辛劳动的尊重。张忠纲教授今年七十五岁，在老师去世二十多年后，终于能完成老师未竟的事业。他在《统稿后记》中用"余生也有幸"表达自己的心情，他的努力值得尊敬。全书参与者各自承担的部分，也都有清晰表达。我也经历过学术合作的风雨，知道领导与出版方的支持、主事者的大度、合作者的互敬，对完成大项目缺一不可。

## 集古今之大成的《校注》

由于做过大量文献的前期准备工作，《校注》在体例设计、学术追求和文献处理方面，都体现了尊重前贤研究，博采约取，集古今大成，体现当代学术需求的自觉意识。全书对杜甫全部存世诗文作了校勘、编年、注释、汇评、备考等几项工作，并附录《杜甫年谱简编》《传记序跋选录》《诸家咏杜》《诸家论杜》《重要杜集评注本简介》等。以上诸端，都达到很高学术水平，试分别述之。

杜诗校勘，是宋人研杜的起步工作。王洙结集杜集祖本汇聚古本九种，吴若会校则援据樊晃《杜工部小集》、晋开运二年官本等多种旧本，已具备良好的学术积累。《校注》在利用人民文学出版社 1960 年代约请王利器、舒芜等据十一种宋、元刊本和明钞本所作校勘基础上，又增校《草堂先生杜工部诗集》残本、《新刊校定集注杜诗》《王状元集百家注编年杜陵诗史》三种宋本，得以充分利用存世全部宋元古本参校。如《草堂诗笺》校及三种不同的宋本，而成都杜甫纪念馆藏宋刻残本、宋曾噩刊九家注本、山东博物馆藏宋刊黄鹤父子千家注本等，均是罕传难得之本，是书文本写定的准确和异文之备存，远超前人的所有工作。特别可贵的是，《校注》于底本与参校本入选尺度严格，绝无好多宽滥之病，与时下动辄喜欢说参校了几十种文本，其实多数并无参校价值之书，完全不同。且尽量尊重底本，不轻易改字。如《登白马潭》，明清传本多作《发白马潭》，校记指出古本皆不作“发”字，为后人所改。《诸将五首》之一“曾闪朱旗北斗闲”一句，因触家讳，宋人多有考订。本书有详细考订，据宋人著《侯鲭录》卷七引薛向家藏五代本、《明道杂志》引北宋王仲至家古写本，并参南宋周必大《二老堂诗话》谓宋初避讳改“殷”为“闲”的考证，恢复古本的原文。全书类似的校定极其丰富，保证了学术质量。

前代杜集编次，有分体、分类、编年、分韵四体，《校注》鉴于杜诗的特质，以编年最能显示其诗史的成就和知人论世，因此虽全书以存世最早杜集《续古逸丛书》本收宋本为底本，但编次则参照宋、清以来诸家之考订，并参新见文献和实地考察，有部分的调整。其中引录较多的是宋末黄鹤及其所引梁权道的考证，对蔡梦弼、王嗣奭、钱谦益、仇兆鳌诸家所考，也有较多的吸取。利用新见文献者，如根据新出土《韦济墓志》，重新考定《奉寄河南韦尹丈人》《赠韦左丞济》《奉赠韦左丞丈二十二韵》的编年，对杜甫受困长安时期的情况，有更准确的反映。而杜甫入湘后的行程，前人一直相沿宋人的编次。校注组在踏勘湘江沿途景观后，将《入乔口》诸诗改编到《宿凿石浦》诸诗前。

宋人认为杜甫诗"无一字无来处"，特别用心于杜诗中的语典和事典的来源与解释，后世注杜者则更关注杜诗语意的释读，有关讨论汗牛充栋，巨细无遗。《校注》的注释继承萧涤非《杜甫诗选注》的善例，尊重旧注以揭示诗中典实、语词来源的引征前代文献的传统，又注意吸取历代学者诠释杜诗时的创说发明，更注意现代学者需要通过原句语译以便准确理解诗意的要求，基本采取每韵加注，逐句解说的体例。这部分是全书分量最重的工作，也是历代注杜学者倾注心力最多的工作。《校注》融诸说之长，别择认真，解释客观，注意参综今古，为今人研读杜诗提供了可靠的依凭。

集评尤盛于明清两代，有多种五色套印会评本，可见重视。近年则有《唐诗汇评》和《中华大典》尤肆力于此。《校注》设"集评"一栏，汇聚历代对杜诗逐篇的评点意见，采据之广，超过以往各书。

《校注》于杜诗历代有争议或不同立说者，立"备考"一栏，引录文献并略作考订。以杜甫晚年诸诗为例，《聂耒阳以仆阻水》附关于"狄相孙""方田驿"以及"饫死耒阳说"的讨论；《回棹》附"关于编年之异说"，《江阁卧病走笔寄呈崔卢两侍御》附"江阁""崔卢二侍御"及"锦带"的解释，《长沙送李十一衔》录洪迈、胡应麟有关李杜齐名的释读，《风疾舟中伏枕书怀三十六韵奉呈湖南亲友》附录"关于诗之编年""关于宗文之死""关于'公孙仍恃险，侯景未生擒'二句所指"三项备考。全书附录备考有近千例之多，将有关杜诗历来争议的主要观点和证据都列举出来，足为学者之参考。

我特别注意到，《校注》备举诸家之说，以清末以前诸家为主，近人之说仅偶及之，有很仔细的遴选。文献备录务求广取备参，尽量不加案断，仅在显著错误时方略申己说。引录主编萧涤非的考说，全书似仅十余则，其余参编诸人各人研究有得者，一律不加引录。这是古籍文献研究值得肯定的态度，前人称“不着一字，尽得风流”，今人说精彩全在不言中，正可见到编纂者的高远立意。全书为行文简要，引录前说仅称某某曰，书前附简称所指，书末附《重要杜集评注本简介》对援据较多一百三十四种杜集作了很精当客观的介绍。

韩愈《调张籍》说自己读李杜诗惊其开拓创造之不易：“徒观斧凿痕，不瞩治水航。想当施手时，巨刃摩天扬。垠崖划崩豁，乾坤摆雷硠。”今读《校注》，也有同样的感受。从开始谋划到终于完成问世，历时三十六年，集中了三四代学者的接续努力，文献之丰备，校勘之精审，注释之周详，考断之稳妥，确能代表当代别集整理新注之最高水平，是一部总结一千多年来杜甫研究的集大成著作，在杜甫研究史上具有里程碑意义。

## 《校注》之后的杜甫研究展望

由于杜甫诗歌之博大精妙，历代研究之汗牛充栋，杜集不可能如其他著作那样地采取会校会注会评的体例，将各家见解全部包罗无遗，只能选取最重要的创见，当然不免会因读者之阅读需求和学术立场不同而有不同认识。我也无意强作解人，仅想在此期待，因为本书的出版，将千年以来杜甫研究的主要见解陈列出来，今后的研究应以本书为起点，将杜甫研究提升到新的高度。

就我所知，就在本书定稿期间，清华大学谢思炜教授完成《杜甫集校注》，即将由上海古籍出版社出版。日本京都大学兴膳宏教授近年组织读杜会，有志将吉川先生中辍的《杜甫诗注》全书完成。由斋藤茂、下定雅弘、芳村弘道等教授共同承担的杜诗全译工程，预计将于明年截稿。这些工作与本书一起，会引起一段时间内杜甫研究的热点。

《杜甫全集校注》应该会带动有关杜甫的一些新的学术编纂。为体例所限，此书以清末以前笺杜著作之总结为主，近代以来的学术见解仅采纳很少一部分，海外的研究基本没有采及，这些都有待作新的总结。

近代以来因为敦煌遗书、域外善本和出土墓志的大量发现，为唐代文史研究带来全新的气象。本书有部分的采据，如前云《韦济墓志》的利用即为一例。有些已知还没有在校注中予以表达。如洛阳近年出土《郑虔墓志》载其卒于乾元二年（759）九月，比前人根据杜甫《哭台州郑司户苏少监》所定广德二年（764）要早五年，当然会引起一系列诗作编年的重新确定。张忠纲“统稿后记”已注意及此，认为《所思》原注“得台州郑司户消息”，当然应该写于郑虔生前，不会如旧说系于上元二年（761）。然而问题在于当时诸人天各一方，杜甫得到郑虔消息的时间很难确定，可能在当年，也可能在几年后。因郑虔还牵扯到苏源明，杜甫最好的两位朋友应为同一年去世，但苏又似乎在郑去世后两年还因代宗即位而改名。存疑而保留旧说，不失为慎重的处理。

即便如杜甫这样研究得相当彻底的作家，无论其生平和作品都还有许多问题有待澄清，比如他的早年经历，他的母系亲属，其妻杨氏的家族情况，晚年离蜀后曲折行踪的原因，都还有待深究。近代以来出土唐代墓志近万品，不少与杜甫的交游有涉，也有待梳理。我在三十年前曾撰文《杜甫为郎离蜀考》，将杜甫入严武幕府任节度参谋和授检校工部员外郎分开来解说，认为欲入朝而离蜀，因为生病滞留峡中而改变行程。当年张忠纲先生曾撰文商榷，我们因此而相识结交，但学术见解都没有妥协。我认为，《去蜀》“五载客蜀郡，一年居梓州。如何关塞阻，转作潇湘游。世事已黄发，残生随白鸥。安危大臣在，不必泪长流”。若作于离蜀初，似乎杜甫当时就有入湘的准备，无法解释一路之犹豫彷徨，似应在入湘后作。这当然仅属一家之言，举此说明杜诗的编年其实还有许多再斟酌的空间。其他大者如李杜齐名的形成过程，杜甫在中晚唐诗坛的影响，杜甫诗歌的典范意义，杜甫与中古诗歌的转型，杜甫与宋诗风格之形成，小者如杜甫诗中所涉名物制度，语词解读，句型变化，诗律通变，与杜甫相关之人物命运，杜甫所见之山川地理，杜甫所涉之大小杂事，都还有很大开拓空间。

《文汇报》2014 年 4 月 14 日

《杜甫全集校注》，萧涤非主编，人民文学出版社 2014 年 1 月出版，责任编辑：葛云波、胡文骏、徐文凯、李俊

# 朴学精神、问题意识、理论雄心

——读《文镜秘府论研究》

杨　伯

卢盛江先生的《文镜秘府论研究》出版了，这是《文镜秘府论汇校汇考》的姊妹篇。两部书的出版，相隔七年。而盛江先生结缘空海，校理《文镜》，已经花去了整整十七年。

《文镜秘府论研究》共十一章，另有结语一，附录六。第一章是对《文镜秘府论》研究史的回顾与反思。二到四章讨论《文镜秘府论》其书以及空海其人。五到十章以《文镜秘府论》为出发点，梳理中古诗学若干重要问题，包括调声、病累、创作论、对属论、体势论等诸多方面。第十一章论述《文镜秘府论》与日本诗学之关系。结语则是作者的相关理论思考。全书涉及版本、校勘、声韵、训诂、历史考证、文学思想史、中印比较、中日比较等多个领域。

《文镜秘府论研究》代表了当前《文镜秘府论》研究的最高水平。同时，此书也是近年来中国文学史、文学思想史，特别是六朝至唐代文论研究的重要收获。作者提出的问题，提供的材料、假设、结论，使用的方法，都可能推动相关领域产生实质进步。很多课题，有待相关专家的评鉴。本文谨就笔者学力所及，略谈几点浅见。

## 一　以问题意识推进朴学研究

学术发展的基本方式，是提出问题，解决问题。问题，是学术研究的灵魂。近二十年的唐代文学研究，材料日益丰厚，问题日益稀薄。新材料的发现，本该激发新问题的产生。现实是，我们不断看到激动人心的新材料，却很少看到激动人心的新问题。这种状况的形成，原因很多。首先，与本学科的强大学术传统有关。经过几代优秀学者的开掘，所有重要人物、重要观念都被反复讨论，甚至重复讨论。在很多后来者眼里，唐代文学成了“问题的贫矿”。其次，与方法意识的更新迟滞有关。二十世纪的方法论热降温之后，学界的主要趋向是回归朴学。这当然有益于学术生态的健康，但也引发一些负面效果，那就是研究者对方法的漠视。研究文献者，以为自己的责任就是尽校雠之能事，不太关注事实背后的意义与价值。研究理论者又对海量文献束手无策。业已形成并趋于固化的历史诠释框架，似乎无力更无意对新材料做出回应和调试。

《文镜秘府论研究》则是一部勇于提出问题的书。

盛江先生有勇气也有诚意面对强大的学术传统。就他的课题而言，必须面对两大传统。一是日本、中国、美国的《文镜秘府论》研究史；二是唐代文学思想（包括中古文学思想）的研究史。两个领域，名家辈出。前者包括小西甚一、中泽希男、兴膳宏、林田慎之助、潘重规、饶宗颐、罗根泽、郭绍虞、王利器、王梦鸥等先生。后者包括陈寅恪、王力、李珍华、罗宗强、王运熙、杨明、葛晓音、王昆吾、张伯伟、刘跃进等先辈及时贤。单是小西甚一的三卷本《文镜秘府论考》，似乎就已经穷尽了所有话题，使后之来者只能做些查漏补缺的工作。面对这样的学术山峰，盛江先生并未绕路而行，或避重就轻。他的起点是重新清理前辈工作，重新审查前辈提出的问题。《文镜秘府论研究》的第一章为读者开列了一份明确的问题清单：哪些问题已经解决；哪些问题解决到了何种地步；哪些问题看似已经解决，而实际未曾解决；又有哪些问题可以推进到何种地步。这些得益于他的一个根本理念：一切回到材料。比如，关于《文镜秘府论》传本系统的重建。小西甚一分为初稿本和再治本两个系统。盛江先生认为，至少还有一个“证本”系统。传本系统之所以仍然成为学术问题，正是基于他对小西甚一未见传本的发现，以及对小西甚一已见传本的更为细致的勘察。再如，关于“永明体”和“八病说”（第七章），学界已经形成不少“定论”。盛江先生仍然强调回到材料，通过对《文镜秘府论》原典的考辨，通过对常见史料的近乎苛刻的质询，不少“定论”本身成了有待审查的问题。

一切回归材料。这种朴学方法，使原本题无剩义的领域变成“问题的富矿”。另一方面，他又带着强烈的问题意识进入文献研究。这样的风格，在《文镜秘府论汇校汇考》中便有所显现。那里的许多按语，已经超出校勘学的职分，可以视为文学思想史的研究札记。到了《文镜秘府论研究》，更加明确地把细腻的文本勘察与宏观的文学史图景联系起来。套用前文的表述，他在尽校雠之能事的同时，随时关注事实背后的意义与价值。他是带着明确的方法论自觉从事文献整理的。因此，材料与问题形成了良性互动。他对王昌龄声韵观念的研究（第五章），对皎然思想变化的勾勒（第九章），都是极好的例证。王昌龄论调声，有“且庄字全轻，霜字轻中重，疮字重中轻，床字全重，如清字全轻，青字全浊”一句，素称难解。他结合音韵学史料，指出王昌龄对语音的辨析，已经有了等韵学意义上的“等”的观念。然后，他又结合具体诗例解释“轻重相间”之说，以为这与永明体的声律原则有关。这些都是文本勘察的细密功夫。紧接着，他提出一个具有诗史意味的问题：王昌龄生当律诗成熟的时代，而其声律观念却极为复杂，既有对永明体的回味、留恋、继承，又有更为新颖的等韵观念。这就意味着，无论诗人还是时代，文学思想的演变远比我们想象的复杂。文学思想史上，皎然也是常被简化的人物。《文镜秘府论》南卷编入了皎然《诗议》。深入考察文本之后（考证见于第三章），盛江先生拈出“格高”之说，并将之与中唐声律观念、审美思潮的变迁联系起来。更为精彩的是，他又对《诗议》和《诗式》做了比勘，从而勾勒出皎然文学观念的前后变化，这个变化的基本轨迹，是从《诗议》走向《诗式》。此类文献研究，有可能改变文学史的书写格局。《文镜秘府论研究》的整体特色之一，是随时将微观的文本细节，提升为宏观的历史证词，由小考证，引出大问题。小大、微宏间的切换，有赖作者敏锐的问题意识。

## 二　以朴学精神解决理论问题

多年以来，学界形成惯性思维：理论归理论，考证归考证，二者互不干涉，也不通有无。理论问题似乎只能通过理论解决。唐代文学史领域里,不少富于理论雄心的研究,皆出自观念的演绎。这样的研究，固然能够提出问题，提供洞见，却很难形成实质性的学术积累。盖此亦一是非，彼亦一是非。诸家预设不同，套路各异，独白虽精彩，对话很困难。因此，判断理论进步的唯一方式，似乎只能是看其引进了何种新奇理论。

《文镜秘府论研究》是一部富于理论雄心的书。它的又一特色是，以朴学精神解决理论问题。

盛江先生并非通常意义上的“理论型”学者，他的作品里，很少见到新旧理论著作的引述。《文镜秘府论研究》里提出了大量理论性问题。但如前所述，他提问的动力，并不来自理论著作，而是来自文献的占有，以及学术史的清理。他要面对的问题，往往是学术史上聚讼纷纭的公案。此类公案既已经过长期讨论，不太可能靠某种生新理论一朝化解。其方法还是一切回到材料。他靠朴学功夫提出问题，也靠朴学精神解决问题。这里试举三例。

对中古声律病累观念的研究是一例（五到七章）。这个题目，不仅要清理文献当中的声律、病累论述，还要清理声律、病累说的演变史，及其与实际创作的关系。其下又有诸多分支问题。比如，有什么根据说齐梁时代存在八病之说？它与沈约有何关系？沈约声律说的发展过程如何？声病说在齐、梁、初唐分别有着怎样的发展？声病说与诗歌创作之间的复杂关系该如何解释？要重构中古诗歌观念的变迁史，这些问题不能回避，却又不易回答。盛江先生采取的方法是，将魏晋到初唐的诗歌进行全面统计。以统计学的方法处理声病问题，中日学人中不乏先行者。但如此长时段大规模的考察，则前所未见。其初步成果，是附录四里的八份表格：魏晋至初唐平头病统计，魏晋至初唐上尾、鹤膝病统计，魏晋至初唐蜂腰病及二四同声统计，魏晋至初唐入律蜂腰统计，魏晋至初唐诗大韵、小韵病统计，魏晋至初唐诗旁纽、正纽病统计，魏晋至初唐诗律句律对律粘统计，魏晋至初唐律诗统计。正是基于设计严谨、材料扎实的统计，本书对不少重要问题给出了新的解释。比如，对北朝声律的发展，本书作了比前人更细致的描述。比较了南北诗人的诸项数据之后，他指出，至迟在北齐、北周时，北朝声律的发展已与南朝基本同步。“这时南北政治上还没有统一，而文化上已经交融一体，至少北方已经完全接受永明以来的声律说，诗歌声律上南北已基本上没有什么差异。”（385 页）这是一个重要的文学史论断，可以修正南北文风合流于初唐的传统认识。再如，对永明体与律诗形成的关系，本书也提出很多重要看法。基于统计，可以看出：“较之永明之前，永明之后的律句大为增加，而且越往后，律句越多”；“较之永明之前，永明之后的律句和律粘大为增加，而且越往后，律句和律粘越多”；“较之永明之前，永明之后的律诗和准律诗大为增加，而且越往后，律诗和准律诗越多”。由此，得出一个重要结论：“永明时期至于梁代，在声律上并非只是避声病，他们在避声病的同时，也有格律化的追求。”（492 页）这就是说，在汉语诗史上，格律化的追求与对声病的规避是同时出现的。它们相互关联，又旨趣各异。这是一把解释历史的钥匙，很多复杂问题，如八病理论与创作之间的矛盾、诗人对病犯问题的复杂态度，都可以获得新的视角。

关于汉语声病说渊源问题的研讨，也是一例（第八章）。四声之发现，最早且最具影响力的假说，来自陈寅恪的《四声三问》。数十年来，很多重要学者都曾参与讨论。赞同者有之，反对者有之。盛江先生的基本结论，是支持陈说，即：汉语四声之中，平上去之所以分别为三，实依据及模拟转读佛经之三声。而中国转读佛经之三声又出于印度声明论之三声，即吠陀之三声。单从结论看，似乎无多新意。盛江先生此项研究的价值在于，把陈先生的天才式猜想，转换为可以复验、可以证伪的学术推理。从天才的猜想，到扎实的推理，中间要补充很多重要环节，也要回应很多关键质疑。通过大量的史料挖掘，他建构了一道完整的逻辑链条：吠陀诵法在印度本土并未失传；吠陀三声可能进入古典梵语；以古典梵语为基础的婆罗门诵法可能影响印度佛经诵读；吠陀三声可能通过若干渠道进入中土；中土佛经转读有不同来源，但确实有人传授梵响梵声；汉语本有自然声调，但四声的发现，有其佛学、悉昙学渊源，由此追溯，则须承认吠陀三声的影响。整个推理过程完全以材料为依据。他严格重审前辈学者使用过的全部材料，进而追踪到梵语诗论、戏剧、语言学文献，其中不少史料，在同类研究中，是首次得到讨论。尽管如此，他并未给出最后结论。他强调这个问题过于宏大复杂，仍有很多细节无法完全厘清，更为细致详尽的考证只能俟诸来者。而他的工作只是为错综复杂的现有材料提供一个相对优选的解释框架。

地卷《九意》作者的考辨也是一例（第三章，附图 19–29，附录三）。

关于《九意》的作者，中国学界一直未见讨论。在日本，很多著名学者提出了不同看法。小西甚一认为是空海所作，波户岗旭提出某些条目可能来自王昌龄，兴膳宏又认为或许是初唐人的作品。各家切入点不同，且都言之有据，但又都欠缺决定性的说服力。盛江先生则另辟蹊径，为这一问题的解决找到了新的思路。突破口来自《九意·夏意》的一句话："云从土马，水逐泥牛。雨貌。"他先从日本的考古发现和传世文献中找出大量关于"土马"的记载，继而确定在日本"土马"作为一个固定词语有着悠久的历史。接着又指出，在日本，土马信仰流行时间长，流行区域广，且多与祈雨及水灵信仰有关。相反,在中国唐以前文献中未见"土马"这一固定词汇的用例。因此,"土马"这一意象不大可能是由中国东渐，而更可能产生于日本本土。日本人中,最有可能使用这个词语写作《九意》的,是空海本人（178 页）。一连串的分析，推理严密，且每个断语都以扎实的史料为依据。方法和风格，都是朴学的。但作者的视野，已从传统的考据之学扩展到考古学、民俗学、日本悉昙学、汉诗学等多个领域。

《文镜秘府论研究》的方法是多元的，当然不能以"朴学"概括。但是其所有方法，无不贯彻着"朴学精神"：有一分材料说一分话，以史料约束理论研究，以史料推进理论研究，使理论配适史料，而非史料迁就理论。

## 三　由个案研究促成学术范式转型

盛江先生师从罗宗强教授研习中国文学思想史。《文镜秘府论》本属其文学思想史研究的子课题，结果却形成了二百多万字的规模宏大的个案专题。他并未忘情文学思想史。如前所述，他的每一具体问题的提出，背后都有文学思想史的关切。通过细密深邃的个案研究，他又形成了对文学思想史研究范式的新的思考。这就是关于"汉语诗律学”的构想（结语）。

罗宗强教授开创的文学思想史学科，重要的方法论特色是在解释文学演进的时候，把作家的思想观念和创作实践结合起来。然而，在实际研究中，学者们往往更多地关注那些理论性较强的带有形而上性质的文献，忽视另外一些带有形而下性质的讨论诗文作法的文献。盛江先生把后面一类称为“诗律学”文献。这类文献与文学创作的关系更紧密，更能体现观念演变的复杂和曲折。通过对《文镜秘府论》的深入爬梳，盛江先生发现，六朝至唐代，诗律学的内容远比想象的丰富，其中蕴含大量问题，尚未得到学界关注。已有的一些讨论，也以一般性的解释为多。六朝至唐如此，整个古代诗学的情况也与之相似。汉语诗律学的目的，是“把具体的诗文作法上升到理论上来分析，把它和创作联系起来，和文学思想的发展联系起来，和古代诗歌艺术魅力、艺术规律的探求结合起来，寻找其中的规律”（883 页）。

盛江先生构想的“汉语诗律学”，是对文学思想史既有范式的深化和革新。当大量诗律学文献进入学者的研究视野，文学思想史的提问方式、解释框架必将随之发生转变。《文镜秘府论研究》正是这样一部标志着学术范式转型的奠基之作。从这个角度讲，它已不是一般意义上的个案研究。

《中国诗学》2014 年第 18 辑

《文镜秘府论研究》，卢盛江著，人民文学出版社 2013 年 8 月出版，责任编辑：葛云波

# 卡夫卡——一个永远解不尽的谜

韩瑞祥　全保民

奥地利作家卡夫卡既是举世公认的大师，也是世界文学批评界激烈争论的焦点。如何理解和认识这样一个“大师中的大师”（汉斯·迈耶尔），始终是一个仁者见仁智者见智的话题。

卡夫卡生前仅发表过四部中短篇小说集，三部长篇小说为未竟之作。对于自己的作品，卡夫卡很少表示满意，认为大都是涂鸦之作，因此留下遗言给挚友布洛德，要求将其“毫无例外地付之一炬”。但是，布洛德违背了作者的遗愿，陆续整理出版了卡夫卡的全部著作。这些作品发表后，在世界文坛引起了巨大的反响。从四十年代以来，现代文学史上形成了特有的一章——“卡夫卡学”。

卡夫卡出生在奥匈帝国统治下的布拉格，生活在布拉格德语文学的孤岛上。在这种特殊的文学氛围里，卡夫卡不断吸收，不断融化，形成了独特的“卡夫卡风格”。他作品中别具一格甚至琢磨不透的东西就是那深深地蕴含于简单平淡的语言之中的、多层次交织的艺术结构。他的一生、他的环境和他的文学偏爱全都网织进那“永恒的谜”里。他几乎用一个精神病患者的眼睛去看世界，在观察自我，在怀疑自身的价值，因此他的现实观和艺术观显得更加复杂，更加深邃，甚至神秘莫测。

无论世人对卡夫卡的接受模式多么千差万别，无论多少现代主义文学流派和卡夫卡攀亲结缘，卡夫卡不是一个思想家，也不是一个哲学家，更不是一个宗教寓言家。卡夫卡是一个独具风格的奥地利作家，一个开拓创新的小说家。其一，在卡夫卡的艺术世界里，没有了传统的和谐，贯穿始终的美学模式是悖谬。一个乡下人来到法的门前（《在法的门前》），守门人却不让他进去，于是他长年累月地等着通往法的门开启，直到生命最后一息，最终却得知那扇就要关闭的门只是为他开的。与同时代的表现主义作家相比，卡夫卡着意描写的不是令人心醉神迷的情景，而是平淡无奇的现象：在他的笔下，神秘怪诞的世界更多是精心观察体验来的生活细节的组合；那朴实无华、深层隐喻的表现所产生的震撼作用则来自于那近乎无诗意的、然而却扣人心弦的冷静。卡夫卡叙述的素材几乎毫无例外地取自普普通通的经历，但这经历的一点一滴却汇聚成与常理相悖的艺术整体，既催人寻味，也令人费解。其二，卡夫卡的小说以其新颖别致的形式开拓了艺术表现的新视角，以陌生化的手段表现了具体的生活情景。但卡夫卡的艺术感觉绝非是传统意义上的模仿，他所叙述的故事既无贯穿始终的发展主线，也无个性冲突的发展和升华，传统的时空概念解体，描写景物、安排故事的束缚被打破，强烈的社会情绪、深深的内心体验和复杂的变态心理蕴含于矛盾层面的表现中。卡夫卡正是以这种离经叛道的悖谬法和多层含义的隐喻表现了那梦幻般的内心生活，无法逃脱的精神苦痛和面临的生存困惑。恐怕很少有作家在他们的作品中把握世界和再现世界的时候，能把世界上从未出现过的事物的奇异，像他的作品那样表现得如此强烈。

卡夫卡的世界是荒诞的、非理性的；困惑于矛盾危机中的人物，是人的生存中普遍存在的陌生、孤独、苦闷、分裂、异化或者绝望的象征。他的全部作品所描写的真正对象就是人性的不协调，生活的不协调，现实的不协调。他那“笼子寻鸟”的悖论思维几乎无处不在，在早期小说《乡村婚礼》中就已经得到充分体现。主人公拉班去看望未婚妻，可心理上却抗拒这种关系，且又不愿意公开承认。他沉陷于梦幻里，想象自己作为甲虫留在床上，而他那装扮得衣冠楚楚的躯体则踏上应付的旅程。他无所适从，自我分裂，自我异化，因为他面对的是一个昏暗的世界。梦幻里的自我分裂实际上是拉班无法摆脱生存危机的自我感受，人生与现实的冲突是不可克服的。

《变形记》是卡夫卡中篇小说的代表作。这篇小说从独特的视角出发，描写了主人公在自我异化中对灾难和孤独的感受。卡夫卡在这里采用了写实的手法描写荒诞不经的事物，把现实感受荒诞化，把所描写的事物虚妄化。人变甲虫，无疑是反常的、虚妄的、荒诞的；而在卡夫卡的艺术世界里又是正常的、可能的、现实的。卡夫卡在这里追求的不是形似而是神似。他以荒诞的想象、真实的细节描写、冷漠而简洁的语言表述、深奥莫测的内涵，寓言式地显示出荒诞的真实、平淡的可怕，使作品的结尾渗透辛辣的讽刺。

卡夫卡在超短小说的创作上尤其别具一格。他的超短小说形式多样，题材反常，描写形象，风格独特。一篇超短小说往往只有寥寥数语，却别开生面地给读者创造了一个无尽的艺术想象空间，不可抗拒地唤起他们思索蕴含于其中的奥秘的审美情趣。在这些超短小说里，卡夫卡以无与伦比的悖谬方式，表现了现代人身不由己的命运和生存的困惑。脍炙人口的《在法的门前》《在马戏场顶层楼座》《小寓言》等集中地体现了卡夫卡的这种创作风格。活动在其中的人物或者隐喻人的动物都极力试图去冲破生存的重重障碍，但最终无一能够逃脱掉某种强大的力量的主宰，等待着他们的无非是生存的痛苦和无望。可以说，卡夫卡的超短小说开创了一个新的艺术天地。

无论卡夫卡的创作多么反常，变化多么多端，他的作品越来越趋于象征性，风格越来越富有卡夫卡的特色。他未竟的三部长篇小说则体现了“卡夫卡风格”的发展。

如果说他的第一部长篇小说《失踪的人》还或多或少地带有模仿批判现实主义作家的痕迹的话，那么，《审判》便完全是“卡夫卡风格”了。后者的内容已远非前者那么具体，其普遍化的程度已近乎抽象。《审判》是布洛德最先整理出版的卡夫卡的作品，由此西方现代文学也开始了争论不休的卡夫卡一章。

《审判》的表现充满荒诞和悖谬的色彩，无论从结构上还是内容上都是“卡夫卡风格”成熟的标志。作者运用象征和夸张的手法，寓言式地勾画出了一个既陌生又熟悉的世界。《审判》的艺术结构多线交织，时空倒置，所描写的事件和过程突如其来，不合逻辑，荒诞不经，让人感到如陷迷宫。

与《审判》相比，卡夫卡的最后一部长篇小说《城堡》更具“卡夫卡风格”。《城堡》是卡夫卡象征手法的集中体现。“城堡”只是一个抽象的象征物。它象征着虚幻的、混乱的世界，象征着给人们带来灾难的、不可捉摸的现实。卡夫卡所着力描写的，不是这个象征物本身，而是主人公对它的体验。像《审判》里的约瑟夫·K一样，K在“城堡”制造的迷宫里一筹莫展，忍受着荒诞的煎熬，其生存的现实启人深思。

“卡夫卡风格”独成一家，卡夫卡的作品是留给后人仁者见仁智者见智，永远解不尽的谜。正因为如此，世界现代文学史上才形成了一个方兴未艾的卡夫卡学。也正因为如此，人民文学出版社推出了全新版本的《卡夫卡小说全集》，意在为我国的卡夫卡读者和卡夫卡研究再现一个新视野范围。

2003年8月

《卡夫卡小说全集》，[奥地利]弗兰茨·卡夫卡著，韩瑞祥、仝保民编，谢莹莹等译，人民文学出版社2003年8月出版，责任编辑：仝保民

# 大俗大雅，奇人奇书

马文韬

《痴儿西木传》的主人公西木居住的偏僻农村遭兵匪蹂躏，逃难中被一隐士收养，隐士教他学习读书识字，教他信仰基督。但好景不长，一队骑兵洗劫村子，隐士惨遭杀害。单纯的西木逃出森林，落到皇帝军队手中，被当作傻瓜，甚至被作为非人又非动物的小丑供人取乐。他不甘心任人作弄，正欲寻找机会将自己恢复成一个正常人时，又被克罗地亚军队掠走。从此在战争的混乱中辗转沉浮，足迹遍及德国，甚至远走欧亚他乡。曾目睹魔怪妖术，曾探访深海地心；曾经历残酷杀戮，曾见识丑恶卑劣；时而显贵，时而卑微；时而贪图享受追求虚荣，时而狂妄堕落目无上帝。地理上的、情感上的和心灵上的种种历险和奇遇，使得西木感到身心疲惫，最后决定重返故土隐居山林。

小说《痴儿西木传》堪称奇书。它写一个极其单纯、幼稚的人在兵荒马乱的世界里颠沛流离，但它不是流浪汉小说；书中主人公的经历大多与作者身世相同，但它不是传记文学；它让人深刻了解德国发生三十年战争那个时代，但它并没有去表现战争历程，而是着眼于战争所折射出来的社会和人生；它既像发展小说，描写一个年幼无知的少年在大千世界里漫游、沉浮，但它又不是发展小说，因为主人公如同风中的芦苇，从远离尘世始到告别尘世止，没有计划、没有发展，学习到的只是对这个世界的失望和轻蔑；这部小说看上去很像是一部以基督教精神劝善戒恶拯救心灵的书，但又不是，因为它毫不留情地讽刺教士的虚伪，“盗贼从来不说他们所干的事，教士正好相反，从来不干他所说的事”[①]；小说利用讲故事常用的章回体形式又不拘一格，有的章节像轶事一样散淡简短，有的则像中篇小说一样紧张、扣人心弦。融风趣幽默的调侃和尖锐犀利的讽刺于一炉，让人读起来或惊奇，或愉悦，或会心微笑，或脸红心跳，或拍案叫绝，或陷入沉思。它能使普通读者爱不释手，供给其消遣谈资，也能使有文化修养者读得津津有味，让学者和专家对书中的篇章结构和隐喻典故长期研讨并且争论不休。诸如“我常常期盼着特洛亚战争或者像对奥斯坦德那样的围攻会重现，而我这个傻瓜却想不到‘水罐常用总是要破’的道理”。这种雅俗交相辉映的例子比比皆是。这部在当时被列入“第三类小说”的作品却高耸于那个时代的文学之上；它一直被称为写实小说，却超前地运用了许多浪漫主义表现方法。难怪这位巴洛克时代的畅销书作家，到了德国文学启蒙和古典时期并没有得到应有的重视，而却唯独受到对传统十分挑剔的浪漫派的青睐，艾辛多尔夫、布兰塔诺和蒂克等浪漫派代表作家争相传阅他这部著作，巴洛克时代的这部作品到了二十世纪受到现代媒体的普遍关注，被拍成电影或电视片，早期欧洲文学家享此声誉的只有塞万提斯和莎士比亚[②]。该书大俗大雅、亦庄亦谐的风格在德国文学史上实属罕见。托马斯·曼将它誉为“罕见的文学和人生的丰碑”[③]，赫尔曼·黑

① 《痴儿西木传》第 166 页，人民文学出版社 2004 年版。

② 参见迪特·布罗伊尔：《格里美尔斯豪森和现代文学》第 11 页，格里美尔斯豪森学会 2001 年刊，彼得·朗格出版社。

③ 《冒险的西木卜里齐格斯穆斯·前言》，斯德哥尔摩出版社 1944 年版。

塞称赞它的语言“生动鲜活，犹如花香沁人心脾，令人忍俊不禁笑逐颜开”[①]。在二十世纪人们发现，格里美尔斯豪森拥有的读者量可以与马丁·路德和歌德相比[②]。

在该书出版后的一百七十多年里，人们不知道那姓氏怪异的作者是谁，好像作者故隐其名，因为德国十七世纪中期，德语小说尚属不登大雅之堂的门类，犹如元末明初的中国文坛，作者常常隐姓埋名。然而《痴儿西木传》的作者并没有埋名更姓，只不过把他姓名里的字母重新加以排列组合而已。

奇书的作者姓格里美尔斯豪森（Grimmelshausen，1622—1676），也是个不同寻常的人。他出身于贵族家庭，但战乱却使他只读完小学便流离失所；战后已到而立之年正值成家立业之际，却偏要从事写作，去闯那个在德国历来是文人学者占据的领域。于是在工作之余便恶补文学创作所需的一切知识。从他的这部小说中，我们可以看到他除了熟悉《圣经》、古代神话传说，还相当了解历史和社会学方面的知识。不仅广泛研读国内外文学作品，还涉猎音乐和艺术，以及生物、化学、物理等自然学科，甚至于对巫术、星象占卜等民俗也不陌生。

读这本书时，可以感觉到作者强烈的叙述欲望。他乐于讲述并且很会讲述。丰富的社会经历使他掌握了通俗而又寓意深刻的民间语汇，比如谚语、俗语、俏皮话以及行话、谜语，使他的书即使是议论部分也饶有趣味。有的人有丰富的人生阅历，但没有将其表达出文采来，有的人有生动表达的文采，却没有丰富的生活阅历。但格里美尔斯豪森恰好具备了这两个方面，十七世纪德国那个多灾多难的时代造就了他。于是我们有幸读到这部奇书。这里有生动恰当的比拟，比如把等

---

① 赫尔曼·黑塞：《文学史散论》第 96 页，苏尔坎普出版社 1994 年版。

② 库尔特·霍豪夫：《格里美尔斯豪森》第 7 页，罗沃尔特出版社 1995 年版。

级分明的社会比作一棵大树；有发人深省的象征，用墨水壶说明上层社会颠倒黑白巧取豪夺；有对统治者其实是最不幸的人的精辟论述；有对赌博是魔鬼的发明的透彻分析；有对人的各种毛病的综合诊断；有对动物生存智慧的激情赞扬。作者在这些篇章里的不俗见解令人惊叹。在那极其混乱、女巫逞狂的年代，他的笔下却有类似现代心理学和仿生学的观点；在今日红运、明日白骨那种战火纷飞、人生险恶的时期，他让主人公在魔魔湖王面前畅谈和谐、人道和博爱的社会理想。

当银星酒店老板格里美尔斯豪森晚上跟他笔下种种人物打交道时，他显然不是在写回忆录，而是充分发挥想象力去塑造一个极其单纯的人物。他因为对谁都直言不讳而被称为傻瓜，因为遵循上帝的教诲而被当作小丑。作为小丑和傻瓜他明智而富于理性，当上猎兵后则变得痴迷和愚顽。他像一面朴实无华的明镜去照大千世界，也去照自己。从本质上说，这就是小说反讽手法。作者的极其深刻的、超越宗教狭隘观念的虔诚信仰，是全书反讽基调之源。这部以战争为题材的书，让我这个中国读者觉得它既不像《水浒传》也不像《三国演义》，倒有点像《红楼梦》把那个痴儿贾宝玉作为主人公、让他看破红尘离家出走一样，让痴儿西木卷入诱惑四伏、险象环生的尘世，最后告别了颠倒的世界。

在中国研究和翻译此人此书的人也是非同寻常。在“文化大革命”中，他们竟迷上了这本表现“世界颠倒”的书。八十年代他们的中文译本发表后，译者之一李淑教授似乎听从书中隐士对痴儿要“抵御一切诱惑”的劝导，本着板凳一坐十年冷的精神，在长达二十多年的时间里，继续潜心研究这部今天被认为是巴洛克文学顶峰之作，撰写多篇论文发表在德国格里美尔斯豪森学会的年刊上，其成果得到了德国著名学者和同行的肯定和赞誉。

这本译著的出版者也具有非同寻常的见识和魄力。他们懂得好的译著都与深入的科研分不开。他们为第二版精心装帧，增加李淑写的关于国外研究该书的历史和现状的一篇论文。特别值得称道的是，出版者和译者共同努力，为新版配上了迄今为止最能体现该书风格的插图，使这本书成为在研究翻译出版德国文学著作方面取得的又一丰硕成果。

2004 年 6 月 22 日

《痴儿西木传》，[ 德 ] 格里美尔斯豪森著，李淑、潘再平译，人民文学出版社 2004 年 1 月出版，责任编辑：仝保民

# 从少年到白头，没有一天不忧伤*

薛 舟

“无历史记载、先于性别分判、悬荡在古代与现代之间，我们就如同立在贮藏室一只水桶里的饮用水那样敏感：每当一辆过路的列车使大地震颤，那桶水的表面就会无声无息地泛起柔美的、同心圆状的涟漪。”最早读到申京淑的《单人房》的时候，我的脑海里首先浮现出爱尔兰大诗人西默斯·希尼在诺贝尔文学奖受奖演说中的这句话，我几乎相信每个成长中的心灵都像这桶水那样敏感，以自己的沉默感知着外部世界的喧嚣与骚动，并且不为人知地发散出柔美的、同心圆状的涟漪。《单人房》，十六岁的少女独自坐在乡村的庭院里，唯有收音机与她做伴。然而正是这个带有天线的接收器为她传来了外部世界的声音，从而激荡起内心深处的涟漪，萌生出对于广阔世界的向往和憧憬。这涟漪起于何方不得而知，但总是越来越大，越来越远离原点，心甘情愿却又无可奈何地踏上了不知所终的旅程。

从这点来说，《单人房》首先是来自心灵，又是关于心灵的故事。

---

* 该文是《单人房》一书译序。

尽管里面的故事逼真到了小说这种体裁所能容忍的边缘，却又无比超脱，仿佛不受时代和社会的制约。“不知道，哥哥，当时我想的不是这些。对我来说，炭火着得好不好，哥哥背着书包出去后会不会在马路上睡觉，这些问题更为重要。……哥哥，那时候我最讨厌的不是总统的嘴脸，而是买回来准备熬萝卜汤的萝卜冻得结结实实，用刀切不动。”作家非常明确地表达出了自己的态度，这是对生活的态度，也是申京淑对待写作的态度。简而言之，也就是“切己体察，虚心涵泳”，拒绝凌空蹈虚，不食人间烟火。这是我们解读《单人房》的关键。

申京淑的作品总是与自己有着深切的关联，并以其命题真实、取材于己的极端写作方式引起韩国文坛的惊叹。毫不夸张地说，她的所有家人都变成了作品中的人物，演绎出活生生的人世情感。某个偏远乡村的少女，心里怀着梦想走出家门，来到陌生的他人的城市。“巨兽般的大宇大厦仿佛正在阔步走来，准备吞没妈妈、表姐和我。十九岁的表姐面对巨兽仍然镇静自若。妈妈告诉恐惧不已的我，那东西其实什么也不是。”初次面对城市文明，别人表现得镇静，“我”却恐怖至极，而且这种恐怖始终延续，经久不散，演变成忧伤的故乡之忆作了小说的背景。回忆中的故乡困顿却似丰富，寒冷却似温暖，“那里的春、夏、秋、冬……冬天广袤的原野，肆虐的暴风雪，每隔四天，便有大雪降落，然而对于那个地方的冬天，我却没有寒冷的记忆”。我们可以将这种情绪看作申京淑小说的基调，至少在《单人房》里还没有上升到主题的高度，这要等到较为晚近的作品，比如《钟声》《月光之水》等中篇系列里才有了更深层次的挖掘，对于故乡的眷恋终于演化为对于工业文明的针砭和批判，对于童年的追忆也变成了对于现代人和现代生活的厌倦和反讽。

1991 年，申京淑出版了第一部小说集《冬季寓言》，题材大都局限于童年和故乡，痛苦和记忆唤起了难以言传的乡村风光，农舍里的日常生活相互交织，记忆清晰而亲切，使得苦难如梦如幻，充满了诗情画意。第二部小说集《风琴的位置》显示出作家申京淑的迅速成熟，主题和视野变得更加宽泛而广远，作家哀婉动人的叙事风格基本确定，并且或多或少地流露出对于政治和社会的觉醒。1994年出版的长篇处女作《深深的忧伤》更加巩固了作家讲故事的基调，她以散文化叙事架构长篇的能力获得公众的认可，其优美而感情充沛的文体为她赢得了商业上的成功，申京淑从此变成了深受评论界和读者双重体认的重要作家。

申京淑的成功有着深刻的社会背景，或者可以说是某种文化诉求的结果。二十世纪六十年代到八十时代，韩国社会处于漫长而严厉的军事独裁统治之下，正常的社会生活遭到打扰，个人的情感被抹杀，大多数作家出于道德良知和社会公义，创作出直白而激烈的反抗文学。尽管这些作家赢得了社会的尊重和公众的敬意，但是作为文学而言，细节的缺席和情感的漠视也成为时代性的遗憾。结束军事独裁之后，韩国社会趋于稳定和开放，人们对于理智与情感的需求越来越迫切，于是大量以个人世界为书写本体的作家迅速占领了当代文坛，其中就有大量优秀的女性作家，构成了韩国文坛的美丽而柔情的风景。关于韩国女作家，评论界通行的观点是将八十年代作家命名为第一代，并将九十年代活跃于文坛的作家命名为第二代。第一代作家包括朴景利、朴婉绪、李璟子、吴贞姬、徐永恩等，她们共同的特点是书写女性的经验和现实，具体的创作手法却有所区别。朴景利、朴婉绪、李璟子更注重加强与历史、社会的关联，聚焦于女性所受的压抑和压迫，如朴婉绪的成名作《裸木》描写了战争带给女性的精神创伤；而吴贞姬、徐永恩则关注女性内在的困境和实际的生存危机，如徐永恩的《遥远的你》描写了普通职员的日常生活，以骆驼的比喻生动刻画出韩国女性的坚韧和顽强。第二代作家包括孔枝泳、孔善玉、金仁淑、申京淑、崔允、殷熙耕等人，尽管不同程度地受到前辈作家阴影的笼罩，却各自发射出独特的光芒，凭借自己的力量照耀着韩国文坛。她们既关注当下的女性生活，又能抬起目光，回头观望刚刚过去的严酷岁月，反思那个时代集体性的丧失。孔枝泳和金仁淑因为亲身参与过八十年代的学生运动，所以作品中更多的是回顾与反省，题材往往是中产女性的忧伤与绝望。崔允同样书写南北分裂问题、光州事件和社会运动，不过她更加偏重于受到男权压抑的女性心理，流露出女性主义的倾向。如果说崔允的写作已经具有了女性主义的端倪，那么殷熙耕已经是彻底的女性主义者了，她的作品通盘以女性为主人公，男性遭到策略性的流放，韩国女性的过去和现在鲜活地出现在她的字里行间。就基本的创作方向而言，申京淑延续了吴贞姬和徐永恩的精神脉络，细致入微地探触个体女性的心理，并且不露痕迹地将女性个人生活与时代共同体相联系，她的早期作品如《深深的忧伤》和《风琴的位置》等，看似陈腐的爱情故事，却是女性向社会证明自身存在的可贵探索。

我们回头来看《单人房》。申京淑首次暴露了自己在十六岁至二十岁之间不为人知的少女履历，因为家境贫寒、儿女众多，她没能继续升入高中，辍学之后日夜渴望远在汉城的大哥能将自己带出农村。来到汉城之后，她进入东南电气公司做了一名普普通通的女工，心里却怀着热烈的作家梦。因为政府和公司的特别“恩赐”，申京淑得以进产业体特别学级学习。但是，公司对每个渴望入学的女工都提出了特殊的条件，那就是退出劳组，而这样的举动必将遭到众人的白眼和挤对，也被看作是没有反抗意识的行为。申京淑毫不犹豫地向劳组递交了请退书。这是真实得有些耀眼的举动，也是申京淑心灵活动的外现，即屏弃外部世界的干扰，忠于并且也只忠于自己的内心。同学中有个非常特别的女孩子，希斋姐姐，年长于作者几岁，成熟而端庄，寂寞而坚定。她就住在申京淑他们的楼底，同属“单人房”的居民。单人房是他们所能租住到的最便宜的房子，逼仄、局促，申京淑和大哥、表姐拥挤其间，相互帮扶，相互取暖，所以单人房孤独但不冷漠，狭窄但不压抑，既是城市送给他们的牢笼，也是城市格外恩赐的肺，供之吐纳呼吸。但是对于希斋姐姐而言，单人房却是命中注定的坟墓。她因为爱情失意，独自在单人房里结束了生命，却叮嘱“我”帮她把门反锁。就是这个临终的请托，让“我”终生摆脱不掉内疚。“深呼吸”——要完成这样的写作需要生命的投注，所以申京淑把《单人房》比喻为“灵魂的内出血”。

希斋姐姐作为那个时代的悲剧消逝了，留给观看者无尽的哀伤，却也在冥冥之中促成了这部杰作的诞生。当然，仅有这样的理由也还不足以成就真正的杰作。《单人房》还有更为重要的意义，那就是普通个体为时代立传，为民族保留原始的记忆和生活档案。申京淑排除所有“大”的因素，全心全意深入“小”的细节。“挂断电话，我开始焯晚饭吃的菠菜。菠菜很新鲜，为了不让菠菜在焯的过程中变黄，我往水里加了点儿盐。我用凉水把焯好的菠菜冲洗两遍，然后放在手心里，挤干水分。是的，我只能这样写。我把菠菜放在手心里，挤干水分。我只能这样写。”“她一定在某个地方把自己的家变成幽深的洞穴，不停地洗衣服，冲掉肥皂沫，使劲甩干水分，晾干后叠得整整齐齐。她会把最大的孩子穿过的肚兜用白色的麻布包起来，留给第二个孩子。夏天到了，她会到摆放工具的地下，拿出电风扇，插上电源，任凭脖子后面出着汗，她仍然蹲在地上熨衣服。晚饭做好以后，用抹布擦干净留有调料气味的手，出去找孩子们回来吃饭。她闭上细长的眼睛，不时侧耳倾听大自然循环不息的声音。某一天，她会骑着自行车在路上飞驰，她用内心的宁静和激情营造美丽的家。现在，她应该也在某个地方努力理解她身边的人，摧毁了与她擦肩而过的虚无的缘分。家庭主妇特有的肢体动作……是的，即使坐在传送带前，她的动作里也隐藏着平和，还有对传统家庭生活的思念。”申京淑对于细节的眷恋无与伦比，当她将这样的精神和耐心应用于过往的时代，应用于那个政治黑暗、青春激荡的年代，她就在档案和卷宗之外为历史保留了呼吸的通道，历史也因为有了人迹而变得生动可感，变得细腻可亲。申京淑所能代表的潮流自然不是历史和时代的中流砥柱，却是社会生活中最广大也是最基础的部分，是全部意识形态的根基。自然，并非所有的人都这样。柳彩玉、李小姐、劳组支部长，还有作者的三哥，为了维护自身权利，他们在勇敢地斗争，奋不顾身。通过他们的故事，申京淑间接而客观地描写了时代的严酷。正如上面的引文，申京淑处理政治氛围的技术非常独特，秉持的是民间的姿态，对于丑恶政治采取观望和反讽的方式。我们不应该怀疑作家对于正义的冷漠，而是她刻意降低姿态，冷冻情感，保持理智，恪尽写作者见证的功能。产业体特别学级的同学河桂淑就曾经流露过怀疑，“你和我们活得不一样。你和我是不一样的人”。这句话犹如奔雷，刹那间劈开了申京淑生命的深井，于是所有的过眼云烟纷至沓来，重新复活在心底。她终于拿起笔来，书写那个年代，那群人的故事。这也更说明《单人房》正是时代的传记，不是单纯自我的回忆录。

申京淑的高明使她没有让作品笼罩在压抑和忧伤之中，“风俗画中孤独的日子，我常常艰难地回想起初来城市的那个夜晚，表姐曾经给我看过的相册，苍茫的夜空之下，鸟群向着星辰安睡，高迈而且壮美。我曾经艰难地向自己许诺，早晚有一天我要亲眼去看看它们。我的日子就这样一天天在风俗画中度过。后来，生活的疲惫和关系的断绝让我彻底孤独，那天夜里表姐拿来的画册中的鸟儿、白鹭，我要亲眼探望它们的心却从来没有改变。林莽，夜色笼罩的林莽，白鹭群相互依偎，沉沉的睡眠宁静而壮美地覆盖了树林，仿佛宽容了世界的一切。总有一天，我要去看鸟，我要在火车窗前挥舞胳膊，翻越阻挡我视线的山脊。越是绝望和孤独的日子，我就越是悄悄地暗下决心。那个承诺之后过了十六年，我依然没能去看鸟”。这段优美而伤感的话语在小说中总共出现了两次，意义非比寻常，作家以鸟群的高迈和壮美反衬生活的压抑和阴暗，也给灵魂留下了逃逸的出口。这是灵魂必需的梦。同样，“父亲”对于农村传统生活方式的挽留和固守也是申京淑再三强调的部分，与其说父亲是具体的血缘之源，不如说是意味深长的象征。“父亲要盖新房子了。如果父亲征求家人的意见，我也会支持父亲。如果别的成员犹豫，我会说服他们，因为父亲设想中的新家有六把钥匙。我们会通过那几把钥匙联系起来，永不会分开。”申京淑是真正的大地之女，她的文字都是深切的内心独白，是对大地母亲的倾诉，孤独而执着，任性而诚恳。

《单人房》最成功的地方还在于其技巧上的创新和突破。申京淑大胆采用后现代主义的创作方法，“剪贴”和“拼凑”记忆的材料，“杂糅”而成心灵的自述传。《单人房》是典型的元小说，或后设小说，也就是关于小说的小说。写作者不断介入写作，双重叙事取消了写作的真实性，故意将虚构性泄露给读者。《单人房》最早在《文学村》杂志连载，所以写作过程中经常收到许多读者的反馈。第二章提到我、大哥和表姐去看电影《禁忌的游戏》，这本是微不足道的细节，然而到了第三章，其意义便彰显出来。有位前辈打来电话，怀疑作者看的并非《禁忌的游戏》，因为这部电影只在韩国放映过一次，而放映的时候作者尚未出生。这个插曲至关重要，它让读者恍然大悟，原来这是在虚构，原来这是小说！作者借此取消了传记式的真实，然后引出关于真实与现实的关系，让读者想到开篇的那个句子，“我预感到这本书可能既不是真实，也不是虚构，而是介乎两者之间。但是，这样的东西可以称作文学吗？我曾经想过写作，可是写作对我究竟意味着什么呢？”这个句子略做修改之后，同样出现在小说的结尾处，前者是展望，或忧虑，而后者则有了肯定的意味，正如申京淑所说，“我只能这么写”。

这样的叙事结构之所以获得成功，首先在于结构与内容的完美契合。申京淑对于记忆的态度本身就充满犹疑和焦虑，她不是将记忆信手拈来，为我所用，而是不断逃避，又不断接近，终于在灵魂的迫使下完成这次叙事的历险。双重叙事的结构设定也可以看作是申京淑的自我拷问、自我剖析，“现在是 1994 年。我们初次相见是在 1979 年。

她打来电话，好像故意责怪午睡中的我。是我啊，你忘了吗？于是，十六年前的教室门缓缓地敞开了。”对于希斋姐姐，对于河桂淑们，对于韩敬信老师，对于柳彩玉、李小姐、劳组支部长，甚至对于那些为时代奋斗的人们，申京淑借助这种现在进行时的写作随时打断叙事，表达自己的敬仰和歉疚之情。

申京淑的语言在韩国文坛独树一帜，她坚定不移地以散文化风格统御全篇，甚至敢于将散文化落实到每个句子。她的句子透露着朴素之美，仿佛生命的呼吸，以其至诚打动和感染读者。也许，申京淑正是通过双重叙事的方式在破除真实迷信的同时，拆解了小说的壁垒或屏障，从而打通了与读者无碍沟通的渠道，那些随机插入的叙事者的干涉也就变成了故事里面四通八达的曲径，有心的读者可以漫步其间，真正实现与作者的心灵交流。

然而对于译者，这样的风格，这样的句子，却是莫大的挑战，有时候心领神会却难以找到恰如其分的表达方式。美丽的《单人房》，说不尽的申京淑，但愿我们的工作没有辱没这部正在走向经典的杰作，希望方家和读者能提出中肯的批评，借以修正我们的不足，便于将来不断完善。同时感谢人民文学出版社的仝保民老师，如果没有他的信任，我们和申京淑的这次相遇将不可能。

2006 年 8 月 30 日于北京

《单人房》，[ 韩国 ] 申京淑著，薛舟、徐丽红译，人民文学出版社 2006 年 12 月出版，
责任编辑：仝保民

# 《小王子》——似梦非梦，迷蒙含蓄

马振骋

圣埃克苏佩里（1900—1944）称自己首先是飞行员。他为飞机而生，为飞机而死。法国把他看作是作家、民族英雄，在他逝世五十周年之际把他的肖像印在五十法郎的票面上，在法国纸币史上，获这项殊荣的文化名人不多，只有伏尔泰、莫里哀、柏辽兹。对全世界的大小读者来说，他的盛名来自《小王子》。这篇二十世纪流传最广的童话，从1943年发表以来，已被译成一百多种语言，其中包括印度群岛的土语和印度土邦的地方语，销售量达两千五百万册，还被拍成电影，搬上舞台，灌成唱片，做成CD盘。

1994年是圣埃克苏佩里失踪五十周年，从摩洛哥到日本有一百多个隆重活动，2000年是他诞辰一百周年，全世界几乎每个国家都在纪念他。

圣埃克苏佩里若不是飞行员，当然也会写作，但不会是现在这样的作家。他有意识地把飞机座舱当作书房，飞机是他认识世界的工具，就像农民用铁犁，木工用刨子，天文学家用望远镜，在劳动中逐渐窥探到世界的秘密，然而他们在各领域挖掘到的真理却是无处不在的。圣埃克苏佩里的作品字字句句可以说是他一生的思想写照与行动实录。他在黑夜中期待黎明，在满天乱云中向往中途站，在璀璨星空中寻找自己的星球——生的喜悦，就是这么单纯。

圣埃克苏佩里 1900 年生于法国的一个没落贵族家庭，幼时聪明爱动，写诗歌，摆弄机械，好遐想，功课平平。青年时服兵役参加了空军，复员后在航空公司工作。在原始的条件下，与航空史的先驱人物如梅尔莫兹、吉约梅一起开拓法国——非洲——南美洲航线。生活在西撒哈拉敌对的阿拉伯部落中间，为迫降的飞机提供接应和支援；作为特派记者采访内战时期的西班牙和斯大林时期的苏联，深入德国内地观察纳粹党喧嚣一时的第三帝国。他获得过十三项航空科技发明专利；当空军飞行员时经历过法国 1940 年大溃退；四十三岁时超龄八年，坚持披挂上阵，驾驶侦察机飞赴敌方阵地上空。1944 年 7 月 31 日，从同盟国驻地科西嘉岛东北的博尔戈起飞执行任务，钻入云端后就此失去了踪影。事情已经过去近六十年，虽经多方努力调查，法国甚至还组织了一个追踪圣埃克苏佩里委员会，既没找到尸体也没发现飞机残骸。1992 年一度盛传在尼斯附近天使湾海底发现一架飞机残骸，很可能是圣埃克苏佩里当年最后一次驾驶的 P38 战斗机，最后证明不是。那年圣埃克苏佩里的家族成员明确表示，无论在什么地方找到圣埃克苏佩里的遗骸，都不迁葬，让其留在原地，那是他最理想的归宿。正如睿智的蒙田应该死在床上，激情的莫里哀应该死在舞台上，浪漫的拜伦应该死在希腊战场上，他——圣埃克苏佩里——应该死在空中。

圣埃克苏佩里的作品如《夜航》《人的大地》初次出现时，他那些雄奇壮丽、非亲身经历绝对描写不出的情景，使读者感到耳目一新，惊心动魄。在行动中追求新的人生价值和行为准则；逃出沙漠，飞入雷雨交加的黑夜，在苍穹中绝望地找寻自己的星星，无论文笔与题材都富于现代性。

1935 年，他在前往莫斯科途中的火车上，在宵灯下看到一个睡梦中的孩子，那可爱的脸蛋使他想到孩子个个应该是童年莫扎特、传奇中的王子，若得到培育做什么不成！同年12月，圣埃克苏佩里和一名机械师试图创造巴黎——西贡直飞纪录，在离开罗二百公里的沙漠上空迷失方向，正俯身在机翼下寻找幽灵般的航标时撞上了一个斜坡，在死亡线上挣扎了三天，幸遇一个阿拉伯牧民救了他们。这两件事成了《小王子》故事的经纬线。

从那时以后，圣埃克苏佩里喜欢在餐馆、咖啡酒吧的提花餐巾纸上，任意涂抹一个“孤独的小人儿”，有时戴一顶王冠坐在云端里，有时站在山巅上，有时欣赏蝴蝶在花间飞舞。他寄给亲友的信笺四周也会寥寥几笔画个小人儿像，犹如他的签名，一眼就能看出是谁写的。

《人的大地》发表于1939年，获得法兰西学院小说大奖，译成英语后以《风、沙与星星》为书名在美国出版，被誉为当年最佳外国文学作品。圣埃克苏佩里于是在美国也很有名声，这使得他在法德签订停战协定后想去美国寻找机会继续抗击纳粹。纽约是法国流亡者大本营，却分成誓不两立的派别——维希派和戴高乐派。他主张“法国高于一切”，要两派捐弃前嫌，共同对敌，遭到两方面的夹攻。他感到孤独无奈。

他生活在纽约，得到美国朋友很好的接待，但是他不喜欢纽约，不欣赏纽约人的生活方式，尤其谴责美国人当时企图置身事外的孤立主义政策。

一天，在纽约一家酒馆，美国出版家希区柯克看他在画小人儿，瞧了又瞧，说你为什么不给他写本书呢。这句话触动了圣埃克苏佩里的灵机，他索性超越国界，超越战争与和平，从人类的生存来对待正在发展的物质文明，写出了《小王子》这部书。

《小王子》1943年在美国出版，使评论界和读者都感到意外，一直写飞机的圣埃克苏佩里写了一篇童话；全世界烽火连天，血肉横飞，这个在虚无缥缈中的小王子想跟大家说什么呢？小王子与他的玫瑰花的故事又是怎么一回事？现代大工业蓬勃发展，社会生活日趋物质化，使人时时刻刻感到威胁，原有的身份逐渐失去，成为大机器中不由自主的零件。短短几万字的《小王子》是圣埃克苏佩里哲学思想的诗情总结。《小王子》用童话形式写成，但是其中的深意又绝不是儿童单独能够理解的，如果小孩要看，拉着大人讲给他听，大人在讲的时候也会找到自己失去的东西。这样促成大人小孩一起看，就像在书的第四章说的："我乐于把这个故事的开头写得像篇童话。……只是我不喜欢人家不当一回事地读我这本书。"

其实，我们可以把《小王子》里那几句俏皮的献词看作是书的钥匙。圣埃克苏佩里把书献给最要好的朋友，这个朋友虽是个大人，还保持一颗童心，懂得人生的艰辛。他有重要信息通过他传达给不懂事的大人："蟒蛇吞了大象。"那时正值法西斯猖狂地要征服世界，但是大人们没有一个懂得……从这里展开一个个隐喻，要大家明白地球很小，花儿很脆弱，就像人的出现是宇宙间各种条件奇迹般的凑合；羊要吃花朵，人虽给羊配上了嘴套，还是难免会有疏忽，更何况嘴套上又忘了配一根皮带以便系上……这一切使人读了感到维护世界和平是每个人的责任，拯救文明需要每个人的努力。

圣埃克苏佩里用小学生也能读懂的语言，接触到人类最重大的问题，背景又放在无边无际、纯洁一片的黄沙前，满篇氛围似真非真，似梦非梦，迷蒙含蓄。他还自己画上稚拙的插图，空灵别致。最后一幅是两条交叉的弯线上一颗星星，这是小王子在地球上出现后又消失的地方。在他看来是世界上最美也最凄凉的景色。圣埃克苏佩里画完以后，过了一年自己也像小王子那样消失了，"一点声息没有"，留下一个谜，一个问题，一个悬念。像断了的梦。

2003年7月

《小王子》，[法]圣埃克苏佩里著，马振骋译，人民文学出版社2000年5月出版，责任编辑：王瑞琴

# 给孩子精致生动的经典

徐莉　云柏

近些年来，儿童启蒙读物不断涌现，形式各式各样，种类繁多，的确出现了一些优秀的儿童图书，有的还引领了一种潮流，给儿童阅读带来了一些新鲜的气息。但是，不少图书仅出于盈利目的，只顾跟风，制作粗糙，内容多误，充斥图书市场，影响了儿童的健康阅读。而且已出版的优秀图书，也还有进一步充实、提升的空间。

人民文学出版社推出了“小书虫”儿童经典诵读丛书（拼音绘图版）：《儿童经典古诗诵读》《儿童经典成语故事诵读》《儿童经典寓言诵读》《儿童经典格言诵读》，后来居上，别出心裁，为小朋友们提供了一套有特色的优秀读本。

## 伴随孩子不断成长的书

一个孩子最幸运和最幸福的是，能遇上一本好书。如何为孩子挑选好书，便考量出家长眼光的高下。一般的家长常常被图书的外表所迷惑，较少细致地分析出内容的优劣，更容易忽略另一个更为重要的方面：去选一种适合孩子的书，最好能选到随着孩子成长而“在不断成长着”的书。

拿为儿童读古诗而编选的图书来看，长期以来，儿童学古诗，都拿蘅塘退士编选的《唐诗三百首》来读。尽管这个选本最初也是为儿童选编的，但在今天看来，这本书在选排上还有不尽人意之处。比如说，在编选体例上，它完全是根据古人学习唐诗的习惯，按照诗体将全书分为五古、七古、五律、七律、五绝、七绝、乐府等八个部分，这样的分法对于今人来说，没有多大意义。单看全书三百首的第一首，是张九龄《感遇》二首，它是有感于自己遭谗贬官的不平经历，借以抒发孤芳自赏而作的。让孩子上来就读这两首，无疑有许多理解上的困难。由此可见《唐诗三百首》的编排对于今天的孩子来说，是有问题的，是不合时宜的。有些图书能从浅显入手来选诗，但多按时间先后来编排，较之《唐诗三百首》有所改观，但还不是最完美的编选方式。

什么样的书才是适合孩子阅读的书呢？这就要理解孩子的阅读心理和认知规律。我们需要知道：在不同的阶段，儿童的认知能力和认知方式都是不同的。总的来说，他们的认知趋势是从具体到抽象，由具体可感知的实在的物体，到抽象的事物或者复杂的情感表达，比如较早地容易欣赏自然事物，到后来才能体会社会人情。

“小书虫”儿童经典诵读丛书之一的《儿童经典古诗诵读》就别具用心，是从根本上着眼于儿童的阅读特点来编选的。它突破了古典诗歌选排的惯例，不是依照诗歌体裁和年代进行简单地排列，而是在考察孩子认识和感受世界的特点的基础上，对所选古诗进行了有特色的编次。

这本书从汉代到清代的优秀古诗中遴选了适合儿童诵读的作品一百五十首，将所选诗歌分为九个部分。这九部分是针对儿童认知的特点，按内容由浅入深进行编排的。从咏自然界的四时节令的诗歌（比如《春晓》《春夜喜雨》《寒食》《清明》等）编起，次以咏花鸟虫兽的诗歌（比如《大林寺桃花》《咏鹅》《马诗》等），再次以咏山水田园（《鹿柴》《望庐山瀑布》《四时田园杂兴》等）、生活情趣（比如《小儿垂钓》《登飞来峰》等）的古诗，这样便从身边容易接触到的自然事物开始，注重这几类古诗的感发性，加强儿童的形象思维能力，培养其观察能力，提高儿童初步的理解能力，并激发热爱大自然、勇于探索的精神，并借趣味性使之初步体味社会生活。之后次以咏乡思旅愁、送别寄赠的古诗，使孩子渐渐体会亲情、友情等，让孩子在自然感发、并具有初步的理解能力的基础上，进一步接触“人情”，培养起孩子浓厚的情感，进入到社会层面。后边又次以感慨伤世、边塞情怀的古诗，使孩子体会到人生在世，多少会有坎坷不平之时，慷慨激昂之余也会有些许伤悲，这样在前一个基础上进一步培养孩子情感的丰富性，有意激发孩子的坚强意志。有了以上的铺垫和积累，最后一部分咏励志劝学的古诗，最直接地针对孩子的成长，便能起到积极有效的作用，为全书画上了一个圆满的句号。这样由浅入深，由对自然万物的感发，到对人间情感的体味，最后到对自己成长的激励，孩子便能循序渐进，不断提高认知水平。因此，我们说这是一本伴随着孩子成长而“在不断成长着”的书。

**准确、有趣的注释和翻译**

一些作品被经典化了，口耳相传，很为广大读者所喜欢，但是否已为大家所完全理解，已出版的图书中是否都给予了准确的理解呢？经过认真研读，会发现一些图书存在望文生义，用今人的思维方式来理解，从而导致误读的情况。而“小书虫”儿童经典诵读丛书正“暗暗”地做了一些正本清源的工作，努力澄清一些字词、句子和故事内容的本来意思，给当代读者（尤其是儿童）提供了比较可信的解释。

举例来说，刘长卿《逢雪宿芙蓉山主人》：“柴门闻犬吠，风雪夜归人。”有不少书把末句理解为茅屋主人半夜归来，以为离开了才能归来（今天一般是这样理解“归”的），外来的人是没有离开这个过程。其实，在古代，“归”不一定有“离开”的前提，从唐代到清代，都有“归宿”这个词，如《聊斋志异·张鸿渐》说张鸿渐（永平人，在河北）因畏罪逃跑，离家跑到了凤翔（在陕西），“日既暮，踟蹰旷野，无所归宿”。这里的“归宿”就不是回家，而是投宿的意思。“归”就是“宿”，都有投宿的意思。刘长卿诗“风雪夜归人”的“归”与诗题“逢雪宿芙蓉山主人”的“宿”的相照应，就是一个很好的提示。另外，大雪飘飞，又寒冷，芙蓉山主人在家待着，更符合情理，即使出去，也不会夜晚才回来。何况狗具有灵性，与主人非常熟悉，主人归来，也不会狂吠的。而且四句全从诗人感觉写来，语气连贯，自然流畅，所以《儿童经典古诗诵读》把后两句翻译成“走近茅屋前的柴门，就听到狗叫起来，它一定是被我这个风雪之夜来投宿的人惊动了”，就是真得诗家心眼的。

杜甫《江畔独步寻花》：“留连戏蝶时时舞，自在娇莺恰恰啼。”清代以来多将“恰恰”理解为鸟叫声（包括当下的一些小学教材）。这是受到后边“啼”字的“暗示”和“恰恰”本身音韵的影响而产生的误解。“恰恰”自古至今没有作为“鸟叫声”的意思。汉代许慎《说文解字》解释“恰”说：“用心也。”杜诗这两句明显是将蝶、莺拟人化，而且是拟为女子，当是这样理解：蝶因“留连”而忘记时间地“时时”而舞蹈，莺因“自在”而用心得意地唱歌。在诗人看来，莺和女子一样是有心的，娇而心细。再看杜甫所处的唐代用“恰恰”一词的例子。王绩《春日》：“年光恰恰来，满瓮营春酒。”意思是说：年光真是好呀，在这春日，她会意（知道这是营造春酒的好时候）而来，我营造上了一满瓮的酒呢！王诗中的“恰恰”就不是鸟叫声，而是和杜诗一样是“用心”的意思，因之“年光”和“娇莺”充满了人性美，诗歌因此也生动活泼起来。宋代离唐代不远，他们理解和使用“恰恰”的情况也可以有力地佐证我们这里的解释。宋朱翌《猗觉寮杂记》卷上引《广韵》训为“用心啼”。宋邓深《月湖山谷劝耕次韵》：“看看新燕衔泥候，恰恰鸣鸠唤雨时。”意思是说，这个时候，新来的春燕左顾右盼着，口里衔着泥巴，准备着筑巢；斑鸠叫得多用心呀，它在呼唤雨水的到来呢。杜甫诗“留连”两句，《儿童经典古诗诵读》翻译成“蝴蝶在花丛中时时游戏飞舞，留恋不舍；黄莺在得意地娇声啼鸣着，安闲自得极了”，就不是没有根据的，而且真正把诗读“活”了。

再举一个《儿童经典成语故事诵读》正本清源的例子。“对牛弹琴”故事，不少书把“公明仪”说成“音乐家”。这只是根据故事有弹琴内容而揣度如此。其实，这个故事所据的汉代牟融《理惑论》是直称“公明仪”的，并没有加上定语。而公明仪的真正身份是儒者，他的老师是曾参。儒家追求要全面具备“六艺”（礼、乐、射、御、书、数）的才能，若把他说成“音乐家”，实在是大大降低了他的“身份”。“小书虫”《儿童经典成语故事诵读》里直称“公明仪”，不称他“音乐家”，简单地一笔删除，其实是举重若轻，为读者拨开了一层虚假的烟雾，让我们看清了真相。

## 新颖的儿童经典

“经典”是许多儿童启蒙读物非常喜欢用的一个词，那么什么是“经典”呢？“经典”是如何形成的？明确了这些才能真正提供一些“经典”，很好地奉献给孩子们。

经典不是一成不变的，随着时代的变迁，会产生出不同的经典。每一个时代应该选出这个时代的读者所需要的经典来。经典与产生它的时代是息息相关的。“小书虫”儿童经典诵读丛书在确定新时代的儿童经典方面具有非常明晰的意识。古诗诵读较之以前的选本有了质的飞跃，提供了最新的经典的情况，上面已有所介绍。这里再谈一下

《儿童经典格言诵读》。过去流行很广的《弟子规》《朱子家训》都是一些格言，劝示小儿辈如何做人，有不少内容今天仍然有积极的教育意义，但是许多格言是作者那个时代的伦理、道德观念的反映，今天早已被抛弃。《朱子家训》中说“童仆勿用俊美，妻妾切忌艳装”，论及仆人、小妾，是旧时代社会制度下的产物，今天就不存在了，所以再讲就毫无意义，甚至有不好的影响。《弟子规》：“号泣随，挞无怨”，“话说多，不如少”等等旧格言，都是旧伦理道德的反映，抹杀了孩子的独立自主性，窒息了孩子天真、率直、活泼的天性；“朝起早，夜眠迟”，则不顾惜孩子属于成长发育期的特点，不符合现代科学生活和教育的需求。类似的过去视为经典的格言，现在就必须废除了。因此，不加区别地、简单地将《朱子家训》《弟子规》等以经典的名义出版出来，就不仅有名无实，还起到不良的影响。《儿童经典格言诵读》则体现了新时代科学、民主、积极进取的特色，大胆摈弃包含旧思想、旧思维方式和陈腐观念的旧经典格言，而积极汲取传统中在今天仍具有鲜活价值的格言警句，并且立足于儿童阅读，排除文辞过深，过于拗口的句子，专选易于上口，浅显易懂的经典格言，还根据内容做了分门别类的编排，配以相关有趣的故事，这些都有益于儿童的阅读。

## 巧妙的学习和思考的思维

随着时代的变迁，经典中的一些内容也会不合时宜。一些过去我们所认可的品质，在新的社会历史条件下会受到某一方面的质疑。成语是通过极为简练的语言，向我们讲述内涵深刻的故事。通过这些故事，我们可以反观自身，获得人生经验与体悟。然而，成语毕竟都是时代的产物，在历史前进的脚步中，我们看待事物的方式和角度都会不同于古人。“愚公移山”，是我们再也熟悉不过的一个成语，它所要告诉我们的是一种锲而不舍的精神理念。在现代化的背景下，我们也要反思愚公过于执着的做法，譬如有没有其他的方法移动眼前的高山？或者，不是去移山，而是另辟一条道路通向外部的世界，或者干脆迁徙到另外的地方生存？《儿童经典成语故事诵读》所采取的态度不是舍此取彼，而是既看重愚公对于信仰的坚定，对于自我力量的肯定，以及对于未来所怀有的信心，同时也会对愚公的具体的行动进行讨论。会进一步拓展我们的思维，使我们能从各个角度来看待同一个问题。也就是说，“小书虫”儿童经典诵读丛书，并不满足于告诉小朋友一个词或者一个故事是什么意思，而是期望用新的方法和新的角度来和小朋友们一起学习。比如，《儿童经典成语故事诵读》是这样理解“亡羊补牢”这则故事的：在“妈妈讲一讲”栏目中，在解释了“亡羊补牢”的意思后，接着讲：“我们也应认识到：‘亡羊补牢’固然重要，但‘防患于未然’更为必要；预防意识加强了，才会避免损失。”这里就是用了现代思维来阅读经典，既掌握了经典的本义，同时又能拓展开来，并意识到经典存在的不足。这又是这套丛书“伴随孩子不断成长”立意的体现之一。

“小书虫”儿童经典诵读丛书是根据儿童的认知特点来设计的，正文加注了拼音，可供小朋友自己学习、诵读；正文后边设置了“妈妈讲一讲”“小知识”“读读故事”等栏目，可帮助家长给孩子讲解，扩展孩子的知识面。各册均配有符合儿童欣赏习惯的插图。本丛书内容丰富有趣，形式生动活泼。可以说是小学低年级及学龄前的小朋友了解传统文化、学习语言的优秀读本。有好书在手，每个孩子和家长都会开心、用心地来诵读。

《出版广角》2008年第19期

“小书虫”儿童经典诵读丛书（拼音绘图版），人民文学出版社2008年1月出版，

责任编辑：葛云波

# 用爱给孩子们的成长一个美好的起点

张树娟

《贝茜成长的奥秘》是一部独一无二的作品，在文学界和教育界都享有极高的声誉。本书被教育界誉为“蒙台梭利教育法的生动指南”，多萝茜·坎菲尔德·费希尔用温馨、感人的故事，将蒙台梭利教育理念的精髓娓娓道来，告诉父母该如何为孩子的成长营造一个自由的空间，如何引导孩子，如何培养他们独立自主的品质，如何和孩子分享成长中的喜怒哀乐，同时也让孩子们懂得什么是爱，什么是责任，正如美国著名作家海伦·凯勒对本书的赞美之词——是引导和分享，而不是指导。

书中讲述了一个胆小怕事、敏感脆弱的九岁小女孩儿伊丽莎白·安，离开自己生活的城市，离开溺爱自己的哈丽雅特姑姥姥、弗朗西丝姑妈，只身一人来到位于乡下的帕特尼农场的故事。帕特尼一家人对待孩子的方法在哈丽雅特姑姥姥她们看来，粗鲁，冷漠，极其不近人情。在这里，人们亲切地称伊丽莎白·安为“贝茜”，但任何事情都得她自己去做，任何问题都得她去思考对策：赶马车，自己起床，自己穿衣，自己洗碗，跟阿比盖尔姨姥姥学做黄油，独自面对困境——

把小莫莉从幽深的“狼坑”里救出来，想办法赚钱买回家的火车票……这些对一个过惯了衣来伸手饭来张口、事事都被预先安排妥当的她来说，不仅是无法想象的，更是无法承受的。她感到被忽视、被漠视，感到委屈，禁不住痛哭起来。可即便她再委屈，再怎么痛哭，她也不得不自己想办法去解决这一切，因为“冷血”的帕特尼一家人的一言一行都清清楚楚、明明白白地告诉她，必须自己想办法解决这一切。就在贝茜一次次动脑筋想对策的过程中，她的自我意识觉醒了。她从此爱上了动脑筋，从此懂得了欣赏自己，从此懂得了分享，从此懂得了帮助人可以给别人带来快乐，也可以给自己带来快乐。从此，她变得独立、自信、勇敢，并敢于自己做出决定。贝茜的这一转变不仅让同样敏感脆弱的弗朗西丝姑妈吃惊不已，也让千千万万个父母感动万分。

《贝茜成长的奥秘》自 1916 年出版以来，历百年而畅销不衰，是无数孩子和家长的挚爱，很多父母将此书作为礼物送给正在成长中的孩子。

《贝茜成长的奥秘》生动地阐述了蒙台梭利教育理念的精髓。蒙台梭利博士认为孩子天生具有强大的生命发展欲望，但无论是在学校还是在家庭，他们个性的发展都受到限制。这一观点在本书中可以得到充分的例证：

> 她已经九岁了，已经读过三年的书了，但这还是她第一次有了自己的想法。以前在家里的时候，弗朗西丝姑妈对她的所思所想一清二楚，总是帮她渡过难关，有些时候甚至早就为她想好对策了；学校里的老师训练有素，反应比学者还要快。因此，总会有人给她把所有的事情解释得清清楚楚，她从来就没有认真地探求过任何一件事情的缘由、始末……
>
> 以前她根本就不知道自己到学校来是为了什么。她一直以为

她到那里就是一级一级地从低年级升到高年级……

毫无疑问，这种溺爱的做法对贝茜心智的成熟是起着反作用的。但是，贝茜来到帕特尼农场以后，一切都变了，独立、自强的帕特尼一家人通过言传身教，让贝茜“第一次对一件事有了一点模模糊糊的认识”，接下来她又有了第二次、第三次……贝茜在简陋的乡村小学里受到的教育也给了她充分的自由。这里的教育方法完全以儿童为中心，而不是以老师为中心的填鸭式教育，并承认儿童的权利，满足儿童的需求，给贝茜以及她的同学创造了一个不受约束的环境——在这里，没有刻板的班级界限，贝茜可以上二年级的算术、七年级的阅读、三年级的拼写；在这里，她不但可以享受阅读课文不受打扰的幸福，而且还可以过一把当“小老师”的瘾；在这里，她算术不好，老师不但不惩罚她，反而陪她一起从 2×2 开始背起，让她从惧怕算术变得爱上了算术；在这里，没有权威，老师可以和孩子们一起玩游戏；在这里，没有各种条条框框，孩子们可以带着自己的洋娃娃到学校；在这里，老师设身处地地为孩子们着想，给孩子们提供各种生活上的便利……

蒙台梭利博士还认为想象力在儿童时期有着重要的价值。她说：“我们总是忘记想象力就是发现真理的力量。思想不是一个被动的东西，它充满了灵感的火花，永远也不知道疲倦。教师和父母们应该具有足够的智慧，满足儿童的想象力。大脑的想象力和抽象能力能够发掘事物背后的东西。它们对心理的成熟同样起着重要的作用。”

帕特尼一家人为贝茜想象力的发掘提供了充足的空间。贝茜读《黄昏下的雄鹿》的时候，“她在字里行间逃亡，在生词中拼命挣扎，恍惚之中，文中的亡命追捕让她产生了身临其境的幻觉。”这些都极大地激发了贝茜的想象力。

敏感脆弱的伊丽莎白·安只用了一年的时间就变成了一个两眼清

澈有神、健康结实、独立自强的女孩儿。贝茜的这一成长历程充分印证了蒙台梭利博士的话：“儿童的心灵中有着不为人知的奥秘，随着心灵的成长，会逐渐显现出来。就像生殖细胞在发展中遵循某种模式一样，这些深藏的奥秘也只能在不断发展的过程中才会被发现。”

总而言之，正如蒙台梭利博士所认为的那样，孩子们天生天真纯洁、敏感脆弱，容易受到伤害，总是自卑于成人。所以作为给予孩子关爱最多、影响最深的第一任教师的父母要给予他们更多的关爱，但是不要溺爱，不要总用成人的思维来思考孩子。父母教给孩子们勇敢、坚强、独立，他们就会变得勇敢、坚强、独立。因此，正确的教育思想、科学的教育方法可以促进孩子的人格的完善，并促使他们的潜能得到最大程度地发挥。

只有发现孩子，我们才能为孩子们的成长提供一个美好的起点！

每一位家长都应该好好珍藏这本书，它给每一个孩子的成长开启了一扇通向关爱、幸福、快乐以及责任的门。

2013年9月

《贝茜成长的奥秘》，[美]多萝茜·坎菲尔德·费希尔著，张树娟译，人民文学出版社、天天出版社2013年11月出版，责任编辑：李现刚

# 教育的瓦尔登湖

李振村

北京，在经历了数日的严重雾霾之后，突然绽放出一碧如洗的蓝天。

天空蓝到了极致：太阳明亮刺眼，云彩重现洁白如雪的真容。飞机从高远的天空划过，机身在透明的阳光里闪闪发亮。

一下子想起了沈从文初到北京时说的一句话："北京的天蓝得让我想下跪。"

就是在这样的日子里，我拜读了边存金先生的教育小说《会玩，才有翅膀》。

那是一个周日，早上起床之后，推开窗，我看到了久违的蓝天，心中的喜悦，自不待言。好心情要有好文字陪伴，于是，打开已经存在我的电脑里半月之久的书稿，开始阅读。

十万字的文字，到晚上明月高悬时，一气读完。

关上电脑，静静回味，我恍如来到了亨利·梭罗[①]的瓦尔登湖畔，

① 亨利·梭罗（1817—1862），美国著名作家，自然主义者、改革家和哲学家。曾在瓦尔登湖湖滨建起木屋，过上了与自然融为一体自给自足的简朴生活，并创作出传世名作《瓦尔登湖》。

湖水清纯透明，山林茂密青翠，耳畔鸟鸣啾啾，溪水潺潺，空气里弥漫着清甜的味道……

这里有可以直呼其外号的“小蚊子”老师，这个“小蚊子”老师居然要求孩子们上学后要继续调皮；这里的新生入学要走红地毯，这里有古怪的“假睡教学法”，这里有专门用来侦查校长的“消息树”，这里有爱哭鼻子、喜欢说“必需的，必需的”的校长，这里当然还有张翼和张朋这样给大公鸡拔掉半身鸡毛的淘气包、调皮鬼……

如果不是我熟知这本教育小说的素材背景，不是跟小说中描写的人物有深切的交往，我不会相信在当下中国的教育世界里，会有这样的教育故事发生。我会固执地以为这是一种教育乌托邦，是一个教育痴情者的“白日梦”。

但是，因为我曾经真切地走进过这个班级，我曾经坐在教室的一角看着这些欢快的农村娃娃在课堂上比赛谁更调皮并且和那个调皮的张翼 PK 了一把调皮，我曾经和那个会写童话的边老师无数次地畅谈，我曾经和“小蚊子”老师面对面交流……所以，我确切地知道：这里所描写和记叙的，除了为让故事圆润起来而进行的必要修饰之外，差不多就是真实的教育生活（当然，现实生活不会像文本呈现的故事那样凝练和集中，文本对散落在教育土地上的细节进行了创意串联）。

从这个意义上来看，与其说这是一本教育小说，不如说这是一本教育纪实——我当然更愿意把它当作教育纪实。因为，那意味着我们的教育还有希望，我们的孩子还有希望，我们的未来还有希望。

整部小说，一以贯之的是对儿童“调皮”的尊重和鼓励——张翼和他的小伙伴们，在即将入学前，接到的“小蚊子”老师的第一封信，竟然是希望他们上学后要继续调皮！

“真乖！”这是中国家长和老师对学生的一种最通行的评价。乖孩子受待见，调皮捣蛋的孩子惹人厌。人都喜欢控制。对于一个活泼好动的儿童而言，最好的引导就是让他们乖起来。他们乖了，成年人就可以圆满实现控制的目的，就可以完全按照自己的想法随意塑造他们。可以说，在校园里，几乎没有哪个老师会真心喜欢调皮的孩子。正是在成年人讨厌的目光和训斥里，本属于孩子天性的调皮捣蛋在进入学校这个规范体系后就被一点点消融、化解，最后，我们每个孩子都被打磨成了一个模样，千人一面，万众一声。殊不知，被成年人所讨厌的调皮捣蛋，本质上总与这样一些关键词相连：活泼、敏锐、机灵、创意、激情、活力、别出心裁……这些关键词，恰恰是科学发明、文学创作、艺术表演等最需要的品格和素养！这或许才是中国没有人能够获得科学诺贝尔奖的根本原因——莫言能获文学奖，也是因为没有接受系统的教育，没有被系统的教育把他内心世界的调皮打磨掉。

边存金先生把尊重调皮、鼓励调皮作为整本书的主题，体现了他对教育、对儿童乃至对人性的深刻理解和把握。于是，在作者的笔下，我们就看到了孩子调皮的诸多情节：拔公鸡的毛，把鸡毛粘在校长的脊背上，逃学，制作“消息树”……这些通常被老师严加训斥和整顿的捣蛋行为，在这本书里，被作者擦洗得闪闪发亮，童心童趣犹如白色的小兔，欢快地跳跃在这个天堂般的世界里，让人心生感动乃至唏嘘不已。

当然，作者没有回避现实：“小蚊子”老师从开学初的鼓励调皮，到开学后面对孩子的调皮手忙脚乱、应接不暇，都极为真实地再现了一个老师复杂的心路历程——这就是真实的教育生活，理想和现实总在不断地碰撞和摩擦。

好在，“小蚊子”老师在与自己的内心和传统的教育习惯斗争的过程中，虽有苦恼，有眼泪，但她没有屈服，没有妥协，最终让孩子们在保持了调皮的天性的同时，获得了真正的成长。

不能说小说没有遗憾，全书到最后的高潮部分——孩子们用大自然中的树叶啊什么的当作乐器，去参赛的时候，似乎不那么调皮了，他们中规中矩，表演完毕，说着那么大人腔的感谢，表现得那么规范——这个结束，让我深感惋惜，这似乎不应该是“小蚊子”老师的追求，也似乎跟一年级小朋友的心理和性格特点不太相符。如果，这是一个有点调皮捣蛋的演出，甚至是一个因为调皮捣蛋搞砸了的演出，又该如何？

亨利·梭罗在《瓦尔登湖》中有一句话：“现实社会总是教我们尊重应该尊重的表象，却不知应该尊重值得尊重的。”

当下，尊重学生的理念早已深入人心，围绕这一点每个老师都能侃侃而谈。可是，究竟该尊重学生什么呢？正如亨利·梭罗所言，很多时候，我们尊重的都是表象，本质的东西却常常被我们忽略。对于儿童而言，其生命的本质属性就是调皮。

“人性中最美的品质，就像果实上的霜，必须小心翼翼才可以保存下来。”这是亨利·梭罗的另一句至理名言。毫无疑问，调皮就是儿童最美的品质。什么时候，我们的教育真正懂得小心翼翼地呵护、尊重乃至鼓励孩子的调皮了，我们的教育才是真的有希望了。

2014 年 1 月

《会玩，才有翅膀》，边存金著，人民文学出版社、天天出版社 2014 年 1 月出版，
责任编辑：叶显林、李现刚

# 幽默的“现身说法”

——读《王蒙自述：我的人生哲学》

赵丽宏

一个月前去香港祝贺香港作家联会创会十五周年，又见到王蒙。在香港的几次聚会上，王蒙以他特有的机智和幽默谈社会、谈人生、谈文学，在博得掌声的同时，也引起大家的思索。他说起人民文学出版社要出他的一本新书。前几天收到了寄自北京的这本新书，书名是《王蒙自述：我的人生哲学》。这是很有意思的一本书，在王蒙所有的著作中，这也许是很特别的一本。

王蒙经历了中国二十世纪后半叶的风波和动荡，在最灰暗的时刻，他也没有停止对美好理想的向往，没有丧失一个小说家的敏锐，还有诗人的梦想。在中国的文人中，王蒙的经历是丰富而独特的，他的生活阅历，使他有机会从许多不同的角度观察中国大地上发生的事情。流放在新疆的时候，他大概做梦都不会想到日后他会成为中国的文化部长。而当了文化部长，他也从没有忘记自己的作家身份。对于一个作家来说，任何职业、任何角色都可以用来了解社会，研究人性，然后将自己的思索和感悟表达在文字中。王蒙是这么做了。而他的这本新书，可以说是一颗思想的果实。

谈人生哲学，其实不容易，古今中外的哲人，差不多已经穷尽天地间的哲思，现代人要说出一点新的思想，很难。不过，“用头破血流换来的一点明白”，历尽沧桑之后的“现身说法”，还是能使人感觉到不同寻常的新意。王蒙能用诗的语言谈他的哲理，譬如：“人生好像一只船，世界好像是大海。人自身好像是驾船的舵手，历史的倾斜和时代的选择好像时而变化着走向的水流与或大或小的风。”有的想法，似乎是平淡的大实话，是幽默的玩笑话，但却发人深思，如“一个人应该知道自己能够做什么，应该做什么，必须做什么，更应该知道不应该做什么，不要做什么，其实做也做不到什么。”

王蒙的幽默，在中国的文人中并不多见。任何命题，在他的笔下，都会妙趣横生，读者往往在会心一笑的同时，能悟出其中的巧妙含义。很多议论，看似轻松，其实有着凝重的内涵，有时还含着辛酸和苦涩。微小的个人面对浩茫曲折的世道，寻求，拼搏，挣扎，有时只能徒叹无奈。成功和失败，不过是人生一些无常的片断。很多人浑浑噩噩过了一生，回头看看，一片迷茫。而一些所谓的成功者，其实也常常是在热闹的欢呼声里迷失了自己。知识分子多一点清醒，少一点盲从，是因为不习惯被人牵引着糊涂度日，常常有意无意地对过去的历史和面临的现实多一些思考。一个勤于探求思索的文人，能在跌宕沉浮的人生际遇和纷繁复杂的社会变幻中悟出一点哲理，并能用独特的方式表达出来，举重若轻，化繁为简，实在是一件难能可贵的事情。

王蒙在书中说：“我希望多一点幽默，少一点气急败坏，少一点偏执极端。”曾有人说中国没有幽默，王蒙说：“我不太相信这种有点吓人或者唬人的说法。一个没有幽默的国家是难以存活的，就像一个没有幽默的人是难以存活的一样。”但是在有的人身上确实少一点幽默，这是为什么？王蒙认为：“从容才能幽默。平等待人才能幽默。超脱才能幽默。游刃有余才能幽默。聪明透彻才能幽默。”那些心绪浮躁、胸襟狭隘、唯我独尊的人，当然不会有什么幽默感了。

但愿王蒙的幽默能感染并影响更多的中国人。

《解放日报》2003 年 2 月 6 日

《王蒙自述：我的人生哲学》，王蒙著，人民文学出版社 2003 年 1 月出版，责任编辑：包兰英

# 谁动了我们的爱情

徐　坤

这是一群有关“好孩子”们去寻找生活意义的小说。小说里的几个人物全都是名牌大学毕业的优等生，他们在迎接生活时遇到的第一个问题竟是毕业后出国留学还是滞留国内？

这难道是一个问题吗？

这的确是一个问题，或者说是构成了这些生活在宏大话语包围之中的一群莘莘学子、天之骄子心中的一个问题。

在肖铁的这部小说里，我们看到了一种久违的纯情悖论，“爱”与“守”的悖论，在爱与不爱、去与留之间，小说中的男女主人公们进行了艰难的抉择取舍。

多年以前（确切地说是五年以前），我曾经为十九岁的作家肖铁写过一篇短评，那时他还是北大在校生，刚开始发表文章不久，当时是作为1980年出生的小男生，夹杂在一群七十年代出生的大美女之间在《作家》杂志上隆重露面。他作品当中的故事情节虽然稍嫌简单，但其写作才华已经在字里行间熠熠闪光，而那一幅英俊而又稚气的脸庞尤其显得鹤立鸡群。

多年之后，肖铁已经成为美国威斯康辛大学的留学生，并已经出版了他的第二部长篇《飞行的杀手》。小说里人物的成分以及背景更复杂了些，外景地也从原来葱茏的校园、图书馆、教室以及单调的宿舍里拔地而起，一跃而跨过北京、南京一直到美国芝加哥 JON HANKOK，活动半径有了巨大扩展，不变的却还是年轻作家身上一种纯情的理想。出了两部长篇的肖铁，到现在也只不过才二十四岁，正值青春年少，足以为自己的写作和出版业绩而夸耀。

这是一部“成长”小说，因其成长，所有人物性格有强烈的可塑性，率性而为，模糊不定。肖铁写出了人物的这些躁动不安的青春特质，雇人去杀自己女朋友的叶阳，受雇成为杀手的会长，其行为本身已经和法律相抵触，在行动的过程中却立地成佛改变了初衷。这样的故事，是属于青春的，然而又与我们当下所处的火热的“宝贝”横行的时尚化写作时代相距甚远，甚而至于是隔膜。比如会长对于恋人莫宁的称谓“小东西”，比如男女学生之间恋爱的方式，都是传统的、唯美的、浪漫的，甚至是梦呓的，一下子可以把人牵回或倒退十年、二十年，回到小说主人公的父母们所处的二十世纪纯情的校园生活时代。它体现了作家肖铁的一种精神追求和审美向度。

同时，这也是一部关于“寻找”的小说，对于意义的追问，也同时构成了对于意义的否定，也许行动本身就是意义。作者并不热衷于讲述传统的故事，也故意让它不必顺畅而且连贯，而是采用多视点的描绘。故事并不重要，“视点”在文中起了举足轻重的作用，十分具有好莱坞大片的风情，有追忆、凭吊、恐惧、悬疑、纠缠，几条线索交织展现，扑朔迷离，有如一部立体活动画面，给人造成强烈的视觉刺激。

除了男生叶阳雇同学去“杀人”，还有小葵为了达到出国目的而匆匆出嫁——这样的情节造成了主人公性格的缺失外，书中的几个人物——叶阳、小葵、莫宁、会长，他们的行为几乎是没有瑕疵的。他们真诚地相爱，又不得已地离弃；他们在寻找，同时亦是在迷失。

有趣的是，在对未来进行思考并付诸行动时，仿佛只有那些女生们才显现出具有迎接挑战的潜质，比方说小葵和莫宁，为了去美国，她们都能奋不顾身、孤注一掷。莫宁为出国可以毅然抛弃恋人不辞而别悄悄离去，小葵更甚，在网上匆忙认识了在美国读博的高杰，匆忙办理结婚登记，然后随之赴美。同是被女友遗弃的叶阳和会长惺惺相惜，愤怒之下，叶阳雇会长前去杀小葵。而会长竟也欣然承命。绝境之下，女人想的是逃脱，男人想的却是杀人。

我们身边时刻都潜藏着这样那样的“杀手”，杀手似乎永远处在“飞行”之中，变幻不定，神秘莫测。说到底，杀手不是别人，那正是小说主人公们一心向往的美国。“美国”是杀手，“他人”是杀手，同时，“自己”也是“自己”的杀手。

《经济观察报》2004 年 6 月 14 日

《飞行的杀手》，肖铁著，人民文学出版社 2004 年 4 月出版，责任编辑：包兰英

# 青春不过是一次短暂的滑行

张慧瑜

《飞行的杀手》是刚刚留学美国的肖铁精心创作的作品，其封底的内容简介为“这是一部描写大学生毕业后行动与寻找的小说，故事发生在留学前后。通过四个主人公的不同命运和选择，揭示了理想与现实的矛盾冲突和每个人内心世界的不同展露。”但是，读过小说之后，作者的野心似乎并非要解决“走出了大学校园，一切怎么都变了”的“理想与现实的矛盾冲突”这一永恒的宏大主题，而是试图在“追忆似水年华”的讲述中，实现对“宏大的叙事”的消解，或者说用小说中的一句话“有时候他觉得世界本身会是一个‘道理’，到头来却发现世界只是一个‘修辞’”。在这个意义上，可以把这部小说读解为一次由“道理”滑动为“修辞”的“飞行”，或者说围绕在小说人物周围的等待、离开、寻找等状态，到头来不过是“一堆挤在一起毫无意义的符号”。

小说的主要情节是会长去南京寻找小葵以实现叶阳交给他的“杀手”任务，以此作为叙述的时间线索，不断地插入会长与莫宁、叶阳与小葵，还有张目与杏仁的感情故事或者说追忆中的生活。内容共四章加一个尾声，其中第一章写会长、叶阳、张目在国内的生活，第二章写莫宁、小葵初入美国留学的种种遭遇，第三章篇幅最长，主要写会长在南京寻找小葵的过程，第四章是小葵带着会长去朱文的大厂，尾声则是会长和陆小北乘机去美国。简单地说，“到美国去”这样一个个人生命成长史中的一次似乎应该是断裂性的事件，具象化为了发生在叶阳与小葵、会长与莫宁之间的爱情分裂，但是，有趣的是，小说在叙事空间上分裂为国内与美国，而在故事层面上则安排为小葵、莫宁等女性顺利地到达了美国，叶阳、会长等男性阻隔在大洋的一边，这种建立在异性恋秩序上的性别逻辑与国内、美国的空间结构重叠在一起，或多或少与作者的性别身份有关，不过，这样一种叙述策略还体现在小说的叙述手法上。

按照文中的说法“如果说这整部小说是个象征的话，我想张目这个人物是实在的；不过，如果说整部小说是写实的话，张目又散发着象征主义的光晕”，这句自反式的语言也恰恰可以看成是整部小说的语言特征或艺术方法。而且，象征与写实也分别对应着讲述国内与美国的故事。在第二章美国的故事中，记述了莫宁的“迟到”“丢书”以及小葵申请学校的拒绝，这些日常生活中的“不幸”遭遇对于刚刚留学美国的女学生来说或许是一种成长中的“挫折”吧；而与此相比，在讲述会长和叶阳留在国内的故事里，从会长在“地下”看《杀手》到他去实现杀手任务的曲折经历以及和小葵一起去重新访问作家朱文的大厂都充满了一种象征或者说荒诞的色彩，但是作者并非用寓言式的语言来写这段国内的生活，反而在象征的表象背后是对细节的写实，甚至插入了许多罗伯·格里耶式的静物描写，比如在叶阳回忆与小葵相遇场景中的“水杯”，还有陆小北初三记忆中在课堂上飞舞的“窗帘”，这样一种如同慢镜头似的被放大的细节也许是为了实现小说开头引用 Vic Chesnutt 的诗句“这个世界是一块海绵”。

这种如同吸饱了水的海绵的细节描写，不仅仅是为了在追忆中完成对日常生活的再现，而且成为对抗或者说消解宏大叙事的策略。比如对这些青年人来说，留学美国成为他们填充青春的现实依据，但小说并没有过多地记录实现这份理想的艰辛与喜悦，反而在临渊回眸地对过去的记述中对“到美国去”进行了解构。正如文中所述：“为什么要到美国去呢？我真的说不清。……可能对于二十世纪八十年代来说，谈到美国的时候，人们会更直接地想到那个雕像，可对于咱们来说，那些都过于虚妄，过于宏大，过于象征，我总觉得美国对于我们永远是浮在远方的一个岛，一个可以离开这里后的停靠站。”这具体可以从小葵由北京、南京到美国，再回到南京的经历，来暗示美国并非青春的终极意义，而不过是“离开”的一种修辞罢了。

最后，寻找到小葵、苏楠的会长和陆小北与经历美国、父亲去世的小葵一起去找朱文的大厂（这或许也算是向作家朱文致敬吧。）小葵之所以这样做，是为了完成三年前叶阳和小葵向朱文做出的承诺：“保证结婚的时候，再过来通知一声”，尽管此时的叶阳由会长来代替，而小葵也已经怀上了高杰的孩子，但是这种以雨中寻找大厂开始并以他们没有完成的做爱结束的行动成为了小葵象征性地找回爱情的仪式，最终小葵与叶阳“又紧紧地抱在了一起”。而会长、陆小北准备去美国的尾声也似乎暗示了某种爱情的完满。从这里，可以看出，唯一没有被作者消解掉的就是爱情，因为“在所有的宏大叙事中，只有爱情是无害的”，在对立的意义上，爱情成为逃离宏大叙事的“飞地”，毕竟“在所有的陷阱中，只有它是甜蜜的”。而爱情也恰恰是这些青春男女们成就青春记忆的可能之途，无论是会长在“地下”影院中看完《杀手》后发现“和自己一样在等着所有人离开的”的莫宁，还是叶阳在自习室因一样的水杯偶遇小葵，以及张目在胡同的石头台阶上吃面时看到“杏仁”一样洁白的姑娘，“爱情”成为在记忆中“被拖得很慢很长”

的情景，这也成为作者对“那段现实生活”是“一种挽留，而不是回忆”的方式吧。

《中华读书报》2004 年 7 月 7 日

《飞行的杀手》，肖铁著，人民文学出版社 2004 年 4 月出版，责任编辑：包兰英

# 后知青时代回忆什么

——《黑白记忆——我的青春回忆录》读后

魏　锌

我用八个多小时读完肖复兴的新书《黑白记忆———我的青春回忆录》时，东方既白。在这短暂的黑白时空里，我与作者一起踏上了曾播种下一代人青春的黑土地，唤醒了我们三十六年前被称之为蹉跎岁月里一言难尽的记忆，那些如封面上像是星光闪闪又似雪花纷纷的记忆，填补着我们淡忘或遗忘的历史缝隙。

我庆幸读这本书是在万籁俱寂时，作者发自心灵深处的平实的文字化为了亲切的交谈娓娓道来，让我感受到作者知天命之后回眸顾盼时略带几分苍凉的心跳。“新的一代，正在扑面而来，一代知青，已经走到了尾声，到了借助于总是记挂于心的标志，审视自己，考虑他人的时候了。”他说得朴实亲切，是我想要说的话。

于是，我和作者一起走完了这次青春之旅、心灵之旅。作者用现实审视历史，又以历史观照现实，全书二十八个章节，二十八个故事，不止二十八个人物，次第登场，洄流缠绕，靠什么吸引着我？我想了想，是细节，是那些细节，还有那些细节之后的情感的抒发。作者将那些被生活琐碎和时光碾碎的生活细节重新拾起，将那些触景生情而触摸到的历史碎片重新思索，在第一章就向读者敞开了心扉。乘坐重返北大荒的列车上，首先想起三十六年前离开北京时的失声痛哭，他说："我们重走回头路，只有笑声，而那哭声却隐隐地滴泣我们的心里，像琥珀一样在逝去的岁月里凝结闪烁。"细节就这样不请而至，电影里的闪回一样，让时代的背景交错出现，刺一样隐隐扎在心头。以后，随着作品的展开，一个个细节纷至沓来，一个承诺、一个手势、一声枪声、一扇旧窗、一个香瓜、一枚纪念章、一句话，乃至七星河畔的一只蜜蜂、一朵黑土地上的白莲花，都在作者的叙述中唤醒鲜活起来。

他在最后一章里这样说："在热闹中回忆，在时尚中怀旧，让回忆和怀旧联手，为我们的今天蒙上一层雾帐，为我们的心境涂上一层防水漆，温柔地欺骗着我们自己；让回忆和怀旧合谋，共同为我们点燃起一堆枯枝，从中蹿出我们生命的火焰，燃烧着我们自己的最后的岁月。"可以看出，这是他写这本书时内心涌动的核。

因此，对于后知青时代的清醒批判态度，是这本书的价值，这是一本青春回忆录，其实更是作者的一部心灵史。这一点的努力，让它区别其他有关知青的书，包括作者自己的《啊，老三届》。

肖复兴怀揣着一颗太善良的心走完了他这次心灵之旅，他看到的是在历史流血而结痂的伤疤上因人性的美好而浇灌出的花朵，而对于那些曾经流淌过的鲜血的惨痛和由此对于内心的侵扰和折磨以及深远的影响，如他和当地因错打成反革命老农那曲折的关系，知青爱情悲惨的命运和不死的亡魂，都显得过于温情。虽然作者在第二十二章对自己的良知进行了深刻的拷问，但对于其他人尤其是历史曾经显示出来的那一份人性的丑恶与龌龊，显得有些心慈手软，或者给回忆还留有了空间。后知青时代回忆什么，看来还值得再想想。

《北京青年报》2005 年 6 月 23 日

《黑白记忆——我的青春回忆录》，肖复兴著，人民文学出版社 2005 年 5 月出版，责任编辑：包兰英

# 《笨花》，脚踏在地上的写作

何玉茹

《笨花》到底是靠什么打动了我？或者说，我为什么会有亲切感？因为熟悉。熟悉它里面的乡村生活？但我觉得不是。熟悉可能是其中的一个因素，主要的因素，是因为它的陌生，或者说新鲜。我这里说的新鲜，不是指对《笨花》里叙述的生活的新鲜，而是指它的叙述的新鲜，就是，在我阅读《笨花》时，我是常有一种新鲜感或说是陌生感的。

比如，《笨花》里写牲口打滚儿："它们在当街咣当一声放倒自己，滚动着身子，毛皮与地皮狠狠摩擦着，四只蹄脚也跟着身子的滚动蹬踹起来，有的牲口还会发出一阵阵深沉的呻吟。这又像是对自己的虐待，又像是对自己的解放。"又写，"大多有牲口的人家，门前都有一块供牲口打滚儿的小空地，天长日久，这个小空地变作一个明显而坚硬的浅坑。"又写，"牛不打滚儿，打滚儿的只有骡子和驴。"这几个细节，看起来是并列的，在我的感觉里它们却是递进的，因为我知道，细节写得越多难度就越大，一字一句，字字句句都要靠实得很。最后，靠实到了底，就像把一件东西放大了看一样，反而会让人有一种陌生和新鲜感了。而恰恰是这种地方，也许才最能考验一个作家的功力。

《笨花》里写人，比如写小袄子："穿一条眼下最具时尚的薄棉裤，上身是卡腰小棉袄，她身背一个大花包在茂盛店花市里走。"又写，"现时的棉裤时兴肥裤腿，一幅家织土布一尺二宽，一条裤腿原封不动就可着一尺二做，这裤腿撑在女人的胯骨以下，像两口钟。"又写，"头上包着一块雪白的羊肚手巾，这手巾本产于日本，雪白的手巾一头印着鲜红的花体英文字'Good Morning'，另一头印着的是中文，中文便是'祝君早安'。"和前面写牲口打滚儿一样，头几句写完，停下来不写似也说得过去，但后面的两段写出来，效果显然就大不同。

以上两段，是我在书里随意翻到的，这样的细节，在《笨花》里到处都是，比如写笨花村的黄昏，写兆州城的庙会，写棉花地的窝棚……都是一笔一笔，每一笔都不含糊，每一笔都不畏难度，直写到事物的底部。在一部书里，有几十个或者说上百个这样的细节也许是不太难的，如果到处都是，有无数个，就不容易了，它会形成一种气象，会像一棵另类的树一样，形成它独特的强大。

我想我的亲切感，正是从这些细节来的，从事物的底部来的，从牲口的"咣当一声放倒自己"来的，从"门前坚硬的小坑"来的，从"家织土布一尺二宽"来的，从"雪白的羊肚手巾"来的。我感到，只有到了事物的底部，才真正能够感知这个世界的体温和厚度，同时，也才真正能够抵达这个世界的彼岸。

是，抵达，我们读小说，往往不甘心在文字的表面逗留，往往会有一个小小的野心，想着要抵达什么地方，这既是在往深里走，也可说是在往高里走，是一种提升，是一种从重到轻，从"笨"到"花"的过程。

小说的"花"即虚的部分，我想它该是一种秩序的力量吧。靠了这力量，人物们才得以各就各位，绽开着各自的生命之花。这秩序既是道德秩序，更是精神秩序，它几乎深入到了人物生活的角角落落，甚至深入到了人物们的骨髓。这可说是一群地道的务实的中国农民，他们聪敏、坚忍，长于行动，做什么不做什么，通常会有一条隐形的准则，却又没人能说得清，这准则几分是出于本性，几分又是出于思想、精神？因为，他们确有一个精神秩序的约束，但又确是一个活着的个人，由于务实的特性，几乎见不到他们精神约束的自觉。奇妙的，是这精神又确确实实地存在并发生着作用。正是这样一些人，才撑起了一个丰富多彩的独特的世俗世界，且这世俗世界才得以长久地延续下去。尽管同时，这丰富多彩的背后，不可避免地仍有人生最终的悲凉和虚无。不过，即便我说我抵达了什么，心里却还是不那么自信，就好比一棵完整的大树，若非要将它的树干、枝叶分离开来，搞清光照、水分、空气对它们的成长各占几分，显然是一件困难又徒劳的事情，更有意义的，也许还是要回到文字的表面，去面对人物们一个个完整的可亲近的形象。

是，亲近，在我有限的阅读范围里，《笨花》的人物群像的确让我生出了很少有过的难割难舍的亲近感。他们人数可观，却清晰可辨；他们年代久远，却触手可摸。这自是要依赖作家可靠、精湛的叙述，正像铁凝自己的表达一样：结实，简洁，准确，温润。但在这样的人物群像面前，你却又会有关于“虚”的新的发现：几乎每一个人物，都本可衍生成一段精彩的故事，而作家这边，却是用她果断的取舍，简约了这种衍生，使他们只能在有限的文字里完成各自的命运，而可以衍生的部分，则形成了很大的空白。不过，这一回的“虚”，不是精神的“虚”，而是物质（即小说结构）的“虚”了。从结构说是虚，从内容说却又是实的，因为那人物背后的故事确确实实地存在着。这部《笨花》就是这样，读起来满眼似都是绣花一样的细致、微妙，但正是在这细致、微妙之中，又有着斧凿刀砍般的简约。我想起孙犁先生关于长篇小说的一段话："放眼远大，而不忽视细节之精密；注意大者，而不对小者掉以轻心。脚踏在地上，稳步前进，步步为营……"觉得，《笨花》实在是一部出色的脚踏在地上的小说。

《文艺报》2006 年 3 月 25 日

《笨花》，铁凝著，人民文学出版社 2006 年 1 月出版，责任编辑：包兰英

# 戏里戏外两传奇

林家俊

戏如人生，人生如戏，戏里戏外两传奇。用这句话来概括闫立秀的人生当是贴切不过的了。

闫立秀出生在淮河岸边的一个小村庄，父亲迫于生计当过国民党的矿警，母亲却是一名生长于红色老区金寨县的红军战士。这本身就为他的身世抹上了浓重的传奇色彩，也对他以后的人生产生了深刻的影响。

新中国成立以后，闫立秀有幸进了扫盲班学习文化，却又迷上了流行于淮河两岸的“倒七戏”，如痴如醉，至情至爱，虽然自身条件并不佳，但凭着对艺术的孜孜以求，赢得了高人的指点和帮助，技艺日趋精进，真是应了“不迷不通”的俗话，为他日后成为颇有建树的民间艺人奠定了坚实的基础。也正因为痴迷于民间艺术的那种执着，打动了纯情少女艳艳的芳心，那种界于爱情、友情、姐弟情之间的诚挚情感，也许正是人世间弥足珍贵的真爱；也正是因为在艺术上的小有成就，他失去了继续求学的机会，阴差阳错地与心爱的艳艳失之交臂。人生的大戏从此开锣，至今没有落幕。

闫立秀是执着的、聪慧的、刚毅的、坚韧的，血脉中流淌着淮河文化的精髓。对流行于淮河两岸的庐剧、花鼓灯、门歌、老婆歌以及众多的民间艺术门类，他无所不精，而且兼收并蓄，触类旁通。他把花鼓戏与样板戏嫁接起来，让传统剧目与现代歌舞同台竞技，焊接中外，连通古今，将编、导、演集于一身，创办的小剧团曾代表安徽参加首届全国农村戏剧会演，荣膺文化部颁发的演出三等奖、编剧优秀奖；自编、自导、自演的现代庐剧《认母》，走上荧屏，在全省、全国播放。闫立秀带领着他的"泥腿子剧团"昂首挺胸走进了上海一流的艺术殿堂——中国大戏院、音乐厅；《中国文化报》《上海文化报》《新民晚报》《安徽日报》等三十多家媒体先后争相报道，纷纷赞誉：一群平凡的人，演绎了一个真实的传奇故事。之后，他的青年歌舞团走遍大江南北，唱红淮河两岸……

台上他演戏，台下戏演他，悲欢离合，嬉笑怒骂，真是造化弄人。可以毫不夸张地说，他是一个剧团的"灵魂"，剧团又是他人生的"戏胆"。在那个特殊的年代里，他遭受了许多不公平的待遇，却又能够以一种平凡的心态直面人生，并得到了善良人们的理解和关照；一个偶然机遇成为红极一时的"革命干部"后，又能够不骄不纵，自觉地回报和爱护身边的弱势人群，展示了人性中最美好的一面，这本身就像是一部有悲有喜的"人间正剧"。因为酷爱戏剧，与戏剧结伴游弋人生，貌不惊人的他与五位女性结下了啼笑姻缘，横跨半个多世纪，心相许难相守，不思量自难忘：五十年代，与艳艳心心相印；六十年代，与芸姐生离死别；七十年代，与秋儿为情私奔；八十年代，与三妹情牵梦随；九十年代，与张唯情结鸾凤。她们个个对他相亲相爱，并为他的事业真心付出，无不凝聚着对戏剧的热爱，对艺术的追求，无不打上了时代的烙印，折射出历史的痕迹。也许正是这种在特定历史条件下的灵与肉的结合，才能使他们心相印身相许，休戚与共，无怨无悔，共同演绎着一部活生生的传奇故事。

《如戏人生》将写人与写戏融为一体，叙事与抒情交相辉映，真实地记录了一个民间艺人的传奇故事，忠实地反映了一个时代的面貌，蕴含着淮河两岸的世俗风情，铅华洗尽，朴实感人，是一部十分难得的纪实文学作品。作者虽然自称只有高小文化程度，但凭着他多年以来的刻苦自学、笔耕不辍以及对中国传统戏剧的深刻理解，娓娓动听地讲述了半个世纪以来的亲身经历，向世人传递着心底流淌着的至爱真情，使作品更具有一种传奇般的魔力和戏剧性的张力，读来难以释手，欲罢不能，掩卷回味悠长，情思翻涌。可以看出，这是作者心灵的独白，情感的倾诉，字字句句，血泪写成……

2006年4月18日

《如戏人生》，闫立秀著，人民文学出版社2006年6月出版，责任编辑：仝保民

# “中国形象”和汉语的欢乐

## ——从铁凝的长篇小说《笨花》说开去

陈超　郭宝亮

### 一　语言形式的快感

**陈超**：你一直研究当代小说，并关注铁凝的创作，今天咱们谈谈她的长篇小说新作《笨花》。这部作品从意蕴到技艺，都很丰富，包容力很强，留有宽大的解读空间，采用“对话”的方式可能有助于彼此激发一些新想法。

**郭宝亮**：是的。铁凝《笨花》的出版的确是今年文坛上的一件大事。我读完这部小说也有不少想法，正好和你交流一下。

**陈超**：新年伊始，我就拿到了这部刚出版的小说。此前我已从报纸发布的消息中，了解到这部小说的情节梗概，似乎它不是我会感兴趣的题材，就想简单读一下，先做个了解吧，看看铁凝近两年都在忙活什么。但是，我只读了几页，就被它饱满而鲜活的日常生活情趣描述深深吸引了。我沉浸其中，不自觉地放慢了速度，用了两天半时间一口气将它读完。铁凝是从描述笨花村的“黄昏”开始她的叙述的。

她既有耐心，又不失精敏，每一个句群都会拽我一下，纹理清晰得有如现场“目击”，同时又让人迷醉和“恍惚”——在真切的写实中又带给读者某种“写意”感，这很奇妙。

一开始她就使得作品中的人物、大自然、村子、牲口……共时地“动”起来了，并彼此呼应。这个开头为整部作品定好了叙述基调和节奏，气息沉稳而绵长。像《红楼梦》开头的“忽念及当日所有之女子，一一细考较去……”，它们的视点仿佛是平易和“低位”的，但却更为自如地接通了“地气”和“人间烟火气”，这两气正是好的小说的要素。《笨花》近四十五万字，但一直保持了这种节奏和纹理，即使写到宏大的历史情境，铁凝的“两气”也没有散，真是不易。

《笨花》的审美气质很独特，我觉得它越写实越有写意感，比如写棉花地、看花人“窝棚”里的事儿、织布、活犄角、大自然节气、农时农事，如此等等，不仅“言传”，还有“意会”。读完之后好几天，这部小说的人物、情境乃至细节，还在我心中持久萦绕，有一种浓厚的“弥漫感”。我想，小说永远只是小说，它首先在叙事上应令人沉醉和玩味，否则题材再“重要”也在审美上无效。铁凝不止提供了新的人物和故事，同样重要的是她提供了新的“说法”。作为名作家，她幸运地未曾像许多作家那样跌入“成熟的停顿”。你怎么感觉呢？

**郭宝亮**：你的这种感觉我也有。我在阅读《笨花》的时候，小说语言传递给我的这种生活情趣和美感持久地滋润着我。笨花黄昏中的所有人事，唤醒了我的全部乡村记忆，那些“咣当”一声放倒自己在当街中痛快打滚儿的牲口，那些“鸡蛋换葱”“油酥烧饼”的叫卖声，还有西贝小治媳妇在房顶上的叫骂声都犹如宁静乡村的黄昏的合奏，凡是有过乡村经历的人都不会不为之激动。铁凝是一个艺术感很强的作家，她的许多作品也许并不刻意去追求一种寓言化的思想承载，但却是很“艺术”的，那种饱满温润、结实准确的语言形式所传导出来的艺术质地往往令人在读完之后，心生愉悦，妙不可言。我觉得铁凝的小说是很难评论的，这可能是因为铁凝的小说在艺术肌质上的圆润饱满，没有为评论家留下下嘴的地方。我们只觉得“余香满口”，却不知从何说起，这也许就是你说得“弥漫感”吧。“弥漫感”也可以叫作审美感，一个作品，没有美感，没有诗情画意肯定不是好作品。你说的“成熟的停顿”的确是个可怕的现象。比如池莉写的《有了快感你就喊》不过是二十一世纪的印家厚的故事；而去年出版的余华的《兄弟》，则是一个大的退步。

**陈超**：是啊，“不知从何说起”，就是好的长篇的特性之一。真正丰富的作品，会让预设的理论框架有些“短路”，同时又会激活或“拉动”许多诠释的可能性，获得新的视点。其实，先就这部作品的名称来说，就有好几层意味，既朴实又耐人寻思。在题记中，铁凝说“笨花、洋花都是棉花。笨花产自本土，洋花由域外传来。有个村子叫笨花。”这个书名起得好，既恰当地体现了本书的几种内蕴和艺术劲道，又让人产生许多联想。从写作手法和艺术气质上看，这里的“笨”，不是沉滞和鲁钝，而是沉实与厚重。“花”者，也不是张扬，而是人的生命和精神以及大地的鲜润生机感。作品中的情节、细节、人物，的确当得起“笨花”之名。而铁凝的叙述，也在“笨”和“花”所拉开的巨大张力中，做到了言说有根，意趣横生，舒放有致，神闲气定。正是别开生面的“笨”叙事的力量，和“花”的鲜润活力，才有效地挽留了“叙述时间”，它不再是简单的物理时间的流逝，而是转换为充满民族精神特质和地缘活力的物象、气味、声音、气氛的“艺术的内在时间和空间”。这个时空与书中人与物的生命、存在是融为一体的。

**郭宝亮**：《笨花》一书的书名确实很有意思。除了你所提到的写法上的艺术考虑外，还有别一种意思在。“笨花”“洋花”都是棉花，冀中地区棉花都叫花，“笨花”是相对于“洋花”而言的。有了“洋花”才有“笨花”这个称呼。过去我们把来自西方的东西都称为“洋”：洋油、洋布、洋火、洋袜子、洋钉等。可见“洋”是一种硕大的“他者”，“笨”

则是本土的意思。“洋”作为一种来自于西方的“他者”,还有一种“先进”“优越”的意思,而“笨”则还有一种“落后”的因素在。我觉得,铁凝的《笨花》已经涉及到“全球化”与“现代性”问题。当“洋花”在咸丰十年（1860）从美国传到中国来的时候，正值鸦片战争时期，西方列强对古老的中国的入侵与掠夺开始了，中国面临着一种全新的与西方“他者”相伴而生、与狼共舞的存在境况,于是笨花人种“洋花”,但不忘种“笨花”,“放弃笨花，就像忘了祖宗”。可见,“笨”字还是一种坚守,这是在外忧内患的语境中,对民族精神的坚守。对民族精神、对民族文化的坚守，是《笨花》的基本主题之一。

“笨”显然还是铁凝的一种有意识的美学追求。真正优秀的艺术需要一种“笨”劲儿，这是一种“大老实”精神，这好像是铁凝自己说的。真正的艺术没有讨巧的地方，讨巧是一种小聪明，而“笨”则是一种大智慧、大聪明,大象无形、大音希声就是这个意思。当然,“笨”和“花”是珠联璧合的统一体,“笨”的沉实、浑厚与“花”的轻飏、洒漫之间的确有一种张力。从语言形式上看,《笨花》采用的是一种比较本色的语言。这种语言“结实、温润、简朴、准确”，既充满灵动的诗性又氤氲着泥土的气味和色晕。比如在《笨花》中，作者使用了许多冀中和冀南方言,像“递说”“节在”“各拧”“打锅话”“待布”“眼气”“使得慌”“效率（袖掠）”等。

**陈超**：方言是和使用它的人的精神和身体“长”在一块儿的。像叙述中的暗钮，不同的方言会打开不同地方的人的性情、地缘文化。还会给小说这所房子“灌砖缝儿”，让它准确、结实。

**郭宝亮**：而且，这种语言的使用，不仅增添了小说的地域色彩，更重要的是一种乱世中民间世俗情景的还原。这种还原避免了现代人用既定的观念来引导历史的做法，而是尽可能回到历史的原生态中，让历史中的世俗情怀、民间质朴的生活本身自动呈现出来，这里呈现的不是传奇，而是平凡的日常生活。平凡的日常生活本身在铁凝舒缓温润结实的叙述中散溢出诗性的芬芳，它不是以强烈的震撼打动我们，而是持续不断的温馨的润泽和抚慰，令我们感动，给我们以美的享受，这首先是语言形式本身的快感。

**陈超**：“快感”，是啊，阅读的喜悦，专注，对心智的激发，没审美快感我们干吗读小说？小说应提供只能经由小说所提供的劲道，即使谈到“深度”，那也是特殊意义的，它绝不是对哲学、历史的卑屈图解。就我所知，在铁凝已经完成的几部长篇小说里，《笨花》所描述的历史时段是最长的，从二十世纪民国初年写起，直到四十年代中期抗日战争的胜利。在这段将近半个世纪的历史流程中，既有军阀混战、阶级矛盾，又有民族危机和文化挑战，可以说是风潮激荡、云诡波谲的。当时我先从报纸上了解到《笨花》的故事梗概，还心存疑惑，担心如此巨大的题材，会“强迫”作者写成那种笼统的“风云史”。而且主要靠“史观正确”制导下的庞大的“情节”推进去写作。

**郭宝亮**：实在说一开始我也有这种担心，何止是担心，简直是揪心。作为一个关注并喜欢着铁凝的读者，我实在怕铁凝也陷入一种既定的写作套路中去。当然，读完小说，才松了一口气。

**陈超**：看来我们的感觉是一样的，读完作品知道了这种担心是多余的。实际上，《笨花》极其细密和踏实，从始至终，铁凝都不是采取“风云史”式的概括性的粗线条叙述，使人物成为历史风云的简单符码。她的目的似乎并不是在写历史本身，历史只是她展开整体叙述和塑造人物的一个背景，在对历史大事件的处理上，她极为简练，有时甚至是采取“嵌入”公文的方式。她真正的着力点和作品吸引我们之处，主要在于展示出在这段特定历史背景下，一群普通的中国人的日常生活方式，为人处世风格，四季农事，不同的心境，命运的颠踬，饶有兴味的中国北方冀中乡村的民风、民俗的“博物志”般的画卷。后来，历史风云强行闯入毁坏了他们的日常生活，这些普通的农民、乡村知识分子在质朴的民族尊严、道义秉承中，自然而然起来抗击，他们的生命发出了更强烈的光芒。

读过《笨花》，我最深的印象不是历史呼啸着的飓风，而是在飓风的冲击下，那些沟沟壑壑里顽韧生长着的野花小草般的人们，他们的细屑的“日子”，他们稳定的持久的古老道德承继，他们的生活智慧和内在的恒久的做人的尊严感。与此相应，它的文体和语型也是本土化、日常化的，既没有依赖主流意识形态话语，也没有依赖“翻译语体”，后者是另一种“主流话语”。

**郭宝亮**：《笨花》的确没有采用“风云史”的写法，这是铁凝在叙述上对既定叙事模式的超越。二十世纪八十年代以来，我们的文学取得了很大的成绩，但毋庸讳言的是，我们的许多作品都是以西方文学为标杆的。一时间马尔克斯、博尔赫斯、罗伯－格里耶、卡夫卡，乃至纳博可夫、卡尔维诺等都成为我们的作家争相效仿和借鉴的对象。在这种效仿与借鉴过程中，也形成了几种主要的叙事模式：魔幻模式、寓言模式、传奇模式以及它们的亚种等。前者比如寻根小说的大部分作品，后者则体现为先锋小说的大部分作品。魔幻模式往往具有很强的“志异”色彩，寓言模式又带有过多的形上意味。它们的亚种是指这几种模式的交叉，比如，莫言的《红高粱家族》《檀香刑》等小说即是魔幻加传奇模式，韩少功的《爸爸爸》是魔幻加寓言模式等。实际上如果把“十七年”的小说也算在一起，也应该有两种叙事模式，即风云模式和传奇模式。风云模式主要以重大历史事件为描写对象，传奇模式主要以英雄人物的成长为线索表现其传奇经历。这些叙事模式也有它们的亚种，比如《林海雪原》《铁道游击队》《野火春风斗古城》《红旗谱》等就是风云加传奇模式。二十世纪九十年代比较有影响的小说像陈忠实的《白鹿原》实际上是传奇模式加魔幻模式加风云模式。“白嘉轩后来引以为豪壮的是一生里娶过七房女人。”接下来的叙述就是七房女人的来龙去脉，其间杂于巫灵鬼魅之事，把传奇与魔幻结合起来，同时又写了时代风云。

铁凝的《笨花》不是这样，题记里“有一个村子叫笨花”，就使叙事回到原初，绽露本色。这是一种日常叙事模式，日常叙事从笨花的黄昏开始，从驴打滚儿，从小贩的叫卖声，从小治媳妇的叫骂开始，一下子就打通了我们的日常记忆，无中介地连通了世俗生存的永恒状态。铁凝的这种叙事，在叙述视角上，基本为第三人称全知视角，但不是全能视角。全能视角除了叙述者什么都知道外，作者还控制着人物的行为和思想；而全知视角是说叙述人是站在一定的高度来展示人物的行动的，作者的价值评判不在作品中直接显现，因而，对每一个人物及其事件的叙述就显得比较客观。向喜有向喜存在的理由，向桂有向桂的理由。大花瓣、小袄子也有她们的生活轨迹。作家没有按照自己的意愿强行规定人物的行为。从叙述节奏看，《笨花》没有大开大阖、跌宕浮沉的曲折的情节，而主要以日常生活细节和风俗文化的细摹取胜。因此，笨花的黄昏、花地窝棚里的故事、西贝梅阁的受洗仪式、兆州县城阴历四月二十八的大庙会以及笨花村老人的喝号仪式都成为小说的中心情节。

**陈超**：当然，这种“日常生活模式”也并不是完全回避历史风云，我们也可以这样说，铁凝同样成功地写出了历史的真实，但她是通过民间视野去描述在“历史褶皱”中，那些为人们所忽视的细密的琐事逸趣来实现的。因此，我喜欢这部小说，绝不只是认同它的文化精神构架，而更是因为喜欢它成色十足的“肌质”。时常，一个“风云史”场面的完成，意味着其“权力叙述”的建立，会使那些本真的人与事遭到遮蔽。我历来认为,虽然小说的构架可以决定一部作品的“意义”，但只有“肌质”才能决定它是不是好小说，进一步说是不是真正的艺术品。直接表现历史风云，并不是小说的“擅场”，优秀的文学作品之所以能使我们手不释卷、激动人心，就在于它叙述着不能为历史话语所转述、所消解的，细腻的生活、生存和生命的纹理，人物心灵的迂回升沉的奥秘，这才是更富于魔力的东西。

**郭宝亮**："历史褶皱"这个词很好。这也正是我说的铁凝日常叙事模式与其他模式的区别所在。"历史褶皱"里的生活，实际上是我们的历史中常常被遮蔽的生活。而恰恰这些被遮蔽的生活才是历史中人的日常生活。我们可以这样说，铁凝《笨花》的着力点不是写人的斗争生活，而是写斗争中的人的生活，这一区别是重要的，写人的斗争生活，主要是把人纳入既定的意识形态模式中，写阶级的斗争，写时代的风云，像《红旗谱》《艳阳天》等作品那样；写斗争中的人的生活，它的侧重点则是人，人的生存，乃至人的存在状态。这种状态是日常的、民间的。的确，《笨花》的时间维度和空间跨度都很悠长和阔大，但铁凝始终以笨花村作为一个固定的、静态的时空源，而以向喜及其儿子文麒、文麟、孙子武备的活动作为动的开放的时空辐射线，动静时空的交叉，就使封闭的笨花村与外界历史风云有了联系。不过在我看来，铁凝重点叙写的不是半个世纪的历史变迁，而是历史变迁中的不变的东西，某种永恒的东西。这种不变的东西，永恒的东西就是人情美、民俗美，以及向善的心性及民族精神。这种精神沉淀在民间日常生活中，沉淀在历史的褶皱里。

**陈超**：是的，铁凝表现的就是这种永恒的东西。而这种永恒的东西又是通过鲜活的人物形象和细节来实现的。读过这部小说，我清晰地记住了许多生动鲜活的人物形象，如向喜、向文成、同艾、有备、瞎话、小袄子、西贝时令、取灯、向桂、西贝梅阁、尹率真等，都带着自己独特的心理背景、灵魂和身体、呼吸、心音站在我眼前。他们是铁凝创造的一个真实的"文本世界"，但又奇妙地具有直击的"本事感"。同样，《笨花》中的许多情景、细节，也深深地扎进了我的心。诸如这些情景的描写：牲口打滚儿，看花人的窝棚，小村的黄昏，小妮的小棉裤，两台小戏的演出，向喜一直携带着的包袱皮儿，走动儿的"秘密"，文成夫妇"读报"，老保定、武汉的特殊景致甚至杂七麻八的什物、风物及小吃食儿等等，使人过目不忘，铁凝写得如此真切而传神，她带我们仿佛在彼时又“活了一次”，它强烈的日常生活质感和特殊地氤氲着的艺术韵味，将我们“浸渍”其中。而把这一切总和起来，铁凝就写出了一个大生命、大灵魂——民族气韵，本土文化精神。

**郭宝亮**：你刚才说到文学引人入胜的不是文化精神架构，而是成色十足的“肌质”，在我看来，“肌质”应该是一种整体性的具有生命质感的“活物”，它应该包容着文化精神架构，它有呼吸、搏动、浑茫、天成，它不承载任何观念，反倒是观念依附于它；它不可拆分，甚至不可言说，我们只有静默，在静默中去“思”，好的艺术品从来都拒绝鲜明、突出、明晰，它有的只是说不尽的喟叹。这是不是就是你在前面说的“弥漫感”？

**陈超**：是的，这基本上就是我刚才所说的那种“弥漫感”。它不是个规范的理论批评术语，但很可能比既有的术语更有效。长期以来，对长篇小说的质地，我有自己一个非常感觉化的衡量尺度，即看它是否有一种整体性的拂之不去的浓烈的“弥漫感”。作家不是跟随“理念”架构，而是跟随生命经验想象力和存在本身展开书写。弥漫么，它笼罩着每个人物、情境乃至每个细节，它是一个生存和生命叙述的“磁场”，至少是一个“矩阵”，而不是一根“线条”和一些“色块”。我阅读短篇小说、中篇小说时的心态，是要看一个故事，或一种情境，或某个人物。但对于长篇，我的期待视野就会变得极为苛刻——没有弥漫感的东西，对长篇小说肯定有问题。在这种苛刻的阅读期待下，现在就很少能遇到令我满意的长篇小说了。我看到的更多是中篇小说的材料、结构和承载力，经过大量“兑水”，硬达到了长篇小说的篇幅。

**郭宝亮**：你说的这个“弥漫感”很有意思，很形象。它显然不是一个来源于西方的概念名词，但它“够我用”。“弥漫感”应该是一种美感的整体性、有机性、均衡性、直觉性。这是一种很高的美学境界，一般人是不容易达到的。从文体的角度看，长篇小说与中、短篇小说肯定不一样。中、短篇小说是“写”出来的，而长篇小说则是“遭遇”

来的。“写”是作家“选择”“挑拣”生活，而“遭遇”则是生活“选择”“挑拣”作家，所以不是谁都可以写长篇。曹雪芹的《红楼梦》就是生活“挑拣”“选择”了曹雪芹，因此《红楼梦》和曹雪芹都是独一无二的。而那些“兑水”的长篇，是“写”出来、“做”出来的，他们有自己的“配方”，他们按照配方“勾兑”，你说怎么能有“弥漫感”？

**陈超**：还有更不堪的，就是仿照电视剧本的结构和节奏，给文学丢脸。不知你怎么看，现在不少长篇作家遵照的是影视规定的“棋谱”，按照导演定的棋谱走，只有叙述没有描写，语言也像是分镜头工作脚本儿……

**郭宝亮**：这是目前“读图消费时代”的一种普遍现象。许多作家都想去“触电”，也许是商业利益的驱动，在利益的驱动下，现在给文学丢脸的人是越来越多了，而且不以为耻反以为荣。有些作家在写小说之前，就是为了改编影视剧。实际真正意义上的好小说是很难改编的，改编出来一定是另一种文本。我们不是说小说家不可以写影视剧本，而是不要把小说当剧本写。我觉得，这些年池莉的小说就写得很糟糕，还有那个海岩。他们的许多小说都是按照导演的“棋谱”走出来的，他们甚至也按照观众的喜好来“勾兑”，你看过海岩的《拿什么拯救你我的爱人》吧，就是这样“勾兑”出来的一个大杂烩。其中有纯洁的爱情线索，女主人公既传统又现代；还有凶杀线索，这一线索往往是情杀；还有侦破故事，这些都是迎合观众的东西。

这是什么原因？商业时代下的普遍浮躁肯定是一个，而深层次的是否还有一种猎奇？我觉得“猎奇”已经成为我们社会的一种普遍的精神症候。大家都在“猎奇”，新闻在“猎奇”，影视剧在“猎奇”，文学也在“猎奇”，有一些“身体写作”或“下半身”写作，甚至在作秀的“酷评”中也到处存在。且不说“美女作家”笔下的“身体”的“狂欢”，单就余华在2005年出版的《兄弟》中，一开头就用了三十多页的篇幅大谈特谈女人的屁股，我实在看不出这其中的美感。我觉得，余华也是在猎奇……猎奇不会收获真理，只会收获刺激。浮躁、猎奇的文学绝对不会有这种“弥漫感”。还有一种情况，虽然这些作品也写得比较好，但在“弥漫感”上却有一些欠缺。比如贾平凹的《秦腔》，从中我们感受到了老贾对生活的高度敏感和感悟力，但由于他的艺术观，由于他艺术处理上的偏差，作品出现了大面积的“淤瘢”和“梗阻”，阅读中就比较沉闷和迟滞。

**陈超**：你说的这两种现象有些意思。“弥漫感”的确有个“度”。如果要把“弥漫感”或“磁场”效应加以理性表述，其中可能就涉及到了对长篇小说内涵和叙述形式的高标准要求。你想，小说的人物、情节、情境、细节，如果是不真切不鲜活，整个文本就不可能有“弥漫感”；如果作品中人物与人物之间的关系是硬性拼合，而没有可信的互动性，整个文本也不可能有“弥漫感”；整体叙述语境与具体历史语境不真实、不吻合，不可能有“弥漫感”；文气不足或不畅，或文本质地时糙时细、时好时差，也不可能有“弥漫感”……最后，往大里说，一部表现本土生活、特别是乡土生活的作品，没有过硬的或言说有据的本土经验、母语内在的劲道，过硬的历史意识、文化关怀，更不可能有“弥漫感”……而要做到这一切，一部成功的长篇小说，就必然是一个共振的“磁场”的结构，宏细各部分以其空间感的均衡和真切，而实现相互的关联、呼应和熏染。这是一个正在并不断地“弥漫的场”，有自己完整的气氛、气候、境界。在这里作家会发掘出更充分的意味。而我认为，《笨花》就具备了这种难能可贵的品质，货真价实地弥漫了个“一塌糊涂”！味儿醇、味儿足、味儿厚啊。读后我感到铁凝六年的劳动终得报偿，她找到了新的精神和写作资源，并写出了既令人耳目一新，又深具可信感的“中国形象”，并写出了汉语的诚朴、神奇和欢乐。

## 二 “中国形象”

**陈超**：咱们不妨扯得略远一点，但对文化批评来说，有时很可能“远就是近”。因为考察一部优秀的作品，不但要看它本身所表现的具体历史内容，还要注意这个文本是被作家在何种社会文化写作语境下生产出来的。正是基于此，“笨花”这个书名的确会引起我们更开阔的联想。它关系到在近年来所谓“全球化”的表述中，中国许多人文知识分子的一些思虑，以及由这种思虑决定的对文学的期待视野。正如你前面所说的，“笨花”，是一个后设的对举名词，它相对于“洋花”而出现。正是由于有着后者的对照或“催生”，我们的注意力才对这个文本持“出而不离”的解读方式。在这部小说中，我特别明显地感到了铁凝在中外文化碰撞和对话的写作语境中，完成的对自己所属的“中国经验”、中国话语场阈的深入辨认和挖掘，和对扎根于本土的人民、历史、文化和文学系谱的自觉承继和创造性的“变构”。它是“变构”，不是什么“解构”，是楔入新的元素，扩大既有的叙述格局，激发新的可能性。读过这部小说，我在感到它本真的中国韵味的同时，也感到了它对既成的叙事模式的超越。

**郭宝亮**：“变构”说得好。“变构”不是解构而应该是一种“建构”。它不像“新历史主义”小说那样，时时处处在“拆解”；而铁凝的《笨花》仍然属于宏大叙事范畴，是宏大叙事的一种“补充”，通过这种“补充”，宏大的历史更真实、更丰满了。

**陈超**：它是宏大叙事和个人心灵叙事的很好融会。《笨花》可能会使得那些企图决然偏执于一端，要么社会历史，要么个人心灵的二元对立的观点，变得不再振振有词。《笨花》是一部内涵丰富的作品，无论是人物还是主题都很难从一个角度说清楚。它不是简单的“观念小说”。但是，就作者着重描写的是从二十世纪民国初年到四十年代中期，“笨花村”向家三代人的生活和命运来看，我姑且将其归入“家族小说”。家族小说又叫“世系小说”，是指以一个家庭数代人的生活变迁与情感纠葛为表现对象的长篇作品，《笨花》符合这个特性。但是，也只是表面上笼统的“符合”而已。我关注的是铁凝个人化的思考和叙述方式。

在中国现当代文学史上，有许多为我们熟知的重要作品就是“家族小说”。这种小说，正如同行们看到的，约略地说主要有两种模式——大家族的衰败模式和阶级斗争模式。前者倾注着作家的文化批判，后者则贯注着作家的阶级批判。与这两种批判相应的是，作为作品明确主题的“审父意识”乃至“弑父情结”。我想，这种模式的形成有许多原因，但其主要原因，与“五四”以来现代性的介入造成的文化震荡乃至“断裂”有关，也与后来的主流意识形态所标举的“历史决定论”有关。

在这种模式制导下的文学作品，当然有自己的合理性，确实也提供了某些佳作。但是，它的流弊也是显而易见的。我且先不谈在今天这两种模式的可信感和想象力能量已经被耗尽，需要重新寻找有效资源，只谈另一个更致命的问题，即它将全部传统文化，仅仅当成了一个容纳“罪孽”“伪善”的烂泥坑，似乎与它“断裂”得越彻底，就越有光明的未来；与它有关“人”的意识越远，人就越体面越像人。而且，这种“光明”和“体面”的标准，都是由不同意义不同层面上的“西方”给出的，或是黑色的 × × 及 × × 主义，或是红色的 × × 主义。

而对这种“标准”的急切趋奉，更内化到了对当下文学作品具体的评价，似乎一部作品所以写得好，就是它像西方现代小说的“东方亚种”；某些人物有“深度”，就是他在精神上更接近一个外国人。正如你刚才提到的过度的“争相借鉴”浪潮。是否西方的理论原封拿来就正好说中国的事儿？其实中国人一个多世纪的甘苦西方人很难真正理解。他们的药方不一定适用。我反对粗陋的排外主义，但今天似乎更要警惕微笑的“西方中心”“白人中心”。至少那种完全西方化的标准，不应掌控中国当代小说的解释权。特别是在当下，在“全球化”成为新的关键词的历史语境中，以上流弊颇有进一步恶化的趋势。当然，铁凝写作《笨花》的用意并不在于抵制以上所言的流弊，她关注的主要是艺术本身的质地，生活的趣味，人性的光辉和幽暗，民间烟火中的精神空间，乡村的智慧，如此等等。但我想，置身于当下具体历史语境中的敏感的文学读者，却一定会从铁凝这部作品中强烈地感到她对本真的中国形象，对民族文化价值观、民族道德谱系、民间日常生活的深刻理解和“疼爱”般的深情。

**郭宝亮**：要谈“中国形象”，这本来应该是一个不成问题的问题，但现在的确成了问题。当“全球化”“现代性”成为热门话题的时候，有关“东方”的言说实际上都是西方设置的镜像。无论是强大的启蒙话语，还是有关历史进步的“时间神话”，都无一例外地属于西方话语。这是一种宿命，我们似乎是抗拒不了这个宿命。在这样的宿命面前，我们的文学评价系统自然也是一种向西方吁求合法性的过程。从“文革”后的人的文学，到二十世纪八十年代中期的现代派文学，以及随后的后现代派文学，还有九十年代的个人化写作，都在西方话语的有效范围内展开。什么是真正的中国形象？我们也许从来都没有认真地思考过。所以，我们今天到了应该深入思考的时候了。

**陈超**：这里的“宿命”的确是很难彻底抗拒，你瞧，咱们用的理论语汇大部分还是西方的。可我想呀，有没有这个“抗拒”意识，还是不一样的。你可以将它改写、涂擦或“偏移”嘛，让它为我所用，而不是它来用我，以求建立当下更有效的本土叙述策略。在《笨花》中，我既很少能够重温前述“家族小说”所依赖的主题类型和叙事模式，同时呢，它也摆脱了西方对于中国文化的“压抑、扭曲、怪诞”的想象模式。而且，它也不同于当下乡土家族小说所频频撞车的“欲望叙事”“苦难叙事”。我们面对的是一部以新的叙述姿态、新的情感出现的重要作品。比如，这部小说的主角之一、家族的代表人物向喜，在铁凝的笔下就不是简单化地被“审”，更不是被“弑”，而是被真实地还原描述，被理解体谅，被低回吟述着。像斯宾诺沙所说的，“不哭，不笑，但求理解”。我认为，这个形象的塑造，是铁凝对文学人物画廊的独特的贡献，打开了新的解读空间。

**郭宝亮**：向喜是铁凝《笨花》中的第一形象。这一形象的确是独特的不多见的。把一位旧军队的将军作为正面形象来塑造，在我们的文学系列中是前所未有的。我觉得评价一部作品，重要的还是要把它放置在文学史的长廊里来比较一下，看它究竟给我们提供了什么新质，向喜这一形象就是铁凝提供给文学史的新质。你怎么看向喜呢？

**陈超**：说起来与书中其他主要人物相比，向喜还算是个“大人物”，在旧军队里官至中将。但她对向喜的处理方式，不是“施魅”的，而是“祛魅”的。铁凝既有分寸地写出了这个“大人物”的精气神儿，同时又写出了他起源和归宿的民间性和卑微性，以及他身上朴素而一以贯之地浸渍着的传统文化、道德意识，对他一生的作为的影响。

向喜是个接受过传统文化教育，以卖豆腐脑来维持生计的农民，“耕读传家”“恭谨仁和”“正心做人”是他的理想。由于他生于乱世，在一个偶然的机缘考入“新军”，凭着自己的智勇善战和淳朴义气，在一系列偶然和必然的机遇交错作用下，于军事等级制度中一步步高升。但是，官场的黑暗，军阀之间彼此的阴谋倾轧，背信弃义，撒谎欺骗，乃至疯狂的暗杀和大规模的屠戮，这些与他精神底座中的儒家文化的“兼济天下”“忠恕之道”“民本思想”“己所不欲勿施于人”“修齐治平”……这些扎了根的做人理念，是格格不入的。

以他的眼光，当然还看不出军阀在政治和历史中的反动、落后，但最后却完全明白了他们在道德上的彻底卑鄙。当初他走出家乡时，为自己取名为“向中和”，后来的遭际却更像是对他初衷的一次次毁击。对于一个服膺于“居处恭，执事敬，与人忠”的中国人来说，这是极为痛苦的遭际。

我注意到，铁凝着意地不断写到向喜内心的困惑和痛苦纠葛。这条线索刻画的十分有力，每件事增加一点，渐渐地困惑、纠葛累积到极限，他就在本可以高升时，毅然地选择退守到良知本能的道德秩序，甚至溯回到自己卑微的“起源”，在与大粪打交道中独善其身。他最后在战祸外辱中为着民族和做人的尊严而完成的壮烈一举，是意味深长而又真实可信的。这个形象不是对以往小说那种“出走——返乡”情节模式的重温，而是返回到真正的“人”的善根，其心理动机也完全入情入理……其实，《笨花》的许多人物都很鲜活生动，你对向文成等等人物形象有什么感受?

**郭宝亮**：向喜写得精彩而真实，在塑造向喜这一形象时，铁凝写出了向喜的被动，他是被时代大潮裹挟而去的，在军阀的部队里，向喜也不过是一枚棋子。在政治上，向喜没有政治家的敏感，他骨子里仍然是一个农民。

与向喜相比，向文成是铁凝着力塑造的向家第二代的核心人物。我认为，这同样是铁凝贡献给中国新文学史的一个独特的新质。作为一个中国乡村知识分子，向文成天资聪慧，本性良善，他双目有疾，却一生向往光明。作为一方名医，治病救人，德行四乡，又有文化，又有见识，能掐会算，聪颖过人。对于这样一个形象，是很容易神异化，乃至妖魔化的。在中国文学史上，这样的形象的原型就是诸葛亮、刘伯温、吴用等智者形象。在现当代文学史上这样的形象还不多见。陈忠实的《白鹿原》中的朱先生似更接近，但朱先生却是个传奇人物，他举人出身，属关内大儒。上知天文，下知地理，能掐会算，兼治阴阳，行为诡秘，几近神仙。作品中说朱先生在骄阳似火的大晴天脚穿泥屐，为人诟笑，不想须臾大雨如注，朱先生叫青年“追牛”等情节描写，都是沿用古代小说对此类人物形象的塑造方法。这是一种传奇加魔幻的叙事模式。铁凝由于执着于对日常叙事模式的美学追求，使她在塑造向文成这一形象时没有采用这种方式，而是运用一种非常正常的方式，把向文成塑造成一位平而不凡的乡村医生和乡土知识分子形象。他身有残疾，其貌不扬，且心生自卑，怯父惧场，是一个和我们差不多的人。他的聪慧开明，除了天资禀赋，主要还是他早年随父母南北移营转战，见多识广的缘故。瞎话不敢与向文成说瞎话，是在智力上逊着一筹；向喜要在笨花盖房，画图造册捎回家，向文成不看图，已准确说出图册的内容，这不是向文成有神仙一般的本事，而是凭着他对父亲的理解和丰富的生活经验；向文成算地又快又准，也是因为有科学根据的。就是这个向文成，他想望和赞成"五四"新文化，与他精神根柢中"经世致用"的儒家传统文化的影响有关；他支持山牧仁传教，赞同梅阁受洗，主要是因基督教讲文明、施爱心的悲悯情怀与儒家传统中的"仁者爱人"有相通之处而言的。向文成参加抗日革命工作的描写，铁凝也没有拔高，写得也很谨慎。向文成之所以同情革命，却不愿意在组织，说明他不是革命觉悟有多高，主要还是出于朴素的民族尊严与做人的基本操守以及儒家文化的潜移默化有关。

《笨花》总共写了九十多个人物形象，其中许多人物均塑造得丰满圆润、栩栩如生，且独特、实在、真实自然。比如西贝梅阁、山牧仁夫妇这类宗教人物，在过去的革命文学中一定是以被批判的对象展现，而在《笨花》中却客观平和，润泽着作家深深的理解。病弱的西贝梅阁对主的虔诚，那"耶稣基督我救主……够我用，够我用……"的歌声凄楚而勇敢，空灵而坚定。另外我觉得作品中小袄子这个人物也写得很有特点。小袄子爱虚荣，贪图享受，但并不是一个绝对的坏人。她也有基本的善恶之心。她时而帮助八路军，时而又帮助金贵（日本人），她的摇摆不定，都符合这个人物的性格教养逻辑。西贝时令对她的处决，显得很草率。小袄子实际上是个悲剧人物，战争的惨烈给她的压力太大了，让一个姑娘去承担这么大的压力，实在太难了。这是一个令人既同情又可恨的复杂形象。还有瞎话，也是铁凝提供给文学史的一个独特形象，瞎话的瞎话是一种乡村的幽默，他做对付日本人的支应局长，是再合适不过，他最终对侵略者的瞎话和“好快刀”，圆满了他的一生，他的民族自尊与中国人的英雄气概乃至燕赵人慷慨赴死的文化精神都使我们震撼不已。西贝二片，着墨不多，但他壮烈的行为足以慰藉这片广袤的土地。

“取灯”在我们家乡话中就是火柴的意思。也是笨花人对火柴的叫法。取灯作为一个接受西式教育的洋学生，她由于战争而来到老家笨花，她实际上就是文明的火种，但最终她还是被日本鬼子残忍地杀害了。取灯的死，还有西贝梅阁的死，甚至小袄子的死，都昭示出日本侵略者的反文明、反人类的实质。战争毁灭了美，这也是主题之一。

**陈超**：你谈得很好。向文成从精神气脉上与我更能沟通，几乎完全是对我“敞开的”。他的时代，是“西学东渐”的年代，但他坚持“学贵有用”，努力了解世界文明，但不是高喊什么“打倒孔家店”之类，因为这与他基本的善恶观不符嘛。他与那些生硬的“组织人”也搞不来，受伤害，也基于他守着正常的人的尺度……从人物性格发展的动力上看，说起来也简单，“无恻隐之心，非人也。无羞恶之心，非人也。仁义，非由外铄我也，我固有之”（孟子语），这本是中国传统文化所吁求的内心道德律和心理行为模式。这既是人物的、也是这部小说的“精神底座”之一。这基本的善恶观也“够我用”，至少不能丧失。从精神层面对这部小说而言，它还至关重要，作为一个民族、一个家族、一个人的内在良知的驱策之声，它可能是朴素的，但正是这种朴素的“践人（仁）、践义”精神，才直抵并贯穿了向氏家族三代人的根脉，像看不见的地下水，极为有力地保证了它的持存生长和勇猛精进。

《笨花》中的主要人物都是“正常”的中国人，不但有正常的民族文化心理，也有朴实的“过日子”观念。是历史生存、种族命运的巨大灾变强行闯入了他们的日常生活，所以他们要奋起捍卫它。我想，如果说，向文成、向有备等等，这几代人最后奋勇参加了抗日救亡，那也不是简单地用加入“红色阵营”所能涵盖的，而是与传统文化中的民族抗敌意识、忧患意识、浩然正气、英雄观念、群体观念、厚德载物等等极为沉潜绵长的精神基因，在气脉上是相通的。他们不是革命经典现实主义小说中描写的精神“升华”的农民，他们选择的是最符合普通人性的行为，这里没有主流意识形态要求表现的“巨大精神跨越”，不是人为的“政治正确”的观念设置使然，而是顺理成章的，真实可信的。他们不是“夸大的人”，也不是“缩小的人”，他们是正常的人。其实，摆脱“志异”的讨巧方式，用“正常”的方式写出“正常”的人的魅力，其难度和艺术价值更大。

**郭宝亮**：这就是“中国形象”。这就是“去蔽”和“脱魅”以后的“中国人”。他们贯通着古老的中华文化的地气，守候着朴素的永恒的“日子”，年复一年，日复一日地艰难而乐观地生存着。铁凝写出了这样一批“中国人”的形象，也写出了他们的生存状态。另外，从《笨花》的成功也给我们以启示，就是好的长篇小说还是应该好好地塑造形象的。没有立得住的人物形象，这个长篇是有问题的。同时，这些形象还应该是真正的“中国形象”，我们不排斥“洋花”，但更喜欢“笨花”。

**陈超**：总之，我认为，这是目下文坛为数不多的从内涵到技艺都令人满意的大作品，它写出了生动、真实而又厚重的“中国形象”，体现了汉语叙事的魅力和欢乐。我从内心认同铁凝笔下这些“中国形象”“中国故事”。在此，我们得以和作家一道去借助历史来理解现在，借助现在去理解历史。

而咱们今天的对话，就考虑到了这个文本是在什么方向、什么时间上与读者交流的。作为有文化和历史关怀的现代知识分子，今天，我们自然会从更高的视点来重新打量我们民族的精神历史，探询一下在那些被绝对化和独断论的认识方式所遮蔽，并被无限贬低为罪恶“渊薮”的东西中，是否还有合理的内核？过去，我们总是过度美化西方的一切，至少对它的普适性想得过高、过好；而对我们自身的传统又过度自贬。我们和我们的父辈，几乎成为只有文化“原过”，没有传统的一代人。其实，我们一向痛恨的东西，并不一定只属于中国传统文化。

刚才说过，在文化上，我们不是盲目鼓吹民族主义，学习外国文化肯定是必要和必需的。这是前提。只不过在今天，我们面对这个问题时，还应该加入更新更复杂的视野，脑子要再多转一个圈儿嘛，这会使我们已有的精神结构变得更丰富、开阔和自由。在此我们不屑于玩儿“客观”和“辩证”，只想强调一点，如果全球化一定要催促或教导作家一些什么，那也应该是更深入地追寻民族文化及审美精神之根，实现不同文化间的“差异性对话”，以汉语特殊的劲道，塑造出真正有魅力的“中国形象”。执着于此，并不是要缩小我们的精神视域，相反，正是现代意义上的鲜明的文化归属感或本土的审美气质，才使我们的文学兼备了“世界性”的眼光和价值。

《当代作家评论》2006年第5期

《笨花》，铁凝著，人民文学出版社 2006 年 1 月出版，责任编辑：包兰英

# 邱华栋的贾奈达

徐　坤

人民文学出版社一次推出一个作家的三部长篇小说，并不多见，看到了他的《贾奈达之城》《单筒望远镜》《骑飞鱼的人》，我很难想象邱华栋会有这么细致悠久的耐心，给我们展现出几部如此灿烂的、表现历史与异质文化的小说。

在完成了一系列的城市欲望化生活的书写之后，邱华栋给自己设计了一个“中国屏风系列”，试图找到更高的坐标系，在全球化语境中，展示文明和文化间的冲突。这是极其旷远和廓大的文学策略和目标，在旁观者看来，几乎是这个物欲时代人力所不能及的。而华栋却已然悄悄开始上路了。他的这种长途跋涉的起点，就是这部《贾奈达之城》，十分平静地将目光从当下热气腾腾的现实生活，转向了清寂的历史，转向了异质文化，从二十世纪中叶出版的、一个英国外交官夫人在中国新疆生活的传记出发，以历史上存在的真实人物和事件为原型，展开了他多方位的关于历史和文化差别的想象。整个写作的缘起，用他自己的话说，是因为戴安娜的传记中有关新疆的那部分描写，激起了他对自己幼年和少年时代在新疆生活的回忆。“新疆阳光的气味、空气的感觉、大地的风貌都重新涌现”，他说，“对于我的出生地的回忆和探询，这促使我开始寻找这本回忆录文字背后的东西，最终，我写出了这本小说。”

他的新长篇《贾奈达之城》，文中呈现的绵密细致的肌理，优雅超然的风度，读后都不禁令人生疑：这个邱华栋，还是不是我们所熟悉的那个邱华栋？！的确，这是别有用心的取材，也是对自己既定成果的挑战。在写作里，他又一次回到了新疆中亚腹地，回到了他的出生地。以前我们只知道他擅长于城市的书写，塑造名利场上光怪陆离的景致和那些被欲望纠缠的各色人等。而新疆——这块他一直深埋心底的宝藏，从来秘不宣人，不肯轻易抛洒出来。如今，却借由一部他者的回忆，宏大地在我们面前展开，有着雪山起舞戈壁奔腾一般的既轰鸣又阒寞的交响效果。

从这部他精心打造制作的小说里，我们可以品味出，岁月的淘洗，已经凿平了华栋身上许多的锋芒和躁动，使得我们的朋友邱华栋，更加老道、随缘，线条圆润、流畅，也比以前更加温和了。这是多么的令人慨叹！时间倏忽而过，韶华将逝，华栋已然不是那个整日在酒吧里书写城市欲望的毛头小伙儿，而是成为有着深厚艺术功底和扎实文化素养的青年老作家。多数像他这样很小就开始写作成名的童星，大都走不出“十六岁的才子，二十岁的明星，三十岁的老不死”这一条古训，总是频频地一拨又一拨新秀涌起，而后又都是亮了一下相之后，写着写着人就没了。在一条道路上成名太早，厌倦也就来得快。在这一点上，少年才子邱华栋完全是个另类和异数。他已经将文学创作视作自己的不归路，先是做了刻苦的艺术训练和准备，然后带着宏大的理想和抱负，一头钻研进来，并孜孜以求，在成长过程中又在不断努力地学习，直至最后修成正果。在这部新长篇里，我们看到了华栋超越自己的努力，并跟他一起欣赏到了成功的风景。

在小说所构筑的两个世界：戴安娜的内心世界与外部世界里，相比起女性内心世界的微小细腻而言，外部世界的绚丽更能引人入胜、蔚为壮观。首先是他对于史料的搜集和运用，是十分严谨细致而有节制的，诸如二十世纪中叶西方与东方的关系的考证，包括印度从英国统治下的独立以及苏俄与中国新疆的关系；同时还有新疆与内陆的关系，包括国共两党对新疆的态度以及二者的对立；另外还有英国与苏俄的关系，印度与中国（新疆）的关系，等等，一系列的历史线索都被疏密有致地整理运用，有效地写进戴安娜的生活背景以及内心思考中。年轻一代作家中，很少有人有能力有兴趣站在这样一个历史与文化的高度来回溯和反思历史。

而对于外部世界自然景观的描述，则更是这部书中最出神入化的部分。对于新疆家乡出生地的回忆、眷顾、热爱、留恋，致使华栋对古老山川大地风貌反复咏沓、吟诵，读后令我眼前长时间是一片炫目的洁白，几近于雪盲的效果。那是由冰川、冰谷、雪山、冰岩构成的世界。还有新疆中亚地带独有的炽热的阳光、肥美的草甸、枯黄的戈壁、怡人的绿洲，大地上的气味、颜色和声音……他对景物如此迷恋，不放过任何一处可能的铺陈、渲染，不放过任何一处细小的描绘，而且，最重要的是，他的内心里带着对万物至高无上的顶礼膜拜！

在叙述一个外籍女人的心理活动时，写作者选取了独特的视点。因为出场人物少，人物关系相对简单，故事情节也相对单纯，无非是戴安娜跟其丈夫的登山活动以及领事馆里简单的日常生活，戴安娜跟年轻的柯尔克孜族向导赛麦台“发乎情，止乎礼义”的爱情关系等等，因此，作者采取了电影的写法，用景物的丰富来映照人物的内心活动。

在描写人物活动时，作家就像一个导演，又如同摄影师，不断调度着镜头，外景不断推移，场景从戴安娜儿时生活的印度（这里有毗湿奴教派的扎格纳特游车节，教徒恒河沐浴场面，丛林狩猎场景），延伸到她的家乡英国宁静的小镇，然后镜头推摇，依次摇过大阪，摇过南亚次大陆，摇过中亚腹地，来到喀什噶尔，来到新疆，来到作者最拿手描绘的地方，通过这些画面的视觉刺激，使得人物的内心世界变化，如同这里的景深一样显得富有层次、更加立体。同时，人物的往世前生的书写，给小说增加了神秘感和宗教氛围。作者让戴安娜的前生是一个新疆王朝的公主，而塞麦台的前生恰是公主的恋人，让现实人物的虚拟之爱在前生得到肉体上的欢娱和满足。最后赛麦台为救戴安娜，被雪崩埋在冰缝里而死的情节，更是书中最有华彩动人的篇章。

在出版这部长篇小说的同时，同期的《山花》杂志上，还看到邱华栋的两个短篇《收藏家》和《靠近你》，实在也是妙不可言，体现了一个真正成熟的小说家的写作。小说故事仍旧是写城市的，然而对人物内心心理抓得十分准确，故事跌宕，文笔摇曳。掩卷之后，感觉已经从中认不出从前那个握笔急驰的邱华栋了。这是一个沉静、内敛的另外的邱华栋，也许是由于他正在遥远的城外诗意地栖居，远离了城市中心地带那翻卷的巨大的欲望漩涡，因而才能真正看清了生活的本质。

从《贾奈达之城》开始，从前那个天才无畏的青年，结束了自己一段内心飘摇的历史，更加深沉、淡定，自然而又超然地走向了人生以及创作的新阶段。

《文艺报》2007年1月2日

《贾奈达之城》，邱华栋著，人民文学出版社2007年1月出版，责任编辑：包兰英

# 照花前后镜，花面交相映

## ——读邱华栋的“中国屏风系列”

肖破孩

在西方人眼中，中国曾经犹如一条五颜六色、难以捉摸的“变色龙”：或是有着雄伟宫殿、豪华庆典、奇异器物的黄金之国；或是有着悠久文明、灿烂文化、儒雅国民的礼仪之邦；或是荒谬无序、狂暴自闭、愚昧落后的劣等之族；或是长辫小脚、不懂礼貌、爱赌好嫖的丑恶之民……

为什么会这样呢？萨义德一声“东方主义”如醍醐灌顶，豁然而解。原来这条“变色龙”，不管是正面还是反面，鲜明还是黯淡，都是西方人出于自身的问题与需要而绘画了。

于是乎，一些遭受心灵创伤、感到屈辱悲愤的国人开始觉醒，要求“我的地盘我做主”，于是乎揽镜自照，给自己画像，很不幸的是，结果常常是画出另一条“变色龙”：要么用反面镜照着西方人的口味，画上一些灯笼二胡旗袍功夫唐诗之类的；要么用哈哈镜照着自己，画上几个古代版现代版的自我贬损、自我麻醉的阿 Q，最后却掉进更加糟糕的“自我东方主义”中去了。

不过，私下里还是常常感到惋惜遗憾，这些大师若是能检查下自己手中的镜子是否错拿成照妖镜就好了，这样，国人可能就不会奇怪他们画出的东西为何许物也。

除此之外，这些大师若是能再拿一面镜子，双镜同举那就更好了。所谓“照花前后镜，花面交相映”，前镜后镜，照来照去，镜花相映，不是看得更加清楚真切吗？想必这样画出来的就不会是变色龙，而是中国龙了。好在终于有个聪明人知道这样做了，同时举起了两面好镜子，认真地画了几扇中国屏风。

这个聪明人就是邱华栋，他一口气推出的“中国屏风系列”三部长篇，便弥补了镜子的遗憾。这三个故事，讲述的都是外国人在中国近代史上在中国发生的爱恨情仇的故事。《贾奈达之城》取材于真实历史人物，描写了二十世纪四十年代，一个英国外交官夫人戴安娜在印度和新疆的生活与感情。戴安娜出生在印度，1946 年 9 月，因丈夫艾瑞克成为英国驻印度政府向中国新疆的南部重镇喀什噶尔派出的新一任总领事而来到中国，热爱上了中国美丽的风光和善良的人民。由于此时印度甘地领导的独立自治运动已经取得成功，艾瑞克陷入了焦虑和困顿：他将会是最后一任总领事。为了帮助丈夫摆脱糟糕的情绪，戴安娜鼓动艾瑞克开始攀登喀什噶尔附近以及帕米尔高原上的雪峰，期望通过征服大自然来使内心平衡。在深入高山民族柯尔克孜族人的地区时，他们认识了向导——柯尔克孜族人赛麦台，并与之成为好朋友。而戴安娜在随后的一些交往中，对柯尔克孜族人产生了浓厚的感情，与赛麦台也萌生了情意，但是在道德和私欲之间，他们受着煎熬和困顿。最后，在一次雪崩中，赛麦台为了搭救他们夫妇而死去。

《单筒望远镜》讲述一个在中国出生的法国女孩，到山东寻找哥哥，经历义和团运动的全过程。

《骑飞鱼的人》的素材则来自一个英国人 A. F. LindLey（译为林德利）的传记《太平天国亲历记》，林德利曾经参加了英国海军，

1859 年来到香港，辞掉了海军的职务之后，来到了上海，后来又于 1860 年进入到太平天国控制区。他认识了当时太平军的重要军事领袖忠王李秀成，得到了忠王的委任，成为太平军的一个战友和志愿军成员，他和自己的未婚妻、几个朋友一起参加了忠王组织和领导的多次战斗，而且相继失去了他们。1864 年上半年，在太平天国运动即将覆灭的前夕，他离开了中国，回到了英国。

三部小说的聪明之处在于，我懒得再和你啰唆中国是什么样子，你们自己亲自来看看。于是,一个外交官夫人来了,一个法国女孩来了，一个英国人来了，他们不是浮光掠影地参观，而是和中国人一起生活在中国的土地上，东方西方两面镜子同时在小说里举起：作者不仅用冷静、清醒、真诚的态度叙述了中国近现代的三段历史，而且用更加客观、公正的态度讲述了几个外国人在中国的故事（这些故事多取材于真实历史人物的回忆录，让我们，特别是西方人，有理由相信这个中国更接近真实），两面镜子，一面东方一面西方，镜子之下，既有东方又有西方，前镜后镜，让东西方处于同一时空下，一个更加真实的中国形象出现了。

当然，镜子举好了只是前提，关键还在于如何把这个中国准确生动地描绘下来，展现给读者。在这方面，聪明的邱华栋没有让我们失望。真实的历史场景、独特的叙述角度、细腻的心理刻画、精彩的山川描写让我们似乎身临其境，一起与来自异域的主人公经历爱与恨、血与泪的故事。而最让人叹为观止的是《贾奈达之城》中，对新疆那片古老而神秘的土地的描写，横空出世的巍巍昆仑、群山聚首的帕米尔高原、雄奇的“冰川之父”幕士塔格峰、广袤富饶的草原、果冻似的高山冰河、活着的荷马《玛纳斯》以及绚丽多彩的柯尔克孜族和维吾尔族风情文化，让我们仿佛经历了一次神奇的新疆之旅。邱华栋说，“我出生在新疆，幼年和少年时代，随着父亲几乎走遍了新疆，所以，当我读到戴安娜关于新疆的回忆录的时候，很多我自己的记忆又复活了。新疆阳光的气味、空气的感觉、大地的风貌都重新涌现，而这些感觉，戴安娜——一个我陌生的英国女性笔下有不少感性的描绘。这促使我开始寻找她的回忆录文字背后的东西，最终，我写出了这本小说。”这个地盘，或许只有自小生活在那片土地上的邱华栋能做主。

最后，还要指出的是，小说不仅在空间上打破了中西方的对立，在时间上，也实现了古与今的交融。作者站在当代，将视线投向了一百多年前的历史，甚至更远。小说中，作者试图阐述一个甚至几个古老文明的历史与沧桑变化，在这个广阔背景下，我们看到了一个更加完整的中国形象。这，不仅对于作者是新鲜的，对于读者来说，更是新鲜的。

《北京日报》2007 年 1 月 15 日

“中国屏风”系列——

《贾奈达之城》，邱华栋著，人民文学出版社 2007 年 1 月出版，责任编辑：包兰英

《单筒望远镜》，邱华栋著，人民文学出版社 2007 年 1 月出版，责任编辑：包兰英

《骑飞鱼的人》，邱华栋著，人民文学出版社 2007 年 1 月出版，责任编辑：包兰英

# 《笨花》叙述的革命性意义

——重读《笨花》及其评论

贺绍俊

铁凝的长篇小说《笨花》出版两年了，曾经火热的评论和推荐也逐渐冷却下来，这也许有利于我们比较冷静客观地对它进行深入的剖析。

2005年底，人民文学出版社迫不及待地将这本2006年版的《笨花》推向了市场。小说四十多万字，大红底色的封面，非常大气。我想，凡是关注着铁凝创作的人见到这本新书，一定会掩饰不住内心的惊喜。喜的是，自《大浴女》之后，人们等待着铁凝的新书，已经等待了六年，终于看到了这本不一般的《笨花》；惊的是，人们在《笨花》中看到了一个与过去完全不同的铁凝。

铁凝自己也非常看重这次的创作，她不希望把这次创作当作一次重复性的劳动，所以无论是题材内容还是叙述方式，她都做了根本性的调整。小说以北方的一个乡村——笨花村为舞台，展现了二十世纪初到1945年近半个世纪的生活状况。以如此大的时间跨度书写历史，这对于铁凝来说完全是第一次。这也是一个写人物群像的小说，在小说中出现的人物有九十多个。历史和人物其实早就存活在铁凝的内心，随时都有可能蹦出来。铁凝在接受新浪网记者的访谈时就说过："《笨花》的人物系列在我心里储藏了很多年，培育了很多年，不仅仅是存放，因为我把它称之为培育，最开始可能是一个胚胎，有一个原型的小影子，但是不是静止的。一直到现在我觉得丰满了，有能力创作他们，才把他们端出来。"①所以这部小说应该说是铁凝长期思考和构思的结果。也许早在十多年前写《棉花垛》时，在1997年写《午后悬崖》时，她就有了写这个长篇的冲动。因为在《笨花》中，还留下不少与《棉花垛》和《午后悬崖》相似的情节和人物。但当铁凝决定写这部长篇小说时，她仍旧做了很扎实的准备工作。铁凝说她实际上从写完《汉城日记》之后，就打算写这部小说了。这时候，她开始找来有关的书籍阅读，包括各种版本的近代史和北洋军阀史。她还到档案馆查阅了有关的资料，也到一些地方去寻找历史的踪迹，如主人公曾做过上海吴淞口的司令，她就特意去过吴淞口。铁凝称自己这样做是用的"笨"功夫："(去档案馆）查阅一些年份，也许书里只能用到看的十分之一或二十分之一，但是一个作家应该用知道的十分表达一分，如果反过来就是不可靠的作品。我花了那么多时间去查阅资料，也许查完了没用，但心里有底气。有些东西也许查资料就可以了，但是我觉得不够，我必须去实地。乱世中这些人的生存和他们的选择、他们命运的偶然和必然都混杂其中，我有责任、有耐心来更具体地了解这段历史。"②

人民文学出版社不仅认可《笨花》的文学水平，而且也对《笨花》的市场充满信心，他们首印二十万，仿佛抱到了一个金娃娃，图书出来后也确实如他们所判断的一样，受到读者的欢迎。与此同时，媒体和文学评论界都做出了热烈的反应，在年底和年初一段时间内，铁凝和

---

①② 引自 http://www.sina.com.

《笨花》成为了许多报纸文化新闻版面的主题词。值得一提的是2006年上半年相继举行的两个研讨会。一个是3月11日由河北文学馆、河北省图书馆、河北省新华书店、石家庄市新华书店在石家庄市共同主办的“走进文学,亲近读者——铁凝长篇小说《笨花》专家评介会”。这次评介会特意邀请了一些喜爱铁凝作品的读者参加。会上也举行了铁凝向河北文学馆、河北省图书馆和河北经贸大学图书馆捐赠《笨花》的仪式。另一个是4月12日由中国作家协会、河北省作家协会和人民文学出版社联合在北京举行的《笨花》研讨会。在这一年内,一些重要的文学评论刊物也相继发表了关于《笨花》的评论文章。像《当代作家评论》和《当代文坛》都组织了“《笨花》评论专辑”。

铁凝在小说中为我们虚构了一个笨花村,但它分明与铁凝的生活和经验密切相关,铁凝说:“这个村子既有我祖籍、冀中平原上一些村子的影子,也有我插队所在村子的影子,它就是冀中平原上非常普通的靠种棉花为生的一个小村子。”可是铁凝将这个村子命名为“笨花”,笨花是河北农村对棉花的一种称谓。铁凝专门为这个词做了解释:“笨花、洋花都是棉花。笨花产自本土,洋花由域外传来。”这句话印在了书的封面。铁凝显然对笨花这个词特别喜欢。这个词透着民间的语言智慧。棉花明明是一种非常轻盈的物质,它松软松软的,捧在手上,丝毫感觉不出重量来,它那膨胀的态势,仿佛要从你的手中飘逸而升腾起来。但就是这样一种轻的、飘逸的东西,却要用一个笨字来形容它。这是一种思维的辩证法。铁凝进一步解释说:“‘笨’和‘花’这两个字让我觉得十分奇妙,它们是凡俗、简单的两个字,可组合在一起却意蕴无穷。如果‘花’带着一种轻盈、飞扬的想象力,带着欢愉人心的永远自然的温暖,那么‘笨’则有一种沉重的劳动基础和本分的意思在其中。我常常觉得在人类的日子里,这一轻一重都是不可或缺的。在‘笨’和‘花’的组合里,也许还有人类生活一种延绵不断的连续性吧,一种积极的、不懈的、坚忍的连续性。这种连续性本身就是有意味的，在有些时候，它所呈现的永恒价值比风云史本身更能打动我。”[1]言谈中透露出她对这个词语的喜欢。喜欢这个词是因为她自己就爱运用这种思维辩证法的缘故吗？《笨花》中我们就看到了轻与重、日常与非常的结合。正是这种思维的辩证法，带来了作品的新颖和神奇。在最初的阅读中，评论家都感受到了这种新颖和神奇，他们从不同的角度表达了各自对这种新颖和神奇的解读。

比方说，小说可以看作是对二十世纪乡村革命历史的描述。小说所写的笨花村是冀中平原的一个普通乡村，但由于这个乡村的一名普通小贩向喜从军，一步步当上了旧式军队的将军，成为一个叱咤风云的人物，也就将笨花村的日常生活气息与时代的风云变幻连在了一起。小说由此层层展开，向我们细细描述了在军阀混战的乱世中和抗日战争期间笨花人的表现。无论向喜家，还是西贝家，都以不同的方式走上抗日救亡的道路，有的还为抗日献出了年轻的生命。向文成、取灯、西贝时令、同艾、瞎话，从这一个个鲜活的人物身上，我们感到了民族精神的力量。在精神价值取向上，《笨花》与过去成功的革命历史小说是一致的，但在历史取材和叙述方式上与后者完全不相同。有的评论家分析了这种异同。如李云雷将铁凝的历史叙述称之为是用历史碎片组接起来的“地方志小说”，它克服了以往革命历史小说的弊端而拓宽了革命历史叙述的空间。李云雷说：“在以往的‘革命历史小说’中，清末到抗战这一段时期，是新旧民主主义革命时期，推翻‘三座大山’、建立新中国，作为时代的主旋律，在作品中得到了充分的反映，它们受到主流意识形态的限定，也为新中国提供了意识形态的合法性，这在《红旗谱》《铁道游击队》等作品中可以看出；二十世纪八十年代以来，转向‘新历史小说’的一些作家，开始以新的思想资源处理对这一时期的叙述，他们或突破以前的禁区（如《灵旗》），或以新的思

① 铁凝：《〈笨花〉与我》，《人民日报》2006年2月16日。

维方式处理旧题材（如《红高粱》），或以新的叙事手法加以尝试（如《迷舟》），这些作品在解构旧意识形态的同时，也适应时代的变迁，提出了新的观察世界与历史的角度，比如《白鹿原》在梳理二十世纪中国史时便突出了儒家文化的价值，而《故乡天下黄花》则以权力与欲望为中心来解读历史，等等。”但是，“《笨花》融合了以上小说的因素，发展出了一种‘地方志’式的叙述，作者将散落在笨花上的历史碎片捡起，精心地拼凑起来，写出了其中的各种人物与乡村民俗，写出了历史风云变幻中的日常生活。在《笨花》中，一切故事都是围绕着笨花这个村庄展开的，笨花在故事中处于中心地位，主人公在笨花长大，然后或离开，或在周围活动，但离开的归根结底要回到笨花来，在周围活动的也以笨花为重要据点，在这里，笨花是故乡，是大地，‘一切来自泥土，又回归泥土’。”①

陈晓明也看到了铁凝处理历史的不同方式，他认为铁凝是以小故事来展现大历史。他说：“毋庸置疑，《笨花》写出了中国乡村历史是如何卷入时代大潮的详尽过程，写出它无可逃脱的命运……向喜的故事顺应着中国近现代历史的裂变和民族国家的命运而变化，这在小说中勾画得非常清晰。中国现代的社会动荡，民族国家的危机，特别是抗日战争的历史尽可展现于其中。但如果真要计算一下篇幅，小说写得更多的还是那些个体的生活状况，主要还是乡村的故事，乡村的那些民风习俗、日常琐事、人情世故。而铁凝真正写得有声有色的还是这些充满人情味的小故事。通读这部作品，不得不说，这是大历史，小故事；大写意，小情调；大气象，小细节。唯其如此，这部小说才显示出它的饱满和丰富。怀着历史冲动，又企图逃离它，这就是在这部作品中贯穿始终的大历史与小故事的紧张关系。铁凝或许真的怀着一次历史冲动，但她对于要进入历史，特别是直接进入如此浩大的历

① 李云雷：《〈笨花〉——历史的碎片与地方志小说》，http://finance.sina.com.cn.

史还是心存疑虑。聪明的她采取了迂回的策略，小说并不过多地纠缠于那些大的历史事件和场面。小说中描写的大部分时间是抗日战争时期，相当多的故事也与抗日有关，但小说并没有描写抗日的大场面，而是不断地退回到乡村，退回到人民的抗日活动中，退回到百姓的日常生活的习性中，在那里找到自己拿手的叙述。”“铁凝既想去书写一部现代中国史，一部乡村卷入时代大潮的历史，但她又不愿被历史压垮，她还是执着地回到她的乡村，回到那些活脱脱的小故事，这使《笨花》保持住它的乡土本色，保持住铁凝固有的纯真之气。”①

王春林则从家族小说的角度分析了《笨花》的创新之处。他认为，《笨花》是以向氏家族三代人的生活轨迹为结构主线的，也可以将《笨花》理解为一部家族小说。新时期以来格外兴盛的家族小说呈现出一种共同的艺术倾向：“往往是一种尖锐激烈的家族与家族之间或者家族内部的争斗与倾轧现象，出现在这些作品中的人物往往像斗红了眼的乌眼鸡一样，总是一门心思地考虑着如何才能置自己的争斗对手于死地。”但“铁凝在《笨花》中对于向氏家族的描写与表现就显示出了明显不同的特点……从小说的总体艺术倾向来看，铁凝更多地展示着的却是向氏家族内部团结与友善的一面，却是向氏家族与邻人之间互助与和睦相处的一面”。“尤其值得注意的是，小说《笨花》不仅展示描写着以向氏家族为代表的笨花人日常生活的人性与人情之美，而且更写出了在民族危亡时刻笨花人那深明民族大义的同仇敌忾团结抗敌行为。”②

吴雪丽在她的《乡村、本土与日常美学——论〈笨花〉在乡土小说史上的意义》一文中也强调了铁凝对日常生活叙述的重视：“《笨花》提供的乡村经验不是知识分子话语建构的意象，而是更多地回到了乡土生活的直接性，建构了乡土世界的日常生活美学，描绘了一幅非政

---

① 陈晓明：《〈笨花〉：烂熟于心的预谋》，《中国青年报》2006 年 3 月 28 日。

② 王春林：《凡俗生活展示中的历史镜像》，《小说评论》2006 年第 2 期。

治化的乡村地图……在‘笨花’村，没有大历史下权力的争夺，复杂的乡村关系，一切都像流水一样从文本中静静流出，笨花的黄昏、收获季节的棉花地、过年的庙会、市井的俚俗，以及由‘笨花’联系起来的城里的市井生活，共同完善着这部混沌的民间史，完成了民间叙事对大历史的吸纳、融合和消解。”①

尽管《笨花》让我们耳目一新，但细心的评论家还是发现了一以贯之的东西。比如铁凝的温暖和善意，比如铁凝对生活的热爱，比如铁凝对精神价值的褒扬，比如铁凝对女性的体恤和呵护，都能在《笨花》中找到对应的叙述。郜元宝在《柔顺之美：革命文学的道德谱系——孙犁、铁凝合论》一文中对此谈得比较透彻。他从谱系学的角度指出铁凝与孙犁的血缘联系，进而认为在《笨花》中“作者对人性和历史的宽容态度和永远不变的柔美之情始终不变”，是“铁凝创作一以贯之的精神主脉”。②

不能不承认，《笨花》是一棵郁郁葱葱的大树，它不仅对于铁凝来说意义非同寻常，而且对于当代文学来说也同样是意义非同寻常。关于它在当代文学上的意义我们放到后面去讨论。而对于铁凝来说，《笨花》无疑是她从开始文学写作以来最重要的也最有分量的一部作品。如果把它比喻为一棵大树的话，这棵大树不是速生的，这棵大树的种子早就藏在铁凝的心中，扎根在铁凝心灵空间的沃土里，一圈又一圈地生长。对于这一点我曾经有所感觉。过去读到铁凝的一些作品时，就觉得在文本里面还包藏着一个更加有分量的东西，现在想来，这个藏着的东西就是当时长在她内心的那棵大树。所以，可以说，《笨花》是她以十几年乃至几十年的心血浇灌出的最结实的大树。《笨花》的

---

① 吴雪丽：《乡村、本土与日常美学——论〈笨花〉在乡土小说史上的意义》，《理论与创作》2006 年第 6 期。

② 郜元宝：《柔顺之美：革命文学的道德谱系——孙犁、铁凝合论》，《南方文坛》2007 年第 1 期。

雏形也许是藏在《棉花垛》中，也许是藏在《大浴女》中，甚至是藏在《没有纽扣的红衬衫》中。《笨花》是铁凝文学写作的一次大总结，一次集大成。这部作品关涉到二十世纪以降中国社会最深刻的变革和中华民族最深重的灾难，但如此宏大的主题却是通过华北平原的一个山村里日常生活的肌理展示出来。书名暗示了作者的追求，笨与花的组合就是笨重与轻柔的组合，而小说通过一个山村的故事将伟大与平凡、国事与家事、历史意义与生活流程融为一体。因此《笨花》这棵大树值得我们认真观察，它的每一片叶子都折射着阳光。

首先在写作资源上，铁凝做了全新的拓展。铁凝以往的三个写作资源像三条支流，从不同的方向流过来，终于在《笨花》这里汇合到一起，成为一条浩浩荡荡的大河。这三条支流一条是以《香雪》为代表的农村生活经验，一条是以《没有纽扣的红衬衫》为代表的家庭生活经验，一条是以《玫瑰门》为代表的在北京生活的童年记忆以及家族记忆。但对于第三个写作资源中的家族记忆，其实还需要细分。《玫瑰门》基本上动用的是母亲家族的资源。母亲家族的记忆是一种关涉城市的记忆，因此会与铁凝的童年记忆以及日常生活经验接续起来，这与她一贯的生活化的风格相吻合，所以母亲家族的资源她很早就使用上了。但她还有父亲家族的资源，这个资源对于她来说更为遥远更为景仰。铁凝没有见过祖父祖母，但她始终对祖父祖母怀着景仰之心。祖父祖母就生活在河北农村，祖父在当地也是一位很有名望的人。也许是过于景仰，她轻易不敢去动用这一资源。就我阅读的范围来说，似乎她只是在《铁凝影记》这本类似于个人照相集的书中记述了祖父。即使是一种客观的记述，但我也能感受到铁凝对于祖父祖母发自内心的景仰。显然这种景仰不仅仅是一种尊敬长辈的伦理情感了，因为在铁凝这里，祖父祖母体现出深厚的乡村的文化精神，也体现出一种英雄崇拜的情结。这一写作资源对于铁凝来说完全是精神性的，与她的个人生活经验无关，那么当她真正动用这一写作资源时，就是要认真追问精神性的东西，追问历史的精神，追问英雄的精神。我以为这就是《笨花》这部小说所要表达的内容。

不能不注意到铁凝在《笨花》中所表现出的写作姿态，这是一种对民族和历史充满敬畏之心的写作姿态。因为有这种敬畏之心，她在写这部作品时就收敛起以往的主观色彩和情感倾向，用她自己的话说，就是面对历史和人物时“不要多嘴”。追根溯源，这可能与她自小景仰祖父祖母的心理有关。而在中国文化心理图像中，父辈就意味着历史。所以二十世纪八十年代的反思历史也就带来了文学中的父亲形象的变迁。由质疑父亲到反叛父亲，再到弑父的叙事，最后是无父的时代。在无父的状态下文学叙述变得更加放纵，作家以一种头朝下的方式戏弄着历史和文明。铁凝的创作其实就贯穿在这一父亲形象变迁的二十余年，但她面对父亲形象的变迁，始终保持着审慎的态度。她并不去赶时尚，参与反叛父亲的大合唱。当然，她也不会去当一名守旧派，一味地维护父亲的形象。所以她在很长的时间里对父辈和历史保持着沉默。因为敬畏并不等于盲从，她始终在用自己的眼睛和心灵去体察历史。到了《笨花》，她觉得自己大致上把历史看清楚了，于是她也觉得自己成熟了，可以与父辈做一了结了。于是她面对父亲和父辈，请他们在《笨花》中唱主角。从一定程度上说，《笨花》是铁凝第一次以正面的姿态，怀着敬畏的心情来塑造男性人物形象的。向喜、向文成，可以看成是她在祭祀祖父和父辈们时的内心想象。《笨花》中有两个相似的细节透露出了铁凝的这一心理。小说写向喜离开军队回到老家，向家一家人来看向喜。铁凝特意写了一个细节，大家用各自的称呼与向喜打招呼，向喜的儿子向文成却没有叫爹，但后来借介绍情况的机会“巧妙地称呼了爹”。类似的细节也发生在向文成的儿子向有备的身上。这是小说的结尾。有备从医院回家看望父母，但一直到要离家了也没有叫爹，后来他装着要找袜子故意返回家，对着向文成说：“爹，我那双线袜子呢？”也是以一种巧妙的方式补叫了爹。一个人长大成人后，仿佛就与爹拉开距离，因为未来要靠自己去开创，但即使如此我们也不能忘记爹在前面为我们走过的历史。这其实也就是铁凝对待历史的姿态：父辈的历史我们应该敬畏，但我们不会去重复历史，未来将是一幅新的图景。

从写作资源上看，《笨花》是铁凝的三大写作资源的总汇合，这种总汇合也使得她可以完全从依赖于个人生活经验的局促中超越出来。《笨花》给我们的直接印象不同于铁凝以往的小说，这是许多熟悉铁凝的读者在阅读《笨花》后的最鲜明的体会，之所以会给读者留下这种印象，我以为主要是因为她在这部小说中基本上不是依赖于个人生活经验的缘故，相对来说，过去的小说，主要是从某一个写作资源出发，因此个人生活经验的影响更大一些。超越个人生活经验，也就使得铁凝有可能以更为宏阔的精神境界去观察历史和人生命运。另外，从叙事方式上看，这部小说也是对她以往小说的一次集大成。我在前面的论述中已经指出铁凝对孙犁的偏爱。事实上，铁凝从开始文学写作起，就对日常生活充满了兴趣，对凡人小事充满了兴趣，她热爱生活的本性贯穿在她的文学写作中。所以在二十世纪八十年代那个张扬宏大叙事的文学年代里，刚刚起步的铁凝却走入到日常生活的大海中。当然，八十年代正在悄然兴起日常生活叙事的文学潮流，它以重新肯定沈从文、张爱玲的文学成就为标志，这其实是中国现代文学的重要一脉。一些年轻作家承继了这一脉，开创了新时期文学的另一条路径。但铁凝走的还不是这条路径，她一方面走进日常生活，另一方面又沟通着宏大叙事。准确地说，铁凝的路子是中国现代文学的另一条路子，是以孙犁为代表的路子。这就是将日常生活叙事与宏大叙事糅合到一起的写作路子。铁凝与孙犁的区别在于，铁凝是从日常生活走进，再从宏大叙事走出。孙犁则是从宏大叙事走进，而从日常生活走出。郜元宝也看到了铁凝身上的传统性，他从这个角度来评价《笨花》，其见解是富有启迪性的，他说：“将《笨花》放在铁凝整个创作历程来打量，将铁凝的全部创作放在整个现当代文学的精神谱系来把握，就不难透过二十世纪八十至九十年代文学和文化的喧嚣，触摸到铁凝及其众多同辈作家一直比较暧昧的精神线索。某种意义上，他们都属于四十年代后半期成熟起来的革命文学之浪漫主义传统的一份隐秘遗产。”[①]铁凝在写作《笨花》时，已经是非常自觉地将日常生活和宏大叙事结合起来了。她在《人民日报》上发表的那篇《笨花》创作谈中是这样说的：“我试着去触摸和把握这段历史，或者说通过触摸这段历史去刻画活动在其中的一群中国凡人。所以我更愿意说，这部小说有乱世中的风云，但书写乱世风云和传奇不是我的本意，我的情感也不在其中，而在以向喜为代表的这个人物群体身上。虽然他们最终可能是那乱世中的尘土，历史风云中的尘土，但却是珍贵的尘土，是这个民族的底色。我还侧重表现在这个历史背景下，这群中国人的生活，他们不败的生活之意趣，人情之大类，世俗烟火中的精神空间，闭塞环境里开阔的智慧和教养，一些积极的美德，以及在看似松散、平凡的劳作和过日子当中，面对那个纷繁、复杂的年代的种种艰难选择，这群人最终保持了自己的尊严和内心的道德秩序。一个民族的强韧和发展是离不开我们心中理应葆有的道德秩序的，它会使一捧尘土也能够熠熠生辉。疾行在二十一世纪的我们为什么有时候要回望历史？也许那本是对我们心灵的一次又一次回望吧！也许因了我们正在疾行向前，才格外应该具备回望心灵的能力。让我们携带上我们本该携带上的，而不至于在不断的前行中不断地丢失。”[②]其实，铁凝的写作始终是尝试着将宏大叙述与日常生活叙述统一到她的笔端，她以这种尝试成功地化解了文学上的二元对立模式。

通过家族史和乡村史去反映整个民族的精神史和文化史，这是这

① 郜元宝：《柔顺之美：革命文学的道德谱系——孙犁、铁凝合论》，《南方文坛》2007 年第 1 期。

② 铁凝：《〈笨花〉与我》，《人民日报》2006 年 2 月 16 日。

些年来的一种写作趋势。这本身就是一种宏大叙事的架势。被誉为“日常生活批判理论之父”的列斐伏尔用“剩余的”来定义日常生活，他说：“日常生活，从某种意义上说是剩余的，通过分析把所有独特的、高级的、专门化的、结构的活动挑选出来之后所剩下的，就被界定为日常生活。”因此在列斐伏尔看来，单调、重复的日常生活隐含着深刻的内容，从一个女人购买半公斤砂糖这一简单的事实，通过逻辑的和历史的分析，最后就能抓住资本主义，抓住国家和历史。这样，日常生活的平凡事实呈现出两方面的意义：一方面是个人的偶然小事；一方面是更为丰富的社会事件。只有通过日常生活批判才能揭示简单事实的丰富社会内容。宏大叙事无疑只对那些经各种活动挑选出来的内容感兴趣，而日常生活叙事则是对挑选后所剩余的内容感兴趣。我以为铁凝在《笨花》中的叙事是把日常生活看作是一个总体性的构成。总体性也是列斐伏尔对日常生活的判断。这就是说，如果以各种理由从日常生活中挑选出去各自所需要的内容，那么日常生活的总体性就荡然无存了。从这个角度说,《笨花》的叙事就是在做一件还原的工作，它将那些被挑选出去的内容还原到日常生活中来。向喜的解甲归田就是最大的还原。向喜从一个普通的农民成长为一个革命时代的将军，这是一个典型的宏大叙事，更是中国现当代文学历史中启蒙叙事的最常见的模式。以宏大叙事或启蒙叙事的方式来处理向喜，无疑会是一个惊心动魄的英雄主义的传奇。传奇会让我们远离日常生活。但是对于向喜本人来说，他的一切经历都是他的日常生活的组成部分。铁凝所写的向喜不再是一个传奇式的人物，当然她也不是像有些作家那样，为了彻底地反叛宏大叙事，故意消解他的英雄本质，专写他的毫无意义所指的剩余的日常生活。所以我们现在看到的是向喜的总体性的日常生活，这种总体性的日常生活让我们感觉到，一个普通农民的日常生活是怎样渗透进革命时代的精神内涵的。这种渗透不是一种生硬的渗透，因为在一个普通农民的日常生活中，就包含着传统文化的基因，革命时代的精神之所以能渗透进来，是因为与这种基因是亲和的。铁凝通过大量的日常生活的细节表现出了向喜身上的忠考节义的一面，这些都可以看作是传统文化的基因。因此，向喜最终必然要回归到自己家乡的土地上，他的回归不是宏大叙事式的荣归故里，而是以一种静悄悄的方式，他虽然在众人心目中是一个轰轰烈烈的名人，但他的回归却像是一名普通老农的回归。他藏匿在自己家的粪厂。这种藏匿并不是要消解向喜身上的宏大叙事特性，而是给他一个蓄势待发的机遇。于是就有了向喜与全副武装的日本兵搏斗的壮烈场面。但即使这样，铁凝也没有把这一壮烈场面从日常生活中“挑选”出来。一方面，她一再暗示出这一壮烈场面与日常生活的关联，包括她议论起向喜杀死日本兵的直接动机，那多种动机都是日常生活化的。另一方面，她让向喜打死了两个日本兵之后，又冲自己的太阳穴开了第三枪，让“他倒在了粪池里”，于是向喜就彻底地还原到家乡的土地上。向喜自己就说过：“这几年我寻思来寻思去，离老百姓最近的还是大粪。”

铁凝的叙事带有革命性的意义，她通过宏大叙事与日常生活叙事的融合，为我们提供了观照历史的另一种方式，在这种叙事中，历史向我们展现出另一番景象，它既不是简单地对过去的颠覆，也不是变一种方式对过去进行重复。我们从中感到了对过去的宏大叙事的一种扬弃。但在这种扬弃过程中，铁凝又难免不能完全摆脱过去宏大叙事的束缚。比方说，她在处理瑞典传教士山牧仁与向文成的政治立场时，一定要让他们俩表明对中国军队正面抵抗的失望，这样的处理就不是来自他们俩的日常生活，我就把这样的处理看成是铁凝下意识中对过去宏大叙事的趋同。但类似的处理在全书中并不占重要的分量。

《解放军艺术学院学报》2008 年第 1 期

《笨花》，铁凝著，人民文学出版社 2006 年 1 月出版，责任编辑：包兰英

# 深入一个人的灵魂究竟有多难？

——评蒋子龙的长篇小说《农民帝国》

王春林

从人物形象刻画塑造的角度来看，2008年最值得注意的一部长篇小说，恐怕就应该是作家蒋子龙以十年磨一剑的精神耐心打磨看起来感觉格外厚重的《农民帝国》。在已有三十多年历史的中国新时期文学史上，蒋子龙是以工业题材的小说创作而著称于世的所谓改革文学最具代表性的一位作家。从我个人的阅读感觉来判断，蒋子龙的这部长篇小说既可以被看作进入新世纪以来出现的一部优秀作品，更应该被看作是一部全面超越了蒋子龙既往全部小说创作的杰出作品。在阅读《农民帝国》的过程中，我经常会联想到《红楼梦》《创业史》以及《秦腔》这三部长篇小说。贾平凹的《秦腔》刚刚获得茅盾文学奖，是近一个时期以来一部难得的呈现乡村生活的优秀长篇小说。我觉得与《秦腔》相比较，蒋子龙的这部同样以乡村世界为主要表现对象的长篇小说毫不逊色，既有对于人性深度的挖掘表现，也有相当出色的艺术结构与语言运用。只不过这两部长篇小说的叙事时空设定存在着很大的差异，贾氏重横向的空间拓展，他的叙事时间只有大约一年左右，而蒋氏重纵向的时间透视，他的叙事时间跨度长达五六十年，可以说是对1949年之后中国乡村世界的历史风云变幻进行着深度探寻表现的长篇巨构。柳青的《创业史》在文学史上一向被称为具有史诗性品格的长篇小说，这样的评价与作家自己写作当时的主观追求是相一致的。柳青创作《创业史》的某种终极追求，恐怕就是要全景式地再现土改运动以来中国乡村世界中所发生的种种翻天覆地的变化。应该看到，很长一个时期以来，这样一种被普遍看作“宏大叙事”的创作模式在文学界是颇受诟病的。之所以会有所谓日常叙事的广泛流行，其根本原因正在于此。但实际上，如果的确远离了如同柳青这样的“宏大叙事”，其实是很难有真正意义上的大作品产生的。而蒋子龙的这部《农民帝国》，很显然带有突出的逆潮流而动的特点，可以被看作是当下这个时代难得一见的真正优秀的“宏大叙事”作品。在某种意义上，我们甚至可以说，蒋子龙在完成着柳青前辈未竟的艺术使命。一方面，由于自己的自然生命过于短暂的缘故，另一方面，当然更由于作家所处的那个时代主流意识形态影响过于巨大的缘故，所以，柳青意欲全景式再现当代乡村世界的艺术理想并没有能够得到实现。令人欣慰的是，这样一种历史性的使命居然落在了以工业题材创作见长的蒋子龙身上。我认为，蒋子龙的《农民帝国》以极其宏阔的艺术视野，完成了对于半个多世纪以来中国农村堪称风云变幻的历史场景的史诗性艺术表现，实在是当下时代一部难得的史诗性长篇小说。至于《红楼梦》，我当然不会把蒋子龙的小说简单地类比于《红楼梦》，而是要说，蒋子龙的这部长篇小说，在艺术结构的设定、在某些场景的描写、在一些人物的刻画塑造上，能够让我们联想到《红楼梦》。就比如，小说临近结尾处，曾经写到过这样一个令人难忘的细节，那就是，失踪多年的二叔突然出现在了狱中，并且还和郭存先聊了大半宿。郭存先说：“这就是昨天晚上二叔交给我的，你看反面，还新刻了两行字，那不是我刻的，我脑子里没有这样的词儿。”朱雪珍翻过来一看，可不，上面清清楚楚地刻着两行小字："识破世事惊破胆，看透人情冷透心。"如果从现实生活的逻辑上看，这样的一种情节描写绝对是不可能的。或许有的批评家会把这种描写方式，归之于所谓魔幻现实主义的影响。但在我看来，与其归之于魔幻现实主义的影响，倒不如把它理解为受到了《红楼梦》的影响更为恰当。一方面，蒋子龙《农民帝国》中关于二叔，关于那棵"龙凤合株"的描写，可以让我们联想到《红楼梦》中诸如太虚幻境、空空真人、渺渺大士的相关描写；另一方面，所谓的"识破世事惊破胆，看透人情冷透心"，其实对于小说思想内涵的揭示与表达，也具有着十分重要的意义。如果联系小说中对于郭存先命运的展示描写，那么，作家借助于二叔之口讲出的这句话，实际上完全可以让我们联想到《红楼梦》中最为核心的一个思想命题，那就是"色空"二字。即使仅仅是从我们所提及的这些方面来看，说蒋子龙的这部《农民帝国》在一定程度上得了曹雪芹的真传，还是有相当道理的。

当然，蒋子龙《农民帝国》最值得肯定之处，还在于对郭存先这个人物形象的成功刻画塑造。如果严格地追溯起来，蒋子龙关于这部《农民帝国》、关于郭存先这个人物的酝酿构想，甚至早在二十世纪八十年代中期，早在作家当时写作发表曾经轰动一时的中篇小说《燕赵悲歌》的时候，就已经开始了。在阅读《农民帝国》的过程中，我的眼前不断晃动着的就是《燕赵悲歌》中主人公武耕新的影子。一个无法否认的事实就是，蒋子龙对于郭存先这个人物形象的思考与塑造，实际上正是建立在武耕新这个人物的基础之上的。虽然蒋子龙在《农民帝国》出版之后，曾经一再公开声称郭存先这个人物的原型并不是所谓大邱庄的禹作敏，虽然我们也承认郭存先的确无法简单地被类比于禹作敏，但在另一方面，说武耕新与郭存先这俩人物都与禹作敏之间存在着某种关系，却也是一个无法被否认的事实。如果说，郭存先的确与武耕新之间存在着某种渊源关系的话，那么，我们也就完全可以说，郭存先这个人物形象，在作家蒋子龙的内心深处，最起码也已经酝酿埋藏了长达二十年之久。我们都知道，蒋子龙这部《农民帝国》的写作时间长达十多年的时间，这种情形一方面当然在说明着蒋子龙写作态度的严谨认真。说实话，在当下这样一个越来越崇尚速度的时代，能够像蒋子龙这样十年磨一剑的作家是越来越少见了。但在另一方面，却也说明郭存先这样一个人物形象的酝酿构思难度是相当大的，不然，蒋子龙又何必要为此而耗费这么长的时间呢？关于郭存先与武耕新这两个人物形象之间的内在联系，我们只要将《农民帝国》与《燕赵悲歌》这两部小说进行简单的对比，就可以得出明确的结论来。虽然肯定不是原样复制，虽然具体的设计肯定存在着一定程度的差别，但是，说以上的这些情节在《农民帝国》中有着差不多同样的表现，却也的确是一种无可否认的客观事实。虽然从根本上说，蒋子龙的《农民帝国》较之于二十多年前的那部《燕赵悲歌》，绝对是一种全新意义上的文学创作，但承认这一点却也并不意味着两者之间就不存在着某种内在的渊源关系。从以上简单的对比出发，我们也就可以这么说，其实早在二十世纪八十年代，蒋子龙就已经确立了刻画塑造如同郭存先这样一位中国大地上成长起来的具有相当人性深度的中国农民形象的强烈意愿。

在具体谈论蒋子龙塑造郭存先这一人物形象的艺术价值之前，我们首先必须明确的一点是，中国一直到现在为止都还只是一个以农民为主体的农业大国。我们应该认识到，在强烈追求着实现所谓现代化事业的现实中国，其实有着长达数千年之久的农业文化的遗存。既然是一个不折不扣的农业大国，既然农民到现在都依然是中国人口的大多数，那么，中国作家以文学艺术的形式对农民问题进行深入独到的思考，也就自然是题中应有之义了。说实在话，相对于中国如此长久的农业文化遗存，相对于为数众多的中国广大农民，在我们的小说作品中，真正堪称塑造成功的中国农民的文学形象其实是寥寥无几的。

在这个意义上看来，蒋子龙从《燕赵悲歌》开始，一直延续到了《农民帝国》的对于中国农民问题的持久思考，也就的确是相当难能可贵了。只不过由于时代文化语境制约影响的缘故，当时置身于所谓“改革文学”写作潮流之中的蒋子龙，对于中国农民问题的思考还没有能够突破那种改革思维的束缚，所以，出现在他笔下的也就只能是武耕新这样带有明显悲剧性色彩的所谓“改革家”形象了。说到底，作家的创作也如同人们的日常生活一样，如果说作为人类个体的人无法超越自己所处的具体生存环境的话，那么，作为一个作家对于生活现象的思考与认识，同样也不可能超越当时所处时代普遍的思想认识水平，必然地要受到所谓时代局限性的制约和影响。而这也就意味着，虽然同样是对中国农民问题的思考表达，但二十世纪八十年代中期的蒋子龙却只能塑造出如同《燕赵悲歌》中武耕新这样具有一定悲剧性的“改革家”形象来。只有到了新世纪的第一个十年快要结束的2008年，在中国的所谓改革开放事业也已经有了长达三十年之久的发展历史之后，当蒋子龙站在一种更为高瞻远瞩的新的历史制高点上，对他所一直关注着的中国农民问题进行更加内在深入的思考的时候，作家才可能对于中国农民事实上异常复杂的人性构成，以及同样复杂的精神世界，进行深度的艺术透视与表达，他的笔端才可能成功地塑造出如同郭存先这样堪称生动丰满别具人性深度的中国农民形象来。虽然我们也并不能说写作《农民帝国》时的蒋子龙就已经完全地超越了所谓时代与历史的局限性，但相对于二十世纪八十年代中期来说，人生与思想阅历均大大增加了的蒋子龙对于中国农民问题的认识和思考高度。

英国现代作家史蒂文森关于小说的构思曾经有一段名言：“写小说有三种方法。第一，或者你先把情节定了，再去找人物。第二，或者你先有了人物，然后去找出与这人物的性格开展上必要的事件和局面来。第三，或者你先有了一定的氛围，然后再去找出可以表现或实现这氛围的行为和人物来。”[①]依照史蒂文森的这种三分法，小说也就可以被划分为三种类型：即以情节为重心的小说，以人物为重心的小说，以氛围（背景、环境）为重心的小说。按照这样的一种小说分类法来考察蒋子龙的这部《农民帝国》，则其很显然地可以看出这是一部以人物为中心的小说。这也就是说，蒋子龙自己的头脑中先出现了郭存先这样一个农民，然后才围绕这一人物形象的刻画塑造构想小说的整体故事情节的。虽然《农民帝国》实际上所取得的思想艺术成就是多方面的，但相比较而言，最重要的一点还是在于对郭存先这一农民形象的成功塑造。在某种意义上，小说其他方面的艺术成就也正是在对郭存先形象的塑造过程中顺势取得的。那么，出现在《农民帝国》中的郭存先究竟是怎样的一个人物形象呢？

如果只是从小说的上半部来看，郭存先无疑是中国乡村世界中一位有胆有识有情有义、既有能力也有魄力的优秀农民。郭存先所在的郭家店坐落于华北平原海浸区大东洼的锅底儿上，是一个十分贫穷的农村。然而，就是如此贫穷落后的郭家店，最后居然奇迹般地变成了举国闻名的样板村。郭家店之所以能够发生如此天翻地覆的变化，所依仗着的其实正是郭存先这样一个特别出色的带头人。实际上，早在成为郭家店的带头人之前，郭存先通过对于自己家庭生活状况的改变，就已经充分地表现出了一种超群出众的能力。正因为郭存先在改变家庭生活状况方面表现出了突出的能力，所以他才被当时的村领导看中，担任了第四生产队的队长。正是在担任了队长之后，郭存先那种超群出众的能力方才英雄有了用武之地。眼看着连绵多日的阴雨天马上就要把成熟了的庄稼全部泡为一堆烂泥，由于受到了当时那种集体化观念的制约，当所有的村干部包括各队的队长都无动于衷的时候，只有郭存先敢于打破常规，以一种谁下地谁就能够得到所收获粮食的方式，

① 这段话是史蒂文森对他的传记作者讲的。转引自陈平原《中国小说叙事模式的转变》，上海人民出版社 1988 年版。

鼓动四队的社员们从老天爷的嘴里抢夺回了那部分格外珍贵的粮食。当时身为宽河县革委会生产组组长的封厚之所以力主曾经犯过错误的郭存先出任郭家店的大队长，其根本原因也在于郭存先身上存在着的那种胆识和魄力。从另一个方面说，也只有在郭存先担任了大队长的职务，拥有了更大范围内的权力之后，他那样一种从根本上改变郭家店贫穷落后面貌的雄心壮志才有可能变成现实。

正所谓在其位而谋其政，担任了大队长的职务之后，郭存先集中考虑的事情就是采取什么样的手段才能够很快地改变郭家店贫穷落后的面貌。郭存先对于郭家店贫穷落后面貌的改变，正如同柳青《创业史》中梁生宝的故事一样，也应该被看作是一部异常艰难的创业史。只不过由于受到时代因素局限的缘故，出现在柳青笔下的梁生宝所走过的是一条所谓集体化的创业道路，而郭存先则是开创出了另外一种农村的创业模式。虽然从表象上看，郭存先的郭家店既没有简单地走上所谓农业学大寨的道路，也没有将土地重新交还给农民，走所谓“联产承包责任制”的发展道路，似乎也一样是走着一条集体化的发展道路，但严格地说起来，梁生宝的集体化与郭存先的集体化却是完全不可同日而语等量齐观的。柳青很显然是严格地从当时的主流意识形态出发进行自己对于梁生宝们的文化想象的，而蒋子龙对于郭存先所进行的文化想象，一是较之于柳青能够尽可能地摆脱意识形态因素对自己的规约，二是能够尽可能地从人性化的角度去切入进行。如果说，梁生宝的集体化在某种意义上是被先在地规定好了的话，那么，郭存先的集体化则很显然是一种实事求是因地制宜的产物。

既然说到了所谓的集体化，那我们就必须注意到，正是在所谓集体化道路的选择过程中，郭存先的叛逆性格与过人胆识再一次得到了充分的印证。在“文革”结束之后，中国的农村可以说都走上了将土地承包给农户的所谓“联产承包责任制”的道路，但由郭存先领衔的郭家店却走上了另外的一条发展道路。必须承认，在“文革”之后，能够充分地意识到集体化的力量，能够采取这样一种可谓是逆潮流而动的举措，其实是需要有相当大的胆识和勇气的。也正是在做出这样一种决断的过程中，郭存先作为一位新时代农民英雄的胸襟和气魄开始全面地得到体现。从小说故事情节的总体设计来看，描写调查组到郭家店调查郭存先问题的被作家命名为“倒春寒”的这一章具有相当重要的意义。一方面，这一章的描写说明了任何一个新生事物的形成与发展都不会是一帆风顺的，都必然地要遭遇这样或者那样的挫折与考验。另一方面，对于郭家店未来的发展来说，调查组的调查反而起到了使郭存先在郭家店的主导地位更加巩固的作用。经此一番必要的挫折和考验之后，郭存先也就更加坚定了郭家店必须走工业化发展道路的理念和信心，他随后就开始以更加大刀阔斧的姿态与动作来推进郭家店的改革开放事业了。具体来说，在此之后，郭家店又先后创办了电器厂与化工厂，尤其值得注意的是，郭存先居然因为欧广明的儿子不幸被大化钢铁公司的汽车撞死这样一个偶然的事件，而意外地得到了大化钢铁公司时任老总张才千强有力的帮助。正是在张才千的大力支持下，郭家店办起了自己的钢铁厂，并且最终发展成为在全国都产生了巨大影响的工业村、富裕村。到了小说的上半部结尾处，当身为省委书记的熊文过春节时破天荒地带着全家人亲自来给郭存先拜年的时候，也就意味着郭家店的改革开放事业发展到了自己的鼎盛阶段。其实，这样的一个情节设计只是具有一种象征的意义而已，省委书记在这里也只是一个象征性的符号，他的到来，说明的是郭存先多少年来所付出的艰苦努力终于得到了社会的普遍承认。可以说，省委书记的到访，说明的正是郭存先多年精心营构的一个堪称庞大的农民帝国的初步成形。也只有在这个时候，我们才能够体会到蒋子龙把自己的这部长篇小说命名为“农民帝国”的良苦用心。很显然，蒋子龙所谓的“农民帝国”，一方面确实是指，在郭存先的引领下，郭家店的农民们终于建立起了一个可以确证农民尊严存在的农民帝国。但在另一方面，却更是指身为郭家店当家人的郭存先，此后私欲与权欲日益膨胀，居然想在现代中国建立起一个明显带有封建色彩的“农民帝国”。而且，在某种意义上说，对后者的表达才更是蒋子龙在小说中所试图真正实现的根本艺术目标。关于这一点，小说的后半部有着相当精彩的体现。

蒋子龙的《农民帝国》既充分地展示了郭存先人生辉煌的一面，同时也强有力地揭示表现着其人生悲剧性的另一面。只有把这两个方面有机地结合起来，出现在我们面前的郭存先才是一个完整的郭存先。换言之，作为一部对郭存先这样一个具有相当代表性的中国农民形象进行深刻艺术表现的长篇小说，仅仅描写展示其人生中“过五关斩六将”的一面还是远远不够的，还必须将其人生中“走麦城”的一面也充分地展示出来。蒋子龙的这部长篇小说之所以会有长达十多年之久的创作时间，当然与作家在创作过程中为自己设定的高远艺术目标存在着必然的联系。说到底，蒋子龙的创作意图就是如何生动形象地刻画塑造出郭存先这样一个具有相当人性深度的人物形象来。而要成功地塑造郭存先的形象，对其艰难创业历程的展示虽然是十分重要的，但艺术表现的难度却并不够大。在刻画塑造郭存先这一形象的过程中，对于蒋子龙真正具有挑战性的，就是究竟应该怎样去描写表现郭存先后来的穷途末路。本文的标题“深入一个人的灵魂究竟有多难”，其实正是针对郭存先形象的具体塑造而言的。

尽管可能存在着被认为艺术观念过分保守的嫌疑，但我还是要明确地表明自己的基本艺术观念，那就是，优秀的小说作品，尤其是优秀的长篇小说作品都应该有足够饱满生动的人物形象的刻画塑造。说实在话，从我近些年来对于长篇小说创作的跟踪性阅读来看，即使是在那些相对优秀的作品中，也仍然少有真正具有人性深度的人物形象的刻画塑造。有一些小说中的人物形象，虽然在阅读的当时还能够给我们留下一定程度的印象，但随着时间的推移，只不过才有短短的两三年时间过去，印象就已经变得相当淡漠了。如果只是从人物形象刻画与塑造的角度来看，在进入二十一世纪以来的长篇小说作品中，真正给我们留下了难以磨灭的深刻印象的，大约也不过只有贾平凹的《秦腔》、方方的《水在时间之下》、叶广芩的《青木川》等不多的几部而已。而蒋子龙的这部《农民帝国》，则很显然是极少数可以进入这个行列的长篇小说作品之一。即使仅从人物形象的塑造这一点来看，蒋子龙《农民帝国》的重要性就是毋庸置疑的。更何况，《农民帝国》的艺术成就，其实并不仅仅只是体现在郭存先这一人物形象的刻画与塑造上。除此之外，小说的可圈可点之处还有很多方面，但相比较而言，小说最值得注意的艺术成就应该还在郭存先这一形象的成功塑造上。在某种意义上，我们之所以认为其他的一些长篇小说作品人物形象的塑造不够成功，很大程度上的一个原因就是，出现在那些作品中的人物形象的性格特征基本上可以说是一成不变的，出场时什么性格，到小说结尾时还是什么性格。这也就是说，在当下时代的小说创作中，其实极少有作家能够极具艺术说服力地刻画塑造出如同郭存先这样性格处于不断发展变化之中的人物形象来。

那么，郭存先又是怎样开始“转运”，并逐渐走上那条“走麦城”的人生不归路的呢？我以为，小说下半部的第二十章“转”虽然所占篇幅并不长，但却是极为关键的一个章节。正是在这一章中，蒋子龙初步揭示出了郭存先最终必将走上自己人生不归路的根本原因所在。“人们拜年的时候都会说吉祥话‘心想事成’，这几年对郭存先来说，常常是他还没想事就成了。‘啪’一下子，他成了全国人大代表，这是一个人靠想就能成的事吗？每年要到北京人民大会堂里去参国家之政，议天下大事……到了这个档次就让他不能不想到中国另一个著名的农民陈永贵了，那位头上老扎着白羊肚手巾的老兄，就是先当上人大代表，然后升为国务院副总理。他也是人，也是个农民啊……”应该说，这里所特别提到的陈永贵，对于我们理解把握郭存先这一人物形象，有着特别重要的作用。在某种程度上说，正是这一位在中国历史上曾经一度位高权重的农民，成为了我们抵达郭存先复杂内心世界的一个有效通道。当然，此处出现的陈永贵，其实只是一个象征性的人物，他象征着郭存先内心世界里所沉潜着的权力欲望，伴随着其人生地位的逐步升迁，已经膨胀到了某种难以被理性遏制的地步。这正如小说中所描写的：“钱围着他转，他围着钱转；女明星们围着他转，他也围着女明星转……天转地转，神转鬼转，眼转心转，情转智转，这样转来转去，还有谁能保证脑袋不大？”对于郭存先来说，情况正是如此：“郭存先被转‘大’的不光是脑袋，话越说越大，口气越来越大，架子越来越大，脾气越来越大……”到后来，干脆就连对郭家店的所在地大化市市委书记高敬奇也不买账了。而这，也就为他后来的全军覆灭埋下了最初的祸根。在这个过程中，尽管老县长封厚曾经给风头正健的郭存先泼过冷水，曾经先后推荐《古代的首富》与《豺狗的阴谋》这两篇文章给郭存先看，但郭存先却偏偏就是执迷不悟，把老县长的一番好意当成了心态不平衡，所以就“又在旁边说凉快话”。“就这样，郭存先转来转去转得分不清好坏人，也听不出好坏话……人一到这个份儿上离着撞客就不远了。”

何为撞客呢？“撞客是一种病。”“这个病名儿起得可有点意思：撞见了客人——什么客人？不速之客。”“据台湾版的《国语辞典》解释：‘撞客是碰到鬼邪。旧时以为一些突发的病症是鬼邪作祟所致。’”“此病可能就是现代人所说的‘癔症’，或者叫‘歇斯底里’。感觉异常，动作僵硬，哭笑无常，胡言乱语，愤怒粗暴，打滚吵闹……”其实，就在郭家店的人们以一种自我炫耀的方式大张旗鼓地到火车站迎接开会回来的郭存先，并不惜为此而阻挡住书记、市长的车队的时候，他就已经“撞客”上了。“他们在唧唧咕咕地说什么，郭存先听不到却能猜得到，无非是骂我摆谱了、什么张狂得不知道自己是谁了……反正无论自己怎么做他们都会看不顺眼，那就随他们去啦，还能怎么样？”明明已经意识到了自己的所作所为并不妥当，会被别人看作是张狂，然而郭存先却偏偏就是要这样张狂。在这样的一种行为深处，郭存先的自我意识膨胀到了怎样无法自控的一种程度，也就完全可想而知了。事实上，郭存先此后的一系列最终导致自己成为阶下囚身陷囹圄的行为，也都可以被看作是他的自我权力意识极端膨胀的结果。无论是滥施淫威纵容手下人打死蓝守义与杨祖省，还是唆使手下的保安人员扣留前来调查处理案情的四个公安人员，都与郭存先极端膨胀的自我权力意识存在着密切的关系。应该注意到，关于郭存先愈来愈膨胀着的个人权力意识，小说的叙事过程中，曾经有过多次尖锐的揭露与分析。“权力这块肥肉是他自己培养出来的，想不到稀里糊涂地他就成了活着的神话。这时常让他感到自己已经缺少权力所需要的体力和智力，开始憎恶一切人与人之间的接触，不能再随意跟人交流心思。他必须把自己关起来，保持着对一切的冷漠和对一切的野心。让群众轻易见不到他，才更有神秘感，有神秘感才能成神。”“但是，郭存先的性格是吃软不吃硬，不是出了事往下面推卸责任自己却不敢出头的人。他很快就想出了处理这件事情的办法，将错就错，采用高压办法处理此事。”“权力是一种烈酒，长期享用不可能不酒精中毒，在飘飘忽忽中头脑发胀，自不量力。他见从大城市里来投奔他想赚大钱的知识分子杨祖省，这会儿被戏弄得像个傻子，完全没个人样儿了，便冲着押解杨祖省来的四个警卫一挥手：‘把他带回去好好审！’”

关于郭存先所拥有着的绝对权力，还是与他共事多年的郭存勇看得最清楚：“因为他了解郭存先，这个主儿是什么事都干得出来的，杀七个宰八个，从小就没含糊过。可以说郭存先从来就不是正号庄稼人，抡斧子，耍玩意儿，抓权力……公章盖在自己的脸上，都能把权力攥出汗来。他之所以能成为郭家店的土皇上，就因为他确有当皇上的那股狠劲。”“渐渐的，郭存先这个官当得高出村民一大头，成了郭家店的救世主，再没有人敢跟他争个高低了。对给他溜须拍马的人，他都是先用霹雳手段后显菩萨心肠，对待得罪过他或对他不那么百依百顺的人，他就只有霹雳手段，外加蛇蝎心肠。几十年下来，看看村上曾跟他上不来的人，哪一个得到了好报？一年到头地耷拉着脑袋。”从某种意义上，我们完全可以说，正是因为郭存先有着长期以来对于权力的一种疯狂而盲目的向往与追逐，所以他灵魂最后被权力扭曲和异化也就自然是题中应有之义了。小说中所特别描写的“撞客”，虽然从表面上看，似乎的确对应着郭存先的妻子朱雪珍，但如果从人物精神世界的纵深处来考察，则很显然地是针对着郭存先本人而言的。虽然从表面上看，郭存先的全部行为都处于理性的控制与支配之下，但他的所谓理性其实早就在面对着权力的巨大诱惑时丧失殆尽了。深陷于权力怪圈之中无法自拔的郭存先，他的精神世界实际上早就处在了一种极度的迷狂状态。这也就是说，小说中的所谓“撞客”云云，的确更多地还是针对郭存先本人来说的。正是因为郭存先早就处在了精神的一种严重失衡状态，所以他指使怂恿自己的手下人去杀人犯罪，也就自然是顺理成章的事情了。既然犯了罪，那么郭存先后来的被捕入狱也就一定是必然的了。好的小说就应该是这样的，由于在阅读的过程中，读者已经与其实很具人格魅力的主人公建立了很深的感情联系，所以，在故事的发展演进过程中，当主人公一步步地走向人性深渊的时候，我们就总是想伸出自己的手，去阻止这悲剧性行为的发生。最起码，从我个人的阅读直感来说，在面对郭存先的时候，我所产生的正是这样一种几乎无法加以自控的感觉。这种阅读感觉的形成与出现，充分说明的也正是蒋子龙对于郭存先这一人物形象刻画塑造的成功。

要分析把握郭存先这个农民形象，就必须充分地注意到蒋子龙在小说中曾经借时任大化市市委书记的高敬奇之口，讲过这样一番话：“为了更好地认识郭家店现象，我读了《吕氏春秋》，上面说：‘古先圣王之所以导其民者，先务于农，民农则朴，朴则易用。民舍本而事末则好智，好智则多诈，多诈则巧法令，以是为非，以非为是。’《盐铁论》上也说：‘商则长诈，工则饰骂，内怀覬覦而心不怍，是以薄夫欺而敦夫薄。’郭存先的人生轨迹惊人地印证了古人的论断，一个聪明能干的农民，随着财富的积累越来越多，金钱的光芒也越来越大，大过了郭存先作为农民原有的朴实色彩，也遮住了他最初想脱贫致富的理想和真诚，一步步地走向犯罪……可惜而又可恶。”引述高敬奇的言论，并不就意味着我们对他观点的简单认同，而是为了说明作家蒋子龙为了这部长篇小说的写作究竟下了多大的功夫。说到底，高敬奇的言论背后潜藏着的还是蒋子龙，他的言论其实乃是蒋子龙的某种言论。也只有到这个时候，我们才能够真正理解蒋子龙这部长篇的写作为什么要持续十多年的时间。却原来，他是抱着一种撰写学术论文般的严谨态度来进行小说写作的。非常简单的一个道理，从高敬奇的相关言论中，我们就可以充分地感受到蒋子龙为了这部小说的写作确实查阅了很多资料，为了更好地把握住郭存先这一农民形象的悲剧性成因，蒋子龙究竟进行过怎样深入透彻的思考与推敲。因为作家的写作意图特别明显，他并不仅仅只是想写出当代现实生活中的郭存先形象，而是试图在整个中国传统文化的大背景之下，对于郭存先这一农民形象的精神世界进行深度的透视与表达。所以，我们必须注意到，小说中的另外一位人物封厚对于高敬奇观点进行的有力反驳：“《吕氏春秋》和《盐铁论》里的那些观点，到清朝后期就被西方的坚船利炮打得落花流水了。西方经典的工商贸易观，来自孟德斯鸠的思想，他说正是商业活动，在北欧的野蛮人中间传播了文明和高贵的气质，贸易在哪里兴起，美德就在哪里盛行……”对于封厚观点的表达，就意味着蒋子龙并没有简单地以高敬奇的那套理论来理解剖析郭存先其实相当复杂的内在精神世界。实际上，要想真正理解郭存先复杂的内心世界，我们还应该注意到他在狱中与想象中的另一位著名农民陈永贵的对话：“因为农民只要一出了头，就都想摘掉农民帽子。最轻视农民的还是农民自己，你就是如此。别看整天都把农民挂在嘴边上，专是跟当官的过不去，一有机会就嘲笑他们，侮骂他们，可你自己最是官迷，而且是大官迷，一心想当大官。如果能用钱买到我过去的地位，你早就买了。骄傲、妒忌、贪婪，这三根绳子拧成套就把你送到这儿来了。”还不只是想象中陈永贵的话语，更值得注意的还有在审讯过程中，警官陈康对于郭存先某种内在本质的有力揭示：“这些在你身上还不算是最严重的，还有比这些更危险的。不信你可以想一想，当年你游走乡间，砍棺材的时候，是快乐的，知足的。你是村里的能耐人，媳妇漂亮贤惠，小日子过得也比别人强。但随着你的官越来越大，手里有了所谓生杀予夺的大权，就真的想夺取别人的性命，你不为自己的变化吃惊吗？……你的成功之路不可谓不艰难，步步坎坷，大险大恶，先后被调查过好几次，都扛过来了，却在年产值六十多个亿、明年就可以过百亿的当口栽倒了，这是为什么？你自己就从来不追问，不感到奇怪吗？你是不是觉得有时连自己也控制不了自己，像叫病拿的一样？”从根本上说，郭存先最后的彻底失败正是由于其内心中的自我权力欲望过于膨胀的缘故。这一点，甚至早在郭存先刚刚成为生产队的队长，初步品尝到权力滋味的时候，就已经有所流露了。“现在终于让他有了一个登场的机会，生产队的队长虽然还不算吃皇粮的干部，但已非常接近郭家店的权力中心，以前换队长只不过是解决由谁掌握权力，这次要让他们都看看，权力该怎样被掌握。”那样一种掌握权力之后的得意状，在当时就已经溢于言表了。对于掌握权力之后的郭存先形象，小说借助于欧华英的眼睛进行过生动的描述：“离郭存先越近，欧华英越能感受到他身上有一种男人的震慑力，这力道不是来自身体，他没有郭存勇壮，但郭存勇却没有这股威势。郭存先的震慑力是从骨子里散发出来的，让她紧张、拘束，又让她感到刺激、新奇。”“他太傲慢了，什么场面没有经过，什么人没有见过，怎么会把一个远房的兄弟媳妇放在眼里？他叫大伙惯坏了，所有的人都怕他，都想讨好他，都千方百计顺着他的意思说话……”欧华英之所以会感觉到在郭存先身上存在着一种特别的力量，其根本原因就在于郭存先手中掌握着的巨大权力，就在于他掌握着对于郭家店人而言的生杀予夺大权。当然，最让人感到震惊的是，郭存先自我意识的膨胀居然达到了如此一种地步。那就是，即使已经成了名副其实的“阶下囚”，他仍然拥有着特别强烈的自我中心意识。“我怎么了？即便倒了在中国也还是一个绕不过去的人，无论嘛时候谈起农村的改革，能迈得过我去吗？我的经历、我的业绩，都是中国农民的神话，任何一个关注中国农村变革和农民命运的人，都无法回避我和郭家店。”其实，这种强烈的自我中心意识，在郭存先的郭家店举世闻名之后，就已经成为了郭存先一个无法摆脱的内心情结。“另外，他还有一种历史情结，记录下所有的资料以便将来载入史册。他平时的一言一行都有专门的人负责录音、录像，然后整理出来，或以文件的形式下发给村民，或存个一年半载的就印成一本书，将来出‘选集’‘全集’就很方便了。可他哪里会想到，这些录像带日后竟成了他犯法的铁证。”非常简单的道理，也只有如同郭存先这样具有强烈自我中心意识的中国农民，才有可能最后发展到与整个社会的基本存在秩序对抗的地步，并最终被这个社会的存在秩序碰得头破血流粉身碎骨。

就这样，蒋子龙以他浑厚的艺术功力将郭存先这样一个具有相当人性深度的人物形象的人生、人性的演变轨迹异常成功地展示在了广大读者面前。实际上，在面对着郭存先这样一个人物形象的时候，我们往往很难用单纯的善恶美丑来进行评价，来为他盖棺论定。正如同现实生活是杂色的一样，郭存先同样也是一个杂色的人物形象。然而，毫无疑问的，郭存先却又的确是六十年来中国农村社会所孕育出的一个完全可以被称为乡土精灵式的人物，对于那些熟知六十年来中国当代农村社会演进情形的人来说，郭存先形象的艺术真实性是毋庸置疑的。对于郭存先的复杂性的把握难度，仅从小说中的一个细节就可得到完全的证实。在“倒春寒”一章中，关于郭存先有过这样的一种描述:“村里人都知道他郭存先是大能人，只要他肯出马没有办不成的事。只有他最清楚，自己的本事就是能吃苦，能受罪，脸皮厚，敢张嘴求人。”“所以，他有把握能办成的事，就带着村里人一块儿出来，自己光动嘴，让手下的人卖力气。他没有把握、估计要作揖磕头的事，就单独出来，低三下四、丢人现眼只有自己知道，不让手下看到，回到村里仍然拥有大当家的说一不二的资格，在村人面前好保持自己有最高的尊严和权威。这样一来，他在外边受了多大的罪，也就只有自己知道了。”对于此处的郭存先，我们的评价就必须同时注意到这样几个层面。其一，郭存先此人确实具有常人所不可能具备的吃苦精神。其二，郭存先太善于韬光养晦了，他宁愿自己受罪，也要坚持着维护自己在村人面前的高大形象。其三，郭存先从这个时候开始，实际上就已经具有了一种成为乡村政治家的基本素质。再比如，小说中写到郭存先无意间占有了女知青林美棠的身体之后，曾经有过这样的一种描写：“郭存先又推门进来了，他显然已经定住神，有了处理这件事的意见，态度恢复了以往的强硬和自信：既然你们都谈到要打官司判刑了，我这个当事人也有个意见，想说给你俩听听。法律上可能会有一条，强奸知青要重判，可你们别忘了，这是哪儿，是我的炕头，我在自己的炕头上强奸女知青？我老婆还在旁边？……”照常理说，一般人在这种情况下早就慌了手脚，不知道该怎样应对了，但郭存先却不动声色地晓以利害，最终不仅成功地化解了矛盾，而且还使得林美棠此后死心塌地地成了自己的忠实情人。在其中，我们固然可以体会到郭存先身上超群智慧的存在，但与此同时，一种无赖气、一种流氓手段的存在，不也是昭然若揭了吗？细节之中见人性，通过以上两个细节的分析，我们即完全可以认定，郭存先实在是一个半人半魔式的中国农民形象。这样的形象当然是充满着英雄气的，是中国当代当之无愧的一位农民英雄，甚至于，在某种意义上完全可以与柳青笔下的梁生宝相媲美。但在另一种意义上说，这样的人物身上却又充满着流氓气，有着所谓封建观念习性的遗存，以至于他自己最后不得不为此而付出了身陷囹圄而且极有可能老死狱中的惨重代价。能够将这样看似两个极端的矛盾性格特征，相当完美地集中表现在郭存先这样一个栩栩如生的人物形象身上，所充分说明着的正是作家蒋子龙浑厚异常的艺术功力。《农民帝国》的写作，不仅说明了“蒋”郎未曾才尽，而且还更加有力地证明着蒋子龙的宝刀未老。虽然我曾经在行文的过程中强调过长篇小说《农民帝国》的成就并不仅仅只是体现在对郭存先形象的刻画塑造上，小说其他方面的可圈可点之处真的还有很多，但一方面，对于郭存先形象的成功塑造的确可以被看作是《农民帝国》的最大成就所在。进入新世纪之后，也差不多已经有将近十年的时间了。在这个时间段落中，从所谓乡村题材长篇小说的创作情形来看，我以为，最起码出现了两部堪称杰作的作品。一是贾平凹的《秦腔》，另一部就是蒋子龙的这部《农民帝国》。这两部长篇小说均取得了很高的思想艺术成就，其实应该被看作是新世纪乡村长篇小说创作的“双璧”。

《当代作家评论》2009年第3期

《农民帝国》，蒋子龙著，人民文学出版社2008年9月出版，责任编辑：包兰英

# 青春诗情与岁月烟云

——读查舜的长篇小说《月亮是夜晚的一点明白》

郎 伟

每当说到“青春”这两个字，可以断言，几乎所有的人，特别是那些在生活的烟尘里奔波辗转多年、饱受过岁月风沙扑打的人，都会从内心深处涌动对它的由衷赞美和深深的怀念之情。那是怎样的一段色彩斑斓的日子啊！天是湛蓝色的，水是那种深透的绿，风儿是有情有义的，女孩子身上的芬芳是闻也闻不够的。尽管青春的岁月里也会布满连绵的忧伤，尽管由于贫困、匮乏、外在强大的压力和内心无比的羞涩，我们丧失了太多的表达和倾诉的机会。然而，物质的匮乏正可以造就联翩的梦想，甜蜜的忧伤也许是世界上最美丽的忧伤。因为有了那么多的梦想和渴望，有了那么一些“为赋新词强说愁”的忧伤，更因为青春年代里充满着那么多的明亮、澄澈、敞开的心扉和诗一样的情怀，当我们回首这段岁月之时，我们常常会忘却那些日子里的种种不如意，而把人生的这一个季节庄严地命名为“美好岁月”。是的，这一段美好的日子里有太多的故事需要讲述，这一段不能释怀的岁月当中有太多的沉淀已久的情感需要搅动。不为别的，只因为我们生命的诗性之河一旦开启便很难断流，只因为回顾青春是摆脱世俗烟尘的缠绕而重归清新明丽的精神家园的永恒之法。

我愿意把查舜新近所创作的长篇小说《月亮是夜晚的一点明白》看作是一部寻觅青春诗情的小说。同时，这也是一部因了岁月的磨炼、淘洗而生发作者的人生感悟的小说。简言之，这是一部借一个寻常的青春成长和家庭婚恋故事书写时代风貌和回族人民特殊的生存历史、文化传承和精神性格的作品。在当今的回族文学创作中，《月亮是夜晚的一点明白》具有不可替代的文学价值。小说分现实和回忆两条线索进行，现实线索所叙述的故事主要发生于二十世纪的五十年代至八十年代。我们看到，小说主人公丁玉清的故事就是在这样的时代背景下渐次展开的。丁玉清是一个伴随着共和国的成长而成长的当代青年。由于他的姥爷李哈吉曾经是一位中文、阿拉伯文和波斯文几种文字都很精通并呕心沥血翻译经典和著书立说的大阿訇，他的父亲丁祥建国前曾经有过一段短暂的致富史，土改时其家庭成分便被划定为“富裕中农”，在把宗教和致富看作是反动与罪恶的年代里，这样双重的政治标签不仅给丁祥带来不幸，更为丁玉清的人生成长之路带来了难以抗拒的各种阻碍和浓重的心灵阴影。像那个时代所有的中国农民一样，丁氏父子要在物质生存上遭受通常的饥馑、困厄、匮乏、灾难，比一般农民更多一重忧患的是，丁祥和丁玉清还要在政治上遭受格外的歧视。然而，丁玉清却是一个宁折不弯，决不向命运低头的人。民族曾经遭受的深重苦难赋予他抵抗不公平命运的血性，对国家和民族前途的倾心关注培养了他沉潜深思的品格。于是，在政治并不清明，生活颇多磨难的岁月里，他由一个倔强的回族少年逐渐成长为一个性格沉稳坚定有为的青年。而他的人生命运的转机恰恰出现于国家命运出现重大转机的八十年代。那是怎样的一个年代啊，一切新事物都仿佛要在这个年代里抽芽、生长，所有的新思想、新观念都争先恐后地要在青年人中间寻找自己的知音。大学校园成为思想和生活新潮流的集散地，而许多经历过岁月磨难和底层生活的大学生们在新的校园里却经受着此前少有的精神撕扯和情感熬煎。也许，今天的二十几岁的年轻人已经不能理解和体会一个人的命运会与国家和民族的命运如此气息相通，荣辱与共。这不奇怪。在政治昌明，人民安居乐业的年代，国家的意志大多时候会以一种温和的方式体现于人民的生活当中，以至于人们常常会产生错觉：仿佛我们每一个人的命运与国家和民族的命运联系并不紧密。而在刚刚逝去的那个并不遥远的年代，时代和社会强加于个人命运的劫难以及因时移世变给个人命运所带来的天翻地覆般的变化，这样的人生传奇又何止是成百上千！然而，书写个人命运与国家和民族命运的息息相关，只能说是《月亮是夜晚的一点明白》这部长篇小说的题旨之一。如果《月亮是夜晚的一点明白》仅仅停留于这样一个题旨层面，那么它的文学价值是要被大打折扣的。我想说的是，作为一部叙事体的长篇小说，《月亮是夜晚的一点明白》的独特之处在于：它以一种真实而纤细的笔墨，生动再现了时代交替年代里生命律动当中的复杂难言形态。比如描写丁家人物坎坷命运中的一些笔墨，总是那样扎实、深切而又纷扰人心。这恰恰是检验一个作家有无阅历底蕴、思索智慧和艺术功力，能否在作品中避免概念游戏和增加审美成色与思想魅力的重要课题。若从远景上说，历史基因的考证，往往也要从这里着手和获益。而当生命的原始底色无遮拦地呈现和真实裸露之时，《月亮是夜晚的一点明白》所给出的答案是，回归家庭本位。因为家是最能遮挡人生风雨的静谧的港湾。只有在那里，我们才可能感受人间最自然而又最深刻的抚慰、柔情、甜蜜和温馨，从而深切体会庄严的责任感和创造新生命的快乐。

有很长一段时间了，在我们翻阅的当代作家所创作的许多小说当中，已经不大能够看得到道德的坚守和对家庭价值的维护了。现在是流行“情色”甚至是色情的年代，征风逐色的欲望唯恐不能释放和满足，还管他什么道德不道德！在这个可以公开地眉飞色舞地谈论个人最原始的欲望冲动的年代，由于消费主义和享乐主义甚嚣尘上，“性”不仅成为了一种被刻意培养的东西，而且正在蜕变为消费社会的头等大事。于是，打开我们的文学书籍，触目皆是充满了生机的勃勃情欲(更多时候是变态的情欲)。那种带有诗意和羞涩感的恋情早就成为丢在角落里的老古董了，现在流行的“故事法”是：一双男女在电梯里乍一见面就已经不能自持（接近于昏迷)，得赶紧开房间将情欲释放。否则，就有可能出人命！显而易见，许多作家已经不会或者不习惯于描写人间正常的男女情感了，他们也很少能够处理人之所以为人的深藏于我们内心的时刻规约着人类的伦理关系。他们把“变态”视为常态，把一厢情愿的“白日梦”视为美妙的想象力。而他们恰好忘记了，要写好真切复杂的正常的人类情感，并且令人信服，当真是一件不容易的事情。处理这种正常的现实情感关系，并且刻写出足够的深度，也许需要的是更为广阔的观照视野，更为深刻的对社会和对人性的洞察力。此时，诚实的文学品格将直接决定你的书写的质量。读者们可以清楚地看到，《月亮是夜晚的一点明白》这部长篇小说的叙事主线是男主人公丁玉清与两个深爱着他的女人纳素娟和李芬之间的情感纠缠。从表面上看，小说很容易被人理解为是一个世俗的“三角恋”的故事。然而，我要告诉读者，千万不要被作品的叙事表象所迷惑。不错，《月亮是夜晚的一点明白》讲述的是一个男女恋情的故事，然而，与当前绝大多数事涉男欢女爱的作品题旨有异的是，恰恰提出的是男女恋情当中的道德操守问题和维护家庭价值的问题。是的，丁玉清在被逼迫的无奈之中与不识字的纳素娟结为贫贱夫妻，当人生命运出现转机，丁玉清又与初恋女友李芬旧情重燃（另外两位开放女性董果和秀春的分别涉入愈发加大了感情旋涡的力度)。这样的故事在二十世纪的八十年代一点也不稀奇。那毕竟是一个人性渐渐在政治和各种社会力量的重重压抑下逐渐苏醒的年代。然而，生活的故事一旦进入审美的视域，便一定会打上创作主体深深的烙印。让我们为之感动的是，虽然小说描写了丁玉清在几个女人之间的情感纠缠（那种灵魂被强力撕扯和备受煎熬的情形实在令人揪心扯肺），但是，小说并不涉及变态的情欲。即使自己的民族曾有过漫长的一夫多妻的婚姻文化传统，就像小说中所描写的大胡子姑爷与大姑奶奶和小姑奶奶几乎是一辈子和睦相处的这类迷人生活情景，已经渗入到了主人公丁玉清乃至此前的一代代人的血液与意识，但作者却正是迎着这种难度而上，来刻写矛盾的复杂性、现实生活的严峻性和人物成长环境的独特性的。不难发现，道德的坚守和家庭的维护始终是创作者坚持不变的创作信念。于是，粗野的动物般的情欲从小说里消失了，两情相悦因为有了道德和伦理的约束而成为真正的充满芬芳的人类正常的情感生活。那确实是一种高贵而明亮的生活。千百年来，人类正是因为向往高贵和明亮，才逐渐走出了阴暗的欲望的黑森林而获得了广阔无边的世界。

我以为，查舜先生的这部长篇新作从总体风格上来说，是一部带有浓厚的抒情气质的长篇小说。这不仅仅体现在作者对小说女主人公纳素娟的诗意描写上（那是怎样的一个羞涩的情深意长的回族女子啊），更体现为贯穿全书的主要叙事基调是清新明朗的。这当然与小说所讲述的青春往事有关（初恋情怀总是美丽的），更与小说所涉及的二十世纪五十年代和八十年代的时代气氛和社会精神面貌有关。勃兰兑斯认为：在所有的文学作品所演奏的乐曲当中，总是能够听到来自时代的隐隐的背景之声。从总体来说，二十世纪的五十年代与八十年代是放飞希望和梦想的时代。炽热的时代情怀和单纯明朗的社会信念会进入到每一个人的生活当中，并直接影响到人们对人生和社会的感受。查舜先生是二十世纪五十年代出生的，而改革开放之初正是他经历了多年底层生活的磨难而蓄势向新的生活天地挺进的年代。因为是带着无法忘却的理想和激情，也因为是书写人生最美好的青春故事，所以其清新明朗的基调便成为贯穿全书的动人的调子，即便是主人公的情感在屡屡经受少有的苦难之时，因了由青春的情感和韵律相伴，这种动人的基调非但没有改变，而且更具有了些许凄婉的蕴涵和性质。当然，说这部作品的主调是清新明朗的，并不意味着作者在作品中只会用一个调子唱歌。事实上，由于另外一条自唐代开始经宋、元、明、清、民国至新中国成立以来的叙事线索，即杜家商队故事及其怀念情结的自然融入，使小说在抒情气质之外，平添了悠长的历史回声和某种俯瞰、穿越和沉思的品质。而俯瞰、穿越和沉思的气质恰恰是一部富有历史感的优秀小说所应该具备的基本素质和精神渴求，而这也为作品具有大胸襟、大气派和宏大主题提供了条件和可能。再者，这部小说对于特殊年代里西部风土人情和民族生活的描绘也是新鲜而独特的。丁玉清为了相亲而走遍村子借穿戴（甚至脚上的一双鞋也是借来的），丁祥老人在儿子新婚之日被戏耍（小说当中的生活仪式被称之为“耍公公”），都是特殊年代里西部人生活当中的近似于“穷欢乐”的一种独特风景。尤其是为刚刚出生的孩子“穿沙裤”，更是产生于西部贫困边鄙之乡的“穷人的风情”。类似这般像是专门从生活底层开掘、打捞并提炼出来的感人细节，不但为叙写主要人物的生活方式、生存环境和生活阅历起到了至关重要的作用，也增加了作品的可读性和审美耐力，同时也还使作品所描写的主人公周围的众多人物，比如大胡子姑爷、丁祥老人、李哈吉大阿訇、王智斋、吴成章、费兆仁、马二羔、撒懿德和齐黎彬等人物的性格和品行在差异和对比中实现了各自的丰满感和多寓性。这使我们想到，一个地方的风物人情常常联系着社会风云的聚散与变幻。而风物人情的变化，既标示着时代的变迁，也会引发我们内心深处一种复杂的情感。因为，我们常常不知道，在那些即将和已经消逝的古老的风物人情当中，深藏着多少民族在特殊年代里的生存故事和心灵的饥渴与向往。

一个作家到底离他的故乡有多远？许多作家言之凿凿地说，不远。八十年代汪曾祺有言：“写小说就是写回忆。”汪老的回忆里最多的是故乡的风物与世态人情。这几年又有创作家旧话重提。莫言在《小说的气味》一文中说："作家的创作，其实也是一个凭借着对故乡气味的回忆，寻找故乡的过程。"散文家周同宾也说："写作就是回老家，就是亲近故土亲人。"我不知道，《月亮是夜晚的一点明白》所讲述的人生故事到底有着几分作者自身经历的影子，然而，我可以肯定地说，那里面的梨花湾，雪一样飘飞的梨花和空明澄澈的月光是完全属于作者的故乡和亲人们的。它们是现实的存在，更是一个审美的世界。查舜先生是一个带着生活世界的生动信息和丰富能量而成就自己文学梦的作家。多少年来，他一直本能地依靠广阔的生活世界的力量，依靠着他的故乡和亲人的情感的支持而从事着文学写作。他从他的人生经历当中汲取永远青葱的生活的力量，从故乡的社会变迁和亲人们的生死歌哭、悲欢离合之中升华出对一个民族命运的深长思索。因之，我把《月亮是夜晚的一点明白》这本书视为作者对青春韶华的深情怀念。同时，我也把它看作是一个经历过生活的磨砺从而穿越了岁月烟云的智者对过往年代的认真梳理和独特品位。

《小说评论》2009 年第 4 期

《月亮是夜晚的一点明白》，查舜著，人民文学出版社 2007 年 7 月出版，责任编辑：包兰英

# 新国民性批判的经典之作

——论长篇小说《农民帝国》

李建军

## 一 “国民性批判”与“新国民性批判”

从十九世纪中期开始，以鸦片战争的失败为标志，中国结束了以泱泱大国自居的闭关锁国状态，被迫进入了开放门户、融入世界格局的新阶段。由于国贫民弱，由于文化的落后，中国在军事、经济和外交等方面，屡屡受到西洋和东洋强国的欺凌和羞辱。一些睁开眼睛看世界的新知识分子，通过认真的比较和深入的研究，发现中国社会进步滞后的根本原因，在于我们的文化和国民性出了问题。于是，他们开启了批判旧文化、旧道德的启蒙运动，希望通过对国民性的现代化改造，即鲁迅所说的“立人”，来建立一个现代性的国家，实现中华民族的复兴。

但是，从二十世纪三十年代初开始，由于日本的野蛮入侵，救亡图存和社会动员成了关乎中华民族存亡绝续的头等大事，“五四”一代的批判国民性的启蒙性工作，因此客观上受到了抑制，发生了转向。到了后来，为了赢得政治斗争的胜利，为了最大程度地进行社会动员，仍然需要抑制以知识分子为主体的“启蒙主义”，需要抑制以怀疑和否定为特征的“国民性批判”。新的理念要求一切形式的文学叙事必须用“阶级”的“眼光”看世界，必须以“批判”的姿态揭露“压迫阶级”和“剥削阶级”的“罪恶”，以同情甚至歌颂的态度来叙述“先进阶级”对“压迫”和“剥削”的反抗。如此一来，不加区别地将所有“国民”看作一个整体的“国民性批判”，就显得很不合时宜，就成了不利于社会动员的障碍。“新的文艺政策和文学动员的影响是极其巨大的。它不仅开启了二十世纪文学以反映阶级斗争生活为主要内容的新阶段，而且彻底地改变了作家的生活方式、思维方式和叙事方式。在此后的漫长的时间里，从文化和人性的角度对‘国民性’进行整体性批判的写作基本上消歇了，尖锐而充满个性色彩的反讽，也很少看见了。取而代之的，是一大批新式作家的诞生，是一大批具有崭新风格作品的产生——这些新的作品包含着‘国民性批判’的启蒙文学所没有的明朗、乐观、自信的色彩，但是，它们似乎也缺乏‘五四’启蒙文学的沉郁、厚重和力量感，缺乏它所包含的个性色彩和文化意蕴，尤其缺乏对于中国人‘国民性’问题的深刻思考。”①

进入二十世纪五十年代以后，“新的人民文艺”被要求更多地写“光明”，反映“国民性的成长的过程”：“中国新文化运动的最伟大的启蒙主义者鲁迅曾经痛切地鞭挞了我们民族的所谓国民性，这种国民性正是帝国主义、封建主义在中国长期统治在人民身上所造成的一种落后精神状态。……现在中国人民经过了三年的斗争，已经开始挣脱了帝国主义、封建主义所加在我们身上的精神枷锁，发展了中国民族固有的勤劳勇敢及其他一切的优良品性，新的国民性正在形成过程之中。我们的作品就反映着与推动着新的国民性的成长的过程。……我们应当更多地在人民身上看到光明，这是我们所处的这个新的群众的

① 李建军：《“国民性批判”的发生、转向与重启》，《文艺研究》2009年第10期。

时代不同于过去一切时代的特点，也是新的人民的文艺不同于过去一切文艺的特点。”[①]在这样的意识形态语境下，国民性批判就丧失了最基本的生存空间；凡是带着问题意识和批评态度表现“国民性”的作品，都很容易被误解，被当作“丑化人民”的动机不良的“反动作品”。直到二十一世纪初期，还有一些作家试图否定鲁迅批判国民性的意义，认为鲁迅的“国民性批判”完全“来源于西方人的东方观。他的民族自省得益于西方人的旁观”；由于鲁迅“不自觉地把国民性话语中所包藏的西方中心主义严严实实地遮盖了。我们太折服他的国民性批判了，太钦佩他那些独有‘文化人’形象的创造了，以至长久以来，竟没有人去看一看国民性后边那些传教士们陈旧又高傲的面孔”。[②]总之，对相当一部分作家来讲，“国民性批判”已经成为一个失效的话题，业已丧失了对当下文学的现实意义。

就当代文学的范畴来看，“国民性批判”停滞局面和委顿状况的改变，“新国民性批判”的自觉期和成熟期的到来，是以王小波的出现为标志的。这种“国民性批判”之所以“新”，是因为：第一，它所面对的，是完全不同的语境和问题——经过了剧烈的“斗争”和频繁的“运动”，中国人的“国民性”呈现出空前严重的状况，文学需要面对的是“道德滑坡”之后的许多更加复杂的问题；第二，在全球化和现代化的背景下，国民性批判的内涵和理想图景都有了新的变化——新的文学叙事必须用现代的观念来审视当代的“中国问题”，来研究新形态的国民性，从而帮助自己时代的人们成为人格健全、充满理性精神的现代公民。王小波显然是深刻地意识到了这一问题的作家。他将自由、尊严、知识和理性当作自己全部写作的价值支点。他的作品里充满优雅而轻松的自由感，充满知性的深刻和幽默的风度，

① 周扬：《新的人民的文艺》，《文学运动史料（五）》第688—689页，上海教育出版社1979年版。

② 冯骥才：《鲁迅的功与“过”》，《收获》2000年第2期。

常常表现出对自己的反讽和调侃，表现出一种大度而宽容、有趣而自信的精神姿态。像“五四”一代一样，王小波的批判也是从“伦理问题”入手的。他反对“愚蠢”，反对不负责任的“装傻”，反对一切“站在人性的反面”的姿态，反对“话语的捐税”，尤其反对一切形式的“无趣”。

同王小波一样，蒋子龙也非常关注当下中国的世态与人心，在写作中也涉及到了当下的一些“国民性”问题。几乎就在王小波用杂文随笔来批判社会问题和国民性问题的同时，蒋子龙也做着同样的事情。他在杂文《公德何在》中批评那些多得可怕的“社会公害”，尖锐地指出了“公德”缺失导致的后果：“社会陷入一种病态的不公正——强者可以践踏道德，而道德只用来束缚和伤害弱者。”①他敏锐地观察到了“政治”和“金钱”的异化关系，看到了享乐主义对“国民性”的严重影响，因此，在《政治金钱》一文中，他这样批评“政治金钱”的“破坏力”：“中国每年公款吃喝花掉一千亿元——真是吃喝大国！世界上没有第二个国家敢这样吃法。”②在《个体户和领导者》一文中，他说：“官场上的拜金主义更能使人的心灵变得荒芜野蛮，甚至长出角和刺。某些掌权者患了‘金钱饥饿症’，就会使一级权力或一种体制‘穷疯了’，而权力穷和体制穷是最可怕和最危险的。”③

长篇小说《农民帝国》延续了蒋子龙用杂文随笔形式批判现实和国民性的路向与精神。这部小说面对的是进入新世纪以后异常复杂的中国社会。在这样一个消费主义和娱乐化的时代，任性被当作自由，利己主义大行其道，有的人获得了巨大的财富和权力，却成了失去理性意识和法律观念的“自由人”，变得极为疯狂和可怕，给他人和公共的利益造成了严重的损害。通过对郭存先这一人物的成功塑造，

---

① 《蒋子龙文集》第六卷第 269 页，华艺出版社 1996 年版。
② 《蒋子龙文集》第六卷第 317 页，华艺出版社 1996 年版。
③ 《蒋子龙文集》第六卷第 322 页，华艺出版社 1996 年版。

蒋子龙不仅显示了“新国民性批判”的叙事自觉，而且还揭示了这样一些深刻的主题：在市场经济和社会转型的复杂情势下，仅仅把“财富”的积累当作唯一的目标，必然会导致人性的异化和扭曲；只有把崇拜金钱和权力的“农民”(事实上,它不过是“国民”的代名词而已)，提升为现代意义上的理解法律、自由和人道主义的真谛和价值的“公民”，一个社会才能在本质的意义上实现现代化，才能使自己脱离“农民帝国”的桎梏和奴役，否则，那些在攫取财富和权力方面获得成功的人，仍然不过是一些精神上的赤贫者，是形式上自由而本质上被奴役的人，是表面上成功而实际上失败的人。像郭存先一样的自大而狂妄的“成功者”，因为不知道尊重别人的权利和生命，所以，也不可能真正地尊重自己的权利和生命——他们不仅很少让自己体验到真正意义上的成功感和幸福感，而且，通常会严重地伤害自己，使自己沦入不幸的境地。

从“新国民性批判”的角度来看，蒋子龙这部小说深刻地昭示了这样一个主题：从“农民帝国”向“公民”社会转化必然是一个艰难的过程，需要我们付出切实的努力甚至巨大的代价，才有可能最终实现。

## 二　塑造了一个“新国民”的典型形象

塑造人物是小说艺术的核心任务，但也是最为艰难的工作。然而，为数不少的现代小说理论家似乎倾向于将蔑视“人物”当作小说观念“现代性”的标志。他们将小说研究的中心转移到了“叙事”“视点”“文体”和“模式”等技巧形式层面。人物常常被当作微不足道的“话语构成”，当作作者主观“想象”的结果。殊不知，人物在很大程度上是一个近乎“天造地设”的客观性存在。在很大程度上，他与其说是被“创造”出来的，毋宁说是被“发现”的。在一个既定的叙事语境里，小说人物有自己的个性和尊严——他只能以这样的方式思考、言说和行动，而不能以那样的方式思考、言说和行动。小说人物的客观性和独立性如此之强，以至于我们必须承认歌德的那句话——“不是我写了《浮士德》，而是《浮士德》借我之手完成了它自己”——包含着小说艺术最重要的真理。我们从现在很多的小说中看不到活的人物，原因就在于很多小说家不明白这个道理。他们写小说的时候，实在太随意、太任性，也太慢待、太不尊重人物。

蒋子龙对人物在小说中的重要性，有着明确的认识和深刻的理解。在一篇题为《找到人物》的创作谈里，他这样说：“我一直对人物没有失去兴趣和信心。……写人物是文学创作最大的一个套子，被人们说滥了，因而惹人厌烦。许多新的文学潮流，也想否定人物在小说的作用，但至今尚未把人物从文学中赶走。”[①]在《人物情绪语言》一文中，他再次强调了人物在小说中的地位和作用：“什么是‘艺术性’？对叙事文学作品来说，一个极重要的方面就是‘出人’——写出特殊的人物个性。……作家靠什么把读者带到自己的故事中去？靠人物。有着鲜明性格的人物一出场就应该浑身是‘戏’，他走到哪里，在哪里就引出一串故事。”[②]他在一次演讲中表达了对当代文学中“人物”的不满：“在我国不朽的古典文学圣殿里，出现一个人物就如同立起一座大山。……再看看我们当代文学作品里塑造的那些人物，有的萎头缩脑不成人样；有的男性雌化，多情却又远不如贾宝玉；有的女性雄化，却又硬不过辣子王熙凤，硬不过孙二娘。”[③]蒋子龙的小说从来就把人物放在第一位。他的许多小说作品中的人物，个性大都是鲜明的——他们就像一群雕塑，也许线条不够柔和，但棱角分明，很有质感和力度。

---

① 《蒋子龙文集》第八卷第 105 页，华艺出版社 1996 年版。

② 《蒋子龙文集》第八卷第 284 页，华艺出版社 1996 年版。

③ 《蒋子龙文集》第八卷第 322 页，华艺出版社 1996 年版。

什么样的理念引致什么样的结果。由于重视“人物”,蒋子龙在《农民帝国》中成功地塑造了一个“新国民”的典型形象。这个叫郭存先的农民，聪敏，有心计，能吃苦，就在别的人被饥饿折磨得走投无路的时候，他却凭着木匠手艺给自己找了一条活路，不仅帮助家人渡过难关活了下来，而且，在很多人都因为贫穷不得不打光棍的时候，他带着一个美丽而贤惠的女人回来了。他吃过苦、挨过整，在很长时间里，过着暗淡无光的卑微的生活。但是，时代变了，他的机会来了。他敏锐地感受到了这种变化，发现了市场经济时代农民致富的秘密。市场经济时代需要的是那些不安分、敢折腾的人，郭存先碰巧就是这样的人。他对郭家店发出了向“金钱”进军的动员令：“咱郭家店是为全国的农民发家致富蹚地雷的，没有敢死队还行？敢死而不死就是大本事、大能人。这个世界上就是百分之五的大能人挣大钱，百分之九十五的傻蛋在旁边生闷气。你们想当挣大钱的大能人，还是当只会生干气的傻蛋？”[①]这是一个具有尼采气质的拜金主义宣言。他几乎抓住了所有可以赚钱的机会。为了赚钱,有时他甚至到了不择手段的程度。夤缘时会，他成功了。他借助金钱的光芒和力量，成了万众瞩目的明星，成了郭家店的“大救星”和一手遮天的主宰者。但是，他的精神并没有随着金钱的积累而升华。所以，终到了，他其实仍然是一个“农民”，是一个富有而贫穷、自大而自卑、聪明而愚妄的“新国民”。在郭存先身上，我们看见了根深蒂固的劣根性，也看见了当今时代中国人的令人担忧的“国民性”：这里有“一阔脸就变”的庸俗，有杂自卑与自大于一体的狂妄，有滔滔不绝“话痨”式的浅薄，有“金钱万能”的拜金主义，有对他人尊严的傲慢的蔑视，有缺乏文化理想的自满和得意。

金钱是郭存先的上帝。在金钱之外，他几乎没有别的更高的追求目标。他们信奉的哲学就是“拜金主义”。在他看来，金钱是一切社

---

① 蒋子龙：《农民帝国》第443页，人民文学出版社2008年版。

会关系的总和；决定一个人幸福的根本条件就是金钱，推动整个社会前进的唯一动力也是金钱。他相信金钱是无所不能的。他用金钱让郭家店的所有光棍都娶上了媳妇。他甚至认为金钱可以直接兑换成“文化”:“记住了,今天晚上郭家店必须摘掉文盲的帽子,凡六岁以上的人,在明天天亮前必须都给我认下一个字。多认了有奖，多认一个字奖十块，你多认十个字就奖一百……”[①]郭存先对金钱迷信到走火入魔的程度。他说：“我喜欢经济学家，经济学就是赚钱学。钱这玩意儿总是能让人多交朋友，净碰上喜事，每天都能欢欣鼓舞地过日子。……只有有钱的人才有资格谈论钱，钱是全部现代生活的灵魂，它既可以将一切都归结为钱，又可以将钱归结为一切。钱象征着人的能量，有钱就有力量。现在的人只有通过拥有金钱，才能拥有生产力和生命力。我们与金钱的关系，代表了我们与别人、与社会联系的本质，说白了就是拿钱说话。就像这个大厅，这是我设计的，基本就是两种颜色，黄和白。黄的是金，代表钱，象征太阳，阳刚，有强烈的辐射，无敌的能量。白的是银，也代表钱，象征阴柔……”[②]他经常“情绪高涨”地卖弄他的金钱哲学：“金钱是富人表达感情和爱好的方式，而且是最简单有效的方式，古今中外莫不如此。实际上追求金钱，跟追求漂亮、浪漫没有本质的区别，有钱的男人跟想在男人身上赚钱的女人是天生的一对儿。如果一个有钱的人,不在你身上花大钱,趁早离他远远的。”[③]

金钱容易使人产生扭曲甚至错误的自我想象。它导致虚荣心的膨胀。一个拜金主义者很容易沦为自大狂。而一个极度自大的人，往往是一个极度自卑的人。他需要权力和荣誉来满足自己的虚荣心，来克服内心深处的自卑，所以很容易沦为“拜权教”的信徒。郭存先就既是一个“拜金主义者”，又是一个“拜权教分子”——仅仅占有

① 蒋子龙：《农民帝国》第 443 页，人民文学出版社 2008 年版。

② 蒋子龙：《农民帝国》第 501 页，人民文学出版社 2008 年版。

③ 蒋子龙：《农民帝国》第 517 页，人民文学出版社 2008 年版。

金钱，已经不能满足他的虚荣心，他还需要在权力的向度上，寻求虚假的价值满足感。买个自行车，他也要有个讲究，他坚持买“红旗”牌的，而不是“凤凰”和“飞鸽”牌的，他对郭存勇说：“你猜我骑上红旗自行车首先想到的是嘛？咱们国家领导人坐的是红旗牌小轿车，咱就比红旗牌小轿车少俩轱辘……那一回郭家店就买了五辆。”① 村子里开个会，他也要往上比一比，把它说成是“郭家店的遵义会议”。② 他把自己的办公地装饰成“中南海”：“凡有幸走进这间办公室的人，大多都接受过郭存先这样的询问，我的办公室比中南海怎么样？”③ 而郭存先为“人才园”定下的“标准”是：“在式样上、气魄上要参考北京的人民大会堂，在质量上要高于中国现有的任何建筑，院内的一砖一瓦、一墙一门、一梁一柱都要能防大震、防打仗、防原子。”④ 金钱的大量占有，使他完全丧失了理性而朴实的生活态度；对权力的疯狂崇拜和模仿，则使他像沐猴而冠一样滑稽可笑。

他还信奉一种“无赖哲学”。他告诉自己的手下人：“……自古以来哪个朝代不是流氓无赖打下来的？”面对外部世界和他人，他的法宝就是“硬顶”。他对自己的“干儿子”说：“不管你的境遇如何，你只能全力以赴，郭家店的全部成就都是硬顶顶出来的……你干爹这辈子实际就干了一件事，得到了权力上的成功和名望。”⑤他于是有了自己的“带枪”的“派出所”。当公安机关来郭家店缉拿犯人的时候，他竟然用自己的“武装”与之对抗。

然而，他失败了。

郭存先终于锒铛入狱。

---

① 蒋子龙：《农民帝国》第 238—239 页，人民文学出版社 2008 年版。

② 蒋子龙：《农民帝国》第 250 页，人民文学出版社 2008 年版。

③ 蒋子龙：《农民帝国》第 493 页，人民文学出版社 2008 年版。

④ 蒋子龙：《农民帝国》第 476 页，人民文学出版社 2008 年版。

⑤ 蒋子龙：《农民帝国》第 539 页，人民文学出版社 2008 年版。

他的失败几乎是注定的，近乎庄子所说的“无所逃于天地之间”。

有一只手在将他推向成功之巅的同时，又将他拖入了失败的深渊。

这只手就是文化环境。

人是文化环境的产物。什么样的土地长什么苗，什么样的环境出什么人。正像弗洛姆所说的那样：“一个人精神是否健全，从根本上讲，并不是个人的私事，而是取决于他所处社会的结构。健全的社会能拓展人具有的爱人的能力，能使他创造性地工作，发展他的理性与客观性，以及使其具有基于自己的生产力的经验的自我身份感。不健全的社会则造成人们相互憎恨与不信任，将人变成供他人利用与剥削的工具，剥夺了他的自我身份感，而使他成了顺从、屈从于他人的人，或者变成了一个机器人。”[①]蒋子龙深刻地写出了郭存先的性格和价值观形成的客观情势和文化环境。

在郭存先身上，我们可以看到严重的人格残缺，可以发现他精神上的种种“病态”。但是，这些残缺和病态并不是与生俱来的或者偶然产生的现象，而是外部世界影响的结果。郭存先的生活环境以及他“所处社会的结构”，在很多方面，都不能说是“健全的”。可怕的饥饿、一个接一个的“整人”的“运动”，都对他产生了消极的影响。他知道自己生活在什么样的环境里，但是，他无法摆脱它的控制和影响。他对林美棠说：“你放心吧，这么多年上边整人的招我都见识过了，挨的整受的罪记不过来了。我是个农民，只要不犯法，谁也把我怎么样不了。”[②]但是，他不可能“不犯法”，也不可能不“挨整”。他知道整他的远不是几个人，而是一种他无法与之对抗的力量，所以，“真正让他犯嘀咕的还不是这几个人，而是他们背后所代表的那一股神秘不可抗拒的力量。任何强大的力量都是无情的，这股力量如果选择一只羊来做自己的代表，那只羊也立刻会变成一只狼或一只虎。……郭存先也

① 弗洛姆：《健全的社会》，孙恺祥译，第 57 页，广州人民出版社 1994 年版。

② 蒋子龙：《农民帝国》第 304 页，人民文学出版社 2008 年版。

曾怀疑过自己的八字可能有点问题，活了这四十多年不是受穷受累就是挨整遭罪，别的本事不敢说长了多少，挨整的经验倒是积累了一些。”[①]郭存先的颟顸、冷漠、狠毒、缺乏爱的能力，他的为达目的，不择手段，多少与自己的这些“挨整受罪”的屈辱经历和伤害记忆有些关系。

“农民”身份是我们理解郭存先的性格和命运时必须考虑的一个因素。他虽然出身于农民，但却并不愿意“安分守己”。他身上有于连·索黑尔的野心，有伏脱冷式的豪横。他生活在离城市很近的农村，强烈地感受到了“城”与“乡”之间的天壤之别，也感受到了农民身份带给自己的痛苦和焦虑。第一次使他感受到这种痛苦和焦虑的，就是给嗷嗷待哺的儿子买奶粉。在一切都被统一支配的“计划经济”时代，农民不能像城镇居民一样享受“供给制”的“优越性”，所以，郭存先没有购买奶粉所需要的“奶票”。但他不愿接受这个事实。他决定用自己的方式解决问题：

> 女售货员诧异地从凳子上站起来问他：“你怎么又回来了？”
>
> 他向女售货员招招手，人家向前一探身子，他猛地抓住对方胳膊，另一只手将锃亮的斧头拍在柜台上。女售货员脸色大变，嘴唇都哆嗦了：“你要干吗呀？”
>
> 他倒不急不躁：“你别怕，我是讲理的。我们贫下中农也是人，我们的孩子已经生下来，也就不该再被饿死，你说对不对？可是我们没有奶票。今儿个是你们县里的造反派请我们一块批斗走资派，我们来了几十号人，你存的这两袋奶粉我是非要不可。一种办法是你卖给我，”他说到这儿把事先准备好的两块五角钱从口袋里掏出来放到柜台上，“另一种办法就是抢。你真要逼我动斧子，

① 蒋子龙：《农民帝国》第305页，人民文学出版社2008年版。

我可就一不做二不休，别怪我心狠手辣！”[①]

他终于“买到”了奶粉。但是，这样的冒险留给他的记忆必然是不快的，造成的后果也必然是消极的。与这次经历一样，“大跃进”之后的“大饥饿”，也给包括郭存先在内的农村人留下了严重的伤害：

……集中了这么多人的红薯地里，却没有了往常集体干活儿时所不可或缺的说说笑笑声，有点像警察荷枪实弹地看押着犯人们在劳动……尽管如此，还是有人瞅冷子就把红薯苗塞进嘴里，为了不被人发现干脆闭住嘴不嚼，等待再有机会了，便直脖子瞪眼地一努劲，将红薯苗囫囵个儿吞下去。还有人一看见霉烂的秧苗，指给后边监督的民兵看看：这可是烂掉了的，种下去也活不了。随后便飞快地填进自己嘴里，而不是扔掉。[②]

苦难和屈辱会带来伤害和不满，会造成信任感的丧失，但也能够激发出近乎偏执的奋斗的激情。帮助那些跟自己有着相同命运的农民摆脱屈辱的境遇，就是郭存先最初为自己确定的奋斗目标：“我就图为农民争口气！穷莫穷于无能，贱莫贱于无志，不能再让我们的孩子从小就演习怎么出去讨饭。我郭存先的人格不是随便哪一个人想侮辱就可以侮辱、想损害就能损害的，风声不能不听，但也不能听见风就是雨。太怕风声就会把自己刮丢了，搞改革开放，不能随风转，要根据老百姓的利益转。以前千错万错，都错在不管老百姓的利益，公社化、‘大跃进’‘文化大革命’，以粮为纲抓的穷光光，以阶级斗争为纲抓的人心慌慌。我们始终把上级当亲娘，上边一阵风，说一不二，结果错是我们犯，罪是我们受，上级永远还是上级，风还照样年年刮。

① 蒋子龙：《农民帝国》第 168—169 页，人民文学出版社 2008 年版。

② 蒋子龙：《农民帝国》第 41 页，人民文学出版社 2008 年版。

治灾、治贫、致富，都容易，治愚就难了。治上边的愚更是难上加难，如果亲娘变成了后娘怎么办？上边的愚一时治不了，咱就先治自己的愚，该有个准主意了。我的主意就是，农民不是农民了，就是农民的最高出路，农村不像农村了，就是最好的农村！”[①]难道这些话语里，不是也像《威尼斯商人》中的夏洛克为“犹太人”所做的声辩一样，包含着一些真实的信息和悲剧的意味吗？难道这些真实信息和悲剧意味，不是也很让人心情沉重和酸楚吗？

显然，如何摆脱“农民”身份，乃是郭存先最为关心的问题。对于农村的历史和农民的境遇，他的认识是很清醒、很深刻的——这里有对被愚弄的不满，也有对自己主宰自己命运的强烈诉求。但是，问题是郭存先并不能深刻地理解“愚”的本质，更不明白如何去“治”。他对“愚”的认识，主要来自于直接的经验和感受——农民所经受的痛苦和农村所承受的“天灾人祸”，所以，仍然停留在外在的经验的层面，还没有上升到理性自觉的境界。他所谓的“治愚”，具有很强的实用主义和功利主义色彩，用他自己的话说，就是不能“随风转”，而必须“有个准主意”。他谋求的只是外在的成功。他缺乏更高远的理想，缺乏对生活的更理性、更成熟的理解，他几乎完全不知道“法律”“平等”“理性”和“尊严”为何物。他身上最缺乏的，是爱的能力和同情心，是谦逊的美德和平等待人的交往意识。所以，他本质上依然是一个被金钱异化了的“农民”。即令他获得了外在的成功，也无非是一个“农民”的成功——从成功的那一刻起，他就开始踏上了失败的路途。从更深刻的意义上说，成功了的他，仍然是“农民帝国”的愚昧的“奴隶”。

虽然，典型化理论现在似乎已经失效了，但是，蒋子龙笔下的郭存先还是让人想起了“典型”这个词——蒋子龙给我们认识这个时代的“国民性”，提供了一个饱满的宝贵的“典型形象”。

---

① 蒋子龙：《农民帝国》第 353 页，人民文学出版社 2008 年版。

## 三 “召唤”与“对话”的思想化叙事

在小说写作上，现在流行的是感觉主义和物化主义的叙述方式。感觉主义就是随意地叙写自己的身体经验和内心感受，把小说降低为近乎个人生活流水账一样的东西；物化主义则是将日常生活的场面和细节，芜杂地堆砌在一起，把小说当作了收集逸闻趣事的垃圾箱。这两种叙述方式共同的特点，就是极端的盲目性和无意义感。排斥思想性和分析的态度，缺乏力量感和批判精神，是这些写作方式的另外一些特征。同时，在这样的小说里，你常常会看到一些智力低下或精神变态的人被当作“叙述人”——他们通常被称作“不可靠叙述者”。然而，在蒋子龙的小说里，客观性和意义感是一些很受尊重的价值，而叙述者则总是“可靠”的——“文本内叙述者”与“文本外叙述者”的严重错位和不对称现象，在他的小说里，几乎不存在。

蒋子龙看重思想在小说的价值和意义。他只写自己思考过，而且想明白的生活。充满思想力量和成熟的分析意识，具有深刻而明晰的主题，这些都是蒋子龙小说写作的稳定而明确的风格特点。他甚至不回避用最直接的方式来表达自己的思考和判断。当然，他不是简单地、赤裸裸地表达自己的思想，而是赋予它以热烈的激情和内在的深度。事实上，在小说里，思想只要是以充满诗意和激情的方式表达出来的，就不会惹人烦，就会有吸引人的力量。金梅先生准确地揭示了蒋子龙小说的这一点：“他的议论决不取旁观者的态度，更不是教人以世故。他于议论和点拨中，燃烧着一股炽热的情感。他是想用自己的独特的见解和热情之火，去唤醒人们为改造社会、改造人生而斗争，正是这种智慧之光和热情之火的结合，使蒋子龙小说中的议论和哲理性的语言有雄辩的力量，从而加强了整篇作品的宏伟辽阔的气派。”[①]

---

① 金梅：《试论蒋子龙的小说艺术》，《文艺研究》1981 年第 3 期。

有必要强调的是，蒋子龙的这种分析的思想化叙事，带来了这样一种叙事效果，那就是刚健的力量感。有批评家这样评价："蒋子龙的小说，从总体来看，审美特色属阳刚之类。就他直面人生、针砭时弊、急切严峻、热烈明快的审美特点来说，姑且称之为'直言的艺术'。这种艺术虽然不那么含蓄委婉、悠远淡雅，那么有嚼头，有韵味，那么朦胧、隽永、细腻，却也有其不可替代的长处。它是那么一针见血、痛快淋漓，又那样的凌厉刚强、雄浑悲壮和粗犷豪迈，使人感受到激越高亢、震人心弦的雄伟气势。"[①]说得很准确，完全符合蒋子龙小说的实际情形。

米兰·昆德拉为之"敏感"的"四个召唤"里，有一种是"思想的召唤"。他认为，让一种"光彩夺目"的"智慧"进入小说，不是为了"把小说改造成哲学"，"而是为了在叙事的基础上动用所有理性的和非理性的，叙述的和沉思的，可以揭示人的存在的手段，使小说成为精神的最高综合。"[②]《农民帝国》无疑属于那种召唤思想的作品，但是，被它"召唤"进来的"思想"，不是悬浮于小说的情节事象和人物自己的性格以及境遇之外的，而是从"人物"和"故事"的发光体上折射出来的，换句话说，蒋子龙总是贴着小说这个本体来表达自己的思想。他这样分析权力对郭存先精神的扭曲：

> 权力这块肥肉是他自己培养出来的，想不到稀里糊涂他就成了活着的神话。这时常让他感到自己已经缺少权力所需要的体力和智力，开始憎恶一切人与人之间的接触，不再随意跟人交流心思。他必须把自己关起来，保持着对一切的冷漠和对一切的野心。让群众轻易见不到他，才更有神秘感，有神秘感才能成神。想想

---

① 管权、陈纾：《明朗刚健：直言的艺术——蒋子龙小说审美特色一瞥》，《福建论坛》1987年第6期。

② 米兰·昆德拉：《小说的艺术》，孟湄译，第15页，生活·读书·新知三联书店1992年版。

那些成气候的人物，哪个不是都留下了许多谜。

这或许是因为他太强了，所以寂寞。因为寂寞，他才能发现最强大的活力。用心的孤独，换得心的自由。……①

不过，蒋子龙更多的是通过对人物自己的心理活动的描写，来直接地呈现人物的“思想”的发展变化和矛盾状况，例如第27章“死去活来”对彻夜难眠的郭存先的心理活动，蒋子龙就是这样描写的。其中最精彩的，是第28章“咸鱼翻身”写郭存先与那个几十年前的一位农民英雄的“鬼魂”的对话。这其实既是两个“郭存先”的对话，也是两个时代的对话。虽然表面上看，两种话语显示出两个“农民”的两种完全不同的生活方式——那一个努力保持自己的农民身份，始终“白羊肚手巾，粗布对襟褂子”，这一个则试图彻底摆脱自己的农民身份，穿名牌衣服，戴名贵的眼镜，然而，实际上，他们不同的生活方式体现的不过是各自时代的精神气质和流行价值观罢了：一个是为了迎合时代而显示自己的农民身份，一个则为了满足“消费主义”时代的虚荣心而遮蔽自己的农民身份。那个已经作古的“农民”津津乐道地讲述自己昔日的荣耀和辉煌，嘲笑对方的倒霉和失败：“人到了一种境界，有时会不自觉地感到只要你在，连太阳都得围着你转，只要你是对的，你的世界就是对的。现在你可倒好，蹲了大狱，弄不好你的一切就都是错的了，还不好好琢磨琢磨……”然而，今天的这个“农民英雄”却并不宾服：

……或许你这辈子是不冤了，可你没有见过大钱哪！你不想着钱，钱也会忘了你，你体验过发大财的感觉吗？哎呀，钱赚钱，财引财，钱多得追着你、赶着你，你想不要都不行。滚滚滔滔，源源

---

① 蒋子龙：《农民帝国》第493—494页，人民文学出版社2008年版。

不断，那种经历才是人间最吸引人的历险。钱是一种你永远都不会满足的东西，追逐它、积聚它才是人活着的最大驱动力。我的头衔是没有你大，可我吃过见过玩儿过，手底下有一个庞大的金钱帝国，比你活得有气派。……以前谁拿农民当回事？可现在，从上到下再没有人敢瞧不起一个富翁，那还不好好做回子人。过分点也应该，膨胀一下不算嘛，就算今天到这地步，也值了，我不后悔！①

就其本质来看，这是两个同样被自己时代的“时尚”所“异化”了的农民。他们都缺乏深刻的自我反省能力；都满足于外在的“成功”和虚假的荣耀；都对消极的东西表现出认可和欣赏的态度。蒋子龙通过这种戏剧性的对话设置，巧妙地宣达了自己对“农民帝国”的具有历史深度的思考，表现出极为成熟的“分析能力”，显示了一种有效的反讽策略——寓自己的态度和评价于人物自己的话语之中。巴赫金说：“作者的观点、思想，在作品中不应该承担全面阐发所描绘世界的功能，它应该化为一个人的形象进入作品，作为众多其他意向中的一个意向，众多他人议论中的一个议论。”②在《农民帝国》里，很多时候，蒋子龙正是这样来表达自己的思想的。

由于批判“新国民性”的自觉，由于塑造了郭存先这样一个典型的“新国民”形象，由于较好地“召唤”并表达了自己的思想，《农民帝国》便成为灌木丛中一株颀伟的银杏树——它风神秀雅，气度非凡，值得人们驻足观赏，行注目礼。

《小说评论》2009 年第 5 期

《农民帝国》，蒋子龙著，人民文学出版社 2008 年 9 月出版，责任编辑：包兰英

---

① 蒋子龙：《农民帝国》第 617 页，人民文学出版社 2008 年版。

② 《巴赫金全集》第五卷，白春仁、顾亚铃译，第 130 页，河北教育出版社 1998 年版。

# 向亲人、故乡和“本民族”致敬的写作

杨森翔

读查舜《月亮是夜晚的一点明白》，心中便缓缓地感受和体验到一种温情和激动，不由得便想起二十年前与冯剑华的一次旅行。那一年，剑华代表宁夏作协和《朔方》编辑部探慰僻处乡下的查舜，由我引领。查舜的家在宁夏河东灵武东门外两公里许的“塔湾子”，那里果树成林，是灵武著名的花果之乡。当我们走到雄伟的镇河塔下的时候，看到一位少年，便打问：“知道查舜吗？他的家在哪里？”少年说知道，他用手向西南方向指了指：“不远，前面那个庄子就是。”

查舜在这里的知名度颇高，几乎所有的大人娃娃都知道。他的家我曾经去过，情况我也了解一些。就在快进查舜家院门的时候，我对剑华说：“有个细节，必定会重演，那就是：我们可能只见到查舜，而见不到他的妻子；等见到他妻子的时候，必定是她端着饭菜招呼我们吃饭的时候。”果然，我们与查舜在他的一间面东的小书房兼卧室聊了不到一个小时，他妻子便把热喷喷的饭菜端到了餐桌上，请大家“口到”……

二十年过去了，剑华一见我就说：“那真是一次印象深刻的旅行，谁也没有安排，我们也没有见女主人的面，她就把饭菜做好、端上来了……确实与城里不同……”而且，那次旅行后，我们就认定，查舜的《月照梨花湾》中丁玉清的家庭结构与查舜的家庭结构完全相同。因此可以肯定,《月照梨花湾》实际上是查舜的生活自白,是他向父亲、妻子、儿女以及乡亲们致敬的写作。

查舜也毫不掩饰“梨花湾”及丁家老小与自己的精神联系。他曾对我说过，无论是在中学，还是后来读大学，他的身边都不乏异性热情者,有些异性的大胆和炽烈,几乎令他“热血沸腾”。但他一想到“梨花湾”这块“温暖的土地”上，生息着丁祥老人，还有纳素娟和她的孩子们，他便有了抵御这些的力量。

查舜多次向我谈起过他的父亲、妻子，言谈中充满对他们的感激和崇敬之情。最近的一次是在他的长篇《月亮是夜晚的一点明白》快杀青之时，他说，他的妻子虽然文化程度不高，但懂得的东西不见得就比大学生差，在生活和伦理的很多方面，甚至比某些大学生要强好多。用小说中丁玉清父亲丁祥的话说：“她为了我们这个家，为了你（小说男主人公丁玉清），吃了不少苦，是个没有功劳也有苦劳的人，你千万可不能坏良心啊！”查舜说：“咋能坏良心！我能有今天，我这个家能有今天，多亏了她……”

查舜还向我谈了为什么要把中篇《月照梨花湾》创作为长篇《月亮是夜晚的一点明白》。他说，首先是为了了结一个心愿。当年《月照梨花湾》这部四万多字的中篇小说发表之后，白崇人先生等好几位老师都曾说过，我把一个长篇小说的素材写成了中篇，挺可惜的。以往不是没有写成长篇的想法，只是觉得功力尚欠，万一驾驭不好，就会把这个好素材砸了。毕竟这部中篇被拍成电视剧曾在几十家省市电视台和中央电视台多次播出过，也曾获得过第二届全国少数民族文学奖的中篇小说奖，在全国产生过一定影响。除非有大的构想和突破，否则还不如保持原样为好。

他说，经过了二十多年的历练，他已写过几百万字的七八种体裁的作品，也驾驭过《穆斯林的儿女们》和《青春绝版》两部在全国产生了一定影响的长篇小说。“严格地说，我现在才真正懂得生活是什么，小说是什么，应该怎么去写小说。至于我为什么没有用原来那个中篇的名字，因为这毕竟是一种比较大胆的探索，人物由原来的几个发展成为了有名有姓的三十来个人，时空容量也跨越了千年和许多地方，字数也成了原来的十几倍。当然，不仅是原来那个中篇的名字似乎已经涵盖不了现在的内容，主要还是想让其保持自己的一种独立存在，成为自己创作之路上的一份珍贵纪念。”

他说，丁家院子和“梨花湾”是“我在时间的流逝中时刻回望的精神源头和灵魂故地，是我的文化原乡。这次写作，不是简单的‘扩写’，更不是重复，而是‘螺旋式上升’”。确实如此。《月亮是夜晚的一点明白》通过“重述”既往，把塞上腹地“梨花湾”及丁家院子在当代中国的变化及底层民间社会的众生相，再一次铺现在我们面前，而这些又都与作者生命相关，痛痒相系。

丁玉清、纳素娟、李芬的爱情故事，当然是这部长篇小说的主线。作者通过“重述”这个故事，不但刻画出了一个个性格不同、栩栩如生的人物形象，而且还诚恳地向人们提示着：怎样对待爱情、怎样对待生活、怎样对待别人？最后归结到一点，就是：人应该怎样对待信仰，怎样活着？

纳素娟性情美好得如同一树带露的梨花，美丽而又明净。她和丁玉清的结合，虽是“父母之命，媒妁之言”，但在确定“终身”之后，便无限忠诚于这个家。她“自尊要强”，独立承担起“扶老携幼”的家庭重担，为这个家“鞠躬尽瘁”。她的身上闪烁着中国女性传统美德的光芒。

李芬是一位现代文化女性，但她的身上同样有一种令人景仰的美好品德。她与丁玉清从小“青梅竹马”，共同的学习生活使两人产生了深刻的爱情。“尽管特别的历史，已把她和丁玉清的情感历程，折腾得不再像样”，但她的内心深处仍然激荡着创造新生活的激流。她是一个既热情奔放，敢于追求，又非常理性，勇于放弃的人。

丁玉清是这个爱情故事矛盾的中心，他对生活怀着火一样的热情，对李芬也有着“刻骨铭心”的爱，但他是一个“拿得起、放得下”，有理想、有抱负、有操守、有责任心的人。一旦命运之神把他与纳素娟结合在一起，他便信守承诺，负责到底。之所以如此，完全是因为他有一种“精神的力量”在支撑。

三人三种出身，三种性格。他们各有各的理想，各有各的追求，在现实生活错综复杂的矛盾面前，他们各有各的抉择。但他们的共同点也是很突出的，那就是：真诚的品格，以及在对待爱情、事业、家庭和人与人之间关系上表现出的善良正直、纯真和自我牺牲的精神。

《月亮是夜晚的一点明白》与《月照梨花湾》最大的不同，或者说是突破，实际在于对民族与民族精神的思考。查舜对民族和民族精神的思考贯穿这部长篇小说的始终，重点体现在丁玉清与李大阿訇、杜凌云、丁祥、王满拉这条叙事线中。

主人公丁玉清实际上是作者查舜观察生活和社会的特殊视角。正如雷达在对这部中国作协重点扶持作品文稿的审读笔记中所说：“丁玉清这个人物在新世纪文学中是很少见的，他的人生经历，是许许多多受到多样文化冲撞的穆斯林青年的代表，他在省城求学期间，遭遇了种种困难和艰辛，经受了心灵磨砺，但最终实现了自我的超越。

“作者塑造丁玉清这个人物是满怀激情的，丁玉清对爱情、人生的体味体现的是作者对生命的思考。丁玉清少年时的经历及当时梨花湾人民经历的磨难，事实上不仅仅是个人的苦难和一个村子人的磨难。它们往往与民族关系密切相关。丁玉清在大学里遭遇的歧视、得到的支持与帮助，不仅仅是他个人的经历，在更大程度上，也是一个民族与其他民族相遇的经历。”

在小说中，李大阿訇（李哈吉）虽然只是在“引子”里提及，但他的影响几乎无处不在，他的思想、品德、精神和教诲深刻地影响着以丁玉清为代表的新一代回族才俊的成长历程。实际上，作者是把李大阿訇当作一位承载着本民族传统精髓的长者来描写的：为了让民族传统更好地传承下去，李大阿訇一生都在刻苦认真地翻译经典著作，当他预感到民族将要遭际一场大的磨砺，就将这种磨砺具体到尚未出生的外孙丁玉清身上。丁玉清的成长史也就是回族的民族传统经历新情况新考验的历史，而丁玉清的成长也见证了回族的民族传统的博大精深和后继有望。

李大阿訇这个于“引子”中寥寥数笔的人物，若按一般看法就以为是一种“虚写”，一种“不太经意”，但在作者后来的笔下却成为了精神的象征。这种精神的象征通过各种方式一点一滴地渗入到丁玉清的生活之中。从表面上看，大阿訇李哈吉给外孙带来的似乎是灾难，因为丁玉清是阿訇的后代便一直受到政治上的歧视，但大阿訇的精神和智慧，通过善良的父辈们，如父亲丁祥、满拉王智斋、姑爷杜凌云等，传递给了丁玉清。完全是因为“心有月亮”“心有明白”，才使他在成长之路上能够直面艰辛、经受磨炼、战胜困难。

自唐开始，经宋、元、明、清、中华民国至新中国成立前夕的“杜家商队”及这个商队的一代代杜姓先辈们的传奇故事，则暗示着这个民族曾经拥有的不畏艰难、百折不挠的民族精神和历史记忆，是回族“善于经商”“善于融入”“善于适宜”“眼界开阔”“海纳百川”“包容性很强”“热爱养育自己的家园”等民族精神的人本阐释。

丁祥与王满拉这两个人物的刻画与社会关系的安排颇有深意。一个是李大阿訇的女婿、丁玉清的父亲，一个是李大阿訇的得意门生、生产队里唯一受过经堂教育的“智者”，他们与丁玉清生死相依、患难与共，与他的学校老师撒懿德一起，是深刻影响丁玉清成长的重要人物，也是作者理性观照和探索民族精神的重要环节。

丁玉清与李大阿訇、杜凌云、丁祥、王满拉（后为阿訇）这条叙事线，亦可以称之为是一个人和一个民族的精神成长史和心灵演绎史，是作者对民族和民族精神长期思考的结果。这一结果又集中体现在丁玉清与王智斋阿訇（即王满拉）的对话中。在本书第四十节“种种震撼”中，丁玉清巧遇王智斋并到其所“执掌教门”的清真寺做客，读到了王阿訇写的一篇文论《关于本民族现实与未来的思考》。王智斋在这篇文论中说：

> 正如每个想有所作为的人，都要考虑自己的前途一样，作为一个具体民族的人，作为一个既不愿提倡民族主义，也不愿相信民族虚无主义的族胞，我们不能不考虑自己的民族问题。……

王智斋考虑的结果是什么呢？他觉得：

> 首先要提倡和发扬这样三种精神：第一种是善于自省自律的精神。要认真而毫无保留地剖析本民族自身的弱点，其中当然也该包括那些劣根性的东西。……
>
> 第二种是善于比较的精神。要公正客观地将本民族与中国乃至世界上众多民族做比较，特别是要敢于和善于与那些先进和强大的民族做比较。……
>
> 第三种是善于创新的精神。这是检验一个民族有无前途的试金石。要在保持优良传统的前提下，努力提高所有族胞的文化修养和道德素质。……

丁玉清读过此文，不但吃惊和感动于王智斋的“有激情，有理性，有思想，有气度”，而且还深受启发，自己又写了《精神天使》的诗文与之交流，表达了他胸怀民族，放眼世界，乐于迎对世界上各种文明的启示与观照的博大情怀：

> 走出沙漠吧／去找水源／走出山谷吧／去找世界／水源就是生命／世界就是强大

这一首短诗，又引起了王阿訇的强烈共鸣：“这可真是后生可畏啊，我写了那么多话，叫你三言两语就给概括了……”

这段对话，是查舜在经历了各种人生坎坷和领会到本民族传统的经典内涵之后的一种感悟，是他长期体察民族生活、关注民族命运和独立思考民族前景的结果，当然，也是他对“本民族”人士的一种忠告和希望。从中的确不难看出，作者在写作这部作品时的动力、胆识、向往都绝非平常，而是以付出大真诚、大气力、大感动、大见识的方式，在尽其所能地追求着大胸襟、大气魄、大书写、大境界。

其实，这部小说可供人们关注、分析和研讨的角度、话题和人物还有很多，比如所谓的国家干部吴成章就是一例。在那个特殊的年代里，他时常都以讨好极“左”势力的面目出现，做了许多伤害本民族人民感情的事情，也可以说是本民族人民的罪人，而当改革开放、失去权力以后，他却又成了清真寺的常客，表现得比丁祥们还要虔诚，并且竟然成为主持清真寺一定权力的“学董”。

何故？确实需要深长思之！就“这一个”人物，不仅是查舜对不称职的民族干部在国家和具体族裔之间制造隔阂情形的深切而由衷地提醒，也是他对民族精神进行深入思考时的不可或缺的典型。尤为难得的是，当这个人物重病缠身，为了赦免罪过，继而达到来世一路走好、继续“飞黄腾达”的目的，竟然主动向丁家父子“要口唤”。作者通过丁玉清这个人物以“横眉冷对”的方式，给予了强有力的“封杀”。仅此就不难看出作者对本民族生活的熟悉程度与他对本民族前途命运关心备至的赤子深情。

由于有了李大阿訇、杜凌云、王智斋这条叙事线，不仅让我们看到了一个民族的文化怎样培育了丁玉清的情感方式、思维方式和行为方式，也让我们时不时地回过头来，关注小说的另一条故事线，就会发现：丁玉清和纳素娟、李芬的爱情故事便有了更广阔的背景，他们三人的行为便有了更合理的依据和更深刻的内涵。因此之故，《月亮是夜晚的一点明白》在立意上便远远高出《月照梨花湾》，完全是深思熟虑之后的一次富有深情厚谊和进取精神的艰辛跋涉和大步跨越。

如果说，《月照梨花湾》是查舜有意通过对丁祥、丁玉清、纳素娟、李芬的刻画，表达他自己对真善美的呼唤和对亲人致敬的感情，那么，《月亮是夜晚的一点明白》则是查舜经过二十年的思考后，再一次“重述”这种感情，并通过对李大阿訇、杜凌云、王满拉以及丁玉清的启蒙老师撒懿德的睿智和真善美的刻画，唤起生活中更多的睿智和真善美，同时借以向故乡、亲人和“本民族”表达他崇高的敬礼。

《朔方》2009 年第 6 期

《月亮是夜晚的一点明白》，查舜著，人民文学出版社 2007 年 7 月出版，责任编辑：包兰英

# “农民帝国”的建构与沦陷

——评蒋子龙的《农民帝国》

闫立飞

自从鲁迅写作农村题材小说并开创现代“乡土小说”流派以来，以农民作为叙事对象和内容的乡土小说成为中国现代文学中的一个主要组成部分。作为历史的概念，鲁迅提出的“乡土文学”，虽然特指“五四”时期蹇先艾、许钦文、王鲁彦等为故乡所“放逐”而寓居在城市、表现侨寓者“乡愁”的小说，但它的包容性使其已然成为一个文学理论与批评的概念，涵盖了包括当代小说在内大多数的农民、农村题材的小说书写。因此，蒋子龙的长篇小说《农民帝国》不仅可以纳入到“乡土小说”这一概念之内，而且它以“农民帝国”的建构和沦陷这一形象性的概括和历史性的总结，发展了“乡土小说”的主题内涵，为“乡土小说”的小说叙事提供了新的经验，成为新世纪“乡土小说”写作一个代表性的样本。

农民进入现代作家的视野和成为表现的对象，与传统乡土中国向现代社会的巨大转变有着因果性的关联，它体现了现代性的逻辑和观念。古代文人士大夫的笔下，虽然描写田园风光和农民的生活，也有悯农、伤农的诗文，但是在单质性的乡土社会中，这种描写与诗文只是静态的、凝固的和平面的意境抒发，或是文人士大夫诗情感性的体现，农民和农村根本没有获得主体性的自觉而成为文学上的“风景”。“风景”所以成为风景，乃是通过现代性这种认识“装置”来实现的，它首先把乡土中国抛离了原有静止的轨道，把其纳入到一种线性的时间之中，因为“只有在一种特定时间意识，即线性不可逆的、无法阻止地流逝的历史性时间意识的框架中，现代性这个概念才能被构想出来。在一个不需要时间连续型历史概念，并依据神话和重现模式来组织时间范畴的社会中，现代性作为一个概念将是毫无意义的”。在线性的时间中，乡土生活脱离了它自在状态而被置入到一个由传统／现代、东方／西方、过去／当下、农业／工业、乡村／城市、愚昧／文明、理想／现实、落后／先进、衰败／繁荣、健康／堕落、自然／异化等对立术语构成的混杂性的世界，成为一道具有双副面孔和包容了不同文化内涵的现代“风景”。

在这种对立术语构建的乡土社会中，鲁迅首先展示了它的衰败、愚昧、落后与传统的一面，以批判性的角度表现了传统中国亟待进行现代“启蒙”的非人性特征，创造了一个被现代人遗弃的现实“故乡”：

> 时候既然是深冬，渐近故乡时，天气又阴晦了，冷风吹进船舱中，呜呜地响，从缝隙向外一望，苍黄的天底下，远近横着几个萧索的荒村，没有一些活气。我的心禁不住悲凉起来了。
>
> 啊！这不是我二十年来时时记得的故乡？

故乡的“萧索”与荒凉，晦暗与毫无生机的景象，以及故乡人促狭与刻薄、麻木与恣睢，完全与叙事者“我”记忆中的故乡异样。记忆中的故乡是大家族过年时的大祭祀、戴着银项圈的“少年闰土”和终日坐在店里的“豆腐西施”，是让“我”无限徜往的美丽的故乡。

而造成两者之间巨大反差的直接原因就是“二十年”的时间过程，二十年来，“我”离开故乡来到了城市，大家族分裂为小家庭，活泼可爱的小英雄闰土也变成了木偶人似的中年闰土，“豆腐西施”也成了圆规一样的老女人。尽管“我”从理性上承认记忆中的故乡与眼前的故乡原本是一样的，“虽然没有进步，也未必有如我所感的悲凉，这只是我自己心情的改变罢了”，闰土、“豆腐西施”们的变化也只不过重复了他们前人的道路而已，他们已然习惯于这种道路而毫不自觉，但是，“二十年”时间的介入却让故乡成为被展示与被批判的“风景”，成为“我”毫不留恋而急于逃离的渊薮。

相对于鲁迅故乡的晦暗与阴冷，执拗地自称“乡下人”的沈从文，则从健全人性的角度揭示了传统乡土社会的优秀品质，并在远离现代文化与政治中心的湘西“边城”塑造了一个尚未受到“近代文明沾染的”青碧温婉的“乡土”世界，建构了一个为现代人所向往的精神“故乡”：

> ……近水人家多在桃杏花里，春天时只需注意，凡有桃花处必有人家，凡有人家处必可沽酒。夏天则晒晾在日光下耀目的紫花布衣裤，可以作为人家所在的旗帜。秋冬来时，人家房屋在悬崖上的，滨水的，无不朗然入目。黄泥的墙，乌黑的瓦，位置却永远那么妥帖，且与四围环境极其调和，使人迎面得到的印象，实在非常愉快。

在这样单纯的“风景”中，点缀着白塔、渡船，生活着老人、女孩和黄狗，以及船总、农人、水手和士兵等等，他们以各自的本分、善良、勤劳和对人事的谐和与生命的自然态度，组成了一幅“抒情诗的”(idyllic) 乡土风情画。李健吾先生指出：“在这真纯的地方，请问，能有一个坏人吗？在这光明的性格，请问，能留一丝阴影吗？‘由于边地的风俗淳朴，便是做妓女，也永远那么浑厚……’我必须邀请读者自己看下去，没有再比那样的生活和描写可爱了”。当然，沈从文刻意渲染“边城”的牧歌色彩，创造这一理想的世界，除了表现对家乡的怀恋和怀古的幽情以外，其实还在“风景”的背面寄予了他深切的现实关怀，即以“边城”感性描述中表达一种理性观念，“这点理性便基于对中国现实社会变动有所关心，认识这个民族的过去伟大处与目前堕落处，各在那里很寂寞的从事于民族复兴大业的人”，即沈从文从“乡土”批判的反面——“乡土”审美的角度表达对乡土中国的思考,从淳朴乡土“风景”的再发现中展示了对现代性的批判与反思。

鲁迅对故乡的批判和沈从文对故乡的怀恋展现了乡土世界截然相反的两种面貌，但是，彼此冲突与对立的双方却被纳入到现代性语境之内，它们共同揭示了线性时间意识支配下表达和建构现代乡土世界的焦虑与困扰。因为现代性作为一种反对自身的传统，本身具有现代性与反思现代性的双重特征，它在自我与批判自我的对立中实现了其“同一性（identity）的更新能力”。尽管这两种乡土叙事与当代农村叙事有着根本的不同，但无可否认的是，它们为当代农村叙事的建构提供了一个基本的框架。一方面，鲁迅与沈从文对乡土世界的焦虑与困扰在当代农村题材的小说中被一种单纯的明朗与革命的乐观所取代，二者之间彼此对立、空间对峙的乡土叙事在“暴风骤雨”式的土地革命和“创业史”式的农村合作化道路中被转化为历时性的因果关系，转化为从黑暗与压迫的乡村走向光明与平等的社会主义农村的新旧两个世界的更替与对比的关系，转化为从鲁迅的“故乡”走向沈从文的“边城”的必由之路。另一方面，鲁迅、沈从文对乡土中国丰富性内涵的表现以及对其多重可能性前景的包容不仅被化约为由旧到新的唯一图景，而且他们也只是在象征意义上被“现代化”叙事所移用，于是，农民不仅成为自己的主人，而且经过革命和路线斗争，建立了具有完善组织与结构的农民社会，并向着一个欣欣向荣的，消灭了城乡差别的，具有“抒情”气息的现代化新农村的蓝图迈进，其目的是建造一个“现代化”的“农民之国”。农村的这种“山乡巨变”在剔除了鲁迅对乡土中国的启蒙性的批判，在摒弃了沈从文对乡土世界现代性的反思的同时，却在现代性的线性时间中以单向的革命化与现代化的叙事重塑了农民与农村的形象。

乡土中国的单向现代化叙事在新时期以后开始受到了质疑和反思,蒋子龙的长篇小说《农民帝国》则把这种反思推到了一个新的境地。《农民帝国》塑造了一个群众拥戴、女人爱恋、带领全村人发家致富，却又桀骜不驯、蔑视法权、草菅人命而最终走向灭亡的农民郭存先。从叙事类型的角度来说，《农民帝国》仿佛是对《创业史》故事的延续与反讽的双重性的超仿，它不仅从郭存先的身上展示了作为“社会主义新人”的梁生宝的最终宿命，而且从整体性的角度揭示了中国农民在现代性事件进程中的挫折与失败，它与《创业史》及其主角梁生宝身上洋溢的乐观与自信形成了鲜明的对比。

《创业史》中，互助组长梁生宝冒着霏霏春雨带着那些住在“春天害怕大风揭去棚顶的稻草、秋天又担心淫雨泡倒土墙”的“土墙稻草棚”里的蛤蟆滩贫雇农七凑八凑来的钱去郭县买稻种时，他不仅想着互助组的有万、欢喜、任老四等基本群众，而且怀着改造农村的激情与理想：

春雨的旷野里，天气是凉的，但生宝心中是热的。

> 他心中燃烧着熊熊的热火——不是恋爱的热火，而是理想的热火。年轻的庄稼人啊，一旦燃起了这种内心的热火，他们就成为不顾一切的入迷人物。除了他们的理想，他们觉得人类其他的生活简直没有趣味。为了理想，他们忘记吃饭，没有瞌睡，对女性温存的淡漠，失掉吃苦的感觉，和娘老子闹翻，甚至生命本身，也不是那么值得吝惜的了。

在这种理想的激励下，梁生宝如“清教徒”一样实践着他的宏伟计划，建互助组、进终南山割竹、定生产计划、成立灯塔农社，然后是集体农庄……一步步地把自然经济的小农转化为集体经济的社员，把他们纳入到一个崭新的组织和社会结构中，可以说，一部《创业史》就是教育农民和改造农民与农村的历史。

虽然梁生宝的理想与规划在《创业史》中没有实现，而且真实的“梁生宝”的遭遇让人唏嘘，1997年他去世时，“下着雨，村上没有一个乡亲来送行，棺木是用拖拉机拉到坟地的。蛤蟆滩仍活着的当年一批共同创业者如今只剩下高增福的原型了”。但是，梁生宝的失败却造就了郭存先的成功，因为当梁生宝把精力从“灯塔社”转到社会活动中时，转到组织统购统销、反右派时，郭存先却在延续着梁生宝的生产路线，继续推进集体经济的发展，成为一个真正的梁生宝。《农民帝国》中，郭存先首先面对的是一个比蛤蟆滩更加贫困、自然条件极其恶劣的郭家店：

> 郭家店——并不是一家买卖东西的店铺。而是一座有着近两千户人家的村庄，坐落在华北海浸区大东洼的锅底儿。当村的人说这里有雨即涝，无雨则旱，正合适的年份少。平常能吃糠咽菜算是好饭，最出名的是村里的光棍儿特别多。历来这个地方有个不成文的规矩，谁要在郭家店用砖头打死了人，可以不偿命、不定罪。因为那肯定是误传，要不就是吹牛。郭家店压根儿就没有过砖，这是个土村，满眼都是黄的和起了白碱儿的土，刮风眯眼，下雨塌屋，因为所有的房子都是泥垛的或土坯垒的。没有一块砖的村子，怎么能用砖头打死人呢？

所以，在三年严重自然灾害时期，已经成年的郭存先不得不拿上木匠工具出来闯荡——一边给人砍棺材，一边“擀毡”讨饭，以流浪匠人的身份开始了自己最初的创业历程。这次闯荡使他收获了自己的爱情，娶回来一个漂亮的女人，同时也为他积累了政治资本，他以自己的才干开始登上郭家店的政治舞台，当了郭家店第四生产队的队长。但是，具有讽刺意味的是郭存先出任这个“官职”是被迫的，因为这个生产队长的位子不仅是无人愿干的苦差事，而且也是乡村基层政权限制郭存先外出“打工”的一个手段，其本身已无光荣可言。当生产队长变成一种“惩罚”手段的时候，乡村集体经济体制也就失去其原有的合法性基础，依附在其中的“乌托邦”色彩也就被消解了。于是，梁生宝身上洋溢的乐观情绪在郭存先的身上变成一种悲壮命运的开端：他一开始就是被体制惩罚的对象，他在被惩罚与规训中承担起和梁生宝一样的“救世主”的角色与责任，拯救在赤贫中挣扎的乡民们。

郭存先在生产队长的任上做的两件事是“分地”和“抢洼”，前者他充分行使了生产队长的权力，使队员的利益实现了最大化，后者他承担了队长的责任，在洪水中把生产队的粮食抢收了回来，使得队员度过了灾荒。不过，郭存先大胆分地的做法虽然激起了队员的干劲，但他们依然是一盘散沙，漠然于集体的利益，“抢洼”的英雄壮举反而使他受到严厉的惩戒，他的职务被撤掉了，还被罚出河工做苦役。在郭存先的身上可以看到，体制性的荒诞与拯救者的悲凉交织在一起，党员干部领导和教育群众走社会主义道路的叙事结构被还原为先驱者与群众的启蒙话语，乡村中国原生态的一面在“乌托邦”的破灭中被展现出来。但是，郭存先并不是一个“单颜色”的人，他在遭到惩戒的同时，他身上的“恶”一面也开始凸显起来，这是潜在于小生产者的乡村农民身上的一种自发的反抗意识，过去它曾经酝酿和积累为改朝换代并毁灭一切的巨大能量，现代这种力量被整体性地纳入阶级斗争话语的同时，其个体性的表现则被赋予了反面的色彩，即成为“恶”的表现。对于郭存先来说，这种“恶”的突出表现就是“火烧蛤蟆窝”，他不仅密谋策划并带人盗割“蛤蟆窝”的苇子卖钱，而且一把火烧了蛤蟆窝，并嫁祸于他的政敌，借此沉重地打击了对方。另外，政敌蓝守坤儿子的莫名失踪，郭存先的身上也难脱嫌疑人的干系。因此，作为“救世主”的郭存先，其实还隐含着作为“恶魔”的双面形象和性格，二者交织在一起，它们既促成了他的成功，也造成了他的失败。而他的成功与失败与乡土中国的叙事紧密地连接在一起，与农民帝国的建构与沉沦构成因果关系。

郭存先始终是体制内的一个异己性的存在，他再次被启用当上大队长时同样如此。当全国轰轰烈烈地进行“农业学大寨”，到处深翻土地建“大寨台田”时，郭存先带领着郭家店人四处出击组建食品厂、工程队、砖厂、磨面厂和化工厂以及后来的钢铁厂，发展工商业经济；当解散生产队分田到户实行土地承包责任制时，郭存先却坚决保留生产队，致力发展集体经济，走专业化农业的道路：

> 我的意思想成立个农业队，专管种地，而且要种好，跟邻村那些分了地的人比一比，看谁的地种得好，谁打的粮食多？听说美国一个农民能养活五十个人，我看咱们五十个农民也养不了一个城里人，碰上个能糟的主儿，还不得五百个农民呀。但，郭家店就要向美国看齐。

郭存先优先发展工商业、以工促农并带动农业现代化的整体发展思路，可以说走在了时代的前面，成为一个时代的先行者。郭存先为此受到了调查组的调查，遭遇到人生中的一次严重危机，但是，这次不了了之的调查不仅使他在村中的威权地位得到了强化，而且他的事业从此更加成功，郭家店一步步地成为全国农村的首富，郭存先本人也成为经济时代的英雄。梁生宝时代农村“楼上楼下，电灯电话”的现代化梦想在郭存先的手中得到了实现。

郭存先事业的成功，与其“救世主”的担当意识和反抗性的双面性格有着因果性的关系，二者的结合使他能与政治运动保持一定距离从而领导群众自主发展经济，使他超越了梁生宝的政治局限而走向成功。但郭存先的成功也仅仅是特定时代的农民式的成功。鲁迅在《〈阿Q正传〉的成因》一文中指出："中国倘不革命，阿Q便不做，既然革命，就会做的。"尽管阿Q式的革命理想也仅仅把秀才娘子的一张宁式床搬到土谷祠而已，但作为"黑暗的积极人物"，"确是一种人的存在，因为舍此没有别种人的存在"，即阿Q是中国革命的唯一主体，除此之外别无他人。郭存先从某种意义上可以说是现代阿Q式的人物，是处在社会与体制的底层而又不安分的农民，是农村经济体制改革的唯一主体，因此，"中国倘不改革，郭存先便不做，既然改革，就会做的"，他的身上包含着某种积极性的因素。但是，他也是一个"黑暗"的主体，他愈是获得事业上成功，越要反抗曾经受到的压制和伤害，积蓄的破坏性的能量愈大，程度愈是剧烈，"黑暗"决定了他最终的宿命。正如小说中人物安景惠指出："善良的土地才能长出黄金，哪块土地上的错误和丑恶太多，就只会培育仇恨。郭存先曾经受过许多伤害，在他心里就种下了太多的仇恨。贫穷时尚可掩盖一些东西，一旦有了钱，特别是有了大钱，可以兑换权力、地位、荣誉和种种光环之后，心里积存了几十年的仇恨就要像恶魔一样寻求释放。"郭存先在获得事业成功之后，"救世"的意识消退了，"主"的意识却在增强，他由奴隶变成了奴隶主，进而弄权作势、立威树望、结党营私、打击异己，大力培养个人的势力，成为郭家店说一不二的专权人物。他还兼任郭家店派出所所长，牢牢控制了郭家店的钱、权、执法和舆论，逐渐把郭家店营建为一个独立的"王国"。

在这个独立王国里，郭存先肆意妄为，不仅蔑视上级政府机关，而且下令扣留前来执法的警察，公然与国家暴力机关对抗，其手下更为无法无天，先后打死村民等数人，整个郭家店彻底失去了理智而呈现病态的疯狂。"暴君治下的臣民，大抵比暴君更暴；暴君的暴政，时常还不能餍足暴君治下的臣民的欲望”，因为奴才“一旦得势，足以凌人的时候，他的行为就截然不同，变为‘各人不扫门前雪，却管他人瓦上霜’了”，因而奴隶实与奴隶主是相同的，二者具有相同的逻辑。郭存先也是如此，他成为独立王国郭家店的“店主”，成为这个封建“土围子”的主人的时候，却把乡民们变为他的奴隶，他的奴隶又成为他的对立者的暴民，殴打奴役更低一层的人，于是他和村民打手们成为同样的人，郭家店由此沦陷为无政府的暴力之村。郭家店的暴乱状态使其仿佛回到了《创业史》之前的《暴风骤雨》的时代，让人产生时空的错感，但重演的历史往往以闹剧而告终，所以它在现代社会中必然不会长久存在，其沦陷的宿命早已决定了它的不归路。当郭存先锒铛入狱，将在狱中度过余生时，他的下场比无人送葬的梁生宝更令人扼腕兴叹。一个辉煌的农民帝国就这样沦陷了，并逐渐远离人们的视线，然而它又何曾远去？

“农民帝国”的沦陷必然引发出一个沉重的话题：农民和农村在现代性语境中的出路究竟在哪里？它将走向何方？尤其当人们惊奇地发现故乡农村正在“沦陷”时，《农民帝国》更具有现实性的参照意义。因为在《农民帝国》中，人们不仅从郭存先身上看到了“梁生宝”的身世与宿命，而且从它和现代启蒙话语和浪漫叙事的呼应与回望中探询到“沦陷”乡村的后世与前生。这不仅是一个文学事件，更是现实的需要，何况现实生活比文学更深刻、更复杂！

《天津文学》2009 年第 7 期

《农民帝国》，蒋子龙著，人民文学出版社 2008 年 9 月出版，责任编辑：包兰英

# 艰难玉成

——读刘文忠先生自传《人争一口气》

房国友

很难定位刘文忠先生到底是一个什么家。他是陆侃如先生为数不多的研究生之一，有诸多学术专著传世；他是出版业资深编辑，一生大部分时间供职于人民文学出版社，曾编辑过大量经典作品；他还是一个作家，1986 年加入中国作家协会之前，就已经有许多文学作品问世。严谨的学者、出色的编辑、优秀的作家，这几乎是所有知道文忠先生的人对他的认识。当然，或许也有些人知道，文忠先生曾受到毛泽东主席接见，曾专门为毛主席出版过大字本线装古籍书并得到毛主席的赞赏。也曾跟周恩来总理有面对面的接触，还曾同蓝翎、刘大杰、严文井、张光年等许多文化界名人有过交往。然而，文忠先生的身世到底是怎样的？他的一生究竟有何传奇经历？已入古稀之年的文忠先生究竟经历了多少人生风雨？对外人来说，这仍是一个个难解的谜。

2008 年 12 月，文忠先生的自传《人争一口气》终于面世。该书通过对文忠先生一生经历真实大胆的描写，揭开了关于文忠先生身世与经历的一个个谜底。它让读者看到，在贫寒和压抑环境中长大的文忠先生，是如何通过自己的勤奋与坚韧，一步步走向人生辉煌的。

《人争一口气》是以第三人称叙述的，在自传中，文忠先生名为刘启明。

刘启明生于地主之家。在他的家乡丰县便集，刘氏家族有良田几十顷，族中又有中医和读书人，是当地的望族。然而，因为清末的动荡和民初的兵匪之乱，兴旺的刘氏家族经过几次劫难之后逐渐衰落。刘启明出生之日，正是刘氏家族衰落之时。

生于 1936 年的刘启明，在国与家的动荡中，开始了他一生艰难的奔走。这个孩子不会知道，他的一生将经历一部活生生的中国现代史，抗日战争、解放战争、新中国成立、“大跃进”、反右派、“文革”、改革开放，他都将渐次经历，时代的动荡与家国的兴衰都将在他身上打下深深的印记。

刘启明在不同环境里扮演着不同角色。在家里，他是老爷爷的乖曾孙，是父亲临死还放心不下的儿子，是一直受姐姐关心照顾的弟弟，也是弟弟永远感激的好哥哥；在村里，他是老人们公认的“文曲星”，是便集第一个研究生，也是受村中恶霸欺凌的“地主羔子”；在学校，他是老师的好弟子，是成绩优异的贫困生，也是同学们乐于伸出援手的好同学……他家庭贫困，却永不放弃自己的信念，他凭自己的努力，考上高中、大学，又考上研究生。他永远牢记着老爷爷刘汝芗的话：“有一肚子学问比有两顷地强。”他在晚年草拟了家训：“财产多寡何足虑，子孙学业最当先”。

刘启明在一生的奔走中，遇到无数向他伸出援手的人，在他经济窘迫或遇到其他困难之时帮他渡过难关。在他的回忆里，总是浮现出这样一个画面：奶奶在寒风中把要来的饭裹在胸口，在学校门口等他，他拿过带着奶奶体温的百家饭，流着泪水三口两口地吞下。他是懂得感恩的人，他把恩人们的名字刻在心里、写在书里。那些在他讨饭时给了几个黑团子的旧租户、给了几个角子饼的小姑娘，他都铭记在心。他把这些好心人的善举以及他们的音容笑貌都展现给了读者，让我们感同身受，领略人间的真情和美好。他以这种方式缅怀、报答在他最困难之时给他帮助的人。

文忠先生在书中描写了大量人物，给人印象最深刻的是他的父亲刘福德。他对父亲着墨并非最多，但刘福德的影子却无处不在。他是亲共乡绅，是便集抗日民主政府第一任镇长。他性情敦厚，讲义气，好结交，为朋友可以两肋插刀，更不惜散尽万贯家财。他为共产党做了很多工作，在共产党需要枪支之时，他将自己心爱的德国制手枪双手奉上。可惜的是，刘福德过早地去世了。他的家庭，也由一个富裕的乡绅之家渐渐沦落为乞丐之家。而他的妻儿却又因为地主出身受到诸多不公正的对待。在他去世后的十几年里，他撇下的这个家庭历经磨难，“杀”“关”“管”“斗”都挨了一个遍。刘启明一生的遭遇，也正是以此为背景的。

书中最令人感动的人是刘启明的姐姐。长姊为母，她在自己短暂的生命里给予弟弟无尽的爱。虽然早已出嫁，她还是尽自己的最大力量，默默地为极度穷困的娘家人做着贡献。她曾用微薄的薪水资助弟弟的学业，也曾用整整一个月的工资为奶奶买下一口好棺材。然而她却迫于生活的重压而上吊自杀，在弟弟未及报答她的恩情之时离开了人世，这给刘启明留下了终生难以释怀的遗憾。

刘启明一生坎坷的命运，是新中国培养的第一代知识分子的典型写照。他虽然生于乡绅之家，但要过饭、行过乞，前半生一直处于填不饱肚子的状态。在“五七干校”时，饭量大于一般人的刘启明为了驱赶饥饿，死鸡死猪都敢拿来煮着吃。但饥饿没有压垮他的意志，更没有动摇他的信念，他一直将学习知识和做学术研究视作生命中最崇高的目标。除了“文革”期间耽误的几年时光，他没有停止过学习和著述。在繁忙的编辑出版工作之余，刘启明争分夺秒地做学术研究。

到了古稀之年，他还计划从从容容地写一本《中国文学鉴赏史》。这种勤奋钻研的精神是他一生形成的学习习惯使然，这种精神也是新中国培养起来的第一代知识分子的典型品质。

地主出身一度是刘启明心上难以愈合的伤痕，这一出身使他遭受的命运冲击在“文革”结束之前从来都没停止过。刘启明对党的感情是复杂的，一方面，因为地主出身，他吃过无数苦，受过无数委屈；另一方面，因为党对他的关怀和照顾，他对党又心存感激。这种复杂的情结，使他做梦都想入党。他的党员梦，直到1983年才得以实现。在人民文学出版社党支部宣布刘启明入党的那一刻，他放声大哭，他一生最难了的情结，也终于在这一刻了结了。“文革”结束之后，刘启明终于过上了安适的生活，他儿孙满堂，家庭幸福，遗留在故乡那些未了的心愿也一一实现。

《人争一口气》一书有极大的史料价值。文忠先生通过自己在不同时代与不同历史背景下亲身经历的事实，再现了那些过往时代的真实画面。如“大跃进”时期各种各样令人难以置信的“卫星”：“江宁赛江阴，亩产双千斤”“河南某地小麦亩产八万斤”“一天等于二十年”；甚至连文艺界也提倡放“文艺卫星”，“十几个中文系学生要在几个月内搞出几部电影剧本”等。又如“文革”期间知识分子受到的种种迫害，“阳翰笙、田汉、张光年、张荃麟、张天翼、冰心、吕骥、陶钝、贾芝等人都被示众过”。什么叫作“示众”？书中详细介绍了田汉示众、遭受红卫兵凌辱的场面：“他们（红卫兵）解下了身上的武装带，向田汉身上猛抽。”田汉被示众之后，“只见他满身是汗，黄色的短袖衬衣，已经全被汗水浸透了。田汉的胳臂与刘启明的胳臂碰了一下，田汉的汗水沾在了他的一只胳臂上。”文忠先生的恩师陆侃如先生在“文革”时期同样也受到了迫害。1975年4月，文忠先生重回山东大学，见到了陆先生，他描述道：“如今的陆先生变化太大了，不仅苍老了许多，而且不能行动了。‘文革’中他受到了难以忍受的屈辱和折磨，还有许多流言蜚语的中伤，在省公安厅被关押了九个月。人非金石，怎能不病？”如果不是这些令人身临其境的描述，没有经历过那段历史的人，谁能想象得到“大跃进”荒唐到何种程度？谁又能了解“文革”时期知识分子的境遇糟糕到什么地步？

文忠先生同我国现代史上诸多政治文化名人交往的史实，为中国近现代史爱好者提供了重要的参考史料。如书中提到 1966 年 10 月 18 日他带领红卫兵受到毛主席接见的情景：“他（刘启明）清楚地看见了毛主席。他穿着一身军衣，军衣外面还穿着军大衣，满面红光，因为是站在车上的，身躯显得很魁梧，昂首挺胸地挥着手。”“刘少奇也穿着军大衣，他的脸上没有笑容，表情深沉而严肃。这是他唯一一次见到刘少奇同志。”1967 年 4 月 23 日，文忠先生还见过周总理，他在书中写道：“要坐在主席台上的一批显要人物，正是从北大厅进入会场的，周总理、林彪、康生、陈伯达、江青、张春桥等一行，从他面前经过，许多人物他是第一次见到，而且距离是这样近，周总理挥起的右手，快要摸到他（刘启明）的头发了，即使坐在主会场的第一排，也不会看得这样真切。”文忠先生对这些亲眼所见亲耳所闻的史实的记载，为中国近现代史的研究提供了珍贵的史料。

文忠先生记忆力极好，无论回忆起他的家乡便集，回忆起他的中学，还是回忆起南京大学和山东大学；无论回忆起他在舞协的时期，他在“五七干校”的时期，还是回忆起他在人民文学出版社的时期，他都能将当时接触过的人和经历过的事一一再现。他将每个人的名字都记得清清楚楚，将每件事情的细节都描述得明明白白，甚至当时的童谣、民歌、口号、诗词，他都能将它们一字不落地呈现在读者面前。比如，他对陆侃如、冯沅君夫妇的描写，令人如见其人如闻其声，他对山东大学文学院学习环境和生活环境的描述也使在此生活和学习过的人倍感亲切。

文忠先生将自己的家庭、婚姻、爱情、学业、工作，结合当时政治与社会背景，一一展现在读者眼前，全书写人叙事之形象具体，事实情节之丰富详尽，让读者在赞叹他惊人记忆力的同时，也仿佛随他经历了一回那样充满曲折、充满辛酸的人生。

全书不事文辞华丽，只求通俗易懂。文忠先生以朴素流畅的语言和白描的手法，真实地再现了自己一生的曲折与坎坷、辛酸与甜蜜、屈辱与光荣。《人争一口气》这个书名，通俗又言简意赅地概括了文忠先生在艰难困苦中不懈奋斗的一生。“人争一口气”是他在逆境中所坚持的信念，也是他拼搏终生的动力。文忠先生在本书的最后，以第三人称写道：“他是一个艰难玉成的人。”是的，艰难困苦，玉汝于成，正是文忠先生的人生写照，也是新中国第一代知识分子的人生历程。

《山东大学学报》2009 年第 12 期

《人争一口气》，刘文忠著，人民文学出版社 2008 年 12 月出版，责任编辑：马玉梅

# 献给母亲的哀歌:《两片灵芝》

徐　莉

在混合的阅读经验中，我读到了新加坡双语作家李廉凤女士的《两片灵芝》，它渗入我的阅读记忆之中，又企图闯出一条路来，证明着旧式家族链条的断裂既有其合理性，同时这其间的复杂性又正可以演绎出许许多多曲折往复的故事。

《两片灵芝》是李廉凤女士对“误会了四十年的父母的一次追念”，而她的父母早在她出生之前就已天各一方，而且是相互隔绝了：留在上海的母亲，在结婚三年之后，就用她的理解和宽容，一步一步地失去了爱情；父亲则在美国创立了事业，同时又有了更为合乎现代法律的妻子和一群儿女。那么，这追念就不是一般性的回忆了，而是一次追问，在追问中的怀念。这是一个年长智者的叙述，在她似乎平静如水的讲述中，一段过往的历史，新旧交集中的人们，从平面的书页中鲜活过来，与我相逢，令我欢喜哀矜。

作者的问题，也是我们想要追问的：“但正要离去之前，我忽然对自己说：‘若再不问，以后就没有机会了。’便一时冲动地转过身来，壮大了胆子，大声地问爹爹道：‘妈妈这么好，你到底为什么要抛弃她？’”

母亲静娴淑婉、知书达理，深受传统文化的熏陶。她的才华和美德曾经令父亲着实钦佩和喜爱。父亲从前挚爱过母亲。即使在抛弃母亲几十年后，到了晚年仍称呼母亲为“老妻”。父亲并不是因为不爱他的妻子，而将他的善良美丽的妻子——作者的母亲遗弃，相反，他爱他的“弃妇”，在抛弃后还时时看顾她、帮助她。在抛弃和爱情之间形成的乖戾、紧张的关系，真是叫人疑窦丛生。

比起母亲，父亲的家境要贫寒得多，但是父亲李国钦聪敏、勤学，又遇到苏曼殊等人的指导，后来成为优秀的人才。胡适是他的好友，周恩来、蔡元培、章士钊、宋子文、金岳霖等与他都有过各种方式的联系。他翻译有罗斯福《我怎样改造美国》。后来，纽约自由女神像基座的铜牌上刻着他的名字，其肖像被挂在美国国会图书馆内。照理，这原本应该是郎才女貌、珠联璧合的爱情故事，怎么就变成了一段凄婉的哀歌了呢？究竟是什么原因使得连理枝中的一枝伤痕累累了呢？

父亲有着天生的经济头脑，这在他少年时期就表现出来了。他善于用故事驾驭牧童，并用故事从富家子弟那里换取美食佳肴；他提前预习下一学期的功课，开学后，就把自己做出的答案卖给同学，是参考答案的“鼻祖”。正是凭借其出色的经商能力，父亲在美国经营钨矿取得了成功。

也许，李廉凤父母亲之间的悲剧可以归结为经济对于人之情感产生的化学作用。一个人在与金钱发生联系的时候，完全变作了经济动物。如果这样去解释，问题也就会变得简单得多，爱与恨的界线也会更加分明。然而，父亲又不是毫无情感的冷血动物，他对母亲的深情，对作者的关心和爱护，都是其情感的自然流露。只不过，父亲更善于在经济与情感之间做出平衡和决断，当他陷入情感的旋涡，只要脑筋翻转几下，就会找到解决的方案。

不应忘记的还有作者的父母结为连理的年代。1912 年，作者的母亲成为新嫁娘，也许，她结婚的年份就已经决定了此后一生的命运。此刻十八岁的母亲沉浸在新婚的喜悦之中，她的丈夫在婚前就与她有着说不完的话，在婚后对她更是呵护有加，关怀备至，让她错以为时间会忘记历史，单独给她一个完美无缺的爱情。然而，她的丈夫却只能给她三年的爱情。三年，短暂到令人怀疑这爱情是否存在过。又因它曾经的存在，使人感到生命的无力和悲哀，悲哀到祈求外援才能得以解脱。

1912 年，作为一个新组成的家庭的男主人，他已经掌握了相当的知识和先进的技术，又有足够的、使他日后能在美国立足的能力，但他却仍是在旧式大家庭中成长起来的男性，他的骨子里是中国传统的家庭观。后来，作者的父亲向她解释道："所以爹爹算是一子兼祧，可以娶两个老婆，来承继两房的烟火。"传统文化对于父亲的影响是根深蒂固的，可以使他挚爱母亲，同时又可以轻易将母亲放弃。而父亲到了美国，已经按照美国的法律和程序与华裔女性葛丽丝结了婚，但在他的心里，这个为他不断生儿育女、更为合法合理的妻子，也只不过是个"妾"，正妻仍是作者的母亲。

"纳妾"在中国曾是公开的、合法的婚姻制度，被废除后，它仍固植在不少中国男性的内心，无论这个男性是漂洋过海，还是居留在中国的土地上。尽管父亲在美国受过西式教育，但他并不因此而顾及女性对于情感专一的理想，"妻妾成群"依旧是他理想的家庭样式。父亲对大家庭的看顾，也是旧式家庭对于男子的要求。他对子女的忽略与重视也是旧式家庭中对待孩子的习有态度，如果这个孩子有特殊的才能，他才能意外受宠于他的父亲，否则他一生都要生活在没有父爱的阴影中。

《两片灵芝》中的父亲，如果脱去西装，换上清服，从"商场"退回到"官场"，那就活脱脱是凌叔华略带自传性质的小说《古韵》中的父亲，只是上个时期的男子还"没有负心的必要"（张爱玲语）。

《两片灵芝》中的父母已经是新式恋爱下的结合，因此在作者看来，父亲对母亲的离弃，已是明显的负心人所为。如果这个父亲往下一个时代走去，他就会成为“胡兰成”。张爱玲的《小团圆》式的家庭理想无法实现，是因为在那个时代，即使是在最为现代化的上海，也依然存在着许多“胡兰成”，张爱玲无从选择，必然要与他们其中一个相遇。张爱玲后来悟到这一点，于是始有《五四遗事》的写就。

李廉凤女士的母亲是新旧过渡期的女性，虽然懂得《古韵》中朱兰、五妈的不幸，却还不会像她的好朋友、职业妇女欧阳先生与王碧缘那样选择与丈夫离婚，她还必须顾及女儿的成长，她只能盼望丈夫回心转意，因此仍与丈夫藕断丝连，直到她的丈夫终于决然离去，使她“……心无挂碍……无有恐怖，远离一切颠倒梦想”。

这样感伤的故事，即使是一个历经世事的长者，用了最为淡然的笔调写来，也依然让人哀恸不已：“廉敏正开车送我去加州南部，当她说起了这五十多年前的往事，忽然满面热泪，泣不成声，不得不把车子停在路边，把头靠在车子里的方向盘上，不停地啜泣。”

都是百年以前的事了，还会重来吗？

《文汇读书周报》2010年3月12日

《两片灵芝》，〔新加坡〕李廉凤著，人民文学出版社2010年1月出版，责任编辑：葛云波

# 锦书与玉屑

——读赵丽宏的《云中谁寄锦书来》

霜降石

我大抵是个视觉派，若有机会，买书的时候，先是被它的封面所吸引，后来再见纸上大段大段的文字间，附上多幅的插图或是书法，更是喜不自胜。

自从书友们投奔当当和京东之后，我也义无反顾地追随而去，很少在家门附近的书店买书了，除了报刊亭老板娘每月十六日固定替我预留的那些期刊和绘本杂志。豆瓣读书里的“在读”总是一再地添加，其实，仅仅是到手，“读过”的却无甚增加，“想读”的更是时时敲打出我的惭愧之意，幸好尚未出手。

终于，在这几天，读完了手头今年六月买的这本书。书的封面很撩人，嘿嘿。像一段印着春花秋叶、凤飞凰舞的金橙粉色缭绕的云锦，右上还晕染着一片墨，用白色的字体书写着书名，还盖有作者赵丽宏的私印。嗯，作者的字，写得真不错，让我更是期待，书中的如玉文意。

在“序言”中，赵丽宏提到宋人魏庆之有《诗人玉屑》传世，那是一本诗话，与本书无甚关系，他只是喜欢那“玉屑”二字。“一把雕刀，滑过润洁的玉石，刀锋下，溅起晶莹的碎玉，如雪，如丝，一缕缕，一片片，在阳光下飞舞、飘扬，虽只是闪烁于片刻瞬间，却可以长久漾动于心头，那奇妙的清亮荧光，可以驱逐浊思，照亮幽暗的心谷。”这段话，恰如一枝神奇的魔杖，点出爱诗者心头那说不明道不出的期待与欢喜之情，又如不远处散发着柔柔的月晕般清冷的灯光烛影，笼罩着片片触摸不得又感受得到的疏离与暖意。

这些年，很少再收到什么书信了，甚好，却有古人遗落的信件，被有心人收藏珍惜，只字片语加以整理。书名出自易安的那阙《一剪梅》词，读这本书的时候，忽想起那一年风采大赛中着淡金色旗袍仿若远离尘嚣的那个女子，举手投足间，吟唱着现人谱曲的《月满西楼》。这厢又收到了她们寄来的淡淡的思绪，划过那些秋意浓浓的年月，细碎如耳上发，淡柔似腮上红，清亮如腰间佩，飘忽如指尖风。

在首篇《春在溪头荠菜花》中，是那个熟悉的辛弃疾一阙并不为人所熟知写尽春光的《鹧鸪天》，与韩愈的“天街小雨”互为和唱。见过四月里的荠菜花，是在七年前的一次出差的旅途，由淮至泰，高速公路边上整片整片的金黄，一种突然而来的欣喜，冲淡了车厢里沉闷与心间未名的担忧。

还有好几篇中，提到那个李贺，那个二十七岁便抛下病体追逐自己的奇思扶摇上天的“鬼才”。

《与时间论道》中提到他的《苦昼短》，“吾不识青天高，黄地厚。唯见月寒日暖，来煎人寿”，如此狂语，尽含苦痛与怜悯之心。忽想起，哪里看来的一句“天地宽广，为一熔炉，谁不是在苦苦煎熬”，也是如此，安定强心。

《冷翠烛下人鬼情》中，又有他开启的幽冥之界，《苏小小墓》中那个即使化作幽灵也永远在苦苦等待的佳人，“南山何其悲，鬼雨洒空草。长安夜半秋，风前几人老。……”夜行空山，汹涌而来的生死之思。好像是孔子说的，“不知生焉知死”，如此，不知死之将至，焉知生乎。

《欲飞》中再提及他的名作《梦天》：“……黄尘清水三山下，更变千年如走马。遥望齐州九点烟，一泓海水杯中泻。”不写他的前句，想象天上的种种景象，只写他仿若宇航员的视角，神州在苍穹之眼，也不过是几点烟，海洋河流，只是杯中流泻的几滴。人的生命如此看来，小得可以忽略，东坡语，“何事忘却营营”？

《弦管暗飞声》有他的《李凭箜篌引》，这种古代的弦乐器，奏起，出现了这样的奇景：“……昆山玉碎凤凰叫，芙蓉泣露香兰笑。十二门前融冷光，二十三丝动紫皇。女娲炼石补天处，石破天惊逗秋雨。……”天上人间，真被这奇幻的乐曲折腾得不轻。

生命如草芥，如烟，李贺的奇思，挣脱了他的躯壳，正如天上那颗已死的星，熠熠闪耀，那个来到世间的灵魂，无法亲历种种人间奇景，却可以独自乘风以遨游，即便永远地消散于时间之轮，却可以一直言语不死，思想不死，照亮后人。

“人生不相见，动如参与商。今夕复何夕，共此灯烛光！……”杜甫与分别多年的老友相见，感慨万千，有了这首《赠卫八处士》，颇有那姐“白天不懂夜的黑”的错过之情，只是见或不见的心意之别。《参星和商星》这篇就提及了这两颗，反复出现在诗句中的星星，初读这几句，以为是《古诗十九首》中的诗，像是“行行重行行，与君生别离。相去万余里，各在天一涯。……”（《绝唱》一篇也提及）那股浓浓的古意。源于《诗经》的那种所谓的“哀而不伤”，不像现下某些歌曲中撕心裂肺般地呼号，更有千帆过尽、时光沉淀后的深沉。

梅与竹，出现在《唐人咏梅》《梅花天地心》《墨梅清气》《杜甫和竹》《竹风拂心》和《竹魂》这几篇中。还记得自己闲来曾写过四篇关于梅兰竹菊的小小诗作，只因我也爱极这四位。忆起前几年单位廉政书画比赛中的两幅诗句，“清如秋菊何妨瘦，廉如梅花不畏寒”，“清风明月廉无价，高山流水洁有情”，秋菊湛湛，梅香隐隐，清风徐徐，明月皎皎，高山巍巍，流水淙淙，如此高洁，如此清冷。

写梅的那几篇中，最爱写王冕的这篇《墨梅清气》，写到他的题画诗《墨梅》，“我家洗砚池边树，朵朵花开淡墨痕。不要人夸好颜色，只留清气满乾坤。”作者说他留存于后世的画作并不多，我也无法亲眼目睹那墨梅的独特色泽与风韵。只道他不恋京城，得罪危素这样的权贵，便回老家诸暨山中隐居，耕作，读书，绘画。他不爱画那些经人工改造、枝干扭曲的“官梅”，一心追寻生长在深山野地、有着最自然本真的“野梅”。

他不仅画梅，题诗，还写过《题月下梅花》那样的诗句：“平生爱梅颇成痴，踏雪行穿一双屐；六花散漫飞满空，千里万里同一色。冲寒不畏朔风吹，乘兴来此江之湄；繁花满树梅欲放，仿佛罗浮曾见时。南枝横斜北枝好，北枝看过南枝老；中有一枝致奇绝，万蕊千葩弄天巧。老夫见此喜欲颠，载酒大酌梅花仙；仙人怪我来何晚，一别已是三千年。醉来仰面卧深雪，梦扶飞琼上天阙；酒醒起视夜何其？饥鸟啼残半江月。”真是一个爱梅成痴的老头子，月下梦入梅林，那想象中的一株株奇绝的劲瘦枝头，绵延成不似人间的美景，甚至还疑是遇着了梅花仙，读来真是让人嘴角上扬，会心一笑。写下《月下独酌》的李白若是见着这一位，怕是称兄道弟，彻夜长谈，双双醉倒了吧。这样一个为了梅花几近痴癫的王冕，有着自己笔下的墨梅一样的品格，伴随着梅的暗香，人的铮铮傲骨，留下满身的清气在人间。

再来是竹，杜甫草堂在成都，网友曾提到过附近的大碗茶，直到返回京城的家中，仍是让她留恋不已。茶香袅袅，相伴“雨洗涓涓净，风吹细细香”的草堂竹影，至今还深深地印在她的脑海中吧。《竹魂》写的是郑板桥，与爱梅的王冕一般，他是以竹自喻、爱竹成痴，其有题竹诗云：“乌纱掷去不为官，囊橐萧萧两袖寒；写取一枝清瘦竹，秋风江上作鱼竿。”正是他人生和品性的写照，有节，有度，淡泊，自由。他的那些个名句，就不一一赘述，只写他的两副对联：“咬定几句有用书，可忘饮食；养成数竿新生竹，直似儿孙。”如此爱竹，怕是前世带来的灵魂吧。

《说荷》中提到了“叶上初阳干宿雨，水面清圆，一一风荷举。”这原是周邦彦的《苏幕遮》中的几句，衬托出荷的优美身姿，也被张晓风女士用作了她的散文集。那是去年读的书了，就是因为这“一一风荷举”的书名，才买下仰慕已久的她的这一本自选文集。

《松风》那一篇提及的刘长卿《弹琴》，令我回想起少年时期那些摘抄诗句的热情，“泠泠七弦上，静听松风寒；古调虽自爱，今人多不谈”。曾买过一盘古琴的专辑，在多人同在的办公室放过，同室的人说，听来太凄凉，那种孤绝，应是弹琴人一种无人可解的自赏与自怜。谈及清初诗人赵俞的七绝《溪声》：“结庐何日往深山，明月松风相对闲。但笑溪声忙底事，奔流偏欲到人间。”似乎多了一种偏要入世的倔强之心。联想到李白的《山中问答》：“问余何意栖碧山，笑而不答心自闲；桃花流水杳然去，别有天地非人间。”前者出自此诗，却是别样的心情。京城的那位网友的名字，更是引自其中的首句，读来更是心领神会。

匠人雕琢玉器，其间的过程最是费尽心力，那么多的玉屑纷飞，经历多久的晨省昏定，到如今，冬温夏清，荧光清寒，却可以任君揽入怀中，把玩指掌，润泽心灵。这些或摘或引或录或感，只是练习凌波微步的高人，不经意点在水面上的余韵，荡荡层层，沾湿了一封又一封雪地之上飞鸿爪中的素笺。

2011年12月13日

《云中谁寄锦书来》，赵丽宏著，人民文学出版社2011年3月出版，责任编辑：包兰英

# 抗日故事的另类书写

——评何玉茹长篇小说《葵花》

王春林

作家何玉茹这个名字在我心中留下难忘印象，应该说与山西作家韩石山的一篇评论文章有关。那篇评论文章有一个特别富有诗意的题目，叫作“看她锦心绣口”。记忆中，那已经是很多年前的事情了。尽管阅读何玉茹的小说作品并不算多，但这个名字却从此在我心中留下了深刻印象，却是毋庸置疑的一件事情。我知道，作为一位实力派作家，尽管何玉茹曾经创作过不少优秀的中短篇小说作品，但她却并不像另外的一些作家一样，有过大红大紫的时候。正因为对于何玉茹一直心存敬意，所以，这次读到她的长篇小说《葵花》的时候，我才会对这部作品充满期待。阅读的结果充分证明，我的这种由衷期待果然没有落空。尽管这部作品肯定不能够被看作是一部有多么厚重的长篇小说，但其中却充满了鲜明强烈的原创意味。在我看来，这部《葵花》绝对应该被看作是一部具有犀利尖锐思想艺术品格的长篇小说。就我自己先后两次真切的阅读感受而言，就总是觉得内心中某个柔软的部分有被一种尖锐刺中的强烈痛感。如此一种艺术直感的产生，就告诉我，何玉茹的这部作品无论如何都是不能轻易被忽视的。

面对何玉茹的《葵花》，我们首先要面临的一个问题，恐怕就是究竟应该如何从题材的层面上对它进行准确的艺术定位。之所以要特别提出这一问题，就是因为不同的读者很可能会对此形成不同的理解认识。小说的时间跨度很大，从1937年的抗战全面爆发，一直到所谓市场经济的当下时代，时间跨度绝对超过了六十年一个甲子。期间一些重要的历史事件，诸如土改、“文革”等，也都在作品中有所表现。从这个角度来看，何玉茹的这部《葵花》无疑可以被看作是一部对于二十世纪中国历史进行反思式表现的长篇小说。然而，如果更深入地细细体察作家的创作意图，我们就会发现，这样的一种简单定位，肯定是有问题的。在这里，一个关键问题在于，小说真正的叙事重心实际上并不是要对一个长时段的历史进行探究反思。正因为如此，所以何玉茹才会对于这个长时段历史期间的许多重大事件忽略而过，对于另外一些事件也只是偶一涉及。说来说去，作家所重点描写展示的，其实也只是抗战这一具体历史时段。从艺术表现方法来看，小说文本关于诸如土改、“文革”以及市场经济这样一些历史事件以一种蜻蜓点水式的简略描写，带有着非常突出的补语性质。正如同从语法层面上说，补语部分都是服务于主语部分一样，何玉茹小说中的这些补语，事实上也是为其主语服务的。而我们这里所一再强调的所谓主语，当然就是《葵花》所重点思考表现着的抗日战争了。然而，必须明确的一点是，虽然我们强调只有抗日战争才可以被理解为这部长篇小说的主语，但这却绝不就意味着补语的不重要。也正如同只有有了补语的存在，一个句子才能够在语法层面上保持自己的完整一样，何玉茹之所以要在自己的《葵花》中特别设定这些补语部分的存在，从根本上说也是为了更用力地凸显对于主语部分的深入反思而服务的。道理说来也非常简单，正所谓“不识庐山真面目，只缘身在此山中”，某种意义上，如果仅仅停留在抗日战争那个历史时段，严格地把小说的描写范围仅仅局限于抗日战争阶段，那么，一些很重要的历史实质不仅很难看得清楚，而且也不可能得到充分的艺术表现。很显然，只有拉开足够的时空距离，在一个更为阔大的时空范围内重新审视既往的抗战历史，何玉茹才会有自己一种独到的原创性发现。

更加值得注意的是，或许正是因为考虑到补语部分的不可或缺，所以何玉茹才在《葵花》中最终采用了第一人称的叙事方式："这部小说最初构思时，总有一个第一人称'我'的声音在耳边响着，但我不愿理会，认为用第一人称写长篇小说太受局限，况且主人公是过去时代的人，用'我'来贯穿全篇更有难度。但用第三人称写了一万多字后，隔膜越来越凸显出来，且那'我'的声音依然响着，仿佛在执拗地提醒我，'我'才应该是《葵花》的主宰。于是，我听凭了感觉，扔掉那一万多字，以'我'，一个叫葵花的老人，重新开始了第一章的叙述。""我真感谢这位老人，一进入就叫人十分地舒服，从文字到细节到所思所想，都能确定是对路的。局限、难度一定是有的，但只要对路，这么走下去是无疑的了。""葵花本是一个普通的农村女孩子，由于战争，她的命运发生了意想不到的变化。若只写她战争中的故事，也不是不可，但由于是一个老年葵花的叙述，就有了当下生活以及她经历的任何一个时期生活叙述的可能，因此这么一分头叙述，感觉第一人称虽是局限，同时却也是一种自由。"何玉茹的这段创作谈，首先印证了我们前面关于《葵花》这部小说主语与补语部分关系的讨论。尽管作家更多的是从叙述的角度强调"有了当下生活以及她经历的任何一个时期生活叙述的可能"，而我们则更主要是从艺术表现效果的角度思考这一问题的。实际上，作家的这段创作谈，更重要的意义还在于从创作经验的角度说明了叙事形式与小说内容二者之间一种必然的普适性问题。一般情况下，说到两种不同的叙述人称，因为第一人称带有鲜明的自我限制色彩，而第三人称被普遍认为是一种类似于上帝式的具有全知全能意味的叙述人称，所以人们都觉得第三人称叙述较之于第一人称叙述有着更大的自由度。何玉茹之所以一开始采用第三人称的方式写作了一万多字，其根本原因显然在此。但关键问题在于，两种不同叙述人称的所谓自由度其实是相对而言的。在这里，更重要的问题，显然还在于作家最终试图写出的是怎样的一种小说文本，作家通过小说文本所试图传达出的是自己怎样的一种艺术目标。对于何玉茹的这一部《葵花》来说，尽管也是一部历史长篇小说，但作家的艺术主旨却并非是要全景式地再现历史图景，要对某一时段的历史进行全面立体的思考与表现。具体来说，小说的艺术聚焦点，实际上只是在女主人公葵花一个人身上。通过葵花自己在二十世纪中国历史中的命运沉浮，尤其是在抗日战争中那不无诡谲色彩的奇特遭遇，对于个人与历史之间的复杂关系进行深入的思考与表现，可以说是何玉茹最根本的思想艺术追求所在。要想实现如此一种思想艺术追求，何玉茹所必须做到的一件事情，显然就是以一种不乏犀利的笔触很好地切入到葵花自成一体的精神世界当中去。如果采用了第三人称的叙事方式，那么，何玉茹就很可能只是不断地游走在葵花的精神外围，很难抵达她精神世界的深处。这样，尽管何玉茹一开始采用了看似自由度较大的第三人称叙事方式，但在实际的写作过程中，她却越来越感觉到了书写难度的巨大。用作家自己的话来说，就叫作“隔膜越来越凸显出来”。当此情形之下，何玉茹再次聆听到了内心世界里有一个“我”的声音在强烈地召唤着自己。于是，作家最终还是放弃了第三人称，采用了第一人称的叙事方式。而且，这样的一种艺术选择，让何玉茹强烈地感受到了一种叙事自由度的获得。关键的问题还在于，叙述人称的这种转换，不仅使得何玉茹获得了叙事自由度，而且还使得作家的笔触很好地切入到了葵花的精神世界之纵深处，很好地实现了自己的基本艺术意图。由此而生发开去，我们就有必要再度强调，小说一方面是形式的事物，另一方面却也是精神的造物，二者在实际的创作过程中不可偏废。一种小说精神，必得依靠一种恰切的艺术形式方才可能得到完满的表达实现。古人云，和而不同。尽管说古人讲的主要是文化的问题，但我以为，把这“和而不同”移用来说明小说创作中内在精神与外在形式之间的关系问题，也还是恰到好处的。具体到何玉茹的这部《葵花》，其第一人称叙事方式的最终择定，显然也意味着对于一种“和而不同”内涵的充分体现。

既然择定了葵花这样一位老年的农村女人作为小说的叙述者，那么，何玉茹首先一个任务，就是如何才能够惟妙惟肖地模拟一位年过八旬的农村女人说话的口吻。既不能过于文绉绉地充满了文人气息，也不能粗野鲁莽到如同男性一般，只能以一种北方乡村中最习见的切合于葵花女性身份的日常口语来完成自己的小说叙事，实际上也就成了何玉茹唯一的叙事话语选择。或许与作家自己本身的女性身份有关，就作品所达到的实际艺术效果来看，何玉茹对于葵花这样一位老年农村女人的叙事口吻，模拟得还是相当到位的。在阅读小说的过程中，我们所聆听到的，确实是一位老年村妇多少显得有些絮絮叨叨的对于陈年往事的回望与复述。比如：“我让圈椅靠了檐下西边的柱子，脸朝了太阳；到下半晌我会把圈椅挪到东边那根柱子，脸还是朝了太阳。我就像院儿里种的葵花一样，太阳去哪儿，我的脸就朝了哪儿。”再比如：“边良是这村的村名，梁下呢，是我老家的县名。我老家的村名叫伊家庄，就是说，道光年间以及后来很长的一段时间，伊家庄和边良村还都属一个梁下县来着。”这样一种朴实、通俗不无重复而又特别及物的话语，显然与葵花的老年村妇身份是极其吻合的。当年，韩石山曾经专门以“看她锦心绣口”来评价何玉茹的小说创作。何谓“锦心绣口”，按照《新华成语词典》的解释，叫作“比喻满腹文章，才思横溢”。既然当得起“锦心绣口”这样一种评价，那么，何玉茹在小说创作尤其是语言方面的艺术造诣就是可想而知的。如此一位能够做到“锦心绣口”的作家，在《葵花》中，为了一种叙事口吻的模拟真实性，居然可以自降身段到这般地步，何玉茹为了小说的叙事成功所做出的努力，绝对应该赢得我们充分的理解与尊重。

既然何玉茹已经在小说的小说叙事方式上做足了文章，那么，她依托于如此一种煞费苦心的努力，所意欲达到的，究竟是怎样一种艺术目标呢？又或者，我们凭什么就认定作家的这部《葵花》就是对于抗日故事的一种另类书写呢？说到抗日战争，自打战争开始进行的同时，一直到现在为止，如果仅仅从数量上来看，所谓抗战题材的小说作品，可以说确实很多，完全能够用汗牛充栋的说法来加以形容。但是，需要引起我们高度注意的却是，或许是由于长期处于某种政治意识形态笼罩控制的缘故，这些描写表现抗战的小说作品，思想艺术层面上的同质化程度极其严重。除了一味地渲染表现所谓的民族仇恨与爱国精神之外，越其右且能够稍有独立思考者，仅就笔者有限的阅读视野而言，可以说确实是一种付之阙如的极不理想状况。应该看到，对于我们所说的这种状况，何玉茹自己有着足够清醒的认识和把握："小说精神首先应该是一种人类精神。涉及抗战的小说，现成的套路自是有的，比如把民族爱恨视为第一或是唯一。真正好的小说，无疑应是属于全人类的。具体到这部小说，我想的最多的词是：反抗、接受、自由、强迫、中正、偏执等等。它们虽说矛盾，却成就了一个个的人物，形成了他们自己的精神世界和现实的世界，且这矛盾是世上每个人都可能遇到的。"从何玉茹的这段创作谈中，我们最起码可以看到两点。第一，她清醒地意识到了抗战小说长期以来所存在的问题。作为一位原创性意识特别强烈的作家，既然也要写一部抗战小说，就不能够落入原有的艺术窠臼之中，就必须想方设法对自己的表现对象有自己独到的思考与发现。需要特别强调的是，这里所说的发现，还并不只是意味着思想层面的发现，也包括艺术美学层面的发现。比如，我们前面已经讨论过的叙事时空与叙述人称的设定问题。第二，正因为已经清醒地意识到了抗战小说存在的问题，尤其是一种相对狭隘的民族意识，所以何玉茹才特别地强调对于自己的这部《葵花》来说，最重要的就是一种人类意识的存在与烛照。试图用一种人类意识来统摄自己的整部小说，正是何玉茹这部长篇小说所谓另类书写的根本内涵所在。那么，怎样才算得上是拥有了人类意识？怎样才能够使自己的小说具有人类意识呢？在这里，何玉茹给《葵花》列出了若干个重要的语词："反抗、接受、自由、强迫、中正、偏执等等"。很显然，在她看来，只要依循着这样一些语词的内涵展开自己的小说写作，就算得上是超越了狭隘的民族意识，具有了突出鲜明的人类意识。某种意义上，何玉茹所出示给我们的这些语词，非常类似于学术论文写作中的所谓关键词。这里，何玉茹所出示的，实际上也可以说是一种有效进入《葵花》文本的路径。是的，就是路径。路径是重要的，只有找到了方向明确的路径，我们才可能成功抵达未知的远方。老子《道德经》云："道可道，非常道。"此处之"道"，实际上具有双重意蕴。一是内含有"规律""道理"等意味在其中某种形而上层面上的"道"，一是道路、路径这样一种形而下层面上的可触可见的"道"。从根本上说，只有依循着后一种"道"，才有可能抵达前一种"道"。何玉茹的这些关键词所出示给读者的，正是前一种意义上的"道"，也即我们得以进入小说文本的一种正确路径。

尽管何玉茹的若干个关键词已经明确了我们进入《葵花》文本的基本方向，但从我个人的阅读感觉出发，我在这部主要思考表现抗日故事的长篇小说中读出的，却是发生于个人与组织、自由与革命之间的尖锐冲突。假若让我来提炼切入理解这部长篇小说的关键词，那肯定就是个人、组织、自由、革命这四个语词。具体来说，如此一种尖锐的矛盾冲突，集中地表现在小说中的傻秋、温良与葵花这三个人物形象身上。首先是傻秋。"傻秋其实不傻，约莫三十来岁，一个周周正正的文静人儿。别看他不识字，父亲讲过的段子，谁跟谁哪挨哪他都一清二楚，有人问起来了，人们都会朝他一指，问傻秋去。"虽然不识字，却如此这般记忆力过人，所说明的自然只能是傻秋的天性聪颖。但令人遗憾的是，如此一个文静聪颖的男人，却娶了一个母夜叉式的女人阎花。这阎花，形象过于丑陋不说，心眼也实在算不上好。这一方面，一个典型的例证，就是阎花的替葵花说媒。仅仅因为葵花平时曾经表现过对于自己的不屑，阎花就要报复坑害葵花，居然给因为战争爆发而急于出嫁的葵花介绍了一个丑八怪式的男人阎六。与这样一位母夜叉式的女人长期生活在一起，傻秋的内心那种无法排遣的郁闷就可想而知。傻秋之所以要在南庄找一个相好的，根本原因也正在于此。不仅如此，更进一步说，傻秋之所以在父亲的强力动员之下，最终参加革命，也与他婚姻生活的不如意存在着密切的内在关系。由于叛徒的告密，伊家庄的党支部遭到了严重破坏，而傻秋，则很不幸地被陈均之怀疑为就是那个告密的叛徒。理由何在呢？“陈均之说，鬼子进村所有支部成员的家都搜过了，唯有伊傻秋家没去，还不够清楚吗？”针对陈均之如此简单的逻辑推理，老袁给予有力的反驳：“没那么简单，据我所知，伊傻秋跟老婆一直不和，老婆常盯他的梢儿，村支部的事很可能是他老婆说出去的。”就这样，本来是自己那个糟糕老婆制造的事端，结果却要由傻秋本人来承担。在陈均之的强力逼迫之下，为了证明自身的清白，正在因为自己的被捕而接受考验的葵花，亲手开枪打死了傻秋。自从这一枪打出去之后，傻秋的被冤枉，傻秋的死，就成为了葵花心中一种永远的痛。按照父亲的说法，他本来要求傻秋待在家里不要外出，但傻秋却硬是要跑到南庄去会自己的相好。不去不要紧，这一去，可就铸成了他自己的人生悲剧。尽管不是小说中最主要的人物，尽管着墨不多，但傻秋的人生遭际，已经涉及到了个人与组织，自由与革命之间的冲突问题。组织本来已经以革命的名义要求傻秋服从组织不要外出，结果傻秋却非得要从个人自由的角度出发，私下去会自己的相好。正如同傻秋的遭遇所昭示的，如此一种冲突的必然结果，就只能是个人的、自由的最终覆灭。

然后，是表哥温良。说到温良这一人物形象，最不容回避的关键处，恐怕依然在于他作为一个个体与组织之间的根本冲突问题。温良对于抗日所做的最大贡献，就是他利用自己身为警察局警员的便利条件，与葵花的丈夫、身为仁济堂药店店员的徐仁合作，为医疗条件特别困难的区小队搞到了不少急用的药品与纱布。作为一位有着强烈正义感的中国人，温良、徐仁还有葵花，他们为自己的抗日工作深感欣慰："但仁和表哥弄药品的事我是积极支持的，对抗日有利的事情我有一种难以抑制的冲动。我的支持更给仁和表哥增添了勇气和胆量……""因为我们都彼此明白，虽均是单薄的身躯，却是能扛得住彼此的信任的；我们都还抱了美好的愿望，就这么做下去，平安无事地做下去，即使抗战的胜利遥遥无期，也算尽了匹夫之责。"在这里，一个重要的问题，就是彼此之间的信任问题。叙述者葵花之所以特别强调这一点，正是因为葵花自己曾经饱受不被信任之苦。与信任问题密切相关的另外一个问题，乃是温良他们与组织之间的关系问题。"只是一件事让老袁有些不痛快，就是仁和温良对加入组织的态度。按他们的位置和表现，在县城新开辟一条交通线是太有利了，可他们一直也没有个明确的答复。上级倒是说过，这事不能勉强，不参加组织也有不参加的好处，做一些事也许更方便。但老袁不这么看，他对父亲说，这说明他们对共产党是有二心的，这样的人说到底是靠不住的。"因为拒绝参加革命组织，所以就靠不住，就无法获得必要的信任，个人与组织、自由与革命之间的矛盾冲突，在这里，顿时又变得格外尖锐起来。到最后，温良他们果然为自己的固执选择而付出了血的代价。不久，老袁因故被捕。尽管老袁不同于陈均之，没有成为叛徒，但他最后却因为在不在组织的缘故而"出卖"了曾经为抗日做出过不少实际贡献的温良。"老袁这时忽然说了句话，他说，共产党干的事，用不着别人当替死鬼！然后，他便说出了温良的名字。"为什么会如此呢？"后来我才知道，那个郝印堂原来是新近打入警察局内部的共产党人，在警察局是温良的属下。在老袁眼里，郝印堂自是比温良更有价值。"有了老袁的刻意“出卖”,温良之被枪杀的悲剧性下场也就可想而知了。就这样，只是因为拒绝参加组织，温良便无可避免地惨遭断头厄运。

面对着多年好友如此这般的悲惨遭际，徐仁不由得发出了自己强烈的质疑：“一路上我们没说一句话，直到打开门进到院儿里，仁才开口道，伊建和，你不觉得一个人没有组织会更危险？”很显然，温良的悲剧质点，正在于他始终都拒绝参加组织的缘故。假若温良身在组织，老袁不仅不会落井下石，反而还会拼命保护。但关键的问题在于，温良为什么就必须加入某个组织呢？从根本上说，一个人加入或者不加入某一组织，绝对是个人的自由权利，旁人无法强加于人。但是，实际的情况却是，温良因为对于自身自由权利的维护，却付出了如此惨重的生命代价。在此处，通过温良的人生悲剧，作家何玉茹其实提出了一个“抗日究竟是谁的抗日”的重大问题。是啊，从理论上说，作为一个被奴役国度中的社会成员，每一个人都有责任和义务为抗日事业做出自己的贡献。温良很显然正是这一方面的一个突出代表。就此而言，他绝对是一个合格的中国人。但温良的悲剧性结局，却又似乎在证明着另外的一个道理，那就是，如果你不参加某一组织，那么，你干脆就连抗日的权利都可能被彻底剥夺。因为，从某种意义上说，温良与其说是死于鬼子之手，莫如说是死于老袁之手。难道只是因为拒绝加入某一组织，作为一个普通的有良知有正义感的中国人，就不能够履行自己的抗日义务，就不可以为抗日做出自己的贡献吗？难道说所谓的抗日只能是某一个组织的抗日吗？通过温良的人生悲剧，我们所聆听到的，正是作家何玉茹面对一种不合理的历史秩序所提出的强烈抗议与质疑之声。

当然，《葵花》中最具人性深度最不容忽视的一位人物形象，还是身兼叙述者功能的小说主人公葵花。对于作品的深层内涵体现最为深刻到位的，无疑也还是这位葵花。葵花之走上革命道路，与她自己所遭逢的那样一场极不理想的婚姻状况存在着直接关系。因为在平时的有意无意之间得罪了不仅人丑而且内心也颇为歹毒的阎花，所以，阎花就给葵花介绍了一个丑八怪式的男人阎六。葵花实在无法接受阎六，于是抗婚出逃。万般无奈之际，为了自己的身家性命安全，葵花只好跟随父亲参加了革命组织，开始从事自己的抗日事业。应该说，一开始的时候，面对着口若悬河的具有强烈煽动性的陈均之的革命理论，葵花确实心服口服，把自己的全部身心都投入到了抗日的事业当中。葵花对于组织与革命问题看法的一切根本改变，都开始于她的那次不幸被捕。既然从事地下革命工作，就少不了有可能被捕。由于偶然遭逢了狡猾的特务阎七，葵花不幸被捕。由于有表哥温良的鼎力相助，没有暴露自己身份的葵花被释放出来。然而，尽管葵花自己的身份没有暴露，更谈不上对于组织与其他革命同志的出卖，但这次被捕的经历从此之后却成了葵花难以摆脱掉的一个污点，使她失去了组织与同志的信任："更可怕的是，有了日本宪兵队一夜的经历，区小队的同志们竟不再像从前那样信任我，当我历尽艰辛，好容易摆脱敌人的跟踪回到队上时，大家对我都有些躲躲闪闪的，连父亲和小桃见了我，目光里都满是质询。"父亲是自己的父亲，小桃是自己最亲密的战友，但即使是他们，也都对葵花产生了强烈的不信任感。必须看到，这件事情所留下的后遗症是极其严重的："我是被抓住过，也是毫发未损地被放了出来，但我也的确没出卖过任何一个同志。可这些年来，好像从没有人真正相信过这个事实，包括自个儿的亲生女儿。"某种意义上说，这次不幸被捕的经历，以其巨大的阴影长期笼罩在葵花的头上，并成为葵花自己终其一生都无法摆脱的一种心结。我们在前面强调说只有在一个更为阔大的叙事时空背景下，才能够有力凸显出何玉茹的艺术主旨来，其具体所指也主要就是这一点。正因为意识到自己无论怎么做都不再可能获得组织与同志的信任，所以，葵花才会产生如此强烈的一种感觉："不知为什么我觉得自个儿在区小队是没法度过这一夜了"。尽管葵花非常清楚自己的行为等于在开小差，知道擅自离开区小队意味着什么，但一种本能还是促使葵花孤身一人离开了区小队，离开了组织，迈出了脱离组织的第一步。而且，从此之后，“我是不想参加什么组织了”。那么，究竟是什么样的原因导致葵花不再愿意重返组织呢？我们注意到，在与父亲的一次交流对话中，葵花曾经对此有过一番自我总结。除了自己的不被信任之外，葵花一共罗列出了三个方面的原因。一是“我把傻秋叔打死了”，二是“再回去，表哥也会受牵连的”，三是“我忽然觉出这两桩心事还不是最要紧的，最要紧的是自个儿对枪的感觉”。请注意，在葵花下决心不再回到组织的时候，表哥温良的悲惨遭遇还没有发生。我们完全能够想象得到，温良人生悲剧的发生将会促使葵花以更决绝的态度拒绝再次加入组织。如果联系后来葵花在“文革”中被整被批斗的遭遇，在一个更大的历史时空来看，葵花的一生其实一直缠绕在个人与组织、自由与革命之间尖锐复杂的矛盾冲突中。

要想更好地理解把握葵花这一人物形象，理解把握何玉茹《葵花》的深切思想含蕴，不能忽视的一个小说细节，就是作品中曾经反复提及的那篇题名为《我的鞋子》的课文。“我的名字，叫作鞋子。我的工作，只是走路。我走遍了南北东西，才晓得世界上只有两条路：一条是宽平的大路，名字叫光明；一条是狭窄的小路，名字叫黑暗。我不喜欢走上那狭窄的黑暗路，因为走上了那条路，要想回到宽平的光明路，就很困难了……”需要注意的是，课本原文本来还有这样一段：“那条宽广的光明路上，铺着的石子，共有三种，就是‘自由’‘平等’‘博爱’，路旁，开满了成功的花。那条狭窄的黑暗路上，铺着的石子也有三种，就是‘虚伪’‘阴险’‘卑鄙’，路旁，长满了失败的草……”那么，陈均之为什么要对课文进行删节呢？“陈均之说，博爱是不分阶级的爱，可无产阶级怎么可能去爱资产阶级呢？被压迫的劳动人民怎么可能去爱压迫阶级呢？”对于陈均之的这番道理，葵花又有自己的理解与反驳：“陈均之说的道理似无可辩驳，可是，有了自由、平等垫底，还会有压迫和被压迫的存身之地吗？”请注意，对这篇文章进行删节的时候，陈均之还没有成为叛徒，还是振振有词满口大道理的革命者。陈均之的删节，很显然是建立在所谓阶级论立场之上的。从阶级论的立场出发，自然就会排斥带有明显普世价值意味的“自由”“平等”与“博爱”等价值理念。这篇文章出现在何玉茹的《葵花》中，有着非常突出的象征意味。它所引发的，实际上应该是我们对于葵花自己的人生道路的一种深入思考。在抗日战争那样一种特定的时代背景下，面对着个人与组织、自由与革命之间的尖锐冲突，葵花之坚持自由的个人本位立场，究竟是“宽平的光明路”抑或是“狭窄的黑暗路”呢？很可能不同的读者会得出不同的结论来。结合傻秋、温良，尤其是葵花自己的人生遭际，我个人的一种真切体会就是，葵花的坚持绝对应该得到充分的尊重与肯定。“我倒更愿意留在这一个人的世界，安安静静地走路，不管它鞋子发出的声响，也不必担心它走错了方向，反正是一个人，反正这世界是一个人的……”对于葵花的如此一种人生姿态，我们无论如何都必须给予充分的理解。如果我们跳出所谓的抗日战争，从一个更为阔大的历史时空来看，何玉茹《葵花》中关于个人与组织、自由与革命之间矛盾冲突的思考表达，确实抓住了二十世纪中国的一个根本性问题。在这个意义上，我们前面所谓《葵花》补语部分的存在价值，就绝不是可有可无的，自然应该得到充分肯定。而且，更进一步说，何玉茹在创作谈中一直强调的所谓人类意识，实际上与这篇《我的鞋子》存在着紧密的内在关系。在这个层面上，陈均之与葵花他们围绕这篇文章的理解所发生的尖锐对立，其实也就意味着一种狭隘的阶级意识与普世的人类意识之间的根本区别。

事实上，也只有在一种普世的人类意识的烛照之下，何玉茹才可能在《葵花》中表现出一种难能可贵的反战倾向与悲悯情怀来。“不知为什么，有一件和抗日无关的事却一直在我心里占据着位置，就是，那本“世界书局《国语课本》”被我从学校带了出来。……那里面一篇一篇的故事，跟当前的斗争相比是多么浅显、幼稚，其中的一个男孩，因为可怜一只被打死的黄莺，竟然说，我希望从今往后，世界上永远没有枪炮这一类东西。我在心里嘲笑着他，却同时也想，是啊，要是没有枪炮这类东西，小小的日本就不敢来了，它不来了，仗不是就打不起来了吗？”“仁跟我说，他是想不通，这世界上，人跟人为什么一定要为敌呢？为了敌为什么一定要把对方消灭呢？我在厚厚的烟雾中咳嗽着，也幸亏了这咳嗽，不然该怎么回答他这孩子似的提问呢？”真正的问题在于，这问题根本就不是孩子似的提问。将这样的两处描写与葵花后来决意不再重返区小队时一种“自个儿对枪的感觉”结合起来，一种反战倾向的存在就昭然若揭了。然后是悲悯情怀，这一点，最突出地表现在小说关于陈均之之死的描写上。作为一位最终背弃了自己的人生理想，投靠了鬼子的叛徒，陈均之的死应该说是死有余辜。但就在陈均之被处死之后，小说中出现了这样一段描写：“每天仁一走，家里只剩了我和婆婆，虽有忙不完的活儿干，心里总有块地方是不安的，我知道是因为那菜窖的存在。有一天婆婆忽然问我，陈均之还有家里人吧？我怔了怔答道，还有。婆婆说，要是扔在外头，埋他的也许就是他家里人了。……我明白婆婆也一样，无论这个人多么该死，他的家人总该知道。而他的家人不知道，全因为我和婆婆偷偷处理了他的死尸。”中国人讲究入土为安，讲究入葬祖坟。葵花与婆婆之所以内心不安，就是因为这个缘故。尽管陈均之罪该万死，但何玉茹在小说中却能够这样来描写葵花与婆婆对于他的态度。如此一种描写所传达出的，只能是作家一种难能可贵的悲悯情怀。

阅读《葵花》，不能不注意到类似于这样一些叙事话语的存在：“但不回答是不可能的，从离开家去南庄的那天起，我就觉出自个儿已经不好再做自个儿的主了。这主像是家人们也做不了的，他们和我一样，走一步说一步，没有哪一步有绝对的把握。”“我说真心话，世上的事，我如今悟出来了，其实全都拴在一条因果链上，当初要没有得罪阎花，就不会嫁到南庄了；要没有嫁到南庄，就不会逃出来参加革命了，要没有参加革命，就不会被敌人逮捕了；要没有被捕，就不会有历史问题，就不会有三混他们的外调了……世上的因果纵横交错地纠缠在一起，因生果果生因，一时一刻都没有停止过。”“人只要活着就有难处，最难的，怕就是这一样了：没有选择的选择。人这一辈子就像是被一双看不见的巨手推了走的，不容你自个儿做决定，有时候自以为是做了决定，其实也是那双巨手推动的结果。”为什么自个儿做不了自个儿的主？究竟是谁在为自己的人生做主？那双推动人这一辈子的巨手又是什么呢？真正的答案，其实只有一个，那就是命运。是的，所有的这一切因果，归根到底，恐怕也都是一种诡谲的命运在作祟的缘故。优秀的长篇小说，绝对应该写出一种强烈的命运感来。正因为何玉茹的《葵花》极其有效地写出了这种诡谲的命运感，所以就更应该获得我们的高度评价。

最后，必须提及的一点，是小说“葵花”这个标题的由来。何玉茹为什么要将自己的这部小说命名为“葵花”呢？原因说来并不复杂，那就是因为小说的女主人公伊建和的小名就叫作葵花。但如果更进一步说，我们就不能不注意到小说中曾经多次出现过关于主人公葵花在日常生活中多么热爱葵花这种植物的艺术描写。“我常常奇怪，它们怎么就长成了这样子？大脑袋，细身子，乍一看跟个人似的，会叫人吃一惊。它像是不参照不顾忌任何的同类，想怎么样就怎么样，自由极了，却又谦逊极了，永远向这个世界彬彬有礼地笑着……”“按素贞的说法，葵花是细身子大脑袋，可这细身子也不好惹，挨着它，会像擦着了砂布一样，火辣辣地疼；它的叶子也没有通常叶子的绵软，摸上去就像家织的粗布一样。它全身最绵软的部分，就要属那环绕了花芯的花瓣了，艳丽的金黄色，层层叠叠，就像是一个人脑袋上箍了圈彩带。它一点不为花芯占了庞大的面积而不平，也不为自个儿的艳丽越过了花芯而不安，它是自顾自地在很狭窄的一点周边地带，奔放着自个儿的全部。”联系女主人公葵花那不同寻常的身世经历，细细读来，细细品味，就不难发现，何玉茹笔下这些关于植物葵花的描写文字，却又哪里只是在描写作为植物的葵花呢？这不分明就是在描写展示女主人公葵花的精神世界吗？很显然，正如同那篇名为《我的鞋子》的老课文一样，何玉茹关于植物葵花的这些描写文字，也应该被看作是一种象征手法的成功运用。实际上，也正是因为有了关于女主人公葵花的这些象征隐喻手法的存在，才使得这部《葵花》具有了更为深广丰富的思想艺术内涵。

《南方文坛》2013 年第 3 期

《葵花》，何玉茹著，人民文学出版社 2013 年 6 月出版，责任编辑：包兰英

# 蒋子龙：从开拓者到思想者

闫立飞

2013 年 10 月《蒋子龙文集》（十四卷本）由人民文学出版社出版。蒋子龙在“后记”中说 :“此生让我付出心血和精力最多的，就是建构了属于自己的‘文学家族’。感谢人民文学出版社提供机会，能将这个‘家族’召集起来,编成队列。”阅读和审视蒋子龙的“文学家族”，我们被各色人物打动感染的同时，不仅会发现蒋子龙作为“文学者”其从“开拓者”到“思想者”的“变”与“常”，还不得不承认蒋子龙始终是一个葛兰西意义上的“有机知识分子”，其文学创作的“变”与“常”中始终饱含着关注现实、深入历史和探索人生的社会责任感。可以说，他的文学创作及其创造的“文学家族”，既是我们进入和审视当代社会的一个便捷通道，也为我们研究和解读当代中国文学与文化提供了一个绝佳标本。

## 一　作为“新人”的开拓者

谈及和文学的缘分，蒋子龙多次提到文学创作带给他的“厄运”，以及这种“厄运”对其创作的影响，“翻开不久前出版的《蒋子龙文集》，每一卷中都有相当分量的作品在发表时引起过‘争议’。‘争议’这两个字在当时的真正含义是被批评乃至被批判……正是这一次又一次的批判，像狗一样追赶着我，我稍有懈怠，后面又响起了狂吠声，只好站起来又跑。没完没了地‘争议’，竟增强了我对自己小说的信心，知道了笔墨的分量，对文学有了敬意。自己再也没有什么可丢失的了，在创作上反而获得了更大的自由。当一个人经常被激怒、被批评所刺激，他的风格自然就偏重于沉重和强硬，色彩过浓。经历过被批判的孤独，更觉得活出了味道，写出了味道。我的文学结构并非子虚乌有的东西，它向现实提供了另一种形式”。

被批评或批判的“狗”追赶的蒋子龙，虽然步履匆匆、心无旁骛，却在对抗与奔跑中创建了一种“开拓者”文学。这种文学首先摆脱了“旧有的模式”，从“简单地写好人好事、写技术革新、写路线斗争和阶级斗争”，从“写一个中心事件和围绕着一个生产过程展开矛盾等等‘车间文学’的模式”中跳出来。“跳出来”的蒋子龙，获得了发现“风景”的“内在性”，唤醒了其最初的陌生体验，并使其以自己的眼睛观看生活和工作的车间与工厂，发现了“旧有的模式”不曾呈现的现代工业“风景”，“我至今还记得刚进厂时的震惊，展现在眼前的是一个巨大的工业迷宫，如果单用两条腿，跑三天也转不过来。厂区里布满铁道，一个工厂竟然拥有自己的三列火车，无论是往厂里进原料，还是向外运产品，没有火车就拉不动。当天车钳着通红的百吨钢锭，在水压机的重锤下像揉面团一样翻过来掉过去地锻造时，车间里一片通红，尽管身上穿着帆布工作服，还是会被烤得生疼……我相信无论是什么人，在这种大机器的气势面前也会被震慑”。这一“风景”在中篇小说《弧光》里也得到呈现，“马越仔细检查了炉顶的焊接质量，她很满意。要准备下去了，她抬眼向四外打量了一下，真好！她被工厂的景色吸引住了。站在这九十米高的炉顶，鸟瞰四十里方圆的机器城，那厂房，烟囱，吊塔，炉墙……高低起伏，像一座大小不等的山峰；那白色的蒸汽管道，黄色的煤气管道，蓝色的空气管道，蜿蜒伸去，纵横交错，似条条明净的溪流；那厂区大道两旁的白杨、青松，点缀其间，郁郁葱葱”。

国营大厂的“震惊”体验，以及大机器的宏伟气势，不仅造就了与农业社会截然不同的现代工业时代“风景”，而且必然导致与“旧有的模式”工业书写的分野，现代工业本身要求作家创作必须符合工业生产的内在逻辑，逼迫着蒋子龙“必须为自己寻找适合新内容的新形式”，寻找适合新内容、新形式的“新人”。

乔光朴就是从工业“风景”中走出来的“新人”。乔光朴脱胎于现实生活，“掌握全国机械工业生产状况的领导同事对我说：‘我们的企业里不仅有乔厂长，还有比乔厂长更优秀的厂长。’从我接到的很多工厂读者的来信中，他们不仅不认为乔厂长是‘假的’，甚至把他当成了真的”。同时他更是一个“懂技术、讲科学、有事业心”的现代知识分子和现代企业管理者，拥有留学苏联并在列宁格勒电力工厂担任助理厂长和回国后任重型电机厂厂长的经历和资格。这就使得他上任后进行的一系列技术考核评比及改革措施具有了合法性依据，同时突破了“工业题材”创作“不懂工业写不好工业题材，只懂工业也写不好工业题材”的局限，回避了此前工业题材中存在“农民穿工作服”进厂当工人的问题，真正从“表现现代化大生产的气派”“表现大生产本身所具有的世界性规模”和“表现现代工业给社会带来的巨大变化、给人带来的变化”及“人与人之间的关系、道德、伦理、美学观念”的变化，即从现代工业社会和生活的背景与逻辑中塑造和表现人物，而非像以前那样依据政治概念或农业社会的惯习。

《开拓者》中的车篷宽同样也是一个“懂技术、讲科学、有事业心”的现实性人物，是蒋子龙对现实的有感而发，“有一位能力很强的老干部，当时处境困难，逼得他不得不打退休报告。这位老同志在西安交大毕业后到了重庆，给周总理当过技术顾问，以后长期在国家机械工业部门做领导工作，精通英、德、日几种外语。一次我上他家，在他家简陋的会客室待了三个多小时，这中间大概有好几个局长、处长上他家去，向他请教各种问题，诸如有关跟外国搞合作，引进项目的账怎么算，说明书怎么看……都得他亲自教，亲自讲解。在他的宿舍里，一张大双人床，一张大办公桌，上面摆满了各种外文杂志、技术资料，为了阅读方便，一本本都摊开放着，我问睡觉怎么办，他说把外面的往里一推……情景同小说中写的完全一样”。蒋子龙把这一细节写入小说《开拓者》，目的在于突出车篷宽的技术素养和管理才能。作为分管省里工业的副书记，车篷宽是改革的推动者和开拓者，他主张打开国门引进外国现代技术、按照经济规律进行经济建设和摒弃那种“搞瞎指挥”，既来源于他“相当深”的专业知识和开阔的文化视野，同时也加强了他作为“现代”的“新人”特征，显然他和《机电局长一天》中的霍大道、《乔厂长上任记》的乔光朴同属于“开拓者家族”的精神兄弟。他们呼唤和拥抱的是正在到来“技术化、理性化了”“机器主宰着一切，生活节奏由机器来调节”“等级和官僚体制的世界”，也即是现代工业社会。

## 二　开拓中的思索与变奏

蒋子龙喜欢他的开拓者，“我喜欢‘开拓’这两个字的含义，开拓人物的灵魂，开拓新的手法、新的角度，开拓让当代文学立足的新基地”。“开拓者”让蒋子龙一跃成为文坛最重要的作家。但是，“开拓者”呼唤的现代社会尚未完全到来，蒋子龙本人却已经厌倦了自己创造的工业叙事模式和“套子”。这种厌倦，其实是一个作家反思和超越自我走向成熟的必经阶段。

对于创作中的“简单化”做法，蒋子龙有着本能的警觉和抵制，“我是想把人和社会的关系表现得复杂一些。我不满意那些简单化的做法。从《乔厂长上任记》开始，想把人物关系铺得复杂一点。譬如，乔光朴和童贞之间，乔是从事业出发才和童贞结合的。童贞则是爱他这个人。当她发现乔光朴和她的结合是为了事业，便非常伤心……人本来是很复杂的，世界上哪有两个长相完全相同、性格完全一致的？冀申这个人物，也并不那么简单，在中国大地上，就有这种会当官不会办事的人。所以我想有意识地反映这些复杂性。《一个工厂秘书的日记》也是这样，我在《中青年报》发表了一篇《狼酒》也是这样”。但这种警觉和抵制并不能保证“开拓者”的模式化。蒋子龙承认，“不从具体人物出发，只从一个笼统的概念出发，就会落入现成的套子。比如，上年岁的开拓者，金戈铁马，气吞万里，而个人生活上不是没结婚就是死了老婆，要不有个第三者。我在制造这种套子上也有一定的责任。1979 年夏天，我写过一篇《乔厂长上任记》，老乔的性格和他所遇到的困难，在当时来说也许不无一点典型性。但他的套子我不能再钻，于是在创作上拼命想躲开老乔那一套，写了《一个工厂秘书的日记》和《赤橙黄绿青蓝紫》等。可是年轻的开拓者，有知识，有主见，强烈的自尊心，顽强的自信心，谈吐锐利甚至有点玩世不恭，会不会又是个套子？”

蒋子龙的这种“套子”感，既来源于题材本身的限制，“工业题材最容易吞食自我，我受到我所表现的生活，我所创造的人物的压迫”；更源于现实社会的变化，城市改革的起步，改变了原有生活的轨迹，熟悉的工厂变得陌生起来，“我所熟悉的工厂生活会变成什么样子？无法预测。没有把握，没有自信。与其勉强地拙劣地表达，不如知趣地沉默……”。工业题材成了蒋子龙的“毒药”，假如“跳不出来”，他将会是“一无出路”，窒息在其中。然而同时，工业题材也是他的“解毒药”，蒋子龙从工业给整个社会、整个人类带来的冲击中，从它改变了人性，“改变了人的思维方式、改变了人们的生存方式”中，不仅看到了“开拓者”的社会学意义，同时也发掘和深化了它的美学内涵。当他从工业题材抽转身来，与熟悉的工厂人物和车间生活拉开一段距离，蓦然发现“对工业社会的熟悉更有助于我探索和表现工业人生”，于是，“我的文学天地开阔了，能够限制我的东西在减少，创作的自由度在增长”。

长篇小说《蛇神》就是这种“自由度”增长的结果。作为蒋子龙的第一部长篇小说，《蛇神》是蒋子龙“这条蛇正在蜕皮时的产物”。他在《我写〈蛇神〉》中说 ：“不管读者认为我是有毒蛇还是无毒蛇，蛇蜕却是无毒的，可以入药。当然不能排除我一辈子也许都蜕不下这张皮的可能性。我不想丢掉自己，只想认识自己。”“不想丢掉自己，只想认识自己”成为认识蒋子龙和解读《蛇神》的重要入口。对于不断“追击”的批评和批判，蒋子龙感到有些疲惫和厌烦，他希望人们放过自己，“忘记我和我的作品，让我安静而从容地生活、写作、休息”。当时新潮小说的不断涌现，不仅为蒋子龙提供了“好好调整一下自己的步伐”的机会，而且也使他有了反戈一击的武器和条件。借助“心理小说”等新式武器，蒋子龙在“现在的故事”与“过去的故事”的时空交错中创造了一个“矛盾”性格——邵南孙。这是一个与开拓者的明快与简洁截然不同的复杂人物，其突破尺度之大让当时的评论者感到吃惊和不解。有论者对邵南孙的分裂性格及其“复仇”行为表示质疑，“这个现今的蛇伤研究所所长、成名的作家和科学家，很快又被推荐为全国政协委员、提拔为地区文化局副局长，走出追悼会便落入地委书记女儿的怀抱，始则乱之，旋即弃之 ；不久又与记者华梅发生关系 ；甚至还与多次靠出卖肉体求荣的女演员方月萱乱搞 ；而这一切，据说都出自‘复仇’意识。前后性格的这种反差，简直判若两人。这种心灵的扭曲、裂变乃至沉沦，怎么会在昔日的邵南孙、今日的事业家身上发生，小说缺乏令人信服的交代和铺垫……他的心灵因‘文革’而有难以愈复的伤痕是可以理解的，但作为一个心地高洁的知识分子、新时期生活转机中的幸运儿，一个具有相当思想水平的作家，何至于狭窄到把‘文革’的灾厄归罪于个别人去‘复仇’呢？更奇怪的是，他竟成为‘复仇’的‘男神’，走向女人发泄‘性’的报复，而不问这女人可爱还是可恶！在这种心理变态和道德沦丧之后，小说又写他‘道德自我完善’回到柳眉身边，决心跟这位并不漂亮的农村姑娘结婚，这就更乏令人信服的力量了”。

蒋子龙毫无避讳地宣示“创作就是作家本人。文学就是‘我’”，“我的灵魂能在小说中的人物身上附体，小说中的人物的灵魂也会钻进我的躯体”，承认其创作的“弱点”是“离生活太近、太实。所有麻烦都来自这种‘近’和‘实’”。尽管蒋子龙称《蛇神》是自己“梦的生活”和“生活的梦”，力图对《蛇神》进行虚化，但这种虚化不足以遮蔽小说的现实色彩。花露婵的原型是著名京剧武生表演家裴艳玲，“关于学戏的问题是她的”，邵南孙的原型是福建武夷山蛇园的园主张震，“关于毒蛇的知识，吃蛇肉的知识都是跟他学的”，而且几乎“每个有名有姓的角色都有人对号入座”。《蛇神》由此形成“虚构”与“纪实”极端对立的紧张局面：质疑者批评蒋子龙人物性格发展缺乏现实性，对号入座者怀疑小说影射自己。小说的两极效应实际上表达了蒋子龙的矛盾心态，及以此为基点抛物线所形成的轨迹。蒋子龙不仅不能控制邵南孙的报复情绪，“邵南孙的报复情绪来自对生活的恐惧，当他受了一系列的精神摧残之后，十几年来禁锢得很紧的感情，突然像炸弹一样爆炸了，强烈得连他自己都不能控制，我更无法左右他的行动”，而且也不能控制自己的报复情绪，邵南孙情绪失控的燃点在于作家自己多年来被禁锢感情和被摧残精神的“爆炸”，在邵南孙这一人物身上，蒋子龙不仅宣泄了积郁心胸已久的闷气和“毒气”，蜕下了充满怨恨和毒汁的《蛇神》这张皮，而且在这张蛇蜕中看到了“真实”的自我，及其情感张力的极点。

## 三 “思想者”视野中的蒋子龙

蒋子龙从来不忽视文学的艺术形式和构成，如在以《受审记》为代表的《饥饿综合征》中用现代主义手法展示“小说本旨的荒诞性”，但蒋子龙从来不是一个单纯的“文学者”。在蒋子龙看来，文学不应仅仅是一种艺术或艺术的展示，文学更是一种生活和责任，“一个作者要是除了文学什么都不懂，那他很可能连文学也不会懂的”。作为生活的实践者和这种责任的承担者，作家以“工具”的形式媒介着现实生活与文学艺术之间的关系。从这个角度来说，不是蒋子龙选择了文学，而是文学选择了蒋子龙。文学通过蒋子龙表达着超越文学的内涵和意义。借助文学的“媒介”，蒋子龙实现了对“文学者”的扬弃和超越。

谈到《乔厂长上任记》的创作过程，蒋子龙说，“当时我刚‘落实政策’不久，在重型机械行业一个工厂里任锻压车间主任……我憋闷了许多年，可以说攒足了力气，想好好干点活。而且车间的生产订单积压很多，正可大展手脚。可等我塌下腰真想干事了，发现哪儿都不对劲儿，有图纸没材料，好不容易把材料找齐，拉开架势要大干了，机器设备因年久失修，又到处是毛病。等把设备修好了，人又不听使唤，经历了‘文化大革命’真像改朝换代一般，人还是那些人，但心气不一样了……我感到自己像是天天在‘救火’，常常要昼夜连轴转，回不了家，最长的时候是七天七夜，身心俱疲”。所以当《人民文学》给蒋子龙落实“文学政策”，向他约稿时，蒋子龙“用了三天时间，完成了《乔厂长上任记》。写得很顺畅，就写我的苦恼和理想，如果让我当厂长会怎么干……”“‘乔厂长’是不请自来，是他自己找上了我的门。当时我完全没有接触过现代管理学，也不懂何谓管理，只有一点基层工作的体会，根据这点体会设计了‘乔厂长管理模式’”。乔厂长的“不请自来”让蒋子龙一举成名，成为新时期伊始工业题材领军人物和改革文学的旗手，但是就此从“文学者”的角度理解和解读蒋子龙和他的《乔厂长上任记》，以及随后出现的“开拓者”系列，那就大错特错了，以乔厂长为代表的“开拓者”，一开始就是作为“思想者”呈现在人们面前，供人们膜拜、模仿和寻找的。

对于“思想者”的乔厂长们，蒋子龙毫不掩饰自己的欣赏，“艺术的手段和目的在于自己说明自己。我试着让事实本身说明自己，通过事实认识世界、认识时代、认识人生。我不期望完美，也不可能完美。我的优点几乎都藏在缺点里”。从另一个角度看，乔厂长们的缺点和其优点一样明显，为了塑造“鲜明的个性色彩”，蒋子龙把那些“自己估计读者不爱看的，一律砍掉，尽量挤干水分，用东北话说‘拿出干货来’，不要卖一两酒，掺一两水”。“挤干”水分的结果造成了人物的失衡和扁平，人物细小枯萎的躯体难以支撑其大脑袋的分量，“思想者”的深度和广度也必然会因此受到牵连和局限。这也是蒋子龙花费巨力创作《农民帝国》、创造郭存先这一人物的一个潜在因素。

郭存先（《农民帝国》）是一个高度集成的人物，他既集合了蒋子龙“文学家族”人物之大全，同时又是一个独立的存在，一个大脑与躯体均衡发展的“思想者”。这种“均衡”来自于蒋子龙“认知”方式的调整，“自1990年以来，我不再跟自己较劲，不想驾驭文学，而是心甘情愿，舒展自如地被文学所驾驭。超脱批判，悟透悲苦，悟出了欢乐，笑对责难和褒奖，写自己想写的东西”。《农民帝国》作为蒋子龙“命中注定、非写不可的作品”，充分体现了这种“认知”的自由，“对农民的命运和近三十年农村生活的变革，参不透就不参，把握不了就不去把握，我只写小说，能让自己小说里的人物顺其自然地发展就行”。这种让生活进行自我书写的超脱，使得郭存先具有了“开拓者”的硬度、邵南孙的任性和自身的丰满，并成为一个创建和终结农民帝国具有深厚历史意义的人物形象，他以自己的理性与疯狂回答了“开拓者”性格中令人不解的矛盾和疑惑。蒋子龙曾指出，“那些勇于开拓新局面的人，在个人的生活上往往不是胜利者，而是失败者，但在做人的方面，在做个真正的人上，他们是成功的”。郭存先的成功导致了他的失败与覆亡，他的失败与覆亡又完善了其性格形象的成功，而他所有的成功与失败，都源于其农民的身份与宿命。郭存先是当代中国文学中一个标识性人物性格，他的失败及其农民帝国的覆亡，意味着从此以后不会再有农民帝国的可能，以及传统农民的终结。他为二十世纪以来的中国农民和农民帝国意识画上了一个句号。正是他的失败，使得中国真正开启了现代化的大门，开始进入现代性的新历史时刻。正是他的失败，中国才抛去历史的背负和重担，以新的姿态融入新的世界。正是他的失败，中国才有可能在认真清算和反思国民性的基础上重塑国家和国民。郭存先是一个失败的农民，却是一个成功的思想者。

一套《蒋子龙文集》，向我们清晰地展露，正是其所构建的“文学家族”从“开拓者”到“思想者”的攀越，一方面使其载于文集中的文学创作，整体上具备了较为充分的现代性审美特质，从而获得可观的抵御历史浪潮的冲刷与淘洗的免疫能力，得以毫无悬念地永久性进入文学史家的视野；另一方面，它也催使构建者蒋子龙自己完成了从一个“文学者”到“思想者”的超越旅程，从而获得一种期待已久也可能是意想不到的自得与自由——观照文学与人生的令人愉悦的自得与自由。因此，无论从哪一个方面来说，蒋子龙所付出的心血，都是值得的！

《天津文学》2014 年第 1 期

《蒋子龙文集》(14 卷)，蒋子龙著，人民文学出版社 2013 年 10 月出版，

责任编辑：包兰英

# 编者的话

这本评论集主要收入了2000年1月至2014年8月间，我社员工和部分专家学者撰写的“人文社版”图书的评论文章。该书从不同的侧面和角度向读者介绍了人民文学出版社这十五年间图书出版的基本概况、特点和脉络。

全书共分四个部分：第一部分以评论为主；第二部分以读后感为主；第三部分以手札、手记为主；第四部分以名家点评为主。内文编排按类别划分，并以发表时间的先后为排序。

文章的选择严格按照“评书”的原则，凡是与“评书”无关联的散文随笔、史料整理、人物纪念回忆、时事政策议论等，均不在收入的范围之内。另外，为了避免重复，有关“中外文学名著”导读方面的文章（这方面的书，我社已有出版）也没有收入在内。

由于时间和水平有限，编辑过程中难免有疏漏或取舍不妥、不当的地方，敬请谅解。

人民文学出版社编辑部

2014年12月